B I B L I O T E C A E P I S T E M E
invención social del conocimiento

Presentan estas obras una diferente sensibilidad respecto a los problemas dolientes de la actualidad. Abren una dimensión crítica y solidaria con los conflictos de la concretez viva que afectan a las distintas etnias y grupos marginados por la modernidad ilustrada. Su finalidad es hacer un análisis de la convivencia social desde la demodiversidad y la pluralidad de opciones y creatividad cultural.

L I B R O S D E L A R E V I S T A A N T H R O P O S

Encenderé un fuego para ti

Encenderé un fuego para ti

Viaje al corazón de los pueblos de África

José Carlos García Fajardo

proyecto a
EDICIONES

García Fajardo, José Carlos
Encenderé un fuego para ti : Viaje al corazón de los pueblos de África / José Carlos García Fajardo
pp. ; il. ; cm. — (Biblioteca Episteme : Invención Social del Conocimiento. Serie Libros de la Revista Anthropos)

Bibliografía p. 391-394
ISBN 84-922438-4-8

1. África - Descripciones y viajes - S. XX 2. Medicina preventiva (África) - Proyectos 3. África - Condiciones sociales - S. XX I. Título II. Colección
910.4(6)"19":614(6)
316.32(6)

Primera edición: 1999

Edita: Proyecto A Ediciones. Kings Tree, S.L.
Escudellers Blancs, 3. 08002 Barcelona
ISBN: 84-922438-4-8
Depósito legal: B. 44.938-1999
Fotocomposición: Plural, Servicios Editoriales
(Nariño, S.L.), Rubí. Tel. y fax 93 697 22 96
Impresión: Novagràfik, Puigcerdà, 127. Barcelona

Impreso en España - *Printed in Spain*

«¿Puedes escuchar la soledad?»,
preguntó Sekerot, mientras señalaba la copa de una acacia.
«Los masai le llaman a la cicada Eliyio, o "Soledad" porque canta con tristeza
en su árbol hasta que venimos a cobijarnos bajo ella, entonces,
se tranquiliza silenciosamente en nuestra compañía.»
Así me sucedió a mí.
En la presencia de África, mi soledad se aquietó al fin.

ROBERT VAVRA

Esta es la historia de un viaje al interior de uno mismo;
esto es, al corazón de los pueblos de África.
Porque si, en definitiva, el Sur somos todos,
también nosotros somos africanos.

NESEMU, *El fuego no se apaga*

Agradecimientos

Es difícil explicar Historia del Pensamiento Político y Social a futuros periodistas en la universidad, durante 25 años, sin que uno se plantee las causas estructurales de unos efectos sociales que a todas luces se manifiestan injustos.

Mis lecciones siempre estuvieron complementadas por Seminarios o clases prácticas. Abordábamos los temas sociales más candentes desde el hambre, la explotación y la guerra a todo tipo de marginación. Sería imposible enumerar a tantos, hoy periodistas, que me ayudaron a organizar esos Seminarios en donde se encuentra una de las claves de mi andadura posterior.

Hace unos quince años, esos Seminarios se convirtieron en lugares de formación como voluntarios sociales para millares de hombres y de mujeres que realizan servicios sociales en más de 150 proyectos a lo largo de España, América y África. Así nació la ONGD *Solidarios para el Desarrollo* en el seno de la Universidad Complutense de Madrid, hoy presente en más de una docena de universidades. Mi agradecimiento a los rectores, vicerrectores, decanos, gerentes y a profesores, así como al personal administrativo, sería imposible expresarlo con nombres.

Al acercarse el 25 aniversario de mi dedicación a la docencia, me pregunté dónde y cómo podría emplear mi año *sabático* para reciclarme, estudiar mejor, reflexionar y proseguir mi servicio a los demás, con preferencia a los más débiles. Se acercaba la madurez —que el Dalai Lama supone en los sesenta— y era conveniente hacer un alto para sosegar los impulsos, moderar las impaciencias y planificar las estrategias con más valentía para la denuncia y eficacia en las propuestas alternativas. Y para el estudio de campo de un proyecto de Centros de Medicina Preventiva en las universidades de África y ayudar a la revalorización de lo mejor de la medicina tradicional, hoy ya en marcha, y a cuyo desarrollo van destinados los derechos de autor de esta edición.

En este libro cuento la preparación de un viaje por veinte países del África subsahariana a la búsqueda del corazón de sus pueblos, puesto que ya conocía la organización de sus instituciones: desde Senegal hasta Kenya pasando por Guinea Conakry, Malí, Níger, Costa de Marfil, Burkina Faso, Togo, Ghana, Camerún, Chad, Congo, Angola, Zambia, Zimbabwe, Malawi, Zanzíbar y Tanzania. El estudio y el allegamiento de documentación en varias lenguas llevó lo más ilusionante de los momentos robados al sueño. Ése era mi descanso. Para llevarlo a cabo, me sirvió lo que me pagaron por el texto de la *Guía del Voluntariado*, editada por la CAM.

Pero hubiera sido más difícil si no hubiera contado con un equipo de colaboradores que agilizaron los contactos con nuestros representantes diplomáticos, con las autoridades académicas de los países que iba a visitar así como con el mayor número de organizaciones humanitarias que estuvieran trabajando sobre el terreno. Quiero destacar con todo el afecto y reconocimiento la comprensión y ayuda de María José Atiénzar, Cristóbal Sánchez, Alfonso Fajardo, David Calzado, Arancha Desojo, Imelda San Martín, Pedro de Diego, Marcos Suka, Joaquín

Castilla, Mary Ángeles Aguilar y Frank Kra que me habrían de sostener desde la retaguardia durante todo el camino.

Tengo que agradecer la cooperación de tantos responsables de compañías aéreas, de hoteles, de vehículos y de tantas familias que me acogieron y me hicieron sentir uno de los suyos. Ahora acuden en tropel a mi corazón y a mi mente. De muchos de ellos se habla en el libro. Un recuerdo especial debo a los médicos que me atendieron en las dos serias dolencias que padecí en Camerún y en Angola y a los que cito en sus capítulos.

A mi regreso, me hubiera venido abajo ante la multitud de documentos, escritos, fotografías, mapas, libros y documentos que había enviado desde cada etapa del viaje. Acompañado de mi esposa y de Cristóbal, nos fuimos a Playa América, en Vigo. En la soledad poblada y en el ambiente que, como siempre, Valle nos supo crear para cubrir todas nuestras necesidades, cada uno con un ordenador y rodeados de libros de consulta, nos pusimos a la tarea, yo de escribir el relato y él de ordenar la documentación y el complejo «diccionario» en casi un centenar de lenguas que se iba entreverando sin cesar. En algún fin de semana, M.ª José y Alfonso nos acompañaron para escuchar el relato y aportarnos sugerencias, ya que nosotros casi sucumbíamos ante lo ingente de los datos y la información que surgía sin cesar. Fue duro tener que suprimir centenares de páginas, por falta de espacio.

Después, la paciencia de M.ª José en la revisión del texto que el Dr. Mbuyi Kabunda —¡mi profesor de swahili!— corrigió con una minuciosidad y saber hacer impresionantes y que me ofreció en un cuaderno con centenares de precisiones que han dado coherencia a la terminología y rigor a los datos, son impagables.

Lo mismo cabría decir de mis editores Ángel Nogueira, Ramon Gabarrós y Assumpta Verdaguer, de *Proyecto A* y *Anthropos*, que leyeron el texto con verdadera pasión y tanto me ayudaron con sus sugerencias, así como la profesionalidad, talento y simpatía de Inma Martorell responsable de la edición no fácil de este texto. Y mi agradecimiento a Antonia Kerrigan y a Lola Gulías por su cordialidad y apoyo en esta publicación. Así como a Antonio Herrero, director de la Obra Social de Caja Madrid, cuyo ánimo y ayuda son siempre permanentes.

A todos ellos mi agradecimiento, así como a cuantos lo saboreen y comprendan un poco mejor la realidad de unos pueblos de inconmensurables culturas y riquezas humanas y naturales que merecen nuestra admiración y respeto, pues en ellos está gran parte del futuro de la humanidad como lo estuvieron los orígenes de la misma.

No sería lógico pasar en silencio a mi familia que me supo respetar y sostener, con mayor o menor comprensión, pues sé que no es fácil convivir a diario con una persona contradictoria y con un «corazón a la escucha». A todos ellos mi reconocimiento y mi cariño desde la fragilidad asumida y desde la ilusión siempre viva por un vivir más feliz, más libre y solidario.

Ahora, junto mis manos, con gratitud y afecto, ante el Maestro Raymon Panikkar por su comprensión y por su paciencia.

Introducción

—I'll make up a fire for you!
—Thank you, indeed! It's getting cool now.

Hacía frío, en verdad. Apenas eran las cinco y media de la madrugada del 30 de junio y la luna se disputaba con las nubes los reflejos sobre el lago Magadi, antes de que el nuevo día interrumpiera esa querella. El cráter del Ngorongoro es uno de los lugares que más pueden semejarse al Jardín del Edén, como escribió Moravia deslumbrado por «ese mito del Paraíso terrenal donde vivían en armonía los hombres y los animales antes de ser expulsados». Mide más de veinte kilómetros de ancho y tiene una superficie de 260 kilómetros cuadrados. Forma parte de una reserva natural de 8.280 kilómetros cuadrados denominada «Área de Conservación del Ngorongoro». Una de las personas que más había trabajado para promover y conservar el área fue el profesor Bernhard Grzimek quien escribió en el prólogo de su libro sobre el Ngorongoro: «Es imposible hacer una descripción adecuada de las proporciones y de la belleza del cráter porque no existe nada con lo que pueda compararse. Es una de las maravillas del Mundo». En 1978, las Naciones Unidas lo declararon Patrimonio de la Humanidad. Aquí la realidad se parece a los sueños.

Me había levantado a las cuatro con la sensación de haber dormido una eternidad. Todavía conservaba la borrachera de imágenes del día anterior en el Serengueti, una llanura sin fin de 15.000 kilómetros cuadrados: casi dos millones de ñúes y cerca de un millón de cebras, 80.000 búfalos, un millón de gacelas apareándose frenéticamente aprovechando el estro que había reventado como una marea en todas las hembras. Es un fenómeno asombroso que tiene lugar en algún momento entre el 15 de mayo y los primeros días de junio, de acuerdo con el régimen de lluvias y su consiguiente influencia en los pastos. De repente, cientos de miles de hembras entran en celo y los machos no dan abasto para cubrirlas, pues todas parecen necesitar ir cargadas para la larga marcha. Las acostumbradas luchas entre los machos por escoger a las mejores hembras quedan postergadas ante la inmensidad de la oferta. Es el tiempo de iniciar la emigración hacia la Reserva Nacional Mara Masai de Kenia, en un circuito triangular de unos 800 kilómetros, junto con otros muchos animales que los acompañan en este rito anual que moviliza a cerca de dos millones de animales salvajes que caminan y pastan hasta que emprendan el regreso. Con las lluvias de noviembre parirán sus crías a millares en el curso de una a dos semanas. Los depredadores —4.000 leones, centenares de leopardos, guepardos, millares de hienas y de chacales y centenares de buitres— no han dejado de seguir a las inmensas columnas ayudando a mantener el equilibrio ecológico, eliminando a los más débiles, a los cojos, a los heridos y a los despistados.

El día anterior, desde lo alto de un land-rover, no había cesado de mirar este espectáculo insólito: elefantes, jirafas, rinos, gacelas Thomson y Grant, facoceros, hienas, alces, kudus, impalas, marabuts, pelícanos, avestruces, chacales, zorros, leones, hipopótamos, babbons verde oliva, monos azules... y millares de flamencos, águilas, buitres, ibis, y toda clase de pájaros en un espacio privilegiado y armónico en el que la biodiversidad estaba equilibrada con sabanas, arroyos, lagos, arbustos, acacias espinosas, bosque tupido y praderas inmensas que hicieron que los masai denominasen al conjunto de toda la reserva: «Serengueti», esto es: «Llanura sin fin».

El viaje había arrancado desde Arusha, a 180 kilómetros de Dar Es Salaam, en Tanzania. Está a medio camino entre el Cairo y Ciudad el Cabo y evoca aquel sueño del financiero británico y colonizador de la primera hora, Cecil Rhodes, de construir un ferrocarril que uniese esas dos capitales atravesando toda África para garantizar así el dominio británico. La historia moderna de África es incomprensible si no se tiene presente esa fantasía que estuvo a punto de convertirse en realidad. Se opondrían a ella tanto los intereses de Francia, que quería unir sus colonias desde el Atlántico al Índico, por el norte y el centro del continente, como el enclave del Congo belga, que consiguiera meter de manera artera el nefasto rey Leopoldo de Bélgica bajo el pretexto de «filantropía, abrir rutas al libre comercio, civilizar a los nativos y luchar contra la esclavitud». Según él, esto se haría desde «los Estados Libres del Congo» cuya constitución «se inspiraría en la de los Estados Unidos de América», como le prometió al Presidente norteamericano Arthur, en 1883, para que el Senado reconociese la bandera de los Estados Libres del Congo. En realidad, esos dos millones de kilómetros cuadrados de tierra en el corazón de África, en el que vivían millones de africanos de las más diversas etnias, se iban a convertir en la propiedad privada más extensa del mundo, en la que los trabajos forzados serían impuestos desde el primer día y hasta el mismo siglo XX: una esclavitud sucedería a otra bajo el falso pretexto de la filantropía y de la civilización para liberar a los «pobres negros» de sus señas de identidad.

Desde Arusha, pude contemplar el Kilimanjaro. Con sus 5.895 metros es el monte más elevado de África al que los masai denominan *Ngàje Ngài*, «la casa de Dios» y a la que no se atreven a subir porque allí habita su Dios Engai cuyo mayor regalo es la lluvia que desciende sobre la tierra y hace crecer el pasto para sus ganados. Su cima está eternamente nevada y es difícil superar con una frase la sensación de soledad que Hemingway expresó así: «Cerca de la cima hay un esqueleto de leopardo seco y helado. Nadie ha podido explicar lo que el leopardo andaba buscando a semejante altitud». Disfruté con la maravilla serena del Monte Meru y me dirigí al Parque nacional del lago Manyara, famoso por sus manadas de elefantes, que me quitó el aliento.

La subida hacia los bordes del Ngorongoro, de unos 600 metros sobre la base y a 2.200 metros sobre el nivel del mar, nos llevó unas tres horas. Cuando llegamos al lugar donde están enterrados el Profesor Bernhard Grzimek y su hijo Michael (quien murió trágicamente cuando su avioneta chocó contra un buitre, mientras se filmaba la película sobre el libro de su padre *El Serengueti no morirá*), mi guía me indicó, en silencio y con su mano extendida, que mirase la caldera volcánica más grande del mundo: aparecía como un prodigio casi irreal y maravilloso, ciertamente era un microcosmos de África. Fue uno de esos momentos kairológicos, existenciales y mágicos, absolutos que te hacen sentirte uno con todo lo que existe. Te sabes uno y, en la mejor acepción de la palabra inglesa para expresar la soledad, *all one* (*alone*). Es como una marea que, mansa y cálida, brotase de la base del estómago, o de más abajo, de ese punto en el perineo que, según los orientales, alberga la fuente de la vida y que algunos denominan *chakra muladhara*. Es como una oleada que te envuelve el sexo, el abdomen y te hace sentir un torbellino en el *ki kai tanden*; ese otro punto que se encuentra dos dedos por debajo del ombligo y en donde se remansa todo lo creado. Sube y sube, estómago arriba, y se expande a la altura del plexo solar, abarca el tórax y se estremece por los brazos que agitan los dedos como mariposas en vuelo encargadas de movilizar algo, quizás en Nueva Zelanda. Tratas de mantenerte airoso, estiras el cuello, sientes las siete vértebras y la cobra Kundalini te envía su tensión por la espina vertebral hacia la base de la cabeza. Allí sí hay fuego, y te arrebolas por dentro y casi no te atreves a abrir del todo los ojos porque ya no sabes lo que es dentro y lo que es afuera. Respiras suave, como en rumores, sientes el frescor de la brisa cuando atraviesa tus narices, sientes húmedos los ojos, y podrías dar cuenta de cada uno de tus miembros, de tu vello y de tus poros. No los piensas ni los razonas ni los cuentas ni los sientes ni los ves, pero los sabes.

Naikosiai Mwalukasa, mi amigo masai, permanece en silencio; está apoyado en una sola pierna, la otra flexionada y con el pie en el muslo a la altura de la rodilla. El brazo del lado de la pierna se apoya en una alta vara y da la impresión de un descanso total y armonioso. Esta vara sustituye hoy a la tradicional lanza, ya que no vigila ganados ni tiene que defender, como guerrero Elmorán, el *kraal* (poblado circular de cabañas *manyattas*, rodeado de espinos, y en cuyo centro se refugia el ganado durante la noche). A Naikosiai me lo han asignado «para cuidar al *mzungu* (hombre blanco) amigo», durante mi estancia en las tierras de la antigua Masailandia.

Yo no era capaz de mantener la mirada. La bajaba hacia el monolito que señala la proeza de hombres que, como Bernhard y su hijo Michel, defendieron el lugar de la destrucción masiva de animales por cazadores blancos y por furtivos. Estudiaron su diversidad única y cuidaron los espacios naturales hasta conseguir que fueran declarados Parque Nacional, junto con el Serengueti, en 1951, para ser denominado en 1956 «Área de Conservación del Ngorongoro» (CNA). Esta última decisión fue debida a las quejas de los masai ya que, al prohibirles llevar sus ganados a pastar en las «planicies sin fin», reclamaban poder hacerlo en las laderas altas del Ngorongoro. Al fin y al cabo, todas estas tierras fueron conocidas, desde comienzos del siglo XIX, como Masai Land en que las ocuparon negros nilóticos, altos y esbeltos que, provenientes del norte, habían iniciado su bajada hacia estas tierras hace más de tres siglos y llegaron a ocupar una extensión de más de 80.000 kilómetros cuadrados, pero que hoy está reducida a la mitad a causa de la codicia de los colonos ingleses; después de la independencia, fueron desplazados por el poderoso pueblo de los *kikuyus*, uno de los pueblos más evolucionados de toda África. La tradicional oposición entre pastores nómadas y agricultores sedentarios, ganada en este caso por estos últimos a diferencia de lo que ocurrió entre los batutsi y los *bahutu* en Burundi, mientras que los *bahutu* mantuvieron el poder en Ruanda. (*Ba* es un prefijo para la forma plural de las lenguas bantúes del África central y oriental, no se debe decir *tutsis* o *hutus*.) Es curioso, los *batutsi* como los masai son altos, estatura media 1:80 con rasgos muy finos, rostros alargados, y color de piel menos oscura que los *bahutu* y los *kikuyus*.

El nombre Ngorongoro, en una de sus acepciones, parece ser que proviene de unos bravos guerreros Datoga que, hace 150 años, vencieron a los masai en estas llanuras para sucumbir al fin mientras sus mujeres e hijos eran absorbidos por el pueblo pastor y guerrero que no hacía esclavos. Otros sobreviven en sus aldeas dominados por los hermosos y valientes negros nilóticos. Éstos, sin embargo, sostienen que el nombre se debe a uno de sus guerreros que se hizo famoso allí como constructor de cencerros para el ganado. Así se cuentan los hechos del pasado y es inútil aferrarse a una u otra versión. En el cráter viven unos 25.000 mamíferos. Predominan las cebras, los ñúes, las gacelas, los kudus, los búfalos, los alces, los ciervos y los facoceros. Sin embargo, las jirafas no viven en el cráter sino en las inmensas llanuras del Serengueti por no tener alimento suficiente a la altura de los árboles; tampoco se ven topis porque compiten con los ñúes, ni se conoce la explicación de la ausencia de los impalas. Otra curiosidad del cráter es que allí sólo viven elefantes machos ya que las hembras no están seguras de encontrar el adecuado alimento para sus crías y porque temen que a éstas no les resulte fácil el acceso por los senderos que frecuentan los adultos.

En el cráter se encuentra la más densa población de grandes carnívoros de toda África, principalmente el león —unos 100 ejemplares adultos—, y más de 400 hienas manchadas, chacales y gatos salvajes. Los avestruces y las avutardas abundan junto a las grullas coronadas con sus vistosas danzas. Las bandadas de flamencos se cuentan por millares así como toda clase de aves: desde el espátula al jacana, y desde la garza de cabeza negra al ganso egipcio, el pájaro secretario y los pájaros viudos.

Me había apresurado para llegar a tiempo de ver la gran migración que, este año, se había retrasado un poco gracias a la abundancia de lluvias y a la permanencia de los pastos. Un espectáculo semejante no se ve en nuestro planeta desde las grandes migraciones de los bisontes en Norteamérica antes de que fueran exterminados, junto con los pueblos indígenas autóctonos, en uno de los holocaustos más sangrientos de la historia de la humanidad. Y de los más silenciados, porque lo llevaron a cabo los «blancos cristianos protestantes y anglosajones» (*wasp*) en su obra civilizadora y mesiánica que les llevaría al Imperio que actualmente detentan.

Ese terrible holocausto de los indígenas americanos tan sólo podría compararse con el exterminio de decenas de millones de negros mediante la esclavitud durante trescientos años. También por europeos blancos, cristianos y «civilizados» que, desde la costa atlántica del continente africano, compitieron con las sacas masivas que realizaron, desde siglos atrás, los árabes. Estos se adentraron en el siglo XIX hasta el lago Tanganyika para conducir sus siniestras caravanas hasta el puerto de Bagamoyo, que en swahili significa: «aquí yace mi corazón». Desde allí, los embarcaban hasta la isla de Zanzíbar en donde eran subastados y vendidos a traficantes que los llevaban hasta Omán, la península arábiga y hasta la lejana India. Bagamoyo fue la capital de Tanganyika hasta que, en 1891, las autoridades coloniales alemanas la trasladaron a Dar es Salaam, *Haven of Peace* (Refugio de la Paz).

Aunque había estudiado el tema de la esclavitud durante años, es indudable que la visita a la isla de Gorée, a 3 kilómetros de Dakar, en el Senegal, me había causado un tremendo impacto al inicio de este viaje durante mi año sabático. Allí pude asomarme a la puerta que se abre hacia el océano y que se denomina «viaje sin retorno».

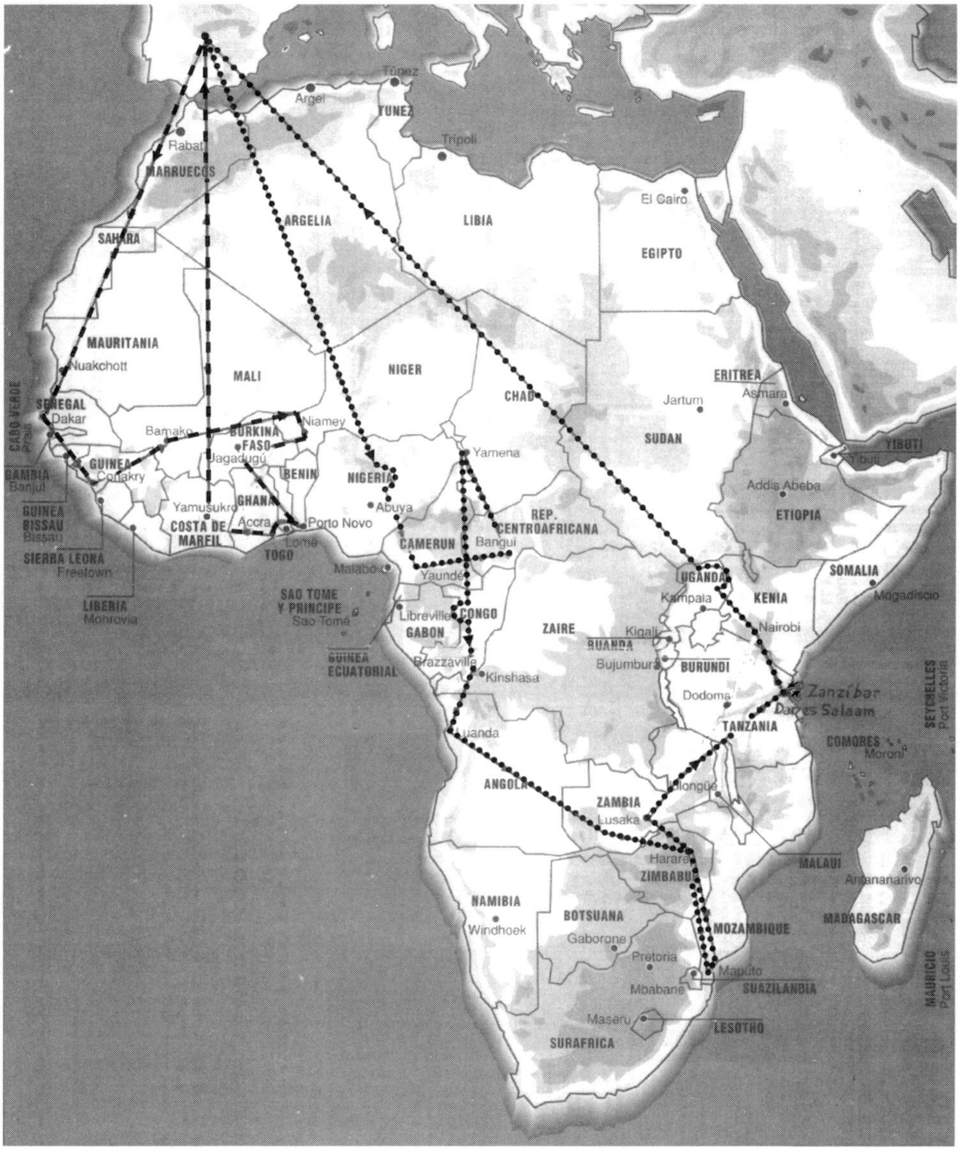

PRIMER VIAJE: ■ ■ ■ ■ ■ ■
Madrid- Dakar- Conakry- Bamako- Niamey- Burkina Faso- Benin- Accra- Costa de Marfil- Madrid

SEGUNDO VIAJE: ••••••••••
Madrid- Camerún- R. Centroafricana- Tchad- Brazzaville- Luanda- Harare- Maputo- Harare- Zambia- Tanzania- Kenia- Madrid

1

Malí

Es preciso ponerse en marcha camino de Tombuctú. Desde donde quiera que nos encontremos. En cualquier momento. Dejar el fardo en el suelo, soltar amarras, y sin despedirnos de nadie que pudiera pedirnos explicaciones. «¡Adiós! ¡Me voy, camino de Tombuctú!» Los amigos comprenderán. Nos ayudarán a cubrir los muebles con colchas, los libros con periódicos, y a cerrar la llave del gas, después de haber repartido el contenido de la nevera. Pueden llevarse las plantas a sus casas y los pájaros a sus terrazas. Cuando las rieguen, pensarán en nosotros y se les hará más dulce la espera. Cuando, al atardecer, escuchen los trinos alborozados saldrá un suspiro de su espalda y nadie preguntará la causa. ¿La correspondencia? ¡Ah, no! Nada de «Apartado de Correos» ya que, para llegar a Tombuctú, a lo mejor hay que atardarse en la isla de Zanzíbar, o en Lomé o en Cuzco o en la selva Lacandona. Olvidaremos cual es la entrada y cual la salida: a cada paso, perderemos el camino del regreso.

Calcémonos las sandalias de viento para hacer caminos sobre la mar. Y cuando nos digan ¡Ven!, nos escucharán en los ecos: «No es que no vuelva porque me he olvidado, es que perdí el camino de regreso».

Recuerdo cuando imaginé mi propia muerte en *El salón de los espejos*. ¿Por qué esperar a la muerte para emprender el único camino necesario? ¿Acaso reprochamos al muerto que no vuelva? ¿No daríamos cualquier cosa, si de verdad lo amamos, para que la tierra le sea leve y los vientos propicios?

¿Por qué decimos: ¡Ha muerto!? En lugar de celebrar la partida y exclamar a coro: «¡Vive! Me está viviendo, en mis pulsos lo siento y en su anhelo va mi aliento». Tanto tiempo divagando. Dando vueltas tanto tiempo. Ahora ya sabemos hacia dónde cae Tombuctú: hacia el sureste. No hay pérdida. En el Sur está la vida y amanece por el Este. Muy ligero de equipaje, peregrino de otras sendas, caballero errante por los laberintos de espejos. Al final, no había que romperlo, ni darle la vuelta, ni mucho menos traspasarlo. ¡Era como el espejo vacío, el blanco invisible, la nube del no saber, la música callada, la pared rocosa de jade, la barrera sin puerta! «El gran Camino no tiene puerta; existen mil senderos diferentes. Una vez que uno ha traspuesto la barrera, paseará libremente por el universo.»

Para Tombuctú no hay pasaje. El desafío es saber cuándo hay que mirar el dedo y cuándo hay que mirar la estrella. «Cuando se sueña hay que ver la estrella allá arriba, pero cuando se lucha hay que ver la mano que señala la estrella. Eso es vivir.» Así hablaba Antonio, el chamán chiapaneca que traducía la realidad para el Subcomandante Marcos. Cuando uno está de camino, ya no distingue el dedo, el palo, la luna o la estrella. Pero tampoco imita al mono que pretende agarrar la imagen de la luna que se refleja sobre la superficie del río. Éste acabará por arrastrarlo cuando se rompa la rama de la que está colgado. Para Tombuctú, sólo hay billete de ida. Como para Itaca. El que se ha hecho a la mar, no vuelve. La clave está en no dejarse arrastrar en la puerta de Gorée, sino en atreverse a dar el salto. Tan sólo el salto libera. Saberse allí.

Antes no sabíamos dónde se encontraba Tombuctú. Lo buscábamos en el mapa y no aparecía, como tampoco aquellos tres naranjos que Guillaumet le señalaba «sobre la carta de España» al piloto de *Tierra de hombres*. Los naranjos siempre están en flor en el corazón del que se pone en camino. Ya no busca, ya no encuentra. ¡Tombuctú ni tan siquiera está a orillas del río Níger! Sino a 9 kilómetros de Kabara, distancia que puede llevar una vida en recorrerse. Como la distancia que señala aquel cartel en Zagora, al sur de Marrakech, una vez traspasado el Atlas: «A Tombuctú, 53 días».

En el otro extremo del Atlas, al sur de Fez, me senté una vez, hace muchos años, ante una puerta que hay en Sijilmasa: indica el camino a Tombuctú sin más referencias que un arco de piedra en pleno desierto. Lo atraviesas, y sigues. Pero yo, entonces, no lo hice porque andaba cargado de mí.

Sijilmasa es uno de los más antiguos puertos del norte del Sahara, como lo fue el de Tahert. Para hacernos una pequeña idea de cómo debieron haber sido durante la época de su esplendor, en plena Edad Media, contemplemos el antiguo «puerto» de Marrakech fundada por los guerreros monjes almorávides en 1070.

León el Africano llegó aquí, en 1494, y lo describió en su *Historia y descripción de África*. El historiador tangerino Ibn Battuta nos narró su última travesía del Sahara, en 1352. Había seguido la ruta que va, desde Fez y Sijilmasa, hasta Tombuctú, pasando por Teghaza y las minas de sal de Taodeni. Las caravanas con centenares de camellos que subían desde el «puerto» saheliano de Djenné, después de pasar por la hermosa ciudad de las cien mezquitas y las mil medersas, se adentraban en el desierto y tomaban la dirección de Fez, o de Túnez o de Trípoli. Las que partían de Gao, también en el actual Malí, atravesaban Haggar y, desde Ghat, se dirigían a los puertos del Mediterráneo y hasta el mismo Cairo, en el confín. Otras caravanas partían desde la capital de Egipto y bordeaban el Sahara por el actual Sudán, atravesaban el Chad y llegaban a la hermosa Kano de los reyes hausas, otra de las ciudades «portuarias» del Sahel meridional. Y desde aquí, rendían viaje en Tombuctú. Recordemos que Sahel es una palabra árabe para designar las «riberas» o «puertos» del océano de arena y roca del Sahara. De la misma familia proviene swahili que los árabes medievales empleaban para designar las «riberas» del África oriental que también conocieron como *bahr* para referirse a la «costa de los Zanj», y que se conserva en Zanzíbar. Por eso, al encuentro con los musulmanes, los pueblos de la costa del África oriental se designaban a sí mismos como swahili. Conservaron su lengua bantú pero adoptaron términos árabes.

El divino Níger discurre hacia Tombuctú, después de transformar Mopti en un paraíso de piraguas de todos los tamaños y con el más variado velamen, para ir a desembocar en el golfo de Guinea, en tierras de Nigeria. Fascinante ciudad, con su hermana gemela Djenné, «la bendita» como la denominó el cronista Abderramán As-Sadi, en 1650. Surge en la noche de los tiempos visitada por viajeros ilustres que cantaron el esplendor de su cultura. También elogiaron la habilidad de sus sultanes para combinar la ortodoxia del Islam con las costumbres ancestrales de los pueblos que gobernaron en los Imperios que se sucedieron en las tierras que van desde el Atlántico hasta los confines del desierto. Realmente, con Gao, Djenné y Nieni eran los «puertos» del sur de esas costas meridionales del Sahara que denominamos Sahel y que comprende tierras que hoy pertenecen en parte a Senegal, Mauritania, Gambia, Guinea, Malí, Burkina y a Níger.

Escribe Alex Newton «Tombuctú es el lugar del que siempre has oído hablar, pero que nunca pudiste encontrar en el mapa. Ahora ya lo sabes: está en Malí». Tombuctú era el puerto terminal de una de las más famosas caravanas que, con 12.000 camellos al año, unían El Cairo con el África negra en Malí, a través del Sahara. Desde el oeste del continente negro llevaban el oro, el marfil, las nueces de kola y los esclavos hasta el Mediterráneo y, desde aquí, iban a Europa y a Oriente Medio. Las minas de Bambuk abastecían los mercados europeos y árabes. Las caravanas, conducidas por los tuaregs, traían la sal en enormes piedras, desde los oasis de Taudeni en el norte y, por el río Níger arriba, las hacían llegar al puerto de Mopti. Aunque parezca increíble, hubo épocas en las que la sal se cambiaba a la par por polvo de oro. Hoy día, aún circulan caravanas de tuaregs que bajan enormes piedras de sal desde Tiudeni y suben fardos de algodón para los nómadas del desierto septentrional.

Fueron famosas las medersas de las universidades de Tombuctú, de Djenné y de Gao. Sus estudiantes, como sus libros, se contaban por millares en pleno siglo XIV, cuando en la Europa cristiana florecían Oxford, París y Salamanca. Su poder se mantuvo desde el siglo IX hasta el XVI a través de los tres grandes imperios de Ghana, Malí y Songhai. El primero floreció hasta que, en el año 1076, fue destruido por almorávides, monjes musulmanes, procedentes de Mauritania y de Marruecos. Ya en 1068, Al-Bakri, historiador de Córdoba, habló de Ghana en su obra *Libro de los caminos y los reinos.* Este Imperio de Ghana no tiene nada que ver con el actual estado del mismo nombre, en el golfo de Guinea, que adoptó ese prestigioso nombre al tiempo de la independencia, en 1957, cuando el líder N'Krumah dijo a su pueblo: «Vuestro amado país es libre para siempre». Era indudable que la historia de África había vuelto a empezar en aquel día inolvidable de la independencia de Ghana. ¡N'Krumah, N'Krumah, nueces de kola para ti!

El Imperio de Malí fue de formidable importancia. Según la tradición, lo fundó, en el siglo XIII, Sundiata Keita, un joven príncipe inválido, de la familia real de los *malinké*, que había sobrevivido a la matanza perpetrada, en 1230, por Sumangurú Konté, rey de los Sosso. En una de las batallas más cantadas por los *griots*, la de Kirina, en 1235, derrotó a los Sosso y, bajo el nombre de Malí Dajata «El León de Malí», fundó un Imperio que, a su muerte, en 1255, se extendía desde el Atlántico hasta la curva del Níger y desde los bosques ecuatoriales al desierto del Sahara. Cuenta Davidson que «según un viajero que vivió 35 años en Malí, en el siglo XIV: «se necesitaban cuatro meses de viaje para recorrerlo en su longitud y otros tantos para recorrer su anchura». Los *griots malinkés* siguen cantando al joven del que dicen «que vino a traer la paz y el honor a la tierra. Sundiata vino a alegrar la tierra». ¿A pie, en camello? ¡Qué más da!

Uno de sus sucesores más famoso fue el Emperador Mansa (o Kankan) Musa que visitó la Meca, viajando a través de Egipto, a comienzos del siglo XIV. Uno de los relatos más conocidos de este viaje se debe al historiador *soninké* Mahmud Kati, de Tombuctú, que lo recogió al recopilar su *Tarij Al-Fattash* o *Crónica del buscador* (¡sugerente título!) Le acompañaba su esposa favorita, Inari Konte, a la que prodigó tales amorosos cuidados que su recuerdo circula todavía en las leyendas del desierto. El séquito estaba compuesto por más de 60.000 personas y tal cantidad de camellos cargados de oro que la liberalidad del Emperador hizo que la cotización del preciado metal en Egipto tardase 12 años en recuperarse. De la llegada de la comitiva a Bab al-Zuwaila, la puerta del Sahara septentrional del siglo X que daba acceso a El Cairo, poseemos el relato del escritor sirio residente en El Cairo: Ibn Fadl Al-Umari que la escribió, en 1342, con las memorias del guía oficial del emperador Musa, Amir Hajib.

Hay que recordar la descripción que de la ciudad del Al-Kahira nos hace el historiador africano del siglo XV Ibn Jaldún: «la metrópoli del universo, el jardín del mundo, el trono de la realeza embellecida con castillos y palacios y adornado con monasterios y escuelas iluminados por las lunas y las estrellas de la erudición». La nueva capital de Egipto había sido construida por los emperadores tunecinos en el siglo X y los sultanes mamelucos la embellecieron con algunas muestras de un arte insuperable que todavía hoy podemos contemplar: la mezquita y la Universidad de Al-Azhar, el mausoleo del sultán Qala'un, las murallas y los minaretes de Al-Hakim. Por esa puerta de Bab al-Zuwaila entraban las caravanas del oro provenientes del África que se extendía al oeste y hacia el sur. Ese sur que los griegos no conocían pero en el que habitaban «los pueblos negros de larga vida y que, según se cuenta, son los más altos y hermosos del mundo». Al fin y al cabo, Egipto siempre había deslumbrado a los griegos pues, más allá, hacia abajo, hacia la tierra de los etíopes, allí se hallaba la fuente de la sabiduría. No en vano Herodoto contaba que «los nombres de casi todos los dioses de Grecia habían llegado de Egipto». El mismo Homero nos cuenta en la Ilíada que los dioses de Grecia iban todos los años a la tierra de los etíopes, de «los pueblos negros» a banquetear con los demás dioses: «Zeus se había dirigido ayer a los confines del océano / junto a los hombres sin tacha en compañía de todos los dioses».

Si Herodoto llamó a Egipto «don del Nilo», a causa de los fértiles limos que cada año depositaba en sus márgenes, no ignoraba, al igual que sus contemporáneos, que los egipcios eran africanos así como las fuentes del sagrado río. Siglos más tarde, hacia el año 50 antes de Cristo, el historiador Diodoro de Sicilia no vacila en afirmar que «los pueblos negros eran los primeros de todos los hombres y las pruebas de esta afirmación, como admiten los historiadores, son manifiestas». Es bueno recordar que, por entonces, la dinastía de origen griego de los Tolomeos ya llevaban gobernando tres siglos en Egipto y tenían conocimiento de las tierras que se extendían al sur de su imperio. Diodoro llega a escribir que los «egipcios son colonos enviados por los etíopes y la mayor parte de las costumbres egipcias son etíopes, conservando todavía los colonos sus antiguos usos». Davidson señala que «por usos y creencias se refieren a la designación de los reyes por mandato divino, a la vida después de la muerte y al valor de los oráculos». Como sabemos que por «etíope» se referían entonces a los pueblos negros del interior africano, y dejando a un lado la hipérbole que subyace en toda afirmación generalista y más en quienes escriben por los testimonios de otros, queda patente la alta estima en que se tenía a los pueblos africanos que, posteriormente, los europeos habrían de trastocar por completo al hacer de la civilización egipcia una parte de la historia de Asia occidental. Pero parece que la ciencia moderna no desautoriza del todo a quienes pensaban como Diodoro.

Pero un aspecto todavía más importante de esa fabulosa peregrinación fue lo que el Mansa Musa le contó a Amir Hajib y éste relató a Al-Umari, según la fascinante cita de Basil Davidson: «El rey que era mi predecesor no creía que fuera imposible descubrir los confines del océano occidental y deseaba ardientemente hacerlo. Así, equipó 200 barcos con hombres y cargó otros tantos con oro, agua y provisiones suficientes para varios años». Al cabo del tiempo, regresó uno de los barcos de la expedición y habló de «un río de poderosa corriente» en alta mar. Entonces, el padre del mansa Musa preparó otra expedición con dos mil barcos, mil para él y sus hombres y otros mil para el agua y los víveres. «Esta fue la última vez que vi al rey y así me convertí en mansa», concluyó el Emperador. Recordemos que esta narración es de 1342, más de cien años anteriores al descubrimiento de América. No importa tanto su veracidad, como el hecho de que se tuviera por normal que los barcos pudieran navegar hacia el oeste del Senegal, aprovechando los vientos alisios. Otra cosa era el regreso y todavía no se conocía el uso de la brújula, ni el timón adecuado ni los aparejos que harían posible la hazaña de Colón. Pero en la memoria africana circula la especie no comprobada de posibles viajes desde el continente africano «más allá» de los límites del océano.

Después de visitar la Meca, el Mansa Musa y su séquito regresaron, a través del Sahara, y les acompañaron famosos artistas y letrados de Arabia y de Egipto que contribuyeron al esplendor de la prestigiosa Universidad de Tombuctú. Hacia el siglo XVI se calcula que tenía más de 100.000 habitantes, cuando ahora no sobrepasan los 15.000. Sus mezquitas y edificios públicos fueron modelos para la arquitectura de otros muchos lugares del Islam, en pleno Mediterráneo.

La copia de libros manuscritos era una de las industrias más florecientes y prestigiosas de la época. Durante siglos, se valoraban crónicas «escritas en Tombuctú». Como las crónicas *Tarij As-Sudan* y *Tarij Al-Fattashs*, del siglo XVII. También provienen de allí importantes obras de comentario teológico *tafsir* y jurídico *figh*, como las del gran Ahmed Baba. Todavía en nuestros días se pueden encontrar en los mejores bibliófilos. De hecho, el Dr. Mahmoud Abdu Zouber, que dirige la nueva biblioteca dedicada a los estudios históricos, en 1960 rescató de bibliotecas particulares una gran cantidad de manuscritos, algunos de aquel tiempo, en el siglo XVII, cuando sus bibliotecas rivalizaban con las del Cairo y las de Bagdad. Tanto la «perla del desierto», como su hermana Djenné, fueron importantes centros culturales y financieros sin los cuales no es posible comprender una buena parte del espléndido pasado de esta región del África negra. Si me detengo, tan sólo un poco, en estos datos a vuela pluma es porque me duele y avergüenza la ignorancia de tantos intelectuales y políticos europeos que siguen actuando como si África hubiera esperado hasta la llegada de los conquistadores y colonos para iniciar su historia.

Al Imperio de Malí le sucedió a mediados del siglo XV el Imperio Songhai, con la capital en Gao, aunque las otras ciudades acrecentaron su poder y su prestigio.

Baste señalar el dato de que siguieron enviando estudiantes a la Universidad de Tombuctú desde los lejanos Egipto, Siria y Arabia para estudiar derecho, medicina y artes. Así, al menos, nos lo narra León el Africano. Fue bajo este Imperio cuando se creo, por vez primera en Malí, el ejército profesional y el servicio civil para ayudar a los gobernadores provinciales. También, entonces, se difundió el uso de estribos para la caballería, lo cual constituyó una revolución en el arte de la guerra pues la caballería fue el instrumento fundamental para el mantenimiento del poder en estos Imperios. Un detalle importante es que, hacia el siglo XIII, existían acuerdos para exportar esclavos y productos manufacturados de Europa a los estados del África negra. En Europa se necesitaba el oro africano y fueron las ciudades-estado de Génova y Florencia las que, en 1252, acuñaron monedas en oro; Perugia, en 1258 y Lucca, en 1273. Finalmente, fue el florín de Florencia el que se había de convertir en modelo para las monedas de oro de las ciudades del norte de Europa —Flandes, Brabante y Hainault— así como en Francia y en Inglaterra «donde no se acuñaron monedas en oro hasta 1344», según cuenta Davidson a quien sigo en estos temas. «Las reservas de oro en Europa se habían agotado. La plata era abundante, pero sólo cuando Europa recibió importaciones de oro del África occidental a través del norte de África, se inició, en plena Edad Media, el despegue comercial». La barrera musulmana impidió los contactos directos con el oro africano hasta que, en la década de 1430, volvieron a reanudarse con los navíos portugueses. Estas conquistas portuguesas en la costa atlántica debilitaron la ruta de las caravanas transaharianas ya que el oro de Bambuk y Buré siguió ese nuevo camino con destino a Europa. Baste decir que, según los archivos portugueses, el oro llegado del África occidental a comienzos del siglo XVI, llegaba a 720 kilos anuales.

Después, vino la ocupación francesa y Malí se convirtió en una colonia, en 1883, pasando a llamarse el Sudán francés, junto con los actuales Burkina Faso, Benin y Senegal. Más tarde fue conocida como África Occidental Francesa. La dinastía Keita, herederos del joven príncipe Sundiata, permaneció hasta nuestros días como jeques tribales de Kangara y, de esa familia procedería Modibo Keita, el primer presidente de la República de Malí que alcanzó su independencia de los franceses en 1960.

* * *

Yo había aterrizado en el aeropuerto de Bamako a las 13:30 y, desde allí, me dirigí al hotel Bamako l'Amitié en la ribera del río Níger. La antropóloga y periodista Nadia Khouri-Dagher califica al Hotel de l'Amitié como «un hotel siniestro, construcción sin estilo e interior sin alma, felizmente salvado por la magnífica vista que ofrece sobre el río, con mil estrellas en la noche». A mí no me pareció así, quizá porque era sábado y tenía ante mí todo un fin de semana largo antes de encontrarme el martes con mis amigos.

A veces, algunos europeos, cuando están en «misión» para estudiar las condiciones de vida de los naturales del país o algunos profesionales que trabajan en proyectos de cooperación, transportan consigo infinidad de necesidades que desvirtúan un poco su trabajo. Cuando menos, desconciertan a los naturales del lugar con los que llevan a cabo su tarea. Lo malo es que estos privilegiados nativos colaboradores, que trabajan con los cooperantes y con los empleados de agencias internacionales, llegan a creer que el modo de vida de estas personas es el normal en sus países de origen. Durante mi largo viaje también tuve ocasión de ver a algunos religiosos de diferentes confesiones —cuya labor de beneficencia jamás pondré en duda—, al volante de formidables vehículos con tracción a las cuatro ruedas, con teléfonos móviles que se les han convertido, de pronto, en imprescindibles, circulando a toda velocidad y yo me preguntaba qué dirían en sus pueblos de origen si los vieran de semejante guisa. Cuando hablas con ellos y con ellas te dicen que no pueden vivir sin la emisora de radio y que, varias veces por semana, hablan con la sede de su Organización. «Figúrese, con la inseguridad que hay en estos países». Un benemérito fraile, de un perdido pueblo de Castilla, me decía en un Brazzaville: «ya no me imagino vivir sin la radio. Hablo todos los días con nuestra embajada en Kinshasa y casi soy el corresponsal de la COPE. Ya ve lo bien que vino estar conectados por radio durante las matanzas de Ruanda y de Burundi. Todas las misiones tienen que estar conectadas por radio para mantener el contacto entre nosotros y para informar (*sic*) de lo que va sucediendo, porque con estas gentes (*sic*) nunca se sabe».

Yo lo miraba en silencio mientras él no dejaba de hablar por el teléfono móvil citándose con otros colegas para hablar de noche por la radio. Cierto que en el vecino país del entonces Zaire las cosas estaban mal. Pero es que muchas escenas semejantes me las había de encontrar en Ghana, en Costa de Marfil, en Kenia, en Tanzania y en otros países donde la situación no estaba peor que cuando llegaron a evangelizarlos. Sé que éste es un tema delicado y que va a herir susceptibilidades. Pero no puedo silenciar los múltiples casos que vi directamente en el campo de la cooperación y en otros similares. Y esto porque conozco de primera mano la labor inconmensurable de la gran mayoría. Se ha creado un nuevo tipo de extranjeros en África que ha sustituido a los colonos, a los conquistadores y a los portadores del evangelio para anunciar una especie de nuevo paradigma en el que pareciera que «no tener» es pecado.

Una de las notas que mejor los caracteriza es la prisa. No parecen hallar descanso. Van de acá para allá. Te los cruzas en las carreteras, en los aeropuertos, en las embajadas, en las aduanas. Conciertan citas a centenares de kilómetros. «Tienen que estar» allí, donde sea y cuando sea. El gasto en gasolina, en neumáticos, en comidas que llevan en neveras portátiles, en el personal auxiliar que parecen necesitar, en los costosísimos vehículos, no parecen importar. Saltan de un país al otro y «ya nos conocen en las aduanas, pasamos casi de largo» me decía un religioso que vivía en Ghana, a 150 kilómetros de Accra, y que cada lunes, todos los lunes, tenía reunión de trabajo en la capital de Togo. No se trata de que sean más o menos kilómetros —que son, ida y vuelta, unos 500—, es lo que significa esta «necesidad» de moverse, de vivir en una permanente sensación de consumir y de gastar. Este religioso tenía dos chóferes que se turnaban para asegurar su servicio. Me han impresionado. Así, no me llegaría a extrañar que la primera cosa que te pedían en algunas universidades para la Enfermería de su campus era ¡una camioneta 4x4 y hasta te sugerían la marca y el modelo! «Pero, ¿para qué necesitan ustedes semejante vehículo?» «Bueno —me respondían—, para trasladar al hospital a un estudiante si se pone enfermo... Todos los cooperantes y las misiones extranjeras disponen de estos vehículos...»

Y esto me sucedió en Harare, en Niamey, en Lusaka, en Abidjan, en Dar es Salaam... En algunos lugares, como Niamey o Bamako, ¡la ciudad podía recorrerse a pie! No; algo no está yendo bien del todo.

Recuerdo ahora el caso de un cooperante, a tiempo parcial, porque era periodista free-lance que «supervisaba» un proyecto ¡agrario! y que cobraba 300.000 pesetas al mes de una ONG española muy conocida. Lo que más me llamaba la atención era que la mayoría de estas personas jamás habían tenido un utilitario ni lo tendrían a su regreso. Así como tampoco habían tenido vivienda propia, pues muchos vivían todavía a costa de sus padres o de su comunidad, y allí parecían necesitar de todo.

Sé que no se puede generalizar y me dirán que hay mil ejemplos de abnegación, de austeridad y de desprendimiento. Pero es que esto es lo lógico, es la naturaleza de ese peculiar servicio. Es como si alguien me dijera muy ufano: «yo no robo, yo no mato y no soy drogadicto». ¡Ni que fueran títulos! Pues bueno, de ahí partimos para ponernos en marcha.

Quizá sea mi deformación periodística: pero me encontré a muchos europeos desarraigados cuando, por su «vocación o dedicación profesional» parecería que deberían de ser otros su actitud y su talante. No quisiera dejar de señalar que fue, entre estas personas, entre quienes encontré el lenguaje más crítico y hasta más «descarnado» y algo deshumanizado, a pesar de algunas opciones bastante radicalizadas. Es un tema para ponderarlo y no dejarlo pasar porque pudiera ser un síntoma de un malestar más profundo.

Todavía no quiero abordar el tema de la «incomprensión» y la falta de interés por las lenguas vernáculas, por las tradiciones locales, por la sensualidad vivida y encarnada, por la concepción de la vida que informa a los pueblos con los que conviven. Todo su afán parece ser «cambiarlos», sí, a «ellos» como suelen decir. En el campo de la sensualidad, de los afectos y de las relaciones sexuales todavía puedes oír con toda naturalidad y convencimiento de que «no tienen moral ni sentido de la responsabilidad... echan los hijos al mundo como si tal cosa» (*sic*). A veces, lo he escuchado a algunos profesionales del celibato, eunucos por un reino que esperan para ellos, y no comprenden que, para la mayoría de los pueblos africanos, el no asumir la responsabilidad de tener una familia es cualquier cosa menos admirable y digno de imitar. No digamos cuando pretenden que «los africanos» admiren como un «signo» de la doctrina que tratan de imponer el no atreverse a formar una familia. La gente no es tonta y, en muchísimos casos, «comprende muy bien» por qué tantos de ellos no se han casado o «tomado legalmente hombre o mujer», sin necesidad de estudios psicológicos o de acudir al Dr. Kinsey. Junto a sólidos ejemplos de entrega a un ideal —que, por supuesto, es el suyo aunque tratan de imponerlo a los demás—, la educación para la justicia social dependía del grado de dependencia y sumisión que mostraban. No olvidemos las palabras con que, en 1960, el cardenal Cerejeira, patriarca de Lisboa, instruía a sus fieles: «Necesitamos escuelas en África; pero han de ser escuelas en las que mostremos a los nativos el camino de la dignidad del hombre y la gloria de la nación portuguesa que les protege. Deseamos enseñar a los nativos a escribir, a leer y a contar, pero no hacerles *doutores* (graduados universitarios)». La iglesia controlaba la mayoría de las escuelas en Angola, Mozambique, Guinea Bissau y las islas. Era el resultado de un paternalismo que expresaba menosprecio hacia la cosmovisión de los nativos. La educación en África siempre estuvo orientada hacia la dependencia. Todo lo más, necesitaban cuadros elementales para el mantenimiento de la Administración explotadora cuyos puestos claves pertenecieron siempre a los blancos, clérigos o laicos. No hay más que ver el ínfimo número de obispos nativos que se dieron en quinientos años de dominación absoluta en este campo. Los escritos demuestran que los colonizadores y los evangelizadores partieron del falso principio de que toda civilización en África había comenzado con la colonización y que todo lo anterior pertenecía al reino de la oscuridad moral y mental de estos salvajes, agrupados en tribus, que «no hacían otra cosa que pelearse unas con otras». Por ello, cuidaron tanto de que sólo unos escogidos y dóciles nativos recibieran la educación que necesitaban los dominadores.

Como sé que lo que antecede levantará ampollas porque nos educaron en otra concepción de las cosas, nos escamotearon la verdad y tergiversaron la historia, baste recoger unos pocos datos, en espera de ampliarlos y comentarlos más adelante:

En todos los territorios del África francesa occidental y ecuatorial, en 1955, no había más que un instituto de segunda enseñanza que preparase a los africanos para una enseñanza superior, era el William Ponty. La extensión era casi como la de Europa. En el África oriental y central anglófona, sólo había el Makerere, en Uganda. Durante los quinientos años que duró la dominación europea, el porcentaje de niños que se escolarizaban nunca superó un 5 %, en los mejores de los casos. En bastantes colonias, a los nativos no se les permitía la escolarización; en las misiones, la formación iba en función de las perspectivas de perseverancia en la conversión. ¡Cuántas historias de «talentos naturales excepcionales» que dejaban de serlo cuando «perdían la vocación»! Las autoridades coloniales sostenían que los nativos eran incapaces de progresar, que son «rudos a los que hay que considerar como adultos con mentalidad infantil», decía un arzobispo portugués, en 1950, y que, como ese era el designio de Dios, había que actuar en consecuencia y no proporcionarles un bagaje de educación y de cultura porque, sin duda, «harían mal uso de él».

El inefable Dr. Léopold Mottoulle, a cargo de los servicios sociales y médicos de la Union Minière du Haut Katanga (UMAK) en el Congo belga, con la mejor voluntad de reforma en el sistema de trabajo obligatorio de los «mineros nativos», afirmaba «los negros tienen mentes infantiles, son como niños grandes a los que hay que tratar con benevolencia» y sobre todo «librarlos de la infección de la política», porque ésta no podía ser sino subversiva. Teoría que en el África británica alcanzaría un gran desarrollo al identificar «política» con «terrorismo perturbador», al igual que en las posesiones portuguesas y, en Sudáfrica, alcanzaría en pleno siglo XX el paroxismo con el *apartheid* que permitía arrestar a cualquier negro, seguro de que lo condenarían bajo alguna de las innumerables leyes de represión. Recordemos que, en 1945, fueron arrestados 986.593 negros de los cuales fueron condenados 861.209 bajo la vigencia del inicuo «sistema de paso» ¡por otro barrio distinto del suyo! impuesto a la población negra. Muy avanzado el siglo XIX, y aún en el XX, a los nativos que eran admitidos en las escuelas primarias se les prohibía hablar en sus lenguas maternas bajo pena de severos castigos: tenían que aprender a leer, a escribir y a contar en francés, inglés, portugués o español. Tenemos centenares de testimonios de personas que padecieron ese sistema y luego se abrieron camino para la lucha por la independencia. (Como sucede, actualmente, con el pueblo kurdo en Turquía. Y la tenemos de socio en la OTAN.)

«¿Cambiar? ¿De dónde a dónde?, ¿quién a quién?, ¿con qué derecho?» Confieso que mis preguntas muchas veces chirriaban en un contexto que se suponía que era un valor entendido. Y yo no lo entendía y preguntaba por las razones. Recuerdo a una religiosa que, comiendo el día de Jueves Santo, en un lugar de Ghana, se despachó diciendo «porque esto del voluntariado social y de los cooperantes, de los que tanto se habla ahora, sin una fundamentación religiosa no tiene ningún sentido». «¿Cómo dice, hermana?» «Pues claro —me respondió llena de razón—, nosotros que somos "profesionales de la caridad" [*sic*] si no fuera por la motivación trascendente que nos mueve no tendrían sentido tantas privaciones y sacrificios.» «¿A dónde pretende llegar?», inquirí al borde del pasmo. «Pues que esos chicos y chicas o están movidos por Dios y lo buscan aun sin saberlo, o se trata de aventureros.»

Figúrese el lector mi reacción, mi decepción y mi riesgo de infarto. Pero trataré de recordarlo cuando llegue a Ghana y cuente las inefables experiencias vividas con algunas personas en aquel hermoso país.

* * *

Bamako significa en lengua *bambara*: «río de los cocodrilos». Baja oscuro y majestuoso surcado por estilizadas piraguas, algunas de hasta diez metros de eslora. El puente que regaló el Rey de Arabia Saudita, junto con la Mezquita y la pródiga edición del Corán y libros de comentarios al mismo en la más descarada maniobra de islamización de los pueblos de África, limita la visión del río por el oeste. Hace calor, mucho calor. Los mosquitos forman nubes que los camareros del hotel tratan de ahuyentar colocando debajo de las mesas de la terraza insecticidas encendidos. Ese será un olor que ya no me abandonaría durante todo el viaje.

Después de deshacer mis maletas, volé al hall del hotel para organizar mi itinerario, río Níger arriba, durante este largo fin de semana «camino de Tombuctú». Confieso que fue laborioso por la cantidad de «facilitadores» y de hermanos y de primos que se entremeten por todas partes. Fue una lucha a brazo partido, pero es preciso realizarla, sólo así te ganas el respeto de la persona con la que vas a convivir durante unos días de un largo y, a veces, peligroso trayecto. Si no has peleado bravamente por el precio, irá pensando durante todo el viaje que pudo haberte sacado más y no te considerará un hombre capaz de apreciar el valor de las cosas.

Como siempre, a esas horas, pensé que me había ganado una tónica con hielo. La ginebra ya la iría poniendo yo de la botella que me había comprado en el aeropuerto de Bruselas. Estoy en un país musulmán y, aunque en el hotel sirven bebidas alcohólicas, nunca me acostumbraré a ese sistema de que te midan tu porción en un dedalito de metal. Repasé mis notas sobre este maravilloso país, tantas veces soñado.

Está situado en el África occidental y limita al norte, sin solución de continuidad, con el desierto sahariano que ocupa gran parte de Argelia, al este con el Níger, al sur con Burkina Faso, «El País de los Hombres Íntegros», y con Costa de Marfil, al oeste limita con Guinea, con Senegal y con Mauritania. Tiene una extensión de 1.240.000 kilómetros cuadrados con una población que se acerca a los once millones. La zona del norte es desértica (44 % del territorio) y forma parte del Sahara, el centro es la sabana del Sahel en rápido proceso de desertificación (avanza siete kilómetros al año) —si la comunidad internacional no ayuda a poner remedio— y, al sur, es zona más húmeda regada por los ríos Senegal y Níger.

El grupo étnico más numeroso es el *bambara* (más de un millón), pero también son importantes los *malinké* (300.000), *peul* o *fulanis* (500.000), *dogón*, tuaregs (400.000) y moros. La inmensa mayoría de la población es musulmana, un tercio practica cultos tradicionales y los cristianos apenas llegan al uno por ciento. El francés es la lengua oficial pero la mayoría habla el *bambara*, así como el árabe y el *thamazit*, la lengua de mis amigos los tuaregs.

Malí es uno de los cinco países más pobres del mundo o con el Índice de Desarrollo Humano más bajo de una lista de 174 países de acuerdo con el Informe del PNUD de 1997 (junto con Burkina Faso, Somalia, Sierra Leona y Níger) La esperanza de vida está en los 47 años. La mortalidad infantil es muy alta 214/1.000, ocupa el terrible 10.º lugar mundial, Níger el 1.º con 320, Angola 292, Sierra Leona 284, Mozambique 277, Guinea 223, Malawi 221... niños muertos antes de los 5 años. La mortalidad materna, por cada 100.000 niños nacidos vivos, es de 1.249. Está entre los ocho países con el índice más elevado, entre el Afganistán de los monstruos talibán, donde mueren cerca de 8.000 mujeres, Swazilandia 9.001, Irak 1.667, Benin 2.500, Mozambique con 1.512 y el antiguo Zaire de Mobutu y de Kabila, del oro y de los diamantes, donde la cifra escalofriante es de 14.286. La tasa de alfabetización es espantosamente baja, 31 %. Hay un médico por cada 25.000 habitantes y el acceso al agua potable no lo tiene más que un 37 % de personas, lo cual crea un terrible foco de enfermedades. El producto interior bruto es de unos 1.871 millones de dólares. La deuda externa alcanza los 2.781 millones $ y el servicio de la misma es de 198 millones $, lo que supone casi el 30 % de las exportaciones.

La capital, Bamako, tiene unos 650.000 habitantes y hay otras ciudades importantes como Segú, Mopti, Sikaso, Gao, aparte de las maravillosas Tombuctú y Djenné. Alcanzó la independencia de los franceses en 1960 y su primer presidente fue Modibo Keita que al igual que Senghor (Senegal), Houphouët (Costa de Marfil) y Sékou Touré de Guinea, favorecieron la socialdemocracia. (Otros líderes de la independencia africana como N'Krumah de Ghana, Banda de Malawi, Kaunda de Zambia, Mugabe de Zimbabwe y Nyerere de Tanzania se habían educado en Inglaterra y en los Estados Unidos.) Nacionalizó las principales actividades económicas, promovió la industrialización pero, sobre todo, logró elevar el nivel de alfabetización del 4 %, del tiempo de la colonia, al 20 % ¡en menos de 10 años! Combatió por la no alineación, por la unidad del continente y por una política exterior independiente... cosa que no gustó a sus antiguos patrones y, por eso, un golpe militar lo derrocó en 1968. Mientras en París se vivía el Mayo del 68, en las colonias se seguía manteniendo la política de dominio y mano dura por personas y empresas interpuestas. Modibo Keita murió en 1977, muy posiblemente envenenado, en una alejada prisión del desierto. El parte médico decía: «intoxicación alimentaria». El pueblo acompañó sus restos desafiando al régimen militar absolutista de Moussa Traoré que gobernó hasta 1991, en que fue derrocado. Desde entonces, está en prisión y, al parecer, salva la vida hasta que logren que repatríe los bienes que tiene en Europa. (En 1999 lo habrían de condenar a muerte.) El actual presidente, Alpha Oumar Konaré, es un antiguo maestro de escuela que inauguró la Tercera República con la constitución aprobada en 1992.

La famosa cuestión tuareg se extiende a otros países como Níger, Argelia, Burkina Faso y Mauritania. En Malí la revuelta estalló en 1991 y el acuerdo de paz no llegó hasta 1992 pero el problema sigue sin resolverse, como se vio en 1995, y es más complejo de lo que parece, como veremos al llegar al Níger. Ahora se han descubierto unos yacimientos de oro y el Fondo Monetario Internacional aprobó un tercer reajuste mientras parece que los inversores internacionales empiezan a mirar a Malí como campo de sus intereses.

Durante la cena, vi en la mesa de al lado a una persona que comía sola, así como otras varias que habían entrado a la vez y se sentaron separadas. Me levanté y le dije que, si le apetecía, podíamos cenar juntos ya que me daba la impresión de que éramos viajantes de comercio en una pensión del camino. Accedió encantado y, al cabo de un rato, ya estábamos en plena conversación. Me dijo que ya me había visto a mi llegada en el aeropuerto. «Un blanco tan alto no pasa desapercibido», me dijo. «No sabría decir por qué pero intuía que íbamos a encontrarnos... algún día. Yo estaba con mi tarjeta de embarque confirmada y la maleta facturada esperando el avión en el que usted llegó para irme a Addis Abeba y de allí a Nairobi.» «Pero si llegamos con bastante retraso y ya eran casi las 2 de la tarde.» «Pues bien, nos tuvieron allí esperando hasta ahora y nos dijeron que, por causas técnicas, tendríamos que salir más tarde. Nos trajeron a este hotel para cenar en espera de que nos avisen, de lo contrario dormiremos aquí.» «¿Vives aquí en Bamako?» «Sí, me respondió, pero no valía la pena molestar a mi familia una vez que nos habíamos despedido ya que mis padres se iban a pasar este largo fin de semana al pueblo de donde provenimos. Pero creo que hoy era mi día de suerte. No sabía que usted estaba en este hotel ni que íbamos a poder hablar.»

Su nombre era Armand Sembele, estudiante de último curso en la Escuela Nacional de Ingeniería (ENI). Tenía 25 años y pertenecía a una asociación de jóvenes cristianos que lo habían enviado a Nairobi para participar en una Conferencia sobre la Educación, organizada por el CEC (Centre d'Étudiants Chrétiens). Hablaba bien el inglés y muy bien el Francés e iba orgulloso en representación de Malí. Era un muchacho educado y ávido de saber. Ya estaba preparando su trabajo de final de estudios sobre la energía solar, aspecto que me lo hizo todavía más simpático. En un momento de sinceridad, y con esa especie de necesidad de aportar credenciales, me facilitó la dirección del Jefe del Departamento de Estudios y de Investigación de la ENI, Dr. Ing. Industrial Sidy Konate por si me podían ayudar en mis contactos.

Era un buen estudiante y estaba preocupado por los problemas de desarrollo de su país. Se quería especializar en el sector energético y aunque aprovecharía la oportunidad de una estancia de estudios en el extranjero pertenecía a esa nueva generación que quieren regresar e instalarse en sus países africanos para ayudar a su despegue. El bien sabía cómo muchos de los primeros que habían accedido a la Universidad, después de la independencia, sucumbieron a los encantos de los países europeos donde fueron a ampliar estudios. Claro que la reinserción era dura, después de haber tenido a su disposición tantos medios materiales, pero cada vez se habían hecho más conscientes de que sus países los necesitaban y que ellos habían sido unos privilegiados al haber accedido a una formación superior.

Disponía de una beca mensual de 25.000 francos CFA (unas 6.500 pesetas) durante nueve meses, después tenía una ayuda de 40.000 FCFA (10.000 pesetas) para los tres meses de vacaciones en los que procuraba hacer prácticas en las empresas a las que sus formadores recomendaban a los estudiantes con mejores expedientes y cualidades.

«¿Y cuándo descansas?» «En la situación de Malí, poder estudiar y trabajar es el mayor de los descansos ¿no cree?» Por supuesto que estaba de acuerdo. Armand conocía la terrible situación de los jóvenes que no encontraban trabajo. Por eso, él procuraba participar en cuantos encuentros internacionales podía para lo cual, durante el curso, ayudaba en obras sociales. Su novia estaba terminando medicina y, ahora hacía prácticas de verano en un hospital de Niamey. Eran conscientes de que no había tiempo que perder y, «además, lo pasamos mejor. Nunca nos aburrimos y caminamos abiertos a todas las ocasiones de aprender de otras personas y de sus experiencias, por eso me da tanta alegría estar cenando con usted».

Me explicó que, en la Universidad de Bamako, hay una Facultad de Medicina, Farmacia y Odontoestomatología que se encuentra en *Point G*, en *Plateau*. En cuanto a los cuidados a estudiantes existe un Centro Médico Escolar para toda la Universidad atendido por un médico generalista que se ocupa de los casos más leves, puede prescribir medicamentos que cada uno ha de comprarse en la farmacia si dispone de medios y, cuando el caso lo requiere, ordena el ingreso en el hospital. «Ya comprenderá el panorama para un estudiante que vive en compañía de otros cuatro en una habitación; con una beca con la que cubrir alojamiento, comida y libros, se hace difícil poder pagar los medicamentos. Algunos no van al médico por miedo a que les recete algo y se limitan a quedarse en cama. Pero por encima de todo hoy, en nuestros países, cuidar de la salud es un imperativo por el que hay que trabajar por todos los medios. Por eso me fascina su proyecto de Centros de Medicina Preventiva: es una maravilla. En cada centro hay un enfermero que nos atiende y decide si es preciso acudir al médico. Pero carecen de todo y el caso es que son personas bien preparadas.»

Charlamos largamente y vi con qué interés copiaba frases mías. Entonces, me vi a sus años y en una fracción de segundo me pregunté ¿Qué les diría yo a esos estudiantes y profesores africanos concentrados en Nairobi? Y sin más, cogimos un block y le fui dictando el esquema de la intervención sobre los dos pilares fundamentales de un despliegue sostenido: educación y sanidad. El muchacho copiaba frenético y, de vez en cuando, alzaba la mirada y me sonreía. Yo le sugerí que bajáramos al Bar Tombuctú donde al subir a cenar había oído buena música y allí daríamos forma a su/nuestra intervención. El futuro ingeniero tuvo la ocurrencia de pedirme que le pellizcara para comprobar que, en verdad, no había subido al avión y que no se encontraba soñando camino de la capital de Kenia. «Es como un sueño», me repetía. «No, hombre. Es un aspecto de la realidad que, a veces, pasa por nuestro lado y la dejamos ir porque andamos con el corazón dormido. Hay que tener un corazón a la escucha, ¿me explico?» Buscamos un lugar cómodo no demasiado cerca de la orquesta que tocaba música tradicional maravillosa de Salif Keita. Era un numeroso grupo de negros con balafones, tambores, percusión, koras, guitarras y un joven rubio, quizá escocés o californiano, que tocaba la flauta de una manera increíble. Pero no podía dejarme llevar. Ahora, el congreso de Nairobi requería toda mi atención. Pedimos grandes refrescos de gengibre. «Total —repetía Armand—, yo ya no voy a poder conciliar el sueño en toda la noche...» «Pues yo sí que tengo que dormir que mañana partiré hacia Tombuctú.» «¡Cuánto me gustaría conocer esa fantástica ciudad, pero, acompañándole a usted, seguro que será distinta!»

Con sabrosos tragos de gengibre, volví a mis 25 años y con la experiencia de mi auténtica edad, me hice africano para hablar a centenares de hermanos de toda África. Sí, para mí también se trataba de un milagro: iba a hablar en Nairobi, sin estar físicamente allí, por intermedio de un joven *malinké*.

Y hablé y hablé y le dictaba frases apropiadas y le decía cuándo pararse, cómo mirarles en los ojos, cómo hacerse preguntas en voz alta. Armand se entusiasmaba, se encontraba dividido: no sabía si escuchar y preguntarme o seguir escribiendo como un poseso. De vez en cuando, alzaba los ojos del papel y me miraba. La música seguía con su embrujo y con su magia. Me bebí el gengibre de mi reciente amigo que ni tan siquiera había probado y, cuando se acercó un botones para avisar que la furgoneta para el aeropuerto estaba preparada, el joven *malinké*, alto y esbelto, con un color de piel caramelo claro, nariz recta, largas manos y digna actitud permitió que las lágrimas resbalaran por sus mejillas arrancando destellos a la noche y, puesto en pie, dijo muy suave y tranquilo: «Hago promesa de no quejarme nunca en un aeropuerto, cuando pierda una conexión, porque esta noche nunca la hubiera podido imaginar ni con la mayor de las fantasías. No sé cómo podré agradecérselo...». «No hay dinero bastante, pero sí hay una forma que nunca falla: da gratis a los demás lo que gratis has recibido.» Nos despedimos con un abrazo y le vi alejarse, atravesando el amplio Bar de Tombuctú, mientras recordaba a Leopoldo Senghor al contemplar su amplia y negra figura: «[...] ta couleur est vie, ta forme est beauté, tam-tam sculpté...».

Mientras me dirigía a otro sitio para abismarme en la música, trataba de superar la nostalgia que declaraba absurda porque estos encuentros son como relámpagos fugaces que iluminan el sendero de todo el que se ha hecho a la mar. Pero venían, una y otra vez, los versos de Ben Okri, el poeta nigeriano en su *Elegía africana*: «Somos los milagros que hizo Dios para saborear el amargo fruto del tiempo».

La música fue maravillosa.

Al salir al hall del hotel, ya bien entrada la noche, me dirigí al puesto de antigüedades y piezas de artesanía que el tuareg Maolí Fodi Kiram, del Níger, tenía allí instalado. Habíamos hablado, en algún momento, durante la tarde y me había dado las señas de su hermano Moussa, en Niamey. Como ahora ya no había mucha gente por el medio y él iba a desmontar el puesto de un momento a otro, le pedí que me enseñara la forma correcta de colocarme el amplio *litham* de 10 brazas, más de 5 metros. Me dio a escoger entre el negro índigo que dejaba los dedos azules, el blanco inmaculado y el azul celeste. Elegí el blanco. Y como sabía que, al día siguiente, me pondría en camino y el harmattan soplaba muy fuerte desde hacía unos días, me enseñó la técnica con toda paciencia y sabiduría. Semanas más tarde, yo todavía no lo sabía, uno de los más famosos jefes tuaregs, primogénito del Emir de los Imanam, líder de la rebelión en Níger, el Magistrado Abbey Bazou Alhou, me enseñaría el significado de cada movimiento y de cada vuelta del velo. Aunque ésta es otra historia que todavía me había de suceder pero que ya estaba escrita en el viento. De hecho, mientras yo viajaba por Malí, desde el Níger se estaba dirigiendo mi futuro amigo tuareg a Abidjan, como él me diría más tarde «para celebrar el encuentro que estaba preparado desde la eternidad, aunque nosotros no lo supiéramos por aquel entonces».

Al llegar a la habitación, apagué el aire acondicionado. Me duché y me metí desnudo y solo entre las blancas sábanas de aquella enorme cama. Recordaba que «viajar significa un desesperado deseo por lo desconocido, sed de imágenes y de colores nuevos. Necesidad de moverse, de correr, de soñar, de evadirse, de mirar, de tener encuentros, de hablar, de hacer intercambios, de reír, de llorar, de dormir, de despertarse, de alargar los días, de envolverse en las noches estrelladas, de auroras balbucientes, ebriedad de emociones intensas y de una vida a tope».

Mecido como en una nana que me envolvía pasaron deslavazados por mi mente los versos de Blaise Cendrars, en su *Au coeur du monde*:

Quand tu aimes il faut partir
Quitte ta femme quitte ton enfant
Quitte ton ami quitte ton amie
Quitte ton amante quitte ton amant

Quand tu aimes il faut partir
Il y a l'air il y a le vent
Les montagnes l'eau le ciel la terre
Les enfants les animaux
Les plantes et le charbon de terre
Apprends à vendre à acheter à revendre
Donne prends donne prends

Quand tu aimes il faut savoir
Chanter courir manger boire
Siffler
Et apprendre à travailler

Quand tu aimes il faut partir
Ne larmoie pas en souriant

Ne te niche pas entre deux seins
Respire marche pars va-t-en

Le monde entier est toujours là
La vie pleine de choses surprenantes
Je t'aime
Le monde entier est toujours là
La vie pleine de choses surprenantes.

2

El sanador del mercado

Todavía no había amanecido y ya se veían las siluetas de las piraguas deslizándose sobre el río. En sus orillas, había madrugadores que venían a bañarse para el aseo matutino. Había poco tráfico sobre el puente. El jardín del hotel parecía dormido. El conductor *bambara* que me había de acompañar durante estos días ya estaba alerta en el hall. Se llamaba *Cheick* Tidiane Boré, medía cerca de un metro noventa y pesaba más de cien kilos. Los *bambara* por lo regular son de estura mediana. Pero a éste su envergadura probablemente lo haría capaz de levantar el coche con sus brazos y cambiarlo de dirección si fuera preciso. Llevaba el pelo muy corto y una dentadura inmaculada resplandecía en la negra piel caoba-oscura característica del pueblo *bambara*. Son menos estilizados que los *malinké* o mandingas pero su constitución es mucho más corpulenta y, no obstante, suelen ser esbeltos debido a la altura pues, al fin y al cabo, pertenecen al grupo mandinga. De los tuaregs o *tamashek* les distinguía, aparte de la piel negroazulada característica de éstos, la musculatura desarrollada en siglos de utilizar el azadón y la fuerza en las tareas agrícolas. Los tuaregs son como ramos de tendones, con la carne precisa pero sin una gota de grasa y apenas musculatura pronunciada para mejor cabalgar en los navíos del desierto y así poder fundirse con el viento sobre la inmensidad de la arena. Vázquez Figueroa los ha descrito muy bien. Las manos de *Cheick* Tidiana Boré eran como palas, muy blancas por dentro. Cuando las abría pareciera que se escaparan como palomas en vuelo. No sonreía mucho y todo su talante lo hacía reservado, aunque en su medio natural que es la agricultura, suelen ser alegres, hospitalarios y muy laboriosos. La ciudad quema. La lengua *bambara* la hablan unos seis millones de personas. Había un indudable punto de altivez en su trato y quizá de orgullo si no se le tratase adecuadamente. Me lo imaginé enemigo terrible o compañero leal hasta la muerte. Durante el camino me habría de señalar los poblados *bambara* con un cierto orgullo: son casas de adobe semicocido o secado al sol, de planta rectangular o cilíndrica y con una terraza lisa. Las viviendas de cada familia suelen estar juntas y el conjunto de unas seis o siete casas con algunos graneros están rodeadas por un muro de tierra roja.

La familia es la base de la organización social como en la mayoría de las sociedades africanas, aunque el concepto de familia es mucho más amplio que la nuclear monogámica. En algún caso, como entre los *pokot*, que viven en la actual Kenia, un niño tiene como madre, además de su madre real, a las esposas y a las hermanas del padre y, como padre, al suyo y a los hermanos de éste. Todos lo educan, lo alimentan y son responsables de su comportamiento; si hay que castigarlo se le castiga porque un *pokot* pertenece a su comunidad y no sólo a sus padres biológicos. Los *bambara* utilizan máscaras que tienen formas de animales para sus ritos de iniciación y para la celebración de sus mitos: creen en la reencarnación del espíritu de los difuntos en otros vivientes o en animales, según su conducta. Tienen seis sociedades iniciáticas fundamentales con estructura arcana que rige su relación con la naturaleza y con las demás personas y animales. A los niños se les impone el nombre de un antepasado pero, cuando cumple cuatro años, se le designa por un apodo que refleja sus actitudes y tendencias. Más tarde, al superar el rito de la iniciación y ser admitido en una de las sociedades secretas, recibe un nombre definitivo que se guardará muy bien de dar a conocer a un extraño. Muchas veces me ha ocurrido en muchos lugares de África preguntar a un niño o a un joven por su nombre y responderme ¡con el mío! Si insistía, me daba el apodo por el que lo conocían los demás. ¡A un extranjero no se le debe desvelar el nombre fácilmente porque nos puede hacer daño, el nombre es la persona! Lo reservan como otros pueblos la boca, el rostro, las piernas, las nalgas, el bostezo, los senos o el sexo.

Recordé a mi fiel amigo Yao Ajimaní, de la etnia de los *kulango*, en el norte de Costa de Marfil, que me acompaña cuando viajo por esas tierras. Sus cartas son poemas que reflejan en leves trazos indudables horas de reflexión y de nostalgia. Cada línea suya hay que tomarla en sí, como un todo que esboza toda una realidad vivida. Aparentemente, no hay mucha ilación y, sin embargo, sus elipsis valen por mil palabras. Al igual que sus ejemplos. No entra a saco en la lengua francesa, que domina, sino que selecciona exquisitamente cada verbo o cada sustantivo. No es amigo de adjetivar sus afirmaciones. Dice. Punto. Cuenta con el corazón y con las vivencias compartidas con su interlocutor como si fueran de hoy y siempre estuviera rumiándolas. Es consecuente con la expresión francesa *par coeur* que nosotros traducimos inadecuadamente por «de memoria». Antes de abrir una carta procedente de un amigo africano es preciso llevarla algún tiempo en el bolsillo de la camisa, sobre el corazón, y contener el ansia de leerla. Sería una descortesía. Una carta procedente de África es como acudir a una cita o recibir a un amigo añorado. Se requiere una cierta disposición de ánimo y respetar ciertos códigos que no se enseñan, pero que se aprenden con el trato. Esas cartas se leen en soledad porque se han gestado en camaradería. Quienquiera que haya viajado con respeto y sin prisas por África, no los turistas, comprenderán lo que estoy diciendo. Cuando tengo que llamar por teléfono a alguno de esos amigos africanos hago preceder la llamada de un aviso y no sólo para que se encuentren en el lugar, pues conozco sus horarios, sino por la cortesía de darles tiempo a preparar su corazón. Lo contrario sería como presentarse en el hogar de alguien a deshora y sin anunciarse. Las personas tenemos nuestros ámbitos de intimidad que es preciso respetar y descalzarse siempre antes de penetrar en ese umbral. Los occidentales tendemos a ignorar el significado profundo de ese rito de descalzarse antes de entrar en la casa de otra persona, al igual que se hace al entrar en sus templos. En toda Asia es norma que se cumple y lo mismo sucede en el África profunda, por respeto a los «parientes y a los antepasados». El mismo rito del saludo en los países industrializados lo hemos desligado de su raíz originaria de «salud darse». Y para «dar salud», en cierto modo, hay que tenerla y estar limpios. Es muy significativo el gesto de Jesús antes de instituir el rito de la fracción del pan que hace «compañeros» (*copain, cumpanis*, los que comparten el mismo pan; sodalis, que conlleva la carga). No sólo les lava los pies sino que a Pedro, tan precipitado siempre, tiene que explicarle lo que los demás discípulos han comprendido en el signo que expresa el símbolo tácito. El símbolo es un signo visible de una realidad invisible.

Como el tocar los pies del maestro en Oriente no es un signo de humillación sino algo más profundo que el respeto. Cuando, en el África subsahariana, un jefe tradicional te admite en su ámbito de familia amplia pone sus manos sobre tus hombros y junta su cabeza con la tuya doblemente en un gesto que, de nuevo en Occidente, hemos frivolizado pero que se conserva, algo etéreo y sin emoción, en los ritos de las iglesias y de las universidades en la colación de grados. La palabra *accolade*, es más que un simple abrazo, éste se queda en el instrumento que utilizamos, los brazos. Cuando el rey de los Mossí, el Larlé Nabá Tigré, me besó en los labios ante la multitud que estaba en el aeropuerto de Burkina Faso todo el mundo comprendió que «ponía su palabra en mi boca» y me cargó con una inmensa responsabilidad. Antes, lo había hecho ante la reina madre en la zona reservada a las mujeres y su madre se inclinó y tocó mis pies ante mi total turbación pero el Nabá me sostuvo con la mirada, ante el batir de palmas y el ulular de las 28 viudas de su padre.

El primogénito del jeque de los Imanan, una de las más poderosas tribus tuaregs del alto Níger, el magistrado Abbey Bazou, al cabo de unos días de compartir sus tiendas, viajar con él y meditar juntos bajo las estrellas en el desierto, me llevó también a la tienda de la reina madre que reposaba sobre una piel de gacela y con el rostro desvelado, privilegio de las mujeres tuaregs (tampoco lo hacen las musulmanas de Zanzíbar). Abbey Bazou bajó la parte del *litham* que ocultaba su nariz indicándome con un gesto sutil que yo también podía hacerlo, y todas las mujeres comprendieron que yo era hermano de su hijo y había sido aceptado como miembro de los Imanan. La esposa de Abbey Bazou, como me había conocido en Niamey, ambos con ropas occidentales, sólo en ese momento se sumó al rito batiendo palmas desde el lugar que ocupaba con las demás mujeres de la familia. Todo el mundo sabe que un tuareg no puede mostrar su rostro más que ante determinadas personas, hasta el extremo de que si un joven ve la boca de su eventual suegro ya no podrá casarse con su hija porque ha atentado contra el pudor. Recuerdo una reunión con jefes tuaregs en la que sólo bajamos el velo cuando en la tienda no estábamos más que hombres libres y de rango parejo. Me llamó mucho la atención que eso no contaba para los «siervos de por vida» de nuestro anfitrión que nunca llevaban el rostro cubierto mientras nos atendían. Pero de esto hablaré más adelante.

Regresemos al Hotel de l'Amitié, en Bamako. Con la prudencia propia de un viajero que iba a entrar en zonas conflictivas, la víspera había presentado a mi guía *Cheick* al Jefe de Recepción para que anotase su cédula de identidad, su dirección en Bamako y tomase nota del itinerario que íbamos a seguir. En la habitación 714 quedaban mis cosas y él se encargaría de que recogiesen las llamadas que tuviera durante mi ausencia, con independencia de los turnos que tuvieran que hacer. Que esa es una cantinela muy conocida: «no estaba yo, era mi compañero». Si se dejan las cosas bien aclaradas y las toman por escrito uno puede viajar al interior de un país con un mínimo de garantías.

Como siempre sucede con los coches de alquiler en estas tierras, la primera carrera fue a la gasolinera más próxima que es hasta donde suelen llegar en la reserva. La gasolina es cara y los choferes esperan a tener un cliente para llenar el depósito. Este es un tema que hay que dejar bien claro cuando alquilas un coche: la gasolina, ¿la pagas tú o se encarga el chófer? Yo suelo encargarme de este capítulo y verificar que siempre se llena el depósito. Tomo nota y pido un recibo. Vigilo la señal del salpicadero y no espero a que esté próximo a terminarse para rellenarlo de nuevo. Si las carreteras en esta parte de África no suelen ser buenas, una gasolinera es una *rara avis* que no hay que dejar pasar de largo. Como uno ya va preparado anímicamente para los pinchazos que, sin duda, se han de producir es preciso verificar que el chófer lleva el gato y las herramientas así como una o dos ruedas de repuesto, los papeles en regla y ya me encargo yo de que no falte una buena linterna, agua embotellada en abundancia y termos con té bien azucarado. La bolsa de viaje lleva lo elemental: el botiquín, neceser, alguna muda y «recado de escribir», aparte del libro de viaje. Sigue sin amanecer todavía y nos echamos a rodar. *Cheick* musita una plegaria, aunque como la mayoría de los *bambara* no es musulmán, y se lanza con su enorme corpulencia y aspecto de buen conocedor de la carretera. Paisaje desértico. El viajero se siente como inmerso en un silencio sin fin. El viento harmattan no cesa y arrastra el temible polvo rojo que se cuela por todas partes. Por su causa, casi no se aprecia el amanecer. Es un espectáculo algo irreal y fantasmagórico. La carretera está en muy mal estado. Si eso es a la salida de Bamako ¿cómo será después? Pero uno no se puede fiar porque los tramos dependen de las diferentes contratas y de los talantes o posibilidades de los responsables de los departamentos que atravesamos. Necesitamos los turbantes que nos cubren la nariz y la boca porque aprovechamos estas horas para viajar con las ventanas abiertas. Ya llegará la hora en la que tendré que echar agua de las botellas por encima del turbante y por dentro de la parte que cubre la cara hasta sólo permitir mirar por una ranura a la altura de los ojos. Sin esa humedad sería difícil respirar y, al no estar acostumbrado, terminarías por sangrar por las narices.

Todo el camino será un sortear de cabras, de ovejas, de vacas cebú, de gentes que caminan kilómetros y kilómetros con un poco de leña en la cabeza o con carbón vegetal. Aquí y allá un pastor en la *hamada*. Al atravesar tierras de los *peul*, destacan sus casas y graneros en forma cónica como sus sombreros de raffia, de trazo tan elegante como variado. *Cheick* me corrige cuando confundo alguna etnia y, al tiempo, se sorprende de que sea capaz de distinguirlas. Pero, sobre todo, lo que más le admira es que el tema me interese. Para él, conociendo a los *bambara*, el resto no es más que el resto. Me esfuerzo en que me corrija bien las formas fundamentales de saludo: *E-ni-SOH-goh-mah* (buenos días), *E-ni-WON-lah* (buenas tardes), *E-koh-kay-nay-WAH?* (¿qué tal está?), *Ah-HON-kah-kay-NAY* (estoy bien), *E-nee-chay* (gracias), *Khan-bi-ah-FOH* (hasta la vista). Me dice: «Si ya lo pronuncia bien en *bambara*, ¿por qué se empeña en aprenderlo en *peul* o en songhay —a pesar de que él conoce esas lenguas— y puesto que ya sabe saludar y manejarse algo en árabe, ¿para qué empeñarse en aprender la lengua de "los otros"»?

Bueno, no voy a discutir. *Cheick* no es Armand, aunque no tiene un pelo de tonto, pero yo no voy a arruinarme el viaje. Saco de mi bolso la hermosa cinta que Ali Farka Touré grabó con Ry Cooder *Talking Timbuctu*, en la que Ali Farka canta en *bambara*, en *peul*, en *songhay* y en *tamashek*, la lengua de mis amigos tuaregs.

Cheick no salía de su asombro cuando le pedí que me las fuera traduciendo, aunque ya imaginaba que no podría hacerlo con la lengua de los tuaregs. O que no quería. Pero la música hace milagros y, al cabo de un tiempo, el coche se había convertido en el Hôtel Buffet de la Gare, de Bamako, donde los sábados por la noche puedes escuchar la mejor música de Malí. Sí, a veces, hasta puedes tener la suerte de poderte embrujar con los sonidos de la Rail Band, y cuando el milagro llega a su cénit, el mismo Salif Keita puede hacer su aparición, sin previo aviso, en el legendario hotel de la estación. De alguna manera, el milagro se habría de producir porque cuando una persona cabal desea algo apasionadamente termina por conseguirlo.

Cheick, al principio, me hacía resúmenes del contenido de las canciones. Como hizo con *Bonde*: «El matrimonio no conviene a todas las mujeres. Esta es una mujer de carácter». Luego le llegó el turno a *Soukora*, cantada en *bambara*: «La noche nos cubre, amor mío. Es el tiempo para la reflexión y para los amantes: él derrama su corazón en el de su amada». Al comienzo le daba un poco de corte, pero enseguida se puso a acompañar las canciones repitiendo los estribillos. El coche comenzó a moverse algo más.

Le llegó el turno a *Gommi*: «Es preciso que trabajes duro para conseguir un cierto bienestar. Deberías dedicarte al trabajo que te proporcione felicidad. Cuando la comunidad te necesite, nunca deberías hacerte el sordo. Cada trabajo tiene su valor y cada persona tiene que aportar su contribución». El chófer flipaba y todo su cuerpo vibraba mientras sus dedos acompañaban la música sobre el volante. De vez en cuando, volvía su cara hacia mí y estaba radiante. «¡Hoy es mi día de suerte! ¡Esto va bien, esto se pone bien!»

Amandrai: «He viajado para visitar a mi chica, pero no me dejaron entrar en su casa. Canto y toco para que ella me pueda oír y halle la forma de encontrarnos. Después, tengo que regresar a casa para levantarme temprano e irme al trabajo». *Lasidan*: «Nadie puede rechazar las cosas que le hacen feliz. Ninguno debería confundirse en aquello que de verdad le hace feliz. Como un perro con un hueso, como un gato con leche fresca... como un joven con una joven». *Cheick*, hacía sonar el claxon para saludar a las gentes que caminaban al borde de la carretera. Parecía un vendedor de sueños, de alegría y de ternuras. Pero, entonces, sonó una canción en songhay que le hizo ponerse serio y me dijo: «¡Escuche con atención! Esto es triste».

Se trataba de *Keito*, una canción que trata un tema muy recurrente en todos los intérpretes y que emociona siempre a las personas mayores, y también a los jóvenes que, quizá en las largas veladas bajo las estrellas o bajo la lluvia, les escucharon sus experiencias en guerras lejanas y ajenas: «Reclutamiento en África. Estos son los jóvenes que envían a luchar en una guerra por una causa desconocida. Para pelear hasta la muerte en una guerra que no comprenden. Hermanos y hermanas: hay sequía a causa de una falta de entendimiento entre nosotros. La amabilidad está perdiendo su valor. Por el interés de nuestra tierra mantengamos viva nuestra fraternidad. La hipocresía y la ignorancia se aprovechan de nosotros, pero necesitamos ser fuertes y mantenernos unidos por el bien de la comunidad».

Banga: Hay que escucharla en silencio, habla del «espíritu del río», me dijo. *Ai Du*: «No existe nada igual a la confianza y el apoyo en el compañero. Si alguna vez has hecho la experiencia de la confianza sabrás de su fortaleza. Es preciso que te conozcas a ti mismo antes de conocer a los demás». *Diaraby*: «¿Qué es lo que sucede, amor mío? Si es a ti a quien yo quiero. Tu madre te ha dicho que no te cases conmigo porque no tengo nada. Pero yo te quiero. Tus amigas te han aconsejado que no te cases conmigo porque no tengo nada. Pero yo te quiero. Tu padre también te ha dicho que no te cases conmigo porque no tengo nada. Pero yo te quiero ¿Qué es lo que sucede, amor mío? Si eres tú a quien yo amo. No te preocupes, no llores. No te entristezcas por causa del amor». Esta canción en *bambara* la volvió a poner *Cheick* una y otra vez.

Mientras tanto, entre el espeso polvo que levantaba el harmattan, se divisaban los baobads dormidos, inmensos, de enormes troncos y débiles ramas que esperaban la estación de las lluvias para sacar a la luz las hojas y saludar a las aguas. Ahora, toda su riqueza duerme dentro, escondida para protegerse del calor sofocante y del viento que lo seca todo. Parecían grandes hormigueros, barro por fuera, llenos de vida y de actividad por dentro. Por fuera pardos, coriáceos como piel de paquidermo. ¡Yo os saludo, elefantes sin hojas, sin trompa y sin barritar! La carretera está más animada. Las gentes se dirigen hacia algún mercado. Muchas personas caminan con animales o con cestos cargados de frutas y de hortalizas.

Es una sinfonía de colores. Turbantes negros, *djellabahs* azules, turbantes azules, *djellabahs* índigo. No se les ve el rostro, tan sólo los ojos en una profunda oscuridad, ni las cejas, ni los párpados ni la nariz, tan sólo una luz allá al fondo de su noche... sombreros cónicos de paja, de piel, de rafia adornados con hermosos colores vegetales rojos, azules, negros. Muchos llevan una toalla sobre la cabeza. Es una explosión de colores en los *bubús*, en los velos, en los paños que las mujeres llevan a la cintura, sobre los hombros o sobre las cabezas. Envueltos en una polvareda van muchachos arreando seis o siete asnos pequeños amarrados entre sí con cuerdas en forma de rombos. Es incómodo para circular por los senderos pero así demuestran que están avezados para la trilla. El camino es un hervidero que se hará explosión cuando llegamos al mercado.

Es imposible describir un mercado africano. Nos detenemos porque quiero atravesarlo a pie, caminar entre ese baño de humanidad. Las gentes se dan salud: «salud darse». Se tienen agarrados por las manos, bendicen a Dios, se preguntan por la familia, por los ganados, por los campos, por el tiempo. Las gentes no sólo vienen a comprar o a vender, sino a encontrarse. En el país de los *dogón* se trabaja cuatro días a la semana y, al quinto, se reúnen para hablar y para intercambiar información. El quinto día no es para descansar a solas ni con el grupo familiar, sino para sentirse miembros de la gran comunidad, de la tierra de los hombres, de las personas, de los seres vivos así como de los parientes que «ya han pasado» pero que de alguna manera siguen presentes. Como las cosas, los animales, las plantas, las nubes y los vientos. Huele a especias y a perfumes, a frituras y a ganado. No hay relojes, el tiempo tiene otra dimensión en los mercados.

Algunos hombres *peul* caminan con un palo atravesado sobre los hombros y del que cuelgan sus brazos. Parecen cristos vagabundos. La mayoría no vienen a comprar ni a vender nada, tan sólo a compartir la vida. No hacen falta periódicos ni radios: todos saben todo de todos, quién está enfermo, quién se casa, quién ha vendido qué o comprado a quién, cómo van creciendo los cereales por su zona, la altura de las aguas en los arrozales... Hay ritmo, hay un orden mágico, percibes una vibración que te embarga. La gente no corre ni casi anda, sino que se desplaza. Es como un azogue, como un cuerpo vivo lleno de células que se saludan y se enriquecen mutuamente. Por un momento, me siento parte de esta comunidad que vive en presente. De hecho, algunas lenguas en África no tienen formas para el futuro ni para el pasado. Los cuerpos son hermosos, las curvas y la tensión de sus caderas, la sonrisa permanente o la mirada profunda, el color de sus pieles cubre toda la gama del negro azulado al ámbar más bello.

Me detengo ante el puesto de uno de los curadores/sanadores (no curandero). Está sentado bajo un árbol, algo alejado de sus colegas para poder atender las consultas. Sobre un paño extendido en el suelo tenía plantas y raíces, brebajes, ungüentos, hojas y restos animales disecados, abalorios, polvos de colores. El paciente se sienta sobre una esterilla en frente del curador y se inicia un monólogo de desahogos y de cuitas, de síntomas y de quejas, de temores y de presentimientos. El curador escucha con atención sin interrumpir jamás. Disponen de todo el tiempo de la creación. Si el paciente extiende un brazo o muestra un pie o señala algo en alguna parte de su cuerpo el curador observa con atención pero no se mueve ni lo toca. Sabe que la mayoría de las veces quien le habla no es más que un emisario que recita las dolencias del paciente ausente... quién sabe si lejos, muy lejos de allí. El emisario ha hecho el camino por el doliente.

Siento que me invade una nostalgia infinita, inexplicable, un cansancio telúrico y que mis piernas flaquean. Miro a sus ojos, descalzo mis sandalias y tomo asiento sobre la esterilla con las piernas cruzadas. Inclino la cabeza y no sé cómo saludarlo, musito alguna fórmula de paso —*mot de passe*— en árabe. Él sonríe y extiende su mano derecha con la palma hacia arriba en un gesto de paz. (En toda África no se debe señalar a nadie con la mano pero jamás con la izquierda, ni tampoco cruzar las piernas delante de una persona mayor ya que, sin querer puedes apuntar con tu pie hacia ella y eso es una gran ofensa.) Sabe que soy un europeo a pesar de mi *tchamir* de viaje, de mi turbante y de mis sandalias. No me dice nada ni yo le respondo. Nos miramos en silencio. Sobran las palabras, laten los corazones al unísono. Por un espacio infinito nos hacemos ritmo en las sístoles y en las diástoles de la muchedumbre que parece estar a mil millas de distancia. El ruido se va alejando, siento que mi respiración y mis pulsos se van aquietando. Él sonríe mansamente. No me pregunta nada ni me ofrece nada ni pretende venderme nada. Es la hora del silencio compartido, de la soledad poblada.

De pronto, extiende su mano y coge un pomo que descansaba bajo los pliegues de su chilaba. Lo abre con una gran paciencia, con una cadencia irreal. Todo se hace mano, todo se convierte en bálsamo, en el marfil del pomo, en el ámbar mezclado ¿quizá con carite? que contiene almizcle. En el cuenco de su mano izquierda lo sostiene como un sacerdote una patena. Con los dedos pulgar y anular de la derecha muestra el reverso de la tapadera con reflejos irisados. No sé cómo, aquella luz reflejada en la pequeña superficie lo llena todo, se expande, como un gong de cobre inmenso que enviase vibraciones en forma de luz, sonidos y silencios, luces y sombras, cuerpos y descuerpos, materia y espíritu... me siento invadido por todos mis poros, me sé luz y agua, tierra y aire, por todo mi ser hay la vibración que electriza una cuerda del arpa cuando la pulsan adecuadamente. ¡Me está pulsando! ¡Me hace vibrar y, al tiempo, me sosiega! Sus ojos me sostienen desde un profundo e infinito vacío que se hace uno con el espacio. Toda mi piel se conmueve suave, muy suavemente como si estuviera en el umbral no de un orgasmo sino de una plenitud nocturna de adolescencia dulce y cálida. Sin embargo, me sé allí, en el mercado, en Malí, camino de Segú y de Mopti, camino de Tombuctú. No pierdo la consciencia; si quisiera podría oler los olores, escuchar los sonidos y sentir el calor sofocante... En un espacio sin fin, en un tiempo irreal pero verdadero, estoy consciente de cada una de mis células, de mis poros, de mis huesos, de cada pelo de mi cuerpo... sin pensar en ellos. Hay un ligero vértigo, como un imperceptible temor de ir a disolverme en todo y en nada. No hago esfuerzo alguno por detenerlo. Me dejo llevar a un mar sin riberas. Todo puede suceder y yo no sabría ni querría detenerlo. Paz, sosiego, ingravidez. Me doy cuenta de que no peso, de que mi cuerpo no siente la atracción de la tierra sobre la que estoy sentado, podría levantar una mano si quisiera o hablar o reír o llorar o sudar...

Me acerca el pomo abierto y, sin saber cómo, paso mi dedo anular derecho por la superficie de la esencia incolora, que bien podría ser mercurio o cera o almizcle, y me lo llevo a la frente, precisamente al entrecejo. El curador sonríe con la mirada y asiente sin mover un sólo músculo de su rostro, que se ha convertido en el rostro de la humanidad entera. Aprieto mi dedo sobre mi frente y hago un ligero masaje circular en el sentido de la rotación de la tierra. Es, entonces, cuando siento una descarga que me vacía y me llena a la vez. En una misma fracción de segundo dejo de ser y estoy pleno a la vez. Es inefable. Como si me hubieran dado la vuelta a mi ser entero: el vacío y la plenitud en un instante. Ahora sí, mis ojos se derraman en un llanto silencioso, siento que las lágrimas se deslizan a borbotones pero mansas por mis mejillas y empapan mi *litham*. El curador respira hondo, muy hondo, como si regresara de la profundidad de los océanos y aspirara toda la atmósfera de la tierra. Por mimetismo hago lo mismo y, aún ahora, me pregunto si había estado sin respirar durante toda esa eternidad, *tempiternitas*.

Me levanto y me inclino ante él con un enorme y respetuoso: ¡*Elhamdullillah*! El pomo ha desaparecido y, en su lugar, me tiende una nuez de coca con el gesto más desenfadado del mundo. Como si yo no hubiera venido más que a eso, a comprar nueces de cola para el camino. Intento depositar un billete en el extremo de la tela sobre la que reposan sus remedios, pero su gesto es elocuente. Calzo mis sandalias, doy un paso atrás y, cuando voy a saludar de nuevo, me quedo atónito al escuchar de sus labios en un perfecto francés: «Les amis ne se rancontrent qu'une seule fois». Como por encanto, *Cheick* está a dos pasos de mí. Me tiende un vaso de té caliente con hierbabuena que yo me apresuro a ofrecer a mi amigo. ¿Cómo sucedió? No lo sé. Lo cierto es que *Cheick* tenía otro vaso idéntico para mí. Me lo tendió con una mano temblorosa mientras musitaba, mirándome a mí y a mi reciente y ¡sin embargo! viejo amigo: *Marabout*. Yo no dije nada. Pero los presagios eran buenos en el camino de Tombuctú. Creo que fue a partir de ese momento que ya nunca se dirigió a mí como *monsieur*, sino como *Sidi*, aunque no era musulmán. Él sabría por qué.

3

Camino de Tombuctú

Segú está a 230 kilómetros de Bamako. Fue un lugar importante en tiempos de la colonia y nos puede dar una idea de cómo era la vida en aquellos tiempos. Me recuerda a Grand Bassam, cerca de Abidjan. Me habla de un pasado que no me atrae. Como todos los viajeros suelen hacer, nos dirigimos al restaurante L'Auberge para tomar un buen café y cambiar aguas. Es un lugar típico de encuentros entre los que pasan hacia Mopti, Djenné y Tombuctú y los residentes en esta ciudad, para mí, carente de otro interés que el estar cerca del divino río, y porque Mungo Park y otros viajeros (Pep Subirós, Mark Jenkins, Alex Newton, Nadia Khouri...) nos han hablado de ella. Pero el tiempo me aprieta por seguir hacia Djenné, la hermana gemela de Tombuctú. Mañana es el gran día de mercado y quiero llegar a tiempo para prepararme a un encuentro que siento cada vez con más apremio. Tenía previsto llegar al mediodía a Mopti pero la experiencia del mercado me ha llenado de silencio y *Cheick* comprende que no tenga ganas de hablar. Pone en la radio las mejores cintas de Salif Keita y, en esa atmósfera casi mágica, le pido que enfile hacia la ciudad santa y que, a nuestro regreso, nos detendremos en Mopti. Parece no entender el cambio de planes pero comprende que no es momento de hacer preguntas, ni tampoco necesario traducir las canciones de Salif. En el África profunda, cuando se intuye que una persona ha estado en contacto con el misterio se la rodea de un espacio de silencio y de respeto.

Por eso, abandona la carretera principal y, por caminos que él conoce, atravesamos tierras abrasadas por un calor terrible: pastores con sus ganados, tiendas de nómadas, mujeres con grandes cestos sobre la cabeza, niños arreando unas cabras, allá a lo lejos un rebaño de dromedarios, «los navíos del desierto», un hombre duerme a la sombra de un mango, chozas de paja en la forma cónica tan querida a los *peul*, dos tuaregs altivos y majestuosos, envueltos en sus ropas azul índigo y con turbantes negros, no detienen sus cabalgaduras a nuestro paso. Prosiguen su rumbo con la mirada fija en el horizonte. Paisanos que caminan y caminan al lado de la carretera, siguiendo su rumbo. Hombres, mujeres y niños caminan bajo un sol inclemente y con un viento harmattan que ahoga. Nosotros hemos tenido que subir los cristales pero, envueltos en los turbantes, nos asfixiábamos con el calor del motor y de la cabina recalentada; por eso había que dejar una abertura en las ventanas por las que se colaba, inclemente, el viento seco, terrible, denso de un polvo rojo. Yo echaba agua por encima del *litham* y se deslizaba a chorros desde la frente hasta la boca para empapar el velo y así humedecer un poco el aire. Un viajero prudente, hubiera hecho un alto para almorzar y descansar en un lugar como Mopti hasta que pasasen las horas de la canícula. Pero *Cheick* sabía que no podíamos arriesgarnos a perder el último *ferry* que nos cruzase el río Bani, afluente del Níger, hasta la isla donde se encuentra Djenné.

Es uno de los viejos «puertos» del sur de la costa sahariana que, a diferencia de Tombuctú, nunca fue una ciudad imperial. Pero era un lugar estratégico debido a su situación en un isla del delta interior y a sus famosas murallas de tierra batida que resistieron y fueron cien veces reedificadas, hasta que los conquistadores franceses las derribaron en el pasado siglo y sólo quedan algunos restos admirables. El cronista de Tombuctú, Abderrahman As-Sadi, escribía hacia 1650: «A esta bendita ciudad se debe el que las caravanas acudan a Tombuctú desde todos los puntos del horizonte». Y a pesar de que habían pasado los siglos del gran esplendor de las rutas caravaneras, no tiene reparo en afirmar: «Djenné es una gran ciudad, floreciente y rica, uno de los grandes mercados del mundo musulmán». Ibn Battuta la había visitado en 1352, así como León el Africano. Fundada en el siglo IX, es una de las ciudades más antiguas del África occidental. Alcanzó su cénit en los siglos XIV y XV.

Cuando nos aproximábamos a la orilla del río ya se había puesto el sol y el harmattan se había retirado. La noche estaba cuajada de estrellas sobre un cielo azul intenso que nos envolvía hasta hacer invisible el horizonte. La luna estaba en creciente y me pareció más bella que nunca. Habíamos abandonado la carretera medio asfaltada y saltábamos por un camino de tierra sin señalización alguna. Yo confiaba en *Cheick* pero me animaba el encontrar a algún caminante que iba en la misma dirección. Al final, cuando yo esperaba un embarcadero para el *ferry*, sólo había la arena de la orilla sobre la que algunos devotos habían extendido sus esterillas o sus turbantes y, mirando hacia la Meca, hacían sus plegarias de la noche. No se veía nada más que, de vez en cuando, el destello de alguna linterna. Cuando nos bajamos y *Cheick* apagó los faros del coche, nuestros ojos se fueron acostumbrando a la oscuridad y comprobamos que no estábamos solos. Sobre unas parrillas se asaban grandes trozos de cordero; gentes que surgían de la noche lo comían allí mismo en espera de poder cruzar el río o, de lo contrario, disponerse a pasar la noche hasta el amanecer. Había alguna furgoneta cargada de mercancías para el mercado del lunes. También había algunos viajeros franceses, dos americanos con la mochila a la espalda y dos japoneses con sus máquinas de fotos, saco al hombro y toda la paciencia del mundo supuesta en sus inexpresivos rostros.

Cheick regresó de sus indagaciones y me dijo que confiaba en que el *ferry* hiciera otro viaje para recogernos. Los estaban llamando a gritos desde nuestra orilla. Yo no veía nada. Alguien dijo que era la artimaña acostumbrada para obligarnos a pagar el doble porque ya se había acabado el horario. Pero *Cheick* me musitó en bajo que vendrían a por nosotros ya que éramos un buen grupo y, si no, al día siguiente, no podrían dar abasto con todos los que se irían acumulando para llegar con tiempo al mercado. Cuando me acerqué a la orilla para intentar divisar algo, comprobé que había bastantes personas descansando de un largo caminar. Algunos se lavaban los pies, otros hacían sus abluciones antes de la plegaria, más allá algunos fertilizaban los arbustos.

De pronto, me pareció ver una pequeña luz pero que no se acercaba derecho hacia nosotros sino que parecía remontar río arriba. Luego comprendí que era para aprovechar la corriente cuando fuera cargado. Como en un cuento de Simbad, surgía de la noche cerrada un viejo *ferry*, probablemente de la primera guerra mundial, de indefinible color grisáceo y lleno de abolladuras. Yo seguía preguntándome cómo haríamos para subir el coche si por allí no había embarcadero alguno, pero me abstuve de preguntárselo a *Cheick*. Lo imposible acontece. El viejo cacharro llegó, puso proa hacia donde nos encontrábamos, bajó ruidosamente una pasarela de hierro que se posó en la arena, a golpes y entre los gritos de unos y de otros. Jamás había visto una maniobra semejante en la noche. Años atrás, al cruzar en un Mitsubishi Pajero, desde Camerún a Gabón, había pasado por una experiencia semejante pero con un embarcadero y antes de ponerse el sol, aunque con una *mise en scène* muy semejante.

Cuando estuvimos a bordo, comprobé que había cuatro vehículos y unas veinte personas que parecieron surgir del cielo o del fondo de la tierra con fardos, cajas, animales y todo lo imaginable. Fue impresionante el momento en que nos encontramos en medio del río sin divisar ninguna de las dos orillas. No sé por qué había imaginado que Djenné se alzaba a orillas del río pero yo no veía rastro de ciudad alguna por ninguna parte aunque fuera en la noche. Fueron momentos de una cierta emoción, una sensación de abandono en medio de un río sobre un barco con más ruidos que el *Reina de África* y en el que no me extrañaría nada ver aparecer, en cualquier momento, a Humphrey Bogart y a Catharine Hepburn. Miré hacia el cielo, me llené de estrellas, respiré hondo y saludando con un guiño a la media luna me dije que nada podría pasarme después de los presagios con el marabut del mercado. Entonces, volví a sentir algo de aquella paz inmensa. Yo había salido camino de Tombuctú pero Djenné me esperaba. Azares de los viajeros, que no de los turistas.

Al cabo de un tiempo, voces de a bordo que se comunicaban con otras invisibles en la no menos invisible orilla. Ruido de cadenas, y desde la popa bajaron una pasarela como la que nos había recogido en la otra ribera. ¡Habíamos navegado todo el tiempo hacia popa cuando yo creía que se trataba de una maniobra para salvar algún arenal o para aprovechar la corriente! Comprendí que el *ferry* era igual a proa que a popa y que lo que yo creí una casetita para herramientas no era sino el puente de mando.

El desembarco fue más laborioso y los vehículos tuvieron que rodar un gran trecho sobre maderos puestos sobre el agua y la arena ya que no había calado suficiente. Ni que decir tiene que yo pegué un salto y, con el agua hasta las rodillas o hasta donde fuera, me dirigí andando con el resto de los viajeros. Entre el griterío de los de tierra y de los de a bordo, de los conductores y de los dueños de los fardos, entre risas y saludos, yo no sé si broncas o denuestos, dejé al gigante *bambara* que llevara nuestro coche hasta lugar seguro. Ya en tierra, *Cheick* me dijo lo que teníamos que pagar, que era irrisorio, y enfilamos por unas dunas de arena con dos inmensas mujeres que me pidieron que las acercásemos hasta Djenné. A ellas y a sus paquetes, fardos y enseres. *Cheick* me miraba asustado.

Al cabo de poco tiempo, sucedió el milagro: alcanzamos una carretera que nos condujo ante una puerta que anunciaba la bendita ciudad. Le pedí que parase un momento, me apeé y le dije que me siguieran en el coche. Yo no podía traspasar aquella puerta más que andando y con las sandalias en la mano. No me importaba lo que pudieran pensar. Era noche cerrada, la puerta se recortaba contra las estrellas, recordé la de Sijilmasa, al sur de Fez, y parecía que no hubieran transcurrido dos décadas: era yo el que llegaba andando a uno de los puertos de Sur del Sahara. A mi tiempo y ya no tan cargado de mí, sino algo aligerado.

Crucé a pie el puente que salva otro brazo de ese delta y contemplé la hermosura incomparable de la ciudad, sus volúmenes, sus minaretes, sus espacios, los ocres y los blancos de las casas, los sienas, los añiles, el bullicio de las gentes que llegaban con sus asnos o con sus ovejas, con algún dromedario a recogerse tras los muros que se adivinaban rodeando la ciudad. Sentí que todos los viajes de mi vida habían tenido sentido porque ahora estaba ante las puertas de Djenné, la incomparable, la hermosa, la fascinante hermana gemela de Tombuctú. Hice señas a *Cheick* para que pasase adelante y yo le seguí caminando por aquellas calles que no cesaban de maravillarme. Las mujeres se apearon, quisieron pagarnos y las saludé según la *quaïda*, normas de cortesía entre los musulmanes. Y caminé por calles iluminadas, ante puertas de madera bellísimamente trabajadas y adornadas con clavos, pasé bajo arcos y ante celosías que guardaban secretos de amantes, crucé varias medersas de las que salían las voces cantarinas de los niños que, sentados en el suelo cubierto por la arena del harmattan, salmodiaban las suras del Corán dirigidos por un joven que se ayudaba con una vara de fresno en su mano derecha. Todos llevaban *djellabahs* y se cubrían de algún modo la cabeza; las pequeñas sandalias reposaban a la puerta.

Yo no quería despertar de aquel sueño, yo no quería llegar a ningún sitio más, a pesar de las señas que me hacía *Cheick* que se disponía a pasar las cancelas del Hotel Le Campement, tan cercano a la gran mezquita y en el que estaba previsto que nos alojaríamos. Era lo lógico, era lo natural, tendría que calmar mi impaciencia. Todo viajero, cuando llega a una ciudad en la noche y sobre todo después de haberse puesto en camino bastante antes de amanecer, lo más prudente es que asegure el alojamiento. Al fin y al cabo, era el único hotel de la ciudad, habría que bañarse del polvo y del calor del camino y habría que hacer la primera comida decente del día, pues nos lo habíamos pasado comiendo frutas y bebiendo agua. Aunque sólo fuera por *Cheick*, que tendría que estar agotado, y también por mí pues la fascinación y el encanto del lugar ponían en peligro las medidas de prudencia más elementales. No debía olvidar que todavía me encontraba al comienzo de un largo viaje por el continente africano.

Así, pues, arreglé las cosas con el responsable del hotel, pedimos la comida para que no cerraran la cocina, mientras íbamos a dejar las cosas en nuestra habitación y a pegarnos una ducha. Recuperé el control y, al cabo de media hora, duchados y con ropa fresca, nos sentamos en el comedor del jardín bajo enredaderas y palmeras cuyas copas se perdían entre las estrellas. No importaba que la habitación no tuviera aire acondicionado ni funcionase la luz, bastó con la linterna. Tampoco importaba que las duchas fueran comunes, con la única salvedad de que había unas para hombres y otras para mujeres. Al menos, había unas bombillas que sí estaban encendidas. Allí nos volvimos a encontrar con nuestros compañeros del viaje en el *ferry* y con otros que habían llegado antes y habían preferido cenar mientras los demás se duchaban... Valía la pena, valía la pena.

Casi sin darnos cuenta nos bebimos cuatro litros de cerveza fresca en botellas de color ámbar que nos parecían mágicas. Si nos hubieran servido la cerveza en cántaros de alabastro no los hubiéramos encomiado más. Comimos cus-cús con los dedos y pescado *capitaine* a la parrilla; y de postre, sendos platos de papaya con limón. Toda la sed, toda el hambre y todo el cansancio se nos habían venido de pronto encima como si nuestro organismo hubiera mantenido la provisión necesaria de estamina hasta dejarnos verter la fatiga con todo el polvo por el desaguadero de la ducha. Mirábamos a nuestro alrededor y contemplábamos caras de satisfacción expectante por lo que se avecinaba mañana en el mercado. Todos los que estábamos allí habíamos hecho miles de kilómetros desde Asia, América o Europa para vivir un sueño y estábamos a punto de realizarlo. Por eso bebíamos con nuestros guías y conductores que, a pesar de ser buenos musulmanes, y encontrarnos en una ciudad santa, en aquella especie de *caravane-sérail* todo funcionaba como si fuera tierra franca en la que todo era posible; parecía como si las normas que regulaban la vida fuera de la cerca que custodiaba nuestro oasis estuvieran suspendidas. Nadie llega a Djenné «de paso», sino camino de Tombuctú.

Ya hacía algún tiempo que el corpulento *bambara* repetía tres veces *Sidi, Sidi, Sidi* al dirigirse a mí. Yo comprendía y lo reconocía con una sonrisa franca. En muchos lugares de África, cuando quieres mostrar respeto, reconocimiento o sencillamente dar las gracias sin franquear umbrales repites el nombre de tu interlocutor tres veces. Quizá por el cansancio o por los acontecimientos del día, ayudados por la cerveza, *Cheick* se hizo locuaz y tuvo lugar una de esas conversaciones sin tiempos en los verbos, sin respeto por la sintaxis y sin lógica alguna ni razonamientos pertinentes, que, de tarde en vez, en ocasiones siempre imprevistas, ocurren como por encanto, como por ensalmo. A quienes les sucede, siempre las reconocen, no se pueden reproducir pero son inolvidables. Suelen ir acompañadas de risas involuntarias y percutientes, que parecen salir de lo más profundo del vientre y suben como en oleadas hasta las mejillas y se escapan al aire por los ojos y entre los dientes. Tienen algo en común con algunos efectos del hashís y de la hierba, así como de las experiencias de Absoluto... o de Vacío. (Nunca de la Nada, porque ésta no se puede experimentar ni experienciar.)

Pero, a las que me refiero, siempre se dan a solas aunque uno se encuentre en medio de una muchedumbre. Y no se pueden compartir, aún cuando les sucedieran a varias personas al mismo tiempo como puede ocurrir durante una seshin Zen, o en algunas danzas derviches o a los giróvagos en el curso de alguna danza de iniciados. En estas explosiones de conversación —*cum versare*: verterse juntos—, sí que se comparte pero es como si cada uno dispusiera de su instrumento e interpretara su parte en la sinfonía. En verdad, se produce una sintonía y la música de palabras es melódica pero sin partitura: cada uno expresa lo que lleva dentro. Como gaiteros apretando el fuelle que encerrase sus sentimientos. Uno dice cosas que jamás hubiera pensado que se le pudieran haber ocurrido. Pero las reconoce como propias aunque las escucha por vez primera cuando salen de sus labios. No hay reflexión posible y, aunque quisiera, que no quiere, ir a recuperar las palabras extrovertidas, éstas tienen vida propia y uno se muere de la risa al verlas partir hacia el lugar originario de las cosas, al hontanar perdido de donde nace sin cesar la vida. Los cuerpos pierden sus perfiles y, a veces, se tiran sin querer los vasos o no se acierta a dejar la ceniza en el cenicero o a verter la cerveza en su sitio mientras contemplas cómo salta la espuma sobre la mesa; produce una especie de fascinación y te entran ganas de ir al baño. Pero uno sabe que ni está borracho ni descontrolado, al contrario, su percepción se agudiza hasta límites inimaginables. Uno está muy estón, como dicen en Perú. El mero hecho de levantarse a mear supone un cierto esfuerzo pero es un placer que parece que se descubriera por vez primera. Uno se quedaría meando la vida entera.

Los poros de la piel parecen dilatarse al tiempo que cada uno de los pelos cobra su identidad primera. Las yemas de los dedos se sensibilizan al mero contacto de la madera de la mesa o de la piedra, de las telas o de otra piel que se reconoce como propia. No hay intercambio de nada. La palabra es la reina de la fiesta. En el origen es el silencio pero su fruto es el verbo. Se vive la tensión vibrante de la espera en los umbrales de la fiesta. Se identifican los olores, los aromas, los efluvios, los sudores, las lágrimas, los rumores; pero no se registran ni se acopian. Todo se sabe en común, sin posesión ni pertenencia: así debió suceder en el origen de los tiempos.

A eso llamaron el paraíso, el edén, el jardín de las mil flores. Ese era el tiempo de la ingenuidad perdida, de donde surgió el mito de la edad dorada. Entonces, se descubre que no fue cosa del pasado sino que está aquí, que es y que está siendo. ¡Ese es el mundo de los dioses! Los héroes lo alcanzan cuando catan esta ambrosía o soma o maná, o se ponen en actividad las endorfinas que se llevan dentro y que, a veces, se sueltan a voleo. ¿No era esa la alfombra mágica, la lámpara de Aladino, el encuentro en el silencio absoluto sobre la montaña sagrada? ¿No fue algo de eso la experiencia del Tabor cuando «no sabían lo que decían» o, más tarde, cuando les acusaban de estar borrachos «a pesar de no ser ni siquiera la hora de tercia»? Las pieles vibran como membranas percutidas, como cuerdas tensadas, como calores que se funden y se mezclan porque se saben uno y ya no hay mío ni tuyo, ni siquiera nuestro.

La noche fue hermosa, noche de ensueño, noche *bambara*, con olores a jazmín y a menta, a hierbabuena y a sándalo, a almizcle y a ámbar. Noche mágica de Djenné. Noche inolvidable, cálida y ardiente, fresca y suave, firme e inebriante. Todo a la vez. Los relojes se habían detenido, el tiempo no existía, el espacio lo conformábamos nosotros y los árboles y el cielo y las estrellas... Todo estaba animado, sentías que vibrabas en las palmeras y que respirabas en las hojas de los árboles, que tus tendones se confundían con los chorros de la fuente que cantaba en el jardín. Todo era posible: hacerte agua, aire, aroma, fuego... murmullo. Todo era posible, una vez superados el cansancio y las barreras del esfuerzo. Nos dejábamos llevar, nos hicimos noche y la transición de la vigilia al sueño nunca pude recordar cómo fue. Y eso que parece que fue ayer, que fue anoche, que está sucediendo.

Pero tuvimos la precaución de darle su moneda a Caronte al cruzar la laguna estigia de los jardines sorteados que conducían a nuestra cabaña redonda, con techo de paja, con diminutas ventanas protegidas de los mosquitos con tela metálica pero que permitían pasar todos lo sonidos y todos los olores de la noche mágica de Djenné, la plena. Dos ascéticos catres acogieron lo que restaba de nuestros cuerpos. Después, silencio.

4

Djenné, la hermosa

Me despierto antes de las cuatro de la madrugada. *Cheick* duerme profundamente. Cojo mis ropas y el neceser y salgo sin hacer ruido. Me guío con la linterna y llego al cuarto de duchas. Hay una brisa muy suave llena de perfume. No se oye más que el agua de la fuente. Ducha rápida, fricción y me visto con pantalón *serual, tchamir* y amplia *djellabah*. Cubro mi cabeza con turbante azul. Calzo sandalias tuaregs hechas con piel de gacela. *Cheick* debe tener sueños dulces porque sonríe. Dejo las cosas en el cuarto y cierro con cuidado la puerta. En el jardín todo es silencio. El guarda de noche estaba regando y cuando me ve se alarma, coge su escopeta y me da el alto. Saludo en árabe y le digo que me voy a pasear por la ciudad. Me mira incrédulo pero no tiene más remedio que volver a terciar el arma que había cogido en las manos y dirigirse hacia la gran cancela que ayer habíamos franqueado. Para tranquilizarlo, le señalo nuestro coche y le digo: «Volveré para desayunar. Voy a caminar un rato antes de la llamada a la oración».

Salgo a la calle. La noche está cerrada, el azul del cielo es intenso y parece que va a reventar por la urdimbre de la tela que lo contiene. La luna se ha desplazado hacia la gran mezquita. Las casas blancas, enjalbegadas, con puertas de madera, celajes y airosas espadañas. Cruzo la plaza en el más profundo silencio. Ya no necesito la linterna. Atravieso calles desiertas y, al fondo de la gran plaza, diviso la silueta de la mezquita. Siento que palpita el corazón en mi pecho. Está ahí, aquí, la hermana gemela de la gran mezquita de Tombuctú, la de las cien columnas. Construida con adobes de color ocre, con cañas que salen aquí y allá sujetando la estructura. Es uno de los ejemplos más clásicos del arte saheliano en adobe. El edificio original se construyó en el siglo XI y su fama llegó a Europa y al Asia, pero esta estructura data de 1905, después de haber sido demolida en el siglo XIX a causa de rivalidades religiosas. Cada año, después de las lluvias tienen que repararla. Está rodeada de un muro bajo indicando el lugar que no deben traspasar los infieles. Me acerco despacio y con reverencia. Apoyo las yemas de mis dedos en una de las puertas. Apoyo mi frente. Quisiera extender los brazos y abrazarla. Camino a su alrededor, entro en la zona de las abluciones, meto mis manos bajo el chorro de agua fresca. Me las paso por la cara. Algún perro ladra lejano. El resto es silencio. La luna en su cuarto creciente es el único testigo de este encuentro de amor con una de las mezquitas más bellas del mundo.

En estos momentos, ni la Kutubia de Marrakech ni la mezquita de Córdoba ni la de Casablanca ni la de Al-Azhar, en El Cairo, ni las de Damasco o las de Bagdad. Ni siquiera la de Costantinopla. Todas pasan como un cendal ante mis ojos. Me subo a la terraza de una casa abandonada que daba al norte de la mezquita. Me hubiera quedado allí sentado, pero temí no regresar. La miré y la contemplé mil veces. ¡Estaba allí, aquí y yo estaba aquí, allí! Bajé de la terraza y me dirigí al centro de la plaza. Me fui retirando hacia atrás para poder abarcarla en todo su esplendor. La fachada principal tiene una gran torre llena de aberturas o ventanas con airoso minarete. Está flanqueada por otras torres rectangulares y también tiene una especie de troneras en la parte superior. Es airosa como un encaje. De esquina a esquina hay cuatro grandes muros coronados por una especie de almenas piramidales. Es impresionante. Me voy acercando de nuevo con las sandalias en la mano. Un gran porche la rodea y, ante la puerta principal, un cartel anuncia que es patrimonio de la humanidad pero, al mismo tiempo, prohíbe la entrada a los infieles. Paradoja de las paradojas. En los templos cristianos entran centenares de millares de viajeros de todo el mundo sin que nadie les pregunte por sus creencias. Después del muro, subo por una cuesta que franquea el paso al patio exterior. Sé que no debo ir más allá. Quizá hay guardias en la noche. Miro a la luna, todavía falta más de una hora para la llamada del almuédano a la primera oración.

No lo pensé más. Me lancé a caminar por las calles sin rumbo, como si persiguiera el rastro de la luna. Toda la ciudad duerme, está dormida. Sombras, balcones, tejados que se resuelven en airosas marquesinas para proteger las puertas de la lluvia. La mayoría son de ladrillo y de adobe y tienen hasta tres alturas: arriba vivían los señores, en el piso intermedio los esclavos y en los bajos estaban los almacenes y la tienda. Muchas casas tienen pequeños porches con columnas de madera y las puertas están muy trabajadas y adornadas con objetos de metal que pulen cada día. Las callejuelas son sinuosas, de piedra de canto. Hay rincones de ensueño. Aquí y allá, la factura árabe de una medersa o escuela coránica donde estudia el *taleb* y se juntan los *taliban*. En Djenné hay más medersas que en cualquier otra ciudad de Malí. Se oye un rebuzno a lo lejos, muy lejos. Me llego hasta los restos de la antigua muralla de adobe, ocre, sombra, siena... podría ponerse en movimiento de un momento a otro con ritmo ondulante... Me acerco hasta el río. Las piraguas vacías duermen y casi no se mecen porque el agua va escasa. Me llego hasta el puente, agarro las barandillas de hierro con mis manos como si pudiera hacerlas mías. Vuelvo mis ojos hacia la ciudad que ayer, ¿hace un siglo, varios siglos, en otra vida? descubrí con asombro. Ahora la contemplo insaciablemente. La abrazaría. La silueta de las casas, los minaretes de tantas mezquitas, los tejados, las terrazas, los adornos de las espadañas... todo parece un sueño. No hay nadie. No hay el menor ruido. Parece una ciudad encantada que va a despertar de un sueño de siglos. Tal y como la veo ahora, en la noche profunda que no me permite distinguir la obra nueva ni veo cables de luz y artilugios modernos, la contemplo como la debieron contemplar miles de viajeros que llegaban aquí después de días y de semanas, quizás meses, cabalgando por el desierto.

Se ha detenido el tiempo. Miro a mi alrededor. Nada se mueve. Tan sólo unas palmeras en una especie de oasis separado de la ciudad pero de manera tan suave que más bien se mecen. Siento la necesidad de orinar con fuerza contra un árbol como un guepardo marcando su territorio. Vuelvo a entregarme a los espacios, a los volúmenes... tiro ahora por la derecha, postigos, contraventanas, arcos, arabescos, letras cúficas a la entrada de las silenciadas medersas. Respiro hondo.

No quiero hacer ruido. A veces, siento como si alguien me siguiese. Me vuelvo y no es más que mi sombra que, decididamente, nunca podré saltar. Se abre una puerta y un hombre alto, enfundado en su *djellabah* y cubierto por un turbante, sale sin verme y vuelve a colocar la falleba en la puerta. Camina con decisión. No me atrevo a seguirlo pero sé que, de un momento a otro, la voz del almuédano llamará a la oración. Me vuelvo a acercar hacia la plaza. Se oye, profundo, limpio, brotando del hondón del alma el *Illa Allah illa Allaqh Illa Allahhhhhhh.*

Me quedo sobrecogido. Es impresionante. Hasta la luna parece quedarse muda y quieta. Al parecer, hay varios almuédanos, cada uno canta desde los cuatro ángulos de la gran mezquita. No utilizan altavoces. Uno después de otro lanzan su llamada a los cuatro puntos cardinales. Se me agita el corazón y se me salen las lágrimas. *Illa Allah Illa Ahllahh Illa Allahhhhhhh...* a pleno pulmón, en la noche cerrada, con una cadencia y una emoción impresionantes. Ahora se ven aquí y allá una u otras figuras de hombres envueltos en sus *bubús* o en sus *djellabahs* que se dirigen hacia la mezquita. Desde una esquina de la plaza los voy viendo llegar desde las diferentes callejuelas. Es una maravilla: son como pájaros, como ramas que caminan... suben la rampa, hacen las abluciones —yo los sigo envuelta ahora mi cara en el velo azul— y me dejo llevar, me dejo llevar. Dejo las sandalias en un cajetín de la entrada. Dentro de la gran nave arden algunas luces pero no me atrevo a seguir. Sé que no podría quedarme atrás ya que la oración ha de hacerse colocándose en hileras, uno al lado de otro y, al saludarnos, me descubrirían. Salgo. Me apoyo contra el muro que señala el límite, me descalzo y sigo la oración desde el atrio de los infieles. A través de la puerta entreabierta puedo seguir los movimientos de la *umma.* Hasta mí llega, lejana y apagada, la voz del muecín que dirige la plegaria. ¡Hermosos los momentos de silencio! Quizá si estuviera dentro no los hubiera podido apreciar tanto como ahora, en el umbral de la mezquita, en plena noche, como ladrón robando el cielo. Recojo la tela que había echado al suelo, la sacudo, la doblo, la echo al hombro y me voy, de nuevo, hacia el extremo norte de la plaza. Todavía son las 5:30 y es de noche. Estamos en febrero. Los fieles van saliendo en el más absoluto silencio y vuelven a regresar a sus casas por las callejuelas y esquinas por donde habían aparecido.

Ahora, con los ojos acostumbrados a la oscuridad, podía percibir bultos de personas y de mercancías, algunos carros, gentes echadas en el suelo cubiertas por telas. ¡Había vida en la noche! ¡No estaba solo! Pero todos dormían. Busqué un lugar donde sentarme y encontré un sillón de mimbre enfrente mismo de la fachada, al otro lado de la plaza. Pasaría allí más de una hora antes de poder asistir al despertar de la vida en una de las plazas más celebradas del mundo en día de mercado. Trataba de no pensar, de no analizar, de dejarme empapar por todas las cosas y las formas y los seres que se iban moviendo, se despertaban, se desperezaban, se levantaban y meaban en cuclillas en algunos de los mil canalillos donde se vertían los desagües de las casas. Otros se lavaban con un cacharro de agua las manos, los brazos, la cara, las orejas, las narices, la boca y, después, los pies.

Formas, telas, colores, turbantes, movimiento en silencio... el alba que asoma besando la fachada de la gran mezquita. Todavía no es el sol, tan sólo luz pero ¡qué luz sobre el adobe de las terrazas, de los muros, de las torres y de los minaretes! Era como un telón que, en lugar de subir, fuera bajando, como celajes de luz que fueran resbalándose por la fachada adaptándose a las formas de las paredes y de los relieves. ¿La habrían soñado así sus arquitectos? ¿La imaginaron, apenas iluminada, saliendo de la noche y lavándose con la luz del amanecer? «¡Oh Señor, tú eres mi dios por ti madrugo!» ¡*Allah Akbhar*! ¡*Allah Akbhar*! Por algún lugar de la plaza van entrando carros tirados por bueyes y cargados hasta los topes, hombres a caballo que caminan cansinos, asnos, alguna camioneta de colores chillones con más volumen que base en un equilibrio increíble. De ellas salen gentes innumerables. No parece posible. Y comienzan a bajar bultos, a desatar fardos, a desparramarse por la plaza. Las gentes van marcando espacios en el suelo donde colocar las varas de sus tenderetes. Compruebo que los agujeros estaban rellenos con arena y los van vaciando dibujando ajedreces simétricos. Hacia las ocho, comenzaron los fuegos para calentar el agua, las hierbas, el aceite para freír buñuelos... Detrás de mí, en unos instantes, habían colocado un puesto donde vendían café con leche condensada, bollos y galletas. Las gentes se acercaban, se saludaban, bebían agarrando las enormes tazas redondas y se llevaba café con leche en un cacharro para las mujeres o para los niños. Siguen llegando al mercado mujeres cargadas con enormes fardos a la cabeza sujetos por fuertes tiras que agarran desesperadamente con las manos. Se dirían columnas movientes. Otras mujeres llevaban, además, un niño atado a la espalda.

Cuando se sientan, cogen al niño por un brazo y lo colocan sobre sus piernas que descansan estiradas. La cara del niño está contra las rodillas, con el culo al aire: allí mea y caga como en el más cómodo de los retretes, sin prisas, tranquilos porque han cambiado de postura y las madres se relajan hasta que tienen que limpiarlos con un chorro de agua. Luego, los cuelgan del pecho y se preparan para la próxima tarea. Una mujer alta, muy alta, *malinké* sin duda, va envuelta en un gran manto blanco, el hijo atado a la espalda parece una giba que se inclina hacia adelante y hacia atrás siguiendo los movimientos de la oración de su madre. Yo estaba asombrado. Esperaba que en cualquier momento el niño saliera disparado por encima de la cabeza de la madre cuando ésta postraba su frente en el suelo. Nada de eso. El chaval debía de estar disfrutando con ese balancín inopinado. La mujer concluyó sus plegarias y sacó un pomito de perfume y se vertió en las manos, en los brazos, detrás de las orejas, en la cara y en el cuello. Después se lo pasó a otra mujer. Todo esto a mí me parecía que era en silencio. O es que yo estaba alejado.

Otras mujeres se ayudaban unas otras a descargar los fardos inmensos que venían sujetos por redes enormes: transportaban melaza que depositaban en el suelo y allí se sentaban a esperar a los compradores. Por todas partes surgieron enjambres de niños con media calabaza atada con un cordelito en una mano y un calderito de plástico en la otra. Se dirigían a todo el que llegaba para desearle suerte en el mercado, para eso les ofrecían la posibilidad de hacer una buena acción. Si era líquido, lo vertían en la calabaza; si eran frutos o pan o algo sólido, lo ponían en el cacharro de plástico. Los niños se inclinaban, los bendecían y echaban a correr en busca de otro forzado bienhechor.

Por todas partes surgían tenderetes que cubrían con trozos de lona o de tela para protegerse del ardiente sol que dentro de poco lo dominaría todo. La plaza se iba llenando de tuaregs con sus turbantes azules o negros, todos con su espada al cinto; de *peuls*, con sus sombreros cónicos y bastones; de *bozos*, los hombres que pescan en el río, hombres a caballo con los pies descalzos sobre los estribos de hierro; muchos con puñal o machete a la cintura... colores, colores, colores... formas, sonrisas, saludos de manos, abrazos, besos de hermanos, de amigos, de parientes. Allí los bambara, los mandingas, los hausa y toda suerte de mestizos y de etnias que no puedo identificar.

Me levanté y me fui a pasear entre aquella multitud que crecía por momentos y se adaptaban al espacio que iban llenando. Montones de sal, de especias, de plantas, de mijo, de cereales, de pescado seco y «fresco» del río. La grasa se vendía a trozos cortados con enormes cuchillos de sacos que reposaban unos encima de otros y brillaban con los primeros rayos del sol que ya se abría camino. Di la vuelta a la izquierda y me adentré en el zoco de los animales, más allá estaba el de los carniceros. El estómago me dio un vuelco. Seguí y me adentré por el zoco de los carpinteros que trabajan el oloroso cedro ayudándose con los pies y con las manos. Volví a entrar en la plaza y me topé con los terribles puestos de medicamentos modernos. Se alzaban formando pirámides, a pleno sol, millares de cápsulas de tetraciclina 500, de ampicilina 250 y 500, paracetamol, penicilina en pomada que brillaba al calor que ya se hacía sentir... cajas de pastillas alemanas para excitar el poder sexual, vitaminas, hierro, ampollas, etc., con un letrero bien claro en inglés o en francés «manténgase en lugar fresco y seco». Vi la ratinidina en unas cajas descoloridas y con letras casi ilegibles. Todo al sol. Lo cogían a mano, cortaban los blisters o contaban las pastillas y las metían en un trozo de papel o de plástico.

Más allá, un enorme cartel de la campaña contra el SIDA que se puede ver por toda África escrito en francés y en bambara. «Todos contra el SIDA: Fidelidad, Abstinencia, Preservativo.» Y había tres hombres pintados: uno con traje occidental, otro con el sombrero *peul* y un tuareg. Había otro gran cartel que ponía: «Cuida la familia: espacia los nacimientos».

Hacia las nueve, sentí, de repente, que las piernas me pesaban como si arrastrase árboles. Me dirigí hacia el hotel para desayunar y dar señales de vida a *Cheick* que estaría asustado. Lo encontré en el jardín, junto al coche, esperando con esa ansia contenida que sólo se puede detectar en la mirada. No preguntó nada. Vestía una amplia *gallabeia* azul bordada en blanco, calzaba sandalias y llevaba un gorro bordado en la cabeza. Nos saludamos y fuimos a recoger las cosas de la habitación y a desayunar porque quería que después me acompañase de nuevo al mercado. Cuando nos sentamos a desayunar, mientras sostenía la taza de café en las manos, dijo mirándome con toda la luz de la noche dentro: «*Sidi, Sidi, Sidi*, cuando me desperté y vi la cama de al lado vacía pensé que todo había sido un sueño. Pero yo no podía estar soñando que soñaba porque tu bolsa estaba allí y había flores de almidón en las sábanas de tu cama... Entonces, sentí mucho miedo... Temí que hubieras desaparecido para siempre... o que te hubieras perdido en el zoco... o que te hubiera llevado el viento». «Estás tú bueno —le respondí—. El viento no se lleva cosas tan pesadas como yo. —Y me eché a reír para desensimismarlo—. ¡Vámonos a vagar por el zoco, a dejarnos llevar por la gente, a empaparnos de humanidad! Vamos a recorrer, ahora acompañado por ti, los lugares que había seleccionado en mis lecturas sobre esta ciudad...» «¿Y si aparece, de nuevo, el marabut?» «Pero si lo hemos dejado muy atrás.» «Para los hombres santos ese no es un problema. *Sidi*, tú sabes.»

Y, sin más, nos fuimos a perdernos por las calles y las plazas, por el zoco y las medersas, por las arterias y las venas de Djenné la hermosa, la mágica, la misteriosa antesala del Tombuctú añorado. ¿Cómo morirse sin ver Tombuctú, sin navegar por el Níger desde Mopti hacia arriba en una larga piragua que nos llevaría tres días con sus dos noches? Hay tantos lugares por visitar, tanto camino que andar, tantos mares y desiertos por surcar.

Muy entrada la noche regresamos a Bamako. Habíamos visitado Mopti y fijado un compromiso ante el río para regresar y embarcarnos allí para Tombuctú cuando los vientos nos fueran favorables y las aguas del río lo permitieran. También, entre julio y noviembre, se puede uno embarcar en barcos más grandes que van de Mopti hasta Gao y que se detienen dos horas en Kabara. El viaje en piragua o en pinasse, que es más grande y con motor, es el mejor medio de transporte para ir, entre pelícanos, ibis, grullas y garzas, desde Mopti a Kabara, a 9 kilómetros de Tombuctú.

5

Bamako: río de los cocodrilos

Me había acostado con todo el cansancio del mundo, después de haberme duchado y haber bebido una botella de agua. Dormí con las piernas un poco elevadas y me desperté a las 5:20, antes de que el almuédano llamase para la oración. Hice la meditación en una amplia terraza bañada por la luna que se resistía a partir. A las 6, la voz del muecín lo invadió todo mientras el día comenzaba a abrirse camino sobre el Níger. Corría una ligera brisa y los pájaros la subrayaban en su vuelo sobre el río. A las 7:30 bajé a desayunar y saboreé el gengibre preparado que tanto me gusta. Tenía el día ocupado y me lancé en un taxi a *Point G*, camino del campus donde se encontraba la Escuela de Medicina-Farmacia y Odontoestomatología; todas las especialidades en una misma Facultad. Al atravesar las calles, impresiona ver a tantos mendigos como un rosario de cuentas en los misterios del dolor. Al pasar, los leprosos alzan sus muñones o levantan el plato de plástico para que les des algo. Los ciegos apoyan su mano izquierda en el hombro de su lazarillo que se abre camino por las aceras desconchadas, llenas de baches y casi cubiertas de la arena que arrastra el harmattan. No es, en verdad, la ciudad que uno escogería para venirse a vivir. A pesar de sus animados mercados y del encanto oriental, aquí están las heridas de uno de los cinco países más pobres del mundo. Es una realidad muy dura. Uno recuerda que la esperanza de vida no sobrepasa los 44 años, que el analfabetismo afecta a casi un 40 % de la población y que la mortalidad infantil de menores de cinco años casi llega al 15 %. Es duro, muy duro. Por eso todo cuanto podamos hacer al servicio de estos pueblos, nobles y ricos con pasados sorprendentes, tenemos que hacerlo. Cueste lo que cueste. Aunque sean cosas chiquitas, como diría Eduardo Galeano: «No acaban con la pobreza, no nos sacan del subdesarrollo, no socializan los medios de producción y de cambio, no expropian las cuevas de Alí Babá. Pero quizás desencadenen la alegría de hacer, y la traduzcan en actos. Al fin y al cabo, actuar sobre la realidad y cambiarla aunque sea un poquito, es la única manera de probar que la realidad es transformable».

Pasé por delante del Museo Nacional y del Parque Zoológico. Llegaba en buen tiempo porque las vacaciones comenzarían el 8 de marzo para preparar los exámenes que tendrían lugar del 17 al 21. Así concluiría el primer semestre y hasta el 1 de abril no se reanudarían las clases. El conocer estas fechas es fundamental cuando se viaja con una misión concreta en la que hay que encontrarse con personas determinadas y respetar sus ocupaciones. Como profesor sé lo poco que gusta recibir visitas cuando uno está en plenos exámenes.

Las instalaciones me parecieron flojas pero dignas. En un anfiteatro completamente abarrotado un joven profesor con guardapolvos blanco daba su clase de

Biología. Esperé un buen rato al decano, profesor Issa Traoré, que me recibió cordialmente y me explicó el plan de estudios así como el de atención a los estudiantes. Hacía años que habían soñado con un pequeño sistema para atender al profesorado y a los alumnos enfermos pero no pudieron realizarlo por falta de medios. Llegaron a redactar un proyecto que contemplaba retener a cada alumno 100 francos CFA de sus becas (25 pesetas) ¡al año!, pero no lograron ponerlo en marcha. Por eso, me escuchaba como en un sueño. Delante de mí telefoneó al Prof. Dr. Arouna Keita catedrático de Farmacología y director del Departamento de Medicina Tradicional (un centro colaborador de la OMS). El decano puso el coche de la universidad a mi disposición para que me llevara allí. El encuentro fue estupendo. Hablábamos el mismo lenguaje aunque nos expresáramos en francés. Nos acompañaba el Dr. Drissa Diallo, *maître assistant* en *Pharmacognosie*. (Me gusta el nombre de esta asignatura: *Pharmacognosie*, me suena mejor que Farmacología.) Eran dos personas encantadoras con las que me hubiera quedado una semana. Me hicieron visitar el Centro en el que trabajaban farmacéuticos becarios de otros países, entre ellos Burkina Faso, a los que me apresuré a pedir señas para contactos con sus profesores en sus universidades. Así fue como habría de oír hablar del Profesor Pierre Guissou, decano de la Facultad de Farmacia de Ouagadougou, que habría de ser mi huésped en los Cursos de El Escorial del inmediato verano. Pero, entonces, ni nos conocíamos ni sabíamos que íbamos a llegar a ser tan amigos.

Me explicaron sus trabajos en el Centro que formaba parte del Instituto Nacional de Salud Pública como una rama del mismo. No hay que olvidar que, en África, con toda consecuencia, el rescate de lo mejor de la Medicina tradicional se lleva a cabo en las Universidades apoyados por el ministerio de Sanidad.

Se ocupan de clasificar las plantas medicinales que utilizan los *tradipracticiens* (ajustada denominación: no son curanderos sino «los que practican de acuerdo con la tradición», aquello que se transmite de «mano en mano»). En los herbolarios llevan a cabo las investigaciones botánicas, las fitoquímicas y las farmacológicas. Han logrado siete fórmulas eficaces que denominan MTA (Medicamentos Tradicionales Mejorados) y que están entre los medicamentos esenciales en Malí: Contra el paludismo, la úlcera gastroduodenal, afecciones respiratorias, disentería, estreñimiento, algunos tipos de dermatitis y afecciones hepáticas. Hay un Comité científico que evalúa los trabajos antes de someter los productos a los test clínicos para estudiar su toxicidad, los efectos secundarios, las dosis y las preparaciones más adecuadas, en contacto siempre con los terapeutas tradicionales, a quienes aconsejan en su trabajo y de quienes, a su vez, reciben valiosa información.

De allí me fui a visitar al Dr. Moussa Guindo, Médico Jefe del centro de Medicina Escolar y Deportiva cuyas instalaciones se encuentran no muy lejos de allí. Me habló de sus necesidades ante una población estudiantil de 8.000 personas, que disponía de salas y que contaba con enfermeras y comadronas... pero que carecía de material y de medicamentos. Que sufría al tener que enviar a un estudiante al hospital para que le hicieran unos análisis de sangre cuando allí mismo podría obtener los resultados en 24 horas si dispusiera del material adecuado. El estudiante perdía días de estudio, las horas de espera en el hospital eran muchas ante la cantidad de personas que se agolpaban allí... La historia de siempre. Pusimos manos a la obra: visité todas las salas disponibles, hice fotos de cada una, vi sus necesidades. Le entregué una copia del Proyecto y le pedí que se pusiera a trabajar en el formulario de petición para participar en el Programa. Que se pusiera en contacto con el decano y con los profesores de Farmacia.

A las tres me entrevisté con el vicerrector Dr. Bouba Diarra, catedrático de Microbiología, y con el Dr. Fafré Samake, Ingeniero de Ciencias agronómicas, secretario general de la Universidad. Nos acompañaba el Dr. Moussa Guindo para que todos estuviéramos al corriente de lo que tratábamos. Fue un encuentro apasionante: hablamos de todo, yo les informé y ellos me enriquecieron con datos muy importantes en un ambiente de camaradería como si nos conociéramos desde hacía décadas. Esta es la sintonía de la familia universitaria cuando se reencuentra en cualquier lugar del mundo. No se trata de corporativismo alguno, nadie más celoso que cada de nosotros en nuestros ámbitos del saber y de las ciencias. Pero hablamos un lenguaje común: la *lingua franca* de los buscadores de la sabiduría, de los que viven aprendiendo y entregan sus vidas a la apasionante tarea de compartir los saberes, que no a enseñar. Un verdadero profesor sabe que es muy poco lo que se puede enseñar, pero inconmensurable lo que se puede aprender. Como siempre me sucede en estas ocasiones, no sabíamos cómo despedirnos. Nos abrazamos con gran afecto y les prometí que regresaría, que no me olvidasen y que confiaran en mí. La necesidad era patente, los medios humanos los teníamos, sólo faltaban los materiales y esa era mi carga y mi tarea: convencería a los proveedores de fondos en España aunque me quemara en el empeño. No es fácil hacerse una idea, desde nuestro país, de las realidades concretas de estos pueblos grandes, cultos y llenos de un pasado pero limitados en sus recursos hasta la exasperación. Por desgracia, es más fácil mostrar unas fotos de campos de refugiados o de heridos de guerras fratricidas para obtener fondos en viscerales campañas de «solidaridad». La solidaridad debe darse también en la prevención, en la profilaxis, en la detección precoz de los síntomas, en el tratamiento sobre el terreno, en el desarrollo de una cultura de la salud y de la vida. Aunque me lo imaginaba, no sabía yo entonces lo mucho que me esperaba padecer para hacerme escuchar y obtener ayuda de quienes me la habían prometido al partir, y luego habrían de hacerme sudar a base de bien. Menos mal que no lo sabía entonces, si no sé cómo hubiera proseguido mi camino.

Ese día había almorzado con los salesianos españoles del centro Père Michel, en Bamako. Gente estupenda. Tienen un Centro de Formación Profesional con Talleres y dos turnos para ayudar a los que trabajan durante el día. Llevan décadas trabajando allí, la gente los respeta y los ayuda porque reconocen la calidad de su trabajo y la seriedad de su entrega. Estas personas son admirables. No esperaron al boom de las ONG y de los cooperantes «de la hora 25» para ponerse a trabajar y echar raíces en tantos lugares del mundo. No son aves de paso ni se dedican al turismo, aunque viajen por estas tierras y convivan con estas gentes a las que respetan y aman hasta el punto de compartir sus vidas con ellos. Dejo de lado, porque no me incumbe, el aspecto evangelizador de su misión, y me fijo y subrayo el de servicio a la comunidad sin distinción alguna e incardinándose en su cultura.

Comimos a la española con buen chorizo, salchichón y otros embutidos y quesos que sus familias les habían enviado por Nochebuena y que reservan para ocasiones como estas. Obviamente, echaron la casa por la ventana: paella y tortilla de patatas. Me dieron en plena línea de flotación. Bebimos un buen Rioja, mientras largábamos como descosidos. Estos son los verdaderos cónsules de España a los que todos los españoles recurren cuando pasan por Malí o tienen problemas en Bamako. Se ofrecieron para todo lo que necesitáramos. Desde estas páginas, mi gratitud y mi reconocimiento. Ante personas así, yo me descubro, por eso afirmo mi libertad para poner de manifiesto lo que me parezca injusto o desproporcionado, cuando me lo encuentre.

Al terminar mis reuniones, y sin pasar por el hotel a cambiarme, me dirigí al Museo Nacional que está en la Avenida de la Libertad. Su arquitectura es muy bella, es del estilo llamado sudanés, en recuerdo del gran imperio medieval, pero que hoy llamaríamos saheliano y tiene grandes similitudes con las mejores construcciones de Djenné en ladrillo y barro ocres. Es uno de los mejores museos etnográficos del África occidental. Como cerraban a las 6, di una pequeña propina para que lo aplazasen un poco y así pude contemplar las hermosas tapicerías que se exhiben: maravillosas mantas de Mopti y colchas de boda de los *fulani*. Pasé un poco deprisa por las armas y por los objetos para ritos funerarios y me detuve un poco más ante las máscaras, sobre todo las del pueblo *dogón*. Esta es otra de las citas aplazadas: visitar la tierra de los *dogón* con sus ritos y costumbres ancestrales, en los acantilados de Bandiagara.

Al salir del museo, me dirigí hacia mi hotel, me cambié y me fui a sentar en el jardín al borde la piscina para saborear los recuerdos que las máscaras *dogón* habían despertado en mí. Es un pueblo que pertenece al gran tronco mandinga y cuya vida está presidida por su relación con «el poder sin origen», con la divinidad. Hasta sus poblados están construidos de norte a sur siguiendo unos ritos en los que participa toda la comunidad. El poblado refleja el cuerpo humano. La cabeza está representada en la plaza donde se reúnen y está rodeada de estelas grabadas en memoria de los ocho antepasados míticos. También la construcción de sus casas es única. Participa toda la colectividad y utilizan roca y barro. La distribución de las habitaciones, cubiertas por un tejado plano, se hace alrededor de un patio y están separadas por muros de piedra. Los graneros tienen forma cónica y se alzan sobre columnas de piedra con defensas para protegerlos de los ratones y de otros roedores. Hay quien dice que la distribución de las casas también sigue el modelo del cuerpo humano: la cabeza estaría en la cocina, el área central sería el torso, los dormitorios los brazos y la puerta de entrada, obviamente, los genitales.

Pero me interesa mucho más la riqueza del mundo expresado en sus famosas máscaras y sus danzas, sobre todo la danza de la vida más allá de la muerte. Tiene lugar durante la festividad de la *dama*, que es una de las ceremonias más conmovedoras de África. Dice Davidson que «por medio de ella, el pueblo dramatiza su caída y trata de volver a unirse con Dios en virtud de su clemencia que es la sabiduría de los antepasados». La historia de los pueblos de África es incomprensible sin la atención prestada a los imperativos morales de paz social y psicológica. Los pueblos de África expresan sus creencias por medio de sus ritos, con sus danzas y sus máscaras. Sólo un necio los calificaría de superstición o de magia negra: hay un fondo vivo y latente que sostiene a los pueblos y los afirma en sus raíces, a pesar de los indudables atractivos del progreso material. Pero éste no debería excluir y desarraigar la estructura radical de estos pueblos.

Son impresionantes los estudios de Marcel Griaule, después del curso que los ancianos permitieron que le impartiera Ogotemmeli, uno de los suyos, durante 33 días. Más tarde, fueron publicados por su colega Germaine Dieterlen. Las revelaciones fueron sorprendentes: los *dogón* «cuentan con varios millares de signos, un sistema propio de medición del tiempo, profundas nociones de astronomía, métodos de cálculo y vastos conocimientos anatómicos y fisiológicos, así como un farmacopea sistemática». Es lamentable recordar los comentarios de los primeros europeos que entraron en contacto con estos «salvajes desnudos, apenas seres humanos con menos sentimientos que un perro». Sir Samuel Baker diría, en 1865, ante los caballeros de la Sociedad Etnográfica de Londres que los pueblos dinka eran «inferiores a los animales; su naturaleza no era ni tan siquiera comparable a la del noble perro».

Los participantes en la *dama* descienden de las montañas de los antepasados que se hacen presentes a través de las máscaras *kanaga*, especie de doble cruz hecha de madera ligera con los extremos vueltos hacia arriba. La *kanaga* representa el poder de Dios creador. Los tambores resuenan profundizando el tono. Interpretan las fiestas de la vida más allá de la muerte que garantizan el progreso y la paz del pueblo *dogón*. El último en entrar es un danzante que lleva una máscara altísima y muy afilada, que se alza más de dos metros por encima de su cabeza. Es conocida como *Sirigé*, «la casa de los múltiples pisos» (santa Teresa hablaba de las moradas) y simboliza la serpiente que ellos identifican con el principio femenino que subyace en el universo.

Este pueblo cree que la muerte no tiene por que ser nada definitivo y que, si uno es fiel a las tradiciones y honesto en su conducta, la muerte puede ser el umbral hacia el mundo de los Antepasados que habitan la tierra de los espíritus. En el fondo, late una creencia muy común a otros pueblos africanos. Se dice que el primer pueblo fue enviado a la Tierra a construir el mundo y que «en esos tiempos antes del Tiempo», los hombres convivían con Dios en alegre fraternidad. Pero un día le ofendieron con su codicia y egoísmo, y Dios se alejó de los humanos. En muchas tradiciones se dice que Dios retiró la escalera o el árbol que unía la Tierra con el cielo, por el que los seres humanos subían y bajaban. Después, vino el trabajo como castigo y la muerte como destino, al igual que se narra en el Génesis y en otras muchas religiones para tratar de explicar o de aceptar el misterio del mal, del sufrimiento y de la muerte. Por eso las danzas rituales tratan de reparar esta desgracia y ayudar a los fallecidos para que encuentren su camino hacia la tierra de los espíritus. De lo contrario, mientras están en ese estado, que ni están en este mundo ni todavía están en el otro, «pierden la paciencia» y «provocan desórdenes en los pueblos». Por eso, continuaba el anciano Ogotemmeli, «es prudente ayudarles a entrar en la tierra de los espíritus donde encontrarán la paz».

La ceremonia más famosa se llama *Sigui* y tiene lugar cada 60 años. La última tuvo lugar en 1960 —tengo que anotarlo para regresar en el 2020. Tengo que mantener la llama de mi vida al menos hasta esa fecha. Danzan con una máscara de diez metros de altura denominada *Iminana*, que también simboliza la serpiente y garantiza la pervivencia del pueblo *dogón* al revivir sus tradiciones y recuperar sus orígenes. Diferentes máscaras tienen formas de animales que simbolizan otros aspectos de la existencia. Realmente, es un pueblo lleno de interés y de sabiduría para quienes caminan con el corazón a la escucha y no se quedan en los tambores, en los saltos, en los gritos y en los colores de las ropas y de las máscaras, sino que respetan el misterio que se intuye en esas celebraciones. Misterios de vida. También son impresionantes las sepulturas que construyen en nichos altísimos escarbados en las paredes de las montañas y a los que sólo se puede acceder descolgándose desde la cima con cuerdas. Me encontraba tan cansado que cené yo solo en el hotel y después me fui al Bar Tombuctú para escuchar la espléndida música de la banda de color en la que se había integrado el joven europeo que tocaba con tanto sentimiento la trompeta. Bebí jugo de gengibre y pasé una velada relajada y agradable.

A la mañana siguiente, tuve un despertar de la mente mientras el cuerpo permanecía dormido. Fue una experiencia deliciosa. Sin moverme, fui repasando/sintiendo mi cuerpo desde los dedos de los pies hasta la cabeza. Respiraba hondo y me parecía sentir el aire invadiendo los pulmones y cargando de oxígeno los glóbulos rojos. Me dejé ir con ellos. Fue muy bueno. Con algo de temor a despertarme, cambié de postura y el cuerpo seguía como un objeto que yo podía sentir, mirar, contemplar. Me pregunté si ésta no sería una de esas experiencias que, llevadas a su extremo, algunos llaman viaje astral. El cuerpo parecía no pesar y, sin embargo, ocupaba un espacio en la cama. Pero no tuve valor de «salir a dar una vuelta» con mi espíritu sin ir arropado por el cuerpo. Al fin y al cabo, ya llevamos cierto tiempo juntos. Pero, como no había corrido las cortinas, con un ligero movimiento de cabeza pude contemplar el divino Níger a través de los ventanales. ¡Cómo me atrae! ¡Qué espléndida vista desde Sofitel la Amistad! ¿Cómo pudo Nadia Khouri encontrarlo cutre? ¡Vi amanecer! Amanecía desde el otro lado del río, con la premura que se da en los trópicos... y mi cuerpo seguía dormido. Me quedé allí quieto, como estaba; temía que si me levantaba podría caerme por la terraza al no llevar el contrapeso del cuerpo. Y aguardé un espacio sin tiempo hasta que llegó hasta mí la voz del almuédano llamando a la oración. Baja, al principio, grave, modulada y contenida hasta la última sílaba del *Allah* en que subía de tono pero con armonía. Sentí que mis células respondían a la llamada y que mi piel sentía las sábanas, y que mis dedos podían palpar las telas. Mansamente me desbordé con la placidez de la adolescencia. El semen era cálido y se extendía por el vientre y se resbalaba por la cadera izquierda hasta verterse en las blancas sábanas formando las flores estampadas de la dicha y del sosiego. Me levanté muy despacio, fui al baño, me duché, hice las maletas y bajé a desayunar sin pensar en nada ni en nadie. Hacía lo que hacía, estaba a lo que estaba. No había un antes ni un ahora ni un después... ni tan siquiera un por qué. Hacía las maletas como me había afeitado o había descorrido los ventanales de cristal y había llenado mis pulmones del aire fresco que subía del río. Hoy, mientras escribo, recuerdo a Lin Chi, el 6.º patriarca Zen, más conocido por Rinzai, fallecido en 866, que fue un gran violador de los convencionalismos religiosos. Y, aunque yo prefiero a Hui Neng o a Dogen, el fundador de la secta Soto, me gustan sus palabras. «Cuando te vistes, ponte la ropa; cuando comas, come; cuando bebas, bebe; cuanto te sientes, siéntate; cuando duermas, duerme. Sed vosotros mismos en la vida normal, sin pretender buscar la naturaleza búdica». El Zen no está interesado en la idea de Budha o de Dios, sino en la realidad del ser humano. ¿Podré, llegado el momento, morir cuando muera, así, sin más ni menos, derramando mi ser por todos los poros a la vez? ¡Qué hermosura! ¡Si la muerte fuera un dulce y largo, suave y hondo vaciamiento! Hasta quedar exhausto (*ex-haurire*, «sacar aguas»).

De Hui Neng son estas sabias palabras: «Si quieres la verdad, deja de correr tras las cosas. Deja de pensar en lo que está bien y lo que está mal, y limítate a ver, en este momento, cómo era tu rostro original antes de que nacieran tu padre y tu madre».

Dogen, después de haber viajado por la China buscando la sabiduría, a su regreso al Japón, declaró: «He regresado con las manos vacías. Tan sólo he comprendido que los ojos son horizontales y la nariz vertical».

6

Preparar el viaje

Mientras el taxi me llevaba al aeropuerto de Bamako me sonreía al recordar la conversación mantenida meses atrás con el director de la agencia de viajes en Madrid, cuyo escepticismo por el viaje que deseaba hacer era grande, dada su dificultad de coordinación. Al final conseguí el itinerario deseado.

—Usted pretende visitar veinte países de África, no en los nueve meses que habíamos previsto cuando hablamos de esto el verano pasado, sino en seis meses... y «haciendo coincidir las escalas» con períodos lectivos en las universidades para pronunciar conferencias, «evitando» aquellas que estén en huelga, como Sierra Leona o Liberia, así como los países que están en guerra —Ruanda, Burundi y también Uganda—, pero «sin dejar de lado» a algunos cuya explosión se adivina inminente, como el Congo... o que apenas han salido de conflictos terribles como Angola y Mozambique... e «insiste en visitar» el Zaire, a pesar del movimiento de tropas de Kabila... no quiere ir «más que de paso» a Sudáfrica, que está tranquilo y, sin embargo, «incluye» en su periplo capitales a las que sólo hay aviones una vez por semana y eso en compañías africanas que no garantizan reservas ni conexiones, máxime cuando a algunos de ellos sólo se puede ir desde capitales que, a lo mejor, no coinciden con su estancia en ellas... Me estoy refiriendo a Burkina Faso, al Níger, al Chad o a Togo y a Benin, países en los que tendrá que coger autobuses porque le será más fácil que ir en avión. Claro que viajar en autobús atravesando fronteras por algunos países de África y teniendo que estar a fecha fija para alguna conexión en algún aeropuerto... no crea que es fácil.

—Yo no digo que tenga que ser fácil. Para eso ya están los circuitos turísticos. Lo que yo quiero es visitar las universidades y los hospitales más importantes de esos veinte países que le he dicho y, si ya no dispongo de los nueve meses previstos, lo tendremos que hacer en los seis que nos quedan. Usted es un profesional y sabe que si hay un problema es que tiene solución, de lo contrario no sería un problema sino un imposible.

—Profesor, no digo que no pueda hacerse sino que va a ser muy duro para usted.

—Deme cifras, itinerarios, conexiones, horarios... prepare reservas, tenga en cuenta los países a los que sólo hay un vuelo a la semana y prepáreme alternativas para no tener que arriesgarme a pasar toda una semana en una ciudad en la que no tenga nada que hacer. En cuanto al dinero, usted habla más como amigo que como profesional de una agencia de viajes. Este año me encargaron escribir un libro. Como me lo pagaron bien, entendí que la mejor forma de emplearlo era financiar mi viaje del año sabático y estudiar sobre el terreno un proyecto soñado sobre Centros de Medicina Preventiva en las universidades de África. Estoy convencido de que, cuando una persona cabal desea algo apasionadamente, termina por conseguirlo.

—¿...?

—Sí, he dicho «persona cabal», no un fantasioso o un alocado incapaz de poner los medios adecuados para lograr los objetivos que se propone. Una persona cabal es incapaz de imaginar lo imposible como una meta.

—Ya, si de eso es de lo que se trata. Yo puedo garantizar las reservas y las conexiones de los vuelos de nuestra compañía, sobre todo en aquellas capitales en las que tenemos delegación pero la mayor parte de los vuelos interiores vamos a tener que contratarlos con Air Afrique, Air Tanzanie, Air Senegal, Air Ivoire, Taag, Air Gabon, Air Burkina, Ghana Airways, Kenya Airways..., a las que algunos se refieren como *Air Peut Être* o *Air May Be*. Imagínese si falla una conexión entre Bangui y N'Djamena, o entre Niamey y Lomé o entre Maputo y Lusaka... y tiene usted que permanecer una semana en un país en el que ha terminado su trabajo mientras que, además, le están esperando en otra capital con citas concertadas.

—¡No me lo ponga tan difícil, hombre! Ya le dije que el problema es que si un Embajador de España o un Secretario de Embajada han concertado una entrevista con el Rector de una Universidad o con un Ministro... ellos no pueden depender de los fallos en la red de conexiones de un viaje que, como es natural, para ellos consiste en la visita a las autoridades del país ante el que están acreditados.

—Pero no me negará que esto va a suponerle una formidable carga y una tensión que se añadirá a la ya de por sí fuerte del cambio de clima, de latitudes y de culturas que un viaje como este lleva consigo. No va a haber *jet lag*, porque no cambiará de meridiano, pero ¿se ha dado cuenta de que va a atravesar el Ecuador y los trópicos varias veces?

—Es probable que el Ecuador ocho veces y los trópicos unas dieciséis.

—¿Y me lo dice así, tan tranquilo? Déjeme decirle que a ningún tripulante de ninguna compañía de aviación seria, claro, le sería permitido un viaje semejante.

—¿Qué le hace suponer que esté tranquilo? Pero lo que no va a entrar en el precio es que usted me añada preocupaciones a las que todavía me quedan por resolver con los visados...

—¡Esa es otra!, porque la mayoría de esos países no tienen representación diplomática en Madrid y tendrá que obtener los visados en París o en otra capital, y si va a tener que enviar el pasaporte a cada una...

—Por eso necesito conocer mi itinerario a la mayor brevedad posible, porque yo no voy a enviar mi pasaporte a ningún país fuera de Madrid.

—¿Cómo dice?

—Mire, amigo, para empezar dispongo de tres pasaportes

—¿De... tres pasaportes?

—No pregunte. Segundo, al conocer el itinerario, sacaré los visados iniciales y lo comunicaré a nuestras Embajadas o consulados para ver qué visados podría sacar en sus países con el menor retraso posible. Aunque, claro está, tengo que pagar todos pues viajo con pasaporte ordinario. Las «Notas verbales» lograrán que me los den en veinticuatro horas. Lo que no puedo olvidar es llevarme unas 34 fotografías tamaño carnet pues hay Embajadas extranjeras que parecen coleccionarlas; y para un visado, no se contentan con dos sino que te pueden pedir tres o cuatro. La clave está en no discutir y en no mostrar ninguna prisa, poner cara de que uno dispone de todo el día para sentarse allí en la sala de espera de la Embajada en cuestión. No hay nada peor que un buen hombre con un par de galones y con la posibilidad de decir al blanquito apresurado «vuelva usted mañana». Yo ese gusto no se lo doy, sonrío beatíficamente y no lo trato de «excelencia» porque sonaría a cachondeo.

—Profesor, por una parte me encantaría acompañarlo tan sólo para ver cómo se desenvuelve...

—Me privo de la necesaria compañía en un viaje tan largo y complejo porque la persona que me acompañase tendría que saber desenvolverse en las Embajadas, en las universidades, en los hoteles y aeropuertos, contratar un taxi o lanzarse al asalto de dos plazas en un autobús, en un *matatu* o en un barco, escribir en Word o en WP, imprimir y enviar el fax a la sede de Solidarios, antes de abandonar cada país, con el informe y los datos necesarios... de lo contrario, la confusión puede ser terrible y el peso en la memoria insufrible. Yo, como si fuera un representante de una compañía comercial, al salir de cada país, redacto un amplio informe con todos los datos posibles para enviarlo a la sede central en Madrid. Allí lo van procesando, escriben cartas de agradecimiento o piden datos, etc., con el fin de no acumular trabajo a mi regreso. Yo roturo la tierra, a otros tocará prepararla, sembrarla y cuidarla, no digamos ya cosechar la arada.

—Pero...

—Cambiar alguna de las veinte monedas que me esperan con su equivalencia en pesetas o en dólares; cuidar de no enfermar porque no dispongo de tiempo, tomar el Lariam, el Resochin, o el Paludrine contra el paludismo; estar atento al agua que bebo, a no comer nada crudo salvo frutas que pueda pelar yo, tener presente el consejo: «Los alimentos pélelos, cuézalos, fríalos o, si no, déjelos»; no meterme en el agua de los ríos por causa de la Bilharzia, cuidar de sudar lo conveniente y de no deshidratarme al cambiar de temperaturas de 48° C a la sombra, en zonas desérticas como el Chad o Níger, a lugares de una humedad «relativa» del aire del 98 %, como en Accra o en Lomé; evitar insolaciones camino de Tombuctú o enfriamientos en Zimbawe o en Kenia... y, encima, vigilar para que mi supuesto acompañante no meta la pata u otras cosas en las mil y una ocasiones que vamos a tener en esas prolongadas veladas que, en los trópicos, se inician a las 5:30 de la tarde en capitales en las que es impensable que un extranjero salga al oscurecer a la calle. ¿Quiere que siga? Puedo continuar todavía...

—Lo siento, Profesor, no era mi intención molestarle.

—¡Si no me molesta!... es que aprovecho para desahogarme ya que no puedo hacerlo ni en casa ni en mi lugar de trabajo. ¡Gracias a Dios convivo con personas sensatas! ¿Me explico?

—Sí, claro que sí. Como un libro abierto.

—¡Por favor, organíceme el itinerario! que yo me ocuparé de las vacunas, de organizar el botiquín imprescindible, de encargar las divisas más adecuadas y dónde guardarlas, de seleccionar las ropas para que ni me sobren ni me falten, los libros para documentarme y para descansar, los cuadernos y el material de trabajo, el ordenador portátil, la grabadora, la máquina de fotos con las diversas películas de acuerdo con la sensibilidad requerida...

—¿Ve cómo sería muy conveniente que alguien le acompañase?

—¿Cree que no me doy cuenta? ¿Que no comprendo a mi familia y a mis amigos? Pero ¿dónde encuentro la persona adecuada en formación, capacidad, prontitud, simpatía y discreción necesarias para convivir durante seis meses y que, además, disponga de ese tiempo para dedicarlo a esta tarea? Si vale, estará trabajando y no dispondrá de un año sabático como yo. Y si no vale, no lo necesito. Además, es muy duro compartir la habitación cada noche, la ducha, mi orden en los armarios y en las mesas, los silencios, las esperas, las dificultades que, sin duda, van a presentarse, con una persona con la que no haya una sintonía y una verdadera simpatía. Los que poseen estas cualidades o no hablan idiomas o no saben desenvolverse en estos variados ambientes o están trabajando en un buen destino. Después, está el componente del riesgo de enfermedades tropicales, revueltas, inseguridad ciudadana, aeropuertos imposibles, milicias... No crea que, a veces, no me quita el sueño. Durante muchos años he recorrido América desde Canadá a Chile y la Argentina, Europa entera, el norte de África y todo el Próximo y Medio Oriente. Sé de lo que hablo. En el pasado, he tenido formidables compañeros de viaje, como mi esposa o algunos grandes amigos, por 24 países de América, pero nuestras expediciones se hacían durante el verano y nunca sobrepasaban el mes y medio sin regresar a España. Mis mejores viajes siempre han sido en compañía. Nada hay comparable a poder comentar lo vivido ni nada hay tan duro como tener que tragar tanta información, tanta riqueza de experiencias a solas, en el hall de un hotel en el que los enjambres de prostitutas es como si formaran parte del decorado habitual. ¡Claro! Ante la inseguridad ciudadana, debida en gran parte a la crisis económica, los responsables de los hoteles no pueden arriesgarse a perder clientes que salgan en la anochecida en busca de distracción. Por eso, las prostitutas forman parte de los servicios del hotel. Deambulan por la piscina, por los bares y por el hall, y hasta hay hoteles en los que se pasean por los pasillos y dicen «Servicio de amor», como si fuera «Servicio de habitaciones».

—Algo ya había visto durante mis años de destino en África del Oeste, pero dicho así, de forma tan cruda...

—¡Como lo oye! En Yaoundé, estaba con mi hijo Alfonso en el bar tomándonos una cerveza bien fría mientras descansábamos del largo viaje a Bamenda donde habíamos sido huéspedes del Fon/Rey de Bamenda (*His Royal Highness*) y de su hijo David. Bueno, pues era imposible hablar: una pierna se metía por aquí, un pie te subía por la pernera, mirada va y mirada viene, mano que se desliza por las asentaderas. Yo miraba a mi hijo y éste se partía de risa pensando: «Ya verán estas mozas el chorreo que les va a caer cuando al jefe se le hinchen las narices». El colmo llegó cuando decidimos irnos a beber las cervezas a la terraza de nuestro cuarto. Cuando estábamos abriendo la puerta, llegó una perla llamada Marjorie y nos dijo «Love service... con los dos, ¿OK?». «¡Joder! —respondí—, pero si somos padre e hijo, ¿no lo ves, melona?» Y, sin cortarse un pelo, Marjorie añadió sonriendo con malicia: «Os hago un precio, tiene más morbo... ¡huy!». «¡Marjorie, Marjorie! —le dije—, otro día no te defenderemos cuando te pelees con la Dentona.» Pero ésta es otra historia.

Aunque por todas partes colocan avisos en varios idiomas aconsejándote que no salgas al oscurecer, que no hables con desconocidos, que contrates el taxi en el hotel o que anotes la matrícula si lo coges en la calle, que te apuntes a un tour... qué duda cabe que somos muchos quienes no soportamos viajar en grupo ni nos divierten los chistes del animador de una excursión con extranjeros que calzan sandalias con calcetines ¿Y los que se enfundan el chándal a cualquier hora o se ponen unos shorts por las noches convocando a todos los mosquitos de la región? Pero todavía son peores los que se disfrazan de safari. No tengo nada contra los turistas, creo que es bueno viajar, «andar países y conocer gentes», pero que no me obliguen a ir con quienes parecen tener que justificar el precio pagado con unas risotadas destempladas y unos comentarios que rompen la armonía y el encanto de un lugar. Las agencias de viajes tendrían que dar unos cursillos mínimos obligatorios, como hacen los curas con los aventureros candidatos al matrimonio.

—¡Es usted duro, Profesor!

—No me meto con ellos. Pero reclamo mi cota de privacidad y de silencio, de riesgo asumido y de aventura, de contemplación en el silencio y de asombrarme ante lo inédito. En cierta manera, no concibo un auténtico viaje sin una preparación previa. En todos lo sentidos: no sólo leyendo todo lo posible sobre los lugares a visitar, para que todo encuentro se convierta en un reencuentro; si no descalzando el alma, mudándose la piel como si fuera una serpiente, ayunando de prejuicios y liberándose de hábitos y de rutinas malsanas. No se debería comenzar un viaje cansado ni deprimido ni agobiado, pensando que el viaje nos va a curar. Se perderá un tiempo precioso y se puede arruinar el viaje. Hay que releer a Kavaffis, en su *Viaje a Ítaca*. La clave del auténtico viaje consiste en no tener que ir a ninguna parte, en asumirlo todo, en abrirse a todo lo que acontezca. Y esto, repito, después de haberlo preparado a conciencia, de trazar los itinerarios y las conexiones, de reservar los hoteles y de preparar las citas y conformar las entrevistas, de administrar tus descansos y de haberte procurado las vacunas necesarias, no a última hora, de preparar el organismo para los cambios de comida y tu flora intestinal para las inevitables alteraciones, aunque te limites a beber tan sólo agua mineral. La diferente composición mineral de las aguas, aún embotelladas, ya afecta a tu flora intestinal y no hay que alarmarse ni lanzarse a los medicamentos, sino adaptarse al ciclo que requiere su tiempo: arroz cocido, zumo de limón y muchos líquidos con una pizca de bicarbonato y algo de azúcar, té, yogur natural —si te sienta bien—, zanahoria cruda y manzana rayada, y descanso. ¿Por qué cree que tantos enviados especiales de prensa, diplomáticos, representantes de grandes compañías en misión durante unos meses, viajeros que no turistas, terminan con el peligro de sucumbir a las tres des: dipsómanos, depresivos y divorciados?

—Algunos añaden *dead*.

—Ya, pero eso es más para los corresponsales de guerra que, algunas veces, en el ejercicio de su labor, tienen que arriesgarse. Cuando escriba algo a la vuelta ya me referiré a esta tropa a la que pertenecí durante un tiempo de mi juventud, sobre todo durante las guerras de Argelia, Israel y algunas revueltas fuertes en Bélgica y en el Harlem de Nueva York.

—¿Por qué no publica más, profesor? Cada vez que nos encontramos me deja con la sensación de que ha iniciado treinta relatos a un tiempo...

—¡Pregúnteselo a los editores!

—Profesor, me pondré manos a la obra...

—No, amigo, yo no salgo de aquí sin ese itinerario posible que luego usted se encargará de concretar con las compañías aéreas subsidiarias. Vamos a dejar establecidas alternativas posibles y vamos a precisar lo que no pueda cambiarse. Si tenemos claros los países a visitar, las distancias, los horarios y el tiempo de que disponemos, ya será cuestión de encajar todo en un itinerario viable. No hay que olvidar el consejo que da Lao Tsé, en el Tao Te King, para los que emprenden un viaje: «Sé tan cuidadoso al final como al inicio, y tu empresa irá bien».

7

Itinerario

En la primera etapa, que comenzaría a finales de enero, saldría de Madrid hacia Dakar. Desde Senegal me trasladaría a Guinea Conakry. Allí ya tenía concertadas todas las entrevistas y las visitas gracias a los familiares de nuestro amigo Mathieu que los había movilizado por teléfono y fax desde Madrid. Como en Conakry no teníamos Embajada, nuestro representante en Dakar se pondría al habla con el cónsul honorario de España en Conakry. Habría de tener cuidado en Dakar ya que, junto con Libia, Gabón y Costa de Marfil, están entre los países más caros de África.

Había que dejar Sierra Leona y Liberia por razones de inestabilidad y de falta de garantías de continuidad en sus universidades que, por lo demás, permanecían cerradas. Volaría a Bamako, la capital de Malí por Air Afrique, y allí sí que tenía que aprovechar para conocer el mundo Mandinga, los pueblos bambara y *peul* o *fulani* que se extienden hasta el Níger y el Chad. Por sus tierras y arenales discurre el Níger, el divino río, y tendría que buscar la oportunidad de remontarlo camino de Tombuctú y de Djenné, las ciudades encantadas que me llamaban desde la juventud. ¡Cuántas veces había soñado con Tombuctú! Tenía vívidos los recuerdos de cuando, viniendo de Marrakech, había leído un cartel indicador en Zagora que decía «A Tombuctú... 53 días» de marcha. Me había jurado que lo alcanzaría, aunque no fuera atravesando el Sahara en camello, como habían hecho tantos otros viajeros antes y después de León el Africano, en busca del oro, del marfil y del ébano.

Desde Bamako, las conexiones aéreas me impedían trasladarme a Ouagadougou, en Burkina Faso; y como no me atrevía a asumir la inseguridad del transporte por carretera yo solo, escogimos la capital del Níger, Niamey, como próxima etapa del viaje. Allí me esperaban mis amigos tuaregs.

Por extraño que parezca con un mapa a la vista, de Niamey no tenía más remedio que volar a Abidjan, en Costa de Marfil, ya que las huelgas en la Universidad de Cocody y el relevo de Embajadores españoles me urgían esa escala aunque tuviera que regresar más tarde para visitar la Universidad nueva de Bouaké, de donde me habían enviado un largo y sentido mensaje a través de los profesores N'Guetta y N'Guiane. Ellos estaban al corriente del proyecto de Centros Piloto de Medicina Preventiva en las universidades de África, coordinado por la ONG Solidarios y la Universidad Complutense de Madrid, que era una de las causas principales de mi viaje.

Desde Abidjan volaría a Ouagadougou, la capital de Burkina Faso, «El País de los Hombres Íntegros». Coincidiría con la Cumbre Mundial contra la desertización en África. La próxima etapa me llevaría hasta Accra, en Ghana, visita a la Universidad de Legon, a algunos hospitales donde me esperaban y trataría de entrevistarme con el rey de los Ashantis cuya historia siempre me había interesado; también me gustaría hablar con los amigos del gran político africano Kwame N'Kruhmah que había muerto en el exilio y que, al cabo de los años, los dirigentes ghanenses habían reivindicado y considerado como padre de la patria. Volvía a ser «el guía del despertar de África» para ese otro personaje tan interesante, el presidente Jerry Rawlings, que dirige el país desde 1981 con notable éxito. Desde allí me desplazaría a Lomé, en Togo, y a Porto Novo, en Benin, por carretera.

A mediados de abril, ya podría regresar desde Abidjan a Madrid para cumplir en dos semanas los compromisos de conferencias acumuladas, festejar mi aniversario con familiares y amigos íntimos, y regresar al «oscuro» corazón del continente africano, según la expresión inmortalizada por J. Conrad, con destino a Yaoundé, en Camerún. Aunque éste era un país tan conocido para mí como Costa de Marfil, los compromisos eran mayores por esa misma razón. No sólo iba a explicar el Proyecto de Centros de Medicina Preventiva en las universidades de África (en adelante, CPMP) sino a visitar los Centros Médicos atendidos por nuestra ONG con el envío de material sanitario y conocer, sobre el terreno, otros proyectos que nos habían enviado a Madrid solicitando ayuda.

Desde Yaoundé, no tendría más remedio que desplazarme por carretera a la tórrida Douala para coger el avión de Air Afrique rumbo a Bangui, en la República Centroafricana, y a N'Djamena, en el Chad. Sabía que Malabo estaba a unas horas de barco, desde Douala, y el viaje por mar me apetecía, pero no era un país que estuviera entre los seleccionados para el Proyecto de CPMP por la escasa población universitaria. Comenzaba una etapa difícil. La capital del Chad, N'Djamena, acababa de salir de una guerra civil y todavía tenía tropas francesas estacionadas en su territorio, al igual que Bangui, en la República Centroafricana, Senegal, Costa de Marfil, Camerún, Congo y Djibuti. O sea, de los 15 países que componen el África Negra Francófona, siete tenían desplegados, oficialmente reconocidos, en esos momentos, más de 8.000 soldados franceses de élite. Era un momento importante para un estudioso de la realidad sociopolítica africana el contrastar, sobre el terreno, la descomposición de los antiguos dominios de Francia, a los que de Gaulle designaba como «La Francia de ultramar». Los errores de la política francesa en ese continente, al igual que lo habían sido en el sudeste asiático y en el norte de África, junto a la descarada irrupción actual norteamericana en la zona, así como la crisis económica sostenida por los oscuros intereses multinacionales y apoyada en la corrupción de muchos de sus dirigentes y de sus cuadros, eran algunas de las causas que estaban llevando a los estallidos de violencia. Después del Chad del general Idriss Déby, enfrentado a la guerrilla por no cumplir su compromiso de tratar a los pueblos del sur con justicia y representación democrática, viajaría a la Ruanda del anglófilo Paul Kagame con los genocidios impunes; al Zaire, con la inminente caída del corrupto cleptócrata Mobutu ante el no menos problemático Kabila que, aún antes de conquistar Kinshasa, le habían apresurado para que firmase contratos multimillonarios con empresas tan sospechosas como la Angloamerican, con base en Sudáfrica, y con otras que representaban los intereses norteamericanos en una zona de la que el propio presidente de Gabón, Omar Bongo —suegro del expresidente del Congo, Sassou

Nguesso por otra parte y hermano del presidente Lissouba, también del Congo Brazzaville— no vaciló en afirmar que «hay en marcha un complot contra el África francófona dirigido por los Estados Unidos». Estos no han vacilado en humillar a Francia impidiendo que su Embajador, y el mismo presidente de Togo el general Eyadema, asistiesen a las conversaciones entre Mobutu y Kabila, en Pointe Noire, en el buque sudafricano Outeniqua, mientras que sí lo hacían Mandela y el Embajador norteamericano. Desde allí, iría al Congo-Brazzaville con los enfrentamientos entre Lissouba y su corrupto amiguismo tribal y el expresidente Sassou Nguesso, también ex marxista y amigo de Kabila, que disponían de sendos ejércitos particulares: los *zulúes* y los *cobras*; y a la República Centroafricana con el «paranoico peligroso» Patassé que hace frente a motines inspirados en la figura del antiguo presidente Kolingba y que no vacila en hacer intervenir a los paracaidistas franceses cada vez que tiene algún problema con el Ejército de su país.

Es claro que ese mercado emergente de cerca de 500 millones de habitantes (toda África tiene 750 millones), atrae las miradas de los grandes inversores. Quieren hacerse con las inmensas riquezas de minerales, de hidrocarburos, de maderas y de materias primas, junto a la mano de obra barata que necesitan para mantener sus niveles de «desarrollo» en los países del Norte. Interés peligroso porque se centra en incrementar el consumo, al crear «necesidades», en controlar la agricultura mediante la implantación de monocultivos, en no ceder el monopolio de los transportes ultramarinos, en evitar la industrialización de zonas ricas en productos y en mano de obra, y en incrementar su deuda con préstamos onerosos que tratan de «compensar» con «ayudas» colocándoles sus excedentes de producción. De esta forma ahogan cualquier intento de industria nacional. Sin necesidad de recurrir al dumping es imposible competir con los excedentes de los países industrializados. Que lo pregunten a Namibia que, durante diez años, estuvo recibiendo carne casi gratis de los Estados Unidos hasta que terminó por arruinar su propia cabaña. Cuando ya estaba bien establecida la dependencia de ese tipo de carne, comunicaron al Gobierno namibio que se habían terminado los envíos gratuitos y que, desde 1997, tendrían que pagar precios de mercado... con materias primas impuestas por el vendedor-comprador. ¿Cómo iban a rehacer una cabaña que se había venido abajo ante la competencia desigual? Como sucedió con el trigo, alimento casi desconocido en el África subsahariana y hoy convertido en producto principal de importación.

Aunque sea adelantar acontecimientos, es bueno señalar que se avizoran cambios trascendentales en ese gran continente de la esperanza. Ya existen países que progresan y empiezan a desarrollarse, más o menos por su cuenta, sin las servidumbres de las antiguas potencias coloniales ni los peligrosos experimentos de un afrocomunismo limitado al discurso oficial marxista-leninista, sin rigor en su formulación pero que tantos destrozos causó junto a la frustración por tantas ilusiones rotas, que no muertas: Sudáfrica, Namibia, Uganda, Nigeria, Ghana, Marruecos, Argelia, Túnez entre algunos otros. Mientras que Botswana, Kenia, Gabón, Togo, Nigeria y Costa de Marfil adoptaron el modelo capitalista.

En el gran continente africano no todo es muerte, hambrunas y guerras. Quizá muchos de estos estallidos, a los que asistimos impotentes, sean las luminarias de una nueva victoria, como quiso ver el Gran Capitán en Ceriñola. El humo nos alarma, pero es preciso volver nuestros ojos al fuego que lo provoca y arrasa con lastres del pasado, pero que puede preparar nuevas tierras para nuevas realidades. No hay que olvidar que los Estados Unidos nunca dan puntada sin hilo y la famosa «iniciativa africana» que el Presidente Bill Clinton ha tenido en Denver, con el apoyo del Grupo de los 8 países más ricos del mundo, para incrementar las inversiones en el África subsahariana ya han supuesto, desde 1994, más de 12.000 millones de dólares.

Mientras que Francia, a pesar de sus errores pasados, junto a otros países de la Unión Europea favorece las inversiones públicas en educación y sanidad —claves para el auténtico progreso de los pueblos—, los Estados Unidos sólo apoyan la iniciativa privada y han abierto sus mercados a 1.800 productos africanos. Falta saber quiénes los exportan y dónde y cómo son pagados. Pero es incuestionable que algo se mueve, y muy profundamente, en las tierras y entre los pueblos de África. Todo esto formaba parte del impulso que me movió a emprender este largo y apasionante viaje junto al contacto directo con los responsables de las universidades con los que queríamos estudiar la posibilidad del Programa de CPMP para todos los estudiantes y promover así la prevención, la profilaxis, los estudios epidemiológicos así como favorecer en todo lo posible el desarrollo de los medicamentos tradicionales mejorados (en adelante MTA). Esta vez, iba a pasar de largo por Libreville, en Gabón, porque ya tenía los contactos bien establecidos y nuestro Embajador —a quien había conocido en otro viaje anterior— era persona muy eficiente.

Aunque el viento harmattan lo habría de pasar en Senegal, Malí, Níger y Burkina Faso, con todas sus dificultades, sabía que las temperaturas en el Chad serían cercanas a los 50° C a la sombra. Eso si no me arriesgaba a subir al desierto, posibilidad desaconsejada como es debido por todas las personas prudentes. Desde el Chad me dirigiría a Brazzaville, la capital del Congo ex francés. Para mí, el río Congo ejercía una atracción tan formidable como lo fue el Nilo, y como lo era el Níger, ya que no imaginaba lo que iba a suponer el fabuloso río Zambeze, que habría de atravesar y navegar en tantas ocasiones durante la segunda parte de mi viaje. ¡Brazzaville, el vizconde Pierre Savorgnan de Brazza, uno de los exploradores a quienes más admiro y cuya vida había estudiado con más ahínco aún que las de Mungo Park, Livingstone, Stanley, R. Burton, Speke, Grant, Baker, Carl Peters, Cameron, Kingsley, y que producía en mí sentimientos como los que produce Thomson, ese otro explorador tan formidable. También John Kirk, futuro agente británico y cónsul en Zanzíbar me atraía, pero entre Pierre Savorgnan de Brazza y yo había algo que tenía que desentrañar al caminar las tierras que él había pisado. Algo me decía que encontraría una respuesta al navegar el maravilloso río Congo, que tantos pesares como gloria le ocasionara, por cuya causa encontraría la muerte más gloriosa que puede caber a un hombre honesto: la lucha por la justicia, la libertad y la convivencia entre los pueblos, aunque supusiera el entredicho para la política colonial de Francia, su patria de adopción.

Bien se me alcanzaba que tendría problemas con el viaje a Kinshasa, la capital del antiguo Congo belga, ya por poco tiempo conocida como Zaire. Las tropas del rebelde Laurent Kabila ya habían tomado la antigua Katanga y avanzaban por el Kasai. Los días del déspota Mobutu Sese Seko estaban contados pero era probable que arrastrara en su caída al mayor número posible de personas cuyo silencio era aconsejable para los nuevos vencedores, siempre los mismos: las compañías multinacionales, ahora radicadas en Sudáfrica pero con capitales norteamericanos, europeos y los que yo llamo «siniestros» manipulados desde las temibles compañías *off-shore*; aunque, por supuesto, con riesgo de la vida, pero a ellos las vidas no les importan: lo único que cuentan son los guarismos. Me aterraba la reacción que la caída de Mobutu iba a producir en el no menos sanguinario Jonas Savimbi, líder de la UNITA en Angola. Este viejo guerrillero, sostenido durante tantos años abiertamente por los Estados Unidos en su lucha contra las tropas del actual Presidente Eduardo dos Santos —y amparado en el control de dos tercios de la producción diamantífera del país que sigue exportando, a cambio de armas, a través de Zambia y de Sudáfrica, ahora que el Zaire se le cierra—, continua manteniendo un importante ejército. A pesar de la firma de los acuerdos de paz propiciados por las Naciones Unidas y de haber aceptado la vicepresidencia del país. Sería inevitable que importantes contingentes del derrotado ejército de Mobutu se pasaran con armas y bagajes a engrosar las filas del bárbaro hombre de guerra angoleño. Jonas Savimbi no ha vacilado en acusar a sus antiguos valedores, a los que fue útil durante la guerra fría: «Los americanos, dice, no buscan más que su propio interés; cuando no pueden conseguirlo, cambian de caballo; no tienen política alguna».

Esta es la casta de aliados que se mantuvieron durante años, contra toda justicia, y que se sostuvieron con armas y dinero sin cuento para alimentar guerras vivas que consumieran armas y entretuvieran ocupados a los pueblos que soñaron revoluciones y las pagaron con cientos de miles de muertos, desaparecidos y desplazados. Angola y Mozambique tienen su propia y sangrienta historia. Eran dos países que me dolían y que me preocupaba visitar porque sabía que se iban a confirmar mis sospechas sobre el nefasto colonialismo portugués, uno de los más cutres y desalmados de África, que ya es decir.

Contaba con la formidable ayuda del Primer Secretario de nuestra Embajada en el Zaire, Carlos Abella Arístegui, cuyos padres Carlos y Pilar estaban de Embajadores en Roma y que eran amigos míos. Sorpresa se habría de llevar el joven diplomático cuando supiera que había asistido a su bautizo y que lo había tenido en mis brazos. En él había delegado nuestro eficaz Embajador, José Antonio Bordallo, los trámites de mi visita más que difícil al Zaire; y, por supuesto a Brazzaville, ante cuyo gobierno estaba acreditado. Su profesionalidad, generosidad y entrega habrían de ser, en todo momento, admirables. Hombres como él y algunos otros que habría de encontrar durante mi viaje, como en muchos otros que había realizado, acreditan, ennoblecen y más que justifican la ejecutoria de los diplomáticos españoles. Pero de esto, tendré ocasión de hablar cumplidamente. Porque, como es natural, no todos demostrarían igual grandeza de espíritu, ejemplaridad en la alta representación y eficacia en la gestión encomendada.

Analizadas las eventualidades del acceso por el puente internacional a Kinshasa, había que preparar salidas alternativas desde Brazzaville, al otro lado del río Congo, hacia Luanda, en Angola. Desde allí, problemas de horarios me impedían desplazarme a Windhoek, en Namibia, y a Gaborone, en Botswana; teniendo que optar por Lusaka, en Zambia. Escala de un par de días en Harare, antigua Salisbury, capital de las prestigiosas dinastías del reino de los Shonas, conquistado por el acaudalado Cecil John Rhodes, en cuyo honor se denominaría Rhodesia. Con la independencia pasó a denominarse Zimbabwe. Desde allí tomaría el avión hacia Maputo, capital de Mozambique, recostada en el Océano Índico, tan añorado y envuelto en las fantasías de lo leído en la juventud. En esta primera visita a Harare, en Zimbabwe, tendría que limitarme a entrevistas con nuestro Embajador, Tomás Solís Grajera, para preparar los encuentros con las autoridades a mi regreso de Mozambique. También tendría que saber encontrar tiempo para acercarme unos días a navegar por el río Zambeze, escenario de tantas proezas de Livingstone, Stanley, Kirk y de tantos otros para llegar hasta las cataratas de Victoria, *Victoria Falls*. Por supuesto que, en Mozambique, me habría de ocupar de llenar adecuadamente mi tiempo ante la semana que tenía que estar allí. Había una isla... que parecía llamarme. Se trataba de la *Ilha da Inhaca*, en frente de la de los Portugueses que, sin saber todavía por qué, no me interesaba.

De la República de Sudáfrica, en esta ocasión, tan sólo visitaría Durban y quizás Johannesburgo. Aunque admiraba a Mandela y llevaba sus Memorias como uno de los libros de viaje, me parecía que estaba empezando a nacer en mí un contencioso con ese potente, y me temo que prepotente, estado con vocación de imperio. Era una de mis asignaturas pendientes y quería abordarla ahora y no cuando ya fuera demasiado tarde. Ya bien entrado junio, me dirigiría de nuevo a Harare, la citada capital de Zimbawe para, desde allí, desplazarme a la antigua Nyasalandia, hoy Malawi, que presentaba para mí problemas logísticos considerables. Su universidad no está en su artificiosa capital sino que está distribuida entre las ciudades de Lilongwe y de Blantyre, separadas entre sí por centenares de kilómetros. Era un problema que habría de resolver sobre el terreno. La perspectiva de pasarme yo solo una semana en el admirable lago Malawi, el Nyasa explorado por Livingstone, no era comparable con la perspectiva de vagar todo lo posible en la infinitamente más atractiva y sugerente Tanzania. La tierra de mi muy admirado Mwalimu Julius Nyerere, la tierra bañada por el Índico, con Zanzíbar como una perla en su frente, el Ngorongoro que me llamaba con tanta fuerza como las llanuras sin fin del Serengueti, el lago Manyara, el Tanganyika, el Victoria... Morir de dicha era el panorama de un viaje a Tanzania. Venían a mi memoria las palabras de Wordsworth, pronunciadas en 1789: «Fue una dicha estar vivo en aquella aurora, pero ser joven fue el mismo cielo». Yo ya no era joven, pero estaba vivo y me sentía alerta en este alborear de los pueblos de África. A mí me llaman los lugares y las cosas, no sólo las personas. Ya parecía percibir el aroma de las especias: del clavo, de la canela, de la pimienta, de la nuez moscada, del cardamomo. Ya me urgían no sólo Zanzíbar sino Pemba y Mombasa hasta Lamu, la isla de ensueño, el último reducto de fantasía, de libertad y de poesía, en la querida Kenia, última etapa de mi viaje ya bien avanzado el mes de julio. Lamu, equiparable en magia a Katmandú, a la Ibiza de los hippies, a las luminosas islas griegas, o a cualquier paraíso soñado en la tierra, permanecería como la última esperanza: el lugar donde mis seres queridos me encontrarían si un día llegara a perderme. Por muy mal que puedan llegar a ponerse las cosas, en cualquier orden de la vida, no hay que desesperar: siempre nos queda Lamu, en el Índico. Y, por supuesto, Zanzíbar, la de los cendales luminosos, la de los aromas sutiles y los azules más bellos del mundo.

Bueno, ya estaba trazado el itinerario. Ahora correspondía a los profesionales el atar los cabos, movilizar a sus delegaciones para asegurar las conexiones, las reservas de hoteles, las alternativas ante una guerra civil, una huelga o, sin más, las elecciones presidenciales que —en naciones como Camerún—, permiten al Presidente, Paul Biya, cerrar los aeropuertos del país y prohibir el tráfico rodado el día de los comicios. Parece broma lo de tener que contar con la posibilidad de una «guerra civil», de una «revolución» o de una matanza fundamentalista o progresista. Tuve ocasión de comprobar que la previsión no era inútil.

8

Senegal

¡Qué ganas de correr tenía cuando me sentí libre empujando mi carrito por el aeropuerto de Bruselas! Creo que iba dando saltos o, al menos, iba a grandes zancadas sobre el pasillo rodante. Siempre me ha gustado caminar así sobre esa cinta transportadora: me da la sensación de que llevo las botas de siete leguas y que el cuerpo se hace más sutil, acercándose a la ingravidez, al comprobar que las distancias se relativizan cuando el suelo se mueve. Tenía ganas de cantar, lo hice; y de gritar, no lo hice. Veía pasar a las gentes con sus diversas vestiduras de acuerdo con el lugar de donde venían o adonde se dirigían. Trataba de situarlos por sus rasgos físicos, por los bultos que transportaban y por esa riqueza de turbantes, ganduras, *bubús*, *galabeias*, *tchamires* y saris de las mujeres indias cuyas frentes iban señaladas en rojo bermellón, allí donde tiene su asiento el tercer ojo pero que, en muchos casos, indica su condición de casadas.

Llamó mi atención una mujer muy hermosa, *malinké* probablemente, que iba envuelta en un amplio *bubú* de color fucsia muy bonito. El turbante era de la misma tela y lo llevaba anudado con toda la gracia y el encanto de su pueblo. Era alta, de rasgos nobles, labios y nariz muy finos, ojos grandes algo rasgados, el color de su piel era como el caramelo recién estirado. Caminaba desplazando su cuerpo, sin inclinarse más a un lado que al otro; se diría que el cuerpo iba siguiendo un rumbo y las piernas la seguían como a las anátidas cuando se desplazan sobre la superficie de un estanque. La acompañaba un señor alto y de su misma etnia que vestía como un profesor de Oxford: pantalón gris marengo, chaqueta twed de lana gris oscura y con osados rombos color granate, camisa con marcadas rayas azules, corbata cachemir de nudo pequeño, chaleco de lana ribeteado en azul marino y se cubría con un sombrerito de lana con el ala caída. Llevaba gafas oscuras con montura metálica. Las manos eran largas, los dedos finos y lucía un sello de oro con un ágata en el meñique izquierdo. Vendrían de Londres y habrían hecho escala en Bruselas, camino de Dakar.

Era sábado 22 de febrero de 1997, despegamos a las 14:30 y teníamos por delante un vuelo de 6 horas. Después de ponerme cómodo, releí alguno de los libros que llevaba sobre Senegal. Me hizo gracia una anotación de Richard Trillo, en *Roug Guide to West África*: «Viajar por África es tan divertido cuando todo sale bien como puede convertirse en una pesadilla cuando las cosas se tuercen». Escribía desde la experiencia; convendría no olvidarlo y aprovechar estos momentos de paz y cargar baterías para cuando surgiesen los imprevistos. ¿Quién me iba a decir, entonces, lo que me aguardaba en Camerún y en Angola meses más tarde?

Senegal es una de las entradas clásicas al continente africano. Es una república independiente desde el 4 de abril de 1960 y fue de los primeros estados africanos en promover la democracia. Su primer presidente, Leopoldo Sedar Senghor, fue uno de los pocos presidentes que dejó el poder voluntariamente en 1980. Hasta finales de la década de los ochenta ningún país del África subsahariana había llevado una vida parlamentaria normal y sosegada desde la independencia a excepción, tal vez, de Botswana. Senghor (Senegal), Ahidjo (Camerún) y Nyerere (Tanzania) fueron los únicos padres de la patria que abandonaron voluntariamente su puesto político.

Situado en la costa occidental de África, está atravesado por tres ríos: el Senegal, que comparte con Mauritania y Malí, el Gambia que atraviesa el país del mismo nombre, y, al sur, está el Casamance. Junto con los países vecinos forman la región que se denomina el Sahel que va hasta el mar Rojo marcando la línea divisoria entre el Sahara y las otras zonas desérticas y el África tropical y ecuatoriana. Tiene una superficie de cerca de doscientos mil kilómetros cuadrados —un tercio de la península ibérica—, pero, como el interior es árido y padece una gran deforestación y desertificación, su población de unos ocho millones de habitantes se concentra en la zona oeste, más agrícola. El valle de Senegal está poco habitado a consecuencia del comercio de esclavos muy intenso en otros tiempos. Los grupos étnicos principales son los wolof, con más del 38 % de la población, *peul-fulani* (24 %), los *dioulá*, *serer* y los *malinké*. Cerca de un 3 % proviene de países no africanos como Francia, Líbano y Siria, además de unos 200.000 guineanos. La mayoría de la población es de religión musulmana sunita, el resto son cristianos y animistas. Las lenguas oficiales son el francés y el wolof, aunque también se hablan las lenguas de las distintas etnias: el *pular*, *serer* y *dioulá*. La esperanza de vida está en los 50 años; la mortalidad infantil 93/1000; hay un médico por cada 17.000 habitantes; al agua potable sólo tiene acceso un 52 % de la población; la tasa de alfabetización de adultos es del 33 % ¡un 67 % de analfabetos!; y a la universidad llega un 3 %. El PNB: 3.881 millones de dólares. La deuda externa se eleva a 3.678 millones de dólares y el servicio de la misma supone 465 millones de dólares. El Presidente, desde 1981, es Abdu Diuf, antiguo Primer Ministro con Senghor.

El pueblo wolof es extraordinariamente orgulloso y es muy fácil de distinguir: son altos y esbeltos, con facciones armoniosas y la cabeza redonda con pelo ensortijado que suelen llevar muy corto; el color de la piel es brillante y muy oscuro, como corresponde al grupo de los negros sudaneses. Son muy elegantes sobre todo cuando visten la ropa tradicional; aparte del *bubú* de tres piezas, suelen vestir amplias túnicas con largas mangas en los más variados colores sólidos. Son hábiles comerciantes y su lengua está ampliamente difundida. Junto con los *peul-fulani*, de los que hablaremos más adelante, pues están extendidos por ocho países, fueron islamizados desde muy temprano y ocupaban estos territorios cuando los franceses invadieron la zona en el siglo XVII. Estos intercambiaban manufacturas europeas por esclavos cuyo destino eran las Antillas, de donde traían ron y azúcar. Con razón se ha dicho que el desarrollo económico de América se debe, en gran parte, a los negros que trabajaron los campos de azúcar, base de su economía. La revolución francesa de 1848 abolió la esclavitud y los senegaleses pasaron a ser ciudadanos de segunda clase en el Imperio con derecho a enviar un diputado a

París. Pero no por eso dejaron de participar como fuerza de choque en la expansión del imperio colonial francés: Congo, RCA, Chad, Níger, etc.

A partir del panafricanismo, en 1933, Leopoldo Sedar Senghor, de Senegal, y Aimé Césaire, de Martinica, acuñaron en París el concepto de «negritud» en rechazo a la asimilación cultural francesa. Senghor decía que «la negritud, concebida como instrumento eficaz de una liberación, debía liberarse del pintoresquismo e insertarse en el movimiento solidario del mundo contemporáneo». Es decir, organizarse políticamente. Hay que señalar que Senghor conocía bien la falta de interés de los franceses por educar a sus súbditos en las colonias. Lo único que le interesó a la Administración colonial fue formar algunos administrativos para que les ayudasen en su política de control y de explotación; esto se llevó a cabo en tres instituciones de enseñanza secundaria que funcionaban en Dakar. No hay que olvidar que, cuando llegó la independencia a las colonias, apenas si había titulados universitarios y éstos porque pertenecían a alguna minoría poderosa de los que se habían distinguido en la colaboración con los conquistadores.

Senghor estudió en Francia donde había sido compañero de Georges Pompidou, el futuro presidente de la República, y llegó a ser el primer profesor africano de enseñanza secundaria en Francia. El que habría de ser el más influyente senegalés del siglo XX, líder de la negritud y de la africanidad... nunca llegó a hablar con fluidez ninguna de las lenguas del Senegal y en su propia lengua materna, el wolof, nunca escribió nada. Toda su obra literaria y política está en francés. Fue católico en un país con cerca de un 90 % de población musulmana, se casó con una francesa rubia y blanca y desde hace muchos años vive retirado en su posesión agrícola de Normandía. En 1945 fue elegido diputado en la Asamblea Nacional francesa, después de haber participado en la «Resistencia». El 4 de abril de 1960, Senegal declaró su independencia y Senghor fue nombrado presidente, cargo en el que se mantuvo durante dos décadas, hasta 1981. Senghor aplicó una especie de «socialismo africano» basado en la idea de que la sociedad agrícola tradicional es colectivista y, por lo tanto, ya existía en el continente y no había que importarlo. La realidad es que, en el contexto económico mundial, ese «socialismo» proporcionó mano de obra barata a una agricultura de exportación controlada por capitales franceses en un 82 %. En 1980, el presidente Diouf dio más pluralidad al sistema político reducido por Senghor a tres partidos.

Los Estados Unidos y Francia presionaron, a comienzos de los ochenta, para que el Fondo Monetario Internacional y el Banco Mundial aplicaran un plan de ajuste estructural que provocó el aumento de los costos de producción y los precios al consumo. Senegal tuvo conflictos fronterizos con Mauritania en 1989 y esto dificultó el proceso de integración con Gambia cuando trataba de crear el Estado federal de Senegambia. En 1991, Abdou Diouf fue elegido presidente de la ECOWAS (Comunidad Económica de los Estados de África Occidental) que reúne a 16 países de la región. En 1993, Senegal padeció las consecuencias de la devaluación del Franco CFA, al igual que otras economías de la zona. Ello supuso un creciente déficit comercial, la necesidad de endeudarse más en el exterior hasta llegar a una deuda externa de 3.500 millones de dólares, más del 60 % del valor del PNB. Las consecuencias fueron un plan de austeridad que disminuyó el poder adquisitivo de la población y un gran descontento popular.

Esta síntesis bien merece un trago largo en espera de la cena. Pero me parece oportuno refrescar los datos más importantes antes de llegar a un país nuevo, sobre todo, cuando se van a visitar varios seguidos y hay peligro de que bailen las cifras.

Pasadas las diez de la noche, aterrizamos en el aeropuerto de Dakar-Yoff. Era noche cerrada, el calor húmedo me golpeó el rostro y supe que estaba en África. Al pie del avión estaba el primer secretario de la Embajada de España, Santiago Gómez Acebo, que actuaba como Encargado de Negocios a.i., ya que todavía no habían nombrado al nuevo Embajador. Con él habíamos mantenido toda la correspondencia durante los últimos meses para preparar las visitas y encuentros con las autoridades académicas y políticas tanto del Senegal como de Guinea Conakry, país ante el que estaba acreditado. Pasamos a la sala y me entregó una carpeta que contenía un dossier completo con el programa para los días que iba a pasar aquí. Tenía el duplicado de todas las cartas que había enviado desde la Embajada así como de las respuestas que ya habían llegado. A todos les había remitido un resumen en francés de nuestro Proyecto de CPMP. La carpeta también incluía copia de las cartas y fax que nos habíamos intercambiado en los últimos meses. Lo felicité y le agradecí su trabajo. Con personas así es una maravilla trabajar.

Hacia las once, llegamos al Hotel Alifafa, en una calle cercana a la sede de nuestra Embajada, en el Boulevard de la République. Era un hotel agradable en el que él había vivido algunos meses antes de que llegara su familia. «Sencillo, cómodo y céntrico, como me habías pedido. Además, está muy bien de precio», me dijo con simpatía. Cuando se hubo marchado, subí a la habitación, deshice las maletas, coloqué todo en su sitio, me puse el traje de baño y bajé a una piscina rodeada de árboles, solitaria a esas horas y en la que me tumbé boca arriba para llenarme de estrellas.

9

La casa de los esclavos

A las 5:30 me despertó el almuédano con su llamada a la oración. Por lo general, éste iba a ser mi despertador a lo largo del viaje que, en su primera fase, se desarrollaría en países musulmanes. Ducha, arreglarme, beber un gran vaso de agua mineral y vestir ropa cómoda para la meditación. Por si acaso, pasé el repelente Aután por cuello, cara y muñecas; no sabía si, cuando amaneciese, habría mosquitos junto a la piscina. La noche anterior, ya había localizado un sitio tranquilo, en el Solarium, al que se subía por una escalera desde la piscina. Silencio. Olor a flores del jardín regado durante la noche. Amanecía.

Al cabo de una hora, bajé a desayunar. Lo hice copiosamente, siguiendo mi costumbre, que llamo del dromedario, durante los viajes: comer y beber cuando se puede ya que no está garantizada otra comida. Era domingo y no tenía compromisos para almorzar ni para cenar; luego, lo prudente era comer y beber lo necesario para no tener que preocuparme durante el día en buscar un sitio adecuado. Había un buen *buffet*. El camarero que me sirvió el té me dijo que se llamaba Ibrahim Ndiaye, y me pedía que «orase por él». Como no lo había visto antes, le miré a los ojos, devolví el saludo en árabe, y deduje que me habría visto sentado. «Yo también soy musulmán —me dijo casi en un susurro—, sé que usted es marabut.» Bueno, ¿qué iba a decirle?

Regresé a mi habitación y me cambié de ropa. Consulté el mapa y vi que, si caminaba por la calle Jules Ferry, llegaría enseguida a la *Ave. Roume* y, de allí a la *Place de l'Indépendance* no había más que un paseo que me llevaría a la estación del *ferry* que iba a la isla de Gorée. Las calles no estaban muy concurridas, los comercios estaban cerrados, salvo algunas tiendas de los indios que, como siempre, dan la sensación de que no cierran nunca. En toda África sucede lo mismo: los cristianos cierran los domingos, algunos judíos los sábados y los musulmanes se adaptan a la mayoría de la población, aunque los viernes, los piadosos hacen un descanso para acercarse a la mezquita. Pero me daba la impresión de que Dakar seguía las pautas occidentales de cerrar los domingos; no en vano llevaba casi dos siglos de influencia francesa.

Mientras esperaba el *ferry* de las 10, me senté a tomar un té con limón en la terraza del embarcadero. Al divisar el mar, recordé el Chandogya Upanishad: «Esta tierra es agua solidificada, como lo son la atmósfera, los cielos, los dioses y los hombres, las bestias y los pájaros, la hierba y los árboles, los animales junto con los gusanos, las moscas y las hormigas. Todo esto no es sino agua solidificada. Reverencia, pues, el agua». Concepción compartida por Tales de Mileto y por la ciencia moderna. Puse orden en mis notas y llamó mi atención un grupo sentado en la mesa de al lado. Eran tres jóvenes senegaleses acompañados de cuatro chicos y chicas norteamericanos inconfundibles y de una señora de cierta edad, también americana. No tenía que perderles la pista. Mientras tanto, me dediqué a observar a todo el mundo. Cuando se aproximaba el barco que venía de la isla, tuve pretexto para pedir a los del grupo que me hicieran una foto con el barco a la espalda, y que se la hicieran ellos conmigo. Así ya los tenía marcados por si mi intuición se confirmaba. Del *ferry* desembarcaron gentes de la isla en una nube de colores, con ropas tradicionales, que venían a pasar el domingo en la capital. Apoyado en la baranda, disfruté como un enano ante aquella explosión de alegría, de voces y de saludos. Cuando embarcamos, procuré subir a la cubierta principal y ponerme cerca del grupo de americanos. Por ellos supe que los senegaleses eran alumnos de la escuela de capacitación profesional, que los salesianos tienen en la ciudad de Thiés. Venían a visitar la isla de Gorée acompañando a los americanos del *Peace Corps* que se forman en el *Centre International du Corps de la Paix.* Me lo había imaginado. Yo sabía que, en África, hay unos 3.000 «voluntarios del *Peace Corps*» y que, en la zona francófona, tenían un centro de formación donde preparan, durante seis meses, a los que después enviarían, en parejas, a los diferentes países de esa zona. Me interesaba el tema. El año pasado había conocido a dos «voluntarios» en M'Bahiakró, en Costa de Marfil, cuya «misión» oficial era construir letrinas... pero según me dijo la alcaldesa, Mme. D'Hatz: «No sé a qué se dedican. Llevan más de un año, nosotros les facilitamos la vivienda, ellos pasean todo el día, van cada semana a Abidjan, donde se reúnen todos los que están en este país... hacen viajes aquí y allá y, la verdad, es que sólo han construido tres letrinas.» Le expliqué un poco y comenzó a comprender. Por ellos, pues, yo sabía que en Senegal estaba su Centro de Formación y la suerte me había puesto en contacto con ellos. Les manifesté mi interés por su «meritoria» labor, les dije que, precisamente, el lunes iba a pasar por Thiés y que me gustaría visitarlos. OK. La señora mayor era Mme. Sav y era una de las responsables del Centro. Parece que no le entusiasmó la idea pero no pudo negarse ante la reacción de los jóvenes, ante quienes me presenté como escritor. Quedé en visitarlos al día siguiente entre las 16 y las 16:30. Ya me arreglaría para llegar allí después de comer con mis amigos de la Embajada. Thiés está a menos de una hora de Dakar.

La isla de Gorée está a unos tres kilómetros de Dakar y el viaje dura unos veinte minutos. El *ferry* iba atestado de turistas. Entre los nativos destacaban dos senegaleses altos y con el pelo muy encrespado recogido en una gran gorra de colores. Los dos tenían barba y llevaban amuletos al cuello, junto con una fotografía plastificada del fundador de la cofradía Baye Fall. Su estilo indumentario se popularizó en occidente con los rastafaris que la música, los temas y la voz del genial Bob Marley, habrían de estremecer a millones de seres en el mundo entero. Nunca he vacilado en calificar a Bob Marley como uno de los «profetas», en el sentido de *nabi* y no de adivino, más importantes de la segunda mitad del siglo XX. El vate jamaicano supo encarnarse en la condición de los desarraigados, de los marginados y de los excluidos. Su música salía del hondón del alma con resonancias ancestrales: todo el aroma de las islas, toda la tensión del esfuerzo de centenares de miles de esclavos en las plantaciones americanas, todo el dolor de pueblos mandingas y *bambaras* y *peul* y *baulé* y hausa y tantos otros, electrizaban nuestra piel y nos hacían sentir una inmensa solidaridad y un grito de impotencia que pedía otros cauces para canalizar la rebelión en propuestas alternativas en un mundo que no nos gustaba. Sus *posters* adornaron nuestras habitaciones, sus canciones poblaron nuestros sueños, su ritmo y sus gestos, su aparente desconcierto sintonizó con el nuestro y repetíamos versos de sus canciones como mantras a una divinidad sorda y cruel que seguía permitiendo la opresión de los más por un grupo cada vez más restringido de prepotentes desalmados que habían encontrado en las mismas filas de las castas sacerdotales el tácito apoyo en aras del orden que tanto les ha preocupado siempre conservar. Pero ¿de qué vale el orden cuando no hay justicia?

La voz de Bob Marley todavía resuena en nuestro corazón y nos encontramos balbuceando, a veces, como en oraciones que ahuyentan el suicidio: «¿Por qué no ayudarnos en el camino para hacerlo más fácil? No puedes seguir viviendo de esa forma negativa. Abre el camino para el día positivo. Porque es un nuevo día, un nuevo sentimiento. ¡Es una nueva señal! ¡Agárralo! ¡Agárralo ya! El amor de Dios nos protege. *¡Rastaman Vibration jeah!*». ¿Quién no recuerda *Get Up, Stand Up*? «Levántate, ponte en pie. Ponte en pie por tus derechos. Levántate, ponte en pie... No abandones la lucha.» ¿Y el *Hallelujah Time*? «¿Por qué no nos dejáis vivir en armonía? Nos gustaría ser libres como los pájaros en un árbol. Porque, aunque sufrimos nuestras cargas, todas las desgracias tienen que acabar blandiendo el martillo y empujando el arado.» Y de *Small Axe*: «Si vosotros sois un gran árbol, nosotros somos un hacha pequeña, afilada para cortarlo, preparada para cortarlo, oh *yeah*». Y tantos otros... pero terminemos con *Slave Driver*: «Cada vez que oigo el crak del látigo mi sangre se vuelve fría. Me acuerdo de cuando iba en un barco de esclavos, de cómo embrutecían mi alma. Hoy dicen que somos libres sólo para estar encadenados a la pobreza. ¡Buen Dios! Yo pienso que eso es el analfabetismo. Es sólo una máquina de hacer dinero». ¡Cuándo pienso que para muchas gentes bien pensantes, Bob Marley y los Wailers no fueron más que unos drogatas!

No pocas veces he interpelado a catedráticos, docentes de enseñanza media, a magistrados que profesionalmente imparten justicia, a clérigos de diversas confesiones, que si conocían las letras de las canciones de Bob Marley, de Joan Báez, de los Beatles, de Simon y Garfunkel, de Cat Stevens, de Jim Morrison, de Sting... de Bob Dylan, de Janis Joplin, de Mike Jaeger, de Mark Knofler..., decenas de hombres y de mujeres que poblaban el mundo de los jóvenes de nuestro tiempo a los que criticaban sin cesar porque «no los comprendían». Cuando aducían que cantaban en un inglés ininteligible les preguntaba si creían que sus hijos, sus alumnos o sus amigos tenían un mayor conocimiento del inglés que ellos. Y ante su silencio, con cierto aroma de reproche, yo insistía en recordarles letras de las canciones de Mercedes Sosa, de Atahualpa Yupanki, de Silvio Rodríguez, de Pablo Milanés, de Chabuca Granda, de Aute, de Víctor Manuel, de Ana Belén, de Serrat que cantaban en español. No les interesaban más que como sonidos de moda. Estoy convencido de que el analfabetismo musical de nuestras clases dirigentes y de los educadores y formadores oficiales es una asignatura pendiente que no dejará de pasar factura.

Si les hablabas de la droga como «fenómeno sociológico», en clara conexión con el desgarro y la denuncia que proclamaban aquellos vates como nuevos gritos de nuestro tiempo, arquean las cejas y entienden que uno está forzando los argumentos. Así nos va, así seguimos. Emprenden una lucha contra los traficantes y camellos culpando a la droga de la adicción de sus hijos. Ése es el chivo expiatorio. Pero hay que gritarles sin cesar que la droga nunca hizo un drogodependiente contra su voluntad, que sólo es un medio más, un instrumento como el alcohol, el tabaco, el juego, el consumismo o el escapismo. Que la droga no es causa sino medio para aliviar la tensión, para muchos insoportable, de una causa radical: la pérdida de la autoestima, la soledad, los sentimientos de orfandad, la tensión del consumismo y de una competitividad de tiburones que han hecho insufrible para muchas gentes esta sociedad absurda. Una vez más «Arrojar la cara importa que el espejo no hay por qué». «¡Arrancado de África, vendido en América!» «Dicen que el sol brilla para todos pero en el mundo de alguna gente no brilla nunca. Algunas personas piensan que la vida es un sueño, así que hacen las cosas peor. Se ha dicho mucho pero se ha hecho muy poco. Ellos todavía matan, matan a la gente y tienen muchas diversiones. Ellos quieren ser los líderes en la casa del sol naciente.» «Cada uno piensa que su peso es el más pesado, pero quien lo siente conoce a su señor.» «Oh mujer, no llores más... en este gran futuro puedes olvidar el pasado, así que seca tus lágrimas. Mujer, no llores más.» Y aunque sea alargar el texto y abusar de la paciencia del lector, permitidme que transcriba la letra de su canción *War*:

> Lo que me ha enseñado la vida / lo quisiera compartir / con aquellos que quieran aprender.
>
> Hasta que la filosofía que hace / a una raza inferior y a otra superior / sea definitiva y totalmente desacreditada / y abandonada.
>
> Hasta que no existan / ciudadanos de primera y de segunda clase / en una nación.
>
> Hasta que el color de la piel de un hombre / no tenga mayor relevancia que el color de sus ojos.
>
> Hasta que los derechos humanos básicos / no sean por igual garantizados a todos / sin excepción de razas.
>
> Hasta ese día / el sueño de paz duradera / la ciudadanía mundial y las leyes de la moralidad internacional / seguirán siendo nada más que una ilusión efímera / para pedir pero nunca para obtener.
>
> Y hasta que el vil e infeliz régimen / que atenaza a nuestros hermanos / en Angola, Mozambique, África del Sur... / con ataduras inhumanas haya sido / derrocado y destruido en sus cimientos / hasta ese día el continente africano no conocerá la paz.
>
> Los africanos lucharemos, si es necesario / Y sabemos que venceremos / pues confiamos en la victoria del Bien sobre el mal.

A estos nuevos rastafaris los habría de encontrar más tarde cuando subiera al castillo en donde viven y practican la percusión, sobre todo en los tambores.

La isla de Gorée había sido posesión inglesa desde finales del siglo XVII, así como los puertos fluviales del río Gambia. Desde aquí, había partido el Mayor Daniel Hougthon, en 1792, para adentrarse en tierra firme y explorar el curso del Níger para abrir rutas comerciales. pero falleció antes de alcanzar la orilla oriental del Senegal. Tres años más tarde, habría de partir con ese mismo propósito un oscuro médico escocés, Mungo Park, sin la preparación adecuada de geógrafo, militar, antropólogo o historiador, que habrían de tener tantos de los famosos exploradores del siglo XIX: Chaillu, Cameron, Marchand, Livingstone, Stanley, Baker, Burton, Grant, Speke, la misma aventurera Kingsley, por no recordar a Brazza, Thomson y tantos otros. Mungo Park inició su primer viaje en 1795 y fracasó de la manera más estrepitosa. Sin llegar más allá de la actual Segu nos relata sus desventuras en *Viajes a las regiones interiores de África*, subvencionado por la Asociación Africana de Londres, presidida por el terrateniente escocés Banks, tesorero de la Royal Society. Lo que habían intentado Ledyard desde El Cairo, Lucas desde Marruecos y Hougthon desde las orillas del Gambia, lo intentó por dos veces Mungo Park partiendo desde esta misma isla y luego desde Pisania.

Como diría Park en su obra, y recoge Ferran Iniesta en su espléndida introducción a la edición española del Serbal: «[el móvil que le guió] fue hacer que la geografía africana fuera más accesible a mis compatriotas y abrir para su ambición [*sic*] e industria nuevas fuentes de riqueza y nuevas vías de comercio». Dejémonos de eufemismos a la hora de considerar las motivaciones de los viajes de los exploradores financiados por sociedades filantrópicas. Contra confesión de parte no hay prueba en contrario, como habremos de constatar a lo largo de este viaje. Mungo Park había nacido en un pueblecito de Escocia, en 1771, y era hijo de campesinos muy pobres; y también de familia numerosa como Livingstone. Se graduó en Medicina, en Edimburgo, pero, a diferencia de Livingstone, nunca mostró interés por su profesión ni se supo valer de ella durante sus viajes. Antes al contrario, causa pavor el número de enfermos y de muertes que se sucedían entre los componentes de sus expediciones. En la segunda, iniciada en 1805, de 44 europeos que le acompañaron, entre ellos su cuñado Anderson y un sobrino de Walter Scott, sólo sobrevivirían él mismo, tres soldados, uno de ellos loco, y el teniente Martyn, bebedor impenitente e incapaz de asumir responsabilidad alguna en la expedición. Los datos que la Asociación le pidió que publicara en 1797, «no eran muy satisfactorios ni geográfica ni comercialmente...». Su experiencia directa de la sabana, de sus poblaciones y sus propios sufrimientos físicos y morales fueron, posiblemente, lo más notable de la exploración del escocés. Pero, como señala Ferran Iniesta, «ni pudo seguir el curso del Níger ni alcanzar los objetivos de Tombuctú y el país hausa». Y ante la pregunta que tantos amigos de los relatos de viajes africanos se habrían de hacer posteriormente, Ferran afirma que las anotaciones de Park merecen la pena. «Su África fue apolítica y ahistórica, y por lo tanto fue ilógica y colonizable.» Impresionante.

El segundo y fatal viaje lo inició en 1805, ya casado y aburrido de su trabajo como médico en la zona rural de Peebles. Habría de llegar más allá de Segú, de la mágica Djenné, de la mítica Tombuctú, de Gao, sin detenerse en ellas. El mundo del Islam le resultaba exótico y extraño, no tenía la formación necesaria para apreciar, distinguir o interesarse por las culturas de los pueblos por donde pasaba. Lo más triste, concluye Ferran, fue «su desconfianza hacia todo lo africano, su incomprensión de las costumbres, su brutalidad y arrogancia al negarse a tributar a jefes y hospederos como si no tuviesen derechos en sus mismas tierras. La colonización pondría remedio a tales deficiencias. Las tropas coloniales serían negras y el potencial de fuego sería lo bastante para arrasar cualquier pretensión de propiedad y poder autóctonos. Antes habría que ganar aliados y acorralar enemigos, y eso llevó décadas. En este aspecto, y sólo en éste, Park llegó con antelación».

A mí siempre me habían producido tristeza los relatos de Mungo Park. No es que prefiriera los arrogantes escritos de Stanley o de Burton o de Baker, ni siquiera los, a veces, ingenuos del famoso doctor Livingstone, aunque para siempre permanecerán las últimas palabras recogidas en su diario: «All I can add in my solitude, is, may heaven's rich blessing come down on every one, American, English or Turk, who will help to heal this open sore of the world». [Lo único que puedo añadir en mi soledad es que ojalá descienda del cielo la bendición sobre cada persona, americano, inglés o turco, que ayude a curar esta llaga abierta en el mundo.] Por eso he disfrutado tanto con esta edición al cuidado del profesor catalán. Park fue un hombre arrastrado desde el interés por los pueblos a la idolatría por tierras y ríos. «Le hizo un daño irreparable que le llevó a la muerte, su convicción de superioridad, de omnipotencia civilizada.»

Desde el barco se divisa una pequeña playa a la derecha del atracadero. Es una isla pequeña, tan sólo de 28 hectáreas, en la que no circulan coches ni motos porque, entre otras cosas, no tiene carreteras asfaltadas. Las casas son de estilo colonial, sus habitantes no superan el millar y el ambiente es tranquilo. En la isla destacan las ruinas de lo que llaman «el castillo» y que es el resultado de diversas fortificaciones a lo largo de los siglos y que sirvieron para rodar la película *Los cañones de Navarone*. Hoy están ocupadas por hippies y por los miembros de la cofradía de los tocadores de tambor que viven en cuevas y en casas muy pequeñas donde te ofrecen una taza de café, una sesión de ritmos de diversas partes del Senegal. La marihuana, el hachís y una hierba alucinógena que se cultiva en el interior, circulan sin cesar y sus efectos los ves en las pupilas dilatadas de los jóvenes que se acercan para pedirte una «contribución para la cofradía». Entre los «hermanos» senegaleses ves a algunos europeos y norteamericanos que arribaron aquí en busca de experiencias a través de la música de percusión tocada en noches de luna y humo. Ves sombras a la deriva deambulando por entre las ruinas.

En el pueblo hay una iglesia católica del siglo XIX con una lápida que recuerda el paso por aquí del Papa Juan Pablo II y su famosa alocución de condena de la esclavitud. Al lado, la Orden de Malta sostiene una escuela que, a la vez, sirve de centro asistencial. El mástil y la bandera, los escudos y sus armas resultan un poco anacrónicas en este tiempo en el que el voluntariado social prefiere extenderse como una red en el tejido social antes que figurar como enseña de antiguas o modernas órdenes militares. Pero allá cada uno con su manera de proyectarse. También hay un museo en la Fortaleza de Estrés, al norte de la isla, con una interesante serie de pinturas, grabados y objetos de la historia de los pueblos del Senegal hasta nuestros días. Bien, todo esto vale un paseo relajado. La gente es amable, se puedo almorzar un buen pescado en alguno de los chiringuitos que están junto a la playa... pero uno viene a Gorée con una herida en el alma.

No hay africanista en el mundo que no sangre en Gorée o en Bagamoyo. Si en la costa del Índico el puerto de Bagamoyo —«aquí yace mi corazón»— era el último lugar del continente que pisaban los esclavos antes de ser embarcados hasta

Zanzíbar y, después, a los diversos mercados de Arabia, del Golfo Pérsico y de la misma India... en la costa atlántica está Gorée como punto de partida de los barcos de esclavos que se concentraban aquí provenientes del África occidental francesa. En el golfo de Benin, en la actual Ghana, se encuentran los tristemente célebres castillos que edificaron portugueses, holandeses e ingleses para su siniestra actividad. No en vano, durante siglos fue conocida como Costa de Oro o Costa de los esclavos.

Es cierto que la esclavitud no nació en África, pero en este continente se hizo, durante cerca de trescientos años, la más terrible saca de seres humanos de la historia. En la antigüedad, la esclavitud era conocida en todos los pueblos bajo distintos nombres y una persona perdía su libertad como resultado de una guerra —los prisioneros de guerra—, o por nacer de padres siervos o, en algunos países, como condena por impago de deudas o por una decisión judicial. El nombre de *esclavo* es una derivación de *eslavo* pues, durante la Edad Media, los corsarios o piratas de los países de la Europa oriental y del norte vendían cautivos blancos a los príncipes musulmanes de Andalucía. Tan sólo en Córdoba, en el siglo X, se contaban no menos de tres mil *esclavons*. Los campos eran trabajados por ellos así como se empleaban en servicios domésticos llegando a alcanzar algunos el favor de sus amos. Algunos de los puestos más importantes de la Corte de los Omeyas eran desempeñados por antiguos esclavos rubios y de ojos azules. No padecieron, en general, la suerte de los esclavos que en Roma padecían en las minas.

Cierto que los condenados a remar en las galeras, hasta bien avanzada la Edad Moderna, sufrían unas condiciones espantosas. Tanto en los bajeles cristianos como en la flota del Turco. En esos tiempos nadie identificaba ser esclavo con ser negro, como habría de suceder pasado el siglo XVI. Las ciudades italianas compraban esclavos y en todo el Mediterráneo el comercio era floreciente. África misma era importadora de esclavos para los florecientes reinos del norte. Basándose en los archivos de Geniza, que contienen unos 10.000 documentos escritos en hebreo del siglo X al XIII, escribe el investigador Goitein: «La esclavitud medieval era un servicio personal en el más amplio sentido de la palabra, que llevaba consigo ventajas y prestigio social cuando el amo a quien se servía era de alto rango y gozaba de poder. Pese a su condición, el esclavo era un miembro de la familia». Una persona del servicio cuyo trabajo no era retribuido, pero en el que algunos llegaban a emanciparse y heredar a sus amos. Davidson nos recuerda un viejo dicho africano que reza así: *Akoa a onim som di ne wura ade* [el esclavo que sabe servir hereda la propiedad del amo]. Al no haber ejércitos nacionales —un invento de la Edad Moderna—, los reyes y jefes poderosos solían rodearse de tropas de élite que escogían entre los esclavos más valerosos y fieles hasta la muerte, a los que se denominaron «hombres del rey». Aunque eran legalmente esclavos tenían un estatus privilegiado. Algunos de ellos llegaron a hacerse con el poder real. Son conocidos los reyes de origen africano que gobernaron algunos estados en la India medieval. Los famosos mamelucos, que gobernaron Egipto a partir del siglo XIII, en su origen, eran guardas eslavos que procedían del fondo indoeuropeo de lo que hoy denominamos Próximo y Medio Oriente y, más bien, de la Europa balcánica. Uno de los más poderosos emperadores de Malí era de origen esclavo. La corte de los califas de Córdoba, primero, y más tarde las de importantes reinos musulmanes en la península y en el norte de África, estaban regidas por visires y poderosos ministros de origen eslavo. Recordemos la corte de Federico II Hohenstaufen en Sicilia, que promulgó las Constituciones de Melfi (1231): tenía formidables ministros del mismo origen así como muchos musulmanes en puestos muy importantes de la casa real, del ejército y de la administración. Dice el profesor Juan Beneyto: «Su escolta está constituida por una tropa de negros con jefe musulmán».

Es de todos conocido que la suerte de muchos siervos de la gleba era incomparablemente peor a la de algunos esclavos, aún siendo aquellos nominalmente libres. No se pueden confundir terminologías sin atender a sus circunstancias de lugar y de tiempo y a sus componentes sociológicos. Hoy llamamos a toda una serie de personas con el término *esclavo* incurriendo en una polisemia llena de contradicciones. Pero de los esclavos que ahora tratamos no era de aquellos griegos que tanto apreciaban en las casas romanas por su cultura y sus habilidades como médicos, preceptores, economistas y expertos en las artes liberales. Si no de los que fueron arrancados de la costa oriental de África por los traficantes árabes que se adentraban hasta el mismo lago Tanganyika y los vendían a los negreros de los emiratos pérsicos de las tierras que lindaban con el Océano Índico. Y a los que, desde la costa occidental africana, en connivencia, no pocas veces, con reyezuelos y jefes de otras etnias esquilmaron regiones enteras desde el Senegal a Angola pasando por Gambia, Guinea, Costa de Marfil, Togo, Benin, Ghana, Camerún y el delta del río Congo.

Los turistas vienen a visitar la Casa de los esclavos, que no es más que una antigua construcción edificada por los holandeses en 1776 y reconstruida por los franceses en 1990 como memorial simbólico de la tragedia que tuvo lugar durante los siglos XVIII y XIX. Unos guías amables nos muestran unas estancias que, en realidad, no pudieron albergar más que a unas docenas de esclavos al mismo tiempo. Tuvo que ser la casa de uno de los mercaderes y, sin duda, la isla tenía instalaciones más amplias y siniestras para albergar la angustiada mercancía que padecía ya el desarraigo, el maltrato, el hacinamiento y la despersonalización más completa para hacer de ellos herramientas de trabajo sin capacidad de reaccionar más que con la fuerza aplicada a una tarea y salir adelante con el instinto de supervivencia concentrado en respirar, comer y desahogarse sexualmente aprovechando cualquier oportunidad. Ni la familia, ni el pueblo, ni las costumbres, ni la religión, ni las estaciones contaban ya. Para sobrevivir, no cabía razonar sino trabajar, comer y dormir. Si acaso, una canción, un ritmo, un lamento en momentos de inusitada calma. No se trataba de genocidas sino de individuos inhumanos que trataban de convertir en mercancía, en herramienta sintiente, a seres que tuvieron historia, tradiciones y sentimientos. No existe en todo el mundo animal fieras capaces de hacer tanto daño, de causar tanto dolor y de seguir alternando en la sociedad de los seres humanos.

Pero los guías de la Casa de los Esclavos cuentan su relato, en una especie de condensación onírica, para intentar resumir una tragedia que afectó a más de un centenar de millones de seres humanos. No ha habido un holocausto mayor en la historia de la humanidad. Pero aquí no había un pueblo con memoria histórica, como los judíos, para recordar al mundo que, tanto las potencias europeas como las naciones de América, jamás podrán reparar el daño que causaron a los diversos pueblos africanos durante cerca de trescientos años. Y lo más grave es que, tanto portugueses como holandeses, franceses como españoles, ingleses como belgas, participaron activamente en este mercado sangriento que repugna a la condición humana. Si las reparaciones al Estado de Israel por el holocausto nazi se consideran justas, ¿qué diríamos de la reparación que los descendientes de estos pueblos esquilmados tendrían que recibir de las antiguas potencias que organizaron ese exterminio? Pero ellos carecen de un poderoso lobby que presione a los grandes de este mundo, sobre todo al Congreso y al presidente de los Estados Unidos.

No hay que olvidar nunca que el tema del tráfico de esclavos es una herida abierta en la conciencia de los pueblos que, tanto en el Islam como en la Europa cristiana, edificaron su «desarrollo» sobre el esfuerzo y el dolor, sobre la sangre y las lágrimas de esos millones de seres humanos, hombres, mujeres y niños que eran arrancados de sus poblados, obligados a caminar durante meses enteros, encadenados unos a otros, hasta la costa en donde se hacinaban en lugares como Gorée hasta que llegaban los barcos de los negreros. En el camino morían de hambre, de fatiga y de terror un número muy considerable. En los castillos de la costa se hacinaban y eran objeto de todos los abusos por parte de los guardas. La selección se hacía entre los que sobrevivían y, con razón, se llegó a decir que una de las causas del número tan grande de medallas olímpicas que obtienen los americanos se deben a esta selección natural porque sólo sobrevivían los más fuertes y mejor dotados. En los barcos, los colocaban como sardinas, encadenados unos a otros, sin sitio para moverse y teniendo que hacer sus necesidades sobre ellos mismos en espera de que los cómitres abriesen una compuerta por alguna de las amuras y el agua del mar los empapase llevándose, con sus inmundicias, la sal de sus lágrimas y la ronquera de sus lamentos. Comían una especie de gachas inmundas una vez al día y les daban de beber aguas salobres y sucias. En las reproducciones de antiguos grabados y en las narraciones de los testigos de su tiempo y de los modernos estudiosos, se puede comprobar el sistema bárbaro en el que padecían los que sobrevivían a tan espantoso sistema de desarrollo económico. Los que seleccionaban tenían que pesar más de 60 kilos, tener una dentadura en buen estado y no tener cicatrices ni enfermedades de la piel. De lo contrario, se arrojaban al mar para pasto de los tiburones... que rodeaban la isla y ayudaban a que ninguno intentara escapar. Cuando se piensa que los barcos se sobrecargaban hasta límites inhumanos porque ya contaban con la pérdida de un treinta por ciento durante la travesía atlántica... uno siente que esa deuda jamás será saldada pero nunca podrá ser olvidada.

Una de las cosas que más impresionan en la «Casa de los esclavos» es una puerta que se abre al mar y donde se colocaba un madero por el que pasaban los esclavos que embarcaban hacia América. Esa puerta se denomina «Ida solamente». En las diversas estancias se hacinaban los niños, los hombres y las mujeres que podían ser utilizadas por cualquier negrero ya que, embarazadas, valían más. En las paredes de ese museo memorial hay reproducciones de grabados de la época con esclavos colgados con garfios por el abdomen para que sufrieran más, cadenas, instrumentos de tortura para los recalcitrantes así como llama la atención la pequeña celda en la que encerraban a los castigados y en la que, según el guía, se metió Mandela cuando visitó este lugar y salió con los ojos llenos de lágrimas... él supo lo que era estar encerrado en una de esas celdas cuando estuvo en Robben Island durante 18 años. Él dijo «¡Nunca más, nunca más!». Pero el guía recuerda: «...pero aún en este siglo tuvimos los campos de concentración». La esclavitud es una de las páginas más negras de la historia de la humanidad. Como lo son las guerras de exterminio, los genocidios y, en nuestros días, la situación en la que sobreviven millones de seres que ya han sobrepasado la categoría de marginados para engrosar la estremecedora de los excluidos. La nueva esclavitud está llamando a gritos desde las nuevas Gorées y los nuevos castillos de las modernas costas de los esclavos, muchas de las cuales se hacinan en campos de refugiados víctimas de la codicia de los nuevos negreros de los regímenes totalitarios y los no menos inhumanos víctimas del pensamiento único, falsamente neoliberal porque está presidido por el monopolio, la especulación y la explotación de los que denominan «recursos».

Con el corazón en la boca del estómago, como si me hubieran dado un sordo puñetazo, regresé en el barco en compañía de un estudiante de medicina, oriundo de Lomé. Se llamaba Genu Kwazo Senam y había salido hacía seis meses de Togo para estudiar medicina en Dakar. Pero hizo el camino por carretera con un amigo a través de Benin, Burkina, Níger, Malí, Mauritania y Senegal. ¡Cerca de cuatro meses vagando como podían, durmiendo al raso, comiendo de lo que compraban en los mercados o en sus rebuscos al final del día! «Queríamos conocer el mundo como hacen esos europeos y americanos que vienen con la mochila al hombro y recorren nuestros países! Pero se nos acabó el dinero y no nos atrevíamos a llamar a nuestras casas y contarles la verdad. En casa nos habían dado sus ahorros y sabíamos que se habían empeñado con los prestamistas porque tener un hijo médico o con un título académico es la mayor ilusión que puede tener una familia africana... Tuvimos que hacer de todo para sobrevivir y, cuando llegamos a Dakar, hacia tres semanas que habían cerrado la matrícula...»

Ya habían comenzado las clases. Tenía que esperar hasta el próximo año y, mientras tanto, trabajaba en una pescadería. El amigo se había perdido no sabía por donde incapaz de afrontar la realidad. No se había atrevido a decir la verdad a sus padres y ahora pagaba su ansia incontrolada de conocer mundo. Lo invité a cenar y me contó muchas cosas de la vida universitaria en África. Pero, sobre todo, me di cuenta de que tenía necesidad de hablar con alguien que le escuchase sin reproches. No quiso aceptar ni una pequeña ayuda que le quise dar con discreción y pretexto para que se comprase unos libros. «No, por favor —me dijo—, lo estropearíamos todo». Y con toda su soledad, y con su dolor lavado, se alejó en silencio sin volver el rostro. Yo me quedé con unas señas en Lomé para ser portador de un mensaje que no podía confiarse a una carta; a mi paso por Togo, dentro de dos meses, cumpliría mi cometido. De repente, me sentí como aquellos viajeros medievales, Ibn Battuta o, más tarde, Amir Hajib o León el Africano o los acompañantes del mansa Kankan Musa, emperador de Malí, que portaban mensajes que podrían tardar meses o años en ser entregados.

Me refresqué, me puse ropa tradicional cómoda, y salí al jardín del hotel para hacer tiempo antes de dirigirme al Club Kilimanjaro, en la Corniche oeste, cerca del *Village Artisanal* y escuchar a mi admirado Ali Farka Touré que calmaría mi ansiedad con sus canciones en lenguas *bambara, peul, songhay* o en la hermosa lengua *tamashek* de los pueblos tuareg. No podía perder la ocasión de beberme unas cervezas escuchando a este cantor de fama universal. Yo sabía que, camino de Tombuctú, donde él había vivido siempre, me lo habría de encontrar de alguna forma pues su música me entusiasmaba. Su música está inspirada en las tradiciones de Malí pero su lenguaje es universal y más aún en este crisol de culturas de la costa de África occidental que es Senegal. Siempre tendría presentes las palabras de Ali Farka Touré en mi personal «camino hacia Tombuctú»: «Para muchas personas, cuanto tú hablas de Tombuctú, es como si hablases del fin del mundo. Pero eso no es cierto. Yo soy de Tombuctú y puedo aseguraros que sin duda vivimos en el corazón del universo».

La semana siguiente cantaría allí el fabuloso Youssou N'Sour que me habría de encontrar en un festival de Abidjan, así como a los no menos admirables Mansour Seck, el senegalés amigo de Baaba Maal, a quien inició en los secretos de los *griots.* En estos grandes intérpretes se encuentran las esencias de la música del pueblo *toucouleur* con las dulces y armoniosas *grooves* de la música de los *peul-fulani.* África occidental está produciendo los más importantes músicos del momento. Las voces de mujeres como Oumou Dioubaté, Dieneba Diakite, Coumba Gawlo, Oumou Sangare, Nahawa Doumbia, Kine Lam, Hadja Soumano y Papa Wemba, Tshiala Mwana y la, para mí, electrizante Amy Koita... están entre los más espléndidos y esperanzadores mensajeros de ese nuevo horizonte musical, cultural y sociológico cuyas raíces se hunden en África y se abren en los ramajes de nuestros corazones en la aldea global que no conoce fronteras. Antes que otras manifestaciones han llegado a nosotros en los compases y en la percusión, en los sones y en la armonía, en la magia de una música que, cansada de inspirar a intérpretes europeos y americanos, se abre camino con el esplendor de una revelación. Pero para percibirla es preciso hacer el silencio y abrirse sin prejuicios para dejarse empapar y llevar por ese nuevo lenguaje que requiere una iniciación conveniente. No todos pueden saborear esas delicias del nuevo *lakoiné dialektós.* Hay que ganárselo con un cambio de actitud y una conversión del corazón, fundamentalmente.

10

Confidencias de mujer

Al día siguiente, lunes 24, fui muy temprano a la cancillería de España. Saludé a todos los miembros de la misma y les agradecí su colaboración en este viaje. Confirmé el vuelo a Guinea Conakry por Air France para el día 28, cambié dinero y revisé la agenda con Santiago Gómez Acebo. Era muy grande el trabajo que habían realizado: las cartas y los dossieres eran perfectos, los contactos telefónicos perseverantes; pero el sentido del tiempo, en algunos países de África, es desesperante para quienes viajamos con unos itinerarios precisos y muy ajustados.

Habían respondido, y fijado fecha para las conferencias y los encuentros, el Director de la Escuela Normal Superior, los responsables del Departamento de Español de la Universidad en donde daría el lunes dos conferencias. También había respondido el Ministro de la Juventud y la presidenta de ASEDEME. Pero el rector de la Universidad acaba de regresar de un viaje a la India, en el séquito del presidente de la república... y los decanos de Medicina y de Farmacia parecían estar pendientes de la decisión de aquél. En cuanto a los centros de medicina tradicional, tendría que localizarlos porque, para mí, era imprescindible que estuvieran en contacto con la Facultad de Farmacia... Habría que tener paciencia y ajustar mi *tempo* al de la realidad de los lugares por los que fuera pasando. Yo conocía la importancia de los centros de medicina preventiva que se iban a poner a disposición de alumnos y del profesorado, nuestro personal diplomático también lo había comprendido... Senegal era el primer país que visitaba en este periplo y no me cabía en la cabeza que nuestras representaciones en otros países pudieran superar a lo que aquí estaban haciendo. «Ante todo, mucha calma.» *Hakuna matata.* Era el momento de empezar a poner en práctica las buenas intenciones del comienzo del viaje. *Pole pole.* «Despacio, sin prisas.»

Almorzamos en un precioso restaurante junto al mar y hablamos largo y tendido sobre la situación en Senegal y en las antiguas posesiones francesas en África occidental. Después de comer, salí en coche para Thiés, ciudad de 350.000 habitantes donde se encuentra el Centro de Formación de los voluntarios del Cuerpo de la Paz.

Al día siguiente, visité el Departamento de Español de la Universidad Cheikh Anta Diop, de Dakar. Fui muy bien acogido por los profesores Philippe Ndiaye y Nzachee Noumbissi que habían reunido a todos los profesores de diversos países que enseñan o perfeccionan su español en aquel departamento. De hecho, Noumbissi es camerunés y se habría de convertir en un buen interlocutor mío a través del correo electrónico que semanalmente mantengo con una red de amigos africanos y latinoamericanos. Después, vino a pasar un mes a España para conocer nuestra forma de trabajar y, al cabo de unos meses, gracias a la amabilidad de nuestra Embajada para hacerse cargo de los envíos, el Departamento de español de la Universidad de Dakar recibía una biblioteca de libros en español que le enviamos y que nunca habían soñado poseer. Y eso no es más que el comienzo de una buena relación.

Me encantó la gran difusión que habían dado a la conferencia. La sala estaba llena y escucharon con mucha atención. Hablé de «Una experiencia de solidaridad en la Universidad». Conté cómo había surgido el movimiento de voluntariado social, que luego se habría de transformar en una ONG con miles de voluntarios que se incrementan sin cesar en muchas universidades de España y de Latinoamérica. Les hablé de los Seminarios de Formación en la solidaridad, de los sesenta Servicios en los que cooperan los voluntarios durante dos horas a la semana, de los Encuentros en la Sierra, una vez al mes, para convivir, durante un fin de semana, responsables de diversos lugares de España junto con los que se van o regresan de alguna misión en algún país de América o de África en donde la Organización desarrolla algún proyecto de cooperación. Como suelo hacer, llené el encerado con los datos que, cada año, nos aporta el Informe del PNUD acerca de la situación de los pueblos más empobrecidos del Sur así como de los excesos de las economías capitalistas, que se apoyan en aquellos para mantener sus niveles de consumo.

En fin, hablé durante dos horas y vi a la gente entusiasmada. A veces, cuando me daba cuenta de que alguna expresión mía les llamaba la atención o les parecía increíble, se la repetía en francés. Sí, habían entendido bien. Hubo un animado coloquio. Pero alguien llamaba poderosamente mi atención. Era un senegalés alto, mezcla de wolof y de peul, de unos cuarenta años, con el rizado pelo algo gris, con los rasgos físicos de estatua griega, nariz recta, labios muy finos, el color de un atardecer dorado. Vestía con elegancia un pantalón gris oscuro, camisa a cuadros finos sin corbata, un chaleco de lana en beige mientras que su chaqueta era de twed marrón claro con alguna línea que no recuerdo, ¿gris y verde, quizás, como me parecían sus ojos? Tomaba notas sin cesar. De vez en cuando, levantaba su vista del papel para mirarme y asegurarse de que había comprendido bien. Yo casi me desesperaba ¿Estaría de acuerdo o en contra? ¿Sería profesor o funcionario del gobierno? ¿Quién era aquella persona fascinante que enviaba aquellas vibraciones tan potentes y que, en cierta manera, me azuzaba para que demostrara más y más mis teorías sobre el comercio injusto, sobre el hambre en el mundo, sobre el escándalo de la venta de armas, sobre las guerras inventadas por los fabricantes, sobre la situación de la mujer en los pueblos empobrecidos del Sur, sobre el abuso de los niños en el trabajo, sobre las enfermedades infectocontagiosas, sobre el SIDA, sobre los mercados financieros, sobre el Estado de Malestar Social en el que penan dos tercios de la humanidad?

Llegó un momento en el que me sentí exhausto —de *ex-haurire,* sacar agua de un pozo—, vaciado por dentro. Me callé, sentí la boca seca, sacudí mis manos llenas de tiza, dejé caer la cabeza y me bebí un gran vaso de agua, mientras el público, después de unos segundos de silencio eterno, rompió a aplaudir. Era mi primera conferencia en una universidad africana, durante este largo periplo, y me había empleado a fondo... ¿quizás demasiado?, pensé.

Empezaron a rodearme para estrechar la mano y pedir las señas. Yo no podía dar abasto. Prometí enviar amplia y regularizada información al Departamento de Español. No podría mantener correspondencia con cada uno, sería imposible. Entonces, miré al señor alto de pelo gris que permanecía en su sitio, aunque ahora se había puesto en pie y no dejaba de mirarme. Pregunté al profesor Noumbissi si aquel señor también era profesor. «¡No! —me respondió—, es un conocido periodista de la Agencia Africana de Noticias y creo que de Efe.» No me lo podía creer. Sí, me parecía recordar que Gómez Acebo me había hablado de un corresponsal de la Agencia Efe, pero yo lo había «archivado» en blanco.

Bajé de la tarima, extendí mi mano y mirándole en los ojos, le sonreí diciendo:

—Algo fuerte, ¿no?

—¡En absoluto, profesor!, es la mejor exposición que he escuchado sobre este tema. Nunca había imaginado que un europeo pudiera conocer tan bien y entusiasmarse como usted lo ha hecho con los temas de los pueblos africanos a los que usted ha aludido.

—¿De verdad que le ha gustado?

—¡Muchísimo! y me fascina el proyecto de los centros de medicina preventiva... Soy el corresponsal de la Agencia EFE, pero personalmente me gustaría hablar más con usted sobre ese tema.

—Me lo acaba de contar Noumbissi y también me dijo que pertenecía a la Agencia Africana de Noticias.

—Ahora, ya no. Sólo me dedico a la Agencia Efe. Además, formo parte de la Junta Directiva de la Asociación de la Prensa Senegalesa. Me encantaría que le escuchasen mis amigos.

—Hermano, ni una palabra más. Yo también soy periodista y profesor de la Facultad de Ciencias de la Información... ¿por qué no cenamos esta noche, en mi hotel, con todos los periodistas de prensa, radio, televisión y agencias senegaleses y de otros países que pueda conseguir?

—No, no me lo puedo creer. Mientras usted hablaba, profesor, yo me revolvía por dentro lamentando que no estuvieran aquí otros compañeros.

—No creo que estuviera previsto invitar a la prensa, entre otras razones, porque se suponía que iba a hablar en español.

—¿Y en qué idioma ha hablado? —preguntó con una sonrisa cómplice y maligna.

—¿De verdad que he hablado tanto en francés?

—Y en inglés, cuando quería enfatizar algo pero, sobre todo, sus silencios, sus expresiones, sus manos... me ha dejado sin poder tomar notas. Lamentaba, una y mil veces, no haber traído una grabadora; pero es que en la Embajada no me habían dicho que iba a pasar esto... pero si lo que me dice de la cena es verdad, yo me lanzo a convocar a todos los que pueda. Aunque usted ya sabe lo que es organizar una cosa así, en el mismo día, con la gente de nuestra tribu.

—Bueno, eso depende del que convoca, en este caso, usted... que se llama?

—Mi nombre es Saliou Traoré, Profesor, y, desde ahora, quisiera que me considerase su amigo en Senegal o donde sea.

—No lo dudé ni un momento —respondí con una amplia sonrisa y estrechándole la mano con fuerza.

La agarró con las dos suyas y con una sonrisa amplia, que no le cabía en la cara, dijo mientras cogía su teléfono móvil: «¡Hoy es mi día de suerte!». «¡Estoy seguro!», respondí mientras me dirigía al grupo de profesores que me esperaban impacientes. Visité las instalaciones. Vi los medios con los que contaban. Eché un vistazo a la librería de español. Me informé de sus horarios, actividades, necesidades, etc. Y me tuve que marchar quedando con Noumbissi en permanecer en estrecho contacto, una vez terminado el viaje.

Desde allí me fui a visitar a Mme. A. Mbaye, la presidenta de ASEDEME. Muy guapa, alta, elegante, visitaba a su dentista en París. Estaba muy bien relacionada. Me explicó cómo funcionaba su asociación, recaban fondos por medio de actos sociales, desfiles de modas, etc., para sostener un Centro de acogida de niños con discapacitación mental. Yo estaba prendado de su belleza y de su elegancia. No sabía a qué frente atender. Le conté mi situación de encontrarme ya en Dakar y no haber recibido todavía una cita con los decanos de Medicina ni de Farmacia, de Bioquímica o de algún centro de investigación de medicina tradicional.

—¡Pero si hace semanas que nos ha informado el Encargado de Negocios de su Embajada y hemos tenido todo el tiempo para ajustar agendas! Yo misma cambié mi horario con el dentista de París para poder estar hoy aquí. No lo puedo entender. ¿Sabe? Así ocurre en el Senegal. Es mi país, pero nos traen la miel a los labios y hacemos esperar al mensajero.

—Bella expresión. En español hay un viejo proverbio referido a la miel y a los que no saben apreciarla, pero sería duro traducirlo al francés.

—¡Dígamelo en español! —contestó con la más seductora sonrisa—, al fin y al cabo, conozco bastante su hermoso país.

—¿Sí?

—Solíamos ir en coche mi marido y yo a recorrer Andalucía y subir hasta Barcelona por la costa durante nuestras vacaciones.

—Él, ¿también... es abogado?

—Es una larga historia —respondió—. Pero, en fin, de lo que se trata es de movilizarnos para reparar este desastre de los responsables de la Universidad. —Y sin dejarme opinar— ¿Tomará algo, verdad? —tocó el timbre, ordenó las bebidas en francés y se lanzó a marcar números de teléfono uno detrás de otro.

Yo estaba maravillado. Entre lo hermosa que era, el aire del ventilador y la semipenumbra que daba un encanto especial y algo exótico al despacho donde nos encontrábamos, yo no sabía para donde mirar. Es algo fascinante escuchar a dos mujeres bien educadas hablando en francés por teléfono... en un país africano, por muy occidentalizada que esté la educación. Recordé a mi heroína senegalesa, Mariama Bâ, escribiendo *Une si longue lettre* a su amiga Aïssatou, en una novela llena de sensibilidad y que nos va mostrando en cada página importantes aspectos de la vida senegalesa, de los fuertes substratos culturales, de la lucha por la independencia, de las opciones en el campo de la justicia social comprometiéndose a fondo como muchas mujeres de su generación... y, en el medio y durante y siempre, la melancolía de su papel de esposa musulmana, de madre y alma de un hogar en Dakar con hijas universitarias que rompen con tradiciones pero que encuentran en la sabiduría y en la comprensión de su madre ese misterio de cruce y lucha de culturas que pueden llevar a la desilusión o a la esperanza en nuevas formas de vivir sin renunciar a la riqueza de las tradiciones que condicionan, aunque no determinen, tantas actitudes y no pocas conductas que a primera vista podrían parecer incomprensibles.

Pocas madres modernas de cualquier lugar del planeta dejan de sentirse expresadas en la cálida prosa de Mariama. Pocos libros de historia, de sociología, de antropología, de cualquiera de las ciencias sociales podrían aportarnos un mensaje como el de esta «portadora de la Palabra», que había decidido comprometerse como dirigente de asociaciones feministas, culturales y sindicales.

Pero es esposa que tiene que compartir el marido con una segunda mujer más joven, madre de familia que se enfrenta a los problemas de una sociedad en transformación, casi levadas las anclas del pasado pero sin tener establecida la deriva ni tan siquiera el rumbo. Me comprometo a traducirlo en español pero, mientras tanto, permitidme que robe a Mariama algunas reflexiones: «Querida Aïssatou [...] nuestra práctica asidua me ha enseñado que las confidencias ahogan el dolor [...] Si los sueños mueren con el transcurso de los años y las realidades, yo conservo intactos mis recuerdos, sal de mi memoria [...] Amiga, amiga, amiga, te invoco tres veces: Ayer eras tú la divorciada y hoy yo soy la viuda. Moudou ha muerto. ¿Cómo contártelo? No se puede pedir hora al destino [...] Un taxi que vuela. ¡Deprisa! ¡Más deprisa! Mi garganta seca, en mi pecho una boa inmovilizada. ¡Deprisa! ¡Más deprisa! El hospital, al fin. Un pasillo que se estira, que nunca termina de estirarse del todo [...] ¿Dónde esconderme? Sin embargo, la edad madura tiene sus exigencias de dignidad».

Y, entonces, da comienzo a las confidencias que la ahogaron durante tanto tiempo en el que su papel de mujer moderna, dirigente y comprometida, se sobreponían a la realidad de enamorada que siente el paso de los años, los egoísmos de las razones políticas y de las ambiciones económicas que le hacen preguntar a su amiga Aïssatou: «¿Éramos nosotras aquellas pioneras que luchamos por tantos ideales, compañeras imprescindibles para acunar sus soledades y espantar sus miedos y que luego nos quisieron devolver a ocupar nuestras tareas en el hogar tradicional? Pero, nosotras nos habíamos dado cuenta que ya nunca sería nada como antes. Estábamos llenas de nostalgia pero decididamente progresistas... Nos habíamos mantenido jóvenes y eficaces porque éramos portadoras de proyectos». Con qué orgullo recoge las palabras con las que Aïssatou concluye su carta de despedida a su marido: «Me despojo de tu amor y de tu nombre. Vestida con el único traje válido de la dignidad, prosigo mi camino».

Así da comienzo el desahogo inteligente y maduro, lleno de ternura y de belleza. Pero no faltan afirmaciones rotundas que iluminan mi camino: «África es diferente, aglutinada, llena de compartimentos. Un mismo país cambia muchas veces de rostro y de mentalidad, del Norte al Sur, del Este al Oeste: Senegal con sus *peul, bambara, dioulá*, mandinga, *toucouleur...*». Y su canto a la amistad que empapa su desahogo. «La amistad posee grandezas desconocidas por el amor. Se fortifica en las dificultades, mientras que las pruebas destrozan el amor. Resiste a ese tiempo que cansa y distancia a las parejas. La amistad alcanza elevaciones desconocidas por el amor.»

Y dentro de su dolor de viuda de un hombre que en la madurez la había preterido ante una mujer más joven confiesa sin rubor a su amiga: «Sí, Aïssa, pertenecemos al pasado, "sobrepasados o desfasados", "decrépitos", quizá. Pero, los cuatro [Aïssatou y su marido el médico Mawdo, Mariama y el suyo Modou] estábamos fortalecidos por el rigor, con una conciencia en pie y con vivos interrogantes dolorosamente enraizados en nosotros. Nuestros maridos, Aïssatou, por desgraciados que luego hayan sido los finales de nuestros matrimonios, nuestros maridos tenían grandeza. Habían llevado adelante el combate de la vida, aunque el éxito se les escapase; no es fácil superar los fardos milenarios. Miro ahora a los jóvenes. ¿Dónde están los ojos brillantes, prestos a la respuesta, cuando el honor insultado exigía una reparación? ¿Dónde está el orgullo vigoroso que conducía hacia el deber cualquier concesión? La codicia de vivir mata una vida digna». Los afrontamientos con las nuevas actitudes de sus hijas la hacen exclamar: «Se es madre para afrontar el diluvio. Tomé entre mis brazos a mi hija. La abracé dulcemente, con una fuerza multiplicada, compuesta de rebelión pagana y de ternura primitiva. Lloraba sobre mi pecho. Sollozaba».

Como decía, Mme. Mbaye hablaba con su amiga por teléfono. Primero se saludaban, se preguntaban una por otra, por las familias, por el tiempo... Era maravilloso. Yo sentía que estaba de regreso en el África que tanto amaba. Los muebles del despacho eran antiguos, viejo estilo notarial francés, feos. Debieron pertenecer a su padre cuyo enorme retrato enmarcado presidía la estancia y creo que la vida misma. ¿He dicho que el marido había fallecido? ¿O me lo he inventado, y me inclinaba más por la separación y por un niño con problemas? No tengo notas escritas, tendré que llamar a Saliou.

Mientras bebíamos nuestro café, le pregunté, casi sin venir a cuento, «¿Va hasta París para ir al dentista?» (A mí qué me importaría, pero ya estaba dicho; era tan guapa y tan elegante cuando se levantó para servir el café y acercarme unas pastas, que cualquier otra pregunta hubiera sonado igualmente estúpida.)

«Mire, es una costumbre. En nuestra familia lo hemos hecho siempre. Todos hemos estudiado allá. Y si lo piensa, es más práctico. Si te organizas un poco, el vuelo de Aire France dura menos de tres horas, el tiempo de ponerte al día en la lectura, hacer unas notas tranquilamente, realizar alguna llamada a algún amigo. Ya sabe... el servicio a bordo es muy bueno.» «Ya», dije lleno de erudición.

Yo hubiera querido cenar esa misma noche con ella pero no era esa la etiqueta requerida. Además, esa noche tenía en mi hotel a todos los colegas de la prensa. Tranquilo... *hakuna matata*. Ella interrumpió mis pensamientos con esa naturalidad que da la buena crianza: «¿Y por qué no mañana a almorzar? Le llevaré a un sitio excelente junto al mar. Seguro que no lo conoce». «¡Seguro!», respondí (y aunque lo conociera, musité para mis adentros). Me despedí, con todo el peso, mejor pesar, del mundo y volví al tráfago que me esperaba. Bajé a la Avenida Pompidou y me dirigí al popular, y a veces dudoso, Bar Ponty que, a aquella hora, no estaría muy concurrido por las damas del atardecer. Me tomé una cerveza Gazelle bien fría, fallándole a la fiel Flag, más fuerte, que podría conseguir en gran parte de los países africanos de la zona. Después, giré por la *rue* de Medina y llegué enseguida a la *rue* Sandinièri donde me esperaba la librería Claireafrique. Entretenerme en las librerías, hojear, oler el papel, tocar, echar un vistazo a índices y contraportadas, comprar algunos libros... es una de mis pasiones consentidas que alivian otras tensiones. A veces, claro.

Antes de salir del hotel, había hablado con el gerente y con el *maître*. Escogí un menú que pudiera gustarle a mis invitados para que no me dieran la vara con sus vacilaciones a la hora de elegir. He trabajado muchos años como enviado de prensa y como reportero; y, otros muchos, como anfitrión de mis queridos colegas. Hay que simplificar las cosas o te pueden hacer perder mucho tiempo y algún dinero. Saliou me había hablado de una cifra aproximada a doce. Yo invité al Encargado de Negocios de nuestra Embajada, porque entendía que a ellos se debía el mérito de esta cena de prensa. Elegí las bebidas y marqué los límites razonables. Daba gusto tratar con profesionales como el maître del hotel. Salí con unos hermosos libros en una bolsa y bajé por la calle Sandinièri hasta cruzar la avenida Lamine Gueye para pasearme un poco por el mercado Sandaga, que pronto comenzaría a recogerse. Todavía teníamos sol. Quería comprar unas resinas olorosas para quemar y ahuyentar los mosquitos en el jardín. Ya encontraría tiempo, al día siguiente, para visitar el Mercado de Tilène, en el corazón de la Medina, un poco más alejado.

La cena estaba prevista para las ocho de la tarde. Tomé un taxi y me fui hasta el hotel. Aunque no estaba lejos, yo sí estaba cansado. Había tres mensajes del Encargado de Negocios y otros tantos de Saliou. Subí a mi cuarto, me desvestí para pegarme una ducha y telefoneé: primero a Saliou, por si había habido algún problema; y, después, a Gómez Acebo. Saliou estaba exultante y temía que íbamos a ser más de quince personas, porque yo había invitado a algún profesor de español. Que no se preocupara, mandaría abrir la mesa. Nuestro Encargado de Negocios me hizo comprender que quizá sería mejor que él no asistiese... No le entendí muy bien, pero la educación me dice que nunca debo insistir cuando soy yo quien invita. Mañana me explicaría más, y agradecía mucho mi deferencia. Por supuesto, que yo no dejaría de expresar públicamente mi agradecimiento por la cordial y eficaz actividad de nuestra Embajada.

Me senté un rato. Me serené, me puse una amplia gandura y bajé a la cena. Habían preparado un comedor reservado encima del jardín. Allí estaban Saliou, Noumbissi y cinco periodistas de diarios, dos de semanarios, cuatro de radios, dos de la agencia nacional, dos de televisión y alguno más de la Agencia Africana de Noticias, todos vestidos a la manera occidental. Había hecho bien en hacer ampliar las mesas. Nos tomamos unos refrescos y cervezas mientras los iba saludando e identificando. Grabamos la entrevista para televisión antes de cenar, como suele hacerse. A las radios ya contestaría al final, de uno en uno. No me importa repetir mil veces lo mismo, con tal de que el mensaje pase claro, conciso y de forma que el oyente pueda resumir fácilmente lo que acaba de oír, que no de escuchar, pues normalmente se oye la radio mientras se hace otra cosa. Cuando todos estuvieron acomodados, pedí a Saliou que me presentara mientras servían el primer plato y después pasé yo a comentar el objeto del viaje por los países africanos, los Centros de Medicina Preventiva, el apoyo a la medicina tradicional, etc. Contesté a sus preguntas y, en los postres, me disponía a entablar un enriquecedor debate. Al fin y al cabo, podíamos considerarnos todos compañeros.

Entonces, fue cuando se armó. Uno de los periodistas me entró en oblicuo con lo del «hombre empajado». Me hice repetir la pregunta. «Sí, lo del hombre negro, envuelto en paja, que se conserva en el museo municipal de Bañoles... que es un escándalo...» Yo ni tenía idea del asunto. Traté de eludirlo pues no era ese el objeto de la cena. No me valió de nada. Como debí alzar un poco el tono, ya que aquello me sonaba a encerrona y ahora comprendía por qué no había venido nuestro Encargado de Negocios... se debieron sentir ofendidos porque yo no le daba importancia alguna, ya que teníamos ante nosotros el hecho de la educación y de la sanidad de cientos de millares de africanos. «¿Que si quieres arroz, Catalina?» Con la mirada pedí ayuda a Saliou. Este me respondió que el tema apasionaba a la opinión pública y que, en la próxima cumbre de la OUA, iban a pedir una condena de España... Yo no cabía en mí de cabreo y de decepción.

«Pero, amigos, yo les he invitado a cenar para hablar del objeto de mi viaje. Ese tema no lo conozco ni me parece de tanta importancia como para arruinar una reunión tan estupenda como esta.» ¡Buena se montó! Que si el negro de Bañoles representaba al pueblo africano, que si lo habían llevado a la Exposición de París de 1900 y allí lo había comprado un español para el museo de su pueblo... Yo les respondía que aquello era como discutir sobre las momias egipcias que se conservan en los museos. Ellos reaccionaban sorprendidos de que una persona, como ellos decían, tan familiarizada y versada en asuntos africanos como yo no tomara partido ante esa ofensa al pueblo africano. A mí no me cabía en la cabeza semejante reduccionismo. Pregunté si el hombre en cuestión era senegalés, *bambara*, *peul* o *toucouleur* para ponerse así. Eso les cabreó más y con el tono más increíble dijeron al unísono: «¡Es un negro!».

Yo hubiera debido dejar la discusión, confesar mi ignorancia ya que no había leído nada en la prensa española y decirles que, por mí, que lo enterrasen mañana mismo en su Botswana natal. Pero se me calentó la boca y hablé de la esclavitud y de los jefes negros vendedores de negros a los negreros, de la responsabilidad de las clases dirigentes africanas en la explotación de los colonos de ayer y de las multinacionales de hoy, del horror de las matanzas entre los *bahutu* y los *batutsi*, del *apartheid* sudafricano, de las guerras interétnicas en Sudán, en Zaire... y así pasé revista a los problemas que yo consideraba tan importantes como para no estropear una cena por un buen hombre de Botswana que hacía cien años habían traído a París y luego apareció en el museo de Bañoles. Yo no hacía más que hablar de los cientos de miles de negros africanos, muchos senegaleses, que daban tumbos por otros países de África y por Europa. En cuanto al hombre de Bañoles, no les bastaba con mi decidida postura de que lo enterraran. «¡No! —me decían—, tienen que traerlo a su Botswana natal... parece mentira que usted no comprenda lo que significan para nosotros los ritos funerarios.»

Entonces, me obligaron a cargar: «Ustedes, durante toda la cena, han reaccionado a los problemas que puse sobre la mesa como verdaderos franceses, visten todos sin excepción a la europea, estudiaron en esa lengua y conocen su literatura mejor que la *bambara*, la *serer*, la *songhay*, la *peul* o la *toucouleur*. Les pregunté por libros en esas lenguas, por música, por la moda, por la gastronomía, por el cine africano, y me llevo la impresión de que están más al día en todos esos campos en el ámbito occidental que en el africano. En el fondo, y me duele tener que decirles esto, leyendo sus periódicos y revistas, me pregunto si su líder Leopoldo Sedar Senghor no ha demostrado, con toda su vida y a pesar del canto a la negritud, que su sueño dorado era haber podido ser ciudadano francés a parte entera». Ante su pasmo por mi reacción, algo airada y acumulando dato tras dato, les recordé que en las primeras elecciones libres y democráticas de Zambia, entre todos los negros se había presentado un blanco extranjero... y se alzó con la mayoría de los votos. Menos mal que la historia recoge que, al día siguiente, el blanco renunció a su acta de diputado porque se había dado cuenta del dislate.

Yo comprendía las ansias de recuperar y fijar sus señas de identidad, pero que no me parecía correcto el camino de intentar abrumar al primer europeo que encontraban a tiro, conocedor de los temas de África y con manifiestas simpatías para la causa de sus pueblos, e intentar —sólo intentar, repetí—, acogotarlo como responsable de todas las tropelías que en el pasado hubieran podido haber cometido sus antepasados, que no los míos. Esto era confundir «culpa» con «responsabilidades» históricas. Les conté lo que me cabreaba en mis viajes por Latinoamérica, con el mismo espíritu de apertura y de lucha por la causa de los pueblos americanos, y siempre salía un rubito y con pecas llamado Pérez o Gómez o García y me preguntaba por el oro que «ustedes se llevaron de aquí». No, no es este el estilo... y como sabía que había un medio infalible para recuperar un cierto grado de control sobre la situación, a fin de que no repercutiera en la campaña orquestada, como luego supe, por un alocado en España... me referí a las normas de hospitalidad. Yo era extranjero en Senegal, venía a aprender y a interesarme por los campos en los que podríamos actuar en pie de igualdad... yo había apostado por la educación y por la sanidad, por la investigación epidemiológica llevada a cabo por médicos africanos en sus universidades y me encontraba, en mi propia mesa, desairado... Sé que fui duro, bastante duro, pero ya estoy hasta las narices de que me hagan culpable, a mí, del hundimiento de la Atlántida... y del Titánic, si se pone a tiro.

Terminamos bebiendo las copas prohibidas por el Profeta porque, al fin y al cabo, *on est des copains, quoi.* Nos abrazamos, paseamos, prometí mantenernos en contacto y, mientras subía a la terraza de mi cuarto y contemplaba la belleza de Dakar en la noche, bajo un tupido paño color índigo alfilerado de estrellas, respiré hondo y me dije: «Prepárate, colega, que no has hecho más que comenzar el viaje... y vas tú solo». En el curso del viaje me habría de enterar de que la momia del negro botswano habría de recibir sepultura, sin paja ya, porque esto era lo que más alteraba a mis interlocutores, ¡la paja! *L'homme empaillé* ¿En qué estarían pensando?

11

Perderse en Dakar

Sabía que el museo IFAN abriría a las 8, así que me lancé a pasear por las calles muy temprano, que es cuando se puede descubrir y pulsar mejor el alma de una ciudad. Fui en taxi a la Medina, pero antes paseé en torno a la gran mezquita. Dakar no sobrepasa el millón y medio de habitantes y todavía se puede caminar bien. Avenida Juan XXIII arriba, encuentras la catedral que no tiene nada admirable desde el punto de vista arquitectónico, como tantas construcciones de los colonizadores que no supieron inspirarse en las artes africanas y trasladaron, tal cual, los estilos medievales o, lo que es peor, los falsos neoclásicos del XIX. El colmo, en este sentido, habría de llegar cuando pasase de nuevo por esa monstruosidad de Yamoussoukro, en Costa de Marfil, donde tan sólo hace unos años habían edificado una basílica monumental, réplica de la de San Pedro en Roma.

El museo IFAN, regentado por el Instituto Fundamental de África Negra, está en la Plaza de Soweto. Muchas ciudades de África llevan el nombre de este barrio sudafricano en memoria de su población y de la gesta de personajes como Nelson Mandela cuyo nombre también honran las más importantes avenidas africanas.

Vale la pena la visita. Renovado en 1994, su construcción se debió al interés del presidente Senghor por promover el arte y las culturas africanas. Se pueden admirar hermosas máscaras y estatuas procedentes de la amplia región que, en tiempos, englobara a los Imperios de Ghana, Malí y Songhai y que, posteriormente, se designaría como el Sudán occidental. También hay buenos instrumentos de música, tambores, koras, etc., así como antiguos aperos de labranza.

A las 10, tenía una conferencia en la Escuela Nacional de Desarrollo Sanitario y Social, dirigida por el profesor Mandiaye Loume, una persona encantadora, muy bien preparada que comprendió perfectamente el proyecto de CPMP y el impulso que pretendíamos darle a la investigación en el campo de las substancias naturales. «¡Ojalá pueda, algún día, extender esos centros a Escuelas y centros de formación no universitarios», me dijo. Y yo comprendí que este hombre, al igual que los ayudantes que me presentó, serían una espléndida contraparte para nuestro proyecto. Yo le había comunicado mi desolación por no poder estar dando una conferencia semejante en las Facultades de Medicina o de Farmacia. Pero tenía que ajustarme en esta primera visita a trabajar en las universidades, tal y como habíamos proyectado a causa de la dimensión de investigación epidemiológica que pretendíamos promover y difundir entre todos los centros implicados gracias a un sistema de red informática.

La conferencia fue muy cómoda porque el numeroso público que llenaba la sala estaba muy sensibilizado. Se trataba de enfermero/as, comadrona/es y diplomados sanitarios. También había mucho/as trabajadores sociales del campo de la salud. El diálogo fue largo y fluido. Se interesaban mucho por el aspecto de investigación epidemiológica y, sobre todo, por la dimensión de prevención, profilaxis y educación en la salud, no sólo en la lucha contra la enfermedad. Les conté la anécdota de que antiguamente, en China, se pagaba al médico mientras estabas sano y dejabas de hacerlo cuando enfermabas. También les hablé del sistema sanitario cubano que cubre a toda la población con médicos de familia que visitan a cada miembro de la misma cuando ellos no acuden a la consulta y, por las fichas, se sabe que necesitan vacunación o seguimiento de un embarazo, o de un recién nacido. Quién me iba a decir que, a mi regreso a España, en el primer descanso de este periplo, me iba a encontrar con una invitación del Gobierno cubano para participar en el III Congreso Internacional de Trabajadores Sociales y el I de Trabajadores Sociales de la Salud que se celebraría en La Habana del 14 al 17 de octubre próximos y al que, por supuesto, iba a asistir y a participar activamente. Después de aquel evento, como dicen ellos, me habría de comprometer a participar en los Congresos de Camagüey, en abril, y en el de la Habana, en octubre de 1998. ¿Cómo no iba a colaborar con personas que saben y se interesan por estos temas?

Me hubiera quedado en aquella Escuela durante todo el día, los intercambios fueron muy enriquecedores. Pero tenía que ir a visitar a Mr. Ousmane Paye, ministro de la Juventud. A la entrevista con el ministro me acompañó Santiago Gómez Acebo. La entrevista fue muy interesante, el ministro no podía comprender la dejadez de las autoridades académicas y me pidió que fuera a visitar el Centro de Educación y Promoción Social de la Juventud, en Pikine, un populoso barrio de Dakar, que dependía de su ministerio y en el que estaba volcado. Fue tan amable y se mostró tan interesado, que no pude negarme y esa misma tarde me llevaron en un coche del ministro a visitarlo. Me gustó mucho, los responsables y formadores estaban muy identificados con el proyecto. Visitamos las instalaciones en donde se atiende a más de cien mil muchachos de ambos sexos, en las áreas de formación profesional, deportes, vacaciones, tiempo libre, prevención y control sanitario. Están desarrollando un proyecto de alfabetización funcional, ayudan en la recuperación escolar, y a los que abandonan los estudios los encarrilan hacia profesiones artesanales. También sostienen una bien nutrida guardería de niños de padres del barrio que trabajan en la ciudad. El resto de los muchachos están entre los 15 y los 25 años. Tienen una matrona a tiempo completo, un psicólogo dos días por semana, 2 asistentes sociales, voluntarios que atienden el teléfono y comunicadores sociales. Charlamos todo lo que pudimos y quedé en mantenerme en contacto con ellos. Por ahora, sólo podríamos ayudarles con el envío de medicamentos por medio del Puente Solidario. Comprobé que sus instalaciones eran seguras y ofrecían todas las garantías para poder administrar los medicamentos fundamentales a las personas más necesitadas. El centro de atención ginecológica estaba muy bien montado gracias a la ayuda del Banco Mundial, la responsable que me atendió parecía muy bien preparada.

Ya era tarde en la noche cuando me dirigí a visitar el Gabinete Médico del doctor Erick Gbdossu, en Thiaroy-Gare, en Tally Diallo Pith. Dimos no sé cuantas vueltas en el coche por barrios atestados de gente, pero aproveché para dar pasto a mis ojos. Por fin, encontramos la pequeña casa en la que el Dr. Gbdossou atendía a sus pacientes con las artes de la medicina tradicional. Fue una entrevista interesante pero el Centro de fabricación de medicamentos tradicionales se encontraba en Malango Fatick, a 150 kilómetros de Dakar. Allí pasaba el médico sus fines de semana ayudado por varios *practiciens*, algunos «curadores» y el resto de personal auxiliar que le ayudaban en esta hermosa tarea. Hablaré de ella cuando lleguemos a Conakry y, sobre todo, a Ouagadougou porque allí habría de ver cómo trabajan, sobre el terreno, los farmacéuticos y médicos de formación occidental con los *guérisseurs* tradicionales con el fin de que no se pierda su sabiduría transmitida empíricamente. Si es cierto que «cuando en África muere un anciano desaparece una biblioteca» ¡qué no se perderá cuando muere un curador tradicional, ahora que los jóvenes no están tan dispuestos a iniciarse desde muy pequeños en las artes de las plantas que curan y que hay que recoger y tratar de especial manera, no pocas veces mal interpretadas como fórmulas mágicas o de brujería cuando no son más que recursos nemotécnicos, propios de culturas orales, para transmitir los conocimientos ancestrales!

Esa noche regresé agotado a mi hotel. Me estaba dando una buena ducha cuando sonó el teléfono y me avisaron de recepción que me estaba esperando el Jefe de Protocolo del Ministerio de la Juventud. Bajé sin dar lugar a que se adentrase el cansancio —no tenía tiempo— y en el salón estaba Mansour Khady Ndiaye con su esposa. Saludos de rigor, tomarnos un refresco y con todo el ceremonial me hizo entrega de un regalo de parte del ministro. Lo abrí sorprendido y se trataba de un espléndido *bubú* de tres piezas. Era blanco y bordado en tonos marrones y azules. Una verdadera preciosidad. Comprendió por mis expresiones lo mucho que me gustaba y prometí usarlo mucho durante el viaje, como de hecho habría de suceder. ¿Cómo había deducido el ministro que me gustaban las ropas tradicionales de cada país y que soy de los me las pongo cuando la ocasión es apropiada? Mansour Khady se reía satisfecho y su mujer también. Cumplido todo el ritual que prescribe la *quaïda*—saber hacer y comportarse de la rica civilización musulmana—, nos despedimos y yo me lancé, escaleras arriba, para cambiarme y dirigirme al lugar donde esperaba cenar con unos buenos amigos.

El restaurante Keur Samba no quedaba lejos de mi hotel, está en la calle Jules Ferry. La música de jazz era buena. El ambiente agradable y habían ordenado una comida de degustación con una amplia variedad de platos tradicionales. Aunque Dakar tiene fama de ofrecer al viajero la mejor cocina del África del Oeste, yo preferí en esta ocasión paladear únicamente cocina tradicional. Mis anfitriones, hasta ahora, me habían llevado a espléndidos restaurantes en los que, si había algún plato tradicional en la carta, parecía una extravagancia o un toque de exotismo. No en vano estaban regentados por franceses o afrancesados. Servicio impecable, precios muy elevados y una presentación como la hubiéramos encontrado en otros muchos restaurantes de otras partes del mundo.

Comimos variaciones de *yassa*, pollo, carne y pescado marinados y a la parrilla con una suave salsa al chile; *tiéboudienne*, un tipo de arroz cocido con una salsa fuerte de pescado y un surtido de legumbres con salsa de tomate con pimiento... y para rematarlo, el tradicional cus-cús, denominado aquí *bassi-salété*, mijo con legumbres y trozos de carne. Comimos con los tres dedos de la mano derecha y nos ayudamos con pan en forma de grandes galletas de maíz y de trigo. Bebimos cerveza Flag y nos regalaron con rojo bissap, un refresco tradicional que había visto vender por las calles en bolsitas de plástico y que, como es natural, no había bebido. Terminamos la noche en la terraza del Hotel Lagoon II, en plena *Plage des Enfants*, para tomar una copa mientras contemplábamos el mar con una mágica sensación de ir en un crucero. Navegantes abiertos al aparente albur de los vientos, nos sabíamos en aquellos momentos libres como los hijos de la mar. Alguien contó que había tres clases de griegos: los que nacen, los que mueren y los que se hacen a la mar. Nosotros éramos de estos.

Al día siguiente, me encontré en la cancillería con un embajador que estaba en viaje de inspección. Le expliqué nuestro proyecto, hablamos de Cuba, país en el que había estado en puesto durante varios años y, a pesar de saber que yo era presidente de una ONG, o ¿quizás por eso?, me dijo con toda desenvoltura: «Es la hora de las ONG y hay que aprovechar ese boom como hicieron los anteriores para conseguir dinero; un día me dijo un político ex ministro: ¿por qué no hacer nosotros también una?». Así nació como ONG la Fundación Cánovas del Castillo. Ante mi mirada de asombro, y no queriendo reargüir ante anfitriones que se habían mostrado tan generosos y amables conmigo, me levanté en silencio pretextando una cita en la Facultad de Medicina. Saludé cordialmente a nuestro Encargado de Negocios que en mis ojos leyó mi verdadero estado de ánimo. Su apretón de manos fue algo más que diplomático. Desde aquí mi agradecimiento más profundo por sus desvelos. Finalmente, habíamos conseguido que me recibiera el decano de la Facultad. Desde allí, ya me iría a recoger mis cosas y saldría para el aeropuerto con destino a Guinea Conakry.

Más me hubiera valido que la tal cita no hubiera tenido nunca lugar. Recordé la conversación con la hermosa dama senegalesa. Al llegar a la Facultad, me encontré con que el decano «había salido». En su lugar me iba a recibir un vicedecano de Farmacia «que no había tenido tiempo de echar un vistazo a aquellas cartas de la Embajada de España... pero usted me dirá en qué le puedo ayudar», me dijo sin levantarse siquiera, sentado al otro lado de la mesa. Sin sentarme, le volví a decir quien era y a qué había venido, por si no me había confundido de despacho. «¡No, no!, ya sé quien es pero dese prisa porque tengo poco tiempo.» «Ah no, le respondí, el que no tiene tiempo soy yo para perderlo con quien ni siquiera saluda a una visita que llega desde Europa para presentarle un proyecto.» Me interrumpió sin inmutarse. «Es que quien tenía interés por visitarnos es usted y ¡con no poca insistencia!» «Pues ese interés se ha esfumado y a usted le cabe el triste honor de no haber cumplido con las más elementales normas de la cortesía con un profesor español, tan doctor como usted, y no tan maleducado.» Me di la vuelta, y sin cerrar la puerta, bajé las escaleras con un gran vacío en la boca del estómago.

El chófer de la Embajada, que me esperaba abajo y sabía de nuestros desvelos por conseguir esta entrevista, me miró en silencio mientras abría la puerta. Por el espejo retrovisor sus ojos me enviaban furtivas miradas de simpatía. ¡Gracias, amigo senegalés, te envío desde estas páginas mi cálido agradecimiento por tu comprensión y discernimiento!

12

Guinea Conakry

El aeropuerto estaba atestado de gentes que acompañaban en multitud a los viajeros que iban o venían de algún sitio, pues Dakar es una de las puertas del continente africano y no pocas veces, al ir o al regresar de algún país latinoamericano, había hecho escala allí pero sin poder bajar a la ciudad. Me había prometido que algún día lo haría porque los pueblos que habitaban el Senegal, con sus ricas culturas en parte islamizadas, eran descendientes de aquellos invasores que habían dado lugar a Imperios tan formidables como el de Ghana, Malí, Songhay, Mossí, Kanem-Bornu y los estados hausa. También habían sido escenario de las correrías de beréberes, almoravides y almohades que tanta importancia habían tenido durante siglos en la cultura y en la historia de España. Recordaba ahora a aquel renegado andalusí, El Jouder, quien, al servicio del Sultán de Marruecos, venció a los Songhay y deshizo los imperios del Sahel.

Ahora me dirigía a Conakry, un aeropuerto en el que también había hecho escala en anteriores viajes a Costa de Marfil o a Camerún y a Gabón. Lo asociaba a una vaharada de calor húmedo que no sólo golpeaba mi rostro sino que me parecía sentirlo en toda mi piel, como cuando entras en un baño turco, más que en una sauna finlandesa (como aquellas que describe Curzio Malaparte). Tampoco me recordó al tradicional *hamman*, el baño árabe inspirado en los turcos pero con sus propias características como he descrito en mi libro *Dime un nombre y nacerás de nuevo*. En el *hamman*, el calor y el vapor son progresivos tanto a la entrada como a la salida, debido a la disposición de sus arcos y de sus puertas. Nunca olvidaré el de Sitim Miriam Gate, en la Jerusalén árabe anterior a la ocupación del ejército israelí. En el aeropuerto de Conakry, tanto cuando había pasado de día como de noche, la sensación de humedad ardiente había sido fuerte. En uno de los viajes, coincidió con la época de las lluvias que va de junio a septiembre y, en este caso, me pareció ajustada la descripción de Robert Kaplam: «Vista desde el aire la capital de Guinea tenía el aspecto de un velamen de envolturas de fino papel de estaño tirado sobre un lecho de barro húmedo y rodeado de una selva brillante, de una verde película líquida y flotante bordeada por el mar. Nunca la tierra me pareció tan frágil». Guinea es uno de los países más húmedos del África del oeste: en un año normal, en Conakry se recogen cerca de 5.000 mm de agua.

Desde ahora vamos a ponernos de acuerdo en cuanto al nombre del país al que me dirigía. Se llama Guinea y aquí están las fuentes del río Níger, aquí está el macizo de Fouta Djalon en cuyas laderas se encontraban las fabulosas minas de oro de Bambuk que, durante siglos, sostuvieron la economía del Mediterráneo. Después, fueron una de las causas de los movimientos de ejércitos y de pueblos, tanto del este como del norte, cuyos soberanos necesitaban controlar esa llave fundamental de la economía para intercambiar ese oro —así como el marfil y los esclavos—, por la sal y los productos manufacturados que transportaban en caravanas de hasta 25.000 camellos dos veces al año. Estas caravanas funcionaron hasta 1919. A los españoles nos cuesta no identificar la pequeña Guinea Ecuatorial y, más aún, la antigua posesión portuguesa de Guinea Bissau. Por eso, abusamos de la expresión Guinea Conakry.

Logré facturar mi equipaje con bastante rapidez. El avión que me había de llevar a Conakry traía «un poco» de retraso —en África eso puede significar horas o días, o que el avión pase de largo porque «va completo»... sí, sí aunque usted tenga su vuelo confirmado y enarbole su tarjeta de embarque. No se haga mala sangre, tómelo como viene, *hakuna matata*, como último recurso piense que ese vuelo podría estrellarse si usted se hubiera subido y ¡adiós viaje por tierras de África!, ¿no había soñado tanto con esta experiencia?, pues apúrela, trate de saborearla y tómeselo con garbo. Así que me instalé en la terraza, pedí una bebida larga y me entretuve en refrescar mis datos sobre este país.

La República de Guinea tiene unos doscientos cincuenta mil kilómetros cuadrados —la mitad de España—, con una población de casi siete millones de habitantes y un crecimiento demográfico peligrosamente cercano al 3 %. Hay que tener presente que casi un cuarto de la población buscó refugio en el exterior durante la etapa de la represión aunque, desde 1990, bastantes iniciaron el regreso. El presidente Sékou Touré falleció en los Estados Unidos el 26 de marzo de 1984. Todavía la población rural es de un 71 % y las ciudades más importantes son la capital Conakry, con cerca de un millón de habitantes, Kankán, Labé y Kindia, de donde procedían los amigos que me esperaban en el aeropuerto. Los grupos étnicos más importantes son los *susu*, *fulbe*, *malinké* y *fulani*. Aparte del francés como idioma oficial, las lenguas más habladas son el *malinké*, el *susu* y el *pular* (o *fulfulde*). Cerca del 70 % son musulmanes, un 28 % practica cultos tradicionales y un 2 % son cristianos. La esperanza de vida está en los 44 años —una de las más bajas del continente—, la mortalidad infantil es de 132 cada 1.000, disponen de un médico por cada 8.000 personas y el 64 % son analfabetos.

En cuanto a la economía, sus recursos básicos son: maíz, arroz, plátanos, café, mandioca, bauxita, hierro, aluminio y diamantes. No obstante, la agricultura descendió por el fracaso de una política colectivista que les obligó a importar, algunos años, hasta 100.000 toneladas de arroz cuando, en 1958, fecha de la independencia, tan sólo se importaban 10.000 toneladas. Su industria es casi inexistente pero la riqueza del país reposa en la minería: es el segundo productor de bauxita del mundo constituyendo su venta el 98 % de las exportaciones y el 20 % de su PIB. Las minas de Kindia y de Boké contienen casi la mitad de las reservas mundiales de bauxita. El PIB es de 3.395 millones de dólares, la deuda externa es de 3.200 millones y el servicio de la misma es de 244 millones de dólares.

Políticamente, es una república presidencialista con pluripartidismo. Desde abril de 1984 el presidente es el general Lansana Conté, llevado al poder por el ejército al grito de «¡Guineanos sois libres!», y revalidado, en 1993 y en 1998, por elecciones generales que la oposición calificó de fraudulentas. La constitución es de 1991. Pero la historia de Guinea es de las más accidentadas de África. Guinea formó parte del imperio Malí, desde los siglos XIII al XV; muchos de sus descendientes, los *malinké*, todavía viven en el país. Los *fulani*, pueblo de pastores, emigraron a la región en el siglo XVIII en el curso de una oleada islámica. En ese ambiente, en 1870, un líder de origen humilde llamado Samori Touré llegó a ser jefe de un estado que abarcaba la actual Guinea y parte de Malí y de Costa de Marfil. En 1886 se enfrentó a los franceses que bajaban desde Senegal en su imparable guerra de conquista y de explotación; su lucha concluyó en 1898 cuando lo capturaron y desterraron a Gabón donde murió dos años después víctima de la desolación y de la nostalgia. Desde entonces, el Almany Samori fue el héroe nacional de Guinea.

En 1947, un grupo de militantes dirigidos por Ahmed Sékou Touré, *malinké* de origen, enarbolaron la legendaria figura, y fundaron el Partido Democrático de Guinea. En 1958, el General De Gaulle intentó salvar la influencia y los intereses monopolistas franceses en el África subsahariana creando la Comunidad Francesa. Es memorable la orden que dio a su ministro Pompidou: «Busque una gran compañía que se haga cargo de la defensa de los intereses de Francia ya que, oficialmente, nosotros no podemos hacerlo pero el ejército francés sabrá proteger a sus ciudadanos». Y así nació el auge de la Elf Aquitaine —tampoco fue pequeño el de Agip, Total y Chevron entre otras—, cuyo poderío le llevó a derribar gobiernos, mantener bases de paracaidistas, sostener líderes corrompidos, conculcar las leyes, violar las constituciones que les habían ayudado a implantar y oponerse al veredicto de las urnas cuando no coincidían con sus intereses. La publicidad en las grandes revistas de la todopoderosa Elf añade, sobre una foto impresionante que habla de preocupación ecológica, esta frase sobresaliente «Las situaciones más difíciles exigen las soluciones más luminosas». Ya, importa saber quién es el dueño y beneficiario de esa energía eléctrica que ellos disfrazan bajo el lema: «Elf. La energía humana por todas partes en el mundo». Impresionan la polisemia y el descaro. Como hemos visto, en el verano de 1997, en Congo Brazzaville agentes sostenidos por la empresa petrolera francesa derrocaron al presidente Lissouba, elegido por las urnas, y ayudaron al expresidente Denis Sassou Nguesso sirviéndose hasta de tropas angoleñas con sus uniformes de campaña. Asistí en Brazzaville a los últimos días del presidente constitucional, como narraré en el capítulo correspondiente. La historia tendrá que juzgar un día no lejano las explotaciones y violaciones del derecho y de las gentes con las que la democrática Francia —liberal, conservadora o socialista, dio igual a la hora de imponer sus criterios en defensa de sus intereses—, impuso en los pueblos de África. El imperio colonial francés se derrumbaba entonces con las pérdidas de Indochina (1954), Túnez y Marruecos (1956) y con el comienzo de la revolución en Argelia (1954).

Guinea fue la primera colonia francesa africana que alcanzó su independencia al rechazar Sékou Touré formar parte de la Comunidad Francesa con la célebre frase: «Preferimos la pobreza con libertad a la riqueza en la esclavitud», que tanto habría de costarle. De Gaulle juró vengarse por todos los medios. No podía permitir que cundiese el ejemplo. Como represalia, el gobierno francés retiró todos los capitales, los cuadros técnicos, destruyó los equipamientos militares, los archivos civiles y hasta las líneas telefónicas. Lo peor fue que en París bloquearon las cuentas bancarias del Estado y el comercio guineanos para llevarlos hasta el colapso: fomentaron el contrabando y la introducción de moneda falsa. Tampoco faltó la invasión del territorio guineano por mercenarios portugueses, en 1970, para intentar derrocar al gobierno y aniquilar las bases del PAIGC que luchaban por la independencia de la vecina Guinea portuguesa. Ninguna de las antiguas metrópolis se ha parado en barras a la hora de interpretar la defensa de sus intereses. Cuando se escriba la historia habrá que registrar todos los hechos y no sólo los prejuicios a partir de los errores que, desde 1960, siguieron a la experiencia comunista y a sus planes quinquenales y septenales, inspirados por la URSS, pero con insuficientes contrapartidas. Planificaciones anárquicas y desastrosas para el país. El Plan septenal de 1964-1970 pretendió la autosuficiencia alimentaria, pero concluyó en una gran penuria de alimentos. La agricultura suponía, en 1958, el 55 % de la producción total y el 58 % del montante de las exportaciones mientras daba empleo al 85 % de la población. En 1980, la agricultura sólo representaba el 3 % de las exportaciones habiendo descendido unas veinte veces con relación a las de 1958. Fue el desastre, la paranoia política, y el reinado del terror. Cerca de un millón de guineanos huyeron a los países vecinos. Fue histórica la revuelta de las mujeres del mercado, en 1970, hasta el punto de que el día en que comenzó la revuelta, el 27 de agosto, fue declarado fiesta nacional.

En 1978, Sékou Touré intentó reconducir la política y restablecer las relaciones con Francia. Visitó varios países africanos para diversificar las inversiones extranjeras y la explotación de sus riquezas minerales. Sometida la cerviz y desencantado de las experiencias con los incapaces socios soviéticos y chinos, el gobierno guineano facilitó la explotación de yacimientos férricos en Monte Nimba por una empresa francesa, naturalmente, y de petróleo en la plataforma continental por la Compañía Francesa de Petróleo, así como la explotación de los yacimientos de bauxita descubiertos en 1970. Parecen existir pruebas de que la existencia de esos yacimientos era conocida por los franceses desde mucho antes pero hubieron de esperar a que se «normalizasen» las relaciones para cooperar en la explotación de los mismos y también para poder controlar el mercado y los precios de ese mineral estratégico y fundamental para la industria aeronáutica.

El presidente Sékou Touré falleció en los Estados Unidos víctima de una dolencia cardíaca. El comandante Lansana Conté tomó el poder, mediante un golpe militar que derrocó al presidente interino Luis Beavogui, y el nuevo régimen reordenó su orientación política y económica. La deuda externa era de 800 millones de dólares y tuvieron que adoptar programas económicos de austeridad con destituciones masivas de empleados estatales, y privatizaciones de empresas comerciales. Siempre bajo el fantasma del hambre, buscaron la autosuficiencia alimentaria y eso les llevó a privilegiar el cultivo del arroz. El Club de París anuló a Guinea 85 millones de dólares de deuda y le refinanció otros 85 millones en reconocimiento a los resultados económicos que le llevaron a un crecimiento de casi un 5 %. Hoy, el país se enfrenta a una deuda externa terrible, a una calidad de vida que el Programa de Naciones Unidas para el Desarrollo clasificó, en 1993, como la última del planeta... un país a la deriva en el que ni la luz, ni el agua potable ni el teléfono ni los servicios mínimos están garantizados en la misma capital. Un país en el que explotadores de todos los países compiten por sangrar las riquezas que les interesan sin cuidarse del bienestar de sus ciudadanos. Guinea merece un mejor futuro, no es la «llaga gangrenosa» como la calificó el explorador Burton al referirse al aspecto de los asentamientos del África occidental: es un país con unos pueblos en busca de su lugar en el concierto de las naciones libres; en primer lugar, cooperando junto con las de su área geográfica en un desarrollo endógeno y sostenible y, al mismo tiempo, con el resto de la comunidad internacional en un crecimiento equilibrado y global.

Mi corazón estaba dolido, consideraba la historia de estos pueblos que la poblaron, las explotaciones de los colonizadores, las peripecias de su andadura buscando nuevas vías al acceder a la independencia en un África que aspiraba a una unidad y a una afirmación en sus señas de identidad y que sucumbió en una etapa de terror espantosa de cuyas heridas comienza a recuperarse y en cuya tarea estamos implicados todos los ciudadanos de este planeta que nos acoge. Sobre todo, aquellos ciudadanos que, estando en el Norte, nos sabemos Sur. El camino sería duro, pero mis simpatías estaban claramente del lado del pueblo guineano. En definitiva, como escribió el antropólogo Christopher Stringer: «Bajo la piel, todos somos africanos».

13

Vicecónsul honorario

Fue en el momento de rellenar el impreso de Inmigración cuando me di cuenta de que me había olvidado de sacar el visado para Guinea durante la estancia en Dakar, mientras mi pasaporte estaba en el consulado de Malí. Respiré hondo y me dije «ante todo, mucha calma». Conocía el rigor que, durante muchos años, había caracterizado a este aeropuerto, hasta el punto de que, durante nuestras escalas para repostar, si pedíamos asomarnos a la escalerilla del avión, siempre me advirtieron que no sacase ninguna fotografía porque podría pasarlo mal.

Casi al pie del avión, me esperaba un militar de unos cincuenta años que se cuadró y dijo en tono solemne: «El capitán Haba, se presenta al profesor Fajardo y le desea la bienvenida a Guinea, al tiempo que se pone a su disposición. Permítame que le exprese nuestra más profunda alegría y el honor [...]». Aliviado, participé en todo el ceremonial de costumbre, como es debido cuando se llega a un país africano. Me presentó a su sobrino Jean Bernard y a dos miembros de la policía de aeropuertos y de inmigración que me acompañaron al salón de honor. El capitán Haba vivía en Kindia, a unos 150 kilómetros, y había venido para recibirme. Era el tío de mi amigo Mathieu Loua que prepara en Madrid su tesis doctoral y que tanto había hecho por superar las dificultades de comunicación entre Madrid y Conakry, al no haber aquí Embajada de España sino un consulado honorario que dependía de nuestra representación en Dakar. Había sido terrible: horas y horas de espera en la sede de Solidarios, para lograr comunicar con mis interlocutores, sobre todo con el Dr. Prospère Haba que sería mi anfitrión. Mejor no recordarlo ahora que tenía que decirles que no tenía visado. Pregunté por el cónsul honorario de España, al que sabía informado por nuestra eficacísima representación en Senegal, pero que tampoco había respondido con fax alguno sino telefónicamente. No sabían nada de él.

Cuando le dije al capitán lo del visado, habló con los dos oficiales que le acompañaban y, en lugar de entrar en el salón de honor, nos metimos entre una marea de gentes que iban y venían, que llegaban o que esperaban a alguien. Saltamos por encima de equipajes y fuimos por direcciones prohibidas, siempre precedidos por las insignias del capitán y de sus acompañantes. El sobrino, que era Ayudante Médico Sanitario (ATS), me sujetaba por el brazo con una amplia sonrisa para darme ánimos o para que no me extraviase en aquella marabunta. Aunque me pregunto si algunas personas, al verme sujeto por un brazo y caminando entre tres personas uniformadas, no pensarían que me llevaban detenido. Llegamos al despacho del Inspector Jefe de Policía del Aeropuerto que nos recibió sentado y con una cara muy en su papel, pero que jamás definiría como Joseph Conrad hizo con la del protagonista de *The Nigger of the Narcisus* y que Robert

Kaplam recoge sin crítica alguna «porque, como Conrad dice, la experiencia es algo inexpugnable»: «tenía un rostro patético y brutal; la máscara trágica, misteriosa y repulsiva de un alma de negro». No, y mil veces no. El culpable era yo por no haberme provisto del visado correspondiente. En los Estados Unidos no me hubieran dejado pasar del área de tránsitos, como algunas veces nos sucedió cuando íbamos a algún país centroamericano y hacíamos escala en Florida sin el visado norteamericano.

El Inspector jefe escuchaba en silencio al capitán Haba. Me miró. Yo le pedí disculpas con toda mi capacidad de persuasión y, lleno de un profundo respeto hacia su país, le expliqué que, en Madrid, no había Embajada de Guinea y que, enviarlo a la de París, me hubiera llevado dos semanas. Pero que no tenía perdón el no haberme demorado más tiempo en Dakar aún a riesgo de perder este único vuelo semanal de Air France... Que me dolía mucho parecer como *un petit blanc* que van por el mundo imponiendo sus criterios sin darse cuenta de que, en sus países de origen, a los africanos les ponen todas las dificultades que pueden a pesar de llevar todos sus papeles en regla y yo, que no tenía visado, me atrevía a desembarcar así...

Se quedó asombrado. Se puso en pie, me preguntó si podía estrecharme la mano, se la tendí, naturalmente, y le pregunté por su familia, etc., me impresionó cuando me dijo, después de haber escuchado al capitán Haba, que yo me había lanzado a excusarme «como nunca hasta la fecha le había visto hacer a ningún europeo y eso a pesar de conocer la misión que le trae a nuestro país y que me hace a mí feliz de extenderle la autorización por el tiempo que desee. Qué distinto hubiera sido todo si, desde el principio, los europeos nos hubieran respetado así... lo malo es que ahora, los africanos que tienen algún puesto en las organizaciones internacionales actúan peor que los blancos...».

Viene a mi memoria un artículo del antiguo presidente de Benin, Emile Derlin Zinsou, aparecido en *Jeune Afrique* y que, en síntesis, me permito reproducir: «África tiene una bien conocida tradición de acoger calurosamente. Es uno de nuestros valores y conviene conservarlo. Sin embargo, no hay que pasarse. Existe un protocolo y unas tradiciones que rigen las relaciones internacionales... Hay que reconocer que no es raro el encontrarnos en nuestros Estados con funcionarios de rango medio o alto que cuando ocupan, en su país o en un organismo internacional de la familia de los financiadores, un puesto que permite conceder algunas becas o sostener algún pequeño proyecto, sean acogidos y tratados como un Jefe de Estado, con consideraciones excesivas que tienen más de actitud servil que de cortesía... Nos comportamos, a veces, como si tratar a esos huéspedes con "obsequiosidad", por encima de lo que corresponde a su rango, fuera a procurarnos ventajas suplementarias. Como si nos trajese subsidios provenientes de su fortuna personal. No existe financiación, subvención o ayuda que compense ser obtenidos al precio de nuestra dignidad. Digamos sí a la cooperación y a todas sus implicaciones pero digamos, con toda firmeza, no a la arrogancia y a la humillación. Esto exige, por nuestra parte, una gestión de los asuntos públicos rigurosa, transparente y responsable. Seamos respetuosos y seremos respetados. Es preciso establecer un orden en las relaciones con nuestros interlocutores. Que se acabe ya esa oscilación entre el compadreo vulgar y la insolencia apenas disimulada. Sin duda que nuestros interlocutores también tienen errores que corregir y lecciones que aprender. No es ése mi cometido. Mi reflexión se dirige a nosotros, hombres del Tercer Mundo: ¡acabemos ya de ser "Terceros Hombres"!». (Difícil traducción: *cessons d'être des «Tiers Hommes».*) Por mi parte, nada que añadir. Me descubro ante personas así. En el curso de mi largo viaje me habría de encontrar con actitudes bien distintas, de una y otra parte. Pero recojamos las admirables para que ocupen el puesto que les corresponde ante las inadmisibles por denigrantes.

Con el visado en el pasaporte y, habiendo comprobado lo que todavía puede un uniforme en algunos países pero, también, la eficacia de la educación y de la cortesía, nos dirigimos al salón de honor donde nos esperaba el doctor Prospère Lucien Habas, también de la familia de Mathieu, especialista en medicina preventiva y en epidemiología y con el que había logrado hablar alguna vez por teléfono desde Madrid. Intercambiamos saludos con toda la paz del mundo mientras nuestros acompañantes y amigos se encargaban de mi equipaje. No me permitían ni llevar el ordenador o el bolso de mano. Pregunté, de nuevo, por el vicecónsul honorario de España a quien nadie había visto. Finalmente, vi acercarse a un blanquito, delgado, con gafitas montadas en oro y cara más bien aburrida. Me presenté, me saludó, le dije si había recibido la información con el dossier enviado por la Embajada, dijo que sí como podía haberme dicho la hora. Preguntó si todo estaba en orden y podíamos marcharnos...

«Hombre —le dije—, gracias a estos amigos guineanos que se han ocupado de todas las formalidades y se están ocupando del equipaje. Tuve problemas con el visado y esperaba que usted estuviese aquí para echarme una mano. No obstante, agradezco su presencia pues nuestro Encargado de Negocios me dijo que usted estaría en el aeropuerto y que me ayudaría...» «Bueno —respondió—, he tenido bastante trabajo y había tráfico y como, además, estos aviones en África nunca se sabe cuando van a llegar y, además, usted ya sabe "esa gente"...» «No, mire, "esta gente", como usted dice, se ha preocupado de todo, han venido desde Kindia, el capitán estaba al pie de la escalerilla y habían advertido a las autoridades del aeropuerto para habilitar el salón de honor. No tengo más que palabras de agradecimiento por su eficacia y amabilidad.»

No necesito decir pero, quede escrito de una vez por todas, que jamás he pedido ni necesitado salón de honor ni privilegio alguno. Viajo como profesor de Universidad. Ese es el único título en mi tarjeta de presentación, que no es poco, y del que me siento orgulloso porque nadie me lo regaló. Pero mis padres nos educaron en el respeto a los demás, con especial delicadeza hacia los más débiles y necesitados, y que la verdadera grandeza consiste en saber recibir con sencillez las muestras de afecto mientras que debemos mantener una actitud de agradecimiento hacia los que nos permiten regalarles de cualquier forma. Puesto que todo es gratuidad en el corazón y nadie es más que nadie cuando da o cuando recibe. Si todos nacemos iguales, la educación o el azar de la fortuna no significan más que hay que distribuir responsabilidades. El que más «tiene» está tan obligado como los demás pues, en el ámbito del «ser», nada es relativo.

Me miró como si se tratase de un extraterrestre, yo, no él, que cada vez me parecía más el típico francés que, en su región de origen, sería un contable subalterno y aquí seguía portándose como un colono. Como dicen que la primera impresión es la que cuenta, la estancia en Conakry no haría más que confirmarme esta sensación que, por desgracia, habría de ver repetida hasta la saciedad en algunos blancos insoportables, intolerantes y con una especie de tedio de vivir entre «estas gentes», como repiten sin cesar y que me ponen enfermo al escuchárselo decir. Nadie les forzó a venir y si están aquí es porque les interesa. Me tragué esta mala impresión y nos dirigimos hacia la puerta con toda la comitiva. El vicecónsul honorario casi ni los saludó, a pesar de mis presentaciones. Señaló su coche y les dijo que llevasen allí mi equipaje que él se encargaría de llevarme a mi hotel, después de pasar por su casa. Quien conozca lo que en África significa ir a esperar a alguien, recibirlo y acogerlo, recibir noticias de sus parientes en España, etc., comprenderá que no podía permitir semejante desaire. «¿Pero usted sabe en qué hotel voy a alojarme? ¿Acaso me ha hecho alguna reserva?», le pregunté. «De la embajada no me dijeron nada», respondió con un desinterés infinito.

«No tenían por qué hacerlo, pero estos señores se han ocupado y me debo a ellos. Si le parece bien, mañana podemos vernos a la hora que usted me indique para organizar un poco el programa de visitas y también para gestionar alguno de los visados del itinerario.» Él se empeñaba en hablar en su pasable español pero yo no respondía más que en francés por deferencia a mis amigos guineanos. Entonces, me encontré ante un dilema porque yo pretendía ir al hotel y el doctor Prospère y su familia me comunicaron que habían organizado una cena de bienvenida en su casa. El voceconsul insistía, con esa desgana infinita que me agotaba, en que había preparado una copa en su casa. Se lo comuniqué al capitán Haba y al doctor Prospère y decidí que pasaríamos primero por la casa del vicecónsul y, después, nos dirigiríamos a cenar en la suya. Pusieron el equipaje en el coche de los amigos guineanos y les pedí que nos siguieran, pues ellos conocían el barrio donde vivía el francés.

Nada más subir al coche me dice *Bon, vous savez, ces gens-là.* Intenté poner las cosas en claro pero comprendí que era una batalla perdida. Despreciaba a la gente de color, a los africanos en general, no le gustaba el país, trabajaba en la Societé d'Explotation des Eaux de Guinée (SEEG) con capital francés mayoritario: «El director general adjunto es un negro que roba y ahora tenemos una inspección de Francia, tenemos mucho trabajo, de esta gente uno no puede fiarse, no sirven, no saben trabajar...».

Yo desconecté porque aquel hombre me estaba poniendo enfermo. ¿Cómo podía representar los intereses de España, aunque fuera como vicecónsul honorario? Me dijo que su mujer trabajaba en Total, la compañía petrolera francesa, que no tenían hijos y que pronto se retirarían para irse a vivir a Sevilla, aunque los dos eran franceses y no tendrían más de cuarenta años. No me costó trabajo imaginármela a ella y a los amigos que frecuentarían. Me dije a mí mismo que tenía que ceñirme a los hechos y no dejar escapar mi imaginación porque ellos no eran personajes de una novela de colonos. Pero era superior a mis fuerzas. El tipo era «de libro», sonaba a rancio, a ya visto, a aburrido, muy aburrido. Me imaginaba la casa.

Llegamos y era tal y como me esperaba. Un chalet con muro y con guardián a la puerta, un jardín sin alma, una piscina que más bien parecería una alberca si no fuera por los estridentes colores, las sillas... los enanitos y los hongos con lunares, los gnomos... No faltaba más que una escultura en escayola. Sí, allí estaba aquella Venus sobre una fuente con colores verdes y azules... y, más allá, las tres Gracias desangeladas junto a una enredadera que hacía lo que podía por una vacilante armadura mal pintada. «¡Basta!», me dije, mientras el coche franqueaba la puerta y decía al guarda que detrás venían «unos africanos» y que los dejase entrar a ellos, al coche no. Dentro había un salón con bar incluido. Botellas en la pared, cromos enmarcados, muebles «coloniales». Yo creí que nos esperaría su mujer con una copa organizada, pero allí no había nadie. «¿Y su mujer?» «Ah, vendrá más tarde, porque hoy tenemos amigos a cenar.» En efecto, allí estaba la mesa del comedor montada con sus servilletas rojas en forma de abanico sobre los platos. Me dije que, si él no sabía que el doctor Prospère Lucien Habas me había organizado una cena, ¿qué pensaba hacer conmigo al recogerme en el aeropuerto? ¿O le molestaron los tres africanos que nos acompañaban? Como eran musulmanes ellos tomaron un refresco, yo bebí un whisky con hielo. ¿Esa era la copa que tenía preparada? Me tragué el hígado y, en mi mejor francés, le conté la historia de mi viaje y el proyecto de CPMP que traía entre manos, tal y como le habían explicado en el amplio dossier que le habían enviado desde Dakar. Comprobé que no lo había leído o que el tema le parecía marciano «¿medicina preventiva para "esta gente"?».

Entonces, me dirigí a los amigos guineanos y les conté la historia que siguieron con orgullo y con pasión y demostraban sabérsela casi de memoria; pero yo se la certificaba, les demostraba que era real que no era un sueño, que yo estaba allí porque ellos me habían llamado cuando su pariente Mathieu, desde Madrid, les había hablado de la posibilidad de incluir a Guinea en mi itinerario. Ellos estaban orgullosos de Mathieu, había actuado como se debía, preocupándose por su gente, como se supone que debe hacer todo miembro de la comunidad que tiene la suerte de convertirse en un profesional o de acceder a la universidad. Los antepasados están con él y actúan en beneficio de la comunidad porque los miembros destacados de la misma son la justificación de las existencias de los antepasados. Cuando, meses después, habría de ver la película de Steven Spielberg *Amistad*, tan floja y tan indocumentada en tantos aspectos, pero tan certera en este pasaje fundamental sobre el que gravita el discurso del ex presidente Adams, me dije que, en adelante, no había de dejarme afectar por las cosas negativas que encontraría durante mi viaje sino, tomar nota, y apoyarme en todo lo positivo, auténtico, germinal y portador de esperanza que me encontrase. Yo sabría discernir y no dejarme abrumar por estos *petits blancs* o por los «pseudo negros» que habían traicionado a su pueblo y a sus raíces y sólo anhelaban ser europeos remedándolos en la parte menos atractiva e interesante de éstos. Si no tomaba esta decisión me vería desbordado y no podría llevar a cabo mi tarea.

Al cabo de un tiempo que la cortesía imponía, me puse en pie y agradecí la hospitalidad del vicecónsul honorario. Quedamos en vernos al día siguiente para comunicarle mi programa ya que había comprobado que, a diferencia de sus referentes en Senegal, este señor no había preparado ninguna entrevista. Comprobé que no había entendido nada. Le deseé una buena velada y pretextando un cansancio infinito, no sabía él de qué proporciones, me despedí para irme a cenar con mis anfitriones guineanos.

Renuncio a contar cómo fue el trayecto desde el aeropuerto a la casa del vicecónsul y desde ésta hasta el barrio donde estaba la casa del doctor Prospère. Ya lo han hecho otros muchos antes que yo: chabolas, barrios de latas y de cartones, luces mortecinas cuando las había, carreteras sin asfaltar o con baches inmensos, pobreza, hacinamiento, todo eso que cualquier viajero encuentra en las grandes ciudades de África, y que describen con una mezcla de horror, de asco y de escándalo. Todos citan los barrios Washington y Chicago, de Abidjan y los periféricos de Lagos. Sí, es cierto, Conakry tiene llagas, hay centenares de miles de personas que han venido del campo y que se amontonan de manera inhumana para nuestros parámetros occidentales pero, sin duda, también para los suyos. No están así porque quieran sino porque les ha fascinado la ciudad y han sucumbido a su hechizo desarraigándose de sus costumbres y tradiciones, de su modo de vida en sus comunidades y vegetan presos de un espejismo que ya han descubierto frustrador y portador de infelicidad y desdicha. No quiero hablar ahora de esto. Está ahí. Lo sabemos todos. Ese es el cáncer de África, como lo fue en su tiempo en las urbes industrializadas. Es el fenómeno de la huida del campo a la ciudad con sus terribles consecuencias. Proliferación de enfermedades, mutación de virus, criminalidad, prostitución, droga, alcohol, desempleo, pérdida de las señas de identidad... vacío, ansia de huida hacia esos paraísos de los europeos. Pero eso tiene solución, tiene que tenerla. Nos dirigimos a casa del doctor Prospère en la noche cerrada, ardiente, húmeda y casi asfixiante. Se diría que son las mil y una. Yo me siento agotado, daría cualquier cosa por encontrarme en mi hotel, ducharme y meterme en la cama... pero no es posible: la noche no ha hecho más que empezar y hay que mantener el tipo.

14

Cena en familia

Me pareció una odisea llegar hasta la casa de nuestro anfitrión. El hecho de que ya lleváramos cuatro horas de noche cerrada, en los trópicos después de las cinco y media ya se puede considerar noche, hacía que mi reloj interior reclamase el descanso. El coche saltaba por calles de barro, sin luces, subiendo por pendientes que uno diría en descampado. Yo sabía que nos dirigíamos a la casa de un médico responsable de un departamento tan importante como el de sanidad preventiva al cargo de la vacunación de los niños entre cero y ocho años. Nuestros hábitos europeos nos llevan a asignar marcos y ambientes a las personas de acuerdo con su posición social y, para nosotros, un profesional de la medicina «tiene que» habitar un determinado tipo de vivienda. De hecho, nuestra conversación, los temas que compartíamos, las necesidades que analizábamos en el campo de la salud y de la educación no diferían de los que habitualmente tratamos con nuestros colegas en Europa o en América. Aún en la mayor parte de los países latinoamericanos que he frecuentado durante casi dos décadas esta, digamos, exigencia de un ambiente determinado se había cumplido aún teniendo en cuenta las dificultades y carencias que padecen los médicos y los maestros en las zonas rurales de aquellos países. En África debemos precavernos de estos mimetismos y tratar de ajustarnos nosotros a la realidad social. De lo contrario, corremos el peligro de movernos por prejuicios. Como había de comprobar a lo largo de mi viaje, muy buenos profesionales que habían conseguido sus doctorados en las universidades de París, Oxford, Montpellier, Madrid, Roma o Turín, y en no pocas de los Estados Unidos de Norteamérica, tenían unos conocimientos equiparables a los nuestros y sólo la falta de instrumental, de equipamientos técnicos, de bibliografía asequible hacían que su trabajo se resintiese. La esperanza se afirmaba, cada día más, en las posibilidades formidables que las nuevas tecnologías de la comunicación y de la informática iban a poner a su alcance con sólo aplicar una tecla y por el precio de una llamada telefónica. Esa era la batalla a ganar y el desafío que se nos planteaba: procurarles los medios técnicos para que pudieran desarrollar y aplicar el inmenso bagaje de sus conocimientos. La lucha contra la fuga de cerebros era de una premura instante. Con razón habíamos hablado con el vicerrector de relaciones internacionales de la Universidad Complutense, profesor Carlos Seoane, que más valía organizar seminarios y simposia en universidades africanas y dotarlos de los medios necesarios que invertir desmesuradamente en becas para traer a Europa o a América estudiantes de esos países que se tiraban años y años aquí y, después, muchos se resistían a regresar ante la penuria de medios para aplicar sus conocimientos. Esta idea iba a presidir la mayor parte de los encuentros con mis colegas universitarios y con las autoridades académicas de esos países.

Finalmente, llegamos a una casita de construcción reciente, en cemento visto y, al parecer, en pleno descampado. No había luz eléctrica y las casas se iban construyendo sin la infraestructura más elemental: agua corriente, alcantarillado, desagües o aceras. Toda la familia salió a recibirnos. Saludos adecuados a los mayores, a los amigos que se iban acercando, a las mujeres que inclinaban la cabeza y sonreían y a los niños que deambulaban por todas partes. Uno de los hijos del doctor Prospère había pintado con tiza un gran encerado que presidía la terraza: *Bienvenue au professeur Pahardo*, con flores pintadas y todo el entusiasmo reflejado en su mirada viva y centelleante en la noche.

Sacaron a la terraza una mesa, ya servida y cubierta con manteles para proteger la comida de las moscas que parecían formar parte del calor y oscurecerían el aire si no fuera ya noche cerrada. Pedí ir al baño y, con toda naturalidad, me dieron una pava de níquel con agua y una linterna mientras me señalaban una especie de caseta de unos cuatro metros de lado que se alzaba fuera de la casa, en el descampado. Dentro no había nada: cemento en el suelo y unos agujeros en la pared. ¿Hacia dónde apuntar? Menos mal que sólo se trataba de orinar y de lavar las manos.

En la mesa había un verdadero banquete: ensaladas, pescado frito con tomate y cebolla crudos, y pollo con guisantes. Estaba salvado. El doctor comprendió que sólo tomase un trozo de pescado, un poco de pollo con guisantes y mucho pan. Para beber renuncié al agua y bebí cerveza. Junto a la casa había varias muchachas muy repeinadas y con sus mejores galas pelando naranjas a las que, felizmente, hacían un agujero arriba y uno podía chupar con facilidad. Con la misma naturalidad de un miembro de la familia pedí al joven Bonifacio que nos abanicase y le enviaría una hermosa caja de lápices de colores cuando regresase a Madrid. Las moscas podían conmigo. Tantos años viajando por el trópico y, al comienzo de los viajes, siempre me cuesta un enorme esfuerzo habituarme a las moscas.

En una casa africana, es normal que los vecinos más allegados se acerquen y participen de la cena. Más aún, cuando uno de los mayores termina, alcanza el plato con lo que sobra y con un trozo de pan se lo acerca a uno de los niños. No hay nada humillante en este gesto, al contrario. Al igual que las mujeres de la casa se desviven por atendernos pero no se sientan en la mesa. Charlamos, de acuerdo con los usos: primero, el anfitrión me dio la *petite nouvelle*, me informó sobre la familia, se interesó por la mía y por el viaje a pesar de que ya llevábamos juntos unas horas. Pero era por la familia en cuyo seno era aceptado. Entonces, yo volvía a contar la historia de mi viaje, de los proyectos que traía entre manos, cuantos hijos tenía, a qué se dedicaban, enseñaba fotos de mi mujer y de mi familia, las fotos de mis nietas pasaban de mano en mano para mirarlas con ayuda de la linterna y les hice varias fotos con la promesa de enviárselas a mi regreso. Estoy seguro que presiden la estancia principal de la casa. Yo había pasado por allí, había comido con ellos, les había dado noticias, les había contado historias de personas con nombres y con tareas. Pero, sobre todo, les había hablado de su pariente, de su hermano, Mathieu y de lo bien que trabajaba en la Universidad de Madrid y lo muy apreciado que era por sus profesores y por sus compañeros, como así era. «No sé lo que lograremos llevar adelante con las autoridades académicas y del Ministerio de Sanidad —les dije a todos que escuchaban en silencio y con los ojos clavados en mí—, pero sea lo que sea, se lo debemos agradecer a la diligencia e interés, a la generosidad y amor a su pueblo de vuestro hermano Mathieu. Es verdaderamente un *grand fils qu'un jour deviendra grand frère pour les siens.*»

Entonces, la mujer más anciana del grupo, quizá la abuela, que había permanecido en silencio, levantó las manos y elevó una especie de cántico muy hermoso que Jean Bernard, el sobrino del capitán, me iba traduciendo al francés. Era una plegaria a los antepasados, una acción de gracias, una invocación y una especie de «está bien así, las cosas suceden como debe ser cuando los hijos no olvidan a su familia y se comportan dignamente».

Todos los demás asintieron y yo no pude por menos que echar un poco de cerveza en un vaso, retirar mi silla, y agacharme sobre el suelo. Se hizo un gran silencio mientras vertía, poco a poco, el líquido por tierra musitando las palabras que había aprendido de las gentes baulé cuando me impusieron el nombre de Yao Kouadio fils de Kouakou Yao: «En honor de los antepasados que nos trajeron al mundo, que velan por nosotros mientras estamos en él y que nos recibirán cuando lo abandonemos». Y algunas otras frases ininteligibles hasta para mí.

Y esto sucedería así en las residencias de los Nabás de Burkina, de los jefes tuaregs, de los jefes baulés o ashantis, o del mismo Emperador de los Mossí, como veremos más adelante. Es muy importante llevar algún regalo, por pequeño que sea; no es el valor lo que cuenta, es el gesto. Nadie se pone en viaje con las manos vacías. Yo siempre suelo llevar colonias o perfumes, algunas botellas de whisky o de ginebra, jabones, chocolatinas, cajas de tabaco o, más adelante, algunas telas o figuras decorativas, fotos enmarcadas... como un gesto por el que se rubrica una relación interpersonal.

Vencido por el sueño, el calor y la fatiga agradecí la hospitalidad y me confesé débil y de poca resistencia ya que, al día siguiente, quería trabajar duro al lado del doctor Prospère para cumplir el apretadísimo programa que con gran eficiencia me había preparado. Prometí regresar de nuevo, a mi paso por Conakry, contar a mi familia lo bien que había sido recibido y enviarles noticias por medio de Mathieu.

* * *

Al día siguiente, me levanté temprano y paseé por el Grand Hotel de l'Unité en donde me habían instalado la noche anterior, creo que medio dormido. Era una serie de bungalows de la época colonial, con jardines muy bien trazados y que un enjambre de jardineros mantenían regados y libres de las mil garzas blancas y otros muchos pájaros de vivos colores que se adueñaban de las tierras removidas en los alcorques. Había una piscina inmensa pero bastante destartalada, la pintura azul desconchada y sin escalones en las escaleras.

Me recordó mucho al hotel de Lambaréné, en Gabón, donde había estado hacía dos años con mi hijo Alfonso y con dos farmacéuticos cameruneses, cuando fuimos por carretera desde Yaoundé hasta Libreville en un viaje inolvidable. Una hermosísima residencia hotelera que padecía el mayor de los abandonos. Desde Yaoundé, la capital de Camerún, hasta Libreville la de Gabón había más de mil kilómetros, la mayor parte a través de la selva y por unas carreteras en muy mal estado. Me interesaba visitar Lambaréné, el poblado hospital creado por Albert Schweitzer, premio Nobel que dedicó su vida al cuidado de los enfermos y se trasladó desde su Alsacia natal, donde era un famoso organista y teólogo, al corazón del África negra una vez que completó sus estudios de medicina. Se dedicó no sólo al cuidado de los enfermos sino a la investigación de enfermedades desconocidas en Europa o para las que no había tratamiento. Allí se pueden visitar su laboratorio, su despacho, su biblioteca, su consulta y su dormitorio. Obtuvo ayuda de toda Europa a donde regresaba para dar conciertos y recaudar fondos. Construyó muchas salas y tuvo en cuenta la necesidad para el enfermo africano de no estar separado de su familia y, aún hoy, se ven amplios galpones en donde las familias se alojan, hacen sus comidas, lavan la ropa y viven cerca del enfermo. Fue un hombre enérgico y tuvo sus detractores porque había construido una especie de hospital monasterio, aun siendo él pastor protestante, en el que había una disciplina a toque de campana, en el sentido real del término, yo mismo toqué esa campana. Es muy interesante la visita a Lambaréné y si hoy su personalidad es discutida no cabe duda que, sin ese carácter, probablemente nunca hubiera llevado a cabo la obra que le hizo mundialmente famoso y le hizo merecer el Premio Nobel. Recuerdo, entre otras muchas cosas de ese maravilloso viaje un paseo en canoa que hice con mi hijo Alfonso durante un día entero por una región lacustre durante el que casi no pudimos hablar asombrados ante la belleza de una naturaleza llena de vida salvaje. Es un recuerdo que conservo entre los más impresionantes de mis viajes.

Pero regresemos a Conakry. Al parecer, antes de su nacionalización, el *Gran Hotel de l'Unité* había pertenecido a los italianos y ahora estaba en manos de una compañía malasia. Un grupo de asiáticos de pequeña estatura, casi todos iguales, iba de aquí para allá controlándolo todo con modales despóticos. Todos los empleados del hotel con los que hablé me dieron sus quejas por el trato que padecían. «Al menos —coincidían todos—, los italianos y, antes los franceses, sabían lo que hacían, conocían el oficio y uno podía aprender, ya que un hotel se administra aquí igual que en Europa pero estos malditos malasios no saben qué hacer». Una vez más «otros vendrán que bueno me harán». Es un tema a retener: en general, los asiáticos que, en algunos lugares, sustituyen a los antiguos colonos europeos, son menos queridos por los naturales del país. Les falta conocimiento, una cierta clase y profesionalidad, y se comportan como superiores. Teniendo en cuenta que ellos también estuvieron antes sometidos a los europeos en sus lejanos países, el choque cultural es estridente.

Muy temprano, me senté durante una hora, junto a la piscina, bien protegido con repelente y cubierto por un litham blanco de varios metros, mientras contemplaba a las garzas y a las grullas, conté 34, bebiendo en los bordes de la piscina antes de emprender el vuelo.

A las siete, ya estaba el doctor Prospère para desayunar conmigo y organizar nuestra jornada. Siempre me gusta que mis anfitriones vengan a desayunar al hotel en el que me aloje. Es una manera relajada de agradecer sus atenciones en el contexto de un bufett bien servido, en un hotel del país y sin tener que pasar por la embarazosa situación de elegir en una Carta y de tener que pagar la factura delante de ellos. Así, es como si los recibiese «en casa» y ellos pudieran comprobar el buen servicio que podemos tener en uno de sus hoteles. Yo me entiendo.

15

Medicina tradicional

Los días de mi estancia en Conakry fueron de un ajetreo enorme. Visitamos al director general de la Medicina Preventiva, Dr. Mahy Barry, que me explicó con gran claridad y sobre un encerado el sistema sanitario del país. En la cúpula está el Ministerio de la Sanidad que coordina el Centro Hospitalario Universitario donde se imparte la «formación hospitalaria superior». (En su origen tuvo que ver con las compañías extractoras de minas, sobre todo de bauxita.) En una escala regional, está la Inspección (IRS), con 8 médicos que se ocupan de los hospitales regionales. Las Prefecturas cuentan con las DPS, dirección de prevención sanitaria, con 38 médicos en hospitales locales. El siguiente nivel es el de las Subprefecturas con Centros Sanitarios, que disponen de laboratorios, en los que trabajan unos 340 médicos, enfermeras y ATS en una proporción de 2 a 6. Finalmente, están los Puestos Sanitarios, unos 1000, en poblados o barrios de las ciudades y que son regidos por uno o dos ATS.

Las principales actividades de los Centros Sanitarios, en el campo de la prevención, son la vacunación contra el tétanos de las mujeres embarazadas, y a todos los niños de 0 a 11 años contra la polio, tétanos, difteria, tuberculosis BCC, rubéola, etc. Hasta ahora, calculan que han llegado al 70 % de la población. Se ocupan de la asistencia sanitaria, excepto la cirugía, y también de la asistencia prenatal. A las futuras madres tratan de facilitarles cloroquina, hierro y ácido fólico. Procuran administrar los medicamentos recomendados por la OMS, por ser menos caros (el más caro es de unos 2 dólares, unos 2000 FG). Y también se ocupan de la EPS, educación para la salud.

Como sistema me pareció bueno y en él, como había de comprobar en otros países, se manifiesta un señalado cuidado por la prevención y por la sanidad. El problema de siempre es la carencia de medicamentos. Todas las madres disponen de carnets de salud y todos los niños del carnet de vacunas. Los salarios son tan bajos como permite la economía del país: un médico gana unos 150 dólares al mes, un *aide santé* (que suelen pasar consulta cuando no hay médico y pueden recetar) unos 100 dólares, y un enfermero cobra unos 50 dólares. Como me repetían los médicos: «*Si vous étiez à ma place...* constatar todo lo que se puede hacer y la falta de medios que nos ahoga: desde lápices o bolígrafos para hacer las historias clínicas a los elementos más rudimentarios como gasas, algodón o antisépticos. Es descorazonador. Además, me decía, la gente acude cuando está enferma y no facilita las tareas de prevención. Es como si trajera mala suerte». Observación muy interesante que hay que tener siempre en cuenta.

Charlamos largamente con el decano de la Facultad de Medicina y Farmacia, que me adelantó las tremendas necesidades de los 6.000 estudiantes, de los cuales, unos mil estudian Ciencias de la Salud. Existe un Servicio Médico escolar pero que no puede funcionar como debiera por falta de medios. Para los ATS hay tres Escuelas, y los estudios duran tres años, mientras que la Escuela nacional de Sanidad, para un nivel superior, está cerrada. En estos momentos hay cerca de 20.000 médicos, ATS, *aides santé*, enfermeros y técnicos de laboratorio sin empleo por falta de medios, a pesar de las enormes necesidades. En Kindia, de donde provenían mis amigos, han cerrado la escuela de Matronas y de Enfermeros.

Nos fuimos a visitar al Dr. Nana Mohamed Diané, Médico Jefe de la Enfermería de la Universidad. Fue doloroso ver espacios preparados, amplias salas para pasar consulta, para laboratorios y enfermería, así como para instalar una farmacia con lo más necesario. Excepto una especie de enfermería-botiquín de urgencia, casi todo estaba sin utilizar por falta de medios. Mi corazón se estremecía al oírles contar sus necesidades y cómo comprendían el Proyecto de CPMP. «Es un sueño realizable», repetían sin cesar. Yo hubiera querido grabarlo todo para mostrárselo a mis colegas y colaboradores en España, a los responsables de acción social en Ayuntamientos, Cajas de Ahorro y en instituciones que, con sólo dedicar menos del famoso 0,7 %, a estas actividades de prevención en el campo de la salud verían el efecto multiplicador de cualquier ayuda. No se trata de asistencialismo sino de desarrollar los planes que tienen establecidos, facilitar el trabajo del personal cualificado y aprovechar las instalaciones para transformar a estudiantes, llamados a ser líderes responsables en el desarrollo de su país, en agentes de salud y de prevención y cultura.

Visitamos las instalaciones que dirige el Dr. Norbert Traoré, en el Departamento de Odonto-estomatología de la Universidad. Son el resultado de una ayuda extranjera que nada tienen que envidiar a muchas europeas. Dispone de varios espacios con los respectivos equipos para atender a los pacientes. El problema, de nuevo, para atender a los estudiantes es la carencia de material perecedero. Con una pequeña ayuda se podría desarrollar una enorme labor en este campo. Con él colaboran otros odontólogos y médicos de la facultad que hacen prácticas allí. ¿No podríamos estudiar el envío de ese material que garantizaría una asistencia odontoestomatológica fundamental? Existen las instalaciones, hay buenos profesionales ¿cómo quedarnos parados ante algo tan asequible como resinas, cemento, anestésicos, etc.? ¿Tendremos que esperar, como de costumbre, a que haya catástrofes o a recoger los efectos de las guerras? Porque esos sí que siempre están abastecidos por los vendedores de armas.

Almorzamos en Le Damier, pero era tal mi excitación que no puedo recordar ni lo que comimos ni el lugar ni nada. Por la tarde, pasamos uno de los ratos más interesantes del viaje. Fuimos a visitar al Dr. Pogba Gbance, director general de Medicina Tradicional en el Ministerio de la Salud. También es profesor de Farmacología en la Universidad. Los objetivos de su trabajo son: utilizar de manera óptima los recursos de la medicina tradicional; vigilar los efectos nocivos y cuidar de que no desaparezca el saber tradicional que todavía conservan los «curadores». Las estrategias son: integrar la medicina tradicional en la formación oficial de los futuros médicos. Desarrollar la investigación: desde el punto de vista de la antropología, de la sociología y de la psicología; profundizar en los saberes que tienen que ver con la salud y con la muerte; llevar a cabo una amplia investigación sobre el arsenal botánico; el estudio farmacológico en el laboratorio para llegar a formulaciones galénicas y, finalmente, la formación integrada en la Facultad de Medicina y de Farmacia.

Estos temas hace tiempo que me apasionan. En Cuba, había tenido ocasión de visitar varios centros de medicina tradicional en los que trabajan juntos médicos, farmacéuticos y biólogos. Estudian las plantas que, según la tradición, tienen efectos curativos. Buscan el principio activo de cada planta, analizan su toxicidad, buscan su formulación galénica, estudian los posibles efectos secundarios y las dosis adecuadas y, finalmente, las composiciones más idóneas para los preparados: jarabes, pastillas o pomadas. En Holguín, había visitado un centro muy bien organizado pero que requería una expansión. En el Hospital de San Germán, había visitado con su director un pequeño centro de medicina tradicional o verde que él se empeñaba en poner en marchar y para lo cual hicimos un pequeño proyecto para el envío del material adecuado. Pero por la desidia y envidias de algunos burócratas politizados, no pudo llevarse a cabo. Más aún, el hermano del médico era de la policía secreta y no podía comprender que estuviéramos haciendo ese trabajo sin interés político alguno. La paranoia lo volvió loco y, al parecer, hasta le hicieron declarar al médico cosas irreales como que estaba interesado en aprovecharse de nosotros y conseguir una beca para España o algo así. Cómo sería el follón médico-policíaco-familiar que el Dr. Ochoa fue separado de la dirección del hospital, lo pusieron a estudiar inglés... y lo enviaron a un lugar del interior de Sudáfrica. Muchos médicos cubanos son enviados a lugares recónditos de África, adonde no quieren ir los médicos nativos. El gobierno africano correspondiente le paga una cantidad en dólares al gobierno cubano, y al médico cubano le dan una mínima parte para subsistir. Esta situación parte del supuesto de que un médico, como cualquier otro universitario, ha sido formado gratis por el Estado y le pertenece. Hasta el punto de que si un médico «se desvía» en su trayectoria sociopolítica, el Estado le anula el título de médico. Como todo el mundo conoce mi gran simpatía por el pueblo cubano y por su causa, no por la del partido en el poder, me siento con total libertad para dar mi opinión en este tema. ¿No valoran tanto la autocrítica? Pues allá va aún cuando no guste: que éste es el privilegio de vivir en un régimen democrático de libertades a pesar de sus innumerables defectos. No podían comprender que no me guiase motivación política alguna. Yo ni era de la CIA ni pertenecía a organización religiosa alguna. No lo podían comprender. Llegué a padecer interrogatorios en pleno aeropuerto como si fuera un agente infiltrado y, finalmente, pasé por la experiencia de estar detenido durante dos días en La Habana, en un viaje posterior, y gracias a la diligencia de nuestro Embajador pude salir de la cárcel al negarme a salir «por la puerta trasera» en un avión con destino a Londres.

Eran los comienzos de mi actividad en el campo de la cooperación y no supe seguir los pasos necesarios. También hubo una especie de psicosis en mandos intermedios de la policía de inmigración. Algún día contaré esa inolvidable experiencia. Pues, con todo y con eso, mi amor al pueblo cubano, mi decisión de ayudarles en todo lo que pueda en su evolución y maduración, sin injerencia foránea alguna, ha podido y puede más. Desde entonces, jamás hemos dejado de enviar medicamentos, instrumental médico, material para que puedan estudiar

Braille los 52.000 niños con serios problemas de visión. Cuba me dio muchas ideas para el lanzamiento del Puente Solidario que, cuando escribo estas líneas, ya ha conseguido enviar cerca de cien toneladas de medicamentos y de material sanitario a ochenta centros sanitarios de América y de África. Nunca podré olvidar que, en Cuba, aprendí lo que se podía hacer en el campo de la medicina familiar y preventiva en pueblos empobrecidos del Sur. Los modelos en los países industrializados del Norte no me servían, seamos sinceros. No se trata de trasplantar y de crear necesidades y dependencias, y luego achacarles a los nativos que no sirven, que son vagos, que desperdician, que dejan estropear las cosas, que por un enchufe no funciona una máquina... es que ¡no hay enchufes! ¿Cómo podría olvidarlo? Después, tuve toda suerte de satisfacciones por parte de las autoridades cubanas, hasta el punto de participar en varios Congresos de Trabajadores Sociales de la salud en La Habana y en Camagüey. ¿Cómo iban a entorpecerme las equivocadas actuaciones de unos agentes politizados de pocas miras? También nos reunimos con el director nacional de Salud Pública, un hombre muy preparado con el que organizamos el plan de actuación que nos presentarían el Rector de la Universidad con el decano de la Facultad de Medicina y Farmacia, junto con el Dr. Nanna, coordinados por nuestro amigo el Dr. Haba. Estaba exhausto. Pero tenía que ir a arreglar mi visado para Níger y confirmar mi vuelo para Malí. Por la tarde, trabajé con el Dr. Haba en el anteproyecto que habrían de enviar a Madrid mientras yo seguía mi viaje. De hecho, Guinea Conakry habría de ser el primer país africano en enviar su candidatura para participar en el proyecto de CPMP. En estos momentos, 1999, ya está en marcha su CPMP.

Esa noche me sentía agotado. Cené solo, contemplando en una gran mesa redonda en el centro del comedor a los doce o tropecientos enanos malasios mientras cenaban. Fue un espectáculo. Cómo trataban al maître, a los camareros, a los comis... cómo comían, los platos casi llenos que dejaban, su falta de compostura, el jijiji de su parloteo y el terror que inspiraban en el personal que les servía. Confieso que tuve que contenerme para no acercarme allí y decirles cuatro o cinco cosas que se me derramaban de la boca como granos de cerezas amargas. Pero sabía que, después de armarla con ellos, me dirigiría al personal, daríamos vueltas a las mesas, quemaríamos el hotel, después de haber arrojado a una piscina de aceite a los malasios emplumados... danzaríamos y nos dirigiríamos por la *Route du Niger* hacia la medina y a los barrios populares, para subir hacia los residenciales donde vivían los ciprianos y sus amigos, y a empezar de nuevo. Comprendí que me encontraba demasiado cansado. Me levanté, después de dejar una buena propina para aliviar mi pena, y me deslicé, como desplazándome, hacia las bajas barandas en las que un anciano jardinero, como el Sitino de mi novela *Jhany*, «daba de beber a las plantas, a cada una según su sed».

Después, paseé un rato y me senté junto a la piscina una hora para despedir a las garzas que regresaron a beber antes de retirarse. Por la noche, paseé un rato por el jardín incapaz de salir a dar una vuelta y tratar de ver algo de la noche en Conakry, aunque bien me hubiera gustado escuchar a los intérpretes de kora y de balafón que, en esta bendita tierra, han producido artistas tan buenos como Mory Kanté con su rock influido por la música tradicional africana. De aquí, también, provenían Kanté Manfila y Jali Musa Jawara. Pero, para mí, las estrellas que más me apasionaban y cuyos CD había disfrutado y, que suenan en estos momentos mientras escribo, son las fabulosas cantantes Djanka Diabaté y Miriam Makeba. *¡Oh! Miriam, je t'aime, tu me fais si heureux et pourtant je me trouve très seul.* Pero mi avión saldría muy temprano, al día siguiente, para Bamako y no podía perderlo. Sé que regresaré a Guinea para inaugurar el primer centro piloto de medicina preventiva en su Universidad. ¡*Inshallah*! Y arreglaré cuentas con los malasios.

16

Impedimenta

Antes de iniciar el viaje desde Madrid, todavía me quedaban algunas cosas: organizar la secuencia de vacunas, o su renovación en algún caso. Comenzar con los antipalúdicos una semana antes y estar preparado para no depender del Lariam más que durante dos meses y poder pasarme, después, al Resochin y al Paludrine. Atento, pues, a las vacunas contra la fiebre tifoidea, fiebre amarilla, renovar contra el tétanos, comprobar tuberculosis, no hacer caso de la del cólera por insegura (aunque tuviera que poner un sello en el Carnet de Sanidad porque, en los controles de algunos países, no atienden a razones). Aunque sin caer en las paranoias de algunas personas que se ponen toda cuanta vacuna haya, sin tener en cuenta que puede ser un cuchillo de dos filos; amén de ser un signo de que lo van a pasar muy mal ya que éstos, como se pierda un microbio, un virus o una bacteria, se los apropian. No es cuestión de mala suerte: es que parecen estar pidiéndolo a voces.

Es como las picaduras de los mosquitos: hay personas que parecen atraerlos. Es cierto que unas pieles, una condición personal, la sangre misma, pueden ser más apetecibles en unas personas que en otras; pero es que hay algunas que se apuntan a un bombardeo. Hace años, viajando por América central, a mi mujer le iban todos cuantos mosquitos se perdían. A mí no me picaban. También yo me protegía con Aután, manga de camisa larga, pañuelo al cuello al amanecer o en la tarde, calcetines y pantalón largo siempre; pero, aunque ella se protegiera, al final siempre aparecía con picaduras de insectos. Un día, ella lo comentaba con alguien aunque, en el fondo, se quejaba de que a mí no me picaran y, no sabiendo ya qué argumento aducir, exclamó sin poder contenerse: «¡Claro, al profesor, no se atreven!». Esto debió ser para compensar un comentario que habían hecho unas dulces señoras colombianas al escuchar el tono de mi voz algo fuerte, quizá, y más durante alguna parte de una conferencia: «¡Ay qué bravo está el español!» le dijeron a mi mujer, y ella respondió sin inmutarse: «No, si es siempre así». A lo que las otras santas espetaron al unísono: «¡Ay, pobre Doña! Ese tormento de marido, con ese genio bravo, si no fuera por las cosas buenas que hace, pero ¡pobre Doñita!». Y mi mujer se quedaba tan fresca sin aclarar el malentendido. Desde entonces, mi prestigio decreció algunos enteros y ella nunca se priva de contar la anécdota, «haga o no haga falta», como decía aquella muchacha de la tía Carmiña cuando afirmaba que se bañaba «una vez al mes, haga o no haga falta».

También tenía que renovar el botiquín de viaje con la ayuda de mi querida doctora Imelda San Martín, tan añorada en este viaje por lo maravilloso que había sido el realizado en Costa de Marfil el verano pasado, junto con el doctor Castilla, y, por supuesto, con la profesionalidad de la responsable de los depósitos de medicamentos del Puente Solidario: la farmacéutica Arancha Desojo. Iba a aprovisionarme en sus dependencias ya que mi viaje era una embajada que garantizaría, en lo posible, los envíos de medicamentos de ese importante departamento de Solidarios a tantos lugares de África. Hasta ese momento, el valor aproximado de las medicinas enviadas se acercaba a los dos mil millones de pesetas: más de 40 toneladas de medicamentos escogidos. Sin olvidar que, en su mayor parte, habían sido salvados de la destrucción con el consiguiente impacto ecológico, gracias a la generosidad de tantos cientos de voluntarios sociales que, aunque no viajen a África ni a América, con la entrega de parte de su tiempo curan o alivian los sufrimientos de millares de personas que jamás podrán darles las gracias. Desde estas páginas quiero rendirles mi más profundo y emocionado homenaje.

Había que prever los siguientes frentes: diarreas, estómago, infecciones, fiebre y resfriados, dolor, choque anafiláctico (venenos, mordeduras, picaduras), antibióticos, quemaduras, heridas, sueros, jeringuillas, material para curas, vendas, esparadrapos, gasas, tiritas, tijeras, pinzas, betadine, alcohol, pastillas para la garganta, colirio simple... y grandes dosis de sentido común y de paciencia. Porque, una vez más, hay que recordar que en esto, como en muchas cosas y situaciones, «la prudencia es la mejor parte del valor».

Verificar mi estado de cuentas bancarias y los respaldos que iban a sostener las dos tarjetas de crédito que utilizaría durante todo el viaje. No podía quedarme al albur de cargos acumulados o de falta de respuesta inmediata a necesidades de dinero en el país más recóndito de África. Como ahora «todo está informatizado»... te dicen cuando protestas por algo en tu banco, me aseguré que procurasen dejar un mensaje bien claro en la memoria para cubrirme durante todo el viaje. Podría necesitar comprar otros billetes de avión, tendría que prever atracos o pérdidas de documentos o estados de emergencia en algún país que te obligasen a variar tu itinerario y tus planes. Una vez más, era preciso prever todo lo previsible para, ante lo imprevisto, reaccionar como si lo estuviéramos esperando.

No olvidarme de revisar mi sistema de bolsillos ocultos para distribuir los pasaportes, los documentos y el dinero. No puedo comprender a esas personas que van con un amplio bolsillo delantero colgado del cinturón. Parecen ir proclamando de dónde tienen que tirar los rateros. La experiencia me dice que es bueno el cinturón de piel fuerte que lleva un bolsillo interior y en el que caben más de mil dólares. Después, el bolsillo impermeable que va por dentro de los calzoncillos, encima del pubis, y en donde cabe un pasaporte con el certificado de las vacunas, los *travellers* cheques, billetes grandes de francos franceses y de dólares o libras esterlinas, así como alguna tarjeta de crédito en el bolsillo pequeño con cremallera independiente. Todo ello envuelto en un plástico que te garantice su aislamiento ante el sudor, la lluvia o el vadear de un río. Nunca olvidaré la mojadura en el río San Juan, en el alto Chocó, en Colombia, y cómo perdieron el color los verdes billetes de cien dólares. Tuve que enviarlos a un banco norteamericano para cambiarlos, pero el daño en el viaje ya estaba hecho.

Otro sistema muy aceptable es una cartera de piel con varios compartimentos, colgada al cuello con una cinta de cuero que lleva por dentro una cuerda metálica de guitarra que descansa, bajo la camiseta, a la altura del estómago. Hay viajeros que llevan un falso bolsillo cosido en el interior de unos calzoncillos o de algún pantalón. Yo tengo uno, en unos *shorts*, para cuando puedo dejar lo más importante en la caja fuerte del hotel y me voy unos días a un viaje por mar, río o montaña. Tampoco es mala cosa considerar lo que hacen los taxistas de Nairobi, de Lagos y de otras grandes ciudades africanas y asiáticas: cuando te van a dar las vueltas, sacan el dinero de los calcetines, del slip, de misteriosos bolsillos a la altura de las axilas; y yo les he visto guardar algún billete grande en la cara interior de un muslo para lo cual bajaron la cremallera mientras sonreían con complicidad. «Ya sabe», me decía uno.

Lo que sí es imprescindible llevar, en diversos lugares, son billetes de 5, 10 o 20 dólares, porque hay sitios en donde nunca te dan el cambio si no es en la moneda del país, sobre todo al pagar la tasa de los aeropuertos. Tú llegas con un billete de 100 dólares para pagar los 20 ó 30 de las tasas y te dicen, con tanta mayor candidez cuanto más próxima está la hora de la salida, que no tienen cambio. Un día, en Tegucigalpa, tuve que hacer detener el vuelo y armé una de campeonato. Viajábamos mi mujer y yo; las tasas eran en total 30 dólares, sólo me quedaban billetes de 100 y pareció establecerse una conspiración entre empleados, camareros y agentes de la compañía aérea. Sobre todo, después de que habían visto que el coche de nuestros amigos se había marchado porque yo creí que, como todo estaba facturado y en orden, no había por qué hacerlos esperar. Debieron pensar «a este gallego lo desplumamos». No sabían con quien se estaban jugando los cuartos, y nunca mejor dicho. La armé y gorda, hice intervenir hasta al comandante del avión y llamar al representante de la Compañía que «se había ido a la capital». «¡Ni hablar! Ustedes exigen el pago de la tasa de salida en dólares, que es una moneda extranjera e imperialista y colonialista —aquí cargué las tintas—, pues ¡dispongan de cambio!» Ni qué decir tiene que cogimos el avión para nuestro próximo destino.

Ahora ya sabe el lector cómo atracarme... aunque no crea que lo he contado todo. En persona puedo hacerle otras sugerencias, alguna de las cuales las aprendí, cómo no, en la cárcel o de mis amigos de la guerrilla... o del hampa, que de todo hay.

Finalmente, tenía que telefonear a la Compañía de Seguros que, desde hace años, cubre todas las eventualidades en los desplazamientos de mi familia y colaboradores en Solidarios. Como miembro del Colegio de Abogados, ya tengo suscrita la póliza pero, desde siempre, la he recomendado a amigos que emprenden largos viajes. Por desgracia, he tenido ocasión de comprobar su eficacia en el asesinato, y posterior traslado del cadáver, desde la selva del Chocó hasta Madrid, de un voluntario cooperante de Solidarios, atacado por un loco con un machete que le segó la yugular —después de haber estado jugando un partido de baloncesto con los jóvenes de Andagoya—; así como en el accidente sufrido en Guatemala por otra voluntaria. (También lo habría de comprobar personalmente en Angola a no tardar mucho y, aún más recientemente, en Cuba.) Pero, entonces, no sabía nada. Es imprescindible ir cubierto con un buen seguro médico que actúe de inmediato sobre el terreno y que se pongan en contacto telefónico o por radio con el médico que te atiende y garanticen el reembolso de todos los gastos, que telefoneen cada día para seguir el curso de la enfermedad o tomen las medidas necesarias para evacuarte —si es preciso—, o para enviar en el primer avión, libre de todo gasto, a un miembro de tu familia en el caso de que tengas que sufrir una intervención quirúrgica. Es de insensatos el no viajar a lejanos países de este modo. Hay pólizas de este tipo que no cuestan más allá de 10.000 pesetas y te permiten viajar tranquilo. Aunque es cierto que nuestro personal diplomático se ocupa de las emergencias de los ciudadanos españoles ¿qué duda cabe que actuarán con mayor libertad si les aportas el resguardo de un seguro con un número de teléfono? Ni las representaciones consulares en el extranjero son agencias de viajes ni sucursales de bancos, ni están obligados a suplir nuestras imprevisiones

También verifiqué con alguno de mis hijos mayores dónde se guardaban mis pólizas de seguros de muerte por accidente; pues sólo un insensato se atreve a emprender largos y peligrosos viajes sin dejar a su familia a cubierto, aunque sea materialmente. Nobleza obliga, y es lo mínimo que se puede pedir a quienes no renunciamos a nuestra vocación, para muchos aventurera. Uno no sale dispuesto a morirse pero, suceda lo que suceda, procuro que nunca me encuentre desprevenido. Todos saben lo que deberían de hacer en caso necesario pero, en cualquier hipótesis, nunca repatriar mis restos ya que allí dónde me alcance la muerte habrá un par de metros al pie de un árbol donde pueda transformarme en savia, en ramas, en hojas y en frutos y contribuir así a la calidad del medio ambiente. La tierra vuelve a la tierra y la energía vital a su lugar originario del que, probablemente, nunca estuvo separada pero del que no siempre hemos sido conscientes.

Apartado importante para una persona cultivada es el de los libros, mapas y guías que te han de acompañar. No se trata de un viaje de vacaciones donde basta con unos libros queridos para leer durante el descanso. Esos libros que tantas veces hemos comprado para «leerlos cuando tengamos un rato largo y tranquilo». Ahora me refiero a ese mapa seleccionado y punteado con los itinerarios a seguir en uno u otro color, esa guía seria y documentada y, sobre todo, puesta al día. No se puede comprar una guía por su apariencia, es preciso comprobar la fecha de la edición que se tiene en la mano, y comprobar en el prólogo qué es lo que se propusieron los autores al escribirla. No se puede contar mucho con lo que podamos comprar durante el camino; no es mucho, ni lo tendremos cuando lo necesitemos.

El *Atlas du Continent Áfricain*, de *Jeune Afrique*, en su última edición, completado con el número 407-408 de la revista española *Mundo Negro* que tiene la más actualizada relación de los 53 países de África con sus datos geográficos, humanos, sociales, económicos, religiosos y políticos. La *Guía del mundo* editada por IEPALA me parece un instrumento de consulta formidable, con unos artículos para leer y meditar espléndidos y llenos de sugerencias. Ya está bien de tópicos y de temas sobados repetidos hasta la saciedad en las «guías» al uso. Hay que cuestionarse y plantearse las causas de los problemas, no quedarse en los efectos por mucho que nos lamentemos.

La guía *Africa, a Lonely Planet, on a shoestring guide* es buena como libro de mano que recoge los datos más importantes de cada país, con muy breve análisis histórico, geografía y clima, población, lenguas y moneda, direcciones de embajadas, hoteles, museos, etc., cómo llegar, y cómo marcharse por tierra, mar o aire, curiosidades y descripción de las ciudades y lugares más importantes. Es evidente que está escrita para «viajeros» —*travellers*— sobre todo con mochila al hombro y, no pocas veces, te exaspera la ausencia de datos culturales y, en cambio, la minuciosidad en recoger dónde se vende «una cerveza bien helada», su marca y precio así como los lugares en los que encontrar a otros solitarios de la carretera v.g: Bangui (RCA), Cairo (Egipto), Zanzíbar (Tanzania), Harare (Zimbabwe), Kampala (Uganda), Kisangani (Zaire), Lamu (Kenya), Lomé (Togo), Nairobi (Kenya), Niamey (Níger), Victoria Falls (Zimbabwe) y «cualquiera» de las ciudades de Marruecos. Es interesante esta relación que pude comprobar a lo largo de mi viaje. También te admira la naturalidad con la que hablan de los dos itinerarios «más corrientes» desde el Mediterráneo: de Argelia al Zaire, vía Níger, Nigeria, Camerún y la República Centroafricana; y de Egipto a Sudáfrica vía África del Este (*sic*). Cierto que hay otros itinerarios que comienzan, como el mío, en Senegal y llegan a Mozambique. Me hizo mucha gracia leer, cuando preparaba el largo viaje, una descripción de un viaje por el río Congo «desde Kinshasa a Kisangani: es uno de los recorridos más maravillosos del mundo que no se puede perder».

Estas tribus de nómadas, que se reencuentran continuamente en oasis de cerveza, son un fenómeno que merece ser considerado: la soledad que arrastran, el desaliño indumentario, la falta de aseo, el cansancio y la falta de sueño, la sensación de orfandad y las muestras de alegría infantil cuando se vuelven a encontrar los mismos en otra etapa del viaje sin fin y sin sentido... huyen de sí mismos, pero se llevan a cuestas como un fardo del que no logran desprenderse porque, en el fondo, se arropan en él temerosos del vacío en que se disolverían si dejasen de depender económicamente, por ejemplo, de sus tan denostadas familias. Nada hay de heroico en su deambular, nada de poético ni apenas de artístico —fuera de una triste flauta de la que no saben arrancar melodía alguna sino gemidos de abandónicas criaturas— que buscan un paraíso, que saben que no existe, pero que cada uno describe a su manera. Me los volvería a encontrar muchas veces, y algunos me impresionaron, como el de Harare, en el Bar del Hotel Terraskane; los de Zanzíbar, en el Bar Livingstone, del África House Hotel; o los de la terraza del Thorn Tree, en el New Stanley Hotel, de Nairobi. Pero volvamos a las guías, no sin causa, tituladas *Lonely Planet*, los solitarios son ellos que mendigan afectos pero que son incapaces de darlo. Toda la fuerza de un lugar recomendado para «beberse unas cervezas bien frías» es que pueden encontrar a «nativos que los acogerán amistosamente». Es duro y da qué pensar. Les seguiremos el rastro porque lo malo es que, cuando regresan, cuentan el viaje soñado y no el vivido, y arrastran a otros desarraigados que siguen la rueda de la soledad aislada.

Me gustan las series de Guías Spectrum sobre Tanzania, Zambia, Kenya... publicadas por Camerapix, Nairobi. Son espléndidas y con fotografías tan buenas que te eximen de hacerlas tú, reservando tus carretes para las personas y los lugares de trabajo que visite. ¡Qué alivio no tener que esperar a una puesta de sol o tener que buscar un ángulo bueno cuando Mohamed Amin, Duncan Willetts o Marek Paatzer lo habían hecho con todo el tiempo del mundo y con una profesionalidad inigualable!

17

Talante del viajero

Sé que a algunos lectores de libros de viajes les interesan las cosas que a lo mejor parecen más obvias: por ejemplo, la ropa que llevé y la dieta que mantuve. Utilizo una maleta grande, con ruedas, y cuyas tapas se ajustan bien gracias a un sistema de gomas, y con cierre codificado para no llevar llave. Esta maleta va facturada y su peso oscila entre 25 y 30 kgs., según la simpatía del personal de las compañías aéreas. En cuanto al alojamiento, uno ha de luchar con las agencias de viaje para conseguir las reducciones mayores que a ellos les están asignadas, según el número de clientes o lo dilatado del viaje. Quien no lo haya vivido no puede figurarse lo que es escupir de color rojo, comprobar, cuando te desnudas para ducharte, que la ropa interior está como barrosa y que el piso de la ducha se vuelve del color de la arcilla. Es increíble. Cuando te suenas, los primeros días te llevas un susto de muerte. Por eso es tan peligroso para personas con problemas circulatorios o de respiración. Sin embargo, al médico escocés Mungo Park le devolvía la salud quebrantada por el paludismo, según cuenta en sus *Viajes a las regiones interiores de África (1795-1805)*: «el harmattan es un viento seco y abrasador del nordeste que llega acompañado de una espesa bruma humeante, a través de la cual el sol se ve de un opaco color rojo. Este viento, que pasa sobre el Gran Desierto del Sahara, absorbe la humedad y abrasa todo lo que queda expuesto a su corriente. Sin embargo, su salubridad es muy conocida, especialmente para los europeos, que por lo general recuperan la salud en este tiempo [...] este viento seco fortalece los sólidos, que estaban reblandecidos; sus vapores devuelven la jovialidad e incluso es agradable para la respiración. Sus efectos perjudiciales son las grietas que produce en los labios y la irritación de ojos con que aflige a muchos nativos».

A veces, tienes que provocarte la sudoración porque el organismo puede negarse a reaccionar para autorregular la temperatura. De ahí, el cuidado para mantener la hidratación necesaria sin depender de las ganas de beber. Es bueno tomar jugos de frutas, cuando estás seguro de que no les han añadido agua sin preparar; bebidas gaseosas, caldos y sopas (calientes, es mejor); pero no ensaladas, por mucho que te apetezcan; ni frutas que no hayas pelado tú mismo, por mucho que te atraigan esa macedonia helada o esa ensalada tan alambicada que hay sobre el buffet del comedor.

A un maestro Zen le preguntaron en qué se diferenciaba un discípulo que buscaba (*Sádhaka*) de un maestro que ya había despertado. El maestro respondió con toda la calma: «Si a un maestro le das a escoger entre una cerveza corriente y una alemana, escoge la alemana; entre un vino peleón y un Vega Sicilia, escoge este último; entre una hamburguesa de McDonald's y un chuletón de Ávila, no vacila en escoger la carne de Ávila; entre un Farias y un Cohiba, si le gusta fumar, no dudes que escogerá el habano; entre Demi Moore o Sindey Cradford y dos señoras gordas, dicho sea sin ofender a nadie, se queda con las otras dos; o entre Tom Cruise o Brad Pitt y...». «¿Entonces, cuál es la diferencia con el discípulo, porque todo eso también lo escogería él?», interrumpió el discípulo asombrado. El maestro respondió con la misma calma: «Pues en que, cuando el maestro no tiene esas cosas buenas y hermosas, no las echa de menos. El maestro podrá ser sabio o santo, como quieras, pero no es tonto». Por eso, puestos a elegir, de forma que no salga notablemente más caro y que dependa de una gestión en agencias o con los intermediarios, no hay que dudarlo: es preciso escoger lo más seguro, lo más limpio y confortable, lo cual sólo para el necio se identifica con el lujo y el despilfarro. El que pretende olvidar los condicionamientos de su propia realidad y modo de vida se arriesga a fracasar o a frustrar a aquellos con los que se encuentre. Las personas están mucho más dispuestas a aceptarnos como somos y a respetar nuestras circunstancias y necesidades que a vernos hacer el fakir por el mundo adelante. Además, es una ley contrastada que lo que se le niega al cuerpo y al espíritu, en justicia y en equidad, acaba pagándose con creces. Siempre lo muy barato resulta a la larga más caro. Ya lo dijo con otras palabras el califa Alhaquem II, sucesor de Abderramán III: «Lo hermoso nunca es caro». Aquel califa cuyo preceptor se llamaba Az-Zubaidi y que dejó escrito: «Todas las tierras, en su diversidad, son una, y los hombres todos son vecinos y hermanos».

Es muy recomendable llevar consigo un bolso o maleta de medidas standard que quepa en el compartimento de pasajeros de los aviones. Ahí llevo libros, guías, cuadernos, un pequeño neceser de urgencia, un jersey de algodón, algún medicamento, una muda si es preciso según las conexiones, la máquina de fotos; y todo lo que no le cabe a uno en la maleta. Y, por supuesto, el botiquín para ser utilizado ante cualquier emergencia tuya o de otras personas. Cuando, en algún país, tengo que desplazarme al interior, a la selva o remontar un río, o ir al desierto o embarcarme para un viaje de pocos días, dejo la maleta grande y el ordenador en la consigna del hotel, con todo lo que no sea imprescindible para el viaje, y me llevo tan sólo la bolsa pequeña. En todo hay que aplicar el sentido común, la sobriedad y la previsión, sobre todo en estos viajes fuera de las grandes ciudades en que no puedes depender de nadie más que de ti. Cuando lleguemos a Zanzíbar contaré cómo me impresionaban, hasta que logré imitarlos, la naturalidad con que la gente se metía y salía del mar, en el puerto o en las playas, sin pararse a desvestirse. Y eso que se trataba del agua tan salada del Índico. Ya te secarás y, con suerte, algún aguacero torrencial te aclara antes de llegar a casa.

Hay que aprender a hacer la maleta de manera racional de forma que, aún en la oscuridad de un avión o del cuarto compartido de un hotel o en el estrecho camarote de un barco, puedas meter la mano y sacar sin vacilar lo que precises sin sembrar calzoncillos, calcetines usados y demás, encima de las cabezas de otros pasajeros que van durmiendo; porque el problema es cómo los recoges después y qué explicación les das. Mejor es dejarlo estar o prevenirlo. Muchas veces, ves a viajeros que van con la ropa siempre arrugada y, aunque esté limpia, dan una penosa idea de abandono. No han aprendido a hacer una maleta como se debe. No vale el decir: «Es que yo soy así». Se puede aprender y se gana un tiempo muy necesario para otras cosas. Existe un orden para colocar la ropa en la maleta, con un cierto sistema: abajo se ponen carpetas, libros y jerseys; después, se colocan los pantalones desde el centro hacia los lados, luego las chaquetas colgando por delante, llenando la base con ropa interior, camisas con los cuellos hacia el centro, las corbatas en ángulo, recogiendo las perneras de los pantalones que colgaban por ambos lados y completando todo con los faldones de las chaquetas. Así, ya puedes viajar horas y días que, cuando llegas al hotel, y lo deshaces por su orden, cuelgas los trajes, pantalones y las corbatas, colocas en las baldas de los armarios toda la ropa por su orden, separas la bolsa con la usada, todo está planchado y limpio; y, al día siguiente, vuelves a hacer la maleta con los ojos cerrados en menos de diez minutos. Parecerá una minucia pero, cuando viajas durante semanas y meses, vaya si tiene importancia.

18

A veces es mejor descansar

Veo el Cuaderno de Viaje y me encuentro con estas reflexiones: «Dormir bien. Descansar. Aprovechar todas las ocasiones para hacerlo en aviones, aeropuertos, hoteles, salas de espera... Cuidar y estar atento a la respiración... Beber líquidos con regularidad... Voy a contemplar, a escuchar, a tomar contacto, a aprender y a disfrutar, a saber y a gozar... no voy a ninguna maratón. Tomar las cosas como vengan, sin impaciencias ni ira, con sentido del humor. Alguien dijo que las circunstancias son los mensajeros de la divinidad, los heraldos del destino. No lamentarme ni quejarme por nada. Recordar: "Nunca pasa nada; y si pasa, qué importa; y si importa, qué pasa". Las circunstancias conducen a quien sabe adaptarse a ellas, y arrastran a los que se cabrean. El estrés se elimina con mirar y escuchar, descansando a tiempo».

«Meditar y contemplar cada día.» Como quiera que, a lo largo de este libro, van a surgir aquí y allá alusiones a esta actividad fundamental para mí, será bueno que haga algunas precisiones breves sobre el tema: desde hace muchos años practico la meditación. Con preferencia, una hora diaria al amanecer, en invierno o en verano, en casa o de viaje. Si estoy junto al mar, bajo a la playa, paseo un rato y me siento sobre la arena adoptando la postura correcta y acompasando mi respiración al ritmo adecuado. Si estoy en un hotel, me preocupo de buscar un lugar tranquilo en el jardín o en una terraza, al abrigo de ruidos, de vientos y del sol o de la lluvia. En esos momentos, no hay nada más importante. Si para ello tengo que levantarme antes que los demás, pues lo hago. Si alguien viaja contigo, ya conoce tu hábito y te respeta, como tú respetas su tiempo de gimnasia o de piscina o de jogging o de siesta, o sus cigarrillos o sus copas, si los tiene. Para esto ayuda, claro está, haber practicado yoga o Zen u otra disciplina similar como el Tai Chi, por ejemplo, o la meditación cristiana pero en su dimensión de contemplación. Si me quitaran ese tiempo de meditación diaria que trato de continuar en los momentos libres que se presentan, aunque sólo sean unos minutos, sería una persona perdida. Cuando alguien me pregunta cómo soy capaz de llevar el ritmo de vida, de viajes, de estudio, de conferencias, de escritos, de vida de familia, de trabajo en la universidad y en la ONG, de goce y de disfrute de todas las ocasiones que me depara la vida, respondo que gracias a cultivar el silencio, a la armonía y al sosiego que procuran la meditación y una vida consciente y querida.

En una palabra: vivir el presente, saborear cada instante, asumir cada acontecimiento, integrarme en él o adaptarlo a mi proyecto de vida. Me repito que uno no vive para nadie, ni mujer, ni padres, ni hijos, ni hermanos o colaboradores, sino con los demás; pues nadie ni nada pueden justificar la frustración de una persona en su quehacer vital. Por lo tanto, tampoco de ningún pueblo en nombre de la civilización, el desarrollo o de cualquier otra motivación que no sea su propia maduración y plenitud. De ahí que la libertad, la justicia, la solidaridad, la responsabilidad y la búsqueda de la felicidad, como derechos inherentes a la persona, supongan un presupuesto anterior a toda religión, cultura o ciencia. La sabiduría está en la plenitud, en la comunión, en la armonía, en saberse cosmos, persona, ser vivo y para la vida; sujeto soberano y no objeto de nada ni de nadie. Pues nadie puede ser instrumento para ningún fin sin despojarlo, en ese mismo acto, de su dignidad humana. La vida no tiene que justificarse, hay que vivirla a cada instante. Ni el pasado determina ni el futuro es más que una hipótesis, con condicionantes, quizá, pero que son los instrumentos que nos sirven para darle el toque personal y hacerla conscientemente de nosotros. Se trata de vivir aquí y ahora abierto a todo lo que es y existe, junto con los demás, en una armonía que transciende el pensar y el discurrir de la razón; aunque puedan ayudar en la tarea, al igual que los sentimientos; pero la primacía, si cabe prelación alguna en esta dimensión o nivel de conocimiento, habría que dársela a la intuición y a la plenitud de cada instante, aún con los errores, equivocaciones y torpezas que, como las sombras, dan realce a todo lo que la luz ilumina. Si un ser humano sin proyecto es un madero a la deriva, juguete de vientos y de corrientes, el saber aprovechar nuestras faltas constituye un arte de primera magnitud en el cual debemos ejercitarnos e instruir a nuestros hijos. Cada día es una resurrección, un amanecer después de una noche que purificó todo lo pasado. Siempre es primavera, siempre cabe una resurrección, un comenzar de nuevo; pues, cada paso, tiene un valor infinito. El pasado se puede medir, contar y pesar pues ya está definido; el presente es inconmensurable en sí mismo y, por lo tanto, infinito en sus posibilidades. Nada puede acontecernos fuera de lo que nos pertenece desde siempre. Como en el *Desiderata* que está en la iglesia de Saint Paul, en Baltimore, podemos decir: «Yo tengo derecho a estar aquí y debo esforzarme por ser feliz».

Así, pues, la actitud básica del viajero ha de ser la serenidad, el sosiego; aún dentro de la complejidad de los vuelos y de la algarabía de las estaciones de autobuses, tomar las cosas con calma y como van viniendo, no alterarse porque falle un avión o te cambien una escala. Como dicen en el mundo swahili: *Hakuna matata* [No hay problema]. También dicen llenos de sabiduría: *Haraka Haraka, Haina Baraka* [A mayor prisa, menos velocidad o Prisa prisa, no hay suerte]. A los que gusten de las curiosidades del lenguaje como expresión importante de la manera de ser de las gentes, les regalo esta perla: en swahili, cuando te cuentan una desgracia, tú respondes muy sentido: *Pole* [Lo siento]. Pero cuando hay barullo y la gente se agita se dice, con cierta distancia y una ligera sonrisa: *Pole pole* [que viene a significar: No hay prisa o, en lenguaje de Siniestro Total, «Ante todo, mucha calma»].

Es tremendo ver en los aeropuertos, o a bordo de los barcos o en los autobuses, a muchos viajeros hundidos bajo el peso de sus mochilas, con las botas colgando, cargados con bolsas y durmiéndose por los rincones. A veces, te dan ganas de despertarlos, van zombies y se pierden los paisajes más bellos o los encuentros casuales más enriquecedores: ellos van de un lugar a otro como si tuvieran que fichar en una gymkana o tuvieran que correr los 42 kilómetros de la maratón. Te producen pena porque su aspecto es de derrota, se llegan a identificar con su equipaje hasta el punto que, a veces, te cuesta distinguir dónde termina uno y comienza el otro. Otro tipo de viajeros, más bien turistas, van colgados del objetivo de una cámara de fotos o de vídeo y sus actitudes son compulsivas y decididamente neuróticas, con actos repetitivos. Durante el trayecto van preparando la cámara, cuando llegan a un sitio, casi ni miran donde ponen los pies, se conectan a la cámara y empiezan a enfocar sin detenerse a echar un simple vistazo y paladear la belleza del lugar o del entorno. Otros van colgados de sus guías y, en lugar de mirar, contemplar y deleitarse: van con los ojos pegados al libro, sólo los levantan para verificar que aquella es la puerta o el balcón o la esquina descritos en el libro. Entonces, respiran aliviados: ¡otro escollo salvado! Es terrible lo que sufren cuando no localizan algo que el autor del libro dice que está allí y lo ha descrito con toda la fantasía del pasado histórico, que, a lo mejor, ha leído de cuarta mano en otra fuente; el pobre turista sufre porque, ante él, sólo hay unas piedras rotas y cubiertas de hiedra o rastrojos en los que ramonean unas cabras y donde suelen apostarse los lugareños para ver si sacan algo.

Muchas personas viajan sin deleitarse en la contemplación, sin detenerse a saborear un vino o un té a la menta, si no está programado; no se atreven a cambiar el itinerario en unas callejuelas, por ejemplo en la Ciudad de Piedra de Zanzíbar o en un zoco como el de Marrakech o en una medina de cualquier enclave del Magreb porque temen «perderse algo» que en su guía pone que estaba aquí o allí. No se detienen ante una música que suena no se sabe dónde, ante unos niños que juegan o ante unas viejas mujeres que se paran a dialogar sin prisas, o ante las jóvenes que se reúnen junto a la fuente, o ante una buena riña callejera o ante un trueque de mercaderías, o ante el trabajo amoroso de un artesano... no son capaces de sentarse para tocar unas telas, probarse un *caftán* en tonos melocotón y ámbar o una *galabeia* fucsia o azul índigo o un elegante *tchamir* color marfil o extender y ajustarse una serie de *sarongs* indonesios o *kikois* índicos con los más hermosos estampados que acogen la sonrisa y las manos expertos del comerciante indio que ya ha mandado preparar el dulce té con leche ricamente especiado... no se atreven a estar con la gente que encuentran a su paso y cuya intimidad invaden a la carrera o a golpe de cámara de fotos. Es impresionante la falta de respeto que muestran por el ambiente y por las costumbres locales. En sociedades donde la mujer suele ir cubierta, pero con tal gracia velada que es un poema verlas caminar, allá van las desbordadas turistas, disfrazadas de lo mismo, en un perpetuo atentado a la estética; y me atrevo a decir que, en no pocos casos, a la ética más elemental que tiene algo que ver con el sentido común y con el buen gusto. Pero parece que, tan pronto como les dan los billetes y los/las estampillan en las frentes con el sello de «turista que va a justificar lo que ha pagado» se sueltan la mayor parte de sus represiones que les obligan a vivir todo el año en unas rutinas sofocantes y al grito de: «¡Todo vale! ¡Soy Curro!» se lanzan por esos mundos de Dios a arrastrar los pies mirando a derecha o izquierda, según les va diciendo el pastor que conduce el hato y sin mirar nada pues, a veces, los guías yo creo que se confunden adrede o que sueltan el rollo sin preocuparse por nada ya que, en el fondo, desprecian a aquellas personas sudorosas que repiten sin cesar «¿Falta mucho para la comida?». No quiero hablar de la prenda de las prendas, el chándal, porque merece capítulo aparte.

Todo viaje de este tipo supone un cierto desgarramiento. La familia, en principio, nunca lo comprenderá del todo. Los hijos, por educación y respeto, se guardan de oponerse abiertamente pero parecen censurarte con sus silencios y cierta falta de interés ante lo que, para ti, es uno de los momentos más singulares de tu existencia. Yo comprendo que no soy fácil ni previsible, pero tampoco me preocupa. Si hace muchos años que procuro «dejar vivir» a los demás, me siento con un inalienable derecho a exigir de los demás lo mismo para conmigo. Me he pasado la vida estudiando, dando clases en la universidad, conferencias en tres continentes, trabajando en otros varios cometidos y actividades, viajando y tratando de comprender el sentido de la vida, si es que tiene alguno más allá del vivir. Mientras tanto, me he dedicado a cumplir con mi deber del mejor modo que he sabido. He creado una amplia familia, he escrito algunos libros, plantado no pocos árboles y siempre me he preocupado por la justicia, la libertad y el derecho a la felicidad que tiene todo ser por el hecho de haber nacido. Ahora, en el atardecer de la vida, superado el medio siglo de edad y todavía con fuerzas para emprender nuevas singladuras, he pensado que debería ponerme en marcha durante un buen período de tiempo, en un largo y rico viaje, bien pertrechado con los conocimientos adquiridos, en contacto con las fuentes más idóneas para documentarme si lo preciso; y asumiendo mi radical soledad para compartir las vidas y experiencias de otros seres. Sé que este viaje, como todo el que merezca este nombre, tiene algo de iniciático. Como lo sé, lo asumo conscientemente. Si estuviera enfermo con una grave dolencia, todo el mundo comprendería que me retirase de la circulación durante el tiempo que fuera. ¿Por qué no considerar una dolencia, y muy profunda, la consciencia de injusticia, de explotación, de locura colectiva, de hambre, de dolor y de guerra que por todas partes aflige a centenares de millones de seres humanos y de los que a diario nos dan cuenta los medios de comunicación, más o menos manipulados, y ante los que corremos el terrible riesgo de acostumbrarnos?

Como profesor de Historia del Pensamiento Político y Social en la Facultad de Ciencias de la Información de la Universidad Complutense de Madrid, con la responsabilidad de formar a millares de personas, muchos de las cuales, iban a ser profesionales de los medios de comunicación, directores de cine, publicistas, escritores, políticos, etc., había llegado a un punto sin retorno. Los últimos diez años de mi vida trataron de aliviar la tensión de las preguntas sin respuesta mediante la participación activa en tareas de voluntariado social y de cooperación con los pueblos empobrecidos del Sur. Ni respuestas metafísicas ni filosóficas y, mucho menos, sociopolíticas, en las que se suponía que yo tenía que ser experto, calmaban mi ansia de saber por qué los seres humanos sufren y padecen injusticia a manos de otras personas. Al final, como dice Albert Camus, «no son felices y mueren».

Años antes, había trabajado en favor de las poblaciones más desasistidas de veinte países de Latinoamérica al frente de un equipo de varios centenares de personas para dar a conocer su realidad sociopolítica, cultural e histórica. Ayudaba en la formación de hombres y de mujeres que tomaban conciencia de la radical injusticia de aquellos pueblos empobrecidos, y de nuestra responsabilidad histórica. Hombres insignes de la Teología de la Liberación me daban fuerzas para seguir en la lucha a pesar de un ambiente anquilosado, conservador, explotador e injusto.

Me desanimé cuando vi realidades, conductas, estructuras, cerrazones mentales y apego a los derechos y a las riquezas obtenidas que, para mí, contradecían la vida y el mensaje de Jesús de Nazareth. La incomprensión y la injusticia de trato padecida por el Padre Arrupe, así como la impunidad de los asesinatos de Mons. Óscar Romero, Ignacio Ellacuría y sus compañeros, el ostracismo e incomprensión de la denuncia profética de Casaldáliga, Helder Cámara y de tantos otros hombres y mujeres que se dejaban la piel a tiras ante la incomprensión, cuando no la persecución y la calumnia de las «gentes de bien» constituidas en autoridad... me derrumbaban interiormente. ¿Acaso fueron un sueño Gandhi, Martin Luther King o el Ché Guevara? Gestas como la del subcomandante Marcos y tantos otros testigos de un dios enmudecido que sangra por los hombres de este mundo, al que fueron arrojados sin su consentimiento previo, me conmovían pero no respondían a mis preguntas que, como es natural, buscaban las causas y no se detenían en los efectos manipulables a voluntad y con todo el poderío mediático.

Me interesaba la realidad sociopolítica, económica y existencial de los pueblos latinoamericanos. El estudio profundo durante cinco años del descubrimiento, la conquista, la cristianización y la explotación de América ante su V Centenario no hicieron más que aumentar mi confusión y mi desconcierto. Por eso, en lugar de tirar por la calle del medio, dedicarme a mi vida privada y profesional, renuncié desencantado al trato con los empresarios y con los políticos a los que había conocido muy profunda y profesionalmente durante aquellos más de diez años aportando mi experiencia en el uso de los medios de comunicación electrónicos. En una palabra, me declaro culpable de haber enseñado durante todo ese tiempo a centenares de empresarios y a centenares de políticos españoles y latinoamericanos, y a no pocos altos eclesiásticos, cómo comunicar en una sociedad condicionada por los medios y en la cual había nacido un nuevo lenguaje, un *lakoiné dialektós* que tenían que aprender si querían hacerse escuchar, y lo que es peor, hacerse obedecer. Cuando hoy los veo o escucho involuntariamente, siento un poco de rubor y trato de aliviar mi parte de culpa mediante el estudio de las causas de la injusticia en el mundo, desde mi perspectiva académica universitaria, para tratar de aportar otras alternativas y no quedarnos en una mera denuncia, necesaria pero insuficiente.

Cuando las reformas son posibles, hay que hacer todo lo necesario por cambiar las mentes, transformar los corazones y mover las voluntades de los protagonistas de esta mutación que nos ha tocado vivir a las gentes de nuestro tiempo. Si el cambio por la reforma no es posible, siempre nos quedará la revolución porque no pueden durar indefinidamente los poderes violentos por muy incardinados que estén en las instituciones si éstas son de poder, de explotación y de injusticia. La última fuerza, el inalienable derecho y la obligación más sagrada que le asisten a las personas y a los pueblos ante la opresión, es la rebelión por todos los medios a su alcance. El derecho de resistencia se convierte en obligación que se consuma con la destitución del tirano, por todos los medios, porque el bien de muchos es superior y anterior al despotismo del opresor, llámese individuo, grupo o sistema. No es la resignación el mensaje de los sabios, sino la toma de consciencia, la sabiduría que nos mueve a instaurar la justicia, la libertad y la paz mediante la armonía, el conocimiento y la fuerza, si es preciso. La resignación como el miedo la predican los tiranos de turno para mantener las prerrogativas que detentan. «La historia de nuestro tiempo —dice Camus— con sus desafíos, nos obliga a afirmar que la rebeldía es una de las dimensiones fundamentales del ser humano.»

En esa espera activa, pues, consumí le mejor de mis energías durante estos años participando en la promoción y actividades del voluntariado social y la cooperación con los pueblos empobrecidos del Sur asumiendo este signo de los tiempos en la universidad, que es el medio en el que me desenvuelvo, y desde el que tengo que cooperar para buscar alternativas, aportar ayudas y denunciar injusticias con mi voz mientras con las manos continuo en la arada.

Mi actividad humanitaria me llevaba a ese continente para desarrollar una amplia red de CPMP en veinte universidades de África, para empezar. Se trata de un ambicioso proyecto sostenido por profesores, por profesionales y por un formidable grupo de colaboradores que habíamos apostado por los profesores e investigadores de las universidades africanas en un programa sin precedentes. El desafío era grande, la apuesta también lo era. Era consciente que el tiempo apremiaba en todos los sentidos y no es el menor, aunque el menos importante ante la magnitud del envite, el de mi personal circunstancia vital. Ahora o nunca. Trataría de estudiar el terreno, buscar conexiones profesionales, ver las necesidades concretas, valorar los riesgos, cuantificar los costes en todas las dimensiones posibles.

Todo esto sin confundir la realidad con los deseos, y respetando siempre las culturas de esos pueblos sin imponer nuestras concepciones de vida —¿cuáles, a estas alturas?— ni nuestros modelos de desarrollo ni nuestros sistemas de valores. Junto a esta motivación, que bastaría para dar sentido a un quehacer humano y solidario, estaba la intelectual y existencial de un profesor de ciencia sociopolítica en la universidad, que busca las causas y el sentido de la realidad profunda de los pueblos del continente africano, a pesar de que muchos interesados no vacilan en denominarlo el «continente oscuro», «el continente desconocido» o nada menos que «el continente perdido».

Ni un hedonismo egoísta ni un escepticismo práctico podían calmar mi ansiedad ante la contradicción personal y social. La búsqueda por senderos de sabiduría distintos de los cauces de nuestra cultura, aliviaban pero no daban la respuesta al dolor ajeno. No concibo ser feliz a solas ni epicúreamente rodeado de tus deudos y amigos. Una y otra vez vienen a mi mente las palabras de John Doone, poeta inglés del siglo XVII: «Ningún hombre es una isla, encerrado en sí mismo; cada hombre forma parte del continente; si el mar se lleva un promontorio, es Europa la que padece, como si fuera la casa de uno de tus amigos o la tuya propia; la muerte de cualquier hombre me disminuye porque formo parte de la humanidad. Por eso, nunca preguntes por quién doblan las campanas; doblan por ti».

Así, mascando el áspero sabor de la libertad asumida con su inseparable cota de soledad y el acicate de la responsabilidad y de las dificultades de la apuesta, empujaba mi carrito al otro lado de los controles de policía del aeropuerto. Al pasar delante de una columna de publicidad vi un cierto brillo en mis ojos. Durante la meditación Zen es recomendable morderse el labio de arriba cuando sientes ganas de estornudar, evitas la contaminación, no rompes la postura al no poder utilizar el pañuelo y mantienes el silencio. En este caso, tragué saliva y seguí caminando mientras me dirigía al *duty free shop* para aprovisionarme de una botella de Johnny Walker y de otra de Beefeater. Como me sentía un poco bajo y no podía permitir que me envolviese la melancolía durante la hora larga que me esperaba para embarcar, me regalé una caja de mis chocolates favoritos. En estos casos, el chocolate con almendras funciona.

Sentía como un vacío, con algo de desamparo. Sentía ganas de llorar. ¿Me fallarían las fuerzas, la salud, el ánimo? ¿Les interesaría el proyecto a las autoridades académicas de los veinte países a visitar unos de tradición francesa, otros británica y otros portuguesa, amén de sus peculiares características raciales, culturales y de todo tipo, en ebullición después de los desencantos de las prometedoras independencias? Los diplomáticos españoles, ¿me recibirían bien o estarían desbordados por tantos cooperantes españoles como llegarían a diario? ¿Funcionarían las conexiones aéreas, las reservas en los hoteles, las citas programadas y las que no pudieron serlo con personalidades de todos esos países? ¿Se trataba de una locura o estaría viviendo una fantasía personal de huida proyectando en los pueblos de África mi propia desorientación, contradicción y angustia?

Bueno, lo primero, sentarse, aflojarse y comenzar a respirar aunque las lágrimas se deslizasen por las mejillas. No era malo: previenen el infarto. Después, me tomaría unos chocolates y, en el avión, me apuntaría a una ginebra con mucha tónica y pondría en práctica el consejo del sabio chino Chuantgzu «el camino más largo comienza siempre por un primer paso, cuida bien cómo pones el pie», y este otro «Si caes, recuerda que el suelo es tu primer apoyo para levantarte». Me senté y, a pesar de no querer pensar en nada, como es preceptivo, retazos de imágenes y razonamientos cruzaban por mi mente.

No les presté atención, entonces, ni me opuse a ellas. Más o menos, tenían que ver con una especie de autojustificación que el hombre, aún con la mejor intención, necesita para darse ánimos y no venirse abajo. Es curioso pero, a pesar de mis discrepancias en algunos aspectos formales de la interpretación del mensaje cristiano que hacen la mayoría de los clérigos en las diversas iglesias, en los momentos de infinita tristeza o cuando la soledad me oprime o la justicia choca con mi impotencia, o el desconcierto con mi falta de consecuencia personal —también cuando en la cama me despierto desconsolado y desconcertado—, me encuentro musitando como en un mantra cósmico «Padre nuestro que estás en los cielos...». Y lo repito, una y otra vez, sin acertar a seguir. Si acaso, al cabo de un tiempo, me encuentro sentado junto al ciego Bartimeo gritando «¡Jesús, hijo de David, ten compasión de mí!».

19

Abidjan sobre colinas

Cuando llegué al aeropuerto de Bamako, me vi envuelto en la marabunta de «Las águilas de Malí» que se dirigían a Túnez. Era el equipo de fútbol nacional, todos vestidos con chándal rojo escarlata, acompañados por sus ayudantes y simpatizantes en una algarabía inenarrable. Llevaban bolsas, maletas, balones en redes. Aquello era una experiencia nueva. Y, al frente de todo, estaba un negrito que no aparentaba más de 14 años, pequeño, muy menudo pero vestido con ¡smoking! Llevaba pajarita granate y hacía gala de una altivez increíble. Tenía un chófer bambara mucho más alto que él, fuerte como un toro, con un bigote negro que inspiraba terror, vestía un *bubú* floreado y amplio y se inclinaba sin cesar llamando a aquel enano: ¡*Patron, oui patron, on fera comme ça, patron, patron, patron*...! El otro lo miraba despectivo e insultante desde su menudencia. Me alejé de allí porque sabía que acabaríamos enfrentándonos. ¡Ojalá siempre pudiera alejarme cuando «me siento venir»! (los famosos dos minutos de que hablaba Juanito, el futbolista del Real Madrid. Claro que no faltará quien espete: «Los dos minutos de la buena educación»). Pero, al menos, esta vez lo conseguí. Pasé la aduana y en la sala de espera busqué un sitio alejado, me descalcé y con mi sombrero panamá sobre los ojos hice una hora de meditación muy tranquilo.

Ahora estoy viajando por Air Malí camino de Abidjan. Tengo por delante una hora y media. Voy a recoger por escrito unas reflexiones que yo llamo el golpe de las buenas intenciones: «Debo mantener una compostura digna, cultivar un cierto silencio, hablar menos y recortar la excesiva expresividad; contar las cosas con sencillez, no atacar tanto al Banco Mundial y al FMI, sino decir esos datos, escalofriantes, con suavidad, sin alterarme. Como sucedió en la comida con los salesianos en la que estuve muy comedido. En cambio, con el vicerrector, el secretario general y el Dr. Guindo... me animé un poco y puse "como no digan dueñas" a los responsables del desastre socioeconómico mundial. Es preferible dejarlos hablar, escucharlos a ellos. Explicar el Proyecto CPMP con sencillez y con pocas palabras: es lo suficientemente atractivo como para impresionar sin necesidad de enfatizar tanto. Tengo que contar con su inteligencia, ellos lo comprenden y lo estaban deseando, les parece un sueño ¿Para qué entusiasmarme tanto? No crear recelos innecesarios. A la gente le cargan los vendedores de sueños. El proyecto es bueno y puede llegar a ser algo importante: ayudar a que se ayuden, promover la investigación científica entre los profesores africanos, cooperar con ellos en su búsqueda de soluciones para sus desafíos en los campos de la salud y de la educación. Huir de nuestra actitud de donantes y, sin abandonar la asistencia médica allí donde todavía la necesiten, desarrollar la prevención, la profilaxis, los tratamientos precoces y cooperar con sus instituciones universitarias y políticas en las nuevas estrategias del cultivo de la salud...».

Y así me extendí en mis notas apuntando todas las personas con las que tendría que encontrarme en Madrid para solicitar su ayuda. Es increíble tal capacidad de organización sobre un trozo de papel a diez mil metros de altura. Como un niño que promete ser bueno y portarse siempre bien para ahuyentar los miedos ante las nuevas etapas del viaje. Quizá me daba cuenta de que esto era una carrera de obstáculos en la que no podía desfallecer y herir a nadie ni estropear por alguna imprudencia mía la comprensión de mis interlocutores. Desde niño siempre me dolió poder hacer daño a los demás sin saberlo. No digamos sabiéndolo. Una vez hice llorar a una niña y, durante más de veinte años, me pesó como una losa y aún ahora, a bordo de este avión y con cerca de sesenta años, pensarlo me hace sufrir mucho pensando en lo que pude hacerla sufrir entonces. Era un domingo de Ramos y mi madre le había hecho un traje nuevo que parece que lo estoy viendo. La habían peinado con trenzas. Ella tendría unos ocho años y yo doce. Era muy delgada y frágil, pero era muy buena y muy dulce, era guapa y toda la vida tuvo golpes de humor heredados de nuestro padre. Bien, pues yo le dije «Qué traje más feo, no saldrás a la calle con él, te lo hicieron en casa...». Y ella aguantando en silencio a su hermano mayor. Y yo la quería y siempre ha sido, junto con mi otra hermana, a las que más he querido entre todos los demás. La frase que me quedó más grabada fue *Vai chorar, vai chorar...* Yo quería que llorase y ella luchaba por no hacerlo. Con el tiempo, llegué a pensar que la quería tanto que no quería que los demás la vieran tan guapa y tan frágil, tan dulce y tan llena de ternura. Siempre ayudaba a todos. Bueno, pues no lloró y yo me tragué esas lágrimas durante toda mi vida. En el primer viaje que hice a Estados Unidos y a México como periodista, me gasté todo lo que gané en comprarles a mi madre una pulsera de oro y lapizlázuli, y a mis hermanas dos collares de oro que todavía lucen. Y siempre que la veo con ese collar puesto comprendo que se trató de una reparación... por los celos de un niño que adoraba a sus hermanas y, a lo mejor, sentía envidia por no haber nacido niña también. Mis padres querían una niña cuando mi madre quedó embarazada de mí puesto que ya tenían a mi hermano mayor. Yo no sé si lo hablarían entonces o me fui enterando cuando ella nació cuatro años más tarde. El caso es que se convirtió en el juguete de mi padre porque a los chicos no recuerdo que nos haya hecho mucho caso, excepto al pequeño que luego trabajó con él. Mi única compensación para defender mi ámbito en la familia fue destacar en los estudios con las mejores notas, hablar más idiomas, leer de todo y siempre y destacar en los deportes que practicaba. Pero algo de esto, así como las relaciones con mis padrinos, ya lo he contado en mi libro *Los Gazules*, en clave de humor pero lleno de imaginación y de ternura. «Perdón, ¿le sucede algo? ¿puedo hacer algo por usted? Un poco de agua, quizás...» Era la azafata que, con delicadeza, me tendía un pañuelo.

Repaso ahora mis notas de viaje y me quedo sorprendido ante la cantidad de previsiones, aprovechando que Abidjan es una de las capitales mejor comunicadas de África: reservas de billetes de avión y de hoteles en Niamey, en Ouagadougou, en Lomé, en Accra, en Benin... Telefonear a mis amigos de Costa de Marfil de pasados viajes. Preparar los viajes a Ouellé, a M'Bahiakró y a Bouaké. Poner fax a

Madrid con el resumen del viaje a Malí. Descargar parte del equipaje en casa de Ángeles Díaz, la responsable de la Cooperación en nuestra Embajada, mientras haga los viajes al interior del país ya que volveré a pasar por Abidjan a mi regreso de Burkina, Ghana, Togo y Benin. Cambiar dinero, organizar las conferencias en las universidades del itinerario y saludar a la nueva embajadora María Rosa Buceta, ya que Almudena Mazarrasa había sido destinada a Bogotá. Al menos, con ella ya tenía confianza y sabía de qué iba todo mi viaje. Paciencia.

Llegué al Novotel de Abidjan. En la misma puerta estaba Yao Adjimaní esperando desde el amanecer, según me contaron en la recepción. Les había contado que era mi *aide de camp* nombrado por el gobernador de Ouellé. Les dije que sí y que le permitieran subir a mi cuarto siempre que quisiera. La cara de Yao resplandecía, y en sus casi dos metros parecía llegar, sino al techo, sí al cielo. Yao Adjimaní era el mayordomo del gobernador de Ouellé, y lo había encontrado varias veces durante mis visitas al hospital de aquella ciudad y durante la campaña de vacunación en la región el pasado verano. Nunca dejó de escribirme y había pedido sus vacaciones para que le coincidiesen durante mi estancia aquí, tanto a la ida como a la vuelta. Tenía familia en Abidjan y no le causaba ningún problema, lo único que pedía era poder atenderme. ¿Qué iba a hacer? Él es *kulangó*, proviene de Dinaudi, de la subprefectura de Bondoukou, en el noroeste del país. Tiene 30 años, está casado «a la africana» y ya tienen 3 hijos. Es campeón de lucha y también sirve a la familia del gobernador como guardaespaldas de los niños. Es una mole que podría destruir a una persona con sus brazos. Pero habla con una gran dulzura, se expresa en un correcto francés y camina como una gacela a pesar de su corpulencia. Viste siempre con camisa blanca inmaculada y vaqueros oscuros, o chaqueta de mozo de comedor y pantalón negro cuando atiende alguna recepción en la prefectura. Durante nuestra estancia de varios días en Ouellé, con la doctora San Martín y el doctor Castilla, para ayudar en la coordinación de la campaña de vacunación a todos los niños de 0 a 9 años y a todas las mujeres en edad de procrear, el gobernador me lo asignó como *aide de camp*, yo pienso que un poco en plan de broma pero como el diplomático Leopoldo Yobouet, en puesto en Madrid y que era un poco el responsable de que nos encontrásemos allí, lo invitara a la ceremonia de mi adopción y cambio de nombre por el jefe tradicional de Ouellé... yo qué sé, el caso es que me acompañaba a todas partes y el mismo día de la Fiesta Nacional —7 de agosto— el gobernador me había colocado a su lado durante los honores a la bandera y el desfile militar. Yao Adjimaní le metió un meneo a uno de los escoltas y se plantó firme detrás de mí. Yo no sé como había interpretado lo de «te hago responsable de su vida», *tu tiens à sa vie* que le dijo mi padre adoptivo Kuakou Yao, cuando me impuso el nombre de Yao Kouadio, el manto, las sandalias y el gorro de terciopelo con adornos dorados. Quizá le impresionó que me abrazaran todos los jefes y, días después, mi asistencia a la ceremonia en la que, una vez al año, se reunían los reyes y los más importantes jefes tradicionales.

El caso es que Yao Adjimaní entiende eso al pie de la letra y no puedo quitárselo porque para él constituye un honor del que habla siempre que tiene ocasión, no sólo entre las gentes de Ouellé sino en el poblado donde viven su padre y sus gentes. Durante nuestra estancia en Ouellé, con motivo de las vacunas, nos alojaran en casa de uno de los principales asesores del presidente de la República, pero ya en otra visita anterior había ocurrido esa especie de «entrega de por vida» como dicen entre los tuaregs del desierto. Recuerdo haberle explicado muy claro desde el primer día que yo estaba de paso, que tenía una gran familia y que vivía en Madrid. Le daba igual. «Le seguiré adónde quiera que vaya.» «Pero eso es imposible. No tienes pasaporte...» «Lo tendré.» «No tienes carnet de conducir.» «Estudiaré y lo conseguiré.» «Pero es que yo no puedo darte trabajo en mi casa, ya tenemos una mujer peruana que nos ayuda y es como de la familia.» «No importa, yo dormiré en la cocina y me ocuparé del profesor y haré todo lo que haya que hacer.» Fue en vano que intentara disuadirlo, me pidió que le permitiera escribirme y que, cada vez que pasase por Costa de Marfil, se lo advirtiese con tiempo para venir a servirme. «No, Yao, a mí nadie me sirve. Hay algunas personas que colaboran conmigo y yo con ellas, pero se acabó la servidumbre...» «No para mí: servir a una persona grande es un honor que yo le hago a mi familia.» Imposible discutir. Eran dos concepciones distintas.

Con el tiempo, me habría de enterar de que, al ser mayordomo del gobernador y atender las comidas, escuchaba todas las conversaciones y, parece ser, que un día vino a almorzar el gobernador de Man, Daouda Ouattara, con quien yo había estado durante unos días así como con su hermosísima esposa Khadiya, de ojos verdes, y con sus hijos Fatumata y Yaya. El gobernador parece que habló bien de mí y contó algo de la ceremonia por la que me impusieron el nombre *Nesemu* que, desde entonces, uso para mis amigos más íntimos. Significa «el fuego no se apaga». A la doctora San Martín le impusieron el nombre *Gon* «aquella a la que todos buscan». En Bangolo, departamento de Man (Tierra de las 18 colinas), vivíamos en la residencia que el ministro del Interior, Emile Constant Bombet, había puesto a nuestra disposición en Gonié, al pie del Mont Gelá (Monte de Dios), cuando terminamos la campaña de vacunación y quisimos subir a las famosas cascadas de Man, camino del monte Tonkpie, e Imelda y Joaquín a ver las plantaciones del árbol del que se extrae la quinina... Para hacerlo breve, en Bangolo-Man tuvimos largas sobremesas con el gobernador, su mujer, su familia y cada vez mayor número de allegados, en las que yo hablaba con toda libertad. En ese viaje también nos acompañaba nuestro colaborador marfileño Frank Olivier Kra. Bien. Yo sabía que allí había unas cascadas formidables e Imelda me había explicado que cuando las gotas de agua se rompen contra la roca al caer desde gran altura se libera energía negativa. El caso es que, un día, el gobernador de Man nos organizó una excursión que comenzaría por las cascadas dichosas. Llegamos allí y mis dos acompañantes españoles y yo sentimos ganas de hacer un poco de silencio, tal era la paz y la energía que allí había. Yo me subí un poco por la orilla del río, a pesar de que era pura montaña, y no sé cómo me quedé con mucha paz hasta el punto que Imelda dijo, «Dejémoslo descansar, al regreso lo recogeremos». Así fue. Al caer de la tarde ellos vinieron a la cascada pero les dijeron que hacía poco que yo me había marchado a su encuentro. En plenas montañas del África negra y caminando solo por la carretera. Decían al chófer, que no se apurara, tranquilo, que me encontrarían y Joaquín le dijo «Busque el árbol más grande y dirijámonos hacia allí». Imelda comprendió, el chófer y demás acompañantes no entendían nada.

Ciertamente, yo me había dirigido hacia una espléndida acacia parasol que me atraía con fuerza, pero, al no poder saltar la cerca y temer que no me iban a encontrar porque me alejaba de la carretera, me di la vuelta y comprendí que «el árbol no es necesario, ni el templo ni tan siquiera Budha» y me senté en una encrucijada del camino sobre una piedra que fue donde me encontraron. Regresamos a Bangolo sin hacer mayor comentario. Pero, la historia debió crecer, como suele en los pueblos de fuerte tradición oral, puesta en boca de un gobernador que, para colmo, no era originario de Man sino de la región senufa de Korhogo y buen musulmán (también de casi dos metros de alto y más de cien kilos de peso) pues al bueno de mi *aide de camp* se le debió hacer una ensalada en su cabeza y sólo así se explica esa relación que dura hasta el día de hoy en que escribo estas líneas. Me imagino que mi buen amigo Daouda Ouattara, no habría omitido las frases que me dirigió cuando nos despedimos delante de toda la comunidad, porque yo jamás las he olvidado. Vestido con su impresionante *bubú* blanco y tocado con turbante para la ocasión, el gobernador dijo, después de que yo me lamentara por tener que marcharnos tan pronto: «"El pie va adónde el corazón le manda", donde vayan tus pies también irá nuestro corazón. No importa mostrar tristeza al despedirnos de un ser querido ya que "por hermoso que sea el cadáver, hay que enterrarlo", por mucho que se quiera al amigo hay que despedirse. Dicen en mi tierra de Korhogo, "el pollo suda, pero no se ve porque tiene plumas". Mi corazón también suda, así como el de tu nueva familia y de tus amigos, pero no se ve porque vamos envueltos en formas impuestas por la cortesía de los occidentales». Entonces, me estrechó entre aquellos inmensos brazos, y la comunidad aplaudió mientras una mujer *griot* elevó su poderosa voz al tiempo que nosotros nos metíamos en el coche del ministro y partíamos de regreso a Abidjan, sin volver la vista atrás, como hacen las personas dignas.

El caso es que, ya en el hall del hotel de Abidjan, se hizo cargo de todo mi equipaje sin permitir que ningún botones lo tocase. Yo hice una seña de complicidad y luego le di una propina al que traía la llave. El encargado de la recepción es un tipo muy simpático que ya me conoce de otras estancias en el hotel, se llama Kouadio y estudia Empresariales. Se reía al ver a Yao tomando posesión de mis/sus pertenencias. «He mandado habilitar una cama en las dependencias de los choferes, profesor.» «No, si Yao tiene familia aquí y se irá a dormir a casa de ellos.» «No, profesor, lleva aquí desde el amanecer y por lo que he hablado con él me lo voy a encontrar durmiendo a la puerta de su cuarto. No le voy a poner precio supletorio.» Me eché a reír, subimos en el ascensor y Yao se hizo cargo de todo: deshizo las maletas, me preparó un baño, y mientras yo me relajaba, él colocó toda la ropa en su sitio en los armarios y en la cómoda. Mientras tanto, se había cambiado de ropa y lucía un *tchamir* blanco impecable, caminaba con los pies descalzos. Mientras me ayudaba a vestirme con ropa cómoda para bajar un rato al jardín a tomar notas, me decía muy suave, «Ya tengo pasaporte... y carnet de conducir». «No me meto en tus manos ni loco.» «Mi patrón me dejó hacer prácticas con los coches del ejército y dominando esos cacharros, ya me atrevo con todo.» «Tú sí, pero yo todavía no. Deja que en Abidjan me lleven mis anfitriones.» «Pero cuando subamos a Ouellé ¿podríamos acercarnos a mi poblado en Dinaudi? Todo el mundo le espera profesor.» «¡Oh!

no sabes lo que dices, cuando conozcas mi itinerario no pensarás igual.» «Pero lo que importa es que *hoy no volverá a repetirse* y *hay que vivir intensamente.*» «Oye ¿a quién le has escuchado eso?» Y echándose a reír mostrando una dentadura que parecía la rompiente del mar en un arrecife respondió «A aquél a quien he entregado mi vida, ¿recuerdas?», me tuteó en el sentido africano no exento de respeto, «lo contaste en la conferencia que diste a las gentes de Ouellé y también lo repetiste en el liceo ante los profesores cuando improvisaste una clase». «Bueno, dejémoslo. Ahora tengo que trabajar un rato, voy a estar en el jardín ¿tú qué vas a hacer?» «Yo, como la sombra al cuerpo mientras estés en el hotel o quieras salir a pasear sin tus amigos por la ciudad.» «Pero ¿tú conoces Abidjan?» «Hice aquí mi servicio militar.»

Bajamos al jardín, yo me senté a revisar mis notas y Yao estaba tan cerca que no se le notaba. Es difícil de explicar. En Europa no se podría comprender. En Oriente, sí. Sabía que me esperaba una jornada dura ya que no podía correr el riesgo de olvidar a nadie ni de tomar decisiones precipitadas en cuanto a las citas programadas en los demás países, porque me iba a pillar la Semana Santa en Ghana o en Togo o en Benin y no podía arriesgarme a quedar varado. Recibí a mis amigos Odette Yobouet y a su sobrino Sabú que me traían los respetos de toda la familia.

Al día siguiente temprano me fui a la Embajada, saludé a Ángeles Díaz, a Eduardo Sánchez, Primer Secretario que me dijo que coincidiríamos en Ouaga, y al resto del personal. A la Embajadora la vería a las doce. Recogí la correspondencia y los fax que me habían enviado desde Madrid, tomé nota de las citas que me habían concertado en otros países y les envié un largo fax que había redactado en el avión dando cuenta de todos mis encuentros, nombres, acuerdos, etc. Así me liberaba de ese peso psicológico y, desde allí, ya podrían ponerse en contacto con quienes yo había visitado en Malí: para darles las gracias por su acogida e iniciar ya una correspondencia con personas responsables concretas. Esta norma la había seguido desde Senegal, y Guinea y la mantendría durante todo el viaje. A veces, resulta duro ponerse a escribir cuando uno está cansado, pero es de una gran eficacia: se anota todo en caliente, se les envían cartas y fax desde Madrid, las personas interpeladas se saben consideradas y que el trabajo va en serio, que no es un viaje de meros contactos ni, como dicen algunos yuppies de la cooperación, de «mera identificación de proyectos». Algunos se pasan la vida «identificando» proyectos sin tomar contacto cordial y auténtico con las personas, las culturas y las realidades de cada país. Si acaso, alguna excursión a lugares típicos, por supuesto, pero se van como han venido aunque con algunos datos y algunas fotografías que hubieran podido conseguir con ayuda de personas que ya viven en esos lugares: cooperantes, diplomáticos, misioneros, etc. Ya sé que esto resulta lo más lógico, pero cuando se vive desde dentro la falta de cooperación entre los cooperantes, la distancia de algunos diplomáticos que olvidan su condición de funcionarios pagados con nuestros impuestos, la reluctancia y suspicacia de algunas personas que, como se consideran enviados en una misión trascendental, no conciben que uno pueda tratar de echar una mano aunque sea en alguna cosa chiquita, como decía Galeano. Algún día se contarán las anécdotas de la falta de colaboración entre algunos miembros de las ONG, es increíble el desperdicio de esfuerzos cuando podría multiplicarse la eficacia con una mínima transparencia. Ya hay peligro de que algunas ONG se estén «profesionalizando» de tal manera que olviden la motivación radical, la pasión por la justicia, que les llevó a salir al encuentro de los más desfavorecidos mientras, en la retaguardia, sería necesaria más cooperación entre nosotros.

En cuanto a ese sistema de ponerse en contacto desde Madrid con las personas que me habían acogido durante el viaje era algo muy importante. No me cansaba de repetirlo y de recordárselo cada vez que hablaba por teléfono o enviaba fax con los responsables de Solidarios en Madrid. Mi cuaderno de viaje está lleno de anotaciones en ese sentido. No hacía más que repetir a Marcos Suka, profesor camerunés que colaboraba con nosotros en el Departamento de África, así como al ivoirien Frank: «Es la ocasión de vuestras vidas. Lleváis años en España, conocéis a todos los africanos que estudian en Madrid o que se han quedado a vivir allí. Contactadlos, interesados en el Proyecto, ellos tienen familiares y amigos en sus países. Que cooperen, que se interesen, que se apunten todos los tantos y se cuelguen todas las medallas, pero que nos ayuden. Formad una especie de consejo con naturales de cada uno de los veinte países que estoy visitando. Formad una retaguardia y orientadme desde ahí. Yo visitaré a sus familias y a sus amigos. En África las puertas se abren ante aquel que viene en nombre de un pariente que vive en tierras lejanas». En fin, durante todo el año que duró la preparación de este viaje no hice más que repetirlo y pedir ayuda. No siempre conseguí lo que pretendía. No sé si son celos entre ellos, precedencias, ansias de protagonismos absurdos y miopes porque ¿qué mayor protagonismo que facilitar a los demás ayuda para que ayuden a sus pueblos y a sus gentes? Ésta es una de las cruces que, aún ahora, a veces, me entristecen.

Fui con Ángeles Díaz a la Universidad de Cocody. El campus estaba en plena huelga: policías antidisturbios equipados como en cualquier país del Norte sociológico (en eso han logrado «desarrollarlos» por completo). Tanquetas, cisternas con fortísimos chorros de agua, cascos, escudos, porras, fusiles, pistolas, bombas lacrimógenas... toda la parafernalia que puedes encontrar en París, en Yakarta, en Roma, en México, en Johanesburgo o en Tokio. Habían acordonado el recinto del Rectorado con gran despliegue de vallas y de controles. Tuve que hacer valer la condición de Ángeles como funcionaria de la Embajada de España y la mía como profesor de universidad y periodista internacional. Esto suele impresionar y abrir puertas o cerrárnoslas en las narices, depende.

Finalmente, logramos llegar al Departamento de Español para encontrarnos con los profesores Niagne y Yao N'Guetta que, con el tiempo, llegarían a ser los primeros representantes de la Delegación de Solidarios en Costa de Marfil. Al director del Departamento nunca llegaríamos a verlo, siempre estaba en otro sitio. El año pasado, en cambio, sí se hizo presente en el encuentro oficial con el rector y al que asistía nuestra embajadora. Entonces, se había apuntado el tanto de los libros de español que entregué al Departamento. Centenares de libros que, cuando en este viaje pregunté por ellos, «habían desaparecido». Juntos, fuimos recibidos por el vicerrector profesor Seri Bialli, vicepresidente de la Planificación, Programación y Cooperación. Expliqué largo y tendido el proyecto. Le asustó la perspectiva de instalarlo en aquella universidad «porque tenemos

40.000 estudiantes y no sé de dónde vamos a sacar al personal médico, los locales, etc., además, usted conoce a los estudiantes de Costa de Marfil siempre están con huelgas y con exigencias de esto y de lo otro.» «Más a nuestro favor. Si les presentamos un Programa de Medicina Preventiva, con asistencia médica gratuita, con análisis clínicos y con los medicamentos necesarios sin pago alguno para los más necesitados, imagínese la alegría que tendrán y cómo cooperarán con las autoridades académicas.» «Bueno, me respondió, pero eso va a llevar mucho trabajo y nos va a comprometer...» «Por supuesto —le atajé—, un programa como éste para 40.000 estudiantes es un desafío formidable y fíjese que se lo venimos a ofrecer acompañados por personal de nuestra Embajada. Que no se trata de una fantasía, sino de algo bien concreto. Pero ustedes tienen que comprometerse a proporcionar las instalaciones...» «Es que no tenemos mucho sitio. Si ustedes financiaran la construcción...» «... a proveer de médicos y de enfermeras para atender a los estudiantes y para llevar al día el banco de datos, que habrá de servir para que sus profesores hagan investigación epidemiológica y farmacológica...» «Sí, pero ¿quién va a pagar a ese personal?» «Ustedes, por supuesto. Se trata de un servicio a la comunidad universitaria. No olvide que, en gran parte, esta idea se me ocurrió el año pasado aquí, visitando esta universidad, y enterarme de que los alumnos enfermos no tenían ni una enfermería adonde acudir, aquí en el campus, y que si no tenían recursos no podían comprar los medicamentos.» «Ya, pero eso sucede en toda África.» «No es lo mismo en todas partes. ¿Acaso no tienen ustedes un servicio médico en el campus para el personal docente y para los administrativos?» «¡Ésa es una buena idea! Podrían ustedes reforzar ese servicio con el envío de medicamentos, montar allí ese laboratorio...» «Sí, e instalarles un Servicio de Odontoestomatología para el profesorado ¿no?»

Yo no sé si no me hice entender a pesar de la ayuda de mis acompañantes y de mi reiteración en los argumentos. El caso es que, al cabo de unos meses, el profesor Seri Bialli, me hizo llegar a la sede de Solidarios en Madrid un proyecto de servicio odontoestomatológico —que deberían haber presentado sin éxito al Banco Mundial o a alguna institución así— que nos dejó anonadados. En Madrid hay pocas clínicas con tal cantidad y calidad de material e instrumentos. Me sentí tan ofendido que lo comuniqué a su Embajada, pero hasta hoy aguardo una respuesta convincente. «África es así», me dijo el entonces embajador Mr. Senzu. «No, señor embajador, algunas personas de África actúan así.»

El caso es que nos enviaron a visitar al jefe del Servicio Médico Social de la Universidad de Cocody, pero sólo para profesores y personal administrativo. Estábamos en la sede del Servicio que me pareció muy digna y bien organizada. Le acompañaban el enfermero y la asistente social. Comprendieron todo pronto y bien. Mostraron un enorme interés. Eran verdaderos profesionales. Nos animaron y prometieron estudiar la propuesta y hacernos llegar su respuesta a través del profesor Seri Bialli. «Entonces —no me pude contener—, estamos perdidos.» «No, profesor, es que él está muy preocupado por las huelgas de estudiantes. Ustedes mismos han tenido que pasar aquí escoltados por la policía porque el campus está que arde, tienen asambleas cada mediodía y en cualquier momento se teme que anulen el curso académico.» «¿Qué piden los estudiantes?», pregunté con ira contenida. «Bueno, lo de siempre, que les paguen las becas, el bono de la comida, que vuelvan a pagarles los libros, el bono del transporte...» Entonces, intervinieron los profesores Niagne y N'Guetta que durante la reunión con el vicerrector, para mi desesperación, habían permanecido callados: «No hay que olvidar que todo eso lo hemos tenido siempre en la Universidad y que, para la mayoría de los estudiantes, les es imposible sobrevivir sin esa ayuda con la que habían comenzado sus estudios y que ahora se ha recortado por las medidas del reajuste estructural del FMI.» «Sí, sí, lo sé, es terrible, pero van a perder el curso.» «Peor es que pierdan la vida y la esperanza, porque muchos la salud ya la tienen bastante deteriorada. El año pasado, cuando pasé por aquí, supe que algunos estudiantes dormían bajo los bancos de las clases por no tener beca para pagar el alojamiento y que hay una verdadera extensión de las enfermedades respiratorias, entre ellas las tuberculosas ¿no es cierto?» El médico y sus ayudantes me miraron con tristeza y me dio pena escucharles decir: «Es cierto todo lo que dice, pero nosotros no podemos hacer nada». «No les reprocho nada, por Dios bendito, lo que digo es que yo les ofrezco la posibilidad de aportar algo a este caos en el que está esta Universidad. Y que, si las autoridades quieren y ponen un poco de empeño, comenzarán a resolver una de las exigencias de los estudiantes en huelga ¿acaso no es así?» Yo no quería apretar más porque aquellos profesionales me parecían honestos, entonces, me ayudó el profesor N'Guetta: «Profesor, es que tienen miedo a ofrecerles algo a los estudiantes y que éstos piensen que es el resultado de sus protestas y de sus huelgas y que luego se sientan obligados a llevarlo a la práctica». «¡Pero de eso es de lo que se trata! Estamos cayendo en un círculo vicioso, es una argumentación en círculo y, por lo tanto, absurda!» Nos mantendríamos en contacto a través de los profesores amigos y de la responsable de la Cooperación en la Embajada.

Salí de allí casi con lágrimas en los ojos. No me parecía posible tanta cerrazón, tanta mala política y tanta ceguera. Mis compañeros compartían mi estado de ánimo y, cuando pretendían consolarme, les rogué que nunca más volvieran a decirme que «África es así» porque quienes «son así» son algunos dirigentes africanos. Mientras me dirigía hasta el centro del campus donde se celebraba la asamblea, ante el pasmo de mis acompañantes que me advirtieron del peligro y lograron que los policías que nos acompañaban me permitieran asistir a la asamblea desde detrás de un árbol frondoso, recordé mis buenos propósitos del avión y sentí de nuevo las lágrimas correr por mi rostro mientras los antidisturbios cargaban nerviosos sus armas con gases lacrimógenos. Desde aquel árbol, y gracias a la megafonía, yo escuché a los líderes estudiantiles en sus reivindicaciones y, cuando llegaron al capítulo de la salud, sentí que el corazón se me salía por la boca. Sentí una arcada y vomité al pie del árbol. Me hubiera subido a la tarima en torno a la que miles de estudiantes se sentaban en el césped y les hubiera contado el proyecto de CPMP, les hubiera hablado de esta «ayuda chiquita» y de que si todos colaborásemos podríamos ir transformando la realidad... Pero yo no tenía la palabra y, por tanto, no podría despabilar el fuego ni aventar la era ni mantener el canto durante la siega. Me sentí mudo, como si me lo hubieran arrancado todo y me hubieran dejado sin nada.

(Al corregir lo que precede, vienen a mi mente las palabras de Federico Mayor

Zaragoza, director general de la Unesco: «De todos nosotros, de nuestro compromiso y nuestra generosidad, depende que estos ideales se hagan realidad, que un día nos ganemos el derecho de mirar a los ojos de nuestros hijos y repetirles el verso de Salvador Espriu: "Però, em viscut, per salvar-vos els mots". Porque habíamos vivido para salvarles esas palabras y sus significados, esos principios y valores que les permitirán vivir intensa y apasionadamente en un mundo más justo, más libre y más solidario».)

20

Arde la universidad

Como las clases se iban a reanudar el lunes, fijamos mi conferencia para el martes a las 4 de la tarde. Intenté encontrarme con los representantes de *Coopétude*, la asociación de estudiantes que tienen diversos servicios y con quienes me había entrevistado el año anterior. Me habían pedido medicamentos, porque ellos tenían un sistema de venta a precios reducidos para los miembros de la asociación. Yo les había preguntado qué ocurría con los estudiantes que carecían de medios económicos y que estaban enfermos. «Bueno, hay que organizarse. Es preciso que se hagan socios de nuestra organización. No se puede atender a todos. Además, usted ya conoce a los africanos...» «Usted mejor que yo, le atajé, porque usted es africano.» No sé si me entendió, porque siguió impertérrito «si saben que algo es gratis, se abalanzan y después no lo valoran». «No me imagino a nadie abalanzándose sobre un medicamento que no precise.» «Oh ya lo creo, usted es que no conoce...» «... a los africanos. Ya me conozco esa música. Yo propongo lo siguiente: puesto que ustedes tienen un local y una especie de farmacia, coloquen un armario con los medicamentos que nosotros les enviaremos para aquellos estudiantes que no dispongan de recursos pero que presenten una receta expedida por un médico. En principio, y a través de nuestra Embajadora, aquí presente, Solidarios va a hacerles un primer envío con los medicamentos básicos para una población estudiantil de 18 a 30 años. De todo lo que le enviemos han de llevar el mismo control que si los vendieran: fecha, nombre del paciente y dolencia para la que se prescriben. Ustedes nos envían por valija diplomática un informe de *Coopétude*, sus estatutos y la solicitud de hacer un convenio con Solidarios. El médico del Servicio Médico-social de la Universidad les ayudará a redactar un elenco de los medicamentos más necesarios para que ninguno se pierda. Si llegase el caso de que ustedes vieran que algunos medicamentos no son de utilidad y podrían correr peligro de caducar, se comprometen a entregarlos en una institución sanitaria benéfica. La Embajadora conoce alguna. ¿De acuerdo?» «¡De acuerdo!»

Para que nadie me acuse de entusiasmo por la causa de los pueblos africanos y de que cierro mis ojos a los aspectos menos positivos de la realidad, aquí va el resultado de ese acuerdo en presencia de la Embajadora Almudena Mazarrasa. Escribí urgente a Madrid. Pedí que hicieran un envío de medicamentos a *Coopétude* de acuerdo con las especificaciones que les hacía. Y que lo enviaran a nombre de la Embajadora a nuestra sede diplomática para obviar problemas de aduanas, o de esperas al sol en los aeropuertos. El envío llegó en varias cajas. Los medicamentos cumplían todos los requisitos de las autoridades sanitarias. Al cabo de unos meses, de vuelta yo de mi largo periplo por el continente africano, recibo un fax de nuestra Embajadora: «Querido profesor y amigo: desde hace meses tengo en la Embajada las cajas de medicamentos que usted hizo enviar desde el Puente Solidario para *Coopétude*... No sabría decirle cuantas veces les hemos llamado para que vengan a retirarlos y hacerse cargo de ellos. Dicen que sí y nadie viene. Las cajas ocupan sitio, algún medicamento correrá peligro de caducar, pero, sobre todo, es indignante esta actitud después de lo acordado con usted. Le pido autorización para hacer entrega de estos medicamentos a un centro sanitario llevado por religiosas del Sagrado Corazón cuya seriedad y profesionalidad me constan en la seguridad de que sabrán hacer buen uso de ellos... etc.». Se imagina el lector que, a vuelta de fax, envié mi más amplia autorización y, al poco tiempo, recibí una preciosa carta de agradecimiento de los responsables del centro sanitario que habían recibido los medicamentos rechazados. Mejor no haré comentarios. Me dolió.

Me reuní con los dirigentes de la Asociación de Discapacitados de la Universidad de Cocody a los que ya conocía del viaje anterior. Disponían de un local y eran ayudados por la Asociación SERVIR de la que es presidenta la esposa del Presidente de la República. Organizamos una conferencia en el *Foyer G* para el lunes siguiente. Durante mi estancia anterior les había contado el Proyecto de Ayuda a Estudiantes Discapacitados, PAED, que, desde hace años, funciona en la Universidad Complutense y que ha logrado que ni un sólo estudiante con discapacitación física y que necesite ayuda deje de disponer de uno o dos voluntarios sociales, bien preparados, para recogerlos en sus casas, llevarlos a clase, ayudarles si lo necesitan para ir al baño, o al comedor o a la biblioteca. Para algunos casos, se dispone de tres voluntarios distintos que se turnan según sus horarios. De hecho, en la Complutense, se ha incrementado el número de estudiantes discapacitados que antes tenían que seguir sus estudios en la Universidad a Distancia por falta de posibilidad para desplazarse.

En esta ocasión, les quería hablar del proyecto de CPMP para integrarlos en él. Es decir, lograr la gran paradoja: ya que los «sanos y capacitados» me ponían dificultades ¿por qué no hacer de su Asociación el motor de los CPMP? Sería apasionante: los discapacitados, en lugar de encerrarse en su Asociación para buscar soluciones a sus problemas para vencer barreras arquitectónicas, obtener facilidades en los transportes, etc., ¿por qué no serían ellos la contraparte en el Proyecto CPMP? Hablaríamos con la Primera Dama de la República si fuera preciso. Me miraron algo alucinados. Les dije que todo era posible si lo organizábamos bien y les recordé el dicho swahili: «cuando hay un deseo, siempre se encuentra un camino». Lo más hermoso sería olvidarse un poco de sí mismos para ayudar a los demás. Alguno me objetó que su Asociación se había creado para que los discapacitados se ayudaran mutuamente. Lo que yo les proponía es que «ellos» ayudasen a los estudiantes sanos cooperando para poner en pie un servicio de prevención y de atención a todos los estudiantes enfermos. ¿No era eso lo que hacían los voluntarios sociales del PAED en España? Ellos no estaban discapacitados y servían a los que sí lo estaban. Les pedí que lo pensasen: sería una paradoja llena de magia: ¡los discapacitados ayudarían a los sanos para que conservasen su salud y fueran atendidos cuando enfermasen! ¿No era ése un caso concreto de proyecto alternativo a los modelos tradicionales en los que los sanos ayudan a los enfermos? Y, casi siempre, mediante dinero o por motivos religiosos o de beneficencia que, a veces, pocas pero algunas, se trata de otra forma de «invertir en futuros... méritos para la vida eterna». De hecho, un religioso me dijo con todo desparpajo durante este viaje: «Es que nosotros trabajamos para el cielo. Lo de "aquí abajo" es un valle de lágrimas lleno de pruebas y el que las supera, se salva. Por eso el dolor redime y es tan necesario». «¡Toma ya, desvarío! —le dije con cierto aire—, eso que dice es inhumano. Sostener que lo de aquí abajo no interesa hace de la vida y misterio de Cristo, de su muerte y supuesta resurrección, un verdadero contradiós.» Imagínese el lector la que se armó. Y eso que a mí no me cuesta creer que Jesús «resucitó» como Cristo de la fe para sus discípulos. No me cuesta nada.

Cuando llego al hotel, me llama N'Guetta y me comunican que el viaje de mañana a la Universidad de Bouaké —la segunda ciudad más grande del país y que está al norte de Abidjan—, se pospone hasta el 1 de abril «porque las líneas telefónicas no funcionan» y no localizaban a ningún vicerrector que pudiera recibirnos. Teniendo en cuenta que estamos a 6 de marzo, y a diez mil kilómetros de Madrid, no está mal como reflexión.

Ángeles me llamó para decirme que había llegado un fax con un artículo del profesor Raimon Panikkar que había aparecido en *El País* y que me enviaban desde Solidarios junto con más correspondencia. Recogería todo al día siguiente cuando fuera a visitar a la nueva Embajadora, María Rosa Buceta. Por la noche, cenaré con los profesores Niagne, N'Guetta y otros compañeros del Departamento de Español. No. El director del Departamento no encuentra tiempo para venir. Pero, después de la cena, confío en poder asistir al festival MASA (*Marché des Arts du Spectacle Africain*) y escuchar algún buen concierto.

21

Festival de música africana

Cuando me desperté, poco antes de las cinco, ya estaba Yao vestido y con un vaso de agua en la mano. Me saludó con una inclinación de cabeza, sabía que no me gusta hablar antes ni inmediatamente después de la meditación, lo había aprendido cuando nos atendía en la casa de Ouellé y se sentaba detrás de mí en el jardín mientras yo hacía la meditación bajo un espléndido ficus. Siempre tenía en la mano una especie de garrote: «Es que has escogido el árbol donde anidan las serpientes. Pero yo vigilo». Por eso le dije, medio en broma, mientras me secaba al salir de la ducha: «Ahora no tienes garrote y en el jardín del hotel nunca vi serpientes». Sin inmutarse me respondió: «No lo necesito». Bajamos, busqué un lugar cerca de la piscina donde suelo sentarme y me sumí en el silencio. Recordaba que, el verano pasado, cuando me acompañaban Imelda y Joaquín, sabía la hora que era porque Imelda bajaba a las 7 a nadar durante media hora en la piscina. Cuando ella terminaba sus largos yo sabía que era la hora de subir a vestirme para bajar a desayunar. Imelda ha sido una de las compañeras de viaje más discretas, educadas y eficaces que he tenido. Somos aproximadamente de la misma edad y nos entendemos casi sin palabras. Eso también me sucede con M.ª José, con Cristóbal, con David y con Pablo que también son o han sido buenos compañeros de viaje durante muchos años por América. No se puede viajar con cualquiera.

Desde la Embajada organicé todo el lío de visados que Eduardo agilizó mediante «notas verbales». Telefoneé a nuestra Embajada en Ghana y confirmé que llegaría el día 27 para que pudieran confirmar las entrevistas con las autoridades de la Universidad de Legon. Les rogué que me reservaran hotel y le dije que ya había hablado con nuestra vicecónsul honoraria en Lomé, Maruja Campos, que me pareció encantadora, pero que no sabía nada de mi viaje, a pesar de que Lomé depende de nuestra Embajada en Ghana y yo les había pedido que le enviaran copia de mis fax para respetar «la cadena de mando». No sería cortés que yo me dirigiera a un cónsul honorario de España en ningún país sin haber informado previamente a nuestro Embajador en el país en el que tuviese la residencia. Como por teléfono y por fax nuestra relación con la Primera Secretaria había sido algo tirante, cuidaba hasta el extremo las normas y la cortesía. No obstante, Ghana iba a resultar la experiencia más desagradable de todo mi viaje en lo que se refiere a mi relación con nuestros representantes. Le rogué que saludara al Embajador en mi nombre y que le llamaba desde nuestra Embajada en Abidjan.

Leí con emoción el artículo del maestro Panikkar y me lo reservé, en el bolsillo de la camisa, sobre el corazón, para saborearlo con tranquilidad en la noche. Revisé toda la correspondencia llegada de Madrid, hablé con ellos, estaban realizando una labor imponente en la recogida de medicamentos, en la organización del Curso de El Escorial lo cual me dio alegría porque podría invitar a algunas personalidades africanas que me parecieran interesantes en el curso del viaje. Preparaban el Día de la Solidaridad para el 19 con todo el apoyo del rector Rafael Puyol.

Larga conversación con María Rosa Buceta, la nueva Embajadora que acababa de tomar posesión pero que todavía no había presentado las cartas credenciales. También estaba acreditada ante los gobiernos de Burkina Faso y de Liberia. Me invitó a cenar en su residencia el lunes próximo. Mientras charlábamos, telefoneó nuestro embajador en Ghana y yo me puse al teléfono para saludarlo y ponerme a su disposición para dar alguna conferencia en la Universidad o reunirme con los profesores del Departamento de Español. Me hizo ver la dificultad de esos días en que se acercaba la Semana Santa y en Ghana la celebran mucho. Arreglamos las fechas y cambié mi itinerario para estar en Accra cuando convenía, esto es del 25 al 28. Ya arreglaría la visita a Benin.

Almorcé con Ángeles en La Rascasse, un restaurante muy bueno donde se come un pescado delicioso. Charlamos mucho. Fue muy interesante. Esos son los momentos que no se registran en los memoranda y que tanta influencia tienen, después, en el curso de los acontecimientos. Ninguna correspondencia puede equipararse a estos contactos personales. Además, como ya nos conocíamos de mis viajes anteriores y habíamos pasado muy buenos momentos con Almudena Mazarrasa, la anterior Embajadora, disfrutamos mucho del almuerzo... y del buen vino.

Aux âmes bien nées / la valeur n'attend pas / le nombre des années.

Llegué a mi hotel bastante cansado. Yao se hizo cargo de mis cosas mientras me cambiaba para descansar un rato. Cuando me levanté, redacté un largo fax para Maruja Campos y lo envié a Lomé. Habíamos hablado por teléfono y cada vez me parecía más encantadora. Me vestí y bajé al hall a esperar a Niagne y a N'Guetta que quedaron en pasar a recogerme a las 8:30 para ir a cenar al Restaurante 331, un *maquis* muy conocido. Tardaron en llegar cerca de una hora pero la cena fue muy interesante. Hablamos mucho de la Universidad de Cocody y de sus problemas, del profesorado, de política, de cultura, de todo. Pero lo más importante fue que, entonces, supe que la Universidad de Bouaké hacía tan sólo un año que se había inaugurado, que ellos se alternaban cada semana para mantener allí los cursos de español. Una luz pareció encendérsenos a todos. Si en Cocody no parecían muy entusiasmados ¿por qué no probar en Bouaké? No sé si fueron ellos o fui yo el que caí en la cuenta. Una universidad de reciente creación estaría carente de todo y no tenía más que 8.000 estudiantes: la cifra ideal para iniciar un Proyecto semejante.

También preparamos las conferencias de la semana próxima en Cocody y el encuentro con los 16 profesores del Departamento de Español así como con las dos lectoras. También me gustaría dar una clase a los estudiantes del último curso de español. Me dijeron que habían preparado carteles para anunciar todo y que, desde la sede de Solidarios en Madrid, los bombardeaban ofreciendo ayuda y sugerencias. «¡Qué marcha tienen allí!», me dijeron en un buen español. Aunque la tertulia era amena, les pedí que me llevaran hasta el Palais des Congrès, en el Hotel Ivoire, donde había quedado con Ángeles y las dos lectoras de español para asistir al MASA.

Actuaban los grupos musicales de Benin, de Malí —espléndido con el *griot* Andulaye Diabaté—, yo flipaba; en un descanso, ellas dijeron que se marchaban porque estaban muy cansadas pero que les preocupaba dejarme solo allí con los conocidos peligros de andar de noche por Abidjan. Las tranquilicé y les dije que un amigo pasaría a recogerme. No lo entendieron muy bien, las volví a tranquilizar. «No, si tú eres un poco atrevido —dijo Ángeles—, pero sabes lo que haces.» Pillé un teléfono y llamé a Yao que en diez minutos estaba allí con todo el orgullo en el rostro al saberse necesitado y útil para protegerme en la noche. Todo el mundo sabe que, para un europeo, no es prudente andar solo de noche en una capital africana y mi hotel estaba en Plateau, mientras que el Hotel Ivoire estaba en Cocody, otra de las cuatro colinas que rodean la maravillosa laguna de Abidjan. Fue glorioso: grupos de toda el África subsahariana actuaron hasta cerca de las dos.

En el hotel tenía dos mensajes. Uno era de Mme. Thérese D'Hatz, alcaldesa de M'Bahiakró que me invitaba a pasar el domingo en Grand Bassam, después de ir a Misa, si me apetecía, en la catedral de Saint Paul y a cenar en su casa el martes. La otra era de mi amigo Sabou que me invitaba «esa noche» a participar en un duelo por la mujer de un amigo. ¡Mecachis! Con lo que a mí me gustan esos duelos y él lo sabía: tambores, danzas, discursos, cantos... toda la noche. Pero no se puede estar en todo. Me dormí agotado pero muy satisfecho aunque con una gran nostalgia de mi familia. ¡Me hubiera gustado tanto compartir todas esas emociones! Pero sabía que no podía ser: no era la misma sintonía.

22

Desarraigo

Hoy es sábado día 8 de marzo. Los fines de semana pueden ser peligrosos y llamar al tedio si no tienes algún proyecto con amigos. La soledad del hotel se te puede venir encima. Pero yo tengo varias cosas que revisar. Terminaré el libro del Dr. Werner *Là où il n'y a pas de docteur*, que me ha acompañado tanto durante este viaje y que leía y subrayaba durante mis momentos libres. Ya he avisado a Madrid para que se procuren la versión española y lo utilicen para el «Proyecto de Formación de Promotores de Salud» en la selva del Chocó, en Colombia. También les he pedido que lo localicen en California y lo inviten a dar alguna conferencia en Madrid para consultar su opinión y pedirle consejo. Me parece muy interesante aunque el aspecto de la medicina tradicional no lo trata como a mí me gustaría, me parece un poco escéptico. Da la impresión de que lo acepta como mal menor. Pero es un libro decididamente útil para cualquier programa de salud. De hecho, ha sido traducido a más de veinte lenguas, con las debidas adaptaciones realizadas por médicos de las diversas áreas geográficas. Voy a hacerme con la versión inglesa, aunque la original fue escrita en español, que circula en el África oriental y cotejar las adaptaciones y el estilo. Sé que lo podré comprar en Accra o en Harare.

Había invitado a desayunar al profesor Niagne que me dijo que pasaría por aquí a las ocho, antes de partir para Bouaké, en donde estaría la semana próxima haciendo exámenes. Me parece despejado y eficaz. Podría ser un buen contacto aquí, junto con N'Guetta, para ir preparando la base de una delegación de Solidarios en Abidjan que se ocupe del África Occidental con vistas, sobre todo, a la segunda fase del proyecto: organizar bien los bancos de datos y conectarlos mediante una red informática, estimular el intercambio de trabajos de investigación y coordinar seminarios para que se encuentren médicos, investigadores, epidemiólogos y expertos en medicina tradicional. Hay que renunciar a cualquier tentación de coordinar todo desde Madrid o desde otro punto de Europa. Costa de Marfil podría ser un buen lugar debido a su buen nivel en comunicaciones en todos los sentidos. Tendremos que ver si Nairobi o Harare podrían ser algo similar para el área anglófona.

Hoy siento nostalgia de mis nietas Paloma y Mónica, y mañana será todavía peor porque es el día en que van todos a comer a casa. Siento mucha nostalgia de mi casa: el sábado es un día de mucha convivencia, es casi cuando es más intensa la vida familiar. Pero no puedo dejar que me domine este sentimiento. Seguiré con mis libros, con artículos y trabajos sobre costumbres, historia, economía, etc. Sigo al día con la prensa diaria y con *Jeune Afrique* semanal. Todo este bagaje ayudará a mis alumnos del curso próximo y a mis lectores en ensayos, libros y artículos. Cada día me doy más cuenta de lo pobre que es la información sobre África en los medios de comunicación españoles. Publican los estereotipos sesgados que les envían las agencias internacionales cuando se produce o se «monta» algún incidente que convierte en noticia a algún remoto país. Si algún día tuviera alguna responsabilidad de asesoría en algún periódico o medio de comunicación nacional organizaría un buen archivo en el área internacional con dossieres preparados y actualizados para ser publicados al mismo tiempo que las noticias. También me gustaría hacer para el gran público lo que hago en clase: buscar el envés de las noticias. Esa es la sección que siempre soñé en un buen periódico. Quizás haya llegado el tiempo de asumir la tarea de escribir un artículo semanal sobre el trasfondo de la actualidad en un mundo globalizado y en el que ya casi nada sucede por casualidad sino que está interrelacionado. Aún lo que es producto del azar encuentra su ubicación inmediata en los sistemas y estructuras establecidos. De esta forma, entendemos las cosas como otros quieren que sean entendidas, y si no se silencian.

Cuando viajo por América o por África, en viajes que no sean de circunstancias para dar una conferencia o algún curso, sino en los que dispongo de tiempo «con vagar bastante», como decían nuestros clásicos, como hoy me sucede, siento que no ceso de aprender. Es como si volviera a nacer y comenzase la escuela. Se puede aprender siempre: abrirse a la realidad con un corazón a la escucha. Veo, siento, oigo, gusto, saboreo ambientes, paisajes, climas, personas y pueblos diferentes pero iguales en dignidad. El arte consiste en descubrir lo peculiar dentro de lo humano eterno. Lo que enriquece es la diferencia, nunca la uniformidad.

Me apena encontrar en algunas personas que viven en un país extranjero durante un cierto tiempo que a lo más que llegan, si son intelectuales, es a una mera erudición. Es penoso. Algunos ni eso, viven dentro de una burbuja, se relacionan entre un grupo de personas en similares circunstancias, mantienen siempre los mismos tópicos en sus conversaciones, concurren a los mismos centros de deporte o de diversión, coinciden en las mismas críticas a los naturales del país en el que han sido acogidos y son incapaces de hacer el menor esfuerzo por empaparse de otras concepciones de la vida, otras actitudes, conductas, miedos, anhelos, problemas, realidades que, a veces, se les escapan a ellos mismos en su afán de imitarnos a los europeos o de rechazarnos. De hecho, entre los aficanos más corruptos y críticos con los antiguos colonos que me he encontrado a lo largo de mis viajes, están las personas más occidentalizadas y desarraigadas que uno pueda imaginarse. Hasta el punto de que no son conscientes de ese fatal desarraigo.

Es curioso, esto se ve hasta en el vestido. Los africanos con estudios se visten como un colega de París o de Londres, traje de chaqueta, corbata, zapatos bien cerrados, calcetines y, a veces, hasta llevan un chaleco inútil con este clima. En Abidjan casi no se ve una *djellabah*, un *bubú* o cualquier forma de vivir tradicional, salvo en algunas mujeres que, felizmente, todavía no han renunciado a esa espléndida sinfonía de estampados floreados y con los geométricos dibujos de sus *pagnes*. Y es falso sostener que eso se debe a la complejidad de la vida moderna. Es pérdida de señas de identidad, desconfianza en sí mismos, mimetismo pueril. Cierto que los programas de televisión y el cine han hecho un daño inmenso al tratar de homogeneizar todo para mejor controlarlo todo. Pero me apena que, hasta en los programas de fabricación nacional, los presentadores son pobres remedos de sus modelos europeos. Lo critico porque me parece absurdo ver a un presentador dar las noticias con la misma ropa y los mismos tics que un francés, eso sí, sin la profesionalidad de aquellos. Leen las noticias con el mismo tono y, lo que es peor, la misma estructura mental que si fueran dirigidas a un público cartesiano y racionalista. ¿Cómo pueden echar a perder esos giros, esa riqueza de anécdotas que recogen tradiciones seculares, los proverbios, adagios y toda la sabiduría popular que palpitan en el subconsciente colectivo y en el alma y en el habla cotidiana de los oyentes? Error, es un inmenso error creer que la radio y la televisión exigen el laconismo y la frialdad desencarnada de las noticias que dan los locutores europeizados. Cuando los escucho y los veo me pregunto si se habrán enterado ellos mismos de lo que acaban de decir.

Hace algunos años, yo presentaba el Telediario de las nueve de la noche en Televisión Española. Por entonces, había una pugna entre locutores y presentadores para que nosotros no leyésemos nada y nos atuviésemos a un guión dejando la lectura de las noticias a los locutores oficiales. Pues bien, y sin que esto suponga ninguna crítica para mis compañeros de entonces, mientras nos maquillaban cada uno leía su guión o las noticias que les correspondían. Acabado el telediario, solíamos ir a tomar una copa a la cafetería de Prado del Rey y yo, a veces, comentaba horrorizado alguna desgracia que habíamos dado en el informativo y, más de una vez, me encontré con que algún locutor que había estado conmigo en el plató y que la había leído él/ella mismo/a, ponía cara de enterarse en aquel preciso momento. Jamás lo pude olvidar. La tensión del momento de saberse en el aire y la preocupación por una pronunciación correcta le habían impedido enterarse de lo que había leído. Alguien dirá, es lógico, en aquellos tiempos no había tantos soportes electrónicos ni se apreciaba tanto la naturalidad como se hace ahora. Pero, ¿y qué había sucedido mientras los maquillaban y ensayaban las pausas?

23

Tuareg

En el ascensor conocí a un tuareg. Iba envuelto en su *taguelmust* blanco y sólo se podía percibir el brillo de sus ojos ya que apenas asomaban las cejas. Le saludé en árabe, me presenté y le expresé mi interés por su pueblo y cuánto me gustaría invitarlo a tomar una taza de té. Asintió con una sonrisa. «Nada me podría hacer más feliz.» «¿Le parece bien en mi habitación para estar más tranquilos? Alguien nos preparará el té.» «Sí, ya he visto a su servidor, es un *kulangó* pero, de todas formas, nos dará algo de té... si me permite, iré a mi habitación a dejar una nota para mi acompañante... es hausa, ya sabe, y habíamos ordenado una comida tradicional en un restaurante cercano. Subiré dentro de unos momentos.» «Es la habitación...» «418, me interrumpió sonriendo, la mía es la 319.» Saludó con una inclinación de cabeza y salió en su piso. Apreté el botón y me dije «Uno a cero, para el tuareg». A la puerta del ascensor ya estaba Yao algo retirado pero atento, casi como en la posición de *garde à vous* (firmes) que tantas veces le había visto en casa del gobernador de Ouellé. Al ver que salía solo me espetó «¡Es un jefe tuareg, *Sidi*!». «¿Y tú cómo lo sabes? Él también sabe que tú eres *kulangó*... y también conocía el número de mi habitación.» «¡*Sidi*! ¡Es un gran jefe por eso yo subí por las escaleras!» «Hombre, gracias por tu protección ¿Y si te hubiera necesitado?» «¡No había problema! Un gran jefe no actúa así, ¿no has visto que subió solo, *Sidi*?» «¿Con quién iba a subir? Coincidimos en el ascensor y yo le saludé... y ya está. ¡Ah! Le he invitado a tomar el té y me parece que no tiene mucha confianza en tus habilidades para prepararlo.» Entonces, Yao se echó a reír, al tiempo que abría la puerta y dejaba sus sandalias fuera. «¡Ah! Estos tuaregs, siempre igual, creen que todavía nos pueden cortar las pelotas. Pero si aceptó a subir solo a tu habitación, y a tomar el té, es que le interesas. Nada está ocurriendo por casualidad, *Sidi*. Mantente atento.» «Me pondré un *gri-gri*. No seas suspicaz.»

Mientras yo pasaba al baño, Yao arregló por enésima vez el cuarto, y aunque todo lo mantenía en orden, estiró las colchas, la almohada, volvió a alinear los libros y, entonces, lo vi hacer algo curioso: separó un poco el gran canapé —de hecho es una gran cama supletoria—, que estaba contra la pared, junto a los ventanales, y cogió los cuatro grandes cojines y los colocó sobre el improvisado diván turco, uno frente al otro pero no en los extremos, sino a una distancia prudente de forma que pudiéramos hablar de igual a igual. Al lado de cada asiento colocó los otros dos cojines, sin duda para apoyar un brazo. Yo lo observaba en silencio. Yao lo miraba todo buscando el menor defecto o cualquier posible mejora: corrió los enormes visillos para que la luz no nos deslumbrase, colocó una alfombra justo al pie de la llamémosle sede para el encuentro... y, sin vacilar un momento, encendió una vara de sándalo de las que utilizo para la meditación y la colocó en el suelo cerca de la ventana. Enseguida comprendí cual era el sitio que me asignaba: yo no daría la espalda a la puerta, la luz la recibiría desde atrás y tendría iluminado a mi huésped en todo momento. Yao me miró un momento, como pidiendo permiso, yo asentí sin saber de qué se trataba. Abrió mi armario y sacó una tela azul casi índigo con breves dibujos en negro a la cera que le dan un realce como una noche en la que se intuyeran lejanas estrellas. Me la habían regalado mis «parientes» los baulé y siempre viaja conmigo, es un *pagne* de unos cuatro por tres metros en la que uno puede envolverse después del baño, o para sentarse en el porche, o para defenderse del sol o de los mosquitos o para dormir en lugar de un pijama. Yao la extendió sobre el diván dejando a salvo los cojines. Este tío tenía idea de lo que hacía. Yo estaba «leyendo» todo el «mensaje»: recibía al tuareg en mi casa, los sitios estaban marcados y, en una fantasía infantil, olvidando que yo era blanco y europeo, marcó mi fraternidad con los baulé. Los *kulangó* no son propiamente akán como los baulé, los agni, los abé, los akie y, aunque no son «pueblo dominado» por los akán como los abrón, a quienes todavía en broma he escuchado entre amigos que me presentaban decir *c'est mon esclave*. Era una broma, pero ahí quedaba. Lo cierto es que los *kulangó* han sido presa codiciada por los mercaderes de esclavos árabes o por beréberes y tuaregs transaharianos por su corpulencia, por su fortaleza y por su indudable belleza. ¡Cuantas cosas se pueden revivir en unos instantes en una habitación de un hotel moderno de la cadena Sofitel, un sábado por la mañana que se presentaba algo aburrida y dedicada al estudio!

Adiviné el desconcierto de Yao pensando en el servicio de té y, antes de que interviniera, rápido de reflejos me dijo: «*Sidi*, no permitas que te suban el té del hotel. Aquí al lado hay un restaurante tradicional, iré y les diré que *Sidi* lo necesita para recibir a un huésped». «A lo mejor es el mismo lugar en el que el jefe tuareg ha encargado la comida para él y para su amigo hausa.» «¿Hausa, *Sidi*?, ¿crees que un jefe tuareg viaja con un hausa?» «¿Por qué no?» «¿Y que duermen en la misma habitación?» «Bueno, a ver si ahora va a resultar que los tuaregs son como los *lamidos*, del norte de Camerún, que nunca pueden estar solos, ni de día ni de noche, por si tienen que escupir el criado recoge el esputo en sus manos.» «¡No es posible!» «¡Sí que es posible y yo lo he visto! Así como mi hijo Alfonso y yo hemos visto, en la corte del Fon de Bamenda que, paseando por el campo, si quería sentarse, un servidor se ponía a cuatro patas y el Fon se sentaba con toda naturalidad sobre su espalda.» «¡Ah! Eso ya lo sabía.» «Pero lo que no sabías es que, si había que cruzar un charco o un lugar con barro, los servidores se echaban cuerpo a tierra y el Fon pasaba por encima... y otras cosas que no voy a contarte ahora sobre el sistema utilizado para que sus 118 mujeres, así como las múltiples esposas de sus hijos que estudiaban o vivían en Europa o en Estados Unidos, siempre estuvieran preñadas o amamantando a un hijo de la familia real.» Yao se echó a reír porque ya se imaginaba una historia de las mías, aunque en este caso, como narraré cuando llegue a Camerún, la realidad supera a la ficción.

De pronto, un sonido, imperceptible para mí, hizo que Yao se dirigiese hacia la puerta, la abriese, se inclinase ¡hasta tocar las sandalias del jefe tuareg!, que hizo ademán de no permitírselo pero que sí se descalzó sin agacharse, seguro de que Yao las recogería, y se dirigió hacia mí con las dos manos extendidas. Con la derecha estrechó la mía y con la izquierda apretó con fuerza su muñeca. Ya estaba todo dicho. Pero yo dirigí mi mano izquierda y la apoyé en su hombro derecho. También estaba todo dicho. Nos saludamos como es debido: nuestras familias, nuestros campos, «nuestros» animales, el tiempo, las lluvias, este harmattan que no cesa... Sus ojos brillaban y yo ardía en deseos por ver su rostro ya que sus manos eran largas y finas como las de un artista, las uñas largas, redondeadas muy bien cuidadas y, quizá, con algún barniz aunque no podría jurarlo —también podría ser efecto del *polissoir*—, de un color muy claro como sus pies largos y cuidados, sin una dureza, muy blancos en las plantas y casi femeninos como de alguien que no está acostumbrado a caminar sino a cabalgar o estar echado. Los contemplaba mientras tomaba asiento a una indicación mía: sólo un árabe —o un tuareg de ascendencia beréber— sabe sentarse de semejante manera, sin descomponer un solo pliegue de sus ropas, sin un gesto brusco, casi sin mostrar el amplio pantalón serual que sin duda llevaba. Con una sola mano ajustó el blanco *taguelmust* por delante y por detrás. Sólo entonces, me senté yo de la mejor forma que pude y noté, por esa misteriosa sonrisa que brillaba en sus ojos grises y, según en qué momentos, con tornasoles azules, que comprendía mi esfuerzo por respetar los preceptos no escritos de la *quaïda*. Cuando Yao se esfumó para buscar el té, se inició una conversación que habría de durar cerca de tres horas, para siempre inolvidables.

Admiré la perfección de los pliegues del *taguelmust* y adivinó mi curiosidad. «Un día, cuando el profesor honre a los *imanam* aceptando nuestra hospitalidad en el desierto, le enseñaré a colocárselo como un auténtico tuareg. ¿Sabe que cualquier tuareg en el desierto, a más de cinco kilómetros de distancia, puede distinguir la tribu a que pertenece otro tuareg: si es libre, liberado o siervo, por la forma de llevar su indumentaria, por el estilo al cabalgar, por los arreos de su camello? Y que, a menos de dos kilómetros, por los pliegues del *taguelmust* podría decir a qué clan y hasta a qué familia pertenece, si es noble?» «Me lo imaginaba.» «Sé que le interesa y puede contar con mi colaboración y con la de mi pueblo, su misión es noble.» No cometí la indiscreción de preguntarle cómo sabía a qué me dedicaba. En su lugar, me presenté, le conté con gran sinceridad mi profesión, mi colaboración en una asociación humanitaria, cual era el objeto de mi viaje en mi año sabático... y mi visita a Djenné, aunque hubiera perdido la ocasión de viajar a Tombuctú. Se echó a reír, llevando una mano a la altura de su boca a pesar de llevar puesto el *litham*. Es un gesto atávico. «Es como el de ustedes, los occidentales, cuando les van a presentar a alguien: instintivamente llevan la mano al nudo de la corbata y algunos a la parte superior del pantalón.» Y nos echamos a reír. La sintonía se había establecido. Todas las prevenciones de Yao habían desaparecido. Me di cuenta de que íbamos a ser amigos. Es algo inefable, que se da o no se da; no se consigue.

Cuando Yao hubo servido el té con todo el esmero de mayordomo de un gobernador de provincia, le indiqué que podía retirarse, seguro de que se sentaría en el pasillo junto a la puerta. Entonces, tuve uno de esos golpes que, a veces, se me ocurren y que tantas puertas me han abierto. (Otras veces, los golpes me los pego por esos «prontos», y qué golpes.) Yo llevaba el *bubú* de tres piezas que me había regalado el ministro senegalés. Metí la mano en el amplio bolsillo delantero que reposa sobre el pecho —y que es el que luce el mejor bordado porque está sobre el corazón y porque disimula mejor lo que allí se guarda—, y saqué un frasco de perfume, lo destapé, y se lo mostré. Él entendió, avanzó sus manos con las palmas hacia arriba y vertí *Opium* en sus muñecas. Metió la derecha por debajo del *litham*, lo olió y dijo: «¡Es magnífico! Me había llamado la atención en el ascensor». «Entonces, no es bueno; entre nosotros, un hombre no debe oler a perfume ni a nada; se está a gusto en su presencia.» «No era olor, además usted venía del jardín, pero un tuareg es capaz de distinguir un aroma a cualquier distancia... en ello y en la vista nos puede ir la vida.» «¡Y en la rapidez de las patas de su camello!» Vuelta a reírnos ya más relajados. «Usted huele a agua de vetiver», le dije. «¿Lo ve como va camino de convertirse en un verdadero hombre azul, como ustedes nos llaman?» «Ya nunca les volveré a llamar así, aprenderé a distinguir, sobre todo, a los *imanam*, después de que les haya visitado dentro de unas semanas.» «¿De verdad que nos honrará aceptando nuestra hospitalidad? Lo tendré todo preparado. Verá qué maravillas encierra el desierto. Cabalgaremos, viviremos en las tiendas y podrá meditar en plena noche bajo la gran luna que llega.» «¡Me ha visto en el jardín de madrugada! Luego, usted no debía andar muy lejos.» Se echó a reír y fue entonces cuando le tendí el frasco de perfume diciendo que me honraría mucho si lo aceptaba. Se lo entregué con las dos manos y él bajó, entonces, el *litham* que cubría su rostro y tendió las dos suyas para recogerlo, se lo llevó a la frente y luego a los labios sin decir palabra. Su rostro era proporcionado, con las cejas y las pestañas muy negras, azabaches. Tenía una dentadura blanca y bien hecha que, al sonreír, y sonreía mucho, parecía como si fueran a echarse a volar un enjambre de palomas. El color de su piel era muy claro, como un almíbar recién hecho o como la capa de los mejores tabacos. No alzaba la voz sino que, cuando quería subrayar algo que le dolía o que le indignaba, la bajaba un poco y se hacía grave y profunda. Podía imaginarlo presidiendo un tribunal y dictando sentencia con toda la autoridad del mundo, pero se me hacía difícil verlo al frente de sus tropas en el desierto. Y como más tarde había de saber, me encontraba ante uno de los más importantes jefes de la resistencia/lucha por la autonomía —que no rebelión tuareg—. Cuando, bastante más adelante, me permitió acompañarlo a algunas reuniones con notables de diferentes tribus tuaregs, aunque no entendía su lengua *tamashek* sí que pude calibrar la autoridad que todos reconocían en sus silencios y cuando, al final, tomaba la palabra.

Su nombre es Abbey Bazou Alhou, había estudiado derecho en Montpellier y recibió el doctorado en París; me contó su nostalgia mientras vivió en Francia «¡el cielo gris, había semanas en que no se veía el sol!», a pesar de que su padre lo había hecho estar siempre acompañado por un hombre de confianza «entregado de por vida», aunque hacía años que su familia ya había sido liberada, y que había seguido con él los mismos estudios. Se da en otros muchos pueblos que, cuando el hijo de un noble ha tenido que desplazarse a otro país, la metrópoli normalmente, escogían a un compañero de juegos que se había distinguido por sus habilidades, por su discreción y por la fidelidad de su familia, para que le acompañara durante todos sus viajes. Había campos en los que la discreción era absoluta hacia su joven señor, pero éste sabía que, por encima de la camaradería y aun de la amistad entre ellos, había un juramento de fidelidad absoluta que no sólo les ligaba a ellos sino que comprometía a todos los miembros de su clan, no sólo de sus familias. En nuestros días, he tenido ocasión de comprobar que todavía se practica pero de una manera más discreta y sabiendo el amigo/compañero que es libre para seguir después su carrera. Es como si disfrutara de una beca con un compromiso de lealtad. Después de todo, no es tan extraño; la historia del pensamiento político está llena de ejemplos de grandes hombres que, en una parte de sus vidas, acompañaron a príncipes como secretarios u hombres de confianza, aunque después el destino los separase y les hiciera combatir en campos contrarios.

Abbey Bazou Alhou era magistrado y, desde hacía unos años, Director General de la Integración Política, Social y Cultural en el Ministerio de Integración Africana y de los Nigerianos en el Exterior del Gobierno del Níger. «¡Todo un programa encerrado en el título!», exclamé. «Sí, aunque muy a mi pesar. La ilusión de mi vida es poder dedicarme a cuidar mis ganados, *mes animaux*: 200 ovejas, 200 vacas cebú, 200 cabras y 200 camellos *pour garder la tradition, pas pour leur rentabilité*. Poder cabalgar, seguir a los animales en busca de sus pastos según las estaciones, recorrer y vigilar el estado de los pozos y comprobar los acuerdos ancestrales por los que se comparten con unas tribus y no con otras; visitar las salinas del norte y traer los bloques necesarios para la gran familia y para los animales; ver el estado de los marabouts en los que descansan los hombres santos de nuestro pueblo y orar junto a ellos pues están llenos de energía.» «Ya me lo imagino, ni vivían ni morían en cualquier lugar.» «En efecto, seguir todo el proceso de la remonta, las ventas en los mercados tradicionales y en las fiestas donde nos congregamos para nuestros ritos; mayoría de edad, toma de esposa, noviazgo, bodas, danzas de las fiestas islámicas y de las nuestras propias. Hay una que no puede dejar de ver, profesor...» «Sí, lo sé, es la de *Cure Salée*, en el mes de septiembre en Agadez, cuando los solteros de Wodaabé participan en un verdadero concurso de belleza durante toda una semana con los maquillajes más elaborados y las ropas más exquisitas, se pasan semanas de preparación y horas y horas arreglándose unos a otros, los más temibles guerreros del desierto, para despertar la atención de las mujeres ¡que son las que los eligen a ellos! Es apasionante. Me gustaría tanto ir...» «¿Profesor, cómo lo sabía?» «Abbey Bazou, amigo, no se deje engañar por mí, lo que hago es contar con alguna gracia lo poco que he aprendido aquí y allá de personas como usted que no pretenden enseñar sino mostrar. ¿Sabe una cosa? Hace años que me he convencido de que no se puede enseñar nada a nadie, algunas personas despiertas pueden aprender algo, pero enseñar, enseñar en la dimensión que usted y yo sabemos, eso es imposible.» Asintió con un gesto serio. «Pero siga, por favor, ayúdeme a preparar mi viaje a su maravilloso país.» «Bueno, mi país, según el pasaporte es el Níger, pero mi pueblo no conoce país, ni nación, ni estado, tal y como se entiende en occidente. Somos los señores del desierto, pero la tierra como la arena no pertenece a nadie —los pozos pertenecen a quien los cavó y los cuida, si los abandona y no sabe defenderlos, los pierde—, y lo compartimos con otros pueblos demarcando nuestros ámbitos de influencia y nos regimos por leyes ancestrales, no escritas, pero que están más vivas que cualquier constitución promulgada por cualquier parlamento soberano.» «Lo sé, Abbey Bazou, lo sé y también sé que la maquiavélica política de los colonizadores los ha dispersado entre cinco países, al menos, Níger, Malí, Argelia, Chad, y hasta algunos nomadean al sur de Marruecos y al este de Mauritania.» «Profesor, cuando venga a Niamey, subiremos hasta las tierras de los *imanam*; antes quería contarle la verdadera historia de lo que ellos llaman la rebelión tuareg.» «¿Y ahora, Abbey Bazou, amigo?» «Usted ya lo sabe, "las personas dignas no se encuentran más que una vez" y "cuando los amigos se reconocen... no pueden hacer otra cosa que compartir", además, hemos esperado tanto tiempo que por un poco más, podremos embridar la impaciencia.» «Un profesor de mi Universidad suele decir: "No nos conocíamos y ya nos amábamos" sin saberlo, porque "sólo se ama lo que se conoce". Pero él, que es un dominico muy sabio, sostiene, y con experiencia, que hay conocimientos latentes y que se "desvelan" al encontrarse, por eso los franceses dicen *se rencontrer*.» «De ahí que, en muchas tradiciones, se sostenga alguna forma de reencarnación para explicarse la sensación de ya visto, de ya conocido, de ya oído que se experiencia ante ciertas personas, en ciertos lugares y sobre todo en ciertas situaciones. Ya sé que los psicólogos han inventado un nombrajo para esto, pero se trata de otra cosa que nada tiene que ver con la pretendida paramnesia.»

Durante las tres horas que se prolongaron en la comida que, evidentemente, compartí con él ya que, como Yao había intuido, no apareció el tal «amigo hausa», me contó que estaba casado en Niamey, con una mujer noble, de una tribu emparentada con los *imanam*, y que ella también había estudiado en la Universidad. En la rebelión de 1990 Abbey Bazou tuvo que marchar al exilio desde Arlit, en el norte de Níger, hasta el monte Grébunt en donde fue acogido por otra tribu de su estirpe. Viajó en camello acompañado por un único servidor, «para prepararme el té y ocuparse de mis comidas y de mis cosas». Dos hombres se ocultan mejor en el desierto aunque les persiga todo un ejército que había puesto precio a su vida. Desde allí cruzó la invisible frontera en el desierto y se dirigió a Djanet, en Argelia, y, después, fue huésped político del gobierno argelino en Tamanrasset donde vivió 11 meses inolvidables en una tribu que desde hacía siglos rendía tributo a los *imanam*. De todos es sabido que, durante la terrible sequía de los años setenta, muchos tuaregs tuvieron que emigrar a Argelia en busca de trabajo ya que sus ganados perecían por falta de agua y de pastos pero, a comienzos de los noventa, las contiendas entre los argelinos les obligaron a regresar. El gobierno de Níger que estaba envuelto en revueltas estudiantiles por los recortes presupuestarios impuestos por el FMI y por la caída de los precios del uranio —que había llegado a suponer el 90 % de sus exportaciones— les había prometido ayuda tanto más que los yacimientos de uranio se encontraban en las tierras habitadas por los tuaregs desde hacía siglos. De ahí las famosas revueltas de las que la más conocida fue el ataque tuareg al puesto de gendarmes de Tchin Tabaraden, en mayo de 1990, que se saldó con más de cien muertos. Cuando Abbey Bazou fue llamado del exilio, el Presidente de la República, Mahamane Ousmane, le pidió que escogiese un puesto en la Magistratura o en la Administración y él insistió para ocupar uno que le permitiera aplicar el derecho a los diversos pueblos que componían el estado del Níger, de ahí el título de su función que le permitía moverse por todas partes y entender en los grandes asuntos del Estado.

Los tuaregs están muy orgullosos de su origen caucasiano y aunque algunos sostienen que descienden de los beréberes —también de origen nórdico del fondo indoeuropeo, los llamados «garamantes» por Herodoto y otros escritores clásicos mediterráneos—, ellos afirman que son más antiguos aunque luego se mezclaron con ellos. Pero se consideran superiores a los pueblos de piel negra —dijo por deferencia hacia mí—, con los que siempre estuvieron en conflicto y a los que, según sostiene Abbey Bazou, nunca estuvieron sometidos. La historia dice que, en raras ocasiones, sí pagaron tributo a los sultanes de Kanem-Bornu y hasta a algún rey de los famosos Estados Hausa, que como sabemos eran pueblos ubicados entre el Níger y el lago Chad que, desde el siglo X, comenzaron a estructurar Estados; pero, con el término hausa, más que a un pueblo se designa a varios pueblos de orígenes diversos que tienen una misma lengua perteneciente al tronco semítico; al islamizarse, hacia el siglo XIII, se integraron en los circuitos comerciales caravaneros especializándose en el tráfico de esclavos, sobre todo de eunucos con destino a los harenes. De ahí el horror atávico que todavía hoy mantienen algunos pueblos que padecieron esas razzias, hasta que fueron conquistados por los peul o fulani en el siglo XIX y, después, por los franceses.

«Obviamente —dice sonriente Abbey Bazou—, los tuaregs nunca castraron a nadie, se limitaban a comerciar con el oro, el marfil, las plumas exóticas y, también, claro, con los esclavos negros que se procuraban entre sus enemigos del sur. Pero nosotros jamás vendimos a un siervo tuareg. O nacían en la casa o eran el resultado de alguna guerra pero nunca los comprábamos para nuestro servicio. Al ser nómadas, era preciso que todas las personas que estaban integradas en el pueblo o en la tribu, lo fueran por lazos más firmes que el resultado de una transacción comercial.» «¿Todavía existen esos "servidores de por vida" entre los tuaregs?» «Bueno, usted sabe que la esclavitud fue abolida por los franceses cuando ya no los necesitaron para sus plantaciones de algodón o de cacahuete; ellos no les llamaban esclavos, sino que utilizaban el eufemismo de "personas libres sometidas a la *corvée*", que como bien sabe eran trabajos forzados de sol a sol y sin ocuparse de ellos. Entre nosotros, una vez que se abolió esa clase social, muchos se entregaron a las familias voluntariamente como "siervos de por vida", al fin y al cabo, habían nacido y se habían criado desde generaciones unidos a ese clan o a esa familia, habían luchado con ellos, sus vidas dependían de la pertenencia a un grupo cuanto más fuerte mejor ¿a dónde iban a ir en el desierto donde el hombre o la familia aislada perecen? No es fácil de entender para los occidentales que tienden a un reduccionismo que tan sólo muestra el desconocimiento de nuestras tradiciones y de nuestra historia.» «A mí me interesa mucho, Abbey Bazou, y estaré encantado de escucharle.» «Ya lo sé, por eso nos hemos conocido.» «¿Cómo por eso?», pregunté. «Sí, no hace mucho, yo estaba sentado en silencio durante la noche en pleno desierto, no hacía viento, ni siquiera se podía escuchar su caricia sobre la arena de las dunas...» «He conocido ese sonido en Hassi Messaoud, cuando era muy joven y fui a cubrir como periodista la guerra de Argelia contra los franceses. Pasé por Laghouat, Ghardaia y, en una locura de los pocos años que entonces tenía, quise llegar a Tamanrasset, en el Hoggar... desde allí, hubiera podido bajar hasta Agadez, en el Níger, pasado Arlit.» «¿Lo ve, profesor? ¡Estábamos destinados a encontrarnos!» «Sí, con treinta años de retraso, y entonces usted tendría...» «Diez años, pero ya le esperaba, aunque usted no me hubiera reconocido. En esa época mi padre era el heredero elegido del Jeque de los *imanam* y, por entonces, las tribus nos movíamos por el desierto porque ya estábamos, de una manera u otra, en disidencia, como les gusta decir a los franceses y Albert Camus popularizó en *El exilio y el reino.*» «Siempre me ha encantado ese libro y estoy con usted en que no deja de tener su ironía el que ustedes fueran los que estuvieran en "disidencia". En esto, como en otras cosas, Saint Exupéry lo trata con mayor ternura.» «Quizá con mayor justicia.» «En cierta manera, él también se encontraba un poco en "disidencia" con relación al común de las gentes...» «Como nosotros ¿quizá?» Aquí estallamos en una franca carcajada aunque él cuidando siempre de ocultar su boca tras la mano extendida. «¿Te imaginas —le dije tuteándole casi sin darme cuenta—, ambos estábamos llamados a encontrarnos pero tú llevabas treinta años de retraso y por eso tuvimos que entrar en "disidencia".» «O usted se adelantó, *maître.*» «No, no me llames así o te llamaré "magistrado" o "excelencia".» «No, profesor, déjeme hacer a mí. Esa fue la esencia de la visión a la que antes estaba a punto de referirme y que, como suele suceder, uno siempre trata de desviarse para no contarla, pero con usted es diferente.» Se produjo un hermoso silencio, muy cálido y fuera del tiempo.

Nos habíamos hecho servir el té en su habitación después de la comida y Yao se había quedado a la puerta, porque el famoso «hausa», que no era sino su hombre de confianza, vestido a la usanza de los tuaregs con los que su familia llevaba más de un siglo al servicio de los *imanam* en la familia de Abbey Bazou, se encargó de atendernos. Ellos sí que viajaban con un servicio de té en su equipaje. Tenían agua hirviendo en un termo y con todo el ritual, sentado en el suelo, procedió a los interminables cambios de tetera a vasos y de vasos a tetera, probando en el suyo hasta dar con el punto exacto de menta, azúcar y té que le gustaba a su Cheick. Después, en un pebetero, encendió una especie de carbón como el de los incensarios en las iglesias, y acercó a Abbey Bazou una caja de madera que éste abrió y de la que extrajo un envoltorio del que separó una bola de varios colores que su asistente colocó sobre el pebetero llenando el ambiente de una fragancia exquisita. «Lo prepara mi madre con resinas y esencias cuyo secreto guarda celosamente. Sólo lo utilizo en las grandes ocasiones... o para ahuyentar a los malos espíritus cuando vienen a incordiar... o cuando debo tomar una decisión importante» No necesité preguntar en qué caso nos encontrábamos. Me limité a dejarme llevar y vivir intensamente aquellos momentos que nos llevaban aguardando más de un cuarto de siglo. «Esto es la eternidad», musité para no interferir en el silencio. «¡*Tempiternitas*, maestro Panikkar!»

«¿Quién sabe si acaso más?», dijo Abbey Bazou leyendo mi pensamiento. Y entonces la conversación ya discurrió por derroteros que se resisten al papel. Su criado se sentó junto a la puerta y ambos nos echamos a reír imaginando la escena: a cada lado de la puerta, un hombre sentado que había prometido «dar su vida» por nosotros. Y es que sabíamos que ellos habían comprendido que, desde ahora, tenían que defendernos a ambos como si se tratase de uno sólo. No es fácil de comprender para un occidental. Tiene algo que ver, aunque no es lo mismo, con lo que en la civilización araboislámica se conoce como *assabiyah*, entre los germanos y antes entre los iberos se tradujo como *fidelitas*, una institución semejante que podía llevar a quitarse la vida si le ocurría algo a la persona a quien habían jurado defender: no podían sobrevivirles, por eso, la *Gefolschaft* entre los germanos era un séquito invencible que asombró a los romanos. No sé cómo explicarlo ahora pero hablábamos casi sin cuidar la sintaxis, ni los tiempos de los verbos ni la ilación en el discurso... era una conversación que no cabía en el lenguaje hablado, casi todo era como sobreentendido. En japonés se dice algo así como *I shin den shin*, que se utiliza en un cierto estadio del Zen para referirse a la forma de comunicarse entre maestro y discípulo: de mi corazón a tu corazón. Por eso tienen que apoyarse tanto en paradojas, adagios, koans, historias, poemas o canciones que sólo son tales cuando se cantan. No existen escritas. No las soportarían los signos.

En la mayor parte de las grandes tradiciones culturales se sirven de estos pobres recursos cuando se entra en el reino de la sabiduría: arte de la vida, saber vivir, experiencia plena de la vida. Como diría el maestro Raimon Panikkar: «aceptar el reto de gozar del sentido profundo de la vida. Vivir una experiencia en la que aún no se han escindido conocimiento y amor, alma y cuerpo, espíritu y materia, tiempo y eternidad, lo divino y lo humano, lo masculino y lo femenino... vivir la armonía de todas las polaridades de la existencia. Una invitación personal a ser lo que realmente somos y que tantas veces no nos atrevemos a creer. La fe no es una doctrina, sino la apertura a un riesgo»

Abbey Bazou escuchaba maravillado pero convencido de que había valido la pena asumir el riesgo. Se trataba de entender la sabiduría como sede de la libertad. Ambos compartíamos que la plenitud de la vida simboliza la unión de tres ámbitos: la orientación fundamental, el verdadero conocimiento y la acción correcta. Lo que los escolásticos llamaron *unitas-veritas-bonitas* o *esse-scire-posse*; para la tradición india, *karma-bhakti-jñana* o *artha-kama-dharma* o *sat-cit-ananda*. Los chinos se referirían a los mismo como hombre-cielo-tierra. Ambos compartíamos que la finalidad de la naturaleza humana, como la de toda naturaleza, es la bienaventuranza, la felicidad, esto es, la plenitud.

Entre el olor de las resinas, del sándalo, del incienso y quizá del almizcle y del cáñamo, Abbey Bazou me habló de su experiencia suffi. Fue inenarrable. No se puede aprehender en palabras las que brotaron para ser comidas y es que los pensamientos también tienen sonido; no sólo escucha el oído sino también la mente y, dice Raimon Panikkar, «más aún el cuerpo y el espíritu. La sabiduría es armonía personal con la realidad, unión con el ser, Tao, Cielo, Dios, Nada... Se ha perdido la actitud integradora porque la persona ha sido reducida a razón; la razón a entendimiento y éste a la capacidad de clasificar y de formular leyes sobre el comportamiento de las cosas... esto nos hace olvidar la totalidad. Es el olvido de la identidad, del *atman*, del todo, del centro que pasa a través de nosotros». Además, hay situaciones y experiencias en las que rige el precepto de Laotsé «el que habla no sabe, el que sabe no habla».

«Bueno, profesor, usted ya sabe que, entre los tuaregs, la interpretación del Islam es bastante liberal y como somos gentes que siempre nos hemos trasladado de un lugar al otro en nuestros nomadeos, o por causa de las caravanas o, más tarde por desgracia, a causa de las sequías y de las iniquidades de los colonos primero, y de nuestros gobernantes después... hemos ido adaptando lo mejor de unos y de otros. Sólo en las ciudades, el Islam mantiene una forma bastante monolítica.» «No en el Tombuctú del siglo XIV.» «¡Claro, porque Tombuctú siempre ha sido tuareg! —exclamó con orgullo— y presiento que algún día podremos ir juntos en peregrinación, aunque no por la ruta que usted sueña, río arriba desde Mopti, sino desierto "abajo".» Ambos nos echamos a reír. Hacía rato que yo había extendido entre nosotros un amplio plano del África occidental y central... y viajábamos sobre él a nuestra manera. «El caso es que, aquella noche, la visión me mostraba nubes negras, ¡llenas de agua¡, que se formaban hacia el sudoeste, pero no sabría precisar adónde. Yo tenía que ir hacia su encuentro para atraerlas hacia nuestros pastos resecados por el implacable harmattan. Ya sé que Freud hablaría de "proyección de deseos" pero ¿qué mas daba? Regresé al campamento, eran unos días de asueto en mis tareas en el Ministerio... y porque tenía que encontrarme allá arriba con otros jefes de algunas tribus que, como usted bien sabe, todavía están en disidencia a pesar de lo que digan los periódicos.» «Sí, conozco el tema y sé que no es de fácil solución... porque se empeñan en fragmentar lo que originariamente está unido aunque no sea uniforme.» «Así es. A los pocos días de mi regreso a Niamey, llegó una invitación al Ministro para que me reuniera en Abidjan con unos enviados de otro país del Sahel en el que también habitan tuaregs. En fin, no necesito contarle más. Ayer terminamos la reunión pero en mi interior algo me decía que no había hecho este viaje sólo para eso. Nosotros, el gran pueblo tuareg extendido por seis que ahora llama "estados" podemos comunicarnos sin tener necesidad de desplazarnos fuera de nuestro ámbito natural. Claro que la invitación estaba dirigida al Ministro, que no es tuareg sino *zarma*. ¡Ahora ya sé cuál era la nube cargada de agua que me aguardaba en el lejano sudoeste!, aquélla que no pude encontrar hace treinta años cerca de Agadez... porque no había llegado la hora». Lo dijo tan convencido que no me atreví a añadir nada porque el corazón del ser humano es insondable y, muchas veces, la mejor actitud es el silencio. Pero recordé las palabras del Budha en el Dhammapada 315: *Kano ve ma upaccaga* [No dejes escapar el instante].

Como Abbey Bazou tenía que partir al día siguiente temprano para Niamey, yo me retiré a mi cuarto. Releí pausadamente la profunda obra del maestro Panikkar que me había traído conmigo: *Un desafío a la modernidad: el espíritu contemplativo*. Hice un poco de silencio y me vestí para ir a la clausura del MASA en el Palacio de Congresos.

Fue una verdadera apoteosis. Actuaron los grupos de Zimbabwe, Madagascar, Sudáfrica, República Centroafricana, Costa de Marfil y la impresionante de los pigmeos, traídos en avión desde sus remotos habitats en el corazón de la selva centroafricana. Me pareció una profanación y, al mismo tiempo, una maravilla. Los pigmeos son uno de los pueblos más antiguos de África y que corren el riesgo de desaparecer por la codicia de los madereros, los mineros y los que pretenden acaparar las tierras para dedicarlas a cultivos de gran extensión. La selva es su madre nutricia en la que se sienten felices: son monógamos, cazadores nómadas y viven en poblados con cabañas semiesféricas cubiertas con vegetales y cuya población oscila en torno a las 50 personas. Para casarse escogen mujer de otro grupo pero tienen que ofrecer otra en su lugar, también en matrimonio. La mujer es muy considerada y ella recoge tubérculos, setas, termitas, larvas mientras el hombre se dedica a la caza o a la pesca. Son hábiles cazadores y algunos son famosos por el sistema que emplean con los elefantes: los siguen hasta que rodean a uno mientras un cazador se arrastra por debajo y le corta los tendones de una pata trasera. Cuando el animal se debilita y le dan muerte, reparten su carne con otros grupos de pigmeos con los que practican el trueque. No acumulan alimentos ni bienes: viven de lo que la naturaleza les ofrece. No practican ni la agricultura ni la ganadería y creen en un Ser Creador que se expresa en la selva: las almas de los buenos se convierten en estrellas del firmamento y las de los malos vagan sin descanso por la selva ocasionando perjuicios a todos lo seres. Por eso, buscan respetar las leyes de la naturaleza y vivir en armonía con ella. Desde hace miles de años han huido del contacto con otras comunidades sedentarias que les parecen menos libres e infelices porque están atados a las cosas que poseen. Cada poblado está presidido por el anciano más sabio o por el cazador más hábil. Son proporcionados aunque su estatura no excede de 145 centímetros. Actualmente, hay unos 150.000 repartidos por Camerún, Gabón, Congo, Zaire, Ruanda, Burundi y la RCA de donde procede este grupo. El color de su piel es como la tierra reseca, utilizan instrumentos hechos con raíces de árboles y su ritmo, al principio parecía ininteligible y monótono pero, al cabo de un rato, te envolvía la magia de un mundo ancestral y puro. Cuando concluyeron no sabíamos si aplaudir o ponernos en pie e inclinarnos con reverencia. Fue impresionante. Me dolía, después, verlos tan sonrientes posando para las cámaras de televisión y para todas las cámaras fotográficas que se abalanzaron con sus flashes para inmortalizar lo que les parecía un sueño. Las administraciones de los diversos Estados tratan de hacerlos sedentarios para «civilizarlos» y han llegado a declararlos «patrimonio de la humanidad» ¡como si fueran una reserva animal! La diferencia es que a los animales del Ngorongoro o del Serengueti no los sacan de sus tierras para ir a mostrarlos como atracción turística en Festivales, por ejemplo, como éste del MASA, en Abidjan. Seducen a los jóvenes como lo han hecho durante siglos: les ofrecen un paraíso más fácil y en el que todo es más rápido y no triunfa el más sabio sino el más astuto. Han introducido el alcohol y utensilios de plástico, transistores y pantalones vaqueros así como los he visto bebiendo Coca-Cola. Les han mostrado un aspecto de la ciudad, los transportan en avión y luego los obligan a quitarse los vaqueros y vestir sus taparrabos ancestrales para divertir a una audiencia impaciente y desarraigada. Yo me retiré en silencio pensando en su regreso a la selva en donde moraban quienes, con los bosquimanos de Botswana y de Namibia, constituyen las reliquias vivas de los primeros pobladores del África central y del sudoeste.

24

Iniciación *baulé*

El domingo día 9 vinieron a recogerme Mme. Thérese D'Hatz, mi amiga alcaldesa de M'Bahiakró, y su marido para ir a misa de diez a la catedral de San Pablo. Yo siempre había pensado que era viuda, quizá debido a su independencia de carácter y de vida, iba y venía a Canadá, a Europa, subía y bajaba de Abidjan a M'Bahiakró. Sabía que tenía dos casas abiertas: una, en donde estaba su alcaldía y la otra, en la capital donde vivían sus hijos. Entonces supe que su esposo había sido un gran jefe de los *baulé*, de la región de Grand Bassam, que renunció a su cargo en favor de un hermano suyo porque él prefirió vivir como abogado en Abidjan y no podía atender a las obligaciones tradicionales de un gran jefe, aunque se ocupaba de la administración de las grandes extensiones de tierra que le correspondieron en herencia. ¿Renunció o tuvo que hacerlo? África es siempre un misterio y las instituciones tradicionales funcionan mucho mejor de lo que los extranjeros podemos imaginarnos. El poder de un jefe es todo menos absoluto, no sólo tiene que consultar al consejo de ancianos y de notables que guardan e interpretan la tradición sino que continuamente está rodeado y asistido por un grupo de asesores que son los ojos y el corazón de la comunidad, incluidos, está claro, el reino de los espíritus donde moran los antepasados. Realmente no tiene vida privada y son esos «consejeros» los que van observando la conducta de los eventuales sucesores para ir descartando a los que se van alejando de las tradiciones o apuntan rasgos que muestran que no sería un verdadero jefe. De ahí que, conociendo a Mme. D'Hatz, su eficacia e independencia, no me cabe duda que algo habrá tenido que ver con el alejamiento del poder de su marido. Quizá aquí resida la clave: «su» marido. Un jefe no «es» marido de nadie, puede tener su o sus esposas así como tiene sus hijos, y está al servicio de la comunidad. Estas son las reglas del juego, el que no las cumpla debe retirarse o, sin lugar a dudas, morirá. Al menos en esta parte de África no se pregunta jamás «de qué murió alguien» sino que, con toda naturalidad, se pregunta «¿Quién lo ha matado?». Haya sido el instrumento, una enfermedad, un remedio o lo que sea.

Fui testigo de un caso que tuvo lugar cuando mi adopción y entronización como jefe tradicional en Ouellé, tierra de *baulés* como Grand Bassam. No olvidemos que los *akán* constituyen el 35 % de la población que se separaron de los ashanti de la actual Ghana, hacia 1750, y que, conducidos por la mítica Reina Aura Poku, se dirigieron hacia el oeste y hacia el centro. Dice una leyenda, que se encuentra en otras muchas tradiciones culturales africanas, que perseguidos por sus enemigos y llegados ante un río infranqueable la reina y todo su pueblo imploraron al cielo y ella le ofreció la vida de su primogénito si los salvaba (siempre aparece un hijo como víctima propiciatoria); entonces, llegaron hipopótamos de todas partes y formaron un puente lo suficientemente ancho y fuerte para que todo el pueblo cruzase el río y pudiera dejar atrás a sus enemigos. En otras tradiciones, el hipopótamo se cambia por otro animal que luego se convierte en totémico. El caso es que, de entre los pueblos surgidos del tronco *akán*, los más influyentes son los agni y los *baulé* cuya lengua está muy extendida y que además, desde la independencia, forman el lobby mas poderoso en el gobierno; no olvidemos que el primer presidente Houphouët-Boigny, era jefe tradicional de los *baulé*, y *baulé* es el actual Konan Bedié.

Llegué a Ouellé durante los funerales de un hombre bueno llamado N'Da Michel, y los ancianos interpretaron que su espíritu descansaría si yo asumía su tarea de persona que ayudaba a la comunidad. Yo no era más que el representante de una organización humanitaria que había asumido el compromiso de abastecer de medicamentos a dos hospitales de la región para que los entregasen gratuitamente a las personas más menesterosas, y mejorado algo las inhumanas instalaciones de la prisión, que no dejo de visitar cada vez que paso por M'Bahiakró. También habíamos hecho entrega de libros de español para los alumnos del liceo que estudiaban nuestra lengua. Ya he dicho que, después del inglés, es la más estudiada en Costa de Marfil. Como de la Embajada en Madrid nos habían pedido una máquina de escribir con los acentos españoles y con la «eñe», y en la ONG no la teníamos, decidí entregarles la mía Olimpia con la que había escrito mis primeros trabajos, y que había sido el regalo de mis padres al terminar el bachillerato. ¿Si podía servir a estos jóvenes para qué tenerla sin utilizar ya que disponía ahora de un ordenador? Creo que es muy saludable y justo ir desprendiéndose de aquellas cosas que uno no necesita y que a otros les pueden ser de gran utilidad. Es impresionante la codicia que, personas despegadas de todo, en general, como muchos intelectuales, tenemos de libros y objetos que ya no nos sirven para nada. Estamos apegados a cosas inútiles y, a veces, nos damos cuenta cuando tenemos que efectuar un traslado de vivienda. La cantidad de cosas que ya son inservibles y que habíamos ido acumulando como urracas. Pero sabiendo que hay gentes que suspiran por un cuaderno para escribir, por un libro para leer, un bolígrafo «para escribir las historias clínicas de sus pacientes» —como descubrí hace años en Cuba y me propuse remediarlo con todas mis fuerzas y las de mis amigos—, no me parece honesto acumular mientras otros padecen necesidad. El caso es que el tam-tam hace llegar a la selva todo lo que conviene saber y los tam-tams humanos que se encuentran en los mercados, también: pues la historia de los medicamentos, de las visitas a la prisión y a enfermos de lepra y del SIDA, así como la dichosa historia de la máquina de escribir así como el comprobar que muchos de los libros entregados llevaban mi nombre escrito, al no haber podido borrarlo, como debe hacerse, crearon un buen ambiente que algunos se encargaron de sobredimensionar.

Mi anfitrión era el Primer Secretario de la Embajada de Costa de Marfil en Madrid, Leopoldo Yobouet, pero, como requiere la tradición, no me alojaron en su casa sino en la de la persona de más rango en aquellos momentos en Ouellé, el Primer Secretario del Partido en el Poder, el PDCI, Karim Traoré, primo del primer Consejero del presidente de la República, en cuya casa habíamos de residir durante la campaña de vacunación efectuada al año siguiente. El caso es que, un día, llegó una comitiva a despertarme con música y danzas. Me puse un pantalón y una camisa y calcé unos zapatos mocasines. Creí que iba a asistir a una fiesta popular o a visitar otro establecimiento como hicimos días pasados en el Liceo, el hospital y a una reunión en el *village* de Kridjabo presidida por dos reyes y nueve jefes tradicionales ante los que hablé con toda mi fuerza y saber: sobre todo en las entregas de los medicamentos en los hospitales de Ouellé y de M'Bahiakró, en donde dejé claro las exigencias de la custodia y de la administración de los mismos. También, al dirigirme a los Reyes y a los Jefes, con todo el respeto que cabe imaginar pero sin ocultar mis auténticos sentimientos sobre la verdadera relación entre tradición y modernidad, mi anfitrión que dominaba el *baulé* y el diulá tradujo de manera increíble mi intervención. Demostró una memoria prodigiosa y una exactitud impresionante como pude comprobar por las caras de los oyentes al llegar a determinados pasajes que yo me iba haciendo retraducir por mis amigos François y Sabou. Cuando luego le pregunté cómo le era posible memorizar tan largos pasajes y más a una persona como yo que me extiendo tanto en el discurso, sonrió y me dijo: «me eduqué con los misioneros que sacaron el mayor provecho de nuestra natural capacidad para los recursos nemotécnicos». «Usted ya debería ser obispo.» «Siempre me han gustado demasiado las mujeres. Ya conoce mi casa.» Nos echamos a reír. El caso es que al no dar abasto estrechando manos repartiendo sonrisas a todos cuantos querían tocarme, le debí dar una cachetada cariñosa a un muchacho que pugnaba por acercarse a mí. ¡La hice buena! Después, me contaron que el chaval, lleno de alegría, daba saltos y decía por todo el pueblo «¡El hombre grande puso su mano sobre mi cabeza. Yo también voy a ser algo grande!». Recordé a los papas y a los reyes estrechando manos y poniéndolas sobre las cabezas, y a los monarcas franceses que curaban las llagas de los enfermos sólo con tocarlos... Pensé que si hubieran organizado una «imposición de manos» alguno se habría sanado de alguna dolencia. Lo malo es que empezaron a cantar «El hombre de la palabra es sabio y cree en lo que dice». «Nos conoce y conoce a los políticos que prometen y no cumplen, el hombre grande pregunta, se informa y calla; luego hace cosas buenas.»

Todo esto me había impresionado un poco y pedía a mis amigos que procurasen parar aquello. Lo que me respondieron me dejó más atónito todavía: «Es que nos hablas al corazón, utilizas proverbios, se nota que quieres conocernos, nos miras a los ojos, haces pausas y nos sentimos comprendidos y queridos». «Pero eso es lo normal, de lo contrario no estaría aquí.» «Sí, pero tú no nos das consejos ni nos pides nada a cambio sino que sentimos que piensas en voz alta y que tu palabra —tan importante para el africano— brota de tu corazón, como el agua de la fuente para un sediento. En África nos estaríamos horas sentados escuchando a alguien que posee la palabra.» Lo dejé estar. Por eso, esa noche, después de haberme duchado y puesto un amplio *pagne* azul como la noche para cenar, nos sentamos en la terraza y llegó el más anciano de la familia y, cuando quise ponerme en pie para saludarlo, me retuvieron por los dos brazos. El anciano vestía el *pagne* índigo y con rayas negras tradicional, se descubrió el otro hombro, se descalzó, inclinó la cabeza y pidió permiso para darme la novedad de la noche antes de subir al porche en el que nos encontrábamos. Devolví en silencio el saludo y me senté lo más derecho que pude porque me emocionaba demasiado aquel hombre lleno de sabiduría y de años que decía con mansedumbre infinita: «Todo está en paz. Custodiamos el pueblo. Las gentes están en sus casas. Todo está en calma. No hay peligro, podemos descansar». Quise levantarme de nuevo, pero tuve que permitir que se acercase y pusiera sus manos entre las mías porque le impedí el gesto de tocar mis sandalias. Me alcé y lo abracé doblemente. Luego nos sentamos y circuló la bebida. Aquel anciano me anunciaba algo sin que yo acertara a comprender, es como si él supiera algo que me concernía pero, como tengo tanta imaginación, procuré aparcar el pensamiento.

Por eso, cuando al día siguiente, me condujeron hasta Bayassou, me encontré entre dos inmensas filas de personas vestidas a la usanza tradicional ante un lugar preparado con ramas, flores, banderas y guirnaldas de flores por todas partes. Yo me asusté un poco porque vi que mis acompañantes me ponían al frente y que toda la comunidad reunida estalló en algo que me pareció ¡*Faxiá, Faxiá, Faxiá*! Mi amigo Yobouet me aclaró: «Gritan Fajardo, pero lo pronuncian a su manera». «Pero tú estás loco.» «¡Déjese hacer, profesor, es su fiesta. Llevan semanas preparándola y no los puede defraudar! Ya le conté la muerte misteriosa de N'Da Michel, el hombre bueno que había organizado a los jóvenes en una cooperativa agrícola, a las mujeres en otra cooperativa para fabricar juntas, vender y comerciar con los famosos *pagnes baulés* que usted tanto admira. Se murió cuando me había pedido un terreno de mi familia para construir un hogar para las personas mayores. Mi familia había acordado entregarlo y, al día siguiente de decírselo nosotros y comunicarlo él a los ancianos, dio gracias a los antepasados, vertió el vino de palma en la tierra y debió orar algo en silencio como se suele hacer... Al día siguiente apareció muerto. ¿Celos, venganza, envidia, mandato de algún brujo a su propia madre que tendría que ofrecer la vida del ser más querido para compensar tantos bienes?» «Pero, Leopoldo, esto es increíble, no vamos a seguir siempre con la reina Aura Poku. Yo no soy más que un colaborador de una ONG y realizo una misión humanitaria apoyada en miles de personas que la respaldan, yo no soy nada.» «Profesor, mantenga el tipo, hágalo por ellos, no los defraude. En África no hay muros que protejan nuestra intimidad.» «¿Qué quiere decir?» «Que, al parecer, de todos los árboles del jardín de Mr. Karim usted ha ido a elegir, para sentarse al amanecer, el ficus donde anidan las serpientes y ante el que algunas personas hacen ofrendas... y hasta colocan algún cuenco con leche.» «Pero eso sucede en la India.» «En África también suceden cosas misteriosas.» «Ya veo, ya.»

No pudimos seguir hablando más. El ruido era ensordecedor. Al frente venían hombres altísimos y muy fuertes que sostenían enormes tubas en las que soplaban sin cesar, un grupo de mujeres danzaban en corro llevando cada una un pañuelo en la mano, otro grupo danzaba y saltaba. De pronto, hicieron espacio para dos hombres: uno iba vestido de arriba abajo con corteza de palma y lucía un enorme turbante del mismo material. El otro era un cazador tradicional vestido con los atributos mágicos —cabezas de pájaros, trozos de alas, plumas y huesos secos— que lo protegen de los espíritus malignos de la selva, llevaba una pipa en la boca, una honda, un machete y los palos para hacer fuego; los ojos encendidos me miraban fijamente desde un rostro curtido y una cabeza con el pelo revuelto y cubierto por un casquete igualmente adornado con talismanes de uñas y de picos. Nadie hablaba nada. Sólo los tam-tam seguían con el interminable *Akwaba Akwaba... kwetude*, «Bienvenido entre nosotros». El cazador extendió su mano derecha con el puño cerrado. Yo extendí las dos mías porque intuí que iba a entregarme algo. La gente se estremeció. El brujo-cazador dejó en el cuenco de mi mano derecha algo que, en este momento mientras escribo, acabo de sacar del cajón de mi mesa y, al igual que entonces, lo he puesto en el bolsillo de mi camisa, sobre el pecho. La gente aplaudió y las mujeres ulularon con ese grito inimitable que puede conmoverte en toda África.

Algo más tarde, se adelantaron tres niñas preciosas, impúberes, de unos diez u once años, con los botones de los pechos apenas apuntando, una tela *baulé* a la cintura como única indumentaria, el cuerpo brillante cubierto de aceite carite espolvoreado con laminillas de oro, la cabeza adornada con guirnaldas de flores blancas y en las manos traían cestos de frutos, nueces de cola, flores y agua en un cuenco. Contuve mi emoción y mi reparo a beber agua que no esté tratada, bebí pero, antes, elevé el cuenco, lo mostré a la multitud, lo apoyé en mi frente y bebí con todo el ceremonial mientras la gente estallaba en gritos guturales y linguales de las mujeres, aplausos, batir de instrumentos... pasé las flores y los frutos a mis acompañantes —¡mi séquito, manda carajo!—, y les di de beber a Leopoldo y a las personalidades que venían conmigo. Mordí una de las amargas nueces y guardé el resto en un bolsillo. La gente volvió a gritar y a aplaudir. Yao Adjimani todavía no había hecho su aparición, aunque luego supe que no se había separado de mi lado... el Gobernador le había encomendado mi custodia como solía hacer con sus propios hijos. No podían exponerse a la acción de un loco.

Me mostraron a mujeres sentadas en el suelo y que hacían todas las operaciones desde cardar la lana, hilarla, teñirla, tejerla, hasta el producto terminado. Igual hacía otro grupo con el cacao, otro con el café, otras mujeres preparaban el popular *attiéké* con la mandioca, otras el delicado *foutou* de cassaba muy trabajada, ñame cocido, con el *alocó* hecho de rodajas de banano frito en aceite de palma; dos ancianos jugaban al *awale*, dos piezas de maderas con 12 agujeros en los que tienen que colocar 24 semillas mientras los respectivos hinchas les animaban...diferentes grupos mostraban sus habilidades artesanales a partir de la madera, de las conchas, de cortezas de árboles; pero, como era de esperar, no estaban los herreros. Su lugar en todas las tradiciones que conozco está en las afueras de los poblados: trabajan con el fuego y transforman los metales, practican alguna forma de alquimia y no están exentos de la sospecha de que tratan con espíritus peligrosos. Por eso son muy respetados.

De repente, se abrió un enorme grupo que rodeaba a los percusores de los tam-tams tradicionales que reposaban sobre antiguas maderas. El oficio se transmite de padres a hijos, un error puede resultar fatal para la seguridad de la comunidad. Mis acompañantes se retiraron un poco y un traductor oficial se puso a mi lado, se trataba de François, el cuñado de Sabou que trabajaba como policía en la guardia presidencial, me había ido a esperar al aeropuerto de Abidjan y actuaba de conductor mío junto con Sabou durante ese viaje. El tam-tam comenzó a sonar dentro de un impresionante silencio. Enviaba señales de atención *en brousse* a las gentes que habitaban la selva y que retransmitirían los mensajes de lugar en lugar ¡hasta que regresaran por otro lado y se pudiera comprobar que no se había alterado en nada! Me tradujeron: «Llamada de atención y de alerta. Noticias buenas. Que todos permanezcan a la escucha». Al duelo por la muerte de N'Da Michel —aquí los tam-tam me estremecieron, los sentí en mi entraña, quizás mi fantasía los asociaba a los de la misa luba cuando en el credo ¡cantado en latín! se hace silencio al llegar al *crucifixus etiam pro nooooooo-bis* (tres veces), más silencio, percusión de tam-tam inolvidable y la palabra tremenda *passus et sepultus est*— siguió el mensaje de «bienvenida a quien llega en su lugar, para que N'Da N'Da N'Da —no dijeron Michel, nombre cristiano— pueda descansar». Fue impresionante, aún soy capaz de sentirlo en mi entraña, bajo el ombligo, en ese lugar que la tradición Zen denomina *ki kai tandem*—pues bien, el tam-tam comunicaba que «los espíritus habían respondido enviando a un hombre bueno». Los cinco tam-tam estallaron de alegría y de alborozo. La gente rompió a aplaudir. «Es blanco, pero es bueno y pronto será de los nuestros.» (Esto, entonces, no lo comprendí. Como tampoco que dijera que no iba a «entrar en una generación», entonces pensé que había entendido mal la doble traducción.) En fin, cantó mis alabanzas. También dijo el tam-tam: «Se levanta lo que uno cree que puede levantar, y no se levanta lo que no se puede levantar». Hermoso. También repetía *Ku Ku Bo A Klue* [Toma sólo lo que puedas tomar]. La gente guardaba silencio hasta que una serie de percusiones como si se tratase de morse, pero monorrítmicas, hicieron que la gente enmudeciera, se oía el zumbido de las abejas, creo que hasta los pájaros dejaron de cantar. Yo sentí frío por la espalda, a pesar del calor inclemente del sol que nos abrasaba mientras el sudor corría por todo el cuerpo. Entonces, las gentes volvieron las cabezas hacia el lado opuesto y yo también lo hice. «¡Escuche con atención!» Yo no oía nada y me desesperaba. Con los ojos, el policía me decía que permaneciese atento y entonces sí pude escuchar el sonido de unos tam-tams lejanos que transmitían un mensaje y al que los nuestros respondieron con golpes secos como diciendo «¡Adelante, os escuchamos!».

Cuando mi traductor comenzó a interpretar en mi oído lo que los tam-tams de la selva decían sentí ganas de llorar, y dejé que las lágrimas resbalasen por mis mejillas. Esas fueron las lágrimas que Yao Adjimani registró y dice que se juró, entonces, no separarse de mí. Pero no era yo solo el que lloraba. Vi otras lágrimas surcar rostros bien curtidos en hombres y en mujeres fuertes prendidos en un lenguaje sin palabras, el *Kuma*. Es un lenguaje anterior al alfabeto, en un idioma que podían traer los pájaros, el viento al pasar entre las ramas de los árboles, el éter al difundir la luz, las sombras, el agua, las nubes... todo percutía al ritmo de los tam-tams y nosotros lo sentíamos en nuestro vientre, en nuestro plexo, en nuestro sexo, más que en los oídos... por eso pedí a Sabou y a François que dejasen de traducir porque ya no lo necesitaba.

Saludé a los maestros de tam-tam y me mostraron un camino que se iba abriendo entre la multitud y que me conducía, casi en volandas, ¡pero sin tocarme! Es decir ¡la gente iba casi en volandas para que nadie me tocase! Una mujer, envuelta en un *pagne* índigo, gritó y gritó y gritó y nos detuvimos. «¡Le está bendiciendo! Ella tiene poderes. ¡Escúchela!» No entendía nada pero presté atención a su larga parrafada, a sus sonidos guturales y llenos de onomatopeyas, que parecían imitar a los elementos. La gente aplaudió y yo no sabía qué hacer cuando sentí la mano de Yobouet que introducía en la mía unos billetes de francos y con un gesto me indicó que debería entregárselos. «Ella le ha bendecido. El profesor tiene que recompensar, no pagar. Así demuestra que recibe la bendición, de lo contrario, ésta se alejaría y podría hacer daño a alguien.» «¿La bendición?» «¡Pues claro, no se puede invocar a los espíritus y no recibir lo que envíen! La bendición tiene su eficacia y una vez suelta...»

Llegamos a un lugar construido con ramas que formaban una especie de gran empalizada bajo la que estaban sentados los jefes tradicionales ataviados con sus mejores galas. Pero había tres asientos vacíos en el centro. Enfrente de ellos había un estrado cubierto con una alfombra sobre la que se alzaban un asiento principal y otros dos detrás sin respaldos. Saludé con una inclinación de cabeza a los notables y dos de ellos ocuparon el lugar de mis dos traductores y me condujeron al asiento sobre el estrado. Antes de pisar la alfombra, instintivamente, me descalcé sin agacharme y avancé descalzo seguro de que alguien se haría cargo de mis zapatos. Me hicieron sentar en el asiento principal de una manera muy característica en África, sin palabras, me conducían con sus dos manos cada uno por uno de mis brazos como si fuera un niño que no supiera andar. Después, ellos volvieron a ocupar sus puestos junto a los otros notables. Mis traductores se sentaron detrás de mí. Me senté lo más erguido que supe, pero no rígido. Un grupo de hombres jóvenes interpretaron unas danzas endiabladamente movidas para mostrar el orgullo de la comunidad y su devoción por el huésped, con gestos inequívocos de contento y de felicidad. Algunos daban saltos increíbles y la gente aplaudía a rabiar. Yo me esforzaba por mantener la mirada aunque me temía que algún danzante se iba a partir la cabeza y, entonces, me pregunté en una fracción de segundo que «¿quién lo habría matado?».

En ese momento, sonaron tubas y llegó el jefe acompañado por dos dignatarios que me sonrió al pasar y ocupó su puesto mientras todos permanecíamos en pie. A una señal de uno de los notables que me habían acompañado y que mis traductores me dijeron que era el portavoz del jefe —porque los reyes jamás hablan directamente a un extranjero, si hay algún malentendido es que el portavoz tradujo mal y será castigado—, todos tomamos asiento, nunca mejor dicho. (En la Corte española se mantuvo durante siglos la ceremonia de «la toma de almohada» por las esposas de los Grandes.) El tiempo se había detenido. Todo podía hacerse real. ¿Dónde estaba la frontera? No cabía más que dejarse ir sin perder la compostura, no extrañarse por nada, hablar poco, no volver la cabeza para hablar con mis traductores que, como intuyéndolo, cada vez que quería decirles algo sentía su respiración sobre mi hombro aunque en señal de respeto cubrían su boca con la mano —yo sabía que así tendría que dirigirme siempre a la persona de mayor jerarquía. (Recordaba que en Bamenda, Camerún, hasta los hijos del rey le hablaban con las piernas medio flexionadas y con la mano en forma de tubo y sin mirarle jamás a la cara; las hijas y las demás mujeres que vi, se inclinaban todavía más y le hablaban casi desde su espalda ¡y la hija que conocí era médico formada en Inglaterra y su hijo David doctor en veterinaria por una Universidad norteamericana en la que trabajaba durante todo el año, excepto en el tiempo en que tenía que venir para asegurar que los hijos de sus mujeres le pertenecían!) Yo sabía que debía mantenerme erguido, sin apoyarme en el respaldo, metiendo la cintura, casi como si estuviera sobre una montura a la manera samurai, y no mostrar sorpresa por nada. Sentía miles de ojos sobre mí. Entre esas miradas, sabía que había algunas particularmente inquisitivas, estaba seguro, que tenían relación con otra dimensión de la realidad. Lo percibí de esa forma inefable que suceden, a veces, estas cosas y, expulsé todo el aire que tenía en los pulmones, respiré muy hondo, retuve un buen rato el aire y comencé a expulsarlo lentamente —*pranayama*—, muy lentamente mientras el portavoz real pronunciaba un largo discurso que, al terminar, me habrían de resumir. La verdad es que por mis lecturas ya conocía algo de lo fundamental de la ceremonia que iba a tener lugar. No estaba asustado. Me integré de lleno en la comunidad y así debieron percibirlo, sobre todo, los observadores.

El portavoz me saludaba en nombre del rey y de los notables que me daban la bienvenida y me aceptaban como huésped de honor, dijo que «mis equipajes» habían sido colocados en la casa que me asignaban, «los animales» en el establo habían recibido doble ración de forraje, «mis criados» descansaban y que ahora debería aceptar la bebida que me ofrecían para reparar el cansancio por el largo viaje. Unos jóvenes se adelantaron y depositaron a mis pies botellas de cerveza, de gaseosa y hasta de la inevitable Coca-cola. Las miré e hice un pequeño gesto indicando que las aceptaba, sin tocarlas. Después, me pidió permiso para darme la *petite nouvelle*. Asentí con la cabeza. Lo curioso es que, debido a la traducción, todo iba un poco desincronizado, pero así estaba establecido. Entonces, se adelantó un poco y habló del rey y de los notables, de la comunidad, de la situación de los cultivos y de los ganados, de los cazadores y de la gente que habitaba la selva, que ya estaba advertida de mi presencia y la festejaban, que los espíritus de los antepasados me habían aceptado y que, como ya conocía el duelo que habían vivido, el Consejo había decidido interrumpirlo tan pronto supieron que llegaba a las puertas del poblado. (Ya hacía dos días que había llegado y no en caballos sino en un todo terreno conducido por Sabou y por su cuñado, pero había que vivir la realidad de aquella celebración que no se trataba de representación teatral alguna, sino que eran signos visibles de realidades invisibles que se expresaban por símbolos.) Me comunicó que el pueblo estaba en paz, que ya no había guerra y que sus enemigos los temían y les enviaban los tributos acordados.

Se produjo, entonces, un profundo silencio, el portavoz se volvió hacia el jefe, se arrodilló y con la mano delante de la boca le preguntó algo, el jefe hizo como un gesto hacia todos los notables que lo rodeaban que asintieron con expresivos gestos de sus cabezas y el rey adelantó un pie e inclinó también la cabeza. Todo el mundo estalló en un aplauso y en gritos, las mujeres ululaban, sonaron de nuevo los tambores, las tubas, los timbales, la gente se abrazaba y yo no sabía qué hacer... entonces, los dos traductores, al unísono casi, apoyaron sus mentones en mis hombros y me dijeron llenos de alegría y de entusiasmo, como si acabaran de enterarse ahora del suceso: «No te van a entronizar como jefe de generación ni como jefe tradicional... sino que el rey te adopta como hijo, te cambiará el nombre y sus ayudantes te vestirán con los atributos de tu nueva condición... déjese hacer profesor, no tema». (Debí poner cara de susto, por eso de vestirme de nuevo —que implicaría desvestirme— y eso de ponerme un nombre nuevo y que no entraba en una generación... me hacía recordar que yo no estaba circuncidado,

¡fantasías que pueden pasar por la mente en cuestión de segundos!) El rey y todos los notables se pusieron en pie. Yo hice lo mismo. Se acercaron unas mujeres que portaban en cestas un *pagne* de colores primorosamente trabajado, no era el típico índigo que ya conocía, ellas lo habían tejido para mí, otra traía unas sandalias de piel con tiras doradas y adornos de piedras de colores, y el portavoz mantenía sobre una bandeja un gorro de terciopelo negro con adornos metálicos en forma de rombos, clásico entre los jefes pero cuyo significado varía según la forma y el grosor de los adornos, en este caso dorados, entre los ashanti y los reyes *akán* el oro puede pesar kilos. Me dejé hacer. Mis amigos y otros ayudantes se pusieron delante de mí como formando una barrera para proteger mi intimidad, me ayudaron a quitarme la camisa y cuando ya pensaba que iba a quedarme en calzoncillos —eso si no se les ocurría ponerme en manos del experto en manejar la navaja—, Leopoldo se rió y me musitó: «no es necesario, profesor, no tema». Me colocaron el largo *pagne* que, desde entonces, preside mi despacho de trabajo junto con el resto de los atributos en una vitrina. Y como yo ya me había entrenado en casa de mi anfitrión a ponerme después del baño y para cenar el *pagne* azul del que os hablé, la gente quedó muy impresionada de la destreza con la que eché el extremo derecho sobre mi hombro izquierdo. Como todo era una fiesta, la gente volvió a aplaudir. Alguien me calzó las sandalias que dolían porque mis dedos no estaban acostumbrados a las correas nuevas que pasaban entre el pulgar y el segundo. Pero aguanté como pude, lo malo sería cuando tuviera que andar.

Entonces, el que iba a ser mi padre, Kouakou Yao, debió de hacer algún gesto y el portavoz vertió de un ánfora vino de palma en una especie de media calabaza. Me hicieron seña de que me acercase, lo hice muy despacio —las personas de la realeza nunca se apresuran, siempre llegan a su tiempo—, el rey tomó la calabaza y se puso en cuclillas, yo hice lo mismo temiendo perder el equilibrio por las dichosas sandalias y a una seña del oficiante, el portavoz se puso en cuclillas detrás de mí y me fue traduciendo palabras que nadie más debería de oír. Fue vertiendo el *bangui*, vino de palma algo amargo y azucarado, poco a poco, en el suelo y cada vez hacía una invocación, esperaba a que me la tradujeran y así siguió durante largo rato. Le ayudaron a ponerse en pie igual que hizo el portavoz conmigo porque, si no, no sé cómo lograría hacerlo sin perder la compostura. Ya en pie, alzó la calabaza sobre su cabeza, la acercó a la boca y bebió un largo trago, y me la pasó a mí. La tomé con ambas manos, hice una larga pausa que debió parecer eterna por el silencio que se produjo, miré a «mi padre» a su rostro por vez primera y lo encontré hermoso, con ojos muy azules y con la barba muy blanca —era un venerable anciano—, entonces alcé la copa sobre mi cabeza todo el largo que dieron de sí mis brazos, los bajé con lentitud vaticana y llevé la calabaza a mis labios bebiendo un largo trago despaciosamente. El silencio era impresionante —ya no se sentía ni el calor—, cuando el jefe colocó sobre mi frente una unción con kaolín muy ligera pero visible durante todo el día y a continuación sobre mi cabeza el *couvre-chef* símbolo de mi jerarquía. La gente estalló en aplausos, gritos y fanfarrias. Mi padre me abrazó dos veces. Yo hice lo mismo y, de mi propia cosecha, me incliné y le besé la mano derecha, en gesto de lealtad y de fidelidad, que va más allá de la sumisión. Vuelta al estruendo. Entonces, mi padre me musitó algo al oído e hizo seña al portavoz que, fue cambiándose de postura para gritar a los cuatro vientos que el nombre de su hijo era: *Yao Kouadio hijo de Kouakou Yao*, que todos lo respetasen, etc. Los tam-tam sonaron para transmitir el nuevo nombre al pueblo de la selva y a los espíritus encargados de protegerme, mientras mi padre me tomaba del brazo izquierdo y me conducía al estrado en el que habían colocado un asiento más alto para él. Me senté a su derecha y, entonces, comenzó un interminable desfile de notables y de gentes de toda condición: unos me abrazaban, otros llevaban mi mano a su frente, otros tocaban mis sandalias y luego pasaban su mano por sus frentes o besaban las puntas de sus dedos. Después, tocó el turno a las mujeres. Aquello no parecía terminar nunca. Hasta que, a una seña del jefe, todos regresaron a sus puestos y el portavoz me pidió, en nombre de mi padre, «que les comunicara *la grande nouvelle*, puesto que el mundo es grande y los viajeros ven cosas que nosotros no conocemos y pueden ser útiles para la comunidad, sobre todo viniendo de la boca del hijo del jefe que no puede decir mentira».

Yo conocía esta costumbre muy extendida en África, sobre todo en la subsahariana y en la del oeste. En otras tradiciones hay otros matices, como entre los *attiés*, sus parientes, en los que el entronizado moja su dedo índice en el kaolín y lo lleva a su labio inferior en señal de perfeccionar el juramento y guardar secreto de lo que concierna al bien de la comunidad. Pero como yo no tenía el kaolín a mano se me ocurrió una de esas cosas que, no sé cómo, a veces se me ocurren y que ya veréis cómo sucedió.

Ante un silencio impresionante, pues nada deleita más a un africano que pasarse horas escuchando a un viajero y más si es «notable», me puse en pie, coloqué el extremo de mi *pagne* de nuevo y bien medido sobre mi hombro izquierdo, lo sujeté con el brazo izquierdo y extendí la mano derecha para iniciar mi parlamento.

Comencé con los consabidos *GNA AGNIO. GNA MO AGNIO* [Buenos días a hombres y a mujeres], *EN SO MI NOU KPA* [He sido bien acogido], *Ô YE N'FÊ KPA* [Estoy muy contento]. Imagínese el lector amigo la que se armó: no se trataba más que de unas frases de cortesía que me había enseñado hacía unos días Sabou para saludar a los reyes y a los jefes en Krindjabo, pero en aquel ambiente todo sonaba a mágico. En cierto modo, N'Da hablaba por mi boca.

Agradecí con corrección los honores recibidos, prometí fidelidad a mi pueblo y a todas las etnias *baulé* y hasta a la gran familia de los *akán*, «nuestros parientes». Dije quién era, de dónde venía, cuántos hijos tenía, a qué me dedicaba en mi país y cual era la misión que me había traído al África y concretamente a la tierra de los *baulé*. Prometí atender las necesidades de los más pobres con el envío de medicamentos al hospital, que acogía la petición de vacunar masivamente el próximo verano a los niños de toda la región «sean *baulé* o de cualquier otra etnia porque para hacer el bien no hay distinción de razas ni de religiones ni de etnias ya que todos somos hijos del mismo Dios y que la única manera que tendrían en el futuro de agradecérselo a Yao Kouadio hijo de Kouakou Yao, o a quienes viniesen en mi nombre, era hacer el bien unos a otros pues en el reino de los espíritus, donde habitan nuestros antepasados, tan sólo se valoran las acciones buenas». Tomaba algún respiro mientras los traductores se turnaban para verter en lengua *baulé* y en lengua *dioulá* mi discurso. Entonces, aludí a N'Da y dije —así como suena— «que ya había descansado y ocupaba su lugar entre los antepasados porque había obrado el bien y su sangre no pedía venganza sino que se mezclaría con la mía y yo proseguiría su tarea para que hubiera paz entre las familias». Se hizo un silencio todavía más impresionante cuando los traductores vertieron mis últimas palabras que se referían a mi sangre. Hubo como un pavor que recorrió físicamente a toda la audiencia. Yo lo percibí y los tam-tams percutieron de manera tan grave y profunda que yo mismo sentí como un vacío, como un soplo que me recorría todo el ser. (Ahora puedo explicar que, durante el besamanos y la ceremonia de acatamiento, pedí a Leopoldo Yobouet que se procurase una banqueta y enviase a pedir a la enfermería del hospital próximo un frasco de alcohol, algodón y una venda así como un mechero o cerillas. No sé cómo lo consiguió ni qué habría pensado pero hay momentos en que, cuando recibes una orden de alguien con autoridad, nadie se resiste y la ejecuta.)

Hice seña con la mirada a Leopoldo y a su sobrino Sabou que colocaron todo ante mí. Entonces, hablé y dije muy despacio para que fueran traduciendo por párrafos algo así como: «Las cosas más importantes de la vida no se pueden explicar con palabras. La realidad tiene que ver con el mundo de lo invisible: los árboles, los ríos, las montañas, los animales, todos los seres palpitan con el mismo espíritu. Por eso están presentes nuestros antepasados con los que nos comunicamos por signos. Dios *es* en todas las cosas, las visibles y las invisibles, las creadas y las increadas, el tiempo y la eternidad, la vida y el tránsito que denominamos muerte, todas las religiones tratan de recomponer la unidad esencial perdida por eso nos debemos respeto unos a otros porque nadie es superior a nadie y nadie puede explotar ni dañar ni abusar de nadie. Todo está interrelacionado y todos somos uno. Así, en todas las tradiciones, la sangre es símbolo de la vida y por eso no puede ser derramada porque la sangre llama a la sangre. En este suelo se ha vertido la sangre de nuestro hermano N'Da y su sangre pide sangre para alcanzar la paz y entrar en el descanso donde moran los antepasados. Pues bien, el hombre que se pierde en la selva y no sabe cómo regresar al poblado, si es prudente, no sucumbe al pánico, busca un termitero y se sube sobre él, desde ahí divisa una montaña, la escala y desde su cima encuentra el poblado; entonces, cuando llega junto a los suyos, no debe olvidarse de saludar al termitero, al tiempo que saluda a la montaña». Explosión de silencio. Proseguí con toda la calma. «Yo andaba perdido en la selva de los hombres blancos y no sabía cómo regresar a mi poblado *baulé*, como no podía divisar la montaña de mi padre Kouakou Yao, me subí al termitero Leopoldo Yobouet...» Ya no pude seguir, la gente había sintonizado. Hice un silencio, eché el extremo del *pagne* más hacia atrás todavía, cogí un trozo de algodón y lo puse sobre un plato de metal, abrí la botella de alcohol y lo vertí encima. Cogí el mechero y le prendí fuego. Entonces, metí la mano en el bolsillo de mi pantalón donde llevaba una navaja suiza de larga hoja y la abrí con toda solemnidad mostrándola bien. La rocié de alcohol y la puse sobre la llama. La mantuve así un rato. Después extendí el brazo izquierdo y me di un tajo limpio sobre el dedo índice que comenzó a sangrar como si se lo hubiéramos encargado. Un grito salió de la multitud y los jefes se pusieron en pie, mi padre también pero sin mover ni un músculo. Tan sólo Sabou quiso acudir para curarme pero lo eché para atrás con una mirada. Sostuve el brazo extendido y dejé que la sangre manase, y como no hay nada más escandaloso que la sangre, cuando ésta comenzó a bañar la mano y el antebrazo, a la gente le pareció que el mensaje estaba claro. «Mi padre» me cogió por el brazo y ante el entusiasmo de la gente se renovaron los gritos, me dejé curar por una enfermera que se acercó y que yo conocía del hospital y que me dijo, «hacen falta tres o cuatro puntos de sutura». «Ahora no, por lo que más quiera, ponga algodón con alcohol y apriete fuerte la venda, luego iré a que me cosa.»

Y antes de concluir dije: *MA BOUKA MOU* [Trataré de ayudaros]. *N'GNE N'GNA N'KLUA YO* [Haré todo lo que pueda]. Entonces, y recordando la costumbre tradicional leída en algún lugar, me volví a «mi padre» y en voz alta le pedí *la route*, a lo que él respondió que no con la cabeza, lo repetí por tres veces, entonces él se volvió al portavoz y le dijo algo al oído que eso sí que yo me lo conocía. «Le Chef ne peut pas vous accorder la route parce vous que êtes devenu un des notres. Il ne vous accorde que la moitié de la route afin que ne vous égarez pas, vous pouvez partir sans crainte, parce que vous reviendrez ici, chez vous» [El jefe no puede concederos el permiso de partir porque os habéis convertido en uno de los nuestros. Por eso, os concede sólo la mitad del camino para que no os perdáis, podéis partir sin temor a fin de que regreséis aquí, a vuestro hogar... donde seréis acogido como al hermano que regresa después de un largo viaje]. Es una costumbre muy conocida y tradicional. Hace unos días, cuando despedía a Mme. Henriette Konan Bedié, a las puertas de la Facultad de Ciencias de la Información, en la Universidad Complutense, ante el pasmo de mi decano y del rector le dije una fórmula parecida y su comitiva aplaudió entusiasmada mientras ella besaba a mi mujer y a la doctora San Martín mientras a mí me decía «ahora, profesor, ya no puede pasar por Abidjan sin venir a visitarnos... este verano, cuando vayan a la campaña de la vacunación, el Presidente los recibirá porque somos *baulé*». Fue divertido.

Recuerdo, una vez más, las palabras del Gobernador de Man «El pollo suda, pero no se ve porque tiene plumas». Acabada la ceremonia de la entronización nos dirigimos hacia la casa de la familia Yobouet en donde tendría lugar el banquete. Las sandalias me atormentaban los dedos pero yo no podía dar señales de dolor así que, tan pronto como llegué al porche de la casa, me descalcé «en señal de respeto», pisé la alfombra que habían extendido y me dirigí con «mi padre» y los notables a ocupar los lugares asignados. Leopoldo me musitó que los jefes podían conservar las sandalias puestas —no sé a donde carajo lo mandé en el más perfecto español que me salió del alma— y él puso la mano ante la boca para no reventar de risa y todos creyeron que me hablaba «con respeto». Saludé a los notables y me retiré para ir al baño y para que la enfermera me pusiera cinco puntos de sutura ante la mirada atenta de mi querido amigo el doctor Paul Kouehion que sostenía mi mano y no hacía más que mover la cabeza sin decir palabra. ¡Él, que lleva corbata hasta con la bata blanca puesta, y que, sin embargo, es un hombre con una gran sensibilidad y una total entrega a su profesión médica! Pero así son las cosas en estas tierras maravillosas. Renuncio a describir el banquete, precedido del lavamanos, la música, las danzas eróticas y tremendas que ejecutaban los jóvenes del pueblo: describían todos los ritos de la vida con una expresividad como sólo en África puede verse sin sonrojarse sino estallando en risas y en aplausos que coreaban las mujeres. Las danzas de ellas no eran menos provocadoras y las risas y el estruendo no eran menores. Al concluir cada danza y según los aplausos, venían a saludarme y a tocar los pies o las manos. Se acercó una mujer viuda, admirable, Mo Ya, que había puesto en marcha la cooperativa textil de mujeres aconsejada por N'Da Michel, y se arrodilló a mi lado pero la hice sentar sobre la alfombra y me habló por medio de Sabou Traoré y me contó cosas admirables y para siempre inolvidables. También se acercó Yao Kouamé, el presidente de la cooperativa de jóvenes agricultores que me transmitió el mensaje de todos ellos: «Tú, Yao Kouadio, ya no eres un blanco, nunca más, a pesar del color de tu piel algo clara —los albinos son especiales—, te has convertido en un negro como nosotros, tú eres nuestro hermano». Salió la luna, la noche nos cubrió a todos y se encendieron fuegos, mientras corría el alcohol que, «nobleza obliga», yo había hecho traer para la fiesta.

Cuando regresamos a la casa donde me alojaba, estaba el coche del Gobernador que aguardaba con otros dos coches de escolta. Me esperaban en la sede del Gobierno Civil las autoridades civiles y militares para tomar una copa en el jardín. ¡Creí que me moría de cansancio! Pero el concepto del tiempo es distinto en África, ellos habían respetado las ceremonias tradicionales y ahora me tocaba a mí actuar como un blanco responsable. Me cambié en dos segundos y me dirigí al gobierno civil precedido de un coche que hacía ulular una inútil sirena pues no había nadie por las calles oscuras. Lo más notable de la recepción es que allí conocí a Yao Adjimaní, un inmenso negro kulangó que vestía una chaqueta blanca impecable, un pantalón negro a la medida y unos zapatos en los que se reflejaría la luna si lo permitiesen los bellísimos emparrados del jardín. El Gobernador me lo presentó, en cierto momento, como el hombre que había sido «sus ojos y sus oídos» para que fuera mi sombra durante todo el día. «Pues bien oscura debió de ser porque ni me di cuenta.» «De eso se trataba, usted no lo debería percibir pero todo el mundo reconocía a Adjimaní y usted era intocable.» «Ahora comprendo algunas cosas.» Yao sonreía satisfecho y más cuando alabé su perfecto servicio y lo bien dosificado que estaba el segundo whisky que me traía. Volvía a ser un blanco educado entre autoridades con una enraizada formación francesa y me porté como se esperaba de mí. Algún tiempo más tarde, Yao me habría de recordar cada minuto de esa velada que acabó cuando la luna ya estaba alta, muy alta y mi cuerpo agradecía el descanso reparador.

25

En las playas de Grand Bassam

No hay que olvidar que Grand Bassam es una de las zonas que más se han desarrollado desde la colonización y que más futuro tienen en el boom turístico que vive Costa de Marfil. Por la noche, cuando fui a cenar a casa de la familia D'Hatz, pude ver en las paredes los grandes cuadros en los que aparecía el Jefe de familia con sus ornamentos del día de la coronación y las espléndidas joyas en oro macizo, pesadísimas, que tuvo que dejar porque van unidas al cargo. Me pareció un hombre callado, de unos sesenta años pero algo envejecido, que había tenido que tomar una opción en un momento de su vida, pero yo no quería dejar que mi imaginación me jugase ninguna trastada. Estaban todos sus hijos, entre ellos una médico casada con otro médico que atendía a las Fuerzas de Seguridad especiales del Presidente de la República. «Enorme responsabilidad.» «¡Ya se puede imaginar!» Así, pues, la familia de Mme. D'Hatz era de ascendencia real, pero estaba muy conectada con el Gobierno. Yo que la había visto trabajar con tanto dinamismo no sólo en la gestión, a distancia, de su alcaldía, sino al frente de la Asociación de Enfermeras y ahora como alto dirigente en la Corporación de alcaldes que tiene su sede en la capital que es desde donde la mayoría de los alcaldes luchan con el poder central para obtener algo para sus circunscripciones. Éste es un aspecto que impresiona cuando uno llega al África profunda: todo hay que resolverlo en la capital, herencia del centralismo francés tan funesto en pueblos con otras tradiciones radicalmente diferentes.

Yo sabía que en Yaoundé, los domingos se celebra una misa al aire libre en la parroquia de N'Djong Melen, algunos kilómetros al oeste de la ciudad, no lejos de la Universidad. La celebración dura desde las 9 hasta el mediodía y es una fiesta de las dos culturas con música africana tradicional, tam tams, danzas, ofertorio con toda clase de frutos mientras las mujeres danzan y cantan acompañadas por un coro fabuloso. Siendo yo muy joven, había conocido la Misa Luba y me fascinó su celebración en una parroquia de los alrededores de Bruselas, habitada sobre todo por congoleños, cuando el Zaire todavía se llamaba Congo belga y no había alcanzado su independencia. Conservaba aquel recuerdo como una de las primeras llamadas que yo sentí que África me enviaba. Estaba convocado el Concilio Vaticano II, que tantas expectativas había levantado, y por todas partes percibías el sueño de una reparación a los siglos de opresión y de desarraigo que los clérigos habían impuesto a pueblos y a culturas que tenían sus propias y riquísimas señas de identidad. Parecía como si hubiera llegado la hora de reparar la injusticia y el error cometido con el jesuita padre Ricci cuando, en el siglo XVI, sugirió una adaptación de la liturgia romana a la realidad cultural de la China. Fue la famosa Cuestión de los Ritos que terminaría, como siempre ha solido suceder, con la imposición de los criterios romanos y la llamada al silencio del P. Ricci y sus compañeros. Como si la liturgia romana no fuera una adaptación de las celebraciones orientales, surgidas en el judaísmo, a los criterios del Imperio. Ese drama se habría de dar una y mil veces en la historia de la Iglesia Católica, y ocasión tuve durante años de explicarlo en mi asignatura en la Universidad como una muestra de la cerrazón, del centralismo y del cesaropapismo que tanto daño habrían de causar a millones de seres a lo largo de la historia. Bien reciente está lo ocurrido con la Teología de la Liberación y con el abortado Concilio Africano... que se celebró hace cinco años en Roma, claro, porque no se fiaban ni de los obispos africanos —aunque todos formados en Roma—, ni del clero africano ni, es obvio, del Espíritu Santo. Cuando haya pasado este pontificado a mejor vida, quizá acuerden reparar tanta injusticia y tanto daño cometido en nombre de un derecho, de unos ritos y de una pasión por el poder que niega de hecho la presencia viva de Jesús en las distintas comunidades. Pero dejemos esto, ahora.

Me llevaron a la moderna catedral de Saint Paul construida por un arquitecto italiano y que fue consagrada por Juan Pablo II en 1985. Preferiría no hablar de la Basílica de Yamoussoukro, la artificial capital administrativa impuesta por Houphouët-Boigny, en 1983, consagrada por el mismo papa, en 1989, y que tantos disgustos me causa cuando sale el tema con mis amigos de Costa de Marfil. Es uno de los escándalos y de los horrores más funestos y megalómanos de la moderna historia de África y de la Iglesia católica. Construida en sólo tres años, mientras que cien años fueron necesarios para la de San Pedro del Vaticano, de la que ésta es una copia increíble en plena selva africana. Se extiende sobre 8.000 metros cuadrados, la cúpula es sólo ligeramente más baja que la de Roma, debido a una sugerencia pontificia, pero la cruz que corona el edificio hace que sea el más alto de la Cristiandad. El aire acondicionado funciona sin parar aun con las inmensas puertas abiertas, los asientos son de caoba africana pero construidos en Italia, tiene más de 36 inmensas vidrieras hechas a mano en Francia por los más famosos especialistas. La plaza puede acoger a más de 300.000 peregrinos y está pavimentada con granito y mármol. (El número de católicos, en todo el país, no supera los dos millones.) Las famosas columnas que sostienen la bóveda, a diferencia de las del Vaticano, disponen de ascensores interiores. La cruz que preside el altar pesa 40 kilos de oro puro. En su tiempo, el costo superó los 300 millones de dólares, cincuenta mil millones de pesetas, una suma equivalente a la mitad del déficit total del país, pero lo más terrible de todo es que su mantenimiento supera los dos millones de dólares anuales que, obviamente, no son compensados por las entradas de los turistas ni por las donaciones de los peregrinos. Lo que golpea con más estridencia es que, en todo ese impresionante monumento a la megalomanía de un Presidente que se decía demócrata y con ideas más bien populistas que socialistas, no hay ni un solo elemento africano: hasta las figuras de las vidrieras y del mural son de personajes blancos, excepto la de un pequeño peregrino que aparece arrodillado junto al Cristo y que es el retrato del megalómano mecenas. No hay que olvidar que en Yamoussoukro, tierra natal de la familia del Presidente, se hizo construir un palacio con diversos edificios y un inmenso parque rodeado de un foso con cinco kilómetros de muro donde sestean manadas de cocodrilos para cuya alimentación se construyó una granja de pollos, aparte de otras carnes que se hacen traer en frigoríficos. Y hablamos de uno de los países más desarrollados y ricos de África, con una población de 15 millones de habitantes, una esperanza de vida de 56 años, una tasa de analfabetismo del 60 %, un médico por cada 11.000 habitantes, la mortalidad infantil de niños menores de cinco años de 94/1.000 y la deuda externa era, en 1994, de 19.000 millones de dólares, para cuyo servicio hay que destinar el 40 % de las exportaciones. Sobran comentarios y rezuma el dolor. Cada vez que he pasado por allí, me costaba mucho imaginar a Jesús de Nazareth entre los fieles que acuden a la Basílica y, sin embargo, lo veía entre la pobre gente que caminaba descalza acarreando leña del bosque para sus humildes hogares. Nadie ni nada justificaba que el propio Papa Juan Pablo II, con tanta sensibilidad para otros temas sociales, consagrara esa monstruosidad y mucho menos puede explicar que los clérigos y las religiosas que se ocupan del culto se alojen en unas residencias en piedra berroqueña y mármol diseñadas y alhajadas en el más lujoso estilo propio del Renacimiento que tan escandalosamente han construido.

Volviendo a Abidjan, yo les había pedido a mis amigos que me llevaran a una iglesia en donde pudiera saborear una liturgia influida por la tradición africana. Pues no. Me llevaron a una catedral en la que las mujeres iban todas vestidas a la occidental, con medias, tacones y velo negro. ¡Ni un *pagne*, ni un vestido floreado, ni uno de esos tocados que sólo las mujeres africanas son capaces de montar con un trozo de tela! Los hombres iban con camisa de manga larga y corbata, algunos con chaqueta ¡con aquel calor!, los niños vestidos como hace décadas en Europa, con camisas y jerseys y algunos hasta con pajaritas, calcetines y zapatos abotonados. No me lo podía creer. Los reclinatorios estaban concebidos por el mismo diablo, inclinados hacia debajo de forma que te destrozaban las rodillas porque allí se arrodillaban durante todo el canon y durante la distribución de la Eucaristía. Por supuesto, la misa era en francés, el oficiante un francés del tiempo de la colonia, y los monaguillos llevaban sobrepellices barrocas llenas de encajes... Increíble. Los cánticos eran en francés y, una gran parte, en latín. El bellísimo gregoriano resonaba allí como una incongruencia «*quia peccavimus tibi*... los *Kiryes* de la misa de *Angelis* así como el *Sanctus* y el *Agnus Dei*». Yo miraba a mi alrededor. ¿Estábamos en Lourdes, en Toulouse, en Nimes o en Montpellier? Ni un cántico tradicional, ni un instrumento africano. Nada de nada.

La homilía fue para echar a correr: ni una alusión a la realidad africana, ni a las muertes violentas que estos días llenan de consternación a la población de Abidjan con hombres quemados vivos acusados de «robar el sexo a otros hombres...» por tratarse de hausas que vienen a «robar» el trabajo a los nacionales del país en la construcción... los periódicos hablan en primera página del horrible tema así como todas las ediciones de los telediarios. A algunas víctimas, después de apalearlos con hierros y arrancarles la piel a tiras por mujeres que los acusaban de «disminuir el sexo de sus maridos» (*sic*), les metían la cabeza en una cubierta de coche, la rociaban con gasolina y le prendían fuego. Tengo las fotos de los periódicos *Fraternité Matin* y *Le Populaire* con los textos de dolor de los comentaristas: «Des innocents ont payé un lourd tribut à nos conneries, à nos imbécillités de nègres bourrés de superstitions d'un autre âge». «Le sexe est devenu le grand boulevard sur lequel chemine, impunément, la mort.» El tema es de candente actualidad porque se trata de un problema de inmigración que trabaja en puestos que desprecian algunos nacionales y les echan la culpa a los hausas extranjeros, olvidando que también hay hausas marfileños. Otro día les tocará a los inmigrantes de Burkina o de Guinea o del Níger o de Malí que sobrepasan el millón de personas. Pero hay problemas de sanidad, de educación, de trabajo, de huelgas en la Universidad... ¡nada! el cura habló siguiendo un manual del predicador como podría hacerlo en una parroquia francesa, en el siglo XIX.

Fue una liturgia francesa empalagosa, ni un batir de palmas, ni una ofrenda ni un gesto. Hasta en la paz, ¡los africanos que son tan expresivos!, se la daban con la punta de los dedos como si les diera asco. Y yo sin poder salir de allí por respeto a mis anfitriones y sin poder ponerme en pie y gritarle a aquel cura salvaje que aquello era una agresión, era un pecado. ¡Cómo eché de menos en el momento de la consagración, que todos seguían arrodillados y con la cabeza hundida entre las manos, el increíble sonido del tam-tam *pour annoncer en brousse ce qui se passe*. Como sucede en cada poblado cuando llega alguien importante o sucede algo de alegría o de pesar para la comunidad. ¿Qué fe les predican? ¿Qué Cristo? ¿Qué mensaje de salud, de vida y de esperanza? La fe que me transmitieron de niño y que procuré ahondar en mis estudios superiores, hace años que se tambalea, pero cuando viajo por África o por algunos países de América, entonces, me hace sufrir con un dolor de desarraigo, como si me arrancasen algo que nos perteneciera a todos. Debe ser el resto de una cultura y de una concepción de la vida que intelectualmente he superado pero que cordialmente todavía me duele. En estos tiempos en que todos los estudios antropológicos demuestran la solidez de los valores ancestrales de los pueblos africanos y de sus culturas, duele ver la ceguera de mahometanos y de cristianos, de protestantes y de católicos actuando contra natura para acabar de desarraigar y mejor domesticar a estos pueblos y a estas gentes.

Salí de la iglesia con un enorme malestar. Sobre todo porque no podía desahogarme con nadie. Me llevaron de nuevo al hotel para que me cambiase mientras ellos iban a su casa a hacer lo mismo y me recogerían dentro de una hora con su hijo Sergio y su novia así como con Ángeles. Hoy es domingo. Me acuerdo de mi familia, de todos, pero en especial de mis nietas. Vivir es compartir. Y si un sentido del pudor y de la ternura que siento por los míos me moviera a pasar por alto estas vivencias ¿con qué fuerzas acometerían sus proyectos los futuros viajeros? Por desgracia, muchos relatos de grandes viajeros silencian aspectos personales por considerarlos sin importancia para el «gran público». Pero son fundamentales a la hora de entender una empresa que se lleva a cabo con alegría y con dolor pero que, otros muchos, han abandonado porque han necesitado la comprensión y el apoyo de todo el mundo. Algunos editores tienen como una especie de manía para que no aparezcan en la «narrativa de los grandes viajeros» aspectos personales y humanos, sin los cuales serán incomprensibles las aventuras vividas porque las despoja del elemento humano que las hace próximas... e imitables y no sólo dignas de admiración.

En Grand Bassam, como ya había visitado la antigua capital de la colonia, nos fuimos directamente a una gran playa. Tenía necesidad de echarme de bruces al agua. Pero, de nuevo, estaba el ritual africano que había que respetar. Los dueños del *maquis* donde íbamos a comer eran primos de los primos de Mr. D'Hatz que, aunque no había venido, estaba representado por su hijo Sergio y también por su esposa. Saludos y esperar hasta que nos sirvieron las deliciosas gambas y el pescado a la plancha cubierto de rodajas de cebolla, de tomate y de hierbas. Les pedí disculpas por no tomar el postre pero tenía necesidad de caminar un poco por la playa.

Había un fuerte oleaje que me impedía nadar. Las playas de esta zona son blancas y de buena arena pero muy estrechas y enseguida se hunden en el mar con una fuerte resaca. Me eché a andar, hundía los dedos de mis pies en la arena, caminaba por la orilla esquivando los restos de ramas y de cocos que el mar arrojaba, las olas me salpicaban y yo me metía cada vez más adentro para sentir la fuerza del oleaje golpeándome el cuerpo. Cuando hube dejado atrás las cabañas y los *maquis*, me despojé del traje de baño y me lo metí por una pernera en el cuello para tener las manos libres y mantener el equilibrio entre las olas. Uno de los mayores placeres es sentirse zarandeado por el agua del mar, sentir la pérdida de la gravedad, el movimiento de las olas, el reventar tu cuerpo sobre la arena al dejarte ir sobre ellas y hacerte espuma y arena y algas y viento y cielo y recuperar el rostro originario. Una de las veces que el agua me arrojó contra la orilla agarré la arena a puñados y me froté todo el cuerpo con ella y con algas y con espuma que se me escapaba como peces sorprendidos. Me frotaba el cuello, los brazos, el torso, el vientre, las piernas, los pies, la cabeza, las manos... me llenaba la boca de agua, me hundía y volvía a salir, me cubría todo el cuerpo con algas, me revolcaba en la arena más caliente de la orilla y volvía al agua... era como una celebración, como una iniciación, como un renacer al igual que había sucedido años atrás en las inmensas playas cubanas de Cayo Largo. Pero entonces no estaba solo. En aquella ocasión pasamos unos días como delfines, como seres anfibios, pasábamos horas y horas en el agua, en la orilla, haciendo meditación, alumbrando el amanecer o aspirando los últimos rayos del día. Caminábamos durante kilómetros por la playa infinita sorprendiendo a las iguanas y a las tortugas y a los cormoranes y a las gaviotas y a la vida y a la muerte y al sudor y al goce de sentir la tormenta caribeña golpear con fuerza nuestros cuerpos desnudos. Nos bañábamos de día y de noche, bajo el ardiente sol o bajo las estrellas. Bebíamos todo el ron del mundo y comíamos sólo pescado. Huíamos de las gentes del hotel. Dijimos que éramos astrónomos y que necesitábamos alejarnos para contemplar mejor las estrellas. Nos daban una cesta con algo de fruta, bebida y huevos cocidos o algún bocata. Nos daba igual. No había nadie. Como a veces llovía a mares, los turistas se refugiaban en la barra libre del hotel junto a la piscina y se ponían como cubas. No acababan de comprender que la lluvia, el viento, las nubes, el agua con el más fuerte oleaje sólo en nuestras mentes estaba asociado con el «mal tiempo y con el frío». ¡Estábamos en el trópico, como aquí ahora en Grand Bassam! Pero aquí, me encontraba solo, muy solo, en un día de domingo en el que la nostalgia quería competir con el gusto salobre de las aguas y con la dulzura de una lluvia bendita que comenzó a caer para mi mayor alegría... pero que obligó a la familia D'Hatz a enviar a Sergio y a uno de sus primos a buscarme «por si me había perdido». No podían comprender que no estuviera guarecido en algún sitio ante aquella tormenta. Ya en otra ocasión, hacía ahora un año, me había sucedido algo inolvidable en otra playa parecida, también del Grand Bassam, pero que, ahora, quizá el pudor o la falta de espacio no permiten que me detenga en describirlo.

Al regresar al hotel, me duché y me cambié y no pude resistir la tentación de llamar a casa. Me sentía incapaz de concentrarme en la lectura. Medité una hora larga, ante una imagen de Budha con una vara de sándalo encendida. ¿Y si el Budha estuviera sentado enfrente de mí, como yo estoy ante esta imagen? ¿Y si yo fuera el Budha... y si todo es Budha? Aquí, ahora, sentados ante un precipicio... quizá bajo un pino solitario... nada cuenta... aunque duela y vuelva y te amenace con su zarandeo insidioso... dejarlo que pase, que llueva, que sople, que ventee... dejar que pase... *Pax. Ham So Ham. Pax. Ohm.*

Los días que siguieron fueron de una gran actividad: conferencias en la universidad, reunión con profesores y con dirigentes estudiantiles. Cena en la residencia de nuestra Embajadora. Trabajé mucho durante esos días. Estudié y escribí durante horas, visité a muchas personas. Recibí a otras muchas que podrían cooperar en proyectos en común. Visité a representantes de otras ONG así como a misioneros españoles. Envié muchos fax a la sede en Madrid. Por eso, hice con gusto la maleta con ayuda de Yao para dirigirme el miércoles 12 al aeropuerto. Pero el avión de Air Afrique, *Air Peut être*, no salió a las 14:30 ni a las 17:30 sino que nos devolvieron al Novotel. Menos mal que en la furgoneta conocí a Mustapha Mahamat. Es del Chad pero trabaja en Washington en el African Department International Monetary Found. Había tenido que hacer escala en Abidjan y se dirigía a N'Djamena, vía Niamey. A causa de la irregularidad de los vuelos dispondría de pocos días para estar con su familia.

«¡Pero doy gracias a Dios que ha permitido estos retrasos para que nos encontrásemos!», me decía lleno de entusiasmo y de dinamismo. Era ágil como una anguila. Entendió el proyecto CPMP al momento y me pidió permiso para hacer una fotocopia del texto en francés. Al cabo de unos minutos ya estaba en mi cuarto con el pretexto de devolverme el original y para decirme que ¡acababa de hablar por teléfono con el rector de la Universidad de N'Djamena y que estaría encantado de recibirme allí al día siguiente! «Pero si yo mañana tengo que estar en Niamey.» «¡Déjelo en mis manos!, puedo hablar con Air Afrique y extender su vuelo hasta N'Djamena y regresará pasado mañana en el vuelo que viene de Nairobi.» «¿Y usted confía en Air Afrique con la que acaban de hacernos?» «Profesor, en África todo es posible y no siempre se puede uno encontrar con un proyecto tan apasionante... y tan lleno de lógica.» En vano trataba de hacerle comprender que, al trazar el itinerario de mi viaje por veinte países, habíamos descartado el Chad por las dificultades en las conexiones y que ya tenía cerrados todos mis vuelos. Felizmente, una llamada de Abbey Bazou desde Niamey me confirmó que me estaría esperando en el aeropuerto pues se había enterado de la cancelación del vuelo y que ya había concertado algunas entrevistas. Le hice comprender a Mustapha la imposibilidad de alterar ahora el plan de viaje. «Y en la segunda parte, ¿por qué no comienza por el Chad?» «Usted sabe que no hay vuelos directos desde Europa.» «Pero puede hacerlo vía Yaoundé.» En fin, me acordé del chiste del sobrino del cura gallego que quería una navajita y, delante de él, telefoneé a Madrid y pedí que fueran a la agencia de viajes e intentaran incluir al Chad en el próximo itinerario. Me admiró la constancia de aquel hombre y su interés por hacer participar a su país en el proyecto. Me recordó a la cananea del Evangelio. Como veremos, en la segunda parte del viaje visitaría el Chad donde pasaría los mayores calores de mi vida y no pocos problemas, porque no todos sus compatriotas y colegas estaban hechos de la misma pasta. Por otra parte, el cambio habría de ser providencial, porque los sucesos del Zaire me hubieran hecho quedarme en Kinshasa durante la acometida de Kabila alterando la continuación de mi viaje que pude hacer desde Brazzaville a Luanda. Éstos son esos momentos que hay que agarrar cuando pasan por nuestro lado.

A la mañana siguiente desayuné con un joven informático del Níger, de unos treinta años, educado en Senegal, en Burkina y en Canadá. Era *peul* y no sabía hablar la lengua de sus mayores. ¡No podía entenderse con su abuela! Se ha casado con una muchacha *peul* «para que les enseñe la lengua a nuestros hijos». Sus padres lo enviaron desde niño a estudiar en colegios franceses y en el extranjero, está desarraigado, habla mucho de «los africanos» y dice que «deberían —ellos, supongo— escoger una lengua africana y generalizarla para que la entendiesen todos». «¿Cuál? ¿Hausa, swahili, *peul, dioulá?*» «No sé, cualquiera.» Yo me sentía mal y estaba echando de menos a mi fiel Yao, este tipo me estaba echando a perder el desayuno. Cuando le hablé del proyecto CPMP me espetó: «No está mal, pero hubiera sido mejor que se le hubiera ocurrido a los africanos». Así, como suena. Y allí me veo yo hablándole de la grandiosa cultura de los *peul* o *fulani* o *fulba*.

Que son más de doce millones de personas que se extienden por todo el Sahel: Senegal, Guinea, Malí, Burkina, Níger, Nigeria, Camerún y Chad. Que son de una gran movilidad y eso ha contribuido al enriquecimiento de su cultura al entrar en contacto con otros pueblos, guardando sus señas de identidad. Que su tronco común, al igual que el de los *songhay*, probablemente sea de los *mandé* que dieron lugar a ramas tan ricas como los *malinké*, los mandingas, los *wolof*, los *bambara*, los *dogón*, los *senufo* y un largo etcétera. Que ellos tenían influencia beréber y hasta algunos sostenían que, entre su ascendencia, había egipcios lo cual explicaba la tez tan clara y los rasgos tan significativos de algunos, y así se habían beneficiado del enriquecimiento del mestizaje. Por eso, como él mismo, eran de alta estatura y de rasgos muy finos, nariz aguileña, pelo largo y muy oscuro, rostros ovales, con una elegancia innata y desde niños viven obsesionados por la belleza. Pocos pueblos les aventajan en el cuidado de su aspecto externo, como sucede en la rama *bororo*. Sus mujeres se distinguen por el colorido de sus ropajes así como por la belleza y complicación de su peinados y, cómo no, por la riqueza en la elaboración de sus pendientes y alhajas. Le recordé que su asentamiento urbano los distinguió de los que habían seguido unidos a sus ganados: belleza física, ganados y familia eran los pilares de su sociedad. No parecía saber nada del uso del oro, del ámbar, del jaspe, del cristal y del ágata para sus adornos que caracteriza a los *bororo*. El mismo no sabía decirme cuáles eran sus raíces, ni conocía el significado de sus viviendas construidas en forma cónica como sus célebres sombreros, ni que comparten la tierra prefiriéndolo a la propiedad privada. Ni sabía nada del período de danzas, como la *yake*, en las que las muchachas eligen a los chicos más guapos, que se han adornado con ocre y sulfuro de antinomio. Es una danza bellísima en la que los jóvenes de las diferentes familias se alinean según el orden de los clanes; los más jóvenes se colocan en cada uno de los extremos y bailan en fila haciendo girar con rapidez sus magníficamente adornadas cabezas y sus ojos para atraer a las muchachas que admiran el estilo y la belleza.

Me escuchaba como si le hablara de una novela o de una película extranjera. Él llevaba el pelo cortado como cualquier negro norteamericano, pantalones vaqueros, una camisa de un equipo de rugby y calzaba, evidentemente, zapatillas Nike. Mejor, dejarlo. Hubiera querido dejarle alguno de los lúcidos trabajos de Fernando Savater sobre la cultura de la hospitalidad que «obtiene su fuerza colectiva de la armonización de lo diverso» y que es capaz de asumir lenguas, tradiciones y respuestas diferentes a los problemas que plantea la vida y las circunstancias. Le diría que la cultura de los *peul* era de las que «incluían en lugar de excluir, que respetaba y comprendía en lugar de imponer y que era capaz de convivir con formas plurales de amar, de rezar, de razonar o de cantar... y que por eso tenían primacía sobre las que se atrincheran y confunden unidad y armonía con uniformidad y unanimidad». Pero no tenía tiempo... y el muchacho parecía haber perdido la capacidad.

Pero no pude reprimirme de contarle algunas palabras de los *peuls* que yo había recogido aquí y allá: «La vida no es nada, la vida es bien poca cosa. Te acuestas y no sabes si te despertarás. Te despiertas y no sabes si llegarás a la noche». «La paciencia es necesaria en todas las circunstancias: ante la muerte como ante la vida. Al final del invierno el agua de la charca está contaminada. Está sucia y huele mal. Pero si tienes sed, tendrás que beberla porque no dispones de otra. Llegas a conservarla como un tesoro y esto hasta el día en que puedas conseguir el agua buena de un pozo.» «Cuando prendes un fuego, al principio hay mucho humo. Pero si no eres capaz de soportarlo, jamás alcanzarás la felicidad de la llama. El placer de sentarte en torno al fuego para calentarte pasa por la paciencia ante el humo. En la paciencia, es preciso aceptarlo todo, tanto la felicidad como el sufrimiento.» Y le recordé que «la tradición de los *peul wodaabé* es el hecho de mantenerse agarrados por las manos los unos a los otros, es el hecho de sentirse todos unidos unos a otros». Y concluí con un proverbio que quizá le haría pensar... si aún le quedaba materia viva en el cerebro: «La tradición de los *peul* es como un camino que es preciso seguir hasta el final. Alejarse de este camino significa la vergüenza, el extravío y la muerte». (Al menos, así los recogió Ángeles Maliki en *Bonheur et souffrance chez les peuls nomades*.)

¿Por qué me sucederá a mí esto? ¡Qué diferencia con el muchacho encontrado en similares circunstancias en Bamako y que partía para Nairobi! Uno se fue feliz y, como él decía, «sembrado de ideas para una vida» y el otro vacío de sí mismo y lleno de imágenes estereotipadas, fruto de una globalización, en este caso, funesta y lo vi como desarraigado, como aquellas «flores sin raíces que se lleva el viento», como le dijera aquella flor del desierto al Principito que había bajado a la tierra en busca de un amigo.

26

¿Existe África?

A punto de concluir su periplo en torno a África, Peter Marshall buscó un sentido para sus experiencias en ese continente ya que es preciso comprender las causas de sus dificultades presentes antes de intentar considerar posibles vías de solución para las mismas. Y apuntó unas ideas que vienen a mi mente como puntos de reflexión en este viaje al corazón de África. Son distintas de los estereotipos acuñados, de los lugares comunes y de las reiteradas imágenes que los medios de comunicación repiten sin cesar para adormecer nuestras conciencias y hacernos creer en un fatalismo histórico o en una predisposición racial que incapacita a los pueblos africanos para un desarrollo integral, al considerarlos, de entrada, en perenne minoría de edad: «como no saben lo que les conviene ni tienen la madurez necesaria para tomar en sus manos las riendas de su destino, siguen necesitando de la protección y tutela del hombre blanco».

El gran experto en temas africanos, Basil Davidson, afirma que «la experiencia de África, y de los pueblos africanos, es única e irreemplazable». Y cita las palabras que la princesa inglesa María Luisa escribiera hace unos 75 años: «Es una tierra maravillosa. ¿Cuál es su hechizo? Se adueña de uno y, una vez que se ha sentido su poderoso influjo, nunca se puede olvidar». En su *Historia de África*, Davidson se enfrenta con valentía y conocimiento a lo que tantos estudiosos y amigos de los pueblos africanos denominan «el gigantesco malentendido». Confundiendo mitos y realidades, se multiplicaron leyendas que, en cierto modo, han quedado como fundamento de tantas actitudes del moderno racismo que sostiene que «los negros, por su propia naturaleza, son inferiores a los blancos», como había llegado a sospechar el filósofo escocés David Hume. Antes de seguir adelante, hay que afirmar, de una vez por todas, que el racismo es anticientífico porque parte de una premisa falsa: la aplicación a los seres humanos de la división en «razas» cuando no constituimos más que una sola raza.

Davidson recoge una serie de afirmaciones que han venido transmitiéndose sin el menor análisis crítico desde el siglo XVIII. Así, el filósofo escocés David Hume añadía sin el menor conocimiento: «Nunca hubo nación civilizada de tal complexión, ni siquiera individuo alguno que sobresaliera por sus actos o especulaciones. No se dan entre ellos fabricaciones ingeniosas, ni artes, ni ciencias...». Nada menos que el gran filósofo idealista alemán Guillermo Federico Hegel llegó a escribir, en 1831, en los *Discursos a la nación alemana*: «El negro representa al hombre natural en su estado completamente salvaje e indómito. No hay nada que armonice con la humanidad en este tipo de carácter. Terreno es éste en el que abandonamos África para no volver a mencionarla; pues África no forma parte histórica del mundo». Hegel jamás había estado en el continente africano ni había conocido a personas africanas que no fueran criados del servicio. La realidad era que éste era el lugar común para europeos y americanos que se apoyaban en la autosuficiencia de la revolución industrial que parecía ser el privilegio de los pueblos de piel blanca. Pasan por alto la inconmensurable aportación de pueblos de otros continentes al progreso de la humanidad en sus diversas civilizaciones: las riquísimas culturas chinas, hindúes, mesopotámicas, y aún de los mismos pueblos de la América precolombina, son contadas entre las grandes aportaciones. A la incuestionable civilización egipcia, hasta hace unos años, nadie la consideraba africana sino que parecía una especie de galaxia extraterrestre.

De este modo, no es de extrañar, como comprobaría a lo largo de mi viaje, que los primeros exploradores europeos fortaleciesen estas disparatadas ideas que perduraron hasta nuestros días, en que profesores, como el notable Ki-Zerbo en su *Historia de África*, y otros muchos demostraran lo radicalmente falso de estas actitudes. Baste como muestra lo que escribía, en 1860, el famoso capitán Richard Burton: «El estudio del negro es el estudio de la mente rudimentaria del hombre. Parecería una degeneración del hombre civilizado más que un salvaje que accede al primer escalón si no fuera por su total incapacidad para mejorar. Todo indica que pertenece a una de esas razas aniñadas que, sin elevarse nunca al estado de hombre, se desprenden como eslabones gastados de la gran cadena de la naturaleza animada». No se pueden decir más barbaridades ni más crueles. Son falacias sin el menor apoyo en el sentido común ni en la ciencia. Por eso, los estudiosos abordaron en los últimos cuarenta años la historia desvelada del desarrollo humano de África y del diverso talante, como señala acertada y documentadamente Davidson, con el que los blancos han considerado a los negros desde la antigüedad hasta nuestros días. Las obras de este autor, así como las del profesor Ki-Zerbo, son de obligada consulta y un verdadero regalo para el espíritu. Entre nosotros, de lengua española, son imprescindibles los formidables trabajos del profesor Ferran Iniesta.

Aún a riesgo de desmitificar a los famosos exploradores que abrieron la geografía de África a los ojos europeos en el siglo XIX, no vacilaremos en recoger las expresiones racistas y erróneas que, en gran parte, motivaron sus indudables proezas. Recordemos a sir Samuel Baker que, en 1865, expresó una opinión muy extendida en Europa refiriéndose a los pueblos *dinka* del alto Nilo: «son inferiores a los animales: su naturaleza no es ni tan siquiera comparable a la del noble perro... carecen de gratitud, de amor y de compasión» (*sic*). Los *dinka* son uno de los pueblos más importantes dentro del grupo nilótico. La altura media de los hombres es de 1:90, «su carácter es generoso, abierto y jovial», dice Leo Salvador que añade «todo su esfuerzo imaginativo se encuentra en los adornos masculinos y femeninos. Sin embargo, es muy rica la narrativa oral, que evoca la historia de su tribu y de sus héroes. Aprecian la familia y tienen muchos hijos». Son característicos los profundos tatuajes en torno a la cabeza a los que se someten al llegar a la pubertad como signo de valor y de capacidad de asumir el desafío de la naturaleza hostil en la que, desde hace siglos, desarrollan su vida pastoril.

Tienen profundas creencias religiosas y sostienen que la ley moral viene dada por Dios, creador del mundo, y que toda culpa contra la familia, la comunidad o la naturaleza debe ser expiada voluntariamente o recibirán un castigo. Son famosos, aparte de por su piel muy negra y porque se tiñen de rojo su rizado pelo, por la costumbre de descansar una pierna sobre otra mientras se apoyan en una lanza cuando cuidan sus ganados. Lo hemos visto también en los masais. También es característica una maza de madera dura con un mango de 80 centímetros y que sirve como arma y como objeto ritual. Es muy significativa una tradición inveterada de los *dinka*: en su antigua democracia ninguna familia está autorizada a poseer más bienes que los que poseían las demás familias. Como la tierra es muy pobre es preciso que alcance para los ganados de todas las personas. No se concibe la propiedad de la tierra y, al igual que sucede en el pueblo *pokot* que viven en tierras de Kenia, sus leyes están asentadas más en la idea de compensación que en la de retribución.

Es, pues, preciso distinguir los descubrimientos geográficos y científicos de las tendenciosas afirmaciones sociológicas y culturales que nacían de la ignorancia acerca de las culturas de los pueblos africanos y de los prejuicios que se apoyaban en el imperialismo que los animaba y sostenía. No fue así cuando emprendieron la conquista de la India o de la China o de Camboya o de Tailandia o de Laos o de Malasia o de Mesopotamia o de Egipto, por no citar más que unos cuantos casos bien notorios. Pero es inadmisible que todavía en nuestro siglo se sustenten teorías apoyadas en prejuicios desmontados por los datos de la historia, de la fenomenología, de la sociología, de la antropología y de tantas otras ciencias que hoy es inadmisible ignorar. Y si esos prejuicios informaron actitudes perversas, la razón y la justicia obligan a reparar afirmaciones que informan conductas racistas inadmisibles y muy dañinas.

Este sofisma está en la base de todos los documentos que trataron de explicar la conquista, la cristianización, la civilización europea, la colonización y los protectorados de esos pueblos sin distinguir ni respetar sus señas de identidad, su historia, sus culturas, ni el medio en el que desenvolvieron sus vidas. Los dominadores-protectores (como se vio en la Conferencia de Berlín 1884-1885) partieron de sus intereses económicos y estratégicos haciendo caso omiso de la realidad de esos pueblos, a los que saquearon y explotaron bajo diversas figuras seudojurídicas, pero encubiertos bajo las expresiones de «filantropía, misión civilizadora, cristianización y apertura de mercados».

Esta es la historia de un viaje al interior de uno mismo; esto es, al corazón de los pueblos de África porque si, en definitiva, el Sur somos todos, también nosotros somos africanos.

Partimos del hecho, ya admitido, de que las dificultades presentes: regímenes dictatoriales, militarismo, corrupción en los cuadros, crisis económica, guerras civiles y desastre ecológico, tienen su origen, en gran parte, en los años del colonialismo europeo. Y en la precipitada y forzada independencia de muchos de los nuevos Estados, a veces, en contra de la razón, de la evidencia y de la historia. La consideración de África como un salvaje y oscuro continente, en el que la vida es peligrosa, embrutecedora y muy corta, es un mito montado por los primeros colonizadores y exploradores, así como por no pocos misioneros (léanse las cartas de los franciscanos desde Costa de Marfil en el siglo XVIII), para justificar su dominio. Lo que los invasores extranjeros denunciaron como superstición, embrutecimiento e ignorancia, magia negra y ritos demoníacos, es considerado hoy por los expertos en sociología, en fenomenología de las religiones y en antropología, como sistemas muy coherentes y, en muchos casos, avanzados en relación con las culturas donde se desarrollaron y en el medio donde expresaron su diálogo con la realidad cósmica.

En un mundo en el que los recursos son limitados y la lucha por la subsistencia tiene que tener en cuenta las necesidades del medio ambiente, era práctica común el no tomar más que lo necesario y tratar de restaurar la armonía de la naturaleza. Lo que, para Occidente, fue una evolución en la concepción de la justicia, el «ojo por ojo y diente por diente», en la sociedad masai y en otras muchas de larga tradición en África, la justicia no se basaba jamás en la venganza, sino en la restauración de la armonía social vulnerada por el delito. De ahí que los ancianos buscaran siempre una reparación en especie, cabezas de ganado, por ejemplo, o en una prestación comunitaria en otros pueblos, siendo rara la aplicación de la pena de muerte. Es muy elocuente, a este respecto, una máxima de los *bemba*, de Zambia: «Es bueno encontrar un panal de abejas en la selva, y aún es mejor encontrar dos; pero si encuentras tres, eso es brujería». Y la comunidad lo castigaba por su codicia porque entendían que si has encontrado dos panales y sigues buscando y te apoderas del contenido de un tercero, apropiándote de la miel que correspondería a otra persona, ya no actúas con un corazón puro. A eso, en su lenguaje tradicional denominaban brujería.

Es falsa la generalización de que, en las sociedades africanas precoloniales, sólo imperaba el caciquismo, el sometimiento al jefe de la tribu o al rey. El mismo concepto, tan absurdamente generalizado, de «tribalismo» hoy se toma con mucha más prudencia y acercamiento a la realidad que conoció instancias superiores y anteriores a la tribu, término más bien acuñado por los colonizadores para esconder su ignorancia de las lenguas, de las creencias y de los códigos de conducta de unas sociedades, a veces, muy evolucionadas con controles y equilibrios de poder para controlar al ejecutivo. La participación popular en la toma de decisiones era más grande de lo que se ha dicho. Los jefes rendían cuentas y podían ser depuestos y sancionados con arreglo a códigos establecidos. En general, por tribu se entiende un grupo de personas o familias que hablan una misma lengua, reconocen un ancestro común y están unidas por relaciones de parentesco, aunque a veces, sea preceptivo buscar esposa en otro clan para mantener un sólido entramado de alianzas. Como sucede con los *fang* que es uno de los grupos bantúes más fuertes y de los más numerosos pues superan los veinticinco millones de personas extendidos por Camerún, Guinea Ecuatorial y norte de Gabón.

Si metodológicamente es útil clasificar a los pueblos africanos por sus troncos comunes en bantúes, nilóticos o sudaneses hay que señalar que el mestizaje ha sido continuo durante siglos y que, unos y otros, se han influido y enriquecido mutuamente. Podemos intentar seguirlo por la vía del lenguaje, de los rasgos físicos, de las tradiciones religiosas y de las costumbres pero siempre abiertos a las múltiples influencias porque no existen etnias puras ni, por supuesto, una única raza negra. Partimos de que en el continente africano se encuentran los negroides (pigmeos), los bosquimanos y hotentotes (o grupos de habla «clik» por el chasquido linguo-palatal que emiten al hablar), los camitas (que penetraron desde el Este y se distinguen: libios, beréberes y tuaregs, por un lado; y egipcios, *amhara* y somalíes, por otro), los semitas (árabes que penetraron como conquistadores a partir del siglo VII) y aparte de asiáticos y europeos, Leo Salvador, en su didáctica síntesis que seguimos, habla de los dos grandes grupos de negros: los negros y los nilo-camitas.

Los calificados como Negros son los que representan la mayor pureza en las características de la denominada raza negra que se dividen en dos grandes grupos: los negros sudaneses que ocupan la franja subsahariana que va del Atlántico al Mar Rojo (*malinké, wolof,* hausa, *senufo, dogón, sara, bambara, azande* y *mangbetu;* los pueblos árabes y beréberes mezclados con ellos dieron lugar a los *peul* y a los *shongay*) y los negros guineanos que se extienden a lo largo de la costa desde Guinea al Congo (*kissi, bassari, yoruba, ewí, ibo* y *ashanti*).

Luego están los nilo-camitas que son el resultado de la mezcla entre unos y otros. Se dividen en tres grandes grupos: nilóticos (*dinka, acholi, nuba, shiluk, nuer* y *batutsi*), nilo-camitas (masai, *turkana, samburu, borana, rendile, pokot* y *karimoyón*) y negro-camitas o *bantúes* que es el grupo más numeroso y más difundido por todo le continente que superan el centenar de millones y entre los que destacan los *fang, luba, bemba, bahutu, meru, kikuyu, zulú, shona, xhosa, ndebele, sotho macua, makonde* y *herero,* entre otros muchos.

Sólo quisiera señalar que cualquier simplificación es impertinente y fuente de toda clase de errores y de injusticias pero que estoy de acuerdo con Leo Salvador cuando destaca unos elementos culturales muy característicos que es preciso tener presentes al proceder a cualquier clasificación: un estrecho contacto con la naturaleza. Viven en armonía con ella y no son esclavos de la técnica. Supremacía de lo social y comunitario frente al interés individual. Expresión oral, que tiene como instrumento principal la palabra y por archivo la memoria. Sentido de lo sacro. Sus tradiciones reflejan una visión religiosa del mundo. Junto a esto, yo añadiría una natural sensualidad junto a un sentido del ritmo innato y una alegría que se expresa con la misma espontaneidad que las demás emociones.

El sistema de tribus de diferentes etnias fue fomentado por los colonizadores para oponer unos pueblos contra otros y poder dominarlos mejor. Este proceso lo hemos visto hasta nuestros días culminado en el *apartheid* de Sudáfrica y en las matanzas étnicas de Ruanda, Burundi, Uganda y Zaire; sin olvidar los enfrentamientos de otros pueblos bajo la égida de señores de la guerra sostenidos o abandonados, según su utilidad del momento, por las potencias, hoy empresariales, que sustituyeron a las metrópolis en el trabajo sucio de mantener sus intereses. Como el general De Gaulle conminó a sus Gobiernos, Inglaterra y Bélgica a los suyos y Portugal habría de hacer para mantener su tiranía y explotación de tierra calcinada casi hasta finales de este siglo. Hoy mismo podemos seguir con claridad meridiana la línea de intereses de las grandes compañías como Elf Aquitaine, Angloamerican, Chevron, Shell, Total y Gulf con sólo seguir la cadencia de los conflictos que no vacilan en anunciarnos. Kabila negoció con los representantes de las grandes compañías diamantíferas, de minerales y de hidrocarburos sudafricanas y *off-shore* cuando todavía estaba en Lubumbashi, en Katanga, y carecía de personalidad jurídica y de titularidad política para obligar y comprometer a un país en el que no era más que el jefe de una facción rebelde. Las hemerotecas y videotecas están frescas con las pruebas de esta mascarada sostenida por las grandes potencias y cuya ilegitimidad no se atrevieron a denunciar ni las Naciones Unidas. En la última década del siglo XX estamos asistiendo a genocidios y a crímenes de guerra con la complacencia y ayuda de los heraldos mundiales de la justicia y del derecho. Rusia, China y las dictaduras del socialismo real son tan culpables como las democracias occidentales por su silencio criminal y responsable... para conseguir que no se investiguen sus sistemáticos ataques a los derechos humanos. Es ese un mercado de influencias en el que los «activos» son silencios mutuos e intercambiables.

Fue el comercio de esclavos el que rompió y destrozó la mayoría de estas tradiciones, y proporcionó rifles y ambición para sostener el poder de jefes codiciosos que entablaron guerras de exterminio con sus vecinos. La esclavitud era conocida en el mundo entero (China, India, Mesopotamia, Egipto, Grecia, Roma, etc.) pero, en gran escala y como medio de enriquecimiento a costa de sistemáticos genocidios, fue introducida por los árabes musulmanes en el Este índico, a través de las actuales Kenia y Tanzania; y por los europeos cristianos en el Oeste atlántico, a través de Senegal, la Costa de Oro llamada también «Costa de los Esclavos» (Ghana, Togo, Benin) y Camerún, Congo y Angola.

La misión de los colonizadores y el argumento clave, aún de misioneros y de exploradores tan humanitarios como Livingstone y John Kirk, eran las famosas tres Ces: «Civilización, Cristianismo y Comercio» que desposeyeron a los pueblos africanos de sus tierras y de sus ancestrales medios de subsistencia, con los cuales se desenvolvían sin hambres ni explotaciones masivas sino con una economía basada en la agricultura, en la ganadería, en la artesanía y en formas de comercio adecuadas a sus necesidades. (Otros las denominan «Las tres M»: Misión, Militar y Mercaderes.) También los desarraigaron de sus culturas, de su historia y de sus tradiciones. Los colonizadores blancos los consideraron, en palabras de Kipling «vuestras nuevas presas, pueblos desgraciados, mitad demonios y mitad chiquillos»... «criaturas inferiores» que precisaban ser civilizadas por el hombre blanco. Esta era la famosa «dura carga del hombre blanco».

Por eso, para que pudieran ser civilizados los expulsaron de la selva, los agruparon en poblados artificiales y luego en ciudades, según las necesidades del comercio, de las minas y de la industria de los colonos. Y les arrancaron la lengua ancestral, les pusieron extraños vestidos encima y les impusieron una mentalidad más extraña todavía que pertenecía al mundo de los invasores y que chocaba con sus seculares tradiciones produciendo desarraigos de incalculables consecuencias. Mentalidad trucada y traicionada, por supuesto, pues la falta de moral con que actuaron estaba en completa contradicción con las ideas que les predicaban. Como había de decir, años más tarde, Jomo Kenyatta: «Ellos vinieron con la Biblia y nosotros teníamos las tierras. Ahora nosotros tenemos la Biblia y ellos se quedaron con nuestras tierras».

Utilizaron a los nativos, sin consultarlos previamente, para luchar en defensa de los intereses de los conquistadores como carne de cañón en las dos Guerras Mundiales. Lucharon y murieron de frío en espantosos frentes europeos y orientales utilizados muchas veces como porteadores. Así están inmortalizados en el monumento al Askari en una plaza de Dar Es Salaam, en el que puede leerse: «A la memoria de los nativos de las tropas africanas que combatieron: a los porteadores que fueron las manos y los pies del Ejército: y a todos los demás hombres que sirvieron y murieron por su rey y por su país en África del Este durante la Gran Guerra 1914-1918. Si has luchado por tu país, aunque hubieras muerto, tus hijos recordarán tu nombre». Pues qué bien, antes los obligaban a ser porteadores de colmillos de elefante, de oro, de aceite de palma, de ébano... después, cavaron en las minas de Sudáfrica (hasta hace poco, cerca de un millón de mozambiqueños tenían que pasar la frontera para trabajar por un salario de miseria so pena de que el gobierno racista de Sudáfrica dejase de enviar mercancías a través del puerto de Maputo, colapsando así la frágil economía colonialista portuguesa). Ahora los recordaban por haber muerto luchando por «su» Rey y por «su» país... Inglaterra.

No hay que olvidar que las sangrientas guerras civiles de Angola y de Mozambique han estado auspiciadas y sostenidas por los antiguos colonos portugueses que se instalaron en Sudáfrica en espera de regresar a sus antiguos dominios. Así parece ser ahora el caso cuando han ayudado a abortar las posibilidades que tenían de salir adelante los regímenes de las nuevas naciones independientes, una vez corregidos los errores de la natural deriva que todo proceso de independencia, en todas las naciones del mundo, ha llevado consigo. ¡Qué pronto olvidamos las luchas y largas peripecias, no pocas veces sangrientas, de naciones europeas, americanas y asiáticas en su lucha por la independencia y por su asentamiento como estados soberanos! El estudio del proceso de independencia de la nación norteamericana, no hace siquiera dos siglos, está lleno de sugerencias. Alemania e Italia son de ayer, y no digamos Japón y los milagrosos Estados dragón asiáticos que son de hoy por la mañana y ya nos muestran la corrupción sobre la que se asentó el falso «milagro económico de su desarrollo». A las jóvenes naciones africanas no se las preparó para la independencia; antes bien, se las mantuvo en completa dependencia de los poderes económicos y militares de las antiguas metrópolis.

Pero en esas guerras ajenas, a las que los llevaron para defender intereses que ni entendían ni les afectaban, vieron correr a los blancos ante las armas de sus enemigos y no lo olvidaron cuando les llegó la hora de hacerse ellos con armas similares. Por eso, sus dominadores se apresuraron a encorsetarlos en los rígidos esquemas del Estado-Nación, con una burocracia al servicio del poder centralizado, con un ejército de aluvión y corrompido por los mismos que siguieron vendiéndoles armas y controlando su economía, montada, no de acuerdo con sus realidades y sus necesidades, sino con las necesidades e intereses de las antiguas metrópolis. Ahora, éstas actuaban por medio de compañías anónimas cuyos intereses coincidían con los del antiguo poder dominante.

Si cabe expresarlo así: con las independencias construidas de semejante forma, con tan onerosas servidumbres que los llevaron a endeudarse sin cesar hasta límites insoportables, y sin que los beneficios de ese endeudamiento revirtiesen en el pueblo, la situación de los pueblos antes colonizados y hoy amalgamados entre fronteras monstruosas que ni reflejaban las regiones naturales ni las culturas tradicionales, fue todavía más penosa que en tiempos de la colonización, ¡que ya es decir! Porque, entonces, el colono procuraba que no perecieran, aunque sólo fuera para que siguieran produciendo para la metrópoli. No hay más que comprobar las guerras que hubo durante la colonia y las matanzas de exterminio que han seguido y continúan en estos momentos ante la indiferencia mundial que trata de salvar la cara con esporádicas ayudas en forma de créditos FAD (fondos de ayuda al desarrollo) que crean dependencias atroces y dan lugar a una corrupción cada vez más institucionalizada.

En la lucha por la modernización de las nuevas naciones se encontraron con que los antiguos colonos no habían preparado suficientes cuadros, médicos, ingenieros, maestros, enfermeros, que sostuvieran el andamiaje de los nacientes estados. Las cifras de personal cualificado entre los naturales de cada país, en el momento de la independencia, es tan escandalosamente reducido o inexistente que la historia debería pedir cuentas de este delito de omisión culpable a esas potencias que se proclamaron «protectoras, tuteladoras y filantrópicas responsables del desarrollo y civilización de esos pueblos», puestos no pocas veces bajo su tutela por los Organismos internacionales. De ese delito nadie ha osado pedir cuentas a las potencias que dominaron, hasta hace unas décadas, a centenares de millones de seres humanos mientras se apropiaban hasta la extenuación de las riquezas agrícolas y madereras, mineras y humanas de esos países. ¿Qué ocurrió? Pues que, en la euforia de la independencia, los líderes africanos creyeron que el entusiasmo supliría las deficiencias y prometieron educación, sanidad, bienestar y trabajo para todos... por medio de revoluciones llenas de idealismo en busca de una Utopía que no fue posible por lo desproporcionado del empeño, la carencia de medios, la sangría de la deuda incesante, la falta de personal preparado, la dependencia de la antigua metrópoli que sólo se había preocupado de explotar las materias primas sin cuidar de su manufacturación en el propio país, la dependencia también en el transporte y en los canales de comercialización, los gastos sociales, la reconversión de la economía... y la presión de intereses foráneos que no deseaban naciones autónomas sino dependientes por todos los medios, aún los más corruptos y envilecidos de las ventas de armas y de las guerras «de diseño».

No fue posible la independencia sin traumas, no fue posible la paz, pero ahí queda el esfuerzo de titanes de la independencia y de la autonomía y de la unidad africana como Kwame N'Krumah (Ghana), Leopoldo Sedar Senghor (Senegal), Thomas Sankara (Burkina Fasso), Jomo Kenyatta (Kenya), Kenneth Kaunda (Zambia), Nelson Mandela (Sudáfrica), Patricio Lumumba (Congo), Samora Michel (Mozambique), Agostinho Neto (Angola), Amilcar Cabral (Guinea Bissau), Silvanus Olimpio (Togo) y el mismo Sékou Touré (Guinea Conkry) en sus principios, de Julius Nyerere (Tanzania) cuyos escritos y discursos, cuyo esfuerzo ciclópeo, aguardan tiempos más serenos para ser estudiados y ponderados en toda su grandeza. No es posible que hombres tan grandes y tan entregados a la causa del entendimiento entre los pueblos de África hayan podido engañarse de tal manera. Todavía luce con serenidad y fuerza la luz de ese gran africano que vive en Tanzania, como ejemplo de honradez y de entrega desinteresada, me refiero a Mwalimu Julius Nyerere, «la conciencia del África Negra», a quien la historia debe reconocer la grandeza de su esfuerzo y pedirle la reflexión de su experiencia antes de que sea demasiado tarde.

Pero cambiar de amo no significa ser libre. Los nuevos dirigentes que se hicieron con el poder se formaron en las escuelas de los antiguos colonos, tanto en occidente como en los países del área comunista. Tuvieron que conducir un vehículo con instrumentos inadecuados, acabaron labrándose sus personales fortunas y las de sus allegados, se fomentó el tribalismo y muchos actuaron como hombres de paja y testaferros de intereses extranjeros. Los improvisados gobiernos fueron reemplazados por dictaduras militares y casi todos pasaron por la experiencia del nefasto partido único.

La crisis económica se abatió sobre los pueblos de África con una precisión calculada. El Estado-Nación no aportó, con la liberación, la anhelada sociedad con igualdad de oportunidades para todos. El sistema falló, el modelo no era el adecuado, las ciudades crecieron de manera monstruosa con la secuela del paro, la criminalidad y la desesperanza. La agricultura no se desarrolló adecuadamente, ni se industrializaron los países de acuerdo con sus prioridades, la educación se resintió y la sanidad conoció sus horas más bajas. El sistema económico mundial mantuvo al continente africano como una reserva y fuente de aprovisionamiento de las materias primas que seguía necesitando para mantener su consumidor modelo de desarrollo, paranoicamente presentado por el llamado «Primer Mundo» como panacea a imitar. Sin reconocer la evidencia de que si sobrevive es gracias a la explotación de los recursos del mal llamado «Tercer Mundo», o los denominados «países en vías de desarrollo».

Desde el punto de vista de los mercados financieros, África no existe. Es un perdedor continuo, su deuda no hace más que incrementarse y el servicio de la misma ya cubre más que el producto interior bruto de muchos países. Es una locura colectiva, un absurdo que va en una espiral imparable de deterioro, enajenación y muerte. Las guerras se suceden, los golpes de estado y los exterminios de centenares de millares de seres humanos, se muestran sin recato ante la opinión pública a través de los medios de comunicación. La conclusión que deducen, y a la que inducen, es que «son salvajes, no están preparados, necesitan ayuda, no sirven para la democracia, estos bárbaros son una amenaza para la seguridad del imperio del Norte...».

Quizá la noche haya llegado a la mitad de su curso y, en el colmo del abatimiento, se encuentre la luz de un nuevo amanecer para esos pueblos de África ricos en seres humanos, en culturas y en tradiciones, en lenguas y en arte, en sabiduría y en riquezas naturales. África es uno de los continentes más prometedores del mundo y con mayores reservas de todo tipo, aún con los anacrónicos criterios de la industrialización occidental que está llegando a su ocaso. En sus propias entrañas está la esperanza de ese continente con la más variada geografía y con los pueblos más ricos y plurales del mundo. Ya no pueden sus líderes seguir culpando a los antiguos colonizadores. Ellos, los africanos de hoy, son los responsables de su propio futuro. El Renacimiento no terminó con el ocaso de la Edad Media, sus hombres tuvieron que imaginar una nueva sociedad con instrumentos nuevos. La Edad Moderna no concluyó con el derribo del Antiguo Régimen, mediante la necesaria Revolución, fueron precisos denodados esfuerzos para inventar y diseñar el futuro, adaptarse a las nuevas necesidades, crear odres nuevos para el vino nuevo. La Revolución industrial, como antes la agraria, no transformó la sociedad sin el concurso esforzado de ésta y con no pocas penas y errores y guerras, con no pocas fantasías rotas, utopías abortadas y corrupción de los propios libertadores. La enseñanza de la historia de los pueblos más evolucionados, equilibrados y progresistas se construyó sobre mucho esfuerzo y muchas más vicisitudes que las de la reciente historia africana en apenas un siglo.

Hay lugar para la esperanza, es posible el resurgimiento de una sociedad en marcha, plural y rica, dinámica y apoyada en lo mejor de sus tradiciones y de sus valores. No se trata de un salto en el vacío ni de imitar estérilmente a otros pueblos y a otras sociedades. Se trata de emprender un viaje a la propia esencia de África misma, e inventar sociedades nuevas en un mundo irremediable y espléndidamente nuevo. Hoy, en el alborear de la globalización o mundialización en tantos órdenes, y con los instrumentos técnicos más fabulosos puestos al servicio de los hombres y de los pueblos, es factible la esperanza cierta de un mañana mejor que ya está en nosotros. El arte está en caer en la cuenta, en despertar y en ser consecuentes.

Ahora bien, reconocido el pesado legado que ha dejado el colonialismo y la tremenda carga del neocolonialismo enmascarado en ideologías neoliberales, no cabe duda que los actuales dirigentes africanos deben asumir la cota de responsabilidad ineludible que les corresponde. Muchos de esos países nuevos han alcanzado la independencia hace más de treinta años. A condición de ahondar en su creativo y rico pasado, podrán diseñar un futuro imaginativo y plural sin olvidar lo que de positivo hayan podido salvar de sus experiencias pasadas. Nunca se sufre en vano y toda vivencia puede enriquecer, aunque sólo sea para recordarnos por dónde no debemos caminar de nuevo.

Hay que tener el valor de reconocer que el fracaso del Estado-Nación en África puede convertirse en algo positivo. Al fin y al cabo, esta forma de agrupamiento y de expresión social no tiene más que cuatro siglos y, en muchos países modernos, ni tan siquiera un centenar de años. ¿Qué es eso en una historia diez veces milenaria? En Europa ya asistimos a la superación del Estado-Nación sin atrevernos a reconocerlo de una vez y plasmarlo en formas institucionales nuevas. Porque todavía sentimos miedo a lo desconocido nos aferramos a instituciones ya caducas y superadas por las nuevas tecnologías, los nuevos sistemas de globalización en tantos órdenes que exigen un orden nuevo y plural adaptado a las realidades, no de cada nación, sino de entidades regionales o de áreas geográficas federadas, descentralizadas y con principios de participación popular y de ayuda mutua nuevos que superen, entre otros, los anacronismos de los partidos políticos, de los sindicatos y de tantos grupos de presión al uso. Como dice Robert D. Kaplam: «Cuando algunas naciones se están retirando para refugiarse en un nacionalismo que es casi como una fortaleza, esto es sólo un estadio temporal antes de que la marea mundial de la población y la pobreza nos fuerce a todos a darnos cuenta de que habitamos una sola Tierra que cada vez se hace más pequeña y más densamente poblada». Hay creencias religiosas expresadas de forma obsoleta, hay instituciones sociales, académicas y culturales que se han convertido en andamiajes de cartón piedra. Es preciso asumir la enseñanza del pasado sin temor a convertirnos en estatuas de sal. Sólo debemos mirar hacia atrás para aprender, sopesar, decantar y quedarnos con lo bueno; y tomar impulso para el inaplazable salto hacia adelante, hacia un futuro que nos pertenece desde siempre. «No daremos un paso atrás ni para tomar impulso», como dice un conocido líder político de nuestros días.

Existen aspectos muy positivos en la solidaridad, en la responsabilidad colectiva, en la autoayuda y en la conciencia de interdependencia entre pueblos, regiones y continentes. El mundo se ha convertido, en verdad, en una aldea global en la que todos nos sabemos relacionados. No es cuestión de una nueva civilización, ni de una nueva edad en la historia: se trata de una mutación que nos hace protagonistas responsables en el alborear de una nueva era. Al igual que sucedió hacia el siglo X y hacia el V antes de Cristo, o al comienzo de nuestra Era. Si queremos, es como un nuevo Renacimiento en el que tomamos conciencia de que todo es nuevo pero que se apoya, es evidente, en el legado irrenunciable de la Historia. Pero que, en lugar de atarnos, nos impulsa y nos conmueve de manera eficaz y creadora. El problema de toda realidad nueva es que sólo se percibe con la perspectiva que da la distancia. Vivimos ya en una nueva era y, al estar inmersos en ella, nos es imposible definirla porque no la podemos abarcar. Fue en el Renacimiento, y en plena Ilustración, cuando se formuló la teoría del feudalismo como fenómenos socio-político. En la Edad Media, lo vivieron pero no pudieron considerarlo como un sistema. En los comienzos de la Revolución Industrial se tildaba de utópicos a quienes intuyeron una mejora en las condiciones de trabajo transformadas por las nuevas máquinas. La Revolución francesa engendró al mayor de los déspotas de su historia porque le era imposible digerir y procesar, diríamos ahora, tanta información. Actualmente, estamos viviendo uno de los momentos estelares de la humanidad con la revolución informática, superior infinitamente a las conquistas nucleares que parecieron ahogarnos hace unas décadas; y nuestros hijos se preguntarán, antes de diez años, cómo hemos podido mantener el actual estado de cosas en la injusticia, la guerra, el hambre, la explotación, la contaminación y el casi suicidio colectivo, cuando ya poseemos los instrumentos que nos dan la información necesaria para asumir que estamos ante una mutación y que es preciso actuar en consecuencia. El mundo se nos ha quedado tan pequeño que todos somos vecinos y, como anunció el joven rabino de Nazareth, es más que probable que todos seamos hermanos.

Por supuesto que el concepto de frontera, tal y como se definió en la Edad Moderna y que, para los pueblos de África, se impuso con la colonización y cristalizó con las diversas independencias, ya no se puede sostener. Está superado por la realidad de las comunicaciones, de los transportes, de la conciencia de comunidad de lengua, de tradiciones, de culturas y de modos de entender y de concebir la existencia y la convivencia. Cabe, y se impone, la unidad en la diversidad, en la riqueza de la pluralidad universal. Es posible imaginar, porque existen en la realidad, múltiples sociedades relacionadas por vínculos de comunión y de solidaridad complementaria.

Es inaplazable la maduración con criterios endógenos, crecimientos sostenibles, una producción equilibrada y la cooperación globalizada. ¿Qué significado tiene mantener Estados-nación artificiales, con fronteras absurdas que engloban a pueblos antagónicos mientras dividen a comunidades de tradición secular? Hay pueblos como los *peul*, los hausas, los tuaregs, los *diulá*, los *ashantis*, los *ewé*, los *malinké*, los beréberes, los *fang* y muchos otros que están divididos entre varios Estados. ¿Qué sentido de patria o de nación y, por lo tanto, de lealtad puede exigírseles? No se trata de imponer los criterios étnicos si son excluyentes, sino de afirmar lo que une dentro de la diversidad y del respeto a las señas de identidad de los diversos componentes de las comunidades. Lo que hay que superar son las divisiones y las demarcaciones que se llevaron a cabo por criterios de prepotencia, de dominio, de explotación y que se impusieron por la fuerza de las armas o de la extorsión. Ahí están las Actas de las Conferencias y de los Congresos Internacionales que figuran como partidas de nacimiento de Estados contra natura, y cuya sustitución por otras formas de convivencia se llevará a cabo de manera tan natural como se asumió el descubrimiento de América o la circunnavegación de la Tierra, la circulación de la sangre o el descubrimiento del inconsciente.

Lo que urge es que África sea realmente autosuficiente para alimentar a sus casi 750 millones de habitantes, artificialmente divididos en 53 estados. Acometer de manera racional, responsable y de acuerdo con sus más profundas tradiciones, el desafío de una explosión demográfica producida, en gran parte, por las mejoras que las nuevas tecnologías, en medicina y en otras ciencias, han introducido en los ciclos naturales de las poblaciones. Ese aspecto positivo de la prevención, la profilaxis, las vacunas masivas de niños y de adultos han de ir acompañadas de una toma de conciencia acerca de la paternidad y la maternidad responsables para restablecer el equilibrio en la naturaleza. Sólo desde la ignorancia, desde la inconsciencia, o desde el interés bastardo para sostener mayorías numéricas de determinados grupos de población, se puede sostener el absurdo de que «cuantos más hijos mejor». Esa práctica fue necesaria en economías de subsistencia en las que los brazos para trabajar eran necesarios, así como para compensar le elevada mortalidad infantil y la necesidad de procurarse sostenes para la vejez. La historia más reciente demuestra que en la medida en que la mujer accede a la educación y desempeña puestos retribuidos de trabajo se estabiliza la temida explosión demográfica.

Hoy día, es posible acometer esos frentes con una programación de la agricultura, ayudados por instrumentos que facilitan el trabajo de los seres humanos; los avances en veterinaria y en la economía agropecuaria disminuyen las exigencias de pastoreos extensivos en nomadeos que dependían exclusivamente del régimen de lluvias y de la suerte en cuanto a plagas y epidemias; los cuidados a los niños, la prevención de enfermedades y las posibilidades de extensión de la cobertura sanitaria a capas cada vez más amplias de la población. Así como la necesaria protección de los ancianos, hace necesario ser consecuentes en el planteamiento tradicional de la familia acomodándolo a las exigencias actuales. No se puede avanzar en una sola dirección, so pena de producir entidades monstruosas. El crecimiento de la población en el continente africano, un tres por ciento, es uno de los más elevados del mundo. Es imposible seguir manteniendo la actual incongruencia de que el continente con más posibilidades agropecuarias y piscícolas del mundo tenga que seguir importando alimentos para uno de cada cinco habitantes.

Lo que hay que hacer es reconvertir la agricultura, la ganadería y la industria de la pesca para dejar de producir las materias primas que interesan a los países del Norte pagadas a precios impuestos, discriminatorios y, muchas veces, con excedentes de producción de los países industrializados. Hay que organizar el autoabastecimiento alimentario de los pueblos de las diversas regiones de África con una economía interdependiente, global, equilibrada y solidaria; al tiempo que se desarrolla un amplio intercambio comercial entre los propios países del Sur. Es éste un aspecto fundamental para el crecimiento de esos pueblos: dejar de mirar y de depender del Norte y desarrollar la cooperación entre los países de las diversas áreas geográficas llegando a establecer «mercados comunes» y proyectos de desarrollo armónicos y compensados.

Hay que afirmar que África todavía está relativamente subpoblada, en relación con otros continentes; y que es hora de dejar de considerarla como la «reserva ecológica y el pulmón de la humanidad». Cada palo debe de aguantar su vela y todos debemos cooperar en la equitativa distribución de las cargas y de los beneficios en el, tantas veces demagógico, tema de la conservación de los Parques naturales para las especies animales salvajes. Dentro de su incuestionable conveniencia, precisa de garantías en su planteamiento, en su gestión, y en la participación en los beneficios por parte de las poblaciones afectadas. No cabe aceptar, sin más, la declaración de «especies protegidas», por parte de organismos controlados por países del Norte que no han sabido proteger ni sus espacios ni sus especies y continúan contaminando sus bosques, sus ríos, sus costas y la capa de ozono del planeta Tierra para poder disfrutar de safaris fotográficos o cinegéticos, «porque pueden pagárselos», mientras las poblaciones de esas zonas son empujadas hacia tierras menos fértiles sin participar, como les corresponde, en la gestión de sus recursos. Ni cabe admitir la extensión agrícola en zonas tradicionalmente ganaderas porque convenga a intereses foráneos que las necesitan para producir productos convenientes para sus mercados. Sin caer en demagogias ni en reduccionismos simplistas, hay aquí un campo amplísimo de posibilidades que no se tuvieron en cuenta cuando el único criterio era la mayor rentabilidad para los colonos y las potencias dominadoras que, todavía, emplean el horrísono concepto de «explotación de los recursos naturales». Quien acepte la «explotación» de los recursos naturales acabará «explotando» con toda naturalidad los llamados «recursos humanos». Los seres humanos nunca podrán ser considerados como «recursos» que inciden en los precios. Esto es una aberración. El mercado nunca podrá ser sinónimo de una auténtica libertad si no respeta la dignidad de las personas, si ejerce la violencia. Esto es, si viola la dignidad humana.

Existen posibilidades inéditas e inconmensurables en el campo de la agricultura, de la ganadería, de la caza y de la pesca, del desarrollo y la promoción de industrias conserveras, lácteas, de transformación y de manufacturación sobre el terreno que aportarán empleo, mejora de los rendimientos, escalonamiento y complementariedad de las producciones, distribución de los beneficios, conservación de los recursos, etc., hasta proyecciones inimaginables, pero posibles; puesto que técnicamente lo son y los problemas ya están resueltos, basta aplicarlos con un criterio generoso, técnicamente válido, profesional y con criterios de productividad, modernos y ecológicos a la vez. Y hasta con criterios de interés particular, como preconizan los neoliberales, ya que está en juego la supervivencia de la especie humana: ahora tenemos conciencia y datos ciertos para afirmar que vamos en el mismo barco. No cabe disfrutar en primera clase mientras hace agua a chorros el casco de la nave.

27

En el umbral de la utopía

Recuerdo que cuando inicié el viaje reflexioné en el avión sobre multitud de datos que me mantuvieron medio confuso durante las tres horas y media del trayecto. Aparentemente sereno, aunque por dentro bullían todas esas ideas y muchas más sobre África, me dejé llevar y cuidar por la eficacia del servicio a bordo. Descalzo, como es mi costumbre, me acomodé en el amplio asiento y seguí en la pequeña pantalla la información que me interesaba. Después, sintonicé buena música. Quien no aprovecha los buenos momentos cuando llegan, mal sabrá afrontar los adversos que no dejarán de producirse. Todo es un juego, lo malo es que a muchos les toca siempre perder. No puede ser cosa del karma ni del destino ni de la suerte. Mucho menos de una pretendida divinidad injusta y no ciega, porque siempre les toca padecer a los mismos.

Algo me ronda en la mente y como quiera que aún tengo un par de horas, ¿por qué no dejarla que vague, seguro de que no va a dañar a nadie? A veces, es bueno liberarla para que se desperece y nos sorprenda.

Podríamos señalar tres posibilidades de ayuda por parte de la comunidad internacional, que pueden sonar a utópicas, pero que las asumimos en el sentido de que «utopía es lo que no existe en ningún lugar... todavía». O como decía Víctor Hugo «una verdad prematura». Eso porque no debemos soñar con un hipotético Plan Marshall ya que podría llevar a una dependencia todavía mayor y, desde luego, catastrófica por sus efectos estructurales en los pueblos y sociedades de África respecto de las economías de los países industrializados del Norte. Además, en esto de considerar como utópicas ideas que luego los hechos confirmaron factibles, y a mucho menor costo de lo temido, ahí están las innumerables realidades que la misma historia nos muestra: durante milenios, muchas civilizaciones consideraron que el mantenimiento de su poder económico, social, militar y hasta religioso, sería imposible sin la existencia de la esclavitud. La sociedad se vendría abajo en un colapso total. Baste mirar lo sucedido en las diversas áreas y civilizaciones del mundo que ni Aristóteles ni Budha, ni Zoroastro ni Confucio, ni Séneca ni Pablo de Tarso, acertaron a imaginar cómo podría subsistir un mundo sin esa lacra que hoy nos parece abominable. Desapareció la esclavitud y nada se vino abajo sino que el mundo y las sociedades prosperaron.

Durante milenios se mantuvo el sistema de castas y el predominio de unas razas sobre otras aduciendo la inalterable situación y la necesidad absoluta de esos sistemas que hoy hemos comprobado que eran monstruosos e innecesarios, además de vejatorios e inhumanos. La Edad Media sostuvo durante mil años que los siervos eran distintos a los estamentos de la nobleza, del clero y del mismo pueblo; se habló, y hasta se defendió teológicamente, del «derecho divino de los reyes», así como la infalibilidad de algunos líderes religiosos cuya misión, en origen y constitutiva de su entidad, era el servicio y la entrega a los demás... ¿Quién podría hoy atreverse a sostener el sistema del llamado «Antiguo Régimen» barrido hace siglos del mundo civilizado? En pleno Renacimiento europeo, sesudos teólogos llegaron a dudar que los negros tuvieran alma, tal y como, en la Edad Media, no pocos se habían aventurado a ponerlo en duda en cuanto a las mujeres. Teniendo en cuenta lo que en la mentalidad aristotélico-tomista venía a significar ese concepto de «alma», uno se llena de pavor ante la ligereza y, según ellos, «trascendencia» de semejante hipótesis. En algo tan natural como es la sexualidad; no hay más que leer el profundo estudio de la teóloga católica Uta Ranke-Heinemann, *Eunucos por el reino de los cielos*, editado en Trota, para comprobar qué aberraciones y torturas psíquicas ha padecido un tercio de la humanidad.

Podríamos continuar recordando la «imposibilidad» para el hombre de navegar bajo el mar o de volar por los aires, de llegar a la luna o de mirar dentro del cerebro humano, o de transplantar órganos tan vitales como el corazón. ¿Para qué seguir? Baste recordar que, no hace más que unas décadas, parecía inevitable la escalada nuclear; todavía vive uno de sus más grandes mantenedores, el expresidente norteamericano Ronald Reagan. Un mundo sin armas atómicas se consideraba «una utopía»; bastó que se pusieran de acuerdo los responsables del poder político que mueve el mundo, sobre todo los más antagónicos, asesorados por los científicos más solventes y sostenidos por los poderes económicos que necesitan del mercado para sobrevivir, tanto como el pez necesita del agua, para que, en menos de diez años, se destruyeran arsenales nucleares que habían costado billones de dólares y cuyo mantenimiento y expansión no conocían meta. ¿Qué había ocurrido? Que un puñado de personas atendieron a las advertencias de los científicos sobre el suicidio colectivo a que nos abocaba semejante locura nuclear; aunque para ello tuvieran que modificar, de arriba abajo, el sistema político de bloques llegando hasta a la eliminación de uno de ellos sin derramar ni una gota de sangre. Este argumento sigue en pie a pesar de las recientes pruebas nucleares de India y Pakistán que no son más que pantallas de otros intereses más amplios, aunque sus consecuencias las padezcan, como siempre, millones de seres inocentes.

En África se dice: «Cuando pelean los elefantes quien padece es la hierba». Lo mismo puede suceder, y con un coste infinitamente menor, con la deuda externa de los pueblos empobrecidos del Sur. Bastará con que los centros de poder que dominan el mundo caigan en la cuenta de que es más rentable que los ciudadanos sobrevivan y participen en la economía mundial, hoy inevitablemente globalizada. Los muertos no son rentables ni sujetos de operaciones económicas, salvo para los enterradores y, aún así, se necesita que sobrevivan los que se van a hacer cargo de los gastos del entierro, y que ocupen los puestos de los que desaparecieron. Dice Manuel Castells que la globalización es un nuevo fenómeno histórico, permitido e impulsado por las nuevas tecnologías de comunicación e información, y que está transformando nuestras sociedades y nuestras vidas. Aunque la mayor parte de la actividad económica es de ámbito nacional y, sobre todo, local, el núcleo básico de la economía, el que marca los ritmos y orientaciones de inversión y mercados, es global. Es decir, tiene la capacidad de funcionar cotidianamente como una unidad en un ámbito planetario, a través de sistemas de información telecomunicados y de redes de transporte informatizadas. Sobre todo, los mercados financieros y monetarios están globalizados, en la medida en que existe la posibilidad de invertir, casi desde cualquier lugar del mundo, en valores o monedas de cualquier otro lugar, trasvasando electrónicamente miles de millones de dólares en segundos.

En el mercado monetario, a diario, se cambian divisas por valor de 1'3 billones de dólares, o sea, más o menos el producto bruto total de Francia. Mientras que el total del intercambio de bienes y servicios, durante todo el año, no superó los 7 billones de dólares en el mundo entero. Pero también los flujos de capitales se han globalizado extraordinariamente en la última década. En 1980, los flujos financieros internacionales que afectaban a las economías de los siete principales países no representaban, en ninguno de estos países, más que el 10 % de su producto bruto. A mediados de los noventa, en seis de esos siete países, el valor de los flujos financieros internacionales superaba con creces el valor del producto de sus economías, y en Japón, la excepción, alcanzaba el 75 %.

Es cierto que la mayor parte del capital de cada país aún se invierte en los mercados bursátiles nacionales, pero ello no contradice el hecho de que los fondos de inversión y los grandes inversores busquen oportunidades de rentabilidad en el ámbito global, moviendo sus fichas de modo constante. De modo que nuestros ahorros, aunque los depositemos en una caja local, están vinculados a las inversiones que esa caja hace en circuitos financieros internacionalizados. Hoy día, del total de lo que se comercia internacionalmente en el mundo, el 97 % corresponde a valores financieros y sólo un 3 % a bienes y servicios.

El comercio internacional ha aumentado más rápidamente que la producción en las tres últimas décadas. Pero más importante aún que el comercio es la inversión. La inversión extranjera directa se multiplicó por 4 entre 1980 y 1996. El número de empresas multinacionales aumentó desde 7.000, en 1970, a más de 37.000 en la actualidad, que controlan otras 150.000 empresas filiales en el mundo. El valor total de esa producción multinacional representa un 25 % más que el valor total del comercio mundial. Las multinacionales sólo emplean directamente a 70 millones de trabajadores, pero la producción de éstos representa una tercera parte de la producción empresarial en el mundo. Más aún, estos miles de empresas multinacionales articulan redes de decenas de miles de otras empresas y constituyen alianzas estratégicas entre sí y entre sus filiales. Esta estructura en red flexible explica por qué la mayor parte de la producción, empleo y mercado es local, pero en cambio los capitales, mercados líderes, tecnología, información y mano de obra altamente cualificada dependen de conexiones globales. La globalización también incluye la globalización de la actividad criminal, a través de alianzas y operaciones conjuntas de las organizaciones criminales de todo el mundo. El dinero criminal (casi un billón de dólares anuales) se mueve constantemente para evitar la detección de su origen, exacerbando así las turbulencias de los mercados financieros. Sus principales campos de actividad son la droga, el comercio de armas, la especulación inmobiliaria, la extorsión... pero se mueven en todos los campos para diversificar sus riesgos y camuflar mejor sus delitos. Para ello cuentan con la convivencia de no pocas instituciones bancarias que les animan a invertir en negocios de su interés, salvándolos de la ruina, muchas de ellas producto del enriquecimiento ilícito de sus dirigentes, mientras tratan de aparecer ante la opinión pública como los grandes mecenas de nuestro tiempo.

Todos los ámbitos esenciales de nuestra vida están penetrados por la globalización. A saber, la ciencia y la tecnología, los medios de comunicación, los servicios financieros, los profesionales cualificados, el arte, el turismo, la música, la cultura, el deporte, la religión, que desde siempre fue transnacional. La globalización afecta a todo el planeta, pero no todo el planeta está incluido en el sistema global. ¡Ya lo quisieran África, Latinoamérica y el resto de pueblos empobrecidos del Sur! En realidad, la mayor parte de la gente no lo está; se conecta globalmente aquello a lo que se da valor y se desconecta lo que no interesa. La desconexión selectiva no sólo afecta a África o a las inmensas áreas rurales de Asia, sino a los jóvenes parados de nuestras megaurbes.

La globalización tiene enormes consecuencias prácticas para todos y para cada uno. La primera es que tiende a igualar, en términos relativos, las condiciones de producción —y, por tanto, las condiciones de trabajo y los salarios—, en la medida en que los niveles de productividad y calidad entre distintos países se aproximan rápidamente por la difusión de tecnología e información, al tiempo que los mercados se unifican y liberalizan. Entonces, argumenta Castells, o bien se construye un nuevo modelo social y económico, o, en las condiciones actuales, sólo un pacto social global que relacione apertura de mercados y mejora de condiciones de trabajo para todos, tal y como propone la Organización Internacional del Trabajo, puede evitar una decisiva pérdida de competitividad para la misma Europa y, a medio plazo, la puesta en cuestión de nuestras instituciones laborales y de seguridad social... que presentamos como paradigmáticas a los infaustamente denominados «países en vías de desarrollo».

La segunda consecuencia es que los Estados nacionales son incapaces de controlar los flujos financieros y monetarios que determinan sus economías, así como los flujos de información, la comunicación mediática y la multinacional del crimen. En Europa, la construcción de la Unión Europea es un intento de acumular influencia conjunta para controlar los intercambios mundiales. Pero en la medida en que para crear esa Unión —simbolizada por el euro—, hay que empezar por homogeneizar las economías en torno al rasero de los mercados globales, en último término la integración europea se convierte en instrumento de la globalización. La globalización es un hecho y salvo un improbable retorno a comunidades autosuficientes —supuesto no tan descabellado, como la historia demuestra que ha sucedido después de las caídas de los grandes imperios—, no podemos escapar a su lógica inscrita en las redes informáticas que arquitecturan nuestras vidas. No hay otro remedio que caminar en las encrespadas aguas globales, aprendiendo a sortear sus torbellinos y aprovechar sus vientos. Sabiendo que ya no podemos contar con Estados nacionales obsoletos y defensivamente agrupados en carteles poco operativos, que los sindicatos de la era industrial bastante tienen con sobrevivir —mientras no bajen la guardia porque, en USA y en el resto del G8, ya se han convertido en auténticos centros de poder económico sujetos a los vaivenes de las bolsas—, y que las empresas viven al día, pendientes de los mercados financieros.

Por eso, como dice Castells, es esencial para esa navegación ineludible y potencialmente creadora, poder contar con una brújula y con un ancla. La brújula: educación, información, conocimiento, tanto a escala individual como colectiva. El ancla: nuestras identidades. Saber quiénes somos y de dónde venimos para no perdernos a donde vamos. Si en este «nuestras» incluimos las de todos los pueblos del planeta que agrupan a personas con idénticos derechos que los de los países del Norte rico e industrializado, entonces, nos sumamos a la reflexión. Hagamos entre todos una sociedad plural, que coordine los esfuerzos de las múltiples comunidades y optimice los esfuerzos para mejor distribuir los beneficios. Que es posible nos lo demuestra la Unión Europea en cuyos territorios, hace cincuenta años, se despedazaban millones de seres en nombre de nacionalidades exacerbadas y obsoletas por ideologizadas. A punto estuvimos de un conflicto nuclear entre dos bloques que hoy buscan cómo ayudarse para convivir cuando, no hace más de diez años pusieron en peligro la misma existencia del planeta Tierra con la locura nuclear. Así denominaremos dentro de poco, si nos dan tiempo, al actual desastre de contaminación ambiental y al sistema de explotación de la naturaleza a la que se considera como generadora de «recursos», en una concepción más bárbara y letal que la proscrita de los denominados salvajes africanos. Como me habría de decir un guarda negro mozambiqueño, en el amanecer de un día inolvidable en la Ilha da Inhaca: *O impossivel acontece.* No se trata de futurismo alguno, sino de la aplicación de una lógica elemental sin excesivas extrapolaciones.

Cierto que cabe una ayuda, aunque sólo sea por la vía de la reparación —en estricta equidad y justicia—, pero pudiera ser que la mejor manera de «ayudarles» eficazmente fuera retirándonos y reconociendo su mayoría de edad y la capacidad para relacionarse con otros países y con otros modelos de desarrollo económicos distintos de los africanos en términos de igualdad. Que eso es la co-operación: o se da entre iguales o es un mito que enmascara otras realidades inconfesables pero que tienen nombre, y que no dejaremos de denunciar en sus efectos para no contribuir a la institucionalización de sus causas. Recordemos lo que el presidente de Tanzania, Julius Nyerere, le respondió a un atónito representante de una organización humanitaria cuando éste le preguntó en qué sectores podrían aplicar su ayuda económica: «Utilicen ese dinero para que en su país conozcan mejor nuestra realidad y la del resto de los países africanos».

Para comenzar, habría que cancelar la deuda exterior de todos los países de África que se aproxima a los 325.000 millones de dólares y que, en su mayor parte, pertenece al Banco Mundial, al Fondo Monetario Internacional y a otras entidades bancarias occidentales... así como a particulares que participan en el «mercado de la deuda externa». Por terrible que parezca, es técnica y financieramente posible que organizaciones criminales sean titulares de enormes partidas de la deuda de aquellos países empobrecidos que más convenga a sus intereses o a los de las entidades bancarias que quieran deshacerse temporalmente de algunas de esas partidas. ¿Qué duda cabe de que el mercado de la deuda externa es un terrible instrumento para el blanqueo de dinero? Miles de millones de dólares pueden estar cambiando de mano en función de las necesidades de organizaciones criminales que se sirven de su cobertura para el entramado de la droga y del criminal mercado de armas, precisamente con los países nominalmente deudores. Es preciso seguir esta pista hasta el final con todas sus consecuencias. Tengo para mí que algo de esto hay en el reciente escándalo bancario con las cuentas «dormidas» en Suiza pertenecientes a víctimas del holocausto, y estoy seguro de que, en mayor medida, a jerarcas nazis que, como no pueden reclamar nada, van a engrosar por esta maniobra los activos de los bancos mediante la más espectacular operación conocida de blanqueo de dinero, más que negro, ensangrentado.

Esta Deuda nunca podrá ser pagada y, mientras tanto, el servicio de la misma, o sea el pago de los intereses anuales que genera, obliga a los Gobiernos a recurrir a nuevos préstamos para poder hacerles frente. Es una espiral absurda que consume la renta nacional de la mayoría de esos países mientras que, en el resto, ese servicio de la deuda es netamente superior al presupuesto dedicado a Educación y a Sanidad, por poner ejemplos claves de las partidas esenciales para la recuperación de esos pueblos. Cualquier persona, por poca preparación económica que tenga, comprenderá el peligro de desmoronamiento y de atraso, cuando no de caos, en una sociedad en la que la sanidad no funciona y la educación se yugula por las exigencias monstruosas del pretendido «ajuste económico» impuesto por el FMI. Cierto que «ajustan», como hacía Procusto con sus víctimas: las tendía sobre un lecho de hierro y las «ajustaba» estirándoles los miembros o cortándoselos si sobresalían. Fue muerto por Teseo al igual que el monstruo Minotauro. Quizá se trate de eso: si no hay arreglo posible habrá que actuar en consecuencia. Con los monstruos no se dialoga porque suelen ser sueños de la razón.

Otro ejemplo de efectividad práctica: si en un país eliminamos a todos los enfermos terminales, a todos los crónicos, a todos los deficientes físicos o psíquicos, a todos los criminales, a todos los presos, a todos los drogadictos, y, en general, a todos «los improductivos», se podrían enderezar, de qué modo y a qué velocidad, las economías de no pocos países. Por eso no hemos incluido a la prostitución, a los narcotraficantes ni a los fabricantes de armas, de alcohol, de tabaco, de productos de contaminantes que agreden el medio ambiente, ni a los publicistas que nos crean necesidades alienando a las poblaciones en un frenético consumismo... pero que son «productivos». Si alguien piensa que exagero podríamos dedicar un curso académico a exponer, con datos concretos y ejemplos apabullantes, que lo que precede no es una extravagancia sino una terrible realidad llevada a cabo bajo uno u otro eufemismo. Y esto sin tener que acudir al tópico del holocausto nazi, al *apartheid* sudafricano, al racismo israelita, a las matanzas japonesas, a los genocidios turcos, o al bien reciente de Pol Pot, o al exterminio de indígenas en Norteamérica, o a las bombas de napalm en Vietnam, ni al «expediente rápido» de Truman «para acabar la guerra» dando orden de arrojar bombas atómicas sobre Hiroshima y Nagashaki, ni a las deportaciones estalinistas de pueblos enteros, ni a los bombardeos de ciudades libres como Dresde o Colonia llevados a cabo por la RAF, ni a los recientes genocidios de los *batutsi* por los *bahutu* y viceversa, ni a las masacres de Liberia y Sierra Leona...

Estamos ante un caso de fuerza mayor en el que la supervivencia de una sociedad se antepone a los derechos adquiridos de la propiedad privada. Por lo tanto ¿a qué engañarnos? Como decía el torero Rafael el Gallo «lo que no puede ser, no puede ser y, además, es imposible». Es cierto que, en antiguas legislaciones, a quien no pagaba se le podía cortar algún miembro de su cuerpo o tomar al deudor o a los miembros de su familia como esclavos. Tendremos ocasión de comprobar como todavía existe algo de esto en algunos lugares, bajo formas encubiertas, y sin tener que recurrir al conocido rigor de la *Sharia*. Cuanto antes se corte esa espiral de préstamo, intereses, nuevos préstamos, recortes, más intereses... antes estaremos en camino de que esos países puedan emprender o avanzar en su recuperación y progreso. Algunos como Sudáfrica, Kenya y Uganda, Nigeria, Ghana, Togo y Costa de Marfil, Botswana, sin olvidar a Namibia y a Marruecos, aparte de Argelia, a pesar de la monstruosa matanza perpetrada por elementos fundamentalistas sin duda azuzados desde el exterior y por el Ejército, están dando ejemplo de que son capaces de emprender la reconstrucción a poco que se les ayude en el escalonamiento o reconversión de sus pagos, al tiempo que se incentivan sectores productivos con recursos endógenos y sostenibles.

Mientras se procede a cancelar la deuda, una Comisión Internacional de la mayor profesionalidad e independencia deberá proceder a la inspección, denuncia, juicio y reparación por la apropiación indebida, criminal y fraudulenta que personas e instituciones nacionales y extranjeras han llevado sistemáticamente a cabo con los fondos concedidos. Caiga quien caiga, desde las más altas instituciones del Estado hasta los bancos nacionales y los intermediarios extranjeros. La deuda externa en todos los países del Sur jamás hubiera alcanzado su exorbitado monto sin la prevaricación, robo, malversación y toda clase de fechorías de guante blanco de muchos de sus corrompidos dirigentes. Y como quiera que muchas de esas actividades criminales no se hubieran podido llevar a cabo sin el contubernio de los mismos bancos y de los funcionarios de las entidades crediticias y Agencias Internacionales, que sabían que esas tremendas «comisiones» no eran más que extorsiones, robos y delitos perseguidos en todas las legislaciones del mundo, pues que empiecen a pagar los mayores responsables. Y si a alguien le escandaliza y dice que no es posible llevarlo a cabo, piense que estamos ante algo peor que los crímenes contra la humanidad, que no prescriben, estamos ante un genocidio continuado, programado y consciente de millones de seres víctimas de la rapiña y de la avidez criminal de unos cuantos.

Al tiempo que se toman estas medidas, es preciso impulsar la industrialización en todos estos países, de acuerdo con sus características y deseos, para que puedan manufacturar sus materias primas, conservar sus alimentos, exportar sus excedentes en condiciones de mercado sin intermediarios abusivos, desarrollar un mercado horizontal entre los propios países de África, producir lo que consumen y dejar de importar los productos que ellos puedan fabricar, adaptarse a planes de producción de amplias zonas regionales para equilibrarse en la satisfacción de sus necesidades, cooperar en la producción más eficaz complementaria, participar en las redes de transporte para impedir la extorsión continuada a que están sometidos debido al monopolio de muchos carteles de transporte marítimo.

Un tema que es preciso asentar desde el principio es que el modelo de desarrollo de los países del Norte no sirve para ser aplicado, sin más, a los pueblos de África. Así, de entrada. Porque ese modelo «paradigmático» está asentado en la explotación sistemática de los recursos naturales de los pueblos empobrecidos del Sur. ¿A quién van a explotar ahora los pueblos del Sur para mantener en marcha esa infernal bicicleta? Ni el sistema de economía centralizada practicada actualmente por Egipto, Libia y Argelia, entre otros, sin recordar ya los fallidos experimentos de un tipo de socialismo propio de África intentados en la Guinea-Conakry de Sékou Touré, la Tanzania de Nyerere, así como el Congo, Somalia, Etiopía, Benin y Madagascar a las que siguieron Angola y Mozambique y la antigua Rhodesia rebautizada Zimbawe. Ni tampoco el obsoleto sistema de un liberalismo económico como el aparente de Kenya, Costa de Marfil o Senegal. (Siempre hay que tener presente que, en Occidente, la nación es la que ha formado al Estado mientras que, en África, ha sucedido al revés). Por lo tanto, sus líderes políticos, sociales y hasta religiosos, formadores de la opinión pública y en las propias universidades y Escuelas Superiores, con ayuda de todos los medios técnicos a su alcance, deben promover una nueva cultura de la solidaridad, de la participación, de la autosuficiencia en las necesidades básicas, de la autonomía al tiempo que la cooperación en el contexto del mencionado sistema reticular de entreayuda regional. Es preciso añadir un suplemento de humanidad.

Otro aspecto que levantará ampollas con sólo enunciarlo es el de suspender las ayudas exteriores a los estados africanos. Salvo en caso de emergencia por una catástrofe natural o la puesta en marcha de un plan de saneamiento o de mejora de infraestructuras en una zona que afecte a varios países: presas, embalses, canalización, reforestación, desalinización de aguas, lucha contra la erosión, repoblación de lagos y de ríos, erradicación de plagas endémicas como la mosca tsé-tsé, el paludismo, la bilharzia, la tuberculosis, etc. Esa ayuda extranjera sistemática, que ha llegado a representar el 50 % de algunos presupuestos generales como en Tanzania o en la República Centroafricana, ha servido muchas veces para sostener regímenes dictatoriales, corrompidos y endogámicos, bajo el pretexto de conservar la paz en la zona. Se acabó la guerra fría y la política de bloques. Que se retiren las potencias extranjeras y que transformen sus ayudas para compensar y convertir la deuda arriba mencionada. Hay millones de dólares que los países del norte de Europa, la misma Unión Europea, el Canadá, Japón y otros muchos envían a diversos países de África, muchas veces, para que puedan emplear sus riquezas naturales en el pago de los intereses de la deuda. Parece absurdo y hasta de Perogrullo, pero cuando se estudian los disparates que se han sostenido a lo largo de la historia bajo el manto de tabúes, mitos religiosos, tradiciones, costumbres, castas sacerdotales, militares o de toda laya, dinastías de origen sagrado, ritos de iniciación o de purificación por el fuego, ordalías sangrientas, tribunales como el de la Inquisición con sus crímenes jamás prescritos, los abusos de la nobleza con las múltiples variantes del derecho de pernada, el poder de lo señores sobre los siervos, de los colonos sobre los nativos, de los clérigos sobre los laicos, de los ocupantes sobre los conquistados... Podríamos recordar miles de ejemplos monstruosos utilizados en nombre de la religión, de la civilización, de la raza, del destino, de la misión evangelizadora y de la cultura desde el lejano Oriente con China, Japón e India, los *kjemeres*, hasta el Oriente Medio con las castas sacerdotales, de escribas y de guerreros, los faraones y reyes por la gracia de los dioses, los zares y emperadores con sus acólitos que «hicieron leyes do quisieron reyes» y que antepusieron el poder, la economía y el triunfo a toda otra consideración humanitaria, de derecho natural y de justicia.

Toda la conquista en Oriente como en América del Norte y del Sur, en África como en el Este de Europa por los teutones, por el Islam o por las hordas de turno se ha llevado a cabo por la espada, la sangre, el exterminio de pueblos enteros, la esclavitud, las deportaciones en masa, la explotación, la sumisión a un poder central extranjero y tiránico. Muchas veces, por desgracia, con la ayuda de los ulemas, de los misioneros y de los jerarcas religiosos de turno que llegaron a sostener, bajo pena de fuego terreno y eterno, que esa era la voluntad de Dios que se manifestaba en el tiempo y en la historia por medio de la hegemonía de éste o de aquel pueblo. Felizmente, esos dioses han muerto y bien muertos están. Como heridos de muerte están los postulados capitalistas, apoyados en sofismas neoliberales, o los imperialismos de corte marxista, apoyados asimismo en mesianismos fundamentalistas como el judaísmo internacional o el Islam o los grupos de presión que tratan de imponer concepciones de la vida y conductas inhumanas basadas en el tener y no en el ser, en modelos de sociedad alienantes y en consumismos compulsivos y suicidas. El mundo, felizmente, se ha vuelto abordable gracias a la revolución mediática y a la informatización imparable y, paradójicamente, posible instrumento para la liberación de las personas y de los pueblos.

Así, pues, suspender la ayuda sistemática exterior a los regímenes políticos de África que fomenta la corrupción, la imposición de un modelo de desarrollo, que contribuye a la elefantiasis de las ciudades en detrimento de las comunidades rurales provocando éxodos de millones de personas víctimas de espejismos que, después, se traducen en desempleo, en pérdida de habilidades, en frustración, en criminalidad, en drogadicción y en toda suerte de deshumanización de seres hacinados en las terribles villas miserias, en los *slams*, en los jacales, en las favelas y *bidonvilles*, que llevan a la mayor de las pobrezas: la de aquellos que no sólo no tienen comida ni sanidad ni cultura ni dignidad, sino que llegan a ignorar que son personas humanas.

La tercera cosa que podríamos hacer los países occidentales para ayudar a los pueblos de África es imponer un embargo de armas absoluto. Que ningún país miembro de la OCDE, ni siquiera países miembros de las Naciones Unidas, pueda vender arma alguna a estados africanos bajo amenaza de las más severas sanciones. Que las fábricas de armas se dediquen a hacer arados y bienes de producción y no de consumo. Es posible esta Utopía sólo con que nos lo planteemos claramente como se ha hecho en las Cumbres Mundiales de Desarrollo en Copenhague y lo denuncian y lo explican con todo género de detalles los Informes del PNUD, de la OMS, de UNICEF, de Amnistía Internacional, de Cruz Roja y de tantas Organizaciones humanitarias públicas y no gubernamentales. Es posible tan sólo con despojarnos de la careta de la hipocresía que hace que, por una parte, vendamos armas y todo género de material de destrucción y, por la otra, ofrecemos las ayudas para el desarrollo a fin de reconstruir los puertos, las carreteras, los hospitales, las escuelas, los puentes y los edificios calcinados por las armas que vendieron con créditos blandos o con Fondos de Ayuda para el Desarrollo a unos y otros países.

Es preciso terminar con esta hipocresía monstruosa, denunciarla sin cesar y oponerse a ella con todos los medios, hasta con la desobediencia cívica (y hasta con el asalto a los depósitos de armas e incendiarlos, como se hace con los alijos de drogas, pero en serio y no quedándose con una parte de lo confiscado para las guerras ocultas entre grupos de poder) y negarnos a pagar impuestos en los países que fabriquen armas o minas o material bélico de cualquier tipo. Una vez más: no estamos ante una Utopía. Peores eran la esclavitud, el exterminio de los indígenas de América, las guerras santas islámicas o las cruzadas cristianas, las guerras de religión, el racismo, la castración de los niños cantores para la Escolanía del Vaticano o destinados a los harenes, o la inevitable escalada nuclear que llegó a acuñar términos tan monstruosos como «paraguas atómico» que los medios de comunicación propagaron sin el menor rubor. Hay expresiones que deberían ser abortadas *in radice*.

África ha sido inundada de armas durante la colonización y después de las independencias: durante la guerra fría que hizo de África el campo de batalla de las potencias enfrentadas siempre por intereses económicos, o de seudosoberanía como el famoso «imperio informal» de Inglaterra en el siglo XIX sobre medio mundo, hasta que Francia, Alemania y Bélgica les obligaron a definirse por medio de Jules Ferry, del Canciller Bismarck y del nefasto rey Leopoldo. Las guerras civiles, los golpes de estado, las dictaduras militares, los regímenes de partido único, las oligarquías que servían a intereses extranjeros y al enriquecimiento de sus clases dirigentes, de sus clanes y de sus etnias, han conducido a enfrentamientos genocidas y, al mismo tiempo, suicidas. Repásense, aunque sólo sea a efectos terapéuticos para que se conviertan en profilácticos, las largas series de víctimas en el Congo-Zaire, Uganda, Somalia, Etiopía, Liberia, Sierra Leona, Angola, Mozambique, Sudáfrica, Ruanda, Burundi, Zaire. El más terrible azote de los pueblos de África no es el hambre ni las epidemias sino sus dirigentes, los intereses económicos extranjeros y las fuerzas militares o paramilitares.

Algunos agoreros, no sin personales intereses, se apresurarán a vaticinar el colapso de África si desaparece la ayuda externa. Dicen que caerán en una economía de subsistencia. Bueno, ¿y qué? ¿Acaso, antes que seguir pudriéndose en los terribles morideros de los *slams* de las grandes ciudades, no es mejor labrar las tierras, cuidar ganados, desarrollar la industria pesquera, tejer su hilo, su algodón y su lana, construir sus viviendas, abrir escuelas, formar promotores de la salud, desarrollar el arte y el artesanado, fomentar la participación de toda la población mediante el aprendizaje de habilidades, buscar energías alternativas, repoblar los bosques y vivir de ellos, fomentar el intercambio justo mediante un mercado supervisado por los representantes de las comunidades y no con cláusulas leoninas o asilvestrado, hacer embalses y presas para remansar las aguas y organizar piscifactorías comunitarias, ayudados en todo lo que precede por los avances científicos y tecnológicos cuyo conocimiento ya es patrimonio de la humanidad? ¿O vamos a tener que inventar de nuevo la rueda? ¡No seamos ingenuos!

Se trata de adaptar los avances conseguidos a las diferentes circunstancias y para eso, a pesar de lo que los interesados sostienen, los occidentales no somos imprescindibles. Desde Japón a muchos estados árabes, desde países del Sudeste Asiático hasta bastantes países de África y de Latinoamérica nos lo demuestran como indican magistral e inapelablemente los Informes sobre Desarrollo Humano del Programa para el Desarrollo de las Naciones Unidas (PNUD) desde 1990 y lo ratificó la Cumbre Mundial sobre Desarrollo Social celebrada en Copenhague en 1996, en presencia de 117 Jefes de Estado y de Gobierno de todo el mundo. Dejemos a los africanos que busquen soluciones para sus propios problemas de acuerdo con su idiosincrasia. Cooperemos lealmente. No los induzcamos ni los presionemos ni les impongamos nuestros modelos de desarrollo ni nuestras concepciones de vida, tan esquizoides por otra parte y tan contradictorias. ¡Ojalá que podamos hacer realidad aquel deseo de los padres honestos! «Querer a un hijo no es obligarlo a vivir con nuestras verdades sino ayudarlo a que sea capaz de vivir sin nuestras mentiras.»

Hace tiempo que sostengo en mis clases que «una mentira jamás llegará a ser verdad por mucho que se repita, pero puede terminar por ser creída». Compruébese la dinámica de las más perversas ideologías que han determinado las vidas de millones de seres. Asimismo, y como la alienante y deshumanizadora publicidad demuestra cada día, «una proposición no necesita ser verdadera ni justa para que arrastre a multitudes hábilmente manipuladas»... como la historia nos demuestra en múltiples ejemplos que, a posteriori, nos parece inconcebible que hayan podido «triunfar» y esclavizar a millones de seres humanos. Así, también, debemos descartar el falaz argumento de que «los africanos sólo trabajan cuando se les obliga». Esto es falso. Lo que los africanos rechazan es trabajar forzadamente, sin sentido para ellos y sin ver recompensado adecuadamente su esfuerzo. Como todo el mundo. Lo que ocurre es que ellos llevan doscientos años de opresión de uno u otro signo. Tampoco los esclavos ni los siervos de la gleba ni los prisioneros de guerra en los campos de concentración, mostraban mucho entusiasmo ni tenían iniciativas, como tampoco lo hicieron los ejércitos de proletarios surgidos de la explotación industrial. Pero bien que demostraron saber hacerlo cuando se supieron al frente de sus destinos y pudieron utilizar instrumentos de presión, sindicatos, cooperativas, y sus representantes tuvieron acceso al Parlamento y a los órganos de decisión política.

Otro argumento falaz que se oye por todas partes en África en boca de los blancos y de algunos negros desclasados que han vendido su alma al diablo por una corbata o por unos zapatos con cordones —que todo hay que decirlo y reconocer que entre no pocos negros se encuentran hoy muchos racistas tan implacables como necios— que afirman: «los africanos todavía no están educados para la libertad». ¡Como si hubiera que educar a alguien para la libertad! La experiencia de la libertad es una educación y una formación en sí misma. ¿O a nuestros hijos no los reconocemos como libres hasta después de haber superado las pruebas de la educación en libertad? ¡Qué dislate! Dice con dolor y esperanza Peter Marshall: «El continente oscuro de los exploradores y misioneros del siglo XIX sólo era oscuro porque ellos fueron ciegos a la luz que brillaba desde el corazón de África». La jungla no es oscura para los pigmeos, sino sagrada y penetrada de una fuerza divina que da vida. La sabana no es un salvaje desierto para los pueblos pastores, sino su hogar en el que viven y mantienen sus tradiciones. Los africanos de todas las latitudes han crecido en la convicción de que la tierra no pertenece al hombre sino que éste pertenece a la tierra junto con los demás animales y plantas. Hay un hermoso proverbio que yo escuché de labios masai pero que comparten otros muchos pueblos africanos: «La tierra no es un regalo de los padres a los hijos sino un préstamo que los hijos hicieron a sus padres y del cual deberán dar estricta cuenta».

¡Pensar que durante los dos últimos siglos se describió a los africanos como salvajes, ateos o politeístas, según las conveniencias, supersticiosos y que practicaban la brujería y la magia negra! «mediante el animismo que es una oscura mezcla de todas las ignorancias y perversidades imaginables». Los modernos sociólogos, antropólogos, estudiosos del arte y de la cultura tradicionales, expertos en fenomenología de las religiones reconocen, con admiración y con respeto, que, entre los pueblos africanos, se encuentran enraizadas formas sublimes y muy evolucionadas de relación con la divinidad cuya presencia dinámica se encuentra en todo lo que existe y alienta y permanece y se muta... ¿Quiénes son los ignorantes? ¿Los que se postran con reverencia ante toda forma de vida y piden perdón al árbol antes de cortarlo o al impala antes de cazarlo o saludan la fuerza del león después de haberlo vencido en noble lid... o el que fabrica dioses de palo o de metal, hace chozas en donde coloca cajas para encerrar a sus dioses, declara alimentos puros o impuros y atribuye fuerza a elementos naturales manipulados por sus palabras y sus manos, condena el sexo como expresión de amor y esclaviza a los seres humanos con pretendidos tabúes amenazándolos con condenas a fuegos eternos en nombre de dioses terribles y ciegos? Son tremendas las conclusiones que se abren cuando haya que pedir perdón por el daño que se les ha hecho durante años, por el desarraigo que se les ha impuesto, por el odio que se les inculcó y los sentimientos de culpa que anidaron en sus conciencias en nombre de la civilización, el comercio y una sectaria evangelización que ignoró en la práctica el Evangelio de Jesús al no haberse encardinado y enraizado por miedo y por ignorancia de los responsables de sembrar tanta soledad, tanto miedo y tanta orfandad en seres que ancestralmente se sabían participantes de lo divino «donde vivimos, nos movemos y somos», en expresión del mismo San Pablo.

África tiene un gran pasado y un enorme potencial de futuro. Han superado la dura iniciación que reconoce su madurez para tomar parte en la comunidad y participar en sus decisiones. Los africanos saben del valor de la comunidad, de la pertenencia al grupo, de la generosidad, de la alegría, de saberse y ser miembros activos y dinámicos de la expresión de la divinidad en la tierra: por eso, ningún pueblo es capaz de celebrar como ellos la vida, la fiesta, la lucha y hasta esa expresión sublime y culmen de la vida, que es la muerte, en la que cantan y beben y danzan, lloran y ríen en comunión con todo lo que es y existe. Quien ha participado en las celebraciones de los africanos, en su canto a la vida, aún en la misma experiencia de la muerte, mira con los ojos de la esperanza hacia ese continente donde tuvo su origen la vida, se desarrollaron las civilizaciones, donde permanece la riqueza de la naturaleza en su expresión más auténtica, convencido de que la luz que brilla en su corazón será capaz de iluminar la oscuridad de muchos aspectos fundamentales del mundo moderno. Hay esperanza porque hay vida donde ha habido un dolor purificador que curtió a los coprotagonistas de un mañana que ya está en nosotros, en una humanidad globalizada y que se expresará desde el seno de sociedades autónomas, libres, justas y que sabrán que en la cooperación solidaria está la prenda de la madurez y de la vida, mientras que en la opresión y en la explotación de unos pueblos por otros y en el sometimiento de unos hombres a otros anidan la decadencia, el dolor y la muerte.

28

En el corazón del Níger

Nada más descender del avión en el aeropuerto de Niamey, entre el calor sofocante contra el que te previenen todas las guías del mundo si llegas de un país húmedo como Costa de Marfil, distinguí a mi amigo Abbey Bazou acompañado de otros dos tuaregs. Uno, vestido completamente en azul, excepto el *taguelmust* blanco, era el jefe de una comunidad nómada que se encontraba a 700 kilómetros de allí, en pleno desierto, y a la que me invitaba para descansar unos días. El otro era Ahmed Issaf, profesor de la Universidad que me había de acompañar durante mis gestiones oficiales. Jamás vi su rostro y me dijo que durante sus estudios de doctorado en Francia y en Inglaterra lo que más le había costado, aparte del frío, era la sensación de andar como desnudo entre la gente, al no poder llevar su traje tradicional y sobre todo «por la desnudez de la boca». «Al frío estamos bien acostumbrados los tuaregs, no olvide que podemos pasar de 50° C en pleno día a menos de 0° C durante la noche. Además, aquí sabemos que después del frío lucirá el sol, pero en el norte de Europa puedes pasarte meses sin verlo y eso es insufrible para nosotros, los hombres del desierto.» Mientras descargaban el equipaje me contó que hacía poco habían tenido que llevar a un jefe tuareg a un hospital para una grave intervención quirúrgica y la lucha que hubo que mantener para que permitiera que lo desnudaran. Dijo solemne: «Pero que no entre nadie hasta que esté anestesiado». En ese momento entró el anestesista y el jefe tuareg agarró una toalla y se tapó con ella... la boca. El profesor Issaf era un hombre muy culto y su disponibilidad y eficacia hicieron que mi trabajo oficial en el Níger fuera sobre ruedas. No sólo era un profesor muy estimado sino que todos conocían su vinculación a la causa tuareg y su relevancia entre los jefes de las diversas tribus. Abbey Bazou resplandecía tras su velo y sus ojos mostraban toda la alegría al ver cumplido nuestro sueño en el inolvidable encuentro en Abidjan. Solventaron rápidamente todos los trámites del aeropuerto. A pesar de no ser más que una minoría en el Níger, donde predominan los hausa, los *peul* y los *zermá*, un jefe tuareg es respetado por todo el mundo. Su prestigio y su valor no conocen fronteras tras sus maneras tranquilas y su porte sereno. Es tremenda la combinación: valor guerrero reconocido secularmente y capaz de dominar los conocimientos y las técnicas del hombre blanco.

Me condujeron al Grand Hotel que se alza junto al río Níger y que es antiguo, simpático y con un claro aire colonial. Tiene una vista incomparable sobre el río y aunque Abbey Bazou hubiera preferido que me alojase en el Sahel, cerca de la piscina olímpica regentada por parientes suyos, comprendió que permaneciera en el que me había reservado nuestro Vicecónsul honorario que vendría a recogerme aquí. Tendríamos tiempo de disfrutar del Sahel en su momento, así como de la hospitalidad del clan de los *imanam* en sus tierras durante el fin de semana. Esto nos llenaba a todos de alegría. Nos sentamos un rato en el hall del hotel para beber agua porque la sensación de deshidratación es terrible hasta que te vas acostumbrando. Cruzó por delante de nosotros una africana con falda corta y Ahmed Issaf dijo con toda naturalidad: «Una mujer con falda es una mujer desnuda».

Desde la terraza sobre el río Níger extendía mi mirada sobre este fascinante país con una extensión cinco veces superior a la de España pero sólo con un 3 % de tierras arables. Su población se acerca a los 10 millones de habitantes entre los que predominan los hausas (más del 50 %), los *songhay*, los *peul*, los *zermá* y los tuaregs (10 %). Hasta 1922, no se convirtió formalmente en colonia francesa y cambiaron sus cultivos de subsistencia, sus pastoreos y nomadeos por un cultivo intensivo de cacahuete y de algodón destinados a la exportación. Cuando en 1960 alcanza la independencia, Níger era el país más pobre del África Occidental con un 80 % de la población en zonas rurales, con sequías pertinaces, una gran erosión incrementada por el hecho de que el 98 % de las amas de casa cocinan con leña. La esperanza de vida no supera los 46 años, la mortalidad infantil es de 122/1.000, hay un médico por cada 50.000 habitantes y el analfabetismo es superior al 86 %; a la universidad no llega ni el 1 % de la población. Su mayor fuente de riqueza reside en los yacimientos de uranio ya que es el cuarto productor mundial. Durante el boom del armamento nuclear en los setenta, el uranio representaba el 90 % de sus exportaciones y se acometieron obras gigantescas para un país tan pobre dominado por compañías extranjeras que endeudaron al país creyendo que la demanda iba a mantenerse pero con el deshielo de 1989 el precio se vino abajo. De 30.000 francos el kilo en esa fecha descendió a 19.000 francos, en 1991, y su deuda externa se disparó hasta los 1.600 millones de dólares. El Presidente Kuntché ocupó el poder durante una década hasta 1986 y sus sucesores, Seibou y Ousmane, se volvieron hacia el FMI en busca de ayuda y trataron de revitalizar el sector agrario fomentando las energías solar y eólica así como el uso de cocinas económicas de menor consumo energético. El expresidente, Ibrahim Bare Mainassara, llegó al poder mediante un golpe de Estado, en 1996, que revalidó en unas discutidas elecciones pero parecía que tenía el apoyo del Banco Mundial y que los inversores volvían sus ojos hacia el Níger porque se detectaron reservas de oro y de petróleo. (En abril de 1999 fue asesinado por su propia Guardia Personal.)

El problema continúa latiendo porque durante el *boom* del uranio los precios subieron hasta un 25 % y no han vuelto a bajar. Los pobres no se beneficiaron del *boom* pero sí pagan sus consecuencias. Es como el problema de los tuaregs: en sus tierras se encontraban esos yacimientos fabulosos y ellos reclamaban participar en su explotación, al menos como mano de obra ya que estaban destruyendo su habitual estilo de vida. En 1992, los tuaregs se levantaron en armas contra el gobierno pero no fue hasta 1994 cuando les concedieron una relativa autonomía en una parte del país reservada para 750.000 tuaregs, pero sin los medios indispensables para hacerla eficaz.

¡Ciudad de Agadez, casi tan bella y tan famosa como Tombuctú! ¡De ti partían las caravanas hacia Bilma, otras con oro hacia Tamanrasset, al norte, y otras bajaban la sal hasta el sultanato de Zínder! Tierras del Níger donde un día floreció el Imperio Kanem-Bornu cuya grandeza ignoran los estudiantes europeos y que se extendió hasta el Lago Chad y fue poblada por hausas, *songhay* y sus descendientes los *zermá*... el viento harmattan parece asolarlo todo y en tus tierras del Tassili, hoy desérticas, florecieron bosques de cipreses. Las estepas de Ahaggar eran inmensas praderas donde pacían inmensos rebaños y el mágico desierto del Teneré era un lago profundo y lleno de vida cuyo último vestigio es el actual lago Chad. Es impresionante verte así, saberte tan gloriosa. Yo te canto junto al resto de aquel gran Níger divino que regó inmensas extensiones del África occidental y central. Yo te canto con un proverbio tuareg «Al final de la arena, está la montaña». Recuerdo ahora otro proverbio árabe que viene al caso: «El desierto es el jardín de Alá; el Dios de los justos eliminó toda vida humana o animal superflua con el fin de disponer de un lugar donde poder pasearse en paz».

Los hausa representan más de la mitad de la población pero su lengua la hablan más de 50 millones de personas en África. Debieron provenir del norte, del Air y quizá del Tibesti, en el actual Chad de donde fueron expulsados por los tuaregs. Adoptaron muy pronto el Islam y se mezclaron fácilmente con otros pueblos, de ahí que la unidad de religión y de la lengua les distinga más que los rasgos así como su habilidad para los negocios; son expertos mercaderes como sucede con los *diulá*. Por eso, sus lenguas se podrían considerar, junto con el swahili, *linguas francas*, por ser las más habladas en el continente, si exceptuamos el árabe en el norte. Son muy hábiles para los tintes de las ropas y su color azul oscuro es bien conocido. Sus poblados se componen de casas de arcilla decoradas con bellos dibujos geométricos que se alzan en torno a una plaza en la que se encuentra el mercado, la mezquita, el *hamman* o baño y la fuente. Practican la poligamia y los hijos viven con sus madres hasta los seis años en que se integran en el grupo de los hombres, sus padres, tíos y abuelos por línea paterna.

Al poco rato de partir mis amigos tuaregs, llegó Claude Parent para interesarse por mi alojamiento y comunicarme que estaba preparada la entrevista con la Ministra de Sanidad ya que había sabido que el profesor Ahmed Issaf se ocupaba de los contactos académicos. Es un hombre amable, que lleva muchos años viviendo en África y que ahora es responsable de una fábrica francesa de jabones y de detergentes aquí en Niamey.

Cené en la maravillosa terraza que domina el río. Enseguida pusieron bajo la mesa el ya conocido ahuyentador de mosquitos que aquí sobrevuelan a millones. Había extendido el Aután por todas las partes visibles que mi ropa dejaba al descubierto. Como suele sucederme, vi a un belga de unos 34 años que acababa de cenar solo en la mesa de al lado y le invité a compartir manteles y tomarse una cerveza. Era un tipo curioso, fuerte, acostumbrado a trabajar, lleva 20 años viviendo en África, en Benin, en el antiguo Congo belga —donde sus padres pasaron su vida hasta la independencia—, en Senegal y en otros más. Es mecánico de profesión y trabaja en una cantera a 125 kilómetros de la capital. En el campamento comparte con un libanés la *roulotte* climatizada y los atiende un cocinero de Burkina. Adora su trabajo de mecánico, conducir, reparar máquinas, ir al tornero a reparar una pieza. Dice que cuando va a visitar a su familia en Bélgica los pocos días se le hacen interminables. Ya no puede vivir sin el desierto, sin las gentes de África y sin la autoridad que a su nivel se ha procurado. «¿Qué sería yo en Bélgica? Un mecánico preocupado por llegar a final de mes, con televisión los domingos y cerveza en un pub con los amigos esperando el lunes. Menudo panorama. Prefiero el riesgo pero con aventura. Además, aquí, para todos soy un jefe. Y eso cuenta, vaya si cuenta.»

Tiene 50 empleados que trabajan de sol a sol con una hora para descansar al mediodía. Se levantan todos a las 5:30, y a las 6 ya están en las canteras para sacar la piedra que se utiliza en la construcción de carreteras. Trabajan todos los días, incluido el domingo, «pero este día sólo hasta las 12, en que agarro la camioneta y me vengo a Niamey. Algunos días, también vengo entre semana a comprar víveres o a reparar algún material averiado. En el hotel siempre se encuentran turistas que, a veces, son muy complacientes. ¿Ve aquellas dos? Seguro que son francesas en busca de aventuras. A su edad, se permiten estos viajes y, aunque es difícil competir con los naturales del país, ya me entiende, algunas siguen prefiriendo a los blancos». Y se echó a reír con toda naturalidad. Me dijo que quería mucho a «los hombres que trabajan para él». Por supuesto, ninguno tiene seguro médico «yo tengo un botiquín y si pasa algo más grave se le lleva al hospital»; tampoco tienen contrato ni jubilación «ya sabe, en las canteras el trabajo es muy duro y hay que cambiar al personal con frecuencia, ya sabe». Los obreros ganan 25.000 francos CFA al mes, es decir unas 10.000 pesetas de 1998. Sin comentarios. Después de bebernos las cervezas, se fue a la mesa de las francesas y, hacia las 10, se fue a su «camioneta con tracción a las cuatro ruedas y en la que llevo tres ruedas de repuesto». Viaja solo y le gusta hacerlo de noche. «Me pasaría la vida viajando por estas carreteras de África. Llevo conmigo un buen bate béisbol y una navaja respetable. No, armas de fuego no suelo llevar, ya sabe.» Yo me fui a dormir pensando que hay una historia de la colonia que todavía no está contada del todo y que, al parecer, no está terminada.

Me desperté antes de que llegase la llamada del almuédano, me duché, me vestí cómodo y me senté en la terraza mientras amanecía espléndido y recién creado el río Níger. Fue grandioso. Las golondrinas y otros pájaros pasaban raudos sobre la superficie del agua, el puente también comenzaba a despertarse, hombres con grandes fardos de ropa sobre sus cabezas cruzaban el río para dedicarse a lavar y golpear la ropa contra las rocas y, para secarla, la extendían sobre la escasa vegetación que hay en los islotes que, a su paso, deja el Níger. Siempre que los veo en cualquier lugar de África me pasma el que sepan distinguir tantos centenares de piezas de ropa. En Bamako los miraba y me asombraba, así como en Segú, en Mopti, en Djenné y en tantos otros lugares. Es increíble el espectáculo de una ribera, que suele extenderse centenares de metros en la estepa, cubierta por millares de piezas de ropa de todos los colores que se pueda imaginar y a esbeltos hombres de ébano cubiertos con un taparrabos saltando entre esos mares policromos. Yo no sé a quien pertenece tanta ropa, si es de comunidades o de barrios o, más bien, se trata de esos inmensos camiones que cruzan el desierto trayendo la ropa que en Europa se entrega «para ayudar al tercer mundo» —sí, esos cartelitos que aparecen de vez en cuando en los portales de las casas anunciando una próxima recogida—, y que es objeto de un comercio de millones en manos de hábiles especuladores. Por todos los zocos de África puede uno ver inmensos tendales con camisas, pantalones, y zapatillas o zapatos a los que hay que buscar un compañero en el inmenso montón. En Lusaka, tuve una curiosa experiencia con un amigo inglés gemólogo, Guy Clutterbuck, que vive en Pakistán pero que está casado con una sueca en Estocolmo, aunque su domicilio postal es en el Real Automóvil Club del Pall Mall en Londres y que se dedica a «comprar» piedras preciosas en la frontera entre Zambia y Angola... a cambio de ropa usada que habríamos de comprar juntos en el zoco de la capital de Zambia. Increíble. Cuando llegue a este país no puedo olvidarme de contarlo porque tengo fotos y cartas y un espléndido lapizlázuli que prueban que no lo he soñado ni imaginado.

El caso es que a las 9 llegaron mis amigos tuaregs y nos fuimos al Rectorado de la Universidad en donde dejamos una fotocopia del proyecto, ya que la cita estaba concertada para el día siguiente por la mañana junto con otros responsables de las Facultades de Medicina, de Farmacia y de Bioquímica. Fuimos al consulado de Francia a sacar mi visado para Togo, a Air Afrique a «confirmar» mi reserva para Ouagadougou y visitamos la casa, en Niamey, del jefe de tribu tuareg que había venido al aeropuerto. Fue una experiencia muy interesante y llena de noticias sobre la rebelión tuareg. Me trataron como a un hermano y tengo que ser consecuente. Allí me impuso un tabou, que es una bolsa repujada y con bellos colores que llevan los tuaregs al cuello y en donde van los amuletos encerrados, a su vez, en trozos de piel de diversos colores. A algunos también les sirve como bolsillo para llevar documentos. Recorrimos la ciudad que es, después de Bamako, la que tiene mayor número de mendigos en el África occidental. Esto junto a impresionantes edificios de la época del boom del uranio en los años setenta y que se colapsó en los ochenta con la consiguiente hecatombe. Pasamos ante la Gran Mezquita que visitaríamos por dentro en los días siguientes, así como el precioso Museo nacional, uno de los más interesantes que habría de conocer ya que dispone de las mejores colecciones de trajes tradicionales vestidos por maniquíes de tamaño natural en ambientes que reflejan las costumbres de cada etnia. Me ayudaría muchísimo para poder distinguir y apreciar mejor las peculiaridades y riquezas de cada pueblo. Además, allí se encuentra el famoso árbol del Teneré —el Tafagak, o acacia en lengua tuareg— que durante siglos guió a las caravanas como punto de referencia en el desierto hasta que un desgraciado conductor del *rally* Citroën 1973 se lo llevó por delante. Las autoridades decidieron transportarlo al museo en un camión y construirle un mausoleo que es visitado con fervor por muchos peregrinos ya que ciertos árboles del desierto están habitados por espíritus, en este caso, sin duda muy benévolos; las crónicas de todos los viajeros hacen referencia a este portento de la naturaleza.

Pero ahora teníamos una entrevista que yo ansiaba y que habría de resultar tremendamente eficaz. Visitamos el Centre National des Oeuvres Universitaires, CENU. Nos esperaba su director el joven doctor Issa Niaudou Soulley. Es médico generalista que pertenece al Ministerio de Salud Pública pero asignado en comisión de servicio a esta obra universitaria. El Centro es pequeño pero muy bien cuidado. Disponen, además del médico, de 7 enfermeros/as, entre ellos un Enfermero Mayor que pasa consulta y puede recetar dejando para el médico los casos más serios. Había una enfermería pero con grandes carencias de instrumental, tenían una sala con armarios para medicamentos pero sólo disponían, de vez en cuando, de genéricos para las dolencias más comunes. Carecían de Laboratorio y tenían que enviar a los estudiantes enfermos al hospital con los consiguientes retrasos en los diagnósticos. Nos entendimos a la perfección, me di cuenta de que Abbey Bazou le había hecho llegar lo fundamental del Proyecto CPMP a través del profesor tuareg y de otras personalidades que iría conociendo en los siguientes días. Vi al Dr. Issa Niaudou tan interesado en participar en el proyecto que me dije para mis adentros que aunque tuviera que pagarlo de mi bolsillo —no sabía cómo, aunque fuera escribiendo un libro—, yo no podía dejar fuera del proyecto a unas personas tan bien organizadas y que nos garantizarían el buen desarrollo del mismo. Se entusiasmó con la idea de tener las fichas clínicas informatizadas, con la posibilidad de que se pasara la consulta ginecológica y poder disponer de un laboratorio y del material necesario para atender a los estudiantes enfermos. Pero sobre todo comprendió el alcance de atender a todos los estudiantes sanos. En fin, fue uno de esos momentos en los que uno comprueba que la sintonía se ha establecido y que no podemos dejar de hacer todo lo necesario por aportar nuestra pequeña ayuda cuando hay personas tan preparadas que te dicen «esperaba algo así, como si fuera un sueño». «Y podemos hacerlo realidad Dr. Niaudou, amigo mío, usted prepáreme todo el informe necesario y envíelo a la sede de Solidarios en Madrid para que esté allí cuando yo llegue al final de esta primera parte del viaje.» Así habría de ser, lo vi en su mirada y en la del Enfermero Mayor. También participaba de la alegría el profesor Kassou Wada, del servicio central de personal del rectorado que nos acompañó durante la visita.

Nuestro chófer, Yeya, también tuareg, me hizo visitar a su familia que me tenía preparadas unas sandalias rojas de piel de gacela y un *taguelmust* que el Magistrado Abbey Bazou recordó, con una sonrisa no exenta de autoridad, que el privilegio de enseñármelo a enrollar se lo había reservado él para cuando estuviésemos en Bondoukou, su poblado. También me presentaron a un hombre de unos 30 años llamado Mouddour Zakara Abarad que tenía una gran prestancia pero que, siendo tuareg, vestía completamente a la occidental y fumaba en presencia de los mayores. Todavía no había terminado los estudios de Periodismo, a pesar de sus años. Comprendí que algo no iba bien y esa noche me habría de enterar. Pero ahora tenía que prepararme ya que a las 4 vendría a buscarme el Vicecónsul para ir a visitar a la Ministra de Sanidad. Yeya está empeñado en que regrese y vayamos en un buen coche hasta Agadez en septiembre para asistir, a 120 kilómetros de allí, al festival de la *Cure Salée*, cerca de Ingal. Él conoce a todas las tribus tuaregs del itinerario, no nos faltaría el agua, prepararía el té y la comida y dormiríamos bajo las estrellas. Yo sé que a todo tuareg le fascina ese Festival que reúne a pastores de diversa tribus, el de los tuaregs es el de *illoudjan*; aunque el más espectacular sea el de la secta *wodaabé*, del tronco *peul* o *fulani*. Todos profesan el culto a la belleza y les impresiona que los hombres de ese pueblo sean tan hermosos y se crean bendecidos por Dios con la belleza como un don que tienen que conservar hasta el punto de que un marido ve con normalidad que su mujer se acueste con un hombre más guapo si eso le va a proporcionar un hijo hermoso del que estarán orgullosos toda la vida. También es conocida la libertad de relaciones entre los hombres *wodaabé* y sus manifestaciones externas de amistad. Las mujeres gozan de una libertad inusual —salvo entre las jóvenes masai con los guerreros *elmorán* antes de contraer matrimonio, como veremos— en el trato sexual con diversos hombres antes de casarse. El tema tabú, tanto en unas como en otras, es no perder la virginidad... por lo demás, al parecer, vale todo y son expertas en toda clase de juegos eróticos.

Nos recibió con un equipo de cinco personas mientras un secretario tomaba nota de todo. Entendió bien el proyecto pero comprendió mi interés en que se llevase a cabo con las autoridades de la Universidad. Les conté la buena impresión que me habían causado el Dr. Issa y el personal del Centro, pero era comprensible que ella quisiera aprovechar la ocasión para obtener algo para su Ministerio: ambulancias, rayos x, medicamentos, instrumental, etc. Comprendieron muy bien mis razonamientos porque hablé con firmeza y con gran convicción y claridad. Entonces fue donde salió a escena un personaje al que la Ministra le concedió la palabra como diciéndole: «Ahora tiene ocasión, preséntele sus quejas». El Vicecónsul Claude Parent y yo nos miramos mientras escuchábamos a Mr. Abdramane Salifou, director general de la Maternidad Central de Niamey —¡regalada por el Estado español y que costó cerca de mil millones de pesetas como luego habría de enterarme!— que consultaba una serie de papeles con unas peticiones que le había hecho a la Embajadora Almudena Mazarrasa, a Mónica y a Ángeles Díaz durante su última visita y que parecían tener que ver con fallos en algún material de la Maternidad o algo así. El individuo me pareció confuso y utilizaba términos técnicos que ni yo comprendía ni tenían nada que ver con mi cometido. Pero algo me dijo que él tampoco los entendía muy bien, cuando una persona sabe de lo que habla lo explica con sencillez. El Vicecónsul tampoco sabía nada. Al parecer había un aparato muy sofisticado que no sabían manejar y no podían utilizar... con lo necesario que parecía ser pues sólo había otro igual en la Universidad. Aquí se me encendió una luz pero trasteé el toro con unos pases de alivio y dejé bien claro que, aunque no era de mi incumbencia, no dejaría de informar a la Embajada de España en Abidjan, que también estaba acreditada en Níger. Me extrañaba mucho que el personal de nuestra Embajada, al que conocía muy bien, hubiera dejado un asunto de tanto calibre a medio resolver. No era ese su estilo. Me despedí muy cordial pero le pedí las señas al director de la Maternidad.

De regreso al hotel, agradecí al Vicecónsul sus atenciones y le pedí que escribiera a Eduardo Sánchez, Primer Secretario de nuestra Embajada en Abidjan porque yo aún tardaría unas semanas en verle, puesto que tenía que viajar a Burkina, a Togo, a Benin y a Ghana, pero que estas cosas no podían esperar ya que ponían en duda el buen quehacer de España. Si era cierto, deberían de repararlo inmediatamente pues ya son bastantes los casos que uno conoce de material sofisticado que se envía a países del llamado Tercer Mundo y que luego no saben utilizar y se desperdicia cuando se podía enviar material mucho más sencillo y más necesario. Mis notas de ese día reflejan mi estado de ánimo por este tema tan frecuente pero, al mismo tiempo, había cosas que no me cuadraban.

No tuve más remedio que «aparcar» el tema porque mis amigos tuaregs ya me esperaban para ir a la Grande Mosquée que me encantó recorrer descalzo. El jefe tuareg le dijo a Abbey Bazou y éste me tradujo: «No es por casualidad que los europeos nos hayan adelantado tanto. Se interesan por todo». Le sonreí y repuse: «No todos, ni tampoco por las mismas cosas». Abbey Bazou puso su mano sobre el *taguelmust* para reírse mientras traducía al jefe que, como tantos otros jefes tradicionales, se habían resistido a aprender francés aunque hubieran tenido que enviar a sus hijos a las escuelas y después a las universidades francesas. Las potencias colonizadoras necesitaban que los hijos de los jefes aprendieran su lengua —ellos jamás se molestaron en aprender las del país—, para mejor servirse de ellos como mandos intermedios ante la población. Así se aprovechaban del doble ascendiente: como hijos de jefe tradicional y como negro capaz de hablar la lengua de los diablos blancos. A la larga, no siempre les resultaron tan dóciles y se pusieron a la cabeza de los movimientos independendistas. Otros colaboraron y siguen haciéndolo como testaferros de negocios ruinosos para sus países. Pero así es la historia.

De la Gran Mezquita nos fuimos a la terraza de la piscina olímpica del Hotel Sahel que ese día estaba cerrada al público por descanso semanal. Está al borde del Níger y desde ella se puede disfrutar de la más maravillosa puesta de sol en Niamey, sólo comparable al amanecer que había contemplado por la mañana. La gran diferencia es que aquí, al otro lado del río, se extienden los campos verdes, la calima, bandas de bruma, celajes y allá, a lo lejos, donde termina la estepa, se alza *la grande falaise* que ya da paso al desierto. Era un espectáculo increíble. Abbey Bazou colocaba el velo con su mano derecha para sonreírse a gusto y sin que se le cayera porque sabía que yo estaba emocionado. El director y *maître nageur* [profesor de natación] era tuareg y primo de Abbey Bazou. Nos hizo servir un té fuerte y refrescos. También estaba presente su primo Mouddour Zakara que, de vez en cuando se levantaba, para ir a fumar algo alejado por respeto. Abbey Bazou comprendió mi interés y me explicó que el padre de Mouddour fue el gran jeque de la tribu de los *imanam* a quien, por su prestigio, le fue encomendado el Ministerio del Sahara y de la Integración social en el primer Gobierno después de la independencia de 1960. Al morir, en 1976, dejó 10 hijos de las cuatro esposas oficiales y Mouddour era el más joven de la esposa favorita que no lo crió con el necesario rigor. El resultado fue que Mouddour no siguió bien sus estudios, no es practicante, fuma y bebe, no le gusta vestir como un auténtico tuareg, no va a las grandes fiestas tradicionales y no domina la lengua *tamazhek*. Como la sucesión entre los tuaregs es matrilineal, el padre de Abbey Bazou sucedió al jeque por ser hijo de su hermana mayor y comportarse como es debido en un miembro de la familia reinante. «No en vano, aunque tu padre ha muerto, tú eres responsable de la Integración social en este Gobierno como lo había sido tu tío en su tiempo y, aunque no seas el jeque de los *imanam*...» «¡Para, para hermano mío! En el desierto, el que va muy deprisa más tarde llega.» Nos echamos a reír pero una mirada de inteligencia se cruzó entre ambos. «Recuerda que en el desierto uno no tiene derecho a equivocarse. Allí la distancia tiempo sustituye a la distancia métrica. Por eso, la vida en el desierto se reduce a las cosas más esenciales y, en verdad, es una experiencia de humildad. Allí no se trata de ir deprisa, sino de alcanzar el destino que nos habíamos fijado. El camello no fue concebido para galopar todo el rato sino para llegar lejos.» Y así, tengo recogidas algunas frases que me golpearon y logré rescatar del olvido buceando en mi corazón, que esto es «recordar».

De repente, el sol dejó de iluminar los celajes suspendidos sobre el oeste. «Es la hora de la oración», dijo, y todos se pusieron en pie. «Para conocer exactamente cuando amanece o se pone el sol, durante el Ramadán —que como sabes los tuaregs nómadas no suelen cumplirlo pues bastante ayuno tienen que soportar durante sus largas travesías—, hay que mirar hacia el lado opuesto. Así no hay duda, igual sucede con la hora de la oración.» Con toda naturalidad, se ajustaron sus ropajes y sus *taguelmust* y se dirigieron hacia la puerta de la piscina. Evidentemente, yo les seguí mientras Mouddour se ponía en pie pero no nos seguía. Noté tristeza en su rostro, o me lo pareció así.

Bajo unos árboles, en pleno descampado, había unas esteras orientadas hacia la Meca. Como señalando el recinto en forma de rectángulo había unas piedras en el suelo y, al frente, un pequeño saliente como si fuera el *minab*. Pocas veces vi una «mezquita» tan maravillosa. Hombres grandes con sus *djellabahs*, sus turbantes o velos o gorros, según sus etnias y tribus, se alineaban fraternamente para orar: Erguidos, se inclinaban, se postraban hasta dar tres veces con la frente en el suelo, se sentaban sobre los talones, erguirse de nuevo, inclinarse, postrarse, etc. El primo Algali dirigía la oración. No tuve más remedio que acompañarles desde fuera del recinto —¡separados por una humilde hilera de piedras hermanos que oraban con un mismo corazón y parecidas inquietudes! ¡Qué absurdo me pareció!—. Y ese fue el comentario de Abbey Bazou cuando nos reunimos de nuevo: «En el desierto, entre los tuaregs, no hubiéramos tenido que estar separados, desde siempre nuestra interpretación del Islam ha sido más abierta, tú lo sabes». «No te preocupes, hermano, tú y yo podemos adaptarnos a las circunstancias.»

Decidimos aceptar la invitación para cenar en la terraza junto al Níger. Personas surgidas de las sombras prepararon brochetas de pollo, de pescado y una especie de cus cus con variadas salsas. Pero según la norma tuareg, no empleábamos los dedos más que para las brochetas, sino que nos servíamos de cucharones de madera y cada uno sacó su cuchillo para cortar lo que fuera necesario. Bebimos refrescos, eructamos, trajeron el té y aquella noche, junto al divino río, mantuvimos una de las conversaciones más bellas de mi largo viaje. Narraron historias, anécdotas, utilizaron proverbios y refranes. Hablamos de las estrellas como sólo un tuareg puede hacerlo, del desierto, del agua, del festival de *Cure Salée*, de los camellos a los que conocen por sus nombres, con los que hablan y de los que se cuentan historias que corren de boca en boca, les dedican canciones y van a cortejar a sus futuras esposas con sus camellos engalanados; la riqueza de un hombre se mide por sus rebaños y la nobleza por su estilo y destreza al cabalgar; hablamos de los espacios imprescindibles para el tuareg que no puede soportar largo tiempo la vida en la ciudad apartado de la inmensidad del desierto. «A veces —dijo nuestro anfitrión Algali—, me siento aquí a las tres de la madrugada, contemplo el cielo, el río, las montañas que parece que me llaman y siento ganas de volar y volar. Y en sueños, a veces, sobrevuelo el río, los arrozales, los palmerales y llego hasta las montañas.» Todos escuchábamos con respetuoso silencio a aquel hombre que, a pesar de tener 43 años, no se había casado lo cual era un impedimento para poder dirigir la oración de los fieles. «Lo sé, nos decía, pero me eligió la comunidad ya que aquí en el campo pocos saben leer.» «Pero, ¿cómo puedes vivir sin mujer?», le preguntó Abbey Bazou. «Es duro, ayuno los lunes y los jueves sin beber ni una gota de agua y cumplo con el Ramadán, aunque no es norma entre nosotros, para resistir las tentaciones y debilitar la potencia sexual... a veces, resisto hasta dos meses... pero les tengo miedo a nuestras mujeres y no me voy a casar con una no tuareg...» La mujer entre los tuaregs no lleva velo, conserva sus pertenencias y es ella la que puede divorciarse de su marido y no al revés, además, aunque ella tome como marido a alguien de inferior condición ella conserva su estatus ante la familia por ser la mujer la que transmite la legitimidad a la descendencia. La conversación se extendió durante horas sin fin.

El jefe contó una anécdota del padre de Mouddour Sakara: «Los jóvenes tuaregs se dejan crecer el pelo para hacerse hermosas trenzas. Un día, uno de sus hijos vino a la ciudad, se deslumbró por lo que veía, ¡se hizo cortar el pelo por un extraño!, compró un pantalón y una camisa así como unas sandalias de goma. Cuando llegó a la presencia del jeque, éste no lo quiso saludar ni le respondió al saludo y lo echó de su presencia ante la reprobación de todos. El muchacho regresó al desierto y no volvió hasta que tuvo el pelo crecido y con las ropas tradicionales se arrojó a los pies de su padre sin osar mirar a su rostro cubierto por el *taguelmust* a pesar de estar ante los notables de las tribus. El jeque mandó que le dieran agua y le señaló un sitio para que tomase asiento, al final de la fila. Más tarde, lo llevó a su tienda y le dijo: mira, yo soy jeque y ministro del Gobierno, vivo en la ciudad y si alguien podía asomarse a las costumbres de los invasores ése soy yo y no lo he hecho. Quien abandona las tradiciones es como si se arrancase de las raíces y como no tiene raíces no pertenece al pueblo y no merece el respeto de nadie. Sólo los esclavos se cortan el pelo porque nos pertenecen». El mensaje era bien claro para Maddour que no abría la boca, pero que se retiró en silencio. Más tarde me habría de acompañar caminando desde el Sahel hasta mi hotel, allí nos sentamos, bebimos y fumamos y evocó el desierto, las estrellas, las dunas, el cuarto creciente, unas tiendas de las que desertó para encontrarse ahora en tierra de nadie. «Mira, le dije, entre vosotros los tuaregs la autoridad y la jerarquía no sólo residen en el nombre sino en la fuerza de tu brazo derecho. Cuando un tuareg se levanta, una comida no justifica que vuelva a sentarse. El comer no es razón para que un tuareg se siente. Pero por tu sangre corre sangre guerrera y noble. No te agobies por conseguir un título universitario: que contemplen tu conducta y no olvides nunca que el camello conoce siempre el camino de regreso al campamento. No lo fuerces, alíviale un poco las riendas y no pises con fuerza su cuello.» (Es sabido que los tuaregs montan siempre descalzos, cruzan las piernas por delante del arnés y apoyan los pies sobre el largo cuello del camello para dirigirlo y controlarlo.)

Al día siguiente, mantuvimos una larga reunión con el Rector de la Universidad de A. Moumouni, profesor Yenikoye Alhassane y con el Vicerrector Dr. Dauda Hamani, Jefe del Laboratorio de Bioquímica con el que habría de tener un encontronazo porque, ya de entrada, proponía que todo el material de laboratorio de los CPMP se lo enviásemos al suyo, para reforzarlo, y que él se encargaría de hacer allí los análisis a los alumnos enfermos. «¿Y cómo controlaría usted el gasto de los reactivos si, por lo que veo, ustedes cobran por los análisis que realizan en la Facultad de Bioquímica?» «Algo hay que cobrar siempre sino la gente abusa.»

«¿Los estudiantes enviados por el Dr. Issa?» «Mire, nosotros no disponemos de presupuesto para mantener el Laboratorio de la Facultad así que con lo obtenido con los análisis mantenemos la investigación.» «Lo comprendo, pero no será ese el caso del que estamos hablando. El laboratorio del proyecto de CPMP estará en el CEOU. Además, tengo entendido que ustedes tienen un aparato para análisis a embarazadas del que sólo hay uno igual en la Maternidad pero que no saben cómo hacerlo funcionar.» «Ah, ese es su problema, ya han intentado enviarme un técnico para que le enseñara a manejarlo, pero el director-gerente de la Maternidad no se dirigió oficialmente a mí.» «Y, además, al haber un sólo aparato para electroféreses los ingresos del laboratorio de Bioquímica son más altos, ¿me equivoco?» «De acuerdo.» «Pero, tengo entendido que esa Maternidad Central, donada por el Estado español, tiene una finalidad no lucrativa, por lo tanto, todas las mujeres que lo necesiten deben poder beneficiarse de todos los servicios.» «Ése no es mi problema. No es mi tarea enseñar a otros a manejar instrumentos que no saben utilizar», respondió con un tono ácido. La cosa fue subiendo de tono y dije todo lo que opinaba en conciencia y como profesor universitario. Pero sobre todo quedó muy claro cual era la finalidad de los CPMP y que no contemplaba para nada la intromisión de la facultad de Bioquímica.

Entre los asistentes a la reunión, además de mis amigos, el magistrado Abbey Bazou y el profesor Issouf, se encontraban el decano de Medicina profesor Touré Alí Ibrahim, que era hausa, y el de la Facultad de Ciencias profesor Inezdane Alzouma, tuareg, del que dependía otro tuareg eminente, el profesor Khalid Ikhiri, director del Departamento de Química y responsable de la Investigación de Medicina Tradicional. Me di cuenta de que todos odiaban al Vicerrector y que estaban pasando el mejor momento de sus vidas porque alguien le estaba diciendo lo que ellos no hubieran podido debido a sus contactos políticos.

Al salir, el decano de Medicina, Alí Touré, me dio un fuerte abrazo y en un buen español me dijo: «Ya me habían hablado del profesor español y aunque la fuente era tuareg —dijo con una sonrisa cómplice para sus colegas—, nunca me imaginé que iba a ver el genio español en su pura salsa ¿se dice así?». «Tú sabes que sí», le respondí y desde ese momento nos tuteamos, intimamos, se vino a España para participar en los Cursos de Verano de El Escorial y mantenemos una gran amistad. Alí Touré es un gran cardiólogo con varios títulos por importantes universidades europeas y norteamericanas y goza de un prestigio internacional. Él había sido el director de la tesis doctoral del Dr. Issa Niaudou y era el responsable de que fuera asignado al CEOU, por eso seguía tan de cerca el proyecto nuestro y lo apoyaba con entusiasmo desde que Abbey e Issouf se lo habían planteado. Me prometió supervisar el proyecto, hacer que Issa enviase cuanto antes a la sede de Solidarios todos los datos necesarios para adherirse al Programa y, de hecho, ha sido uno de los dossieres mejor presentados y aprobados. Es un hombre no sólo muy inteligente sino eficaz y con un gran sentido del humor. En Madrid y en El Escorial se interesó por todo y nos dio consejos atinadísimos que nunca podremos pagarle por su doble conocimiento de las mentalidades africana y occidental así como del campo de la sanidad y de la prevención. Participaba en muchos congresos médicos internacionales y admiraba al doctor Patarroyo cuyos trabajos seguía de cerca. En una palabra, era un gran universitario, un gran profesional y distinguía al instante lo urgente de lo importante. De carácter fuerte e independiente, siempre nos hemos entendido muy bien. Hace poco coincidimos en un Congreso Internacional, en Ouagadougou, sobre Tradición y Modernidad y me ayudó mucho en aquel enjambre de reyes y de notables que hubieran querido escuchar de mis labios lo que no estaba dispuesto a decir. Alí Touré contribuyó a la redacción adecuada de mis aportaciones al Congreso para no herir a mis amigos, el Larlé Nabá Tigré, Ministro del Emperador de los Mossí ni al mismo Emperador, con los que me llegó a unir y me une un gran afecto.

En el despacho de Alí Touré conocí al ministro de Finanzas, Jacques Mignon que había sido un jugador de baloncesto internacional como pívot en el equipo de África del Oeste. El objetivo de mi viaje al Níger se había alcanzado porque tuve valedores inteligentes y muy capaces. El incidente con el Vicerrector no contribuyó más que a respetar nuestro proyecto porque, al parecer, el profesor Daouda Hamani, quisiera que toda la ayuda exterior y el desarrollo de los proyectos científicos pasaran por sus manos. Había que ver reír al resto de profesores y de decanos cuando nos quedamos a solas. «Tiene toda la soberbia de los blancos, el desprecio de los colonizadores hacia los negros que no sean de su etnia y, encima, es negro y no se encuentra a gusto en su piel.» Cierto que sus estudios sobre el bocio son conocidos pero su carácter está amargado y esto no es bueno para ninguna comunidad, y menos para la científica que siempre se da entre iguales superando cualquier divergencia.

Ni que decir tiene que, al salir de las exhaustivas reuniones en las diversas facultades y departamentos —sobre todo el formidable Centro de Investigación en Medicina Tradicional que dirige el profesor Khalid Ikhiri que, además, tiene un gran sentido del humor—, pedí a Abbey que me dejaran el coche para que nuestro chófer Yeya me condujera a la Maternidad. Lo entendieron sin palabras y accedieron aunque les hubiera encantado estar presentes. Como era algo que podía afectar al prestigio de nuestro país no quería compartirlo. Si había algo que corregir se haría pero era un tema entre españoles.

Lo que menos se esperaba el director gerente —que no era médico—, fue verme aparecer por lo que él llamaba *ma Maternité* hasta que le dije que apease el tratamiento. Le pedí que me mostrase los fallos de la cooperación española a los que se había referido durante la entrevista con la Ministra para transmitirlos a nuestra Embajada y que me mostrase la dichosa máquina de electroféreses que tenía sin funcionar por falta de entendimiento con el Vicerrector de la universidad. «Es que es un hombre intratable y no quiere que le quiten parte del negocio», me espetó de entrada. «Oiga, que aquí no se trata de negocio alguno. Este Centro tiene sin utilizar una máquina muy costosa esperando que le envíen a un técnico de España habiendo otra igual en Niamey. ¿Le hubiera costado tanto trabajo solicitar su ayuda al Jefe del Laboratorio de Bioquímica?» «Ya le envié un técnico, además esa no es mi competencia, yo no soy científico.» «Ya veo, ya, usted habla de "su" maternidad como si esto fueran sus dominios y ¿por qué no dijo ante la Ministra de qué se trataba? Pero, por favor, muéstreme el resto de los fallos a los que se refería sin dejar de pasar sus papeles como si allí contuviese un dossier.» Y ahora viene lo que me temía. «No, si en realidad no es nada. Faltan algunos reactivos, algunas sondas...» «Pero eso no depende de España, usted tenía que prever el consumo de reactivos y de sondas y procurárselas.» «Sí, es cierto, tengo aquí el documento firmado "El reino de España ha cumplido todo". Es que yo no quería que la universidad se metiera aquí.» «Pero usted le mandó un técnico al laboratorio de Bioquímica.» «No, fue él por su cuenta.» «¿Cómo? ¿Entonces el aparato de electroféreses ha estado funcionando y usted dijo que no?» «Bueno, es que la Ministra siempre nos está pidiendo cosas y no se dan cuenta de que los reactivos se gastan.» «Ya, ya veo, pero ahora me va a escuchar antes de que informe a mi Embajada y al ministro del que depende este Centro que usted llama *ma maternité*». Y me despaché a gusto. Después, informé por escrito a quienes debía y me volví a dedicar a mis cosas en las que alguien había querido interferir.

Antes de regresar al hotel, pedí a Yeya que me llevase al Museo Nacional en el que disfruté una enormidad y que tanto habría de servirme para el viaje que, al día siguiente, emprenderíamos a Bondoukou, a la casa materna de Abbey Bazou. El museo dispone de un Pabellón para artesanos disminuidos físicos que trabajan allí así como otras dos naves para otros muchos artesanos de la plata, el oro, la madera, los cueros, los tejidos, etc. Vale la pena visitarlo porque trabajan con un cierto control. El zoo es digno aunque a mí no me gusta ver a los animales enjaulados. Guardé unos minutos de silencio ante al mausoleo al árbol del Teneré y mil vivencias e historias del desierto acudieron en tropel. Pero, sobre todas, saqué de mi bolsillo una canción de caravaneros que leí ante Yeya y se embelesó mientras me escuchaba en silencio. Dice así:

Quiero convertirme en un hombre,
voy a emprender un largo viaje
siguiendo las huellas de mis antepasados;
en las infinidades desérticas,
cara al viento y a los espejismos
iré a la conquista del temible Teneré.
Oh vosotros, santos de Takriza, de Aguellal
y de Tiffirisene, orad por mí;
orad para que me convierta en un hombre,
que sepa cumplir el rito ancestral.
El árbol del Teneré me confirma
que no hay más que un solo Dios,
y la inmensidad que lo rodea
me da una idea
de la infinitud de su misericordia
hacia todo lo que alienta sobre el lomo de la tierra.
La travesía del Teneré me muestra
lo que llevo dentro de mi vientre;
la travesía de este mar de arena
me enseña cuanto debo depender
de mi prójimo y de mi camello.
Las mordeduras del viento seco y glacial
me incitan a pensar en las cálidas
caricias de mi esposa;
las fisuras de mis pies y de mis manos

me recuerdan lo difícil que es
el camino que conduce a la gloria.
La travesía del Teneré
me forma para convertirme
en un hombre seguro y admirado
enfrentado a los problemas de la existencia.

Cuando terminé, doblé la hoja de papel y la guardé en mi *tabou* ante el silencio y el mirar fijo de Yeya. No me atreví a regalársela porque algo me decía en mi interior que con un Yao, en Abidjan, ya tenía bastante como para tener ahora un tuareg esperándome sin prisas para acompañarme y ser mi guía «de por vida» por las rutas entre Agadez y Bilma, más allá del Teneré.

Al día siguiente salimos para el desierto en el coche de Abbey Bazou mientras su esposa e hijos venían en otro conducidos por Yeya. Pero esta es otra historia que no sé si cabe en este libro de viajes o habrá que dejarla para más adelante. No me siento con fuerzas para contarla, quizá, algún día, podría convertirla en canción. Se me agolpan tantos recuerdos, tantas experiencias inefables que, en estos momentos, me parece una profanación, una falta de pudor pretender fijarlas por escrito. Quizá, a lo largo del relato del viaje, vaya desgranando recuerdos que brotarán evocados por otras circunstancias. De esos días en el desierto «adonde es preciso llevarlo todo, hasta la propia sombra», bajo las tiendas, a lomos de camellos, sentados sobre una piel de oveja en oración bajo la luna, o caminando sobre las dunas en esa prolongación del Sahara que, según Th. Monod, «es el más hermoso, el más grande, el más perfecto desierto del mundo», o tumbados sobre las esteras y cobertores de dibujos geométricos en vivos colores sobre los lechos como parrillas de varas tuaregs, donde recibíamos visitas de amigos y de notables mientras una persona te daba masaje, con toda naturalidad, no sólo para aliviar los efectos de la monta a camello sino para que te encontraras bien; alguna vez, uno se ocupaba de los pies y otro de la espalda; no podría explicarlo con palabras, era como si aquellos sirvientes «participaran» de la reunión de los señores a su manera, no estaban obligados a hacerlo, era como un honor que recibía el más diestro: «¡ah! en los pies el mejor es Ahmed, o para acompañarte a las dunas es Yeya, o para el baño que se encarguen Alí y Omar»; o seguíamos el rito del té con todo el tiempo del mundo —nada más llegar me había dicho Abbey «hermano, dame tu reloj, lo guardaré en la caja, en el desierto el tiempo no existe, todo es espacio»—, rodeados de parientes y de personajes que venían a rendir pleitesía a Abbey Bazou y a su huésped; las canciones de los jóvenes que vivían y trabajaban con la familia y que Abbey me traducía... la visita a su madre en la parte reservada a las mujeres, después de que Abbey me hubiera enseñado a colocarme el *taguelmust*... el único día en que le vi sin turbante, aunque de espaldas, mientras se ponía para mí el *taguelmust* negro índigo sobre el blanco ¡en total once metros de tela! mientras me explicaba: «la primera parte de la tela cubre la cabeza para protegerse, no sólo del sol y del viento, sino de los peligros; después, se cubre la boca para controlar la palabra con la que se puede dar vida o arrebatarla; luego, pasas la tela sobre los ojos casi encima de las cejas —aquí nos distinguimos en cada pliegue todas las tribus tuaregs— para que los ojos recuerden lo que no deben mirar ni a quien y para que nadie nos descubra en la mirada; se cubre la frente con varios pliegues para mantener el control de la mente; se mantiene la dignidad con una actitud que no precisa de palabras para hacerse entender...».

No me atrevo a releer lo escrito, no se puede recoger aquí todo lo que se puede contar durante horas bajo las estrellas en el desierto, todo lo que puede significar y se puede comunicar y transmitir con un *taguelmust* de cinco metros y medio.

Las tierras de los *imanam* están extendidas por lo que hoy llaman varios departamentos, pero hay gruesos contingentes que pastorean y nomadean por el desierto hasta el norte y hacia el este en zonas perfectamente definidas: los guías de la familia recuerdan cada pozo y los pozos de sus primos y los de los primos de sus primos. ¡Si pudiera mostraros un mapa tuareg trazado en la arena o pintado sobre una piel de gacela! He visto algunos itinerarios, trazados con tinta china sobre finas tiras de piel de antílope, que se pueden enrollar en un brazo y que suponen treinta días de marcha o cincuenta o... según, a veces hay trazos que equivalen a «según el viento, el calor, la sed, las pezuñas del camello, si vas montado o debes caminar sobre las piedras», tiras que equivaldrían a centenares y hasta miles de kilómetros por nuestro sistema que, además, sería inviable, porque para nosotros la distancia más corta siempre es la línea recta y no siempre es la más aconsejable porque los «pozos» y los cauces de los *oueds* —aunque parezcan secos—, y las plantas que atesoran el agua, y los roedores y las aves se mueven al igual que lo hacen las dunas, y de cómo estén emplazadas en un momento determinado depende la ruta a seguir porque habrá tales o cuales pozos que pueden permanecer ocultos durante otro mucho tiempo. El desierto tiene vida, como el mar, y aunque en sus orillas están los puertos, para llegar a ellos no hay senderos trazados sino que hay que confiarse a las estrellas. Los marinos aún tienen brújulas, sextantes y astrolabios, los tuaregs tienen un sistema codificado en su ADN que van desarrollando en contacto con la naturaleza. No todo se aprende, y poco se puede enseñar, pero sí hay mucho por descubrir, por desvelar, por recibir: en el desierto la observación y la experiencia hacen innecesario el experimento.

29

Sankara: asesinato de un hombre

A finales de noviembre del 97, regresaba yo de un Congreso sobre «Tradición y Modernidad» que nos reunió en Ouagadougou a profesores de París, Montpellier, Canadá y España con colegas africanos ante un centenar de notables, jeques, nabás, reyes y del mismísimo Emperador de los *mossi*. Algunos compañeros de la universidad me decían con algo de humor «Ouaga... ¿qué?». Seguro que si hablásemos de la sede del más importante Festival de cine de África, o del mítico Thomas Sankara o me refiriese al Alto Volta, lo asociarían con alguna antigua colonia de Francia en África. Pero no mucho más.

Sin embargo, casi en la misma extensión que ahora ocupa ese país llamado Burkina Faso, sigue gobernando desde el siglo XI la dinastía de los *mossi*. El Moro-Nabá, S.M.I. Moogho Nabá Baongo, Emperador de los *mossi*, puede trazar su estirpe más lejos que los Borbones, o que muchas otras dinastías que desaparecieron al final de la Primera Guerra Mundial. La aristocracia guerrera se organizó políticamente y dominó con una estructura firme un rígido orden social, desde la región donde nacen los tres ríos Volta (el Negro, el Blanco y el Rojo) a todos los demás pueblos vecinos creando varios reinos estratégicos al frente de los cuales había Nabás que eran elegidos entre los miembros de la familia real, pero cuidando siempre de mantener el equilibrio entre la aristocracia *mossi* y los pueblos *mande*. Su imponente caballería fue muy admirada y aún es cantada en los poemas tradicionales de media África. Practicaban los ataques relámpago para marcar sus fronteras y nunca pretendieron extenderlas. Todos sus enemigos conocieron durante siglos hasta donde llegaba el poder de los *mossi*. Resistieron la penetración del Islam, la absorción por los grandes Imperios de Malí y Shongay así como las temibles invasiones de los *peul-fulani* de los siglos XVIII al XIX. No impusieron su religión —que era la animista tradicional y tiene tantas posibilidades de expresión como personas la practican— pero tampoco permitieron el fanatismo de los beréberes y almorávides del norte; favorecieron el comercio, la agricultura, el pastoreo y procuraron una economía autosuficiente cuidando la paz y el orden para que las comunidades pudieran vivir con arreglo a sus costumbres. Convivieron durante siglos, animistas, musulmanes y, más tarde, algunos cristianos.

Pero desde 1885 hasta 1904 los franceses, no pudiendo convencer ni sabiendo dialogar para establecer pactos honorables, escribieron una de las páginas más sangrientas de su conquista colonial: devastaron las mesetas centrales, incendiaron las casas, cegaron pozos, asesinaron a hombres, a mujeres, a niños y animales, estableciendo el reino del terror que jamás llegó a conocimiento del gran público francés ni motivó la denuncia de los misioneros que les acompañaban o les siguieron. Nunca lograron capturar al Emperador que, ayudado por un extenso y secreto entramado, encontró refugio y alentó la espera. Hasta que pudo regresar a Ouagadougou durante el Protectorado al que tuvieron que someterse los reyes que siguieron manteniendo sus costumbres bajo el dominador en espera de recuperar una libertad que no se avizoraba. Los franceses impusieron el trabajo forzado a todos los hombres para las plantaciones en Costa de Marfil de algodón, cacao, cacahuete, o para construir carreteras o el ferrocarril de Abidjan a Ouagadougou. Tan espantosas eran las condiciones de vida que, después de la represión francesa de 1916, por un intento de rebelión, millones de indígenas tuvieron que emigrar, principalmente a Ghana porque en el resto del «Sudán francés» (AOF) ya trabajaban como forzados. Hasta 1916 estuvo bajo gobierno militar, luego la integraron a la colonia Alto-Senegal-Níger, luego la borraron de los mapas repartiéndola a trozos entre sus vecinos, finalmente, dentro de la estrategia neocolonial francesa, en 1960 declaran su «independencia».

Lo más tremendo era que, en la división internacional del trabajo, a Burkina no se le reservó ninguna producción más que la de proveer de mano de obra forzada en las plantaciones de las colonias vecinas o sirviendo como carne de cañón en los ejércitos franceses para sus guerras en Europa, en África o en Indochina. Algo se ha escrito sobre los famosos «*tirailleurs* senegaleses» y los no menos famosos «porteadores tanzanos», así como sobre los sanguinarios *gurkas*, pero falta la página de la contribución del pueblo burkinés. La década de los setenta fue tan terrible en conmociones políticas e intervencionismo francés que un cuarto de la población se vio obligada a emigrar a los países vecinos. Cualquier lector que haya viajado por el África Occidental sabe lo fácil que es encontrar a trabajadores de Burkina en cualquier lugar.

En 1982, un joven oficial formado en la dura Escuela Militar de Madagascar y en las Academias de Francia donde fue obteniendo los galones por su inteligencia, su entrega y su legendaria honestidad, pasó al primer plano de la escena política. Se llamaba Thomas Sankara, figura popular entre los soldados y entre los campesinos de las guarniciones donde le tocó estar destinado: transformaba las comunidades organizando el trabajo en común, la sanidad, las escuelas, el cuidado de los pozos, la formación de brigadas para acudir en ayuda de los afectados por la sequía y la deforestación. Luchó contra la corrupción de caciques tradicionales, de antiguos colonos, de militares y de quien fuera. Su vida intachable, su abnegación, su transparencia y su lucha por la justicia le llevaron al poder cuando todavía era un joven capitán. Desde entonces, el antiguo Alto Volta pasó a llamarse Burkina Faso esto es: «El país de los hombres íntegros» en lengua de los *mossí*, aunque Sankara era *peul-fulani* por línea materna.

Burkina estaba entre los cinco países más pobres del planeta. Sankara pensó que había que consultar a las personas concretas de cada comunidad y hacerlos participar en la transformación del país. Su tesis era que el desarrollo descansaba en la implicación de toda la comunidad y no en la ayuda extranjera, ni en la imitación de su modelo de desarrollo. Así, envió a todos los burócratas a participar en las campañas sucesivas sobre temas fundamentales. UNICEF reconoció que la campaña de vacunación que, en sólo 15 días, alcanzó al 65 % de los niños había sido el mayor éxito del año en África. Su coche, así como el de los ministros, eran modestos Renault 5. Adoptó el sistema chino de formar promotores de salud, «médicos descalzos», que llevaran los cuidados sanitarios a todo el territorio hasta el punto de montar un modesto dispensario en cada poblado o un centro médico en cada zona. Entre 1983 y 1986, más de 350 comunidades edificaron ellas mismas sus propias escuelas. El analfabetismo estaba entonces en más del 90 % y en ese corto tiempo logró la escolarización del 22 % de los niños en edad escolar. Pero se enfrentó a los terratenientes, a las compañías extranjeras y hasta expulsó a los miembros del Cuerpo de la Paz norteamericano cuyas actividades denunció; no vaciló en acercarse con gestos de amistad a Gaddafi pero, sobre todo, su férrea oposición a la corrupción a todos los niveles sellaron su condena en una muerte traicionera e indigna de una de las figuras más nobles, más interesantes y más esperanzadoras de África. Era un personaje carismático al que la gente adoraba y escuchaba durante horas porque su vida era honesta y coherente; su mujer, Marian, así como sus hijos vivían como las familias de los demás capitanes. A mediodía, dejaba la sede del Gobierno y se iba a comer a casa y compartía el puchero familiar con sus amigos más queridos, militares como él. Entre ellos estaba Blaise Campaoré, el actual Presidente de la República que le sustituyó el 15 de octubre de 1987 cuando Sankara y doce leales fueron acribillados en una emboscada a las puertas de la sede del Gobierno adonde acudía a trabajar. Al frente de una Junta que decía mantener los ideales del Frente Popular pero «corrigiéndolo» intentó sin éxito desacreditar a su antiguo amigo y correvolucionario: desmanteló las células locales de los comités de defensa revolucionarios que habían puesto en pie a millones de campesinos y permitió que volvieran los poderes tradicionales en las áreas rurales a hacerse cargo sin el control de una estructura social *mossí* o *peul* o estatal que limitara su poder. Cuando viajé por el interior y pronuncié la palabra *Sankara* en muchos ojos vi brillar una luz como si se tratase de un talismán... o de un sueño que me abrió no pocas puertas.

Después de mi primer viaje he leído su vida, sus discursos, me he encontrado con personas que lo trataron y con las que convivió. Tuve ocasión de estar en Burkina cuando el Presidente de Ghana, Jerry Rawlings, visitó Ouaga después de un luto de diez años que se impuso voluntariamente por el asesinato de su amigo. De él aprendió ese modo de tratar con las gentes que tanto caracteriza su acción de gobierno. A causa de necesidades fronterizas y de exigencias internacionales de los dos países hizo de tripas corazón y visitó el país donde «asesinaron a un hombre puro, a un hombre honesto, a un hombre que pudo habernos mostrado un camino nuevo», como dijo en su discurso al llegar a Ouaga. Por eso, una de las primeras cosas que hice en mi viaje de noviembre cuando ya lo conocía mejor, fue irme, a escondidas claro, montado en la moto de un amigo, al cementerio y presentarle mi homenaje vertiendo agua y cogiendo una piedra verde de su tumba que, desde entonces, está sobre la mesa de mi despacho. Pertenecía a la estirpe del Che, de Ghandi, de Martin L. King, de N'Krumah, de Lumumba, de Mandela, de Nyerere y de tantos hombres que han ennoblecido a la humanidad.

También he de consignar, antes de seguir adelante, que en noviembre fui recibido en audiencia por el Presidente de la República, Blaise Campaoré. Iba con mi amigo el Nabá Larlé Tigré, con la Embajadora de Canadá y con dos personalidades más del Congreso. Sentía dentro de mí una gran emoción. Vivía en un

Palacio que se hizo construir, se casó con una mujer caprichosa y apasionada por el lujo que lo convirtió en sobrino-yerno del primer Presidente de Costa de Marfil. Nunca ocultó su poco aprecio y sus celos por Thomas Sankara y Marian. Campaoré se viste en Londres o en París, es de costumbres exquisitas y tiene una inmensa propiedad con un zoológico fabuloso donde lleva a sus huéspedes. Nos invitó a visitarlo, pero eso ya me parecía demasiado. Yo sólo quería ver de cerca los ojos de la persona que había sido cómplice en la muerte de su mejor amigo, quería mirar sus manos, auscultar su aura, sentir de cerca cómo puede sobrevivir un ser a la acción más criminal del mundo: mandar asesinar a la persona con la que había convivido desde la infancia y que lo había asociado a su sueño de liberar de verdad y humanizar las condiciones de vida de su pueblo. Ese día, rompiendo todo el protocolo, pretexté algo y casi llegué tarde a la cena con el Emperador y con los demás reyes y notables en el palacio de mi amigo el Larlé Nabá Tigré: tenía que agarrar una moto e irme vestido con una simple *djellabah* y un bonete blanco —para que no me apedreasen si descubrían que no era musulmán— a inclinarme ante la tumba de Thomas Sankara y estarme allí, sentado, un rato eterno. ¡Cuánto me hubiera gustado haberlo conocido! Fue una de esas veces en las que he sentido haber llegado tarde a un encuentro preparado desde la eternidad y lloré con gran desconsuelo por un hombre íntegro. ¿Quién diseña nuestros rumbos? ¿Por qué no habré estado donde hubiera debido cuando pude hacerlo? ¿Por qué se mueren jóvenes los mejores? ¿Qué parcas tejen y destejen nuestras vidas permitiéndonos contemplar lo que pudimos haber sido? ¡Qué desoladora soledad se siente cuando, al volver la vista atrás, uno considera la persona que pudo haber sido o que pudieron haber sido los demás y nosotros en ellos! A mis labios acudían poemas de Walt Whitman como racimos de cerezas. Y con Auden canté a voz en grito en el abandono de aquel cementerio de las afueras de Ouaga a ese amigo eterno, misterioso y puro que siempre nos llama y a cuyo encuentro siempre parece que llegamos a destiempo. Y ahora, con una vida por delante —siempre hay un instante de vida por delante—, me pregunto ¿y yo qué puedo hacer por cooperar con una humanidad cuyo vivir tenga sentido, con unos hombres y mujeres concretos, con la creación de la que formamos parte esencial? ¡Tiene que tener sentido vivir!

* * *

Pero estaba aterrizando en el aeropuerto de la capital de Burkina Faso. No me esperaba nadie y me fui al Hotel Ricardo, recomendado por Gerardo Olivares, gran viajero si los hay, pero que olvidaba que él siempre viaja en enormes vehículos y yo no puedo alojarme lejos del centro de la ciudad para no depender de los taxis más que lo necesario. Así que, como el Ricardo está en las afueras, al día siguiente, me cambié al Hotel du Relax, en la Avenue Nelson Mandela que está en pleno centro, cerca del Independence, del Ran, del Central así como del Grand Marché, de la Casa del Pueblo, de las mejores Librerías Socifa, Attié, Áfricatex; y de los mejores restaurantes tradicionales, locales comerciales y agencias de viajes, bancos. Así como del querido Wassa Club, entre la plaza de las Naciones Unidas casi en la esquina del Grand Marché y en donde puedes escuchar la mejor música bajo las estrellas y unos frondosos árboles que acogen a todos los viajeros que te vas topando por África: ves caras conocidas por todas partes, la cerveza está fresca y puedes llegar a creer que el mundo se ha detenido y todo puede llegar a suceder.

La primera visita fue para nuestro vicecónsul honorario Mr. Didier Bonhomme, que trabaja en la Compañía de cementos francesa CIMAT, y que estaba muy al tanto de mi llegada porque Eduardo Sánchez, el eficaz Primer Secretario de la Embajada de España en Abidjan, que es la acreditada ante el Gobierno de este país, había llegado la víspera para participar en la Conferencia Panafricana contra la Desertización; además, le había enviado con anterioridad un amplio dossier sobre mi trabajo. Para hacer la historia breve y, a pesar de que utiliza un coche con las placas del cuerpo consular, me espetó de entrada «no está entre las funciones de un cónsul el organizar entrevistas. Ya atiendo a la Embajadora cuando viene». Me despedí cortésmente. La secretaria me dijo que Eduardo había dejado un mensaje para mí: que se encontraba en Sofitel Silmande y que no había podido localizarme en el hotel Ricardo, pero que nos hablaríamos por la noche. Bravo. Cuando parece que las cosas se ponen mal es cuando hay que esperar los mejores resultados. En pocos países habré establecido tal red de amigos como en Burkina Faso. De hecho, fue el primer país del recorrido al que regresé a los pocos meses de haber pasado por allí y en el que espero poder inaugurar el Centro Piloto de Medicina Preventiva en su universidad antes de que termine el año.

Me entrevisté con el rector de la universidad profesor Filiga Michel Sawadogo, con el decano de la Facultad de Ciencias de la Salud profesor Soudré, con los responsables del CENU, Centro Nacional de Obras Universitarias, con el decano de la Facultad de Farmacia profesor Pierre Guissou que es, a la vez, Director del Instituto Nacional de Investigación sobre las Substancias Naturales y que, como ya he dicho, habría de ser uno de los más brillantes participantes en el Curso de Verano de El Escorial. Es una autoridad mundial en la materia y hablamos de amigos comunes. Estaba entusiasmado con el Laboratorio puesto al servicio de la salud de los estudiantes. Me habló de la drepanocitosis, una enfermedad de la sangre hereditaria caracterizada por la disminución de glóbulos rojos y que se presenta principalmente entre personas de raza negra. Me dibujó los hematíes falciformes por la mala hemoglobina y la causa de las células enfermas, las heterocigotas. Decía que es fácilmente detectable con un sencillo análisis y que puede evitar muy serias consecuencias porque, además, muchas personas jóvenes atribuyen a cansancio, a mala alimentación su bajo estado de ánimo y su mal rendimiento en el trabajo cuando la causa es biológica, detectable y se le puede poner remedio. En fin, pude visitar todas las instalaciones, exponer todos los proyectos y ver las posibilidades para este querido país con casi once millones de habitantes, con un médico por cada 34.000 personas, una mortalidad infantil de 91/1.000, un índice de analfabetismo del 61 %, una esperanza de vida de 49 años y una deuda externa de 1.125 millones de dólares.

En la universidad hay unos 8.000 estudiantes, de los cuales sólo 1/3 son becarios y tienen derecho a consulta médica y a un descuento sobre las recetas. El proyecto CPMP les entusiasmó y tienen una infraestructura espléndida. Se ha constituido un Comité responsable con el rector Sawadogo, el decano de Medicina Soudré y el de Farmacia Guissou, así como para la gestión del proyecto se encarga el consejo del CENU con el que me reuní largamente. De nuevo los visité en noviembre y tenían todo en marcha, su adhesión al proyecto con la documentación necesaria había llegado a Madrid al tiempo que la de Malí. No en vano los decanos de Medicina de ambas universidades, Alí Touré y Soudré, son amigos desde hace muchos años.

Confirmé el vuelo por Air France a Lomé, el visado para Ghana, me compré varios libros, hablé con España, les envié un largo fax dando cuenta de todos los contactos y compromisos establecidos y me fui a pasear por el Grand Marché. A perderme entre esas gentes con las que te sientas a tomar un té o a apreciar artesanías o telas o lo que sea, a charlar un rato de todo y de nada. Me uní a un grupo para la oración de la tarde allí, al lado, estaban convencidos de que era sirio de Damasco. Bueno ¿qué más daba? Quien dice conocer África y no sabe perderse entre las gentes, hablar con ellos sin prisas, comer sus comidas, escuchar su música, participar de su sentido de la vida y del goce y del dolor de sus existencias, será un turista pero no un viajero que sabe sentarse a ver pasar el tiempo y, si se tercia, lo saluda.

La ciudad es tan pequeña que la puedes recorrer andando. Hablé con Eduardo por teléfono y acepté la invitación para asistir a las plenarias de la Conferencia Panafricana, además de que almorzaríamos juntos, al día siguiente, en *Le Vert Galant* para charlar sobre los «cónsules honorarios» y sobre las «conferencias panafricanas de toda índole». Después, me vestí adecuadamente y me fui caminando hasta el Wasa. Cené *capitaine à la braise*, *allocó* o plátano frito y me bebí varias cervezas aunque aquí el clima es más benigno, sobre todo por la noche y en ese lugar increíble bajo árboles inmensos en el corazón de la ciudad y con unos buenos grupos musicales. Primero hubo un concierto *Tao para flauta* por un solista acompañado por un tambor (le faltaba la profundidad del Tao y le sobraba la precipitación del tambor a la africana. Algo no marchaba bien). Luego, vino un largo concierto con dos balaffones y un cantante tradicional. Muy bueno. Después, le tocó el turno al jazz a la africana, que no acaba de convencerme, hay un dolor pero no se da la ausencia del exilio que rompe algo fundamental. No confundo el *soul* con los *blues* o con los *negro spirituals*: Pero yo sé lo que me estoy diciendo: me parecen auténticos africanos negros imitando a negros que quieren rememorar sus raíces africanas imaginadas. (Pienso en la decepción de Bob Marley y de tantos otros que vivían mejor con su sueño que con la realidad contrastada, aunque lo que «contrastaron» ¿era la realidad real o la impostada?) Había dos guitarras eléctricas, un batería y al teclado un enano con las minipiernas deformes que le colgaban inertes desde la silla de ruedas. Era patético. Sobre todo, porque hablaba con voz profunda, engolada, molesta como si lo hiciera desde el Parnaso. Creo que imitaba a algún divo francés pero era desagradable.

Me interesó más el público que llenaba el recinto. Me lo figuraba así. La mayoría eran lectores de *The Lonely Planet*, solitarios más que solidarios, blancos la mayoría con algún amigo negro al lado, todos visten cortados por un mismo patrón, caminan hambrientos de afectividad y de reconocimiento, parecen desarraigados, basta leer los consejos que da el libro al referirse a lugares como éste todo a lo largo de África «en ese lugar se pueden encontrar africanos con los que hablar... en ese otro hay africanos trabajadores, gente sencilla que te acoge... aquel otro es bueno porque te hablan y la cerveza está fría... ahí se puede comer un plato africano por pocos francos y entrar en contacto con los autóctonos». Me produce tristeza. Es como en el Terraskane, de Harare, o en el Thorn Tree, del Hotel Stanley, de Nairobi, o en tantos otros. Son ellos mismos los que se encuentran y algún africano local que acepta una cerveza y ofrece algún servicio. Pero yo me pregunto, la mayoría de estos *travellers* inadaptados en sus lugares de origen en Sidney, París, Ohio o Londres ¿saludan a los inmigrantes que esperan con ellos en el andén del Metro? ¿Se preocupan por conocer las condiciones, a veces terribles, en que sobreviven en nuestras ciudades? ¿Los ayudan a integrarse? Muchos, no. Pegan un portazo en su casa porque no les comprenden —cuando muchos de ello no se toman la menor molestia en comprender y en acoger a quienes trabajan diez horas al día y los mantienen a pesar de su edad y de no dar golpe porque todo les cansa o no les gusta o «ya habrá tiempo»—, critican la sociedad en la que viven, se disfrazan de *travellers* y con el macuto al hombro, todas las vacunas y provisión de fondos en cada sucursal del *American Express* —que tienen bien localizadas en su itinerario y que, no pocas veces, nutren sus denostados familiares—, se lanzan a descubrir el verdadero mundo donde hay una fraternidad que ellos no suelen compartir. He tenido muchísimas ocasiones de compartir una cerveza o un café con muchos de ellos y aunque la conversación nunca suele ser larga, pues son de piñón fijo y de una pobreza de lenguaje y de lecturas que impresiona, el cliché suele ser deprimente. Ellos visten ropas de algodón, de lana o de tejidos naturales «como el pueblo sencillo», dicen. Y los interlocutores con quienes están sentados tomando esa cerveza visten *blue jeans*, camisetas, gorras de fútbol americano, las zapatillas de deporte innombrables y hasta cazadoras —¡con este calor!— con el nombre de un club *yankee*... No. El desarraigo también está aquí. Las conversaciones, o lo que sea, entre ellos deben de ser sabrosas, quizá aquí se inspiró el doctor Ollendorff para su célebre método: «¡Buenos días! ¡Manzanas traigo!». O para las entrevistas en radio o televisión a jugadores de fútbol. Es increíble. Son de una terrible pobreza. El muñeco del guiñol de Canal Plus ha logrado con Raúl el paradigma de la subespecie.

30

Falsa partida del Emperador de los *mossí*

Desperté a las 4:30. Todavía estaba el cielo tachonado de estrellas. Hoy iba a ser un día interesante: iba a dar un salto atrás de varios siglos en el tiempo y, a la vez, iba a asomarme a la deficiente utilización de los medios más modernos por individuos irresponsables. A las 7 asistiría a la ceremonia de la «Falsa partida» del Emperador de los *mossí* y después asistiría a la Conferencia Panafricana. Sin saber que, entre ambos acontecimientos, se estaba tejiendo la tela de araña de mi encuentro con un personaje memorable.

En el África Central y del Oeste se utiliza mucho la expresión *Il y a de cela bien longtemps...* para comenzar las narraciones. Así debería comenzar con la ceremonia del Nabayius Gou que tiene lugar todos los viernes muy temprano junto a la puerta oeste de su palacio. Resulta que *en ce temps là...* el heredero de un anciano Emperador creyó llegada la hora de asumir el mando de los cuatro reinos y envió a un mensajero para pedirle al Moro-Nabá que abdicase y se retirase a sus tierras familiares del norte. El Emperador mandó preparar su caballo favorito y ordenó a los eunucos que dieran la orden de que sonasen los tambores llamando a la guerra, sobre todo, el Gran Tambor que tan sólo se utiliza en momentos de terribles acontecimientos. Al retumbar del Gran Tambor se congregaron los Nabás, jefes y notables que acudieron como relámpagos a la convocatoria.

El Moro-Nabá salió rodeado de sus eunucos y se sentó en su trono a la puerta del muro de su palacio para recibir el homenaje de su corte mientras llegaban los jefes de los ejércitos. El Moro-Nabá iba vestido de rojo y los jóvenes y atléticos eunucos, ceñidos con un *pagne* azul desde el torso, a la manera de las mujeres y, también como ellas, se sentaron con las rodillas juntas en torno al estrado, pero con uno de los brazos apoyado en el suelo, como agazapados; otros estaban detrás del trono pero, como cachorros de león, echados sobre los dos antebrazos y el mentón apoyado en las manos, como para ejecutar órdenes. Los jefes tradicionales fueron llegando y ocuparon cada uno su sitio en el suelo, después de haberse descalzado y adelantado hasta una prudente distancia del soberano, se postraban rostro a tierra apoyados sobre los codos, tocaban la arena con sus manos, se las frotaban y echaban ambas manos hacia atrás por encima de sus hombros, volvían a poner la frente en el suelo y se retiraban sin dar la espalda al Emperador. Así fueron llegando más de cincuenta notables y jefes de poblados, todos embutidos en ropajes tradicionales, tocados con los gorros de colores, con diferentes formas y alturas de acuerdo con su categoría, pero todos aferrando con la mano izquierda el puño de sus espadas. Finalmente, llegaron cuatro personajes más altos y con ropajes más vistosos cubiertos con rojos y elevados bonetes con muy variados y ricos dibujos geométricos. No llegaron juntos, cada uno lo hizo en su coche y se destacaban porque su caminar era muy pausado y lleno de dignidad sin posar en nadie su mirada, sino al frente y por encima de todos —«Un rey nunca puede mostrarse apresurado porque siempre llega a su tiempo»— que éstos sí que se inclinaban a su paso. Después del acto de homenaje, cada uno ocupó su lugar en el suelo sentándose sobre pieles de oveja que habían colocado sus servidores mientras se hacían cargo de su calzado. El espectáculo era grandioso: al fondo, los blancos muros de Palacio; a la izquierda, sentado sobre un estrado, el soberano vestido de rojo púrpura y rodeado de sus eunucos azules; en medio, también hacia la izquierda, el inmenso tambor de guerra cuyo mensaje llega preciso a cada lugar de los reinos *mossí*; a la derecha, los palafreneros sujetaban un caballo enjaezado hasta el suelo. Al frente, había una pared del muro blanca pero con una inmensa estera redonda que, obviamente, conducía a la mansión de los espíritus de los antepasados ante quienes se ofrece el agua cada día. Entonces, el Eunuco Mayor del Rey, uno de sus más importantes ministros encargado del harén y de la custodia del soberano, se postró ante el Moro-Nabá mientras éste se dirigía hacia el caballo seguido por los jóvenes eunucos que lloraban. El Eunuco Mayor gritó su lamento y, entonces, el Tiendrebeogo, Ministro Encargado de la Guerra que, a la sazón era el Larlé Nabá Tigré, un imponente hombre de unos 37 años, se alzó y se dirigió descalzo hacia Su Majestad Imperial que hacía ademán de subirse al caballo. Al Larlé Nabá Tigré le siguieron los otros cuatro Larlés Nabás que se postraron también ante el Moro-Nabá, luego lo hicieron los Nabás de menor rango y los notables desde sus puestos.

Todos le aconsejan que no vaya a la guerra contra su propio hijo que, entre los *mossí*, hay otros medios de conseguir los mismos fines sin derramar la propia sangre. El Emperador accede, los tambores redoblan con estrépito pero con firme autoridad, el Moro-Nabá se dirige a una puerta que parecía invisible en el muro de palacio y, a los pocos minutos, sale no con su espectacular *bubú* rojo sino con uno inmensamente ancho con bandas azules y doradas y se dirige a un nuevo estrado y un trono más elaborado que, en un abrir y cerrar de ojos, los eunucos habían colocado enfrente de donde se encontraba el caballo —por eso no pudimos ver el cambio— que había sido desposeído de sus jaeces de guerra, mientras el Moro-Nabá se cambiaba también, y que ahora un eunuco de unos catorce años se llevaba al galope por el ronzal en pleno campo, hacia la derecha de donde nos encontrábamos. Todo sucedió en menos de media hora. Parecía increíble la sincronía de movimientos que yuxtapuestos nos produjeron tal efecto mágico. Se trataba de planos superpuestos, con movimientos serenos, con pasos calculados, ejecutados cada semana durante centenares de años. Los Larlés Nabás volvieron a acercarse al trono para agradecer al Moro-Nabá la revocación de su partida («La falsa partida») y todos, desde sus sitios, se postraban en una coreografía perfecta. Me llamaron la atención un grupo de notables islámicos (por su bonete blanco) cuando se dirigieron en grupo especial a rendir pleitesía al monarca que los saludaba. Era el antiguo equilibrio con todas las comunidades que vivían bajo el Imperio de los *mossí*. Casualmente, este Emperador es musulmán a diferencia del resto de su familia y de la mayoría de los reyes y notables que eran animistas y alguno cristiano. El Moro-Nabá se puso en pie al tiempo que los eunucos le abrían paso a través de aquella puerta invisible y todo el mundo se retiraba: los Nabás eran ayudados a calzarse, los notables se saludaban unos a otros y todos se marcharon excepto algunos de los más importantes que entraron en el Palacio por otra puerta lateral más a la izquierda. No sé por qué pero yo «sabía» que algún día habría de trasponer esa puerta.

Me dirigí a mi hotel para cambiarme y tomar un segundo desayuno pues el primero apenas si había sido yoghurt y café bebido para llegar con tiempo a la ceremonia de la «Falsa Partida», pues nada me gusta más que llegar con antelación a algunos lugares y ver cómo van amaneciendo las gentes, como me sucedió en la plaza de Djenné el día del mercado. A las nueve y media, ya estaba en la sede de la Conferencia Panafricana contra la Desertización. Me dirigí al stand español que, aparte de ofrecer un pobre aspecto, tenía una gran bandera de España sobre el mostrador principal y a una gentil azafata, sonriente y feliz de haberse conocido, con todo su culo sentado encima de la bandera. ¡No era cuestión de patriotismo alguno! ¡Era una cuestión de estética! Le pregunté, en directo y por barrena, si no había en todo el edificio lugar más apropiado donde poner sus asentaderas que allí mismo, precisamente sobre el mostrador principal y encima de la bandera de España. Me contestó con un cierto desdén «Ni me había dado cuenta». No sé si el auténtico toro que inspiró la efigie que adorna nuestras carreteras, embestiría con las ganas que yo sentía por dentro. ¡Y era el primer stand, entrando a la derecha, por tratarse de uno de los tres países cofinanciadores! Recién llegado del encanto de la ceremonia del Moro-Nabá me encuentro con aquella pánfila que me responde que, en efecto, ella es la encargada de dar información en el stand de España. Obviamente, no supo contestar a ninguna de mis preguntas, me remitía a los cuatro pobres paneles que pretendían animar a los representantes de los países participantes en la Conferencia para que votasen a Murcia como sede del Secretariado Permanente de esta Conferencia, en competencia con Canadá y con Alemania. Lo leía en un folleto editado por el Ministerio de Medio Ambiente español cantando las excelencias de la capital española para albergar a los funcionarios y a sus familias; a mí me parecía encontrarme ante un relato del país de Alicia... por la cantidad de servicios y «novedades» que ofrecían. (Deberían pasarlo por la televisión de Murcia para saber lo que tienen y lo que se han perdido. ¿Quiénes montarán estos tinglados y venderán estos «logros» de sus influencias y a cambio de qué?)

La broma de esa Conferencia le costó al Estado español la cifra de 300.000 dólares de vellón que, junto con Alemania y Canadá, además de los recursos de la ONU, se hacían cargo de los gastos de aviones, hoteles, dietas y demás de estos centenares de representantes, funcionarios, consultores y expertos de toda África. Cuando visité los stands de los países contendientes y vi sus folletos y videos, pero sobre todo cuando asistí a alguna de las sesiones y me leí los discursos de la apertura y de la clausura, ¡todos impresos ya desde hacía tiempo! me hacía cruces. ¿Para qué sirven estas conferencias en las que nadie participa ni puede cambiar ni aportar nada, como pude comprobar personalmente? Lo terrible eran las Seis Resoluciones: la Conferencia «toma nota»... «sugiere»... «espera»... «anima»... «desea».

¡Increíble! Y los centenares de participantes, a gastos pagados, se saludaban y se daban cita para la próxima de abril en Pekín, de junio en Nueva York, de octubre en Roma... Todos se conocían, tenían la misma cara de aburridos habitantes de apartamentos en Nueva York, París, Ginebra... Vamos a hablar claro: en estas conferencias no se toma ninguna resolución que no se haya preparado por un comité en cualquier rincón del mundo, la sede de la ONU por ejemplo. Las votaciones están pactadas y decididas de antemano. Era tal mi indignación al hablar con unos y con otros durante todo el día que copio sin corregir las notas de mi cuaderno de viaje escritas en caliente al llegar, desolado, a mi hotel, después de haber almorzado con Eduardo Sánchez y asistido al cocktail de clausura en el Hotel Independence con el Jefe de la Delegación española, un Embajador muy simpático e inteligente.

Las notas sólo recogen mis reflexiones. «Estas conferencias multitudinarias son absurdas e inútiles. Tienen lugar cada vez en un país distinto para hacer creer que cuentan algo con ellos y para dejar unos millones entre los organizadores y participantes. Ni en la prensa ni en la televisión apareció ningún comentario sino sólo alguna foto con pie de elogio a la importancia del país elegido para el evento. Hay algún funcionario, secretarios de áreas, de estos organismos que cobra cinco millones de pesetas al mes y tiene casas abiertas en Nueva York, París y Ginebra normalmente, además de en su propio país en el que el Gobierno les concede todas las exenciones y facilidades para importar, construir, comprar y vender lo que sea. He sido testigo de muchos casos. ¿No hay nadie que denuncie este despilfarro? Habría que enviar a sus casas al 60 % de los funcionarios de opereta, al 80 % de los "expertos" y al 90 % de los "consultores" de la ONU y de otros Organismos Internacionales. La inmensa mayoría de esas personas se han formado en países del Norte y son cachorros de un modelo de vida al que no saben renunciar. De vez en cuando, entran en un reajuste de Gobierno e intercambian los puestos con otros colegas... se enriquecen ellos y enriquecen a sus familias y parentelas sin hacer nada eficaz por sus países, mientras que en Europa o en Estados Unidos viven como extranjeros desarraigados doblemente. De acuerdo con estudios muy serios, a la ONU le sobra el 50 % de sus funcionarios y empleados en todas sus sedes y delegaciones. Es un derroche insultante. Muchos jóvenes que estudian y se preparan sueñan con ocupar una de esas canonjías que, por causa de las cuotas y de una interpretación numérica de la democracia, da empleo a un funcionariado alimentado por un nepotismo y un clientelismo parasitario y estéril.

»He tenido ocasión de preguntar a varios participantes de qué eran "expertos" o en qué faceta eran "consultores" y más de uno me dijo sonriendo: "¿Yo? ¡de lo que haga falta!". Ante mi asombro, añadían sin inmutarse: "Usted sabe, yo conozco mi país y tengo contactos". Como sean iguales que los conocimientos del informático *peul* y los de tantos africanos con los que me he encontrado en Europa, en América y durante mi viaje, van dados. Porque por desgracia, algunos de estos "expertos" son africanos *faute de mieux*, algunos que he conocido hubieran dado algo por ser europeos a parte entera. No es sarcasmo. No hay más que seguir sus estudios, su formación, sus lecturas, sus conversaciones y sus intereses. No nos engañemos. Éste es el fruto de una política imperialista que ha producido estos cachorros sin melena, y algunos desmelenados.

»Durante siglos, padecieron el dominio de los jefes tradicionales con un planteamiento cuasi feudal de la autoridad que, a veces, detecto en algunas actitudes denominadas "africanización". ¡Cuidado! Al menos, en los tiempos que precedieron a la conquista y a la colonización, los grupos étnicos, las tribus, los pueblos tenían un orden social y unas estructuras jurídico-políticas que no por ser orales eran menos importantes que las escritas. Gran error aquí de los conquistadores, de los colonizadores y de no pocos misioneros que fueron, en el auténtico sentido de las expresiones, "analfabetos, ignorantes y necios" con respecto a las señas de identidad y a las culturas de esos pueblos. Los calificaron despectivamente como "indígenas" —¡nada menos!—, "salvajes" —¿quién entró en su selva?—, e "incivilizados" —¿de cual *civilitas*?

»Las conquistas de unos pueblos por otros llevaban aparejados, a menudo, el sometimiento y la servidumbre o el pago de tributos pero, a la larga, muchas culturas se enriquecieron con el mestizaje y dieron lugar a nuevas civilizaciones. Pero la conquista, la islamización, la evangelización y, en su culmen, la colonización ocasionaron el desarraigo de los pueblos, la destrucción sistemática de sus convicciones y de sus personalidades como pueblos. Los dividieron, los separaron, los dispersaron y, lo que es peor, les enseñaron a aborrecer su pasado y a sentir vergüenza de él. Por eso, para las nuevas generaciones, durante décadas, la mayor ilusión era ser europeos, sentirse aceptados en la medida en que los imitaban servilmente. En este sentido, y mido mis palabras, Europa es responsable de un múltiple genocidio espiritual, síquico y cultural. Después, vinieron las independencias con unas oligarquías erráticas que pronto volverían a caer en manos de los antiguos poderes, ahora en forma de compañías económicas. Y ahora estamos en el auge de las grandes Organizaciones Internacionales que legislan desde despachos anónimos e impersonales, con grandes Instituciones que ignoran las peculiaridades de los pueblos y se guían por el terrible patrón de la rentabilidad, de la utilidad económica y de los resultados financieros. Aspectos válidos en sí pero que pueden dar lugar a destrozos irrecuperables y a la actividad perniciosa de los monstruos transnacionales que devoran y asolan y ante los cuales parece que no va a quedar más remedio que invocar al Estado-Nación, que creíamos superado para bien de la cooperación y de la integración solidaria, con el fin de poder defender los derechos de los más débiles.»

Veo en mis notas la preocupación por llamar a las cosas por su nombre por miedo a ser acusado de racista o de imperialista o etnocentrista. Tal como están diseñados los sistemas ¡claro que corremos ese peligro! porque todo ha sido establecido para mantener las superestructuras de poder de determinados grupos económicos e ideológicos. Pero la solución no consiste en la demagogia de hacer creer que con ocupar un asiento en la Asamblea de la ONU o en los Organismos Internacionales ya se hace justicia. No. Se consolida un sistema de estructuras injustas. Las responsabilidades no se desempeñan por derecho de «nación» sino por la preparación adecuada: así sucede con los médicos, los arquitectos, los ingenieros que se eligen por su competencia y por la validez de sus diagnósticos, de sus proyectos y de sus programas. No es menos cierto que no pocos europeos y americanos que pululan por estas Conferencias —me imagino que en Asia sucederá algo similar—, son unos auténticos parásitos y de muy peligrosa condición. Un gran peligro son estos «expertos» de universidad o de laboratorio con un desconocimiento radical de los países y de sus culturas y que los toman como materia de sus vivisecciones y les aplican proyectos, programas y planes de un desarrollo descarnado y deshumanizado que se asfixian en sí mismos. Son esos proyectos que hemos visto por toda Latinoamérica y por toda África elaborados con costes enormes y aplicados por cooperantes de salón que, al final, tienen que justificar sus teorías previas. Viene un equipo y se esfuerza para que la realidad se ajuste al modelo, si no sale es que no cooperan, no sirven, no están preparadas, o son vagos o corruptos que pretenden vivir como ellos lo hacen. Creo poder afirmar que el concepto de cooperación está en crisis: ya lo utilizan los gobiernos en sus políticas partidistas, en sus campañas hablan de solidaridad y afectan los fondos FAD a los ministerios de economía de los países «donantes» para deshacerse de lo que les interesa a ellos y no a las contrapartes. De ahí que haya que volver a gritar: «¡Menos ayuda y más justicia!».

Como ya he dado a conocer en otra parte mi teoría de los nuevos «yuppies de la cooperación», permítaseme recoger aquí estas notas de viaje: «existe una nueva fauna de cooperantes que pululan por muchos lugares del Sur: parecen clónicos, visten igual, se desplazan en buenos coches con tracción a las cuatro ruedas y con varias de repuesto, beben y comen de acuerdo con sus necesidades originarias, hacen viajes inverosímiles aunque luego no se traduzcan en nada práctico que no hubiera podido hacerse con personas y medios del lugar. Piensan en «nórtico» y se desparraman en «sudático». Gastan enormes sumas para los parámetros locales, no cooperan entre las diversas organizaciones ni comparten información, desconciertan a los naturales del país al coincidir en proyectos similares en lugares próximos: les recuerdan a los misioneros de diversas confesiones cristianas y hasta congregaciones religiosas católicas. Muchos de ellos eran inadaptados en sus lugares de origen y tratan de vivir aquí una experiencia que siempre se convierte en un experimento imaginado previamente, porque la auténtica experiencia ni se provoca ni se puede compartir. Muchos de ellos no fueron capaces de superar unas oposiciones o unas pruebas ni de cumplir unas determinadas exigencias y aquí se comportan como autócratas. Desembarcan en los países del Sur y, como continúan siendo inadaptados, no se integran en la realidad real y se mueven (sobre todo se mueven) en un vacío peligroso. Atraviesan fases ya conocidas: entusiasmo, expectación, impaciencia, hiperactividad, enojo, ira, depresión, pérdida de la difusa identidad que traían, se sienten incomprendidos, pasan una vaga delicuescencia, algunos atraviesan situaciones peligrosas de enajenación o adiciones y afectos transitorios, otros se inventan formas de convivencia según su fantasía. Algunos se instalan en una anomia evanescente y, si no sucumben ante las tres «des», es porque se agarran a la vida como lapas y casi siempre se ponen a salvo o «están de viaje» cuando estalla la tormenta. El periodista tiene que estar en el lugar de los hechos y se arriesga para cumplir su misión. El diplomático lo mismo. Muchos cooperantes se ponen a salvo «porque es evidente que no se puede trabajar en estas condiciones». ¿Y qué hacen los pobres que supuestamente han venido a ayudar? «Ah, tienen reacciones imprevisibles nacidas de atavismos ancestrales...» Es entonces cuando vuelven a escucharse las terribles expresiones *Ces gens là, These people, you know...* No pocos misioneros han pretendido superar estos escollos forzando la realidad para que su dios pudiera hacer el milagro previsto en el libro de viaje. «Hemos sido castigados por nuestra mala conducta, por nuestros pecados.» ¡Toma ya! Felizmente, he conocido otros muchos ejemplos de personas que se han entregado e integrado en sus comunidades con toda naturalidad y asumiendo todos los riesgos.

En el fondo, la mayoría de los que nos ponemos en camino, quizá seamos una especie de desarraigados. ¿Qué nos mueve, en medio del desasosiego, a racionalizar lo que sea preciso, remover con una eficacia admirable todos los obstáculos y echarnos a andar? ¿Qué impulsa a algunas personas a dejarlo todo y echarse a andar sin rumbo fijo, todo lo más con el nombre de una Itaca mil veces transformada en espejismos que nunca satisfacen? O a hacernos a la mar con aquel desasosiego del capitán Acab. ¿ Dónde está la ballena azul para copular con ella? ¿Dónde el fantasma de nuestros sueños? A un pobre náufrago en tierra le oí gritar: «¡Moby Dick, te amo en el estertor de mi agonía!». Nadie quiere, en verdad, llegar a Itaca.

Durante la clausura de la Conferencia vi a un hombre alto, de unos 37 años, con una prestancia imponente, vestiduras realmente regias y un alto gorro rojo con dibujos geométricos que me parecían absurdamente conocidos. Estaba al lado de un Ministro a quien me habían presentado como uno de los hombres más importantes del Gobierno y del Estado porque aseguraba, en cierta manera, la relación fluida entre los poderes del Estado y la *chefferie* tradicional que él aseguraba, pues era hijo de rey / Nabá. Mi personaje sostenía un bastón con empuñadura de plata impropia de su edad y completamente innecesario. Pero son esas cosas innecesarias las que distinguen a las personas y marcan los hitos de los tránsitos culturales. Como sabía que tenía que conocerlo, me acerqué y me presenté saludándolo en lengua moré: *Ney-ZAH-brii* [Buenas tardes] *lah Fii bey mey?* [¿Cómo está usted?]. Él me respondió atónito: *lah-FII-bey-lah. When-ah-TAH-sey* [Estoy bien. Gracias].

«Yo a usted lo conozco y no sé de dónde.» «Yo a usted también.» «¿Cómo es posible? Ouaga no es una ciudad tan grande.» Me respondió con palabras que no he podido olvidar: *Les hommes dignes ne se connaissent qu'une seule fois*, es un proverbio de los *mossi*. «Entonces, respondí, ya nos hemos conocido y esto no es más que un reconocimiento.» «Exactamente.» «Soy un profesor de universidad, de Madrid, España.» «... y componente de la Delegación Española.» «No precisamente, me han invitado a acompañarles por mi interés en el tema que nos ocupa.» «Su interés trasciende la desertización y va más allá de las causas de las cosas.» «¿Cómo es posible ir más allá del final?» «Usted lo debe saber ya que, con tanta atención, vivió la celebración de la "Falsa partida" esta mañana.» «Entonces, usted, vuestra alteza, majestad ¿cómo debo tratarle?» «Ellos me llaman Nabá, majestad, excelencia, usted puede llamarme Larlé y tratarme... como le dicte su corazón.» «¿Por qué confía en mí y no teme que sea un periodista ávido de noticias?» «Yo dirijo una revista que se llama *Tradición y Modernidad*, como ve no nos encontramos muy alejados aunque usted sea un profesor...» «Y usted un Nabá.» «Sí, soy el Larlé Nabá Tigré, Ministro para la Guerra del Emperador de los *mossi*.» «Que esta mañana, una vez más, consiguió que Su Majestad Imperial el Moro-Nabá desistiese de su partida para la guerra.» «Nunca se puede estar seguro de que alguna vez no se nos escape.» Y se rió con franqueza mostrando una perfecta dentadura blanca, en un rostro no muy oscuro con rasgos nobles, como atestiguaban sus cicatrices verticales. Aludiendo a ellas, dije: «Vuestros tutores se cuidaron bien de despistar a los malos espíritus, pero no pudieron ocultar la nobleza de los rasgos y la realeza del semblante. Esta mañana le vi caminar como sólo lo hacen las personas reales». «Es que, como habrá advertido, llegué con unos minutos de retraso...» «¿Por eso tuvo que repetir por tres veces la postración con la frente? Los otros cuatro Larlés sólo humillaron la frente una vez, aunque con las manos lo hicieran tres.» «¡No se le escapa una! El significado del gesto de las manos purificándose con la arena es de limpieza, de honestidad y de lealtad, la postración de la cabeza, no estando ante Dios, es la disposición a dar la vida por Su Majestad.» «Me lo imaginaba, pero, según tengo entendido, Su Majestad es musulmán a diferencia de la mayoría de los *mossi.*» «Eso no tiene mayor importancia, no hay más que un solo Dios, de cualquier manera que se le invoque.» «Esa es mi más profunda convicción... pero permítame, Larlé Nabá, ¿cree Vuestra Alteza o Majestad (aquí se rió abiertamente como no lo hubiera hecho un tuareg pero con gran dignidad), digo, en las casualidades?» «Tan poco como usted, profesor.»

Como alguien de su séquito se impacientara y aunque ambos lo habíamos notado pero no le habíamos hecho caso, le dije en el tono más bajo pero solemne posible: «¿Es posible para un Larlé Nabá, Ministro del Emperador de los *mossi*, honrar la humilde residencia de un profesor español que estaría encantado en acompañarle durante la cena?». «En principio, para un Larlé Nabá todo tiene que ser posible, de lo contrario ¿cómo podría conducir la guerra y mantener en paz los reinos de Su Majestad?» «Es que no me alojo en el Sofitel Silmande, sino en el Relax.» «¿Ve como todo es providencia, o según el más profundo sentir africano, como los espíritus de los antepasados se han puesto de nuestro lado desde mucho antes de esta mañana? Como en el Sofitel Silmande se alojan todos los Embajadores y los Jefes de misión, el protocolo nos impediría cenar solos o como usted dice 'acompañarme en la cena'. Ese es un buen hallazgo.» «Es que soy gallego.» «Y eso ¿qué significa?» «Ah, Larlé Nabá, eso ya es para nota. Esta noche, como todo es posible para el Larlé Nabá Tigré, un paisano gallego hará que todos los relojes se detengan tan pronto como el Larlé transforme el Relax en una residencia real ya que, si la presidencia siempre está donde el rey se siente, como dijo el rey Alfonso XIII abuelo de nuestro soberano, la más humilde cabaña se transformará en palacio con la presencia del Larlé Nabá Tigré. Permítame que yo me ocupe de todo.» «Ni por un instante me hubiera atrevido a dudar que lo haría. ¿A las nueve, le parece bien?» «Es la hora escrita en el cielo por las estrellas.» Como había muchísima gente alrededor en aquella inmensa sala del Palacio de Congresos, di un paso atrás e incliné la cabeza mientras el Larlé Nabá hacía lo mismo, sin dar ningún paso atrás, claro, pero con toda la picardía del mundo en su mirada. Enseguida, lo rodearon y se lo llevaron. Nuestros encantadores diplomáticos se acercaron. «¡Menuda parrafada has tenido con el Larlé Nabá Tigré! ¿Sabías que es el más íntimo consejero del Emperador y el puente con el Gobierno de la nación?» Sonreí y respondí en el tono más vaticano del mundo: «Nos conocimos esta mañana y me parece que mañana seré recibido por el Moro-Nabá para informarle del Proyecto de Centros de Medicina Preventiva en la Universidad». Y

Eduardo, con toda la gracia y espontaneidad del mundo, se vuelve al Embajador Jefe de la Delegación española y le dice un «¿No te lo había dicho?», que no me detuve en descifrar porque salíamos pitando para el cocktail del Independence.

A las nueve menos cinco ya estaba en el *hall* de mi hotel acompañado por el director y con todo el personal alerta. Habían despejado el comedor y continuaron sirviendo las cenas en el jardín, junto a la piscina. No había más que una mesa preparada en el centro y con dos puestos, uno enfrente del otro. Había mandado retirar un aparatoso ramo de flores y, en su lugar, puse en un lado, sobre el mantel, algunas ramas de mirto y dos hojas de acanto.

Cuando el guarda del hotel anunció la llegada del coche del Larlé Nabá, empleados y clientes todos se dirigieron afuera, yo aguardé en la puerta con mi gorro en la mano izquierda. Al bajarse del coche, me acerqué a saludarlo, lo hicimos a la manera tradicional y me pidió que me cubriera. Así pasamos al comedor y, al tomar asiento el Larlé en el lado opuesto a la puerta, como es de rigor, se fijó en las hojas de acanto y mostrando su muñeca izquierda dijo sonriendo: «Como puede apreciar, profesor, el reloj se me ha olvidado en casa». «Lo mismo ha sucedido con el mío, Excelencia.» Nos dimos el tratamiento protocolario mientras sirvieron la cena. «Me he permitido encargarla para que no nos molesten... Al fin y al cabo, en ningún momento puedo pensar que nos encontramos en hotel alguno, sino que he aceptado con mucho gusto la invitación a compartir manteles, ¿se dice así?» «Así se dice en España, Excelencia, y me da la impresión que esta cena es como la travesía de un desierto pero bien acompañado.» «¿No es lo que embellece el desierto el que, en algún lugar, oculte un pozo?» «Creo que, en nuestro caso, el pozo ya se ha hecho fuente y mana suavemente.»

Así transcurrió la cena, pasando de los autores clásicos sobre el arte de gobernar, que le apasionaban, a los maestros de las grandes tradiciones orientales. Hablamos de lejanos países que le hubiera gustado visitar, de nuestros autores favoritos y de la situación de un mundo en el que imperaba la injusticia y en el que, ni él como depositario de una tradición secular ni yo como miembro de la universidad, podríamos dejar de reflexionar y de aportar nuestra experiencia y nuestra ayuda allí donde fuera necesario. El Larlé me habló del gran pueblo de los *mossi* y de sus tradiciones pero demostró un gran conocimiento de las de otros muchos pueblos y culturas africanas, lo cual me entusiasmó. Aquella noche tuve acceso a conocimientos que jamás hubiera obtenido en los libros ni en las más dilatadas estancias en unas tierras cuyos habitantes me atraían y provocaban mi emocionado respeto. El Larlé Nabá Tigré me dijo que «esa era la llave para acceder a los misterios que pueden permanecer ocultos durante generaciones, aún para la mayoría de las personas de los mismos pueblos. Usted mismo dice que nada se puede enseñar pero que hay personas y situaciones que permiten aprender a las personas con un corazón a la escucha y con una mente serena». Por eso, a partir de cierto momento, ya no había un rey africano y un profesor europeo sino dos amigos junto a una fuente que habíamos alumbrado. Todo se hizo espacio, el tiempo no estuvo presente, las hojas de acanto y las ramas de mirto, junto con una vela que hice prender al tiempo del café y de los buenos cigarros habanos que encendimos, fueron únicos testigos —que no fue poco ¡era toda la naturaleza y toda la sabiduría presentes en los símbolos!—, de aquel trascender categorías, límites, esquemas, modelos y sistemas que limitasen un saberse alas de un mismo vuelo. Tan sólo el código de las buenas maneras mantenía la necesaria armonía para no perdernos en una explosión de silencio en una noche que nos llevó a subir a la terraza del hotel para respirar hondo mirando el mismo cielo tachonado de estrellas que esa mañana me había acogido y que ahora, sin solución de continuidad, era testigo de la libertad nacida de la sabiduría y del compartir la búsqueda de la verdad sin alejarnos demasiado de las casas de los hombres. Ambos supimos que aquella noche no era más que un alto en el camino, junto a un oasis, y que si otros signos no lo revelasen tantas veces, era patente la profunda interrelación entre todo lo que existe y aún con lo que no existe... todavía, pero que ya es, en cierta forma, aunque no seamos capaces de percibirlo, salvo en noches así de plenitud y de gracia.

* * *

El Larlé Nabá Tigré tiene 37 años, está casado con una bellísima esposa de religión católica, tienen dos niñas de tres y de dos años y un hijo, el príncipe heredero, de dos meses y medio. Aunque el sistema sucesorio nunca fue el de primogenitura sino el de elección por un Consejo de Notables, las nuevas leyes habían modificado esta situación en beneficio de las familias reinantes y para mantener un cierto control sobre una situación que, al parecer, obedece a los nuevos tiempos. Además de su puesto como Ministro del Emperador de los *mossi*, dirige una revista y prepara un libro sobre el protocolo y la necesaria adaptación de las tradiciones a la modernidad, así como el respeto y la necesidad que ésta tiene de conocerlas y de integrarlas. Al fin y al cabo, el progreso es la tradición en marcha. El tema era tan apasionante que de ahí surgió la idea de una conferencia con verdaderos profesores universitarios de diversos países y la participación efectiva de más de un centenar de reyes, nabás, jeques y príncipes importantes de once países que el Larlé conseguiría reunir, porque sabía que estaban interesados en el tema, bajo el patrocinio del Emperador, en Ouagadougou en el mes de noviembre, ya que era el único tiempo en que yo dispondría de una semana.

Se retiró para cambiarse de ropa y acudir al servicio matinal de Su Majestad, ya que despachaban todos los días... y me preguntó si podría pasar a recogerme para una audiencia privada con Su Majestad. «Por supuesto, hermano mío, ahora que sabes que soy republicano ya no hay ningún problema en entrevistarme con los reyes tradicionales. Otros son los soberanos de este mundo que me preocupan.» «Y a mí, ¿crees que, a mis años, voy a aceptar el derecho divino de los reyes sino, por el contrario, la responsabilidad de todos aquellos que hemos recibido una educación y que desempeñamos algún puesto de autoridad en nuestra sociedad?» «¡Menos mal que no tengo que renunciar a mi admiración por Thomas Sankara y mi devoción por mi amigo y hermano... aunque seas rey, Nabá, Larlé y, sobre todo, Tigre, en el sentido nuestro!» «Yo también creo que Sankara fue un hombre justo y honesto y transparente, tú lo sabes.» «Sí, por eso podemos seguir caminando juntos aunque desde distintas singladuras.» «Ya nunca podrás librarte de mí, al menos, fácilmente.» «Para empezar, ya me has liado en noviembre... y hoy en la audiencia con el Moro-Nabá.» «¿No me digas que no lo estabas esperando?» «¡Más que el centinela a la aurora!» «Y ¿a que te gustará honrar la que ya puedes considerar tu casa, mi humilde residencia, para cenar esta noche... y poder conocer de cerca algunas cosas de las que hemos hablado?» «¿De verdad?» «La corte de las mujeres —no olvides que mi padre sólo me dejó 25 viudas, al Emperador doscientas, y hay algunas de mi abuelo, aparte de la Reina Madre—, la casa de los espíritus, el recinto de los eunucos, las dependencias de lo que antes se llamaban esclavos y ahora son personas de servicio...» «¡Tiras a dar! Bien sabes que me encantará.»

Así fue como conocí al Tiendrebeogo, Ministro de la Guerra del Moro-Nabá, el Larlé Nabá Tigré, con el que, desde entonces, la amistad no ha ido más que madurando y que no se resiste a quedar comprimida entre unos caracteres escritos.

31

Lomé: oro y brujos

Era al atardecer del 24 de marzo cuando el avión de Air France tomó tierra. La vaharada de humedad fue tan impresionante que me encontré caminando como un zombie entre el resto de los pasajeros camino del aeropuerto. De repente, me encontré en una sala rodeado de gente en espera de las maletas, y sufrí un «golpe de ausencia». Con una angustia infinita me encontré sin saber dónde estaba, si salía o llegaba, si acaba de facturar las maletas o las estaba esperando. Había sido tan impresionante la despedida en el aeropuerto de Ouaga, con la guardia formada y el mensajero del Emperador entregándole al Larlé un regalo para mí y yo con la sensación de que todo se estaba demorando para hacerlo más solemne, porque todo el mundo en el aeropuerto sabía que al Larlé Nabá Tigré le rodeaba un aparato que lo hacía representante especial del Emperador. Fue entonces cuando, delante de su familia y de los notables que le acompañaban, se puso en pie, me abrazó a la manera tradicional dándome un beso en cada mejilla y, cuando ya iba a separarme, puso sus labios sobre mi boca, en un gesto rápido pero elocuente, no a la manera eslava, sino proclamando ante todos que yo «llevaba en mi boca la palabra del rey», por lo tanto merecía todo el respeto que se le debe en África a un portavoz del soberano. Hasta las azafatas en el avión me habían tratado con especial curiosidad y, al aterrizar, no sólo estaba agotado por las extenuantes jornadas y el poco sueño en las noches pasadas, sino por esa humedad que cogió desprevenido a mi cuerpo que venía de las calurosas y secas llanuras del interior de Burkina. No debieron funcionar los termostatos naturales y me encontré vagando sin sentido entre aquella multitud que, por momentos, se agigantaba y amenazaba tragarme. Era como si perdiera mi identidad, mis límites y mis proporciones, me estaba diluyendo en la marea humana, comencé a temer que se presentara el pánico y, antes de sucumbir en alguna forma de desvanecimiento, giré mi mirada con tal expresión de horror o de angustia o de infinita soledad que un hombre blanco y rubio se acercó, puso su mano sobre mi hombro y me hizo sentarme no sé dónde. Yo sólo acerté a preguntar en inglés y en francés a la vez «¿Dónde nos encontramos? ¿Salimos o llegamos? ¿Estamos en Ghana o en otro lugar?».

El hombre apretó con fuerza sus manos sobre mis hombros y mientras pedía a alguien algo de beber me dijo con una voz que sonaba a paz ya sosiego: «No es nada. Se le pasará enseguida. Estamos en Lomé, en Togo, y acabamos de aterrizar. Usted subió al avión en Ouaga, le despedían oficialmente... pero no tenga miedo, está pasando un golpe de descompensación térmica... Se le pasará, pronto romperá a sudar...». Yo sentí que las lágrimas se me escapaban sin poderlo remediar y debí mirarle como pidiendo disculpas, como un enfermo hospitalizado cuando no controla los esfínteres y te mira de esa manera... «No se preocupe por nada, desahóguese, le hará bien. Trate de beber un poco, a pequeños sorbos, y aflójese la ropa en el cuello y en la cintura, descálcese y apoye sus pies sobre mis piernas...»

Esa fue mi llegada a Togo después de la intensa experiencia vivida en Burkina Faso «El País de los Hombres Íntegros». El hombre que me atendió resultó ser un estudiante del último año de Medicina en Suiza cuyo padre era el Embajador de este país en Togo y él venía a pasar las vacaciones de Semana Santa con ellos. Se había fijado en mí en el aeropuerto de Ouaga y, después, le habían llamado la atención las muestras de mi desconcierto en el de Lomé, por eso acudió en mi ayuda. En efecto, se me pasó pronto y en el coche de sus padres me llevaron al hotel que me había reservado nuestra representante consular en Togo, Maruja Campos, a la que nunca podré agradecer todas las atenciones que tuvo conmigo durante mi estancia en ese país. No había venido al aeropuerto porque ese vuelo, en efecto, no solía tener hora fija de llegada... a veces, en el aeropuerto de Ouaga se producían retrasos (¡que me lo dijeran a mí!).

El Hotel Palm Beach estaba frente al mar y era en el que se alojaba nuestro Embajador cuando venía en viaje oficial desde Accra, en Ghana. Por eso ella me lo había reservado. En la habitación tenía una cesta de frutos con una cariñosa tarjeta en la que me deseaba buen descanso y me anunciaba que, al día siguiente, pasaría a recogerme a las 8, si me parecía bien, para ir a visitar al decano de Medicina ya que el Rector de la universidad estaba fuera del país. No la llamé por teléfono, ya que era muy tarde, y decidí darme una buena ducha caliente y fría para acabar de adaptarme a este clima y no agarrar unas anginas con el aire acondicionado que estaba a tope. Cuando iba a bajarlo, sonó el teléfono y, aunque me extrañó por la hora, lo descolgué y una voz me dijo «¿Habitación 705?». «Sí, dígame.» «Le hablo desde recepción, Mr. García, soy el conserje y le pido permiso para subirle su tarjeta de crédito que se dejó aquí.» «Pero, perdón, yo no he entregado ninguna tarjeta, tan sólo rellené el formulario y usted me devolvió mi pasaporte... debe tratarse de un error.» «Si me permite que suba verá que no hay error... ¡Hasta ahora!» Me quedé de una pieza, comprobé en mi cartera que tenía allí mis dos tarjetas y que el efecto del aeropuerto no me estaba jugando otra pasada. Hice la broma de poner el índice de mi mano en la rodilla derecha y el pulgar en mi barbilla. Me sostenía. Por si acaso, metí la cartera con los documentos en la maleta que acababa de abrir y la volví a cerrar con el cierre de seguridad. No podía hacer otra cosa que esperar ya que no tenía sentido que me vistiera y descendiera a Recepción a recoger lo que no había dejado. No obstante, antes de abrir la puerta, pondría la cadena y, si era el conserje, le dejaría pasar pues a lo mejor era yo el que, debido al cansancio, había entendido mal y lo que él quería decirme es que nos habíamos olvidado de firmar el impreso de la tarjeta de crédito, como se suele hacer en muchos hoteles y, después, al salir, se rompe y se hace otro por la cantidad de la factura correcta. Me puse una toalla en torno a la cintura y, en ese momento, sonó una llamada a la puerta que me desconcertó un tanto: no eran dos toques, más o menos fuertes, eran uno y luego dos y después uno. Decididamente, tenía que meterme en la cama y descansar cuanto antes.

Al comprobar que se trataba del mismo conserje que me había atendido, le franqueé la puerta y entró. «¡Cuánto se retrasó su avión! Le esperábamos desde hace días y ahora nos desconcertó la reserva hecha en nombre del consulado de España y verlo llegar acompañado por el Embajador de Suiza. Ustedes/usted tiene/tienen amigos en todas partes. Pero menos mal que ya está aquí.» Yo ni abrí la boca, comprendí que se estaba produciendo un malentendido ya que no traía en su mano impreso alguno de Visa y, con todo el cinismo del mundo, le dije: «Así es, en efecto, a veces hay que hacer cambios en los vuelos y mejor que ni uno mismo sepa cuando va a llegar...». «Todo está listo y los proveedores dicen que disponen de todo el oro que pueda interesarle...» «¿Hasta qué cantidad?» «Si lo desea, desde un kilo a una tonelada para arriba, están muy bien organizados.» «¿Y el transporte?» «Ellos lo sitúan por barco donde usted diga, como siempre.» «Ya veo, ya.» «En cuanto a los diamantes no hay problema pero ya sabe que, en este caso, tendrá que ir a elegirlos a Ghana...» «No estoy seguro de que me acerque a ese país.» «No, donde usted señale. Pero es mucho más aconsejable, aunque con amigos no hay problema.» «Ya veo, ya, pero en ese campo toda prudencia es poca. No es un tema como el oro en el que un kilo es un kilo.» «Por eso le digo. Además dependerá no sólo de la cantidad sino de los kilates, del color ¿qué le voy a decir que usted/ustedes no sepa/sepan?» «La verdad es que estoy agotado, he dado un gran rodeo y tengo verdaderas ganas de dormir y de descansar mañana todo el día.» «¡Estupendo! yo entro de nuevo de servicio pasado mañana por la noche pero ellos quedaron en que le llamarán mañana en el curso de la mañana.» «¡No se hable más! Gracias por todo, como yo permaneceré unos días aquí ya tendremos ocasión de vernos. ¡Buenas noches y buen servicio!» Y se fue tan sigilosamente como había venido. Yo renuncié a la ducha, pasé dos vueltas a la cerradura de la puerta y, sin cepillarme ni los dientes, me metí en la cama con toalla y todo... diciéndome como aquellos personajes de mi novela *Los Gazules*, las dos putas Matilde y Casilda: «Señor, Señor ¿por qué siempre nos han de pasar estas cosas a nosotras que no nos metemos con nadie?».

Hacia las seis de la mañana ya estaba sentado en la playa, tranquila y limpia. Pensaba en este hermoso país que fue llamado Togolandia por los alemanes, sus primeros colonizadores. Éstos se presentaron un buen día de 1884 ante las costas de Little Popo con el buque de guerra Möwe y en nombre del Káiser que «oficialmente», según Bismarck, no estaban interesados en el reparto de África «porque las colonias constituirían un estorbo y una responsabilidad para Alemania», se dedicaron a suscribir tratados con jefes locales, sobre todo con el rey Mlapa, y establecieron un «Protectorado». Así, por las buenas. Junto con Camerún fueron las dos colonias alemanas en la costa oeste. Al hacerse con el puerto de Angra Pequenha, en el sudoeste de África, y con Tanganyika en el Este, Alemania se hizo con un imperio colonial cinco veces superior en extensión a la metrópoli. El Primer Ministro inglés, W.E. Gladstone, escribía el 1 de septiembre de 1884: «Contemplo con satisfacción, simpatía y alegría la expansión de los alemanes en esas desiertas tierras del globo». Los alemanes, como en el siglo XVI los portugueses para el tráfico de esclavos, se apoyaron en la etnia *mina* —que se dice *ewé* pero no lo es en puridad—, para controlar a las otras etnias del país, sobre todo a los nuevos *kabye* asentados más hacia el norte. Los alemanes, con mano de hierro y trabajos forzados, introdujeron el cultivo intensivo y científico del cacao, del café y la explotación de minas de hierro. Elevaron el índice de escolaridad de la población —9 de cada 10 niños estaban escolarizados en 1916— pero, cuando estalló la Primera Guerra Mundial, los vecinos ingleses de la colonia de Ghana y los franceses de Benin obtuvieron la primera rendición de tropas alemanas a los aliados. Después, dividieron el país en dos zonas de influencia para «protegerlas» desde sus respectivas colonias con el aval de la Sociedad de Naciones. En 1956, los ingleses organizaron un plebiscito ignominioso y la parte de Togo que «protegían» se unió «voluntariamente» a Ghana sin contar para nada con los intereses de las múltiples etnias que quedaron separadas tras las nuevas fronteras, sobre todo los *ewé*, los *mina*, los *kabye*, los *kotolí* y los *moba*, entre muchos otros que vivían entre todos los países limítrofes. Por eso, las fronteras de Togo son tan artificiales y arbitrarias.

En 1958, Sylvanus Olympio, un interesante personaje de la etnia *mina-ewé*, aunque su padre había sido uno de los descendientes de esclavos que regresaron de Brasil y que por eso son conocidos por los «brasileños», muy activos y duros en el comercio y en la política, dirigió el movimiento de independencia que alcanzaron en 1956 en la zona francesa, ya que la inglesa permaneció para siempre unida a Ghana. Pero, entonces, alguien recordó un tratado firmado en 1957 con la Compañía Francesa de Minas por el cual se reconocía la propiedad de todos los yacimientos de fosfatos «descubiertos y por descubrir» yugulando así la principal fuente de ingresos del nuevo país. Obviamente, Sylvanus Olympio, ya Presidente de la nación, fue asesinado a tiros cuando planteaba esta situación y otras «reformas básicas» influido por su vecino el gran Presidente N'Krumah, de Ghana. El inspirador de este «primer golpe de Estado» en el África recién estrenada fue el militar Etienne Gnassingbe Eyadema que ya en 1967 había dado otro todavía más sangriento y llegó a la Presidencia de la que, hasta el día de hoy, 1999, no se ha separado de una u otra forma. Este militar es del Norte, no *ewé*, sino *kabye* y rige el país con mano dura aunque con los altibajos que le ha impuesto el Club de París para financiar la inmensa deuda de 1.450 millones de dólares en un país de cuatro millones y medio de habitantes y con una superficie en forma de dedo de 56.000 kilómetros cuadrados. Como tenía fosfatos, en la época de los setenta sus altos beneficios estimularon el endeudamiento con compañías extranjeras después de que los fosfatos habían sido paulatinamente nacionalizados ¿Se comprende cómo puede el poder cambiar de nombre y de forma jurídica para permanecer siempre en las mismas manos? «¡Oh, príncipe de Lampedusa cuantas veces recuerdo tus palabras: es preciso cambiar algo para que todo continúe igual!» Togo, de admirable clima, que un día pretendió ser la Suiza de África, en cuya capital se firmaron los Acuerdos de Lomé III para establecer normas de cooperación entre los países del grupo ACP (África, Caribe y Pacífico), hoy dispone de un médico por cada 11.000 habitantes, tiene un 48 % de analfabetos, la mortalidad infantil es de 94/1.000, pero la esperanza de vida es de 55 años y a la universidad llega un 3 % de la población.

Un tercio de ésta está formado por los *ewé* que también se extienden por el oeste de Ghana ya que hasta 1956 los británicos no anexionaron esa parte del territorio a la colonia inglesa después del fraudulento referendum. Los *ewé* son del mismo origen que los *ibos* y los *yorubas* de Nigeria y los *ashanti* de Ghana.

Para ellos, el parentesco por consanguinidad es más fuerte que el que se contrae por matrimonio, de ahí que la mujer ocupe un puesto principal en su sociedad y nunca deje de pertenecer a su familia de origen, hasta el punto de que muchas vuelven allí para morir y ser enterradas dignamente entre los suyos. Las mujeres desempeñan las tareas más duras y son muy hábiles en el mercado y en los negocios hasta el punto de que algunas llegan a acumular un patrimonio superior al de sus maridos lo cual afirma su independencia ¡a pesar de estar establecida la poligamia! Contra lo que podría parecer, ésta no las sujeta sino que al estar el marido ocupado y repartido con los deberes hacia las otras esposas cada una dispone de más tiempo libre para dedicarse a sus tareas. Los hijos sólo están con las madres hasta los seis años en que pasan al ámbito de los hombres pero las hijas permanecen siempre con las madres hasta que se casan, pero como dije, debido a su peculiar vinculación matrilineal, las mujeres *ewé* llegan a formar entramados de negocios familiares femeninos muy interesantes. Los *ewé* adoran a un dios creador, Mawu, que actúa en la tierra a través de 600 dioses menores o demiurgos que se manifiestan en la naturaleza en forma de bosques, lagos, rayos, ríos o enfermedades. También profesan el culto a los antepasados, creen en la reencarnación y veneran a Vodugome, símbolo de las fuerzas ocultas a quien hay que honrar y conjurar para que no hagan daño. Se sirven de fetiches y de ritos que tiene cierta similitud con el tronco común que los asocia al vudú de los *yorubas*. Togoville es un centro del culto vudú que los esclavos llevaron a Haití y a otros lugares del Caribe y también de Brasil.

Los *yoruba* también se extienden por Benin y por el sudoeste de Nigeria. Son famosos en toda África por sus habilidades artísticas, sobre todo las máscaras que uno encuentra en tantos museos. Se calcula que hay más de quince millones y todos se consideran decendientes del rey Olodumare que, por medio de dioses menores, creo el mundo en cuatro días: por eso los mercados públicos *yorubas* se siguen celebrando cada cuatro días y el quinto lo dedican a descansar y a honrar a los espíritus. Son corpulentos y, por desgracia, durante más de doscientos años padecieron las sacas de sus enemigos para venderlos a los traficantes de esclavos. Toda América está llena de descendientes de los *yorubas*: no hay que olvidar que los *blues* de San Louis o los carnavales de Brasil y gran parte de la música afroamericana, según muchos estudiosos, provienen de la cultura *yoruba*. Tenían una cultura muy desarrollada cuando llegaron los europeos hasta el punto de que piezas maestras del arte universal son las famosas cabezas de bronce, las terracotas de Ifé, su ciudad sagrada, y los soldados de bronce que los británicos se llevaron cuando arrasaron su ciudad en 1897. En 1938, se descubrieron hallazgos impresionantes en Ifé, trece cabezas de bronce enterradas en el suelo; un año después, descubrieron otras cuatro más. Lo más sensacional no sólo era su belleza y su perfección modeladas a la cera perdida, en los siglos XIII-XIV, lo cual confirma, una vez más, que África no nació cuando llegaron los europeos sino que había habido unas civilizaciones con unas culturas anteriores que en nada tenían que envidiar a las de muchos otros pueblos «civilizadores». Toda su estructura social se apoya sobre la familia y la comunidad, hasta el punto de que no se concibe que una persona pueda vivir sola. Siempre «se pertenece» a alguien, uno «es de alguien», y no como propiedad sino como parentesco. Las ropas de las mujeres son muy amplias y vistosas y su tocado es muy característico. Tienen una gran religiosidad pero practican una tolerancia ejemplar hasta el punto de que en una misma familia pueden convivir personas de diferentes religiones: musulmanes, animistas y cristianos católicos o protestantes. De ahí, quizá, la facilidad para los cultos sincréticos que tanto proliferaron en el Nuevo continente y que aún hoy en día sorprenden a algunas personas

Al campus de esta «Universidad de Benin», que así se llama por causa del golfo y no del Estado —la de Benin se llama «Universidad Nacional de Benin»—, me dirigía con Maruja Campos, nuestra cónsul honoraria, que me había concertado citas con el decano de la Facultad de Medicina y de Farmacia profesor Kessie Komi así como con el Director del CENU (Centro Nacional de las Obras Universitarias) Dr. Hunlede. En esta Universidad siguen sus estudios 13.000 jóvenes, que es una cifra proporcional muy grande lo que me hace suponer que acogerá algunos estudiantes de otros países vecinos, lo cual me alegra. Tiene departamentos de Letras, Ciencias, Economía y Gestión, y Derecho. También tiene Escuelas superiores de Agronomía, Técnica alimentaria y Biología, Ingenieros, Ciencias de la Educación, Secretariado de Dirección y de Asistentes Sanitarios. A la reunión asistió la Secretaria Principal de la Facultad Mixta de Medicina y Farmacia tan dinámica como la de Cocody que tomaba nota de todo, Mme. Lucia Lada. El decano y el director me parecieron algo desconcertados, como repitiendo una cantinela para participar en un enésimo proyecto. Puse las cosas en claro y que si no mostraban un verdadero interés y estudiaban a fondo el resumen del Proyecto que nuestra cónsul «les había hecho llegar hacía más de dos emanas», me dirigiría de inmediato a Benin ya que tenía que escoger uno de los dos francófonos en esa zona puesto que tenía pensado incluir en el Programa a la anglófona Ghana, si encontraba las garantías necesarias. La secretaria, Lucía Lada, asentía con la cabeza mostrando su preocupación. Nos despedimos y les dije en qué hotel me encontraba y que al día siguiente partiría por carretera para Benin o para Ghana, dependía de ellos. Y con toda seriedad me despedí recordándoles que no andaba vendiendo ni sueños ni escobas, no formaba parte de ningún laboratorio que precisase hacer estudio alguno. Ya me entendieron bien, sobre todo cuando oyeron hablar de la actitud de sus colegas en Conakry, Malí, Níger y Burkina a diferencia de los de Senegal, que van a tener que moverse para intentar incorporarse en alguna fase posterior del proyecto.

Almorzamos en casa de Maruja Campos que lucía una hermosa placa de «Consulado Honorario de España» y nuestra bandera ondeaba en el mástil a pleno pulmón. Maruja es española y lleva años casada con un ingeniero belga que ha trabajado para 15 compañías francesas y con alguna española. Ahora les llega el momento de regresar a España porque las obras públicas ya no son tan numerosas o cada vez se incorporan más nacionales de los diversos países. El matrimonio me pareció encantador, tienen una hija, Laura, de 8 años. Me decía Maruja: «Aquí puedo disponer de cinco personas de servicio en la casa ¿se imagina cuándo regrese a Sevilla? Una, quizás por horas, y basta. Vamos a echar todo esto de menos. Aquí puedo ocuparme de las múltiples actividades del Consulado ya que llaman o recalan muchos barcos españoles con algún problema y hay que arreglarles la documentación para posteriores reclamaciones. La relación con la Embajada en Accra es muy fluida... aunque, en su caso, no me pareció ver demasiado interés y eso que, una vez que usted me telefoneó y me envió el proyecto, me pareció estupendo. En fin, ya sabe». «Sí, ya sé —le contesté—, la Primera Secretaria, Carmen Cano, no parece mostrarnos la menor cordialidad; pocas veces encontré a una persona tan fría por fax, por teléfono o por sus prolongados silencios durante la preparación de este viaje.» «Sí, a veces no es especialmente expresiva.» «No, ella parte de la idea que me dijo por teléfono: los representantes diplomáticos no estamos aquí para ocuparnos de los viajes de los españoles.» Puse las cosas en su sitio con un fax que me temo que va a traer consecuencias. Se lo leí y quedó pensativa.

El almuerzo fue muy agradable, muy bien servido, vinos y embutidos españoles pero sobre todo había una cordialidad y un trato que me hicieron sentir muy a gusto y muy agradecido a esta representación consular de España. Recordé otras y me dije ¡qué pena que no podamos disponer de más como esta de Lomé! Pero también pensé en la cantidad de técnicos e ingenieros europeos que, después de vivir en África o en Asia, con un servicio y unas comodidades ofrecidas por los Gobiernos a través de las empresas y por las ventajas de la moneda y de su estatus, y a las que la mayoría no estaban acostumbrados, se les plantea un verdadero problema al tener que regresar a sus países de origen. Y es que a las comodidades y hasta a las formas de vida que uno censuraría desde la universidad como propias de los «colonos» se acostumbra uno muy fácilmente y hay mil racionalizaciones para explicarlo. No me interesan ahora. Sólo quiero poner de manifiesto el problema de estos nuevos repatriados que siguen a los antiguos colonos, misioneros, y, dentro de poco, a no pocos cooperantes que están cayendo en la misma trampa. Lo dejo aquí como apunte.

Fueron tan amables que me ofrecieron su coche para que me llevara su chófer Kouadio al mercado de *Feticheurs de Akodessewa*. Lo recorrimos a pie y conversamos con algunos *tradi-practiciens*, tan distintos de los brujos y de otros miembros del vudú que con tanta fuerza se vive en Togoville, al norte del precioso lago. No hay que olvidar que entre los cuarenta grupos de etnias que conviven en esta zona del Lago de Benin —antes Costa de los Esclavos y Costa del Oro—, las costumbres son tan heterogéneas que mientras para los *ewé* tener gemelos supone una bendición, para los kabye es una maldición tan grande que suelen matar a uno de los niños, o a los dos si es la segunda vez que ocurre. También, mientras los *ewé* tienen diversos platos a base de gato, los *kabye* abominan ese manjar pero ensalzan las exquisiteces del perro en sus diversas formas. No digamos ya nada de la práctica de la circuncisión femenina —que no tiene nada de higiénico ni se contempla en el Corán ni en las grandes tradiciones religiosas sino que es una perversión resultado de un machismo atávico y que es preciso desarraigar—, sobre todo la infibulacio que se practica en el norte de Togo y que, como se sabe, consiste en la ablación no sólo del clítoris sino de los labios mayores y el cosido de la vulva y de la vagina, una práctica sangrienta, traumática y monstruosa. Aunque entre los *ewé* del sur se dan algunos cristianos y musulmanes, la mayoría de la población creen en la reencarnación y en muchas formas de animismo con uno u otro revestimiento.

En el mercado había calaveras de monos y de pájaros, pellejo de puerco espín, dientes de perro salvaje, uñas de felinos y plumas diversas así como huesos de todos los tamaños. Al ver mi interés por lo allí expuesto, un tipo despabilado me preguntó mirándome en los ojos «¿Busca algo en especial?». «Por supuesto ningún afrodisíaco», y se echó a reír, «pero ayer me contaron una historia que pienso que puede tener solución». Resulta que nuestra Cónsul honoraria me había contado que hacía más de una semana que se había muerto en el hospital una mujer española que llevaba más de quince años casada con un negro de la etnia *guin*, de los *ga* de Accra (no de los *fanti* que, como los *mina* y los auténticos *ewé*, son gente en general más cultivada, por lo que pude sonsacar). Pues bien, dejemos ahora la historia de esos amores ¡de hace veinte años! Española casada con africano negro de la costa ghaneana. Resulta que ni el marido ni la familia se querían hacer cargo del cadáver que estaba en el depósito del hospital «abandonado y solo, y me da tanta pena —me dijo con toda naturalidad—, que no sé qué hacer. Les llamo por teléfono, les envío telegramas y nada». «¿De España sabe algo?» «No, yo conocía a la mujer y me había contado que su familia nunca había querido saber nada de ella. La tenía en el Libro de Residentes del Consulado y alguna vez le recordé sus derechos. Pero me parecía como vencida por la vida.» No respondí nada pero me hice conducir al mercado de los *feticheurs* y es que, como aquel personaje de *Los buenos días perdidos*, de A. Gala, que decía «cuando soy mala, soy mala, pero cuando soy buena, soy peor», a veces se me ocurren cosas que algunos llamarían extravagantes. Hablé en privado con el *feticheur*, tras una cortina que suelen tener y por una rendija miraba la cara del chófer Kouadio, mientras hacíamos ruidos de romper papeles, quebrar algún hueso y hasta soplar, que esto impresiona mucho. ¡Juro que no me estaba burlando de nada, sino tratando de devolver las amabilidades recibidas y lograr que una compatriota descansase en paz! El *feticheur*, que no era auténtico sino uno de tantos comerciantes, se partía de la risa y se atrevió a decirme «con todo lo que usted sabe y con mi *sans façon* [cara dura] nos hacíamos ricos». «Sí, andando por los pueblos.» «No, aquí, usted no se imagina la cantidad de turistas que vienen a por remedios». Me preparó el pedido, lo envolvimos bien y, cuando llegamos al hotel, le dije a Kouadio que aparcase y que bajase conmigo a la playa. Me descalcé y le dije que él hiciese lo mismo. Entré en el agua hasta la rodilla, mojándome los pantalones. Con la mirada y sosteniendo el paquetito en la mano izquierda le obligué a que él también entrase. Entonces, le dije: «Kouadio, las cosas del más allá no nos competen pero si un espíritu no descansa buscará donde alojarse y no creará más que desdichas... no sólo a su familia sino a quienes avisados de alguna forma por algún intermediario no les prestasen ayuda. ¿Me entiendes bien?». El otro no se atrevía ni a contestar. «Mira lo que hago ahora y cuéntalo tal cual lo veas al viudo de la difunta sobre el que se avecinan males sin cuento por no respetar las leyes que exigen que a los muertos se les dé la adecuada sepultura.» Y sin más, mojé el paquete en el agua tres veces y soplé fuerte, con todas mis fuerzas pero no sobre el paquete sino volviéndome a los cuatro puntos cardinales. «Tan pronto como me dejes ahora en el hotel, vete al vuelo y entrega este paquete a quien le corresponde y dile que, antes de que se seque, tiene que haberse puesto en camino para hacerse cargo del cadáver de su esposa. Tú quedarás liberado tan pronto como repitas exactamente el mensaje y hagas entrega del *gri-gri*. Y ahora, vete y nunca hables a nadie de esto pero siempre que veas una injusticia, si no la denuncias y no tratas de poner remedio con todas tus fuerzas, atraerás sus efectos sobre tu cabeza, pero si actúas con justicia, nunca te convertirás en perro.» Ahí me miró atónito pero asintió y se fue. (No podía figurarse que yo conociera que, al llamarse Kouadio tenía que ser del grupo *akán-ashanti*, como yo y al ser *ewé*, por el país en el que nos encontrábamos, que yo supiera que antes se comería un gato que un perro, le sonó a magia.) El caso es que a la buena de la señora vino a buscarla su marido desde el poblado y la enterraron con todo el ritual, según me enteré después cuando telefoneé, «casualmente» unos días después, para dar las gracias a nuestra Cónsul por sus atenciones y al chófer Kouadio por sus servicios. (Perdóname, Maruja amiga, por esta travesura pero era la única forma de corresponder a tus desvelos por el bien de los demás.)

Pues bien, a la vuelta del mercado, y saltando por encima de tres o cuatro intermediarios-facilitadores-primos y parientes del chófer que me habría de llevar, puse en marcha la «aventura» de contratar un coche para que, al día siguiente, me llevase a Ghana después de la reunión con el Dr. Emile Tsobe, médico jefe del Centro de Medicina Social de la Universidad. Con este médico, formado en los Estados Unidos y con experiencia en medicina preventiva, me puso en contacto Mme. Lada, casi avergonzada ya, y me había telefoneado al Consulado mientras comíamos. Nos entendimos a la primera, nadie le había advertido de mi llegada, sólo ahora Mme. Lada le había podido pasar una copia del resumen del proyecto que le entusiasmó. A veces, por desgracia, hay personas que retienen información y creen que esa es una prerrogativa del poder. Aunque era cierto que estábamos en Semana Santa, eran días de trabajo y las buenas ocasiones no se suelen presentar dos veces. Serán otras, pero aquellas que hemos dejado pasar nunca podrán regresar. Por eso, cuando a la mañana siguiente me vino a buscar al Palm Beach y me condujo a visitar las instalaciones del Servicio Médico del campus, nos dimos cuenta que hablábamos el mismo lenguaje. Él es el Director del Centro Médico-Social. Hay cuatro médicos asignados para pasar consulta, un Asistente médico, dos enfermeros de Estado, 2 técnicos de laboratorio, 10 auxiliares y una asistente social. ¡Increíble! Era la única universidad de África, al menos occidental, que poseía ese sistema de hacer pasar consulta a todos los estudiantes antes de iniciar el curso ya que sin ese certificado no se podían matricular. Es un sistema formidable para educar en la salud mediante ese recurso elemental de medicina preventiva.

Pasaban consulta unos 100 estudiantes por día, cada uno tenía una ficha médica —que me apresuré a llevarme y que ha resultado la base de la ficha oficial del proyecto para las veinte universidades con algunas modificaciones debidas al uso Internet que le vamos a dar al programa básico— pero que ni en sueños había imaginado el Dr. Tshobe que podría recoger los datos en un programa informatizado. Hablamos durante horas, visité todas las dependencias. Comprobé la carencia de reactivos y de material para el Laboratorio, la necesidad de poner al día el instrumental de la Enfermería así como, el talón de Aquiles, proveerles de los medicamentos necesarios para tratar a los enfermos. Al hablar, casi nos quitábamos la palabra de la boca: era como si yo me hubiera atrevido a expresar el sueño que él no se había atrevido a soñar. ¡Claro que se daban cuenta de la falta de materiales, pero lo que le entusiasmaba eran las posibilidades de investigación científica y de aplicación práctica del sistema informatizado y con intercambio de experiencias! Desde entonces, la comunicación fue fluida desde nuestra sede en Madrid y, no sin causa, el CPMP de Lomé está entre los primeros a inaugurar en las próximas semanas. (Mientras corrijo las pruebas de este libro, en 1999, tengo la satisfacción de que ya está en funcionamiento desde hace meses.)

Así, hice las maletas antes de que regresara «nuestro ¿de quién? hombre en Lomé», que se incorporaría en el turno de noche, y como en todo el día no estuve en el hotel no recibí llamada alguna. Me subí al coche rumbo a la frontera con Ghana para llegar antes de la puesta de sol.

Para quien no conozca África más que de aeropuerto en aeropuerto y de hotel en hotel, en viajes organizado por una Agencia, el paso de una frontera por tierra en tu coche es una experiencia muy fuerte porque nunca sabes qué te puede esperar. Es diferente en tren o en autobús. Recomiendo contratar a un conductor, a través de la persona o empresa o autoridad más seria que se conozca, para que se encargue de sortear todas las pruebas de esa gymkana de espontáneos y de intermediarios que viven como parásitos en confabulación con los agentes de uno y de otro lado de la frontera. Por lo demás, no es conveniente alejarse mucho del coche, o mejor no salir y procurar concentrarse en un libro por más que te atraiga ese caleidoscopio de personajes que pululan en ese escenario inimaginable.

(Ya sé que debería de contar el resultado de mi Embajada como portador del mensaje del joven estudiante de medicina en Dakar. Pero en África suceden cosas que, a veces, es preferible mantener en secreto. Uno las conoce pero no las sabe para compartirlas. Ya sé que se trata de un misterio, pero quien no sea capaz de descalzarse en el umbral del arcano no es digno de compartir la sabiduría. Quizá algún día, más adelante, cuando haya elaborado el duelo.)

32

Ghana

Llegamos a Accra con noche cerrada y, después de dar vueltas por las infinitas calles y barrios de una ciudad que alberga a más de millón y medio de habitantes, logramos encontrar el hotel que me habían reservado. Uno de los más graves problemas con que nos enfrentaremos en los próximos años es que mientras que, desde la independencia, la población global de África se ha duplicado, la de las grandes ciudades se ha multiplicado por diez. El hotel no me gustó, me pareció frío y desangelado, fuera de lugar, con habitaciones pequeñas y una maraña de espacios que conducían a un jardín artificiosamente tirado allí. Además, era carísimo. Como si no hubieran sabido qué hacer con el espacio. Ellos no se supieron espacio. Consideré la afrenta teniendo en cuenta que nos encontrábamos en pleno trópico y que las plantas podrían surgir por cualquier lugar, con todo el esplendor de sus colores y con la variedad soñada por cualquier artista. Pero el hotel era propiedad de una compañía de aviación del norte de Europa y lo habían concebido para que los peces fríos y calvinistas de sus tripulaciones no se encontraran desplazados y les fuera a entrar un jet lag por falta de frío. Se me hizo eterno cada momento que pasé en el Golden Tulip.

A la mañana siguiente saludé a nuestro Embajador con quien fui a visitar al Vice *Chancellor* de la Universidad de Legon, en Accra. Como es norma en las universidades de origen británico el *Chancellor* de la universidad es el Jefe del Estado, por eso el rector recibe ese título. Nos reunimos en su despacho y asistió también la doctora responsable de la Clínica para los estudiantes.

La Universidad de Legon alberga a unas 15.000 personas, de las cuales 9.000 son estudiantes. Junto a la Facultad de Medicina funciona un hospital al que poco a poco han ido acudiendo los habitantes de los alrededores y que ha perdido su carácter originario debido a la necesidad de atender a la población. Por eso, en el campus se ven personas que hacen cola para la maternidad y para toda suerte de servicios, hasta de consulta ambulatoria. Entendieron muy bien el programa CPMP pero intentaron que se extendiera a toda la gente del campus, lo cual era imposible. Les pedí que me mostraran las instalaciones y descubrí que, en efecto, había una clínica donde, en tiempos, se atendía a los estudiantes en salas muy dignas pero algo abandonadas. La directora de la Clínica me confesó que hacía años que, ante la carencia de personal y la afluencia de gente del exterior, a los estudiantes se les había incluido entre el resto de los pacientes que acudían al hospital. Como buena científica formada en Alemania comprendió perfectamente que no se trataba de una donación para la Universidad, ni mucho menos para el hospital. Se comprometió a estudiar el proyecto cuya traducción inglesa yo les había entregado e informaría al Consejo de Dirección de su alcance que a ella le parecía muy interesante. Temía perder esta oportunidad que se les presentaba. Lamentaba seriamente que por falta de información previa a mi llegada —a pesar de que hacía meses que la habíamos enviado a Accra—, no habían visto la dimensión, no sólo de prevención y terapéutico, sino de posibilidades de investigación y de entrar en contacto con universidades de otros países de África, incluidos los francófonos. Me confesaron que lo que yo les había contado del CENU, en la Universidad de Lomé, a pesar de estar a menos de cien kilómetros de distancia, les parecía admirable y lo desconocían. Al igual que lo referente a otras universidades de África del Oeste. Durante los meses siguientes ha habido un intenso intercambio de información entre nuestra sede en Madrid y los responsables del proyecto de la Universidad de Legon que quieren participar en la primera fase del mismo. Prometí hacer lo posible por recuperar el tiempo perdido y ayudarles a que se integren, aunque la eficacia de nuestros representantes en Zimbabwe, Angola, Mozambique, Tanzania y Kenia hacen que estas candidaturas estén mucho más adelantadas y con mayores posibilidades de participación. (También, mientras corrijo las pruebas, compruebo que este Centro ya está en marcha.)

El Embajador se despidió, y yo seguí visitando la Universidad con los lectores de español que me habían preparado una conferencia sobre el Informe del PNUD y «Las consecuencias de la globalización en el resurgir de los pueblos de África». El aula, circular y muy grande, estaba llena a rebosar. Fueron más de dos horas de un intenso y franco intercambio de opiniones y de datos que resultó muy enriquecedor, a pesar de ser el último día del curso antes de las vacaciones, pero la lectora de español había sabido moverse bien. «No todos los días tenemos la posibilidad de escuchar a un profesor de una universidad española que se interese por los temas fundamentales de África y que, encima, trate de ayudar a buscar soluciones alternativas. Sí que lamento, dijo, que no haya podido asistir nadie de la Embajada.» Por el contrario, me alegró ver a varios profesores participando en el debate con uno de los *broni*, como afectuosamente llaman los ghaneanos a los blanquitos.

Acudí a un almuerzo en la Residencia del Embajador al que también asistió la Primera Secretaria. Fue una velada poco agradable. Hace muchos años que he dejado de pasar exámenes, siendo mi profesión efectuarlos a los estudiantes, pero no recordaba una sesión parecida. Ni había visto un alarde semejante de erudición, que no de sabiduría. Me daba la sensación de que estuviera interpretando algo como para demostrar a su colaboradora, silente en la mesa, lo que él era capaz de hacer con un profesor español que se había atrevido a pedir su colaboración, como funcionarios del Estado español «que somos», en el ofrecimiento a la Universidad de la capital del país ante el que estaba acreditado de un proyecto de colaboración e investigación procedente de la Universidad Complutense de Madrid. Recordé a una persona muy sabia que me había aconsejado, para estos casos, contestar a casi todo que no sabía, que no recordaba o que no había leído, lo que fuera. Casi como el futuro Emperador Claudio. Hay personas que no merecen ni nuestro dolor ni nuestro desagrado.

Como al día siguiente había quedado en pasar a recogerme el superior de los HH. de San Juan de Dios, para visitar el hospital que tenían en Koforidoua, ya me despedí y agradecí sus atenciones. Al salir, Carmen Cano me llevó en su coche hasta una gasolinera cercana donde me dejó. «Aquí podrá encontrar un taxi, suelen venir a repostar gasolina.» Ella tenía que ir a buscar a un amigo. Así, cuando lo conseguí, me fui a visitar el Museo Nacional de Accra donde se pueden admirar tan maravillosos *kentes*, esas telas tejidas por hombres expertos con dibujos geométricos y vivos colores que visten los hombres, sobre todo al sur del país y de otras varias naciones de África en las que habitan parientes de los pueblos *akán*. Las Reinas Madres que ocupan un puesto singular entre los *ashanti* y son consultadas en temas importantes, pues la sucesión es matrilineal, tienen derecho a tener sus propios tejedores para ejecutar diseños únicos que se utilizan como regalos reales. En el museo hay una espléndida colección de tronos reales los famosos *stools* o taburetes, así como de grabados en madera, joyas, armas y una interesante colección de antiguas fotografías. El más famoso de los taburetes es el «Trono de oro» que, según la tradición, fue enviado del cielo y en el que nunca se han sentado ni los reyes, ya que es la sede visible de la divinidad. Hasta que un bárbaro gobernador británico que, en 1896, acudió a Kumasi la capital de los *ashanti* a reclamar 50.000 onzas de oro y «para conjurar supersticiones» pretendió sentarse en el taburete de oro y provocó la última y devastadora guerra anglo-*ashanti* que ya, en la de 1892, había permitido a los británicos arrasar a cañonazos la ciudad, depusieron al rey Primpeh I y lo deportaron a las islas Seychelles, en el océano Índico.

Al día siguiente era Jueves Santo y, como en Ghana celebran mucho esas fiestas ya que casi el 50 % de la población son cristianos, aunque de muy diversas confesiones, al hablar por teléfono le había pedido al Superior si podía descansar allí un par de días antes de regresar a Costa de Marfil. La cita en Bouaké estaba prevista para la próxima semana y, a pesar de los esfuerzos, no habíamos logrado contactar con los profesores de Benin que hubiera querido visitar. (No hace más que unos meses nos ha visitado en Madrid un profesor de aquella universidad muy interesado en el proyecto CPMP y en una posible ayuda enviándole libros para el Departamento de Español, ya que había sabido que lo habíamos hecho en otros lugares. Ahora se habían invertido los papeles. Pero, entonces, fue necesario recorrer una por una todas las universidades para llevar a cabo una correcta identificación del proyecto.)

Koforidua es la capital de la región del Este y está a 85 kilómetros al norte de Accra por una bien pavimentada carretera que discurre entre bosques, con hermosos paisajes que te hacen evocar la grandeza de este pequeño gran país, la tierra de los *akán*, reino de los *ashanti*, de los *fanti*, y de importantes minorías como los *ewé*, los *ga*, los *guans* y los *gurmas*. Pero no podemos olvidar que fue la primera colonia del África occidental que alcanzó su independencia, en 1957, con ese gran líder, Kwame N'Krumah, que es referente fundamental para comprender algo del apasionante siglo XX africano y de sus posibilidades futuras. El fue quien cambió el nombre de la antigua colonia inglesa «Costa de Oro» por el de República de Ghana.

El nombre de Ghana no tiene nada que ver con el Imperio que floreció entre los siglos X y XI, pero cuyas fronteras nunca llegaron hasta el actual Ghana. Los cronistas árabes medievales confundieron un título del rey *Ghan-a* que significa

«Jefe de guerra» con el del Estado en el que dominaba y así lo transmitieron a la posteridad. Como Ibn Haukal, que escribía en el año 977, y dice «que vio una carta de crédito de un mercader marroquí por valor de 42.000 dinares de oro», que equilvadrían a tres millones de dólares actuales.

Su nombre también tenía que ver con el oro; de hecho, uno de los títulos del rey era *Kaya Ma Ghan* o sea el «Jefe del Oro», lo cual es muy significativo porque los reyes ejercían el monopolio de su comercio —como vimos al tratar de Guinea— y en muchas tradiciones, tanto africanas como americanas, el oro tiene que ver con la divinidad, y se lo ponían los reyes, los notables y los chamanes en las grandes celebraciones para que el Sol —supremo símbolo divino— se reflejase en el metal y expandiese su benéfica influencia. No hay más que acudir al Museo del Oro, en Bogotá, o a contemplar el Tesoro de los Kimbayas, en Pereira (Colombia) o en el museo de América de Madrid. A los indígenas americanos les asombraba el interés de los conquistadores por el oro que ellos solían tener enterrado «para que enriqueciese a la tierra de la que había sido temporalmente extraído» —hay tradiciones que ven en el oro el símbolo del semen del sol que es fuerza vital— y se exhibía en las grandes solemnidades. Muchas piezas adoptaban la forma de un ave que vuela con las alas extendidas, porque representa el vuelo chamánico que tiene tanto que ver con la contemplación y la cultura de la coca. En muchas culturas de la América precolombina y en otras tradiciones difundidas por todo el mundo, el oro no se utilizaba como moneda de cambio: se utilizaban las hojas de tabaco, las de coca, los caracoles —*cauris*—, etc. Hasta que la codicia de los conquistadores dio un giro radical a la situación provocando una conmoción difícilmente imaginable. ¡Qué inflación se produciría si los pobres sudasen diamantes!

No obstante, en Ghana los colores y las formas tienen un alto valor simbólico que se expresa a través de las telas, de las joyas, de los grabados y de las tallas en madera. El oro y el color amarillo representan la presencia de Dios, la realeza, la vida eterna, la prosperidad y el calor. El rojo se usa como color de duelo y luto, mientras que el azul es el color del amor y simboliza el poder de la Reina Madre entre los *akán-ashanti*. La combinación del rojo y del amarillo, que vimos en el *kente* ofrecido por Jerry Rawlings al Presidente Clinton y que éste lució con aplomo, significa el poder de la vida y su superioridad sobre la debilidad y la enfermedad. ¡Qué paradoja en este caso! Así se lo debieron hacer notar en la nueva fase de expansión norteamericana en el continente africano, en 1998, que incluyó la memorable visita a Ghana. Cualquier habitante de Ghana reconoce en los rectángulos y en los cuadrados la santidad y la virilidad mientras que, en la tela que lucía Hillary, resaltaban los triángulos de la feminidad y de la comprensión. La presencia de un círculo aislado —que vimos como trasfondo en las retransmisiones de televisión— es el símbolo de la omnipotencia de Dios. Es muy importante tener presente cómo el animismo coexiste con el islamismo y con el cristianismo ya que todos profesan la creencia en un solo Ser Supremo creador del mundo. Para un ghaneano la divinidad está presente siempre y en todas las cosas, materiales y espirituales, y de entre éstas, las más próximas son los espíritus de los antepasados a quienes veneran porque su invisible pero constante presencia asegura la fuerza vital. No se trata de sincretismo sino de una sabia síntesis con superación de antagonismos planteados por los primeros eclesiásticos, tanto católicos como protestantes. Hoy es diferente, se puede participar activamente en un festival tradicional el sábado y asistir a misa o al servicio protestante los domingos. De todas formas, aunque el famoso Imperio de Ghana ocupaba tierras de las actuales Mauritania, Senegal y Malí, no es improbable que, ante el acoso de los almorávides, algunas tribus y hasta clanes huyeran hacia el norte del actual Estado en la Costa que, durante siglos, se conoció como Costa del Oro y, después, Costa de los Esclavos.

Los habitantes de Ghana son muy acogedores y simpáticos. Te hacen sentirte inmediatamente a gusto. Quieren ser conocidos y reconocidos en su manera de ser y de actuar. No en vano era el pueblo más culto y educado de toda el África negra cuando accedió a la independencia. Había permanecido como colonia inglesa desde 1902 después de haber sufrido durante más de tres siglos el saqueo de portugueses, holandeses, daneses e ingleses que competían por el oro y por el tráfico de esclavos en colaboración, sobre todo, con los monarcas *ashanti*. Cuando, a finales del siglo XIX, concluyó el comercio de esclavos había 76 fortalezas en la costa —alguna más grande que una ciudadela—, es decir, una cada seis kilómetros, lo cual da una idea del tremendo poder de los traficantes. Los ingleses quisieron hacer una colonia modelo para toda África, hasta el extremo de que no permitían la presencia de extranjeros; y las propias fuerzas de ocupación y de administración inglesas nunca superaron las cuatro mil personas. Desarrollaron la producción de cacao, la extracción de manganeso, de diamantes y de bauxita, que era esencial para la industria del aluminio e iba a dar lugar a uno de los más impresionantes proyectos hidráulicos de África: la gran presa de Akossombo, el gran sueño de N'Krumah sobre el río Volta que vería realizado Jerry Rawlings diez años después de su muerte en el exilio de Bucarest, en 1972.

Un país con dieciocho millones de habitantes en el que la esperanza de vida supera los 58 años, la mortalidad infantil es del 79/1000, la alfabetización es superior al 62 % y en el que hay un médico para cada 25.000 habitantes, la educación secundaria se desarrolló muy pronto bajo la colonia. Los mejores estudiantes eran enviados a las universidades de Inglaterra y de Estados Unidos hasta que, como dijimos, establecieron en Legon el primer Colegio Universitario dependiente de la Universidad de Londres. Uno de ellos fue Kwame N'Krumah que vivió en los Estados Unidos desde 1935 hasta 1945 estudiando derecho y sociología y enseñando en la Universidad Lincoln de Pennsylvania. A su regreso, se puso al frente del «Partido de la Convención del Pueblo» que exigía la independencia inmediata; en 1949 convocó una huelga general que lo llevó a la prisión. Pero los resultados de las elecciones de 1951 fueron tan abrumadores para su partido que los británicos tuvieron que ir a sacarlo de la prisión y encargarle que formara gobierno bajo mandato británico. En 1955 tuvo un papel preponderante en la Conferencia de Bandung asumiendo el liderazgo de la descolonización en toda África. Junto a Nasser, Nehru, Tito y Sukarno promovieron el Movimiento de Países No Alineados. En 1957 obtuvo la independencia para la nueva Ghana y se proclamó «socialista, marxista y cristiano» con los objetivos de promover «la industrialización básica, la revolución agraria y la educación socialista que alcanzase a todo el pueblo». Un grupo de oficiales probritánicos, movidos por los intereses feudales y de los grandes terratenientes amén de los nuevos inversores en las ricas perspectivas de la presa de Akossombo, derrocaron en 1966 a N'Krumah mientras se encontraba de viaje en Hanoi y promulgaron una Constitución nueva que no permitía al antiguo Presidente participar en ellas. Así murió en el exilio. Se sucedieron golpes de Estado y regímenes militares, llegando a tener siete jefes de Estado en quince años hasta que el actual Presidente, siendo un joven teniente, dio un definitivo golpe que luego revalidó en las urnas en 1982 para «realizar una revolución por la justicia social en el país». Encontrándome yo en este periplo por África, pero antes de llegar aquí, el 6 de marzo, conmemoración de la Independencia trajeron las cenizas del fundador de la nación y se le rindió un formidable homenaje en presencia de su viuda y de sus hijos que fueron declarados ciudadanos de honor. La vida hacía justicia a la historia y la oportunidad política se imponía porque el recuerdo de N'Krumah, como el de tantos otros líderes africanos sometidos a un deliberado olvido por los medios de comunicación dirigidos y por una política snob y absurda, está cada día más vivo entre las nuevas generaciones. Ven en ellos un puente hacia sus raíces, una vez asimilados los aportes de la modernidad y depurada la independencia de la carga marxista de los países hacia los que se volvieron en busca de ayuda, ante la ceguera de los antiguos colonizadores que pretendieron liberarse de las cargas de la tutela mientras seguían disfrutando de «la explotación de los recursos naturales» como ellos los denominan y con una mano de obra barata a la que ya no podían obligar a trabajos forzados.

Muchos antiguos seguidores de N'Krumah se unieron a Rawlings, que es un hombre con un carisma personal muy grande y ha sabido ir adaptándose a las condiciones impuestas por el FMI obteniendo nuevos empréstitos del Banco Mundial y reducciones en la deuda por el Club de París. La deuda había llegado a los 5.389 millones de dólares en 1994 y se había reducido a 3.000, en 1997. Una vez más, Ghana iba a ser un «modelo» a seguir para los demás países de África en el tema de la lucha contra la corrupción y los reajustes estructurales. Pero los costes sociales son fuertes y sin la gran personalidad de Jerry Rawlings hubiera sido imposible asumirlos. Es muy querido por las masas, conduce un jeep, como Thomas Sankara, y va por todo el país al encuentro de las gentes, es amigo de Gaddafi y cada vez que los occidentales hablan de derechos humanos él lo suscribe pero ataca al imperialismo y al neocolonialismo. Se ha hecho muchos enemigos pero ha conseguido que el Presidente Clinton y la Administración americana tuvieran en cuenta a Ghana, en 1998, a la hora de la revisión de su política africana No hay que olvidar que a su toma de posesión después de las últimas elecciones, asistieron representantes de 80 países y organizaciones internacionales.

33

Hermano azul

El chófer que me condujo en el espléndido todoterreno 4x4 era musulmán y llevaba muchos años al servicio de los hermanos de aquella congregación. Cada lunes conducía al Hermano Superior a Lomé a una reunión con otros religiosos y regresaban muchas veces en el mismo día o a la mañana siguiente. Era un hombre muy educado y amable que me condujo a la residencia de los HH. cercana al Hospital que regentan desde hace décadas. Me recibió el Hermano y me asignó una habitación en la que podría descansar como deseaba ya que, durante toda la semana, se habían congregado allí una veintena de jóvenes religiosos de las diversas casas de la Orden en los países vecinos para un retiro que les dirigía un sacerdote español que había estado muchos años en Ghana. A las pláticas asistían algunas religiosas españolas de alguna comunidad cercana. Las pláticas eran en inglés así como toda la liturgia. La residencia era de planta baja, típica en estos lugares y sobre todo en las órdenes religiosas, con un gran patio ajardinado en torno al cual se abrían las diversas habitaciones que disponían de ducha y servicios y eran muy acogedoras y sencillas. En el centro de esa zona estaba la cocina y el comedor así como dos especies de terrazas cubiertas y sostenidas por columnas que ofrecían un lugar fresco para reuniones y para descansar. La tarde de Jueves Santo, en una de ellas instalaron el Monumento para la adoración nocturna que, por turnos, se celebró hasta la media noche. El lugar era acogedor y agradable y les agradecí la hospitalidad. Después de haberle explicado el motivo de mi viaje que él apenas conocía más que porque en la Embajada le habían dicho que un miembro de una ONG española quería visitar algún hospital (*sic*) en la zona, le pedí si podíamos visitar el que ellos regentaban. Lo hicimos y me pareció muy bien cuidado y con quirófanos y salas de esterilización y de curas muy modernas y muy bien equipadas. Me dio una serie de datos de gran interés y me presentó al director médico que acababa de salir del quirófano. Se trata de un médico español que trabajaba allí en una residencia sanitaria de la Orden y que decidió emigrar aquí y comenzar una nueva vida construyendo una nueva familia africana. Tuvo tantas ocasiones de operar y de trabajar en el hospital que su fama se extendió hasta otras localidades y hasta otros países de donde traían enfermos para ser operados. «Pero esto os desequilibrará mucho vuestro presupuesto para ayuda a la zona que atendéis.» «No, esos pagan las intervenciones, la estancia y los medicamentos. Al contrario, nos ayudan bastante.» Me preguntaron los dos por mi estancia en Accra y les dije sencillamente que el hotel no me había gustado, que era frío y parecía la estancia de un aeropuerto, y que por eso les agradecía su hospitalidad antes de regresar a Abidjan. Me preguntaron por el Embajador y les dije que me había resultado también frío, así como la Primera Secretaria, pero que les agradecía las molestias que se habían tomado. «Pues a nosotros nos parecen muy agradables.» «Suerte que tenéis, además los conocéis mejor y tenéis muchas más ocasiones de tratarlos. Quién sí me dio un poco de pena y me preocupó que por mi causa asistiera al almuerzo fue la esposa del Embajador.» «¿Por qué?» «La encontré muy débil, muy delgada y, en mi opinión, estaba enferma y me pareció con fiebre, durante la comida bebió sólo un poco de leche y casi no probó nada. No sé, como tosía pensé que estaba con un fuerte enfriamiento y, repito, me apenaba que por mi causa, no pudiera descansar.» «Pues yo la visité el otro día porque había tenido una caída del caballo y la encontré bien», dijo el médico un tanto a la defensiva cosa que me llamó la atención pero que no le di, entonces, la menor importancia. «Tú eres médico y sabes mucho más que yo, lo único que os decía es que me pareció enferma y que le temblaban mucho las manos y con una delgadez extrema, pero no tiene mayor importancia.» Ahí quedó todo.

No volví a ver al médico en cuestión, más que de paso esa tarde cuando fue un momento a la residencia acompañando a un médico cubano que atendía a un religioso enfermo. El Dr. Abdel está destinado en Ghana, como tantos otros millares de médicos cubanos. Lo saludé y me dio el teléfono de su familia en La Habana, pues yo tenía pensado ir allá al final de este viaje. La verdad es que me acerqué a saludar al oírle hablar en español y con acento cubano. Eso fue todo. Almorcé con la comunidad que, por ser Jueves Santo, les permitían hablar durante la comida. Saludé a algunos y después me incorporé al silencio de la casa pues siempre suelo hacer un poco de retiro en esos días, por tradición cultural. Por la tarde, cuando paseaba o descansaba en el jardín, percibí un cierto movimiento en torno a una habitación en la que entraban y salían con un cierto apresuramiento y vi cambiar un aparato de los utilizados para la medicación gota a gota. Naturalmente, cuando pasó el H. Sapiña le pregunté si ocurría algo al enfermo o si había empeorado. «No, no es nada anormal», me contestó sin detenerse. Pero como uno tiene ciertas horas de viaje en esta vida, ya no le parece tan normal ver salir llorando a jóvenes de veintitantos años, altos y fuertes y religiosos. Aunque sí llamó mi atención verlos a todos ellos, africanos de diversas etnias y países, vestidos a la europea y con verdadera elegancia y buen gusto, es decir, con camisas Lacoste, pantalones Burberrys, camisetas Calvin Klein, con zapatillas Nike o sandalias muy elegantes y que, cuando terminaban las pláticas, se ponían *shorts* muy bien cortados, cosa que no es frecuente ver en África entre los jóvenes negros, repito de veintitantos años, a no ser en la playa y por mucho que nos encontremos en África. Lo digo porque a las pláticas en la capilla entraban poco menos que con camisa de manga larga y su compostura, así como el talante de las pláticas, era como el de la catedral de Saint Paul, en Abidjan. Yo casi no lo podía creer. A veces cerraba los ojos y los volvía abrir para comprobar que no estaba soñando: el cura les estaba hablando en el mismo tono y ¡los mismos temas con el mismo enfoque! en que nos hablaban, en Roma, hace cuarenta años, a los estudiantes de teología en la Gregoriana... Y eso sucedía aquí a jóvenes religiosos africanos con votos de pobreza, de obediencia y de castidad, procedentes de varios países independizados y a la última moda en todo, como se podía comprobar al pasear por el jardín y escuchar la música moderna que, en tono bajo, eso sí, salía de sus aparatos de música. No, allí había algo que no cuadraba:

la música era propia de estudiantes universitarios de cualquier capital africana pero de muy buen estatus social a juzgar por su forma de vestir, el olor de las colonias que utilizaban, la comida que nos servían y el tabaco que fumaban algunos cuando se saltaban la cerca y salían a darse una vuelta. Pero las prédicas y la liturgia del Triduo Pascual me parecieron anacrónicas y que dañaban no sólo al espíritu sino a la estética más elemental pues ésta viene condicionada por los lugares y por los tiempos. No hay una estética universal, así como dudo que pueda darse una única y cerrada ética uniforme. De hecho, ya no se puede sostener que haya una única religión verdadera y que todas las demás sean falsas. El mismo Concilio Vaticano II, en su Constitución *Nostra aetate*, las alaba. Algunos todavía no se han enterado. No puedo explicarme cómo se puede cantar durante una celebración pascual, en 1998, con un libro de himnos inglés de hace muchas décadas y, para alternarlo, algunos cánticos en francés de Saint Martin le Pauvre y, no podían faltar, himnos en latín... en plena selva africana: desde el *Tamtum ergo*, hasta el *Adorote devote*, desde el *Christus vincit, Christus regnat, Christus imperat* hasta *Oh salutaris Hostia*.

Yo estaba atónito. Para terminar con este tema que me mostraba una contradicción y un desarraigo muy graves, me dirigí a los Superiores rogándoles que, puesto que todos eran africanos, que cantasen alguna canción, himno o ritmo africano. Me miraron como a un extravagante. Insistí en que el tamtan es común a toda África y que, seguro que entre esos jóvenes alguno sabría tocar algún tambor u otro instrumento de percusión. Volvieron a mirarme como a un extraño. Yo les dije que me parecía encontrarme en Italia o en Francia o en la España preconciliares, o en la Inglaterra actual que sigue lo mismo, que si esa era la formación que se les daba ¿qué se había ganado con no enviarlos a las casas de formación que tenían las órdenes religiosas en Europa? Me respondieron impávidos, pero mirándome raro, «antes se hacía pero la mayoría o no quería regresar o si volvía no se integraba en la comunidad africana, muchos se dedicaban a ejercer de enfermeros. Por eso, ahora, al menos se les exige que completen sus estudios de enfermería... porque algunos, cuando salen, vuelven a trabajar como asalariados en nuestros hospitales». «Pues eso no está mal, al menos no se pierden cuando se les va la vocación. Pero sigo pensando, y os lo digo como a compañeros españoles y como estudioso de sociología y de antropología y seguidor de las costumbres de los pueblos, que estos chicos están viviendo una vida irreal, cuando vayan a sus casas no se encontrarán a gusto con sus familias. No sólo el vestir, que llama mi atención, sino en el régimen de comidas ¿cuándo han tenido en sus casas tres comidas fuertes al día y el té con dulces a las cinco? Me sorprende que, siendo todo el personal de cocina africano y ellos todos africanos, no haya ni un solo plato tradicional en el menú.» «De hecho, dijo el sacerdote, después del Concilio se recomendó que los religiosos fueran en vacaciones a sus casas con sus familias... y muchos de estos prefieren no ir.» «¿Os dais cuenta del significado de ese gesto?» «Sí, pero al menos, con nosotros reciben una sólida formación y, aunque algunos luego no perseveren en la vida religiosa, tienen unos conocimientos sanitarios que les permiten ejercer una profesión de la que están tan necesitados en África» «En eso sí que estoy de acuerdo pero, por favor, pedidle a alguno que en la liturgia de esta tarde, en algún momento, por ejemplo, al anunciar la muerte de Cristo, que golpee los tambores y lo comunique a la selva.» Aunque, por la noche, en la liturgia, sonaron unos tambores que percutieron dos jóvenes revestidos, como los demás, de albas que hacían destacar su brillante piel negra y en muchos la sonrisa en sus dientes, pues habían comprendido de dónde provenía la innovación, estoy seguro que de ahí vino parte de la trama que había de suceder a mi partida con el Embajador como instrumento.

En cuanto a lo que estaba ocurriendo en el cuarto del hermano John a mí me daba pena porque, al cruzarme con un religioso de lengua francesa llamado Adalberto —o algo parecido, pero no le presté demasiada atención al nombre— le dije: *Ça va, jeune homme?* Con los ojos llenos de lágrimas, me respondió: *Il va mourir, il va mourir, c'est terrible!* Me dio tanta pena que no lograba quitarme de la mente su rostro durante la meditación. Más tarde, ese mismo joven se hizo el encontradizo conmigo, mientras yo recogía la ropa que había lavado la víspera y tenía en el tendedero, él se empeñó en plancharme las camisas. Hablamos, o mejor dicho, lo escuché con todo el respeto y la emoción contenida de que soy capaz. Por eso, durante la noche, aprovechando que todos se fueron a dormir después de la vela al Santísimo, me deslicé hasta la habitación del hermano John, abrí la puerta con cuidado y al que estaba de vela, medio dormido, le hice seña de que si quería podía salir un rato que yo iba a acompañar al enfermo. Así fue. Me acerqué a la cabecera del hermano John que me miraba con esos ojos apagados en sus cuencas que preceden a la muerte, con el color de los ojos y de las palmas de las manos amarillos y el tono cerúleo de su piel negra, le puse mi mano sobre la frente y lo acaricié suavemente. Con la otra mano agarré como pude la crucificada mano en la que las huellas de los pinchazos se marcaban cárdenas en torno al blanco del catéter por el que le suministraban los fármacos que suponía ya eran paliativos. Me agradeció la muestra de ternura y le hablé con infinita dulzura, tratando de comunicarle una paz más allá del final que anunciaban tantos indicadores. Con un hilillo de voz me indicó que me acercase y dijo algo que me emocionó en aquellos momentos. Le hablé suavemente y a su lado viví, de nuevo, la experiencia de lo absoluto, del silencio, de la trascendencia y de la inmanencia a la vez, de lo que no se puede decir con palabras pero que, en momentos eternos, explota dentro de todo el ser y te hace saberte tierra y cosmos y éter y vida y muerte y plenitud y rompe las contenciones y los límites y las definiciones y la particularidad del individuo y se funde sin confundirse con todo lo que es y existe... así lo percibió el enfermo moribundo que ya no era sólo el hermano John sino el Ser Absoluto, de cualquier manera que se balbucee lo inefable... No sé en qué lengua hablamos, quizá en inglés, claro, pero pudiera haber sido en otra no constreñida por los tiempos de los verbos ni por las formas gramaticales ni mucho menos por la sintaxis... algunos denominan a esta experiencia glosolalia pero ni es eso ni es lo otro, *neti neti*, dicen los textos del 'shivaísmo de Cachemira. Lo cierto y verdad —que no son sinónimos— es que aquel ser cuya mano tenía entre las mías al sentarme, al lado de su cama, pareció estar en una inmensa paz, bajo aquella simple sábana que cubría un esqueleto apenas envuelto en piel. Olió muy bien en toda la habitación, había como una falta de presión o de gravedad, no sé, ni hacía calor ni frío, John ya no sudaba, sus ojos y su rostro y sus brazos y sus manos habían recuperado y proyectado por unos instantes kairológicos una juventud y una belleza radiantes. «¡Qué hermoso eres, hermano John! Tu vida ha alcanzado la plenitud, estás maduro, todo, absolutamente todo ha sido para bien ¿recuerdas?... *omnia cooperantur in bonum*, vive ahora estos momentos de plenitud, así, sin tiempo...» «¡Qué paz tan grande! ¡Cómo cuesta regresar!» «¡Esto sólo es apariencia! ¡Lo real es lo otro, la realidad real!» «¡Sí!» Volvieron a salir lágrimas de sus ojos, me alcé, besé su frente y fue regresando la disarmonía a su cuerpo enfermo sostenido por aquellos tubos. En ese momento, entró el hermano que lo cuidaba, le saludé con una inclinación de cabeza y salí al jardín a caminar bajo las estrellas.

Al día siguiente era Viernes Santo, continuaba el silencio reglamentario. Vi al sacerdote junto a la verja del cementerio que hay a la derecha de la residencia, cerca había dos religiosos a quienes hice una foto que conservo. En el cementerio apenas había unas cruces blancas recuerdo que me dijo que una era de un religioso y otra de otra persona que no pertenecía a la Orden. «El hermano John está muy enfermo.» «Sí, ya me dijeron que ayer fue a verlo.» «Está muy grave y con ganas de descansar.» «Tiene SIDA», me dijo mirándome como con algo de rubor. «Me di cuenta tan pronto como lo vi, pero está preparado.» «Sí, esta mañana le llevé la Eucaristía de nuevo.» «No me refería a eso.» Y sin venir a cuento y de la manera más absurda me espetó: «Estos jóvenes manejan sin cuidado las agujas...». «¡Pero hombre, a estas alturas a mí me vas a dar esas explicaciones! ¿A qué te crees que nos dedicamos en nuestra ONG sino, en gran parte, a acompañar a estos enfermos? Tiene el SIDA y se acabó, no creo que le tengamos que decir al resto de los jóvenes que tengan cuidado con las agujas...» No debió gustarle mi comentario y, por lo tanto, no juzgué que mereciera que le dijera nada más de aquella noche. Recuerdo que conscientemente me contuve para no recordarle que es preciso hablar de prácticas seguras. Pero a tenor de las cosas que les contaba en las pláticas, comprendí que sería inútil. Jugaban a mantenerse en el limbo mientras la realidad discurría por otros cauces. Quienes no vivían en limbo alguno eran aquellos jóvenes oficialmente célibes y castos. Pero basta por hoy y por ahora.

Además, ya había habido un tema que me golpeaba desde la mañana y que aunque quisiera dejarlo de lado, venía como una nube. En un momento determinado en que regresé con el Hermano a su despacho en el hospital, para intentar poner un fax a Madrid, me alegró comprobar el buen equipo informático que tenían y así se lo dije. Me explicó el programa en el que trabajaban y, al llegar al tema del control de las existencias de medicamentos, le dije: «No sé cómo agradeceros la hospitalidad de estos dos días. Nuestro programa CPMP no contempla la ayuda a hospitales pero, dentro del Puente Solidario, se hacen envíos a centros sanitarios pequeños y aunque esto es un hospital, me gustaría enviaros algunos medicamentos para las personas más pobres; no sé doscientos o trescientos kilos por avión». «No te preocupes. Nosotros recibimos toneladas en containner por el puerto de Valencia de donde soy yo.» «Pero eso cuesta un dineral. Nosotros hacemos siempre los envíos por avión aunque sea más caro pero por miedo al calor y a la caducidad.» «No, estos son medicamentos ya caducados que nos dan los laboratorios a través de nuestra Fundación.» «¿Qué dices? ¿Cómo logras la autorización de Sanidad? Los controles de los albaranes de cada caja son exhaustivos, no se nos puede despistar ni una codeína, ni un hemoderivado ni psicótropo alguno, mucho menos ninguno con fecha de caducidad menor a un año.» «No hay peligro, les echamos unas ropas encima y van declarados como ropa usada o instrumental sanitario regalado.» «No me puedo creer lo que dices. Además, están los puertos de llegada en África que tienen que visar nuestras autoridades consulares y las de aduanas del puerto.» «Siempre hay amigos, en África todo se soluciona con un contacto.» «No quisiera ser desagradable pero el tema es muy serio. La OMS denunció hace unos meses que más del 60 % de los medicamentos que llegan a África o están caducados o son tóxicos por no cumplir las exigencias mínimas en Europa. Y tú me dices que recibís toneladas de medicamentos caducados entregados por los laboratorios cuando éstos tienen la obligación de destruirlos con arreglo a una legislación muy exigente. A nosotros mismos, la destrucción de los medicamentos caducados o empezados que nos entregan en nuestros buzones de recogida, nos supone un gasto y un control exhaustivo.» «Si fuéramos a hacer caso de toda la legislación... no haríamos nada.» «Bueno, hasta aquí podíamos llegar: primero, se sacan del país medicamentos caducados lo cual va contra la ley y se es cómplice del donante —al que sólo faltaba que le dierais un recibo para que pudiera desgravar a Hacienda—; luego, se facturan como trapos y material viejo lo cual es un fraude de tomo y lomo; pero lo que más me preocupa es que esta mañana hice una foto de la lista de precios de medicamentos que tenéis junto a este despacho de Administración y he comprobado que no los regaláis ¿cómo puedes explicarme esto? porque si vendes un producto donado eso es un delito y grave, aparte de ser una inmoralidad desde todos los puntos de vista.» «No, esos no los vendemos.» «Se los administráis a los pobres...» Ahí se terminó la conversación porque me di cuenta de que aquel religioso que supuestamente estaba aquí como testigo de un mensaje evangélico, por muy bien que fueran las cuentas del hospital y el éxito de las intervenciones quirúrgicas, actuaba al margen de la ley y en contra de las normas, y lo peor es que ¡no tenía conciencia de ello! ¿De qué moral les hablaban a los jóvenes religiosos durante el retiro? De repente, todo se me vino encima, el comentario que me había hecho acerca del otro hospital que había en el pueblo y del cual, al preguntarle si cooperaban con ellos ya que les faltarían muchas cosas, me había contestado con toda la ligereza y naturalidad del mundo: «Va llevado por gente del país, ¡imagínate cómo funcionará!».

Le rogué que llamara al aeropuerto para reservarme un billete de avión para el sábado mismo a Abidjan ya que no podía quedarme a celebrar la Pascua. Así fue como, al día siguiente, otro chófer, Michel Kodua, me llevó a Accra en un todo terreno Mitshubishi Pajero. Como el avión salía a las cinco de la madrugada del domingo dormí en Accra, cené con el chófer y los guardas de la casa en Accra, James y Peter, y les di una buena propina para que me acercaran a una ciudad cercana.

En un barrio residencial visité a un anciano elegante y que me recibió con una enorme dignidad en una casa que debió ser preciosa con un espléndido jardín. Estaba sólo, pues su familia estaba en Londres, y él se encontraba en ese momento preparando las partituras que interpretaría durante la misa de Resurrección esa noche y en la del domingo de Pascua en la Iglesia de la cual era organista. Antiguo general del Ejército en la reserva forzosa, antiguo Embajador de su país, cuyas fotos había visto en manos de su hijo de quien le traía su mensaje de afecto y de recuerdo. El anciano, con la mayor dignidad y serenidad que puedan imaginarse, me invitó a sentarme y me dijo: «Nos había avisado en una carta que usted pasaría por aquí pero no podía precisar la fecha». «Ni yo mismo la sabía hasta hace unos días y, al no disponer de su teléfono, no pude prevenirle de mi llegada, pero aunque fueran unos minutos no quería pasar de largo sin traerle el abrazo de su hijo y decirle que se encuentra bien, que los recuerda y que no ha olvidado cuanto le han enseñado... permita a la emoción que salga, embajador, sólo los hombres dignos se emocionan, yo también soy padre y de seis hijos y ya tengo nietas... Tranquilo, desahóguese, ¿recuerda? Estaba perdido y fue recuperado... Ahora ya sólo es cuestión de algún tiempo, luego lo recordará como lo que fue, un mero accidente.» Entonces, me miró y en su hermoso rostro brillaron unas lágrimas que ennoblecían todavía más aquella cabeza de pelo blanco digna de un *Ashantene*: «¿Y usted me dice eso, profesor?». «¡Claro que sí, amigo mío, y lo sostengo; otras son las cosas de las que deberíamos avergonzarnos y aparecen enmarcadas en códigos de autoridad. De esto usted sabe bastante, pues perteneció al *stablishment* y vio más de lo que hubiera querido y creído.» «Permítame ofrecerle una cerveza mientras le escribo unas letras a mi hijo para que usted sea portador de ellas y dígale que me encontró muy bien y que su madre y sus hermanas también se encuentran bien.» «Sí, ellas ya saben que está estudiando en mi universidad y que yo dirijo su tesina...» Cuando yo pensaba que se dirigía a buscar la cerveza, se sentó ante el órgano y con los ojos cerrados interpretó *Jesus my joy*, de Juan Sebastián Bach. ¡La cantata que se interpretó en mi boda y en las de todos nuestros hijos casados! Cierto que existen las casualidades. Pero aquella noche fue muy corta para mí y a las cuatro ya estaba en el aeropuerto luchando por mi billete, obviamente reservado y a mi nombre, pero tuve que hacer despertar hasta al delegado de la compañía en su casa de Accra. A mí, en estas guerras del «no sé, sería mi compañero» ya no me pilla nadie. Aterrizamos en el aeropuerto de Abidjan después de haber hecho amistad con Felix Abéeky Yawgoo, de la Facultad de Agricultura de Legon, con el que mantuve una de las conversaciones más sabrosas de toda mi estancia en Ghana. Me recordó al nigeriano de Bamako; él también iba a un Congreso Internacional organizado por la UNESCO en Dakar. Llevaba su discurso que, entre los dos, y mientras nos llamaban para el vuelo «arreglamos».

Que no se me olvide reseñar de este duro viaje a Ghana, un país que siempre me atrajo y al que me gustaría regresar para seguir, al menos, un semestre los cursos del Instituto de Estudios Africanos en la Universidad de Legon, que, a los pocos días de mi partida, telefoneé desde Abidjan a Koforidua para preguntar por el hermano John. El religioso que se puso al teléfono me dijo que había fallecido el Lunes de Pascua «con una gran paz». «Lo esperaba, así descansó en la paz que ya había encontrado.» «Pero hay algo más, profesor.» «¿Qué sucede?» «Su amigo el hermano Albert (o Alberto no puedo precisar) también falleció, lo hemos enterrado ayer.» «¿Que ha muerto...? ¿Cómo sucedió eso? No me lo puedo creer, no me lo podía esperar. Por favor, que se ponga el Superior.» «Ha salido, profesor, yo lo único que sé es que, al día siguiente de enterrar al hermano John, falleció el otro de asma, al parecer.» Me quedé de piedra y ese fin de semana que pasé en el hotel de Abidjan, así como el lunes porque era fiesta de Pascua, no pude hacer más que caminar por el jardín, sentarme a meditar, y estarme horas dentro del agua de la piscina... no pude recibir a mis amigos, quedamos en salir el martes 1 de abril para Bouaké a las siete de la mañana. Y el viernes ya regresaría a España en avión vía Bruselas.

34

Bouaké

Por fin salimos en coche hacia el norte, camino de Bouaké, a 160 kilómetros de Yamoussoukro, Ángeles Díaz, Yao N'Guetta y yo. Está en pleno país *baulé* y es la segunda ciudad más grande del país. Tengo una nota en mi cuaderno que es válida para viajar por toda África «en estos viajes hay que poner espacios y no tiempos porque éstos son limitados, es la única manera de encajar citas y encuentros y no desesperarse... cierto que uno, cuando prepara el viaje, se propone aprovechar los ratos libres para escribir o leer. Esto último lo he hecho en cantidad y calidad subrayando y reflexionando en pequeñas notas que tomaba, pero escribir fue más difícil». Por eso me fui cargado de libros y aproveché durante el viaje para comprar varias docenas y poder así entretener las esperas; no sé si algún día me acostumbraré del todo a esta dimensión del tiempo africano.

En Bouaké, la Universidad nos había reservado habitaciones en el Hotel Ran. Nos reunimos con el Secretario General, Yao Sékou, y con el responsable del Centro Clínico Universitario con N'Cho Simeón que es un tipo encantador y con el que hemos seguido manteniendo un contacto tan fluido que, no en vano, el 12 de marzo de 1998 pudimos enviar todo el material para el primer CPMP a la Universidad de Bouaké en el avión de la Primera Dama de la República, como ya he contado más arriba. La Universidad había sido inaugurada el año pasado, antes dependía de la de Cocody, en Abidjan, tenía un hermoso campus y las instalaciones necesarias para desarrollar el proyecto a través del centro Regional de las Obras Universitarias. Allí estudian unos 8.000 estudiantes las carreras de Ciencias, Letras, Economía y Desarrollo, Ciencias Médicas y tienen una división de Economía Rural en Korhogo, la capital del país Senufo —que había visitado en otra ocasión y me había entusiasmado cuando había ido a visitar el increíble poblado *dioulá* de Kong, que data del siglo XII aunque muchos edificios hayan sido reedificados en el XIX a causa de las guerras de Samory, el famoso guerrero de Malí, pero el estilo es el mismo sudanés. También visité a Jorge Nestares, un antiguo compañero mío de estudios que da clases de español en la Universidad y que dirige todo un complejo de formación y de evangelización en un *Foyer* de San Viátor desde hace ya muchos años. Prometió darnos toda su ayuda. Le daba mucha alegría encontrarnos ¡al cabo de cuarenta años! Fue impresionante, sí. De repente, era como si se hubiera detenido el tiempo. Vimos fotos antiguas y nos reconocimos mejor en ellas que mirándonos ahora. Pasó como un cierto ángel cargado de nostalgia, pero lo dejamos ir.

Al regreso a Abidjan nos detuvimos en Ouellé y en M'Bahiakró, porque sería imperdonable no visitar a la «familia». Tomé nota de las necesidades de los hospitales y de la prisión que había acogido hacía tiempo bajo mi custodia y que, a pesar de haber sido pintada y reacondicionada, a pesar de haber retirado las cadenas a los presos, a pesar de haber logrado que las mujeres fueran mantenidas a parte para evitar los abusos, el jefe de los presos, joven-viejo amigo mío, encontró el modo de hacerme llegar un escrito con sus quejas detallando lo que los carceleros les habían robado y otras penalidades. Vuelta a mi bronca con el Alcalde en funciones, ya que Mme. D'Hatz llegaría al día siguiente, me desahogué con su hijo Sergio y le hice ver que no se podía pegar a los detenidos, que son seres humanos, que... en fin, ¿para qué seguir? Ellos nunca comprenden que, estando todos acompañándome, yo logre enterarme de todo. Pero tampoco lo voy a contar aquí para no romper mis circuitos.

Agotado por tantos encuentros, regresamos a Abidjan y les pedí a mis amigos que sólo tuviéramos una visita con los estudiantes y profesores que querían verme para organizar la Delegación de la ONG en Costa de Marfil. Yo estaba agotado, necesitaba tiempo para redactar los últimos informes porque sabía que después, en Madrid, sería imposible. Además, la Embajadora me pidió que le hiciera otro Informe sobre Níger y Burkina, como les había hecho el anterior sobre las visitas en Abidjan. Acabé rendido pero era lo menos que podía hacer por una Embajada que me había atendido siempre con tanta eficacia y simpatía. Después, la única lujuria —en el sentido de lujo, claro— que me permití fue escaparme a la maravillosa Librería de Francia y adquirir doce libros de acuerdo con la lista que me había preparado Yao N'Guetta, él mismo un buen escritor.

Las maletas pesaban 56 kilos, pero los delegados de la Compañía tenían un fax con la orden de ser comprensivos conmigo. Nada más sentarme me quedé dormido y no pude ni cenar. No podía más. Llegué a Bruselas a las 8:45 de la mañana con un frío de 7° C y yo no quería ni asomar la nariz fuera del aeropuerto, no quería sufrir más bromas. Por eso, me fui a lavar y a afeitarme, me serví un café y, sentado ante mi ordenador, escribí estas reflexiones que sólo han leído algunos amigos y que todavía no estoy seguro de que verán la luz.

«Final de trayecto o un alto en el camino para recuperar fuerzas y proseguir la marcha... ¿hacia Tombuctú? Quizá, cuando me puse en camino, buscaba un paradigma para comprender el mundo ante la avalancha incontenible de la nueva era. Todo está sucediendo de repente.

»Aquí el día está frío y llueve con tristeza. En el África subsahariana siempre hace calor, luce el sol o llueve a mares, florecen las plantas, los frutos saben bien, las telas son de colores, las gentes son hermosas y su sonrisa es como sartas de arroz en la boca... En el Norte funcionan las cosas, todo está ordenado, clasificado y todo tiene un precio. Las gentes sólo ríen en las tabernas ante un vaso eterno de cerveza. Los enfermos son diferentes, los niños también. Las clínicas son asépticas. Todo es frío. La gente sabe lo que gana, cuanto tiene, lo que puede gastar, tienen programadas las vacaciones y ya saben lo que van a cenar en Nochebuena. Parece que todo está previsto y, ante lo inesperado, está la seguridad social, los seguros y las casas de acogida para los que ya no pueden seguir en el engranaje. El terror es a que esto se pare, a tener que tomar decisiones, a improvisar, a no estar seguro de que todo suceda como debiera. La incertidumbre, que es clave de vida, se convierte en tiniebla que desasosiega.

»Un fantasma de soledad y de aislamiento recorre estos países nórdicos en los que yo nunca podría vivir. En el trópico hay bichos, ruidos, las cosas no funcionan, las aguas están estancadas o se desbordan en aguaceros que desfiguran los caminos. Hay pobreza, suciedad, inseguridad, mucha gente pasa hambre y, cuando enferma, nadie le garantiza ni un médico ni medicamentos ni atenciones en un hospital. Vivir es un riesgo continuo. Es la anarquía emergente. Pero en esa emoción late la vida, hay ritmo dentro del caos, vibra cuanto existe, la sangre hierve, la savia arde en las plantas, los cielos y la tierra se conmueven. Los olores son tan distintos... aquí están insípidos y apagados, inermes, desvaídos o rancios, allá es una explosión que desborda toda mesura y que, sin embargo, tiene su propio sentido. Aquel es un mundo de vibraciones, de pulsiones, de sensaciones, de olores, de tactos, de colores, de tonos y de luces, de cálidos matices y de sudor sabroso. Aquí el sudor huele mal, allí envuelve y embarga y conmueve.

»¿Vivir en África? Ahora no podría por mis responsabilidades familiares. Y aquí me moriría, o en París o en Londres o en Nueva York. ¿Qué me queda? Cinco años para alcanzar la jubilación en mi trabajo como profesor en la Universidad. ¿Qué les explico durante este tiempo que resta? Temo caer en la confusión y, con Francis Bacon, sostengo que "La verdad surge más fácilmente del error que de la confusión". No puedo, pues, detenerme por miedo a equivocarme al confundir las llamadas. Muchas veces, la no-acción ya constituye una toma de posición. Los audaces no siempre son los que tienen razón, sino los que saben defender sus tesis con argumentos. Y, no pocas veces, una mentira, a fuerza de repetirse, aunque nunca llegue a ser verdad, acaba por creerse y arrastrar a las gentes o condicionar sus vidas. Por eso, es preferible actuar con riesgo de equivocarse a abandonar el campo pretextando que no se ve claro. Cuando el batallón se pone en camino, aunque haya niebla, basta con no separar la vista de quien nos precede.

»En el Voluntariado Social, después de este viaje ¡y todavía estoy en su primera mitad!, temo que me van a fallar los esquemas, los resortes y las motivaciones. Algunas veces, la cooperación se me presenta como un subterfugio para acallar conciencias y no enfrentarse a la injusticia de las estructuras. No digamos el asistencialismo de las donaciones, el voluntariado episódico, los proyectos que son como gotas de agua en los océanos de cada pueblo.

»Aunque se consiguieran sistemas justos que garantizaran las necesidades primarias de la alimentación, la sanidad, la educación, el albergue y el vestido ¿qué conseguiríamos? ¿Esta Europa triste y egoísta en la que sus ciudadanos han desarrollado el más cruento individualismo y no son capaces de compartir su prosperidad, al menos, con los inmigrantes que llegan a sus puertas o a sus tierras y que, al ver tanta riqueza, se mustian y entristecen mientras se frustran todavía más? Este ejército de parados en los países del Norte es demoledor. Los barrios periféricos en los que sobreviven millones de emigrantes desarraigados es una tortura tremenda. La carrera de armamentos, el consumismo ilimitado y el movimiento frenético hacia ningún sitio es insoportable.

»En Europa podríamos convivir millones de personas compartiendo el trabajo, la riqueza y los medios de que disponemos. Los inmigrantes nos enriquecerían con sus culturas, sus valores, su entusiasmo y su inocencia. Los pueblos del Sur podrían organizarse por grandes áreas regionales y compartir proyectos en una unidad que realzase la diversidad. Es factible que los pueblos de África y de América se organicen, se den instituciones humanas y fecundas, crezcan desde su realidad histórica y asuman todo el pasado como un sueño del que hemos despertado. Nadie pierde el tiempo en intentar borrar los sueños cuando se despierta. Se asumen y prosigue la vida. Hoy existen medios científicos y técnicos capaces de repensar la convivencia a escala planetaria. La globalización es un hecho. Nos ha devuelto la condición de vecinos. Podemos adaptar la economía, transformar la agricultura, la minería, la industria, el sistema de comercio... los hábitats pueden ser imaginados de nuevo. Es posible regresar al campo, hacer amable el entorno de las fábricas, construir ciudades a escala de hombre. No es una utopía construir la Utopía: antes era una fantasía o un sueño, hoy es posible hacerla realidad... porque no existe todavía.

»El mayor enemigo de todo este proceso es el egoísmo, la soberbia, la avaricia, el apego a las cosas, la ira que nace de la impotencia y del miedo a la soledad, a dejar de ser, a quedar aislado. Al menos, mientras hacían la guerra se acercaban unos a otros y no se sentían solos. No tienen sentido las guerras. Es preciso y posible transformar todas las fábricas de armas en productoras de bienes, de instrumentos y de servicios. Trabajarían igual. Es posible reciclar la economía, transformar la agricultura de acuerdo con el medio, compartir, ahorrar combustible, evitar la contaminación y el despilfarro. El planeta puede ya ser considerado como una aldea global en la que organizar y distribuir las tareas y obtener el máximo rendimiento sin agotar las tierras, ni las cosas, ni a los seres vivos. Los mares están ahí ofreciéndonos posibilidades inconmensurables. Detener la desertización del planeta es hoy una posibilidad científica y técnica. Se puede evitar que las aguas se vayan a los ríos y a los mares sin haber regado antes cuanto sea necesario en la faz de la tierra. El dinero, tal como funciona, no tiene sentido de ser. Es imaginable una sociedad sin esa monstruosidad del papel moneda, de los intereses bancarios, de los beneficios a cualquier costo. La proliferación del «dinero plástico» con las tarjetas de crédito lo demuestra. ¿Quién lo hubiera imaginado hace 50 años?

»Ni siquiera se precisa una visión transcendente de la existencia. No se requiere la expectativa de un cielo para poner todos los medios y conseguir una vida más armónica y serena aquí en la tierra, más fecunda y sosegada, más alegre, más vivida. Se trata de una mutación. Y así como fue posible adaptarse a la agricultura, al dominio del fuego, a servirse de la rueda, a la superación de la esclavitud, al uso de las nuevas tecnologías... es posible asumir esta mutación y concertarse para transformar el mundo aquí y ahora. Sin pensar en un mañana para ahorrar, sino como proyecto para sembrar y para que lo recoja el que lo necesite. La institución de la herencia, de la propiedad privada, del capital, del dominio de las tierras, de las fronteras, de los ejércitos, de la pena capital, de las cárceles tal y como existen, es una monstruosidad que no resiste un análisis sincero. ¿Para qué atesorar? ¿Por qué dominar unos a otros? Es posible la convivencia pacífica y fructífera. Esta forma de vida tanto en el Norte como en el Sur, en el Este como en el Oeste, es una locura, un mal sueño del que habremos de despertar.»

35

Camerún

Ha comenzado la segunda etapa del viaje después de haber atendido los compromisos de conferencias y de encuentros que se habían ido concentrando en los días que he estado en Madrid. Sobre todo la presentación pública del proyecto en la Casa de América ante un público de invitados africanos y latinoamericanos, agencias oficiales y asociaciones humanitarias del campo de la cooperación. Sigo manteniendo que es muy importante la información horizontal entre todas aquellas personas que nos dedicamos a actividades similares: aquí no puede haber competitividad sino competencia y ayudarnos unos a otros ya que perseguimos los mismos objetivos. La primera cooperación debe darse entre los cooperantes. Lo mismo se diga de las representaciones diplomáticas de los Estados que nos solicitan ayuda. Es su obligación permanecer en contacto con los organismos pertinentes así como con las organizaciones de cooperación que forman a sus voluntarios y a su personal cualificado para seguir su andadura y no presentarse el día que vienen a pedir algo porque algún alcalde o ministro se lo exige a ellos, no pocas veces por intereses políticos o intereses personales. Aquí las representaciones de todos esos países tienen muchas asignaturas pendientes. Han imitado a los europeos en la forma exterior y en el aparato y se han adaptado fácilmente a ella pero no se esfuerzan en seguir día a día la peripecia de quienes podrían ayudarles mucho más si ellos tuvieran otra actitud que la de pedir o la de exigir. No hay más que ver sus residencias, sus coches y en qué emplean la mayor parte del tiempo los representantes de los pueblos empobrecidos del Sur. A quienes, la mayoría de las veces, designan o les dan «como premio» un puesto de semejante responsabilidad. Por eso, a pesar de la gran afluencia de público, eché de menos a no pocas de estas personas. Si hay que llamar a las cosas por su nombre digamos que, en este aspecto, con honrosas excepciones, queda mucho por hacer.

Ha funcionado el sistema de envío de fax a la sede de la ONG y sus llamadas por teléfono, muy temprano, por las mañanas, cuando ya sabían donde me alojaba. De esa forma se ha podido mantener el contacto con todas las personas que había ido visitando y ayudarles a preparar los documentos con la información necesaria para adherirse al Proyecto CPMP que ya es Programa, puesto que algunas universidades africanas ya han comenzado a enviar sus documentaciones y en Madrid se trabaja a tope para conseguir los fondos necesarios para poner en marcha y sostener todo lo que haga falta a cada Centro hasta que puedan volar por sí solos, que es lo que se pretende, pero estableciendo una sólida red de intercambio de información con fines científicos. (En mayo de 1999, ya hay dotados 11 CPMP que se están desarrollando. No era una locura.)

También ha quedado ultimado todo lo referente al curso «¿Existe África?» que tendrá lugar durante el mes de agosto en El Escorial. Están comenzando a llegar los esquemas de las conferencias y he comprobado que todo funciona como es debido en la sede de Solidarios. Tengo para mí que una asociación humanitaria no alcanza su madurez hasta que no es capaz de trabajar, de funcionar y de crecer con un equipo de la segunda generación en el que ya nadie es imprescindible aunque todos sean necesarios.

El itinerario previsto es Camerún, Chad, República del Congo, Angola, Zimbabwe, Mozambique, Zambia, Malawi, Tanzania, Zanzíbar y Kenia. Sé que por Harare tendré que pasar dos veces, por razones técnicas, pero ya he hablado con nuestro Embajador, Tomás Solís Grajera, así como con el Primer Secretario, Fernando Curcio, que es la eficacia y la amabilidad en persona.

Durante la corta estancia en Madrid tuve la oportunidad de ser recibido de nuevo por la Reina que sigue con gran simpatía la marcha de este proyecto desde sus comienzos. Es una gran señora y demuestra un verdadero interés por los grandes problemas de los pueblos empobrecidos del Sur y nunca deja de hacer las preguntas pertinentes sobre temas que no conoce. Sólo las personas con gran clase reconocen con toda naturalidad lo que no saben y lo preguntan a quien cree que les puede dar una respuesta adecuada. Quiero dejar constancia en estas páginas que, sin ser yo política ni intelectualmente partidario del sistema monárquico, como forma de gobierno para nuestro tiempo y nuestra sociedad, otra cosa es mi reconocimiento a la institución que tantas veces ha sido conveniente y eficaz en el curso de la historia, reconozco que los actuales reyes de España han sido y continúan siendo un verdadero activo para nuestra realidad política. Como anécdota curiosa quiero recoger que la audiencia estaba programada para el día en que saltó la noticia oficial del noviazgo de la Infanta Cristina y pensé que se cancelaría. No fue así. Cuando se lo dije a la Reina me respondió con toda naturalidad: «Cierto que se ha armado algo de revuelo pero hay que seguir trabajando y tú vuelves a África pasado mañana. No había nada que aplazar. Cuéntame». Y le entregué como primer regalo de boda para los futuros esposos una amplia almohada de piel de gacela de casi dos metros de largo que Abey Bazou me había regalado como trabajo especial de los tuaregs, en rojo y negro, con tintas chinas que formaban dibujos geométricos. Sin saber lo que decía cuando lo recibí dije a Abey Bazou: «¡Este es un regalo digno de un príncipe!». «En ese sentido lo hago —me respondió—. Tú también me has hecho regalos mejores que los de los príncipes: la sabiduría.» «No, ésa no se regala, se comparte.» Ninguno de los dos sabía, entonces, cómo se estaban tejiendo las tramas del destino. Cuando hace poco hablé con él y le conté lo sucedido se echó a reír abiertamente y me dijo: «Se lo contaré a mi madre pues ella fue la que me lo dio para ti. Sé que le gustará saber que de una tienda tuareg ha ido una pieza hecha con mucho amor a la casa de una princesa porque tú bien sabes cómo se tejen ciertos tapices y se trabajan ciertos objetos». «¡Sí, claro que lo sé, tú mismo me lo confirmaste cuando te lo había preguntado un día que cabalgábamos por el desierto... y que era cuando tú solías hacer las preguntas más directas!» Continuó riendo mientras yo le respondía: «Lo aprendí de un amigo navarro que me enseñó que, cuando uno quiere tratar algo importante, si va caminando por la calle, entre el bullicio de la gente, se dicen mejor las cosas». «O a caballo, en nuestro caso mirando hacia el frente para no tropezar y darnos de bruces en el suelo.»

«Sobre todo yo, que tú naciste a lomos de un caballo.» «Sigo prefiriendo el run run y el traqueteo de los camellos, me ayudan a pensar.» Corté las imágenes de esos recuerdos porque anunciaban que estábamos a punto de aterrizar en el aeropuerto de Yaoundé, capital del Camerún.

Me alojé en el Hotel des Deputés adonde me condujo Jules, el chófer de la Embajada, que había acudido a esperarme a pesar de que ya era muy tarde y me entregó una nota de bienvenida de nuestro Embajador, Javier Nagore, quien, durante mi estancia de casi una semana en Camerún, me iba a ayudar y a facilitar todos mis encuentros de una manera extraordinaria y llena de afecto y de sencillez a la vez. Al igual que todo el personal de la Embajada comenzando por la secretaria Mary Carmen Peche que, desde hace ya unos años, actúa como contacto de Solidarios en los diversos proyectos que tenemos en ese querido país. Ella también ha sabido canalizar hacia nosotros peticiones de medicamentos y de ayuda de centros serios y necesitados. No hay que olvidar que, en la sede de Solidarios en Madrid, el coordinador de los Seminarios de África y uno de mis ayudantes en la preparación de este largo viaje y en la del Curso de El Escorial, es un profesor de la Universidad de Camerún que vive en España desde hace muchos años: Marcos Suka a quien todos nuestros interlocutores se dirigen en mis prolongadas ausencias. En cierto modo, en Camerún como en Costa de Marfil, me encontraba un poco en casa.

Prefiero el Hotel des Deputés por no ser caro, casi no hay extranjeros sino que, en su gran mayoría, son africanos, y porque está en un lugar céntrico y al borde de un lago precioso. A la mañana siguiente me fui a saludar rápidamente al Embajador, al primer secretario, José Luis García-Galán, con quien habíamos preparado la agenda, a Mary Carmen que estaba atareada como corresponde a un día de valija y a Francisco Sala. Este es un médico español que trabaja en la Embajada en la sección de pasaportes y que se ha venido con su numerosa familia a vivir unos años en Camerún siguiendo su vocación neocatecumenal en una parroquia. Nos ayudaba mucho en la puesta en marcha del germen de nuestro proyecto de dotar de un consultorio médico bien equipado para la enfermería de la prisión de N'Kondengui.

Hace unos años, recibimos una petición de ayuda en medicamentos para el centro Jamot donde existe una antigua leprosería, con un poblado anexo de familiares y antiguos leprosos, y unos pabellones en donde atienden a enfermos terminales del SIDA, de tuberculosis y de todo lo imaginable, con las carencias que uno se puede imaginar. Allí nos fuimos mi hijo Alfonso y yo para ver qué podíamos hacer y tantear las posibilidades de cooperar con la Universidad. El caso es que, en Jamot, conocimos a dos mujeres fascinantes, Esther y Fidela. Vivían en una casita, sin teléfono ni comodidad alguna, al lado del poblado de los leprosos a quienes atendían en todo cuanto podían. Eran dos mujeres sencillas, de cincuenta y tantos años cada una, más bien de baja estatura, con las piernas hinchadas por el calor, la edad y las horas pasadas trabajando de pie, que vestían unas sencillas ropas sin distintivo alguno, catalanas y que pertenecían a una organización católica secular. Llevaban viviendo allí desde hacía muchos años. Sostenían un taller que les había montado un hombre que ya había muerto y en el que hacían aparatos ortopédicos para los leprosos de forma verdaderamente artesanal. Aquellas dos mujeres nos impresionaron. Eran, para mí, la viva estampa del Evangelio.

Con ellas visitamos la leprosería y las instalaciones del Centro Jamot, donde todo dolor tiene su asiento, precisamente al lado de los edificios de la televisión camerunesa. Cierto que había algunos médicos que pasaban visita y algunas enfermeras pero, desde la crisis del reajuste estructural, los enfermos tenían que ser alimentados por sus familias o por ellos mismos así como procurarse los medicamentos, lavarse las ropas, etc. Puede imaginarse el lector lo que vimos allí: enfermos en un jergón en el suelo, moribundos de enfermedades contagiosas intentando soportar los dolores y aquel calor tórrido mientras otros cocinaban algo en algún hornillo de butano en el suelo... Las salas de los leprosos eran de imposible descripción. En algún lugar he contado que esa fue una de las pocas veces en que sentí que me fallaban las fuerzas y que, gracias a que mi hijo estaba detrás y me sostuvo, no me caí al suelo desvanecido por aquel calor, aquellos olores, aquel espectáculo terrible de sufrimiento y de terrible abandono. Y, en medio de todo aquel mundo, aquellas dos mujeres pasaban sonriendo entre ellos, les daban la mano, los aliviaban con agua fresca, les arreglaban sus andrajos como podían, les llevaban todos los días un poco de leche y pan con sardinas en lata o algo que ellas podían procurarse. Pero sobre todo, les hablaban, los llamaban por sus nombres, sostenían sus manos mientras lloraban o la cabeza mientras vomitaban, les cambiaban las ropas de los jergones... y todo con una sonrisa o con una mirada de comprensión y de afecto... aún sabiéndose desbordadas por las inmensas necesidades

Si alguna vez alguien me preguntase si he visto a Jesús de Nazareth, le diría que sí: en el Centro Jamot. Una vez que Esther y Fidela regresaban de España, ya que una de ellas había tenido que acudir a atender a un ser querido en sus últimos momentos, se dieron cuenta de que una de las «salas» que hacía tiempo no se usaba por abandono, tenía las puertas cerradas. Fueron allí y encontraron a un enfermo terminal del SIDA a quien nadie quería atender por su hedor y terrible situación. Al parecer, un político africano había sabido de él y había dejado un dinero para que lo alimentasen; una persona le ponía algo de comida junto a la cara sobre la almohada y una botella con agua... Ellas preguntaron por qué estaba así. Nadie quería acercarse porque decían que salían bichos de la cama y, además, ya estaba moribundo. Me contaba Fidela: «Nosotras nos miramos, ya ve que somos mayores y que no tenemos muchas fuerzas, pero sin decir una palabra, nos acercamos al moribundo que nos miraba con ojos de terror. Nos fuimos a casa a por un cubo con agua y jabón, a por unas toallas y a por algo de ropa limpia, aquel hombre no podía morir así, era como ver a Cristo en la cruz. Cuando logramos alzarlo un poco vimos que las cucarachas le habían comido parte de la espalda, que otros bichos escapaban y saltaban por encima de nosotras, estaba lleno de sus excrementos y nos miraba aterrado. ¡Jamás olvidaré aquella mirada! Tendimos una tela en el suelo y lo trasladamos allí. El jergón era como una cloaca así que lo sacamos afuera y, con todo el escándalo de la gente, le prendimos fuego. Lavamos al enfermo como pudimos, poco a poco, echándole el agua templada en sus llagas, alguien nos trajo otro cubo de agua, alguien nos acercó un desinfectante, alguien trajo un viejo jergón sobre el que pusimos otra tela que teníamos en casa para cubrir el viejo sillón que usted conoce... Le dimos un poco de agua azucarada, envolvimos un cojín en una toalla limpia y le apoyamos su cabeza en la que íbamos echándole un poco de colonia Nenuco que nos habían regalado en Barcelona, para aliviarlo y tratar de refrescarlo. Yo me senté a la cabecera, como pude en el suelo, ya ve cómo ando de estas piernas, para levantarle algo aquella especie de almohada y que pudiera respirar mejor... y mire qué cosa, profesor, mientras Esther iba fregando el suelo con una escoba para ir arrastrando toda aquella inmundicia hasta el fuego donde se quemaba el jergón... al enfermo pareció bajarle la fiebre, parecía que recobraba algo el color, no decía nada pero como yo no hablo bien francés llamé a Esther por si quería decir algo y, entonces, nos miró y casi parece como si nos quisiera sonreír... y se murió así, en paz y tranquilo. Ya no podíamos hacer más.»

Cuando terminó de hablar nos sirvió un poco de café y se sentaron estirando un poco sus piernas hinchadas. Aquellas dos mujeres, que en cualquier pueblo de España pasarían desapercibidas, con sus cabellos blancos y sus zapatillas de esparto nos enseñaron más que todos los libros de cooperación juntos. Alfonso sacó de nuestro coche unos cajones de medicamentos que habíamos traído y les prometimos que nos dedicaríamos a recoger todo cuanto medicamento pudiéramos en nuestro país, que lo seleccionaríamos con ayuda de nuestros voluntarios y que haríamos lo posible porque nunca les faltase nuestra ayuda. Creo que si hubiera que datar en el tiempo cuándo y dónde nació el Puente Solidario como servicio permanente, surgido para atender una petición de estudiantes de medicina cubanos en Gibara, fue allí, en el Centro Jamot. Habíamos comprendido que mientras en cualquier lugar del mundo hubiera enfermos que necesitaran medicamentos para aliviar el dolor y hubiera personas que, como Esther y Fidela, pudieran administrárselos sin peligro asesoradas por un médico, lucharíamos con todos nuestros medios porque en España no fuera a la basura ni caducara ni se desperdiciara un sólo medicamento en ninguna casa o centro sanitario. Desde ese día, toneladas de medicamentos han sido procesadas por centenares de voluntarios dirigidos por farmacéuticos de Solidarios y con la ayuda de la Universidad Complutense que nos fue procurando locales. Otras instituciones y personas nos han ido ayudando para hacer envíos a cerca de un centenar de centros sanitarios que, como Jamot, fueron una luz de vida en la oscuridad de esta sociedad que parece inhumana pero que, a veces, como el desierto, en algún lugar oculta un pozo que lo embellece todo.

El domingo siguiente, las acompañamos a la prisión de N'Kondengui porque supieron que, desde hacía algunos años, nosotros trabajábamos en la cárcel de Segovia. Recuerdo que, almorzando mi hijo y yo con el Embajador de entonces, éste me dijo: «Pues prepárate a ver algo serio». Creo que le respondí: «No creo que pueda ser más fuerte que lo del Centro Jamot». «Veremos», añadió. Y allá nos fuimos los tres del equipo español aprovechando que era domingo de Pascua y que el administrador de la prisión concedía con más facilidad los permisos porque habría una misa y pasarían algunos de los familiares de los presos. N'Kondengui es una prisión enorme, rodeada de altos muros con torretas y policías armados vigilando, como en cualquier otro lugar del mundo. Pero, acabada la misa, Esther nos condujo a sus «territorios». En una antigua enfermería donde ella tenía, guardados bajo cadenas y candados, medicamentos e instrumental con los que atendían a los enfermos entre semana, en colaboración con otras religiosas de otros países. Nos llevó al «Corredor de los enfermos»: celdas con doce y catorce enfermos con úlceras, llagas, fiebre, deformidades... en el pasillo, tirados por el suelo, llenos de sarna, había enfermos con llagas purulentas y otros de bruces junto al canalillo central donde vomitaban aprovechando que por allí corría el desagüe de los servicios. Todos la saludaban al pasar. Yo creí que lo había visto todo. Pero me llevó al «Corredor de los niños»: unos sesenta muchachos entre catorce y dieciséis años entraban y salían porque la puerta de comunicación con los patios generales nunca se cerraba. El diálogo con Esther fue como un *mondo* Zen, en el que hay preguntas a las que parecen no corresponder las respuestas; no es fácil de explicar, son como medias palabras, sin frases terminadas. En la prisión hay unos 3.000 presos, algunos llevan decenas de años, muchos de ellos han estado con cadenas en los pies y en las manos durante años y años, ahora sólo las tenían los castigados y algunos condenados a muerte. Las cicatrices en torno a los tobillos y a las muñecas ya eran indelebles, como también lo eran las de algunos en torno a su cuello. Las cicatrices de los latigazos en la espalda eran bien visibles. Si me quedaba alguna duda, en un momento en que cruzábamos al «Corredor de la muerte», se produjo un altercado en un grupo y Esther tiró de nosotros contra una pared, a pesar de nuestra corpulencia, y nos hizo señas para que nos mantuviéramos quietos y en silencio: salieron unos guardianes todavía más corpulentos pues parecían como gigantes, en las manos llevaban látigos de verga retorcidos y empezaron a repartir golpes como jamás había visto en mi vida. Estábamos en pleno día y en un patio central, no en una celda de castigo, los guardias de las torretas cargaron sus armas y apuntaron... no intervinieron. Todo volvió a su ser y comprendimos por qué Esther nos había empujado contra la pared. Ibamos acompañados por una serie de presos antiguos amigos de Esther y de las religiosas que los visitan. Realmente, eran nuestra guardia personal. En otros muchos países había visto que dentro de las prisiones el orden lo mantienen los mismos presos organizados en bandas. En la de Guatemala capital no entran los funcionarios al patio ni a las dependencias: aquello es territorio comanche. Pero nunca había visto actuar a los guardias para restablecer el orden en un día de fiesta.

Cuando pasó el tumulto, me explicaron que la alimentación de los presos es cosa de sus familias, les llevan ropa o dinero o lo que sea. Y los que no tienen familia tienen que buscarse la vida como pueden. Dentro funciona todo como en un mundo aparte, hay tiendas, mercado... de todo. A los que no tienen que comer les dan un cuenco de arroz o de mijo o un trozo de mandioca o de algo espeso una vez al día. Pero las mujeres no pueden entrar ni se conciben los encuentros íntimos vis a vis. «¿Entonces, esos cuarenta o sesenta muchachos adolescentes...?» «Sí, los van cogiendo por pequeñas fechorías o por grandes, hay algunos que han matado a varias personas, pero en general son ladronzuelos...» «Que ayudan a resolver ciertas necesidades de estos millares de adultos... ¿no es así?» «Ya se puede imaginar. No damos abasto con los medicamentos pero es que, si no viene algún religioso enfermero o así, a ellos les da vergüenza venir a curarse y lo hacen a su manera.» «Ya, ya me doy cuenta.» La luz se iba abriendo camino en mi cabeza. Después, visitamos el «Corredor de la muerte» donde esperaban su ejecución 45 condenados a la pena capital, algunos de los cuales todavía llevaban cadenas. A ellos no les estaba permitido salir al patio ni relacionarse con los otros, pero nuestros «guías y protectores» nos abrieron las puertas como se las abrían siempre a Esther y a capellanes de otras confesiones y organizaciones que venían a visitarlos. De hecho, en Camerún hacía años que habían suspendido las ejecuciones y tan sólo fueron fusilados dos o tres que lo pidieron porque no podían soportar más esa espera interminable que se podía acabar en cualquier instante ya que los que estaban allí tenían sentencias firmes y no cabía más apelación. En Camerún, como en la mayoría de países africanos, la pena de muerte está tan vigente como en tiempos de la colonia, lo que ocurría aquí es que parecían haberse olvidado de aplicarla hacia unos años. Allí nos acogieron un grupo de 23 condenados que formaban el «Grupo Padre Maximilian Kolbe» y que llamaban a su siniestro corredor el «corredor de la esperanza». Eran cristianos que se reunían tres veces al día ante una especie de altar que habían montado en una esquina y cantaban y rezaban. Nos sentamos entre ellos. Cantaron para nosotros. Al final, me puse en pie y de mi corazón a mis labios salieron palabras sinceras, pues nunca se me había presentado una ocasión semejante. Algunos lloraban. Yo no sabía cómo concluir y, entonces, le pedí a Esther que cuidase especialmente a los enfermos que había visto tirados, a los muchachos y a «nosotros los presos del corredor de la Esperanza, pues yo, desde ese momento seré el preso número 24 de la comunidad Maximilian Kolbe... si ellos me aceptan». Claro, me aceptaron y desde entonces, cuando algo va aparentemente muy mal o me equivoco y meto la pata hasta los corvejones, echo una mirada hacia atrás y me digo: «Bueno, todavía me queda un lugar en el *corredor de la esperanza* de la prisión de N'Kondengui».

En fin, así nació el Proyecto de dotar a la prisión, o de salvar algo de lo que en algún tiempo debió de existir, de un Centro Sanitario con consulta con todo lo necesario para que un médico los recibiese alguna vez en la semana, la enfermería para las curas y la pequeña cirugía y dotar a la farmacia de los medicamentos que pudieran necesitar. Yo entonces no sabía que legalmente eso está previsto y que hasta existe un cuerpo de enfermeros de prisiones con una Dirección General pero que, debido a la escasez reinante, todo depende de las donaciones que lleguen a buen fin y en lo último en que puede pensar una administración es en las enfermerías de las prisiones, cuando hay centros sanitarios de primera necesidad, maternidades, hospitales, etc., desabastecidos. Ese mismo verano, enviamos a varios voluntarios médicos, farmacéuticos y a otros profesionales para que ayudaran en lo que pudieran. Igual sucedió al verano siguiente mientras se iba normalizando nuestro sistema de envíos. Entre tanto, murió el Embajador que conocíamos y continuamos a través de Mary Carmen y de Kiko Sala, además de trabajar con los diversos centros que se iban dirigiendo a nosotros en busca de ayuda.

Habíamos fracasado en un primer intento de actuar desde la Universidad. Hablábamos lenguajes diferentes. Fueron siempre difíciles nuestros encuentros con decanos y jefes de departamento en la universidad. Siempre tuve la sensación de que «actuaban» en el rol de académicos visitados por un colega europeo que iba a enviarles ayuda para sus respectivos departamentos. Cuando nosotros poníamos el acento en que se trataba de movilizar a los más sensibles de entre los profesores y de los estudiantes para el mejor servicio de la comunidad cambiaban de tema o me ponían una cara como diciendo: «Mire, amigo, bastante tenemos todos con sobrevivir». No sólo eso, un verano, un grupo de voluntarios nuestros se alojaron en una residencia del campus adaptándose a la realidad existente, lo que no fue fácil. Como sabían que en el centro existía una Enfermería, seleccionaron antes de partir una buena cantidad de los medicamentos más indicados y que podrían necesitar los estudiantes durante un año. Pues bien, los colocaron metódicamente en un armario de la Enfermería. Al cabo de unos días el doctor Castilla, componente del grupo, necesitó una aspirina y fue a ver qué tal funcionaba la Enfermería: ¡los medicamentos habían volado! Pero estas cosas, en lugar de desanimarnos, nos espolean. Había que esperar hasta que llegó este mes de mayo de 1997 en que yo venía a visitar a nuestros amigos, a ver el funcionamiento del Centro que, con la ayuda del doctor Francisco Sala que robaba un poco de su tiempo para pasar consulta en la prisión y poner en orden el material enviado, habíamos logrado hacer llegar desde España. Kiko hubiera querido tener todo montado para que yo lo inaugurara en presencia del Embajador y del Administrador de la prisión que nos había concedido todos los permisos, pero la aduana y los trámites del puerto de Douala lo demoraron. Por eso, en Solidarios, nunca enviamos medicamentos más que por avión y, si es posible, a nombre de personal de nuestra Embajada y luego ya van a recogerlos allí los responsables de los centros adonde van destinados.

Por eso, cuando aquella mañana saludaba a nuestros amigos de la Embajada, a mi memoria venían tantos acontecimientos vividos en aquel país. A la hora de almorzar, Kiko me llevó en su coche al Centro Jamot para visitar a Esther y a Fidela y me quedé a comer con ellas. Por la tarde visité al rector de la Universidad Católica, en el campus de Nkabisong, P. Denis Maugenest. Es un jesuita francés que dirige un Centro de Estudios Pontificio pensado para que los religiosos de las diferentes órdenes del África Central estudiaran Filosofía, Teología y Ciencias Sociales y también abierta a seglares para seguir estudios de Ciencias Empresariales. Al parecer, esta última actividad está tomando un gran desarrollo, cosa que correría el peligro de desvirtuar un poco el fin para el que fue creada esa Universidad Pontificia. Charlamos un rato largo y fijamos fecha para dar una conferencia sobre el Voluntariado Social en la Universidad. Haría la presentación el Embajador de España y asistiría el Nuncio, que es español y amigo, e invitaríamos a religiosos y cooperantes españoles, junto con los estudiantes. El Rector estaba de acuerdo en que el voluntariado social no está extendido entre los universitarios y que algunos se han quedado en las actividades humanitarias asistenciales que hacían en los colegios o en las parroquias. Pero que la gran mayoría no lo han proseguido cuando llegaron a los estudios superiores o empezaron una actividad profesional. Esta es una asignatura pendiente en los países de África porque todavía están o en la dimensión confesional o en la de receptores de ayuda, ya que aquella tan esperanzadora de las reivindicaciones de la hora de las independencias agota su discurso en huelgas para exigir lo mínimo necesario para salir adelante. Lo cual no es poco, pero el problema grande de África es que, durante muchos años, a los que accedían a estudios superiores, como los necesitaban tanto, no les costaba nada y ahora con la recesión económica y los reajustes estructurales hay ahí un desfase difícil de armonizar. Nadie se atreve a decirles que su función primordial es estudiar sin perder ni un solo día y que la mejor ayuda que pueden prestar a sus países es trabajar con denuedo. Muchos, por desgracia, y hay que reconocerlo para poder ponerle remedio, una vez que entraban en la universidad se daban a una indocta vagancia. Volveremos sobre este tema porque es de gran importancia. Ahora bien, quede claro que en todas las conferencias que pronuncié en 28 universidades e Institutos superiores del África subsahariana, durante este viaje de año sabático, no dejé de aludir con toda claridad y crudeza al tema. Si eran adultos para exigir mejoras y para criticar todo el pasado sin asumir ninguna responsabilidad, también lo tenían que ser para escuchar lo que una sociedad libre y solidaria se debe plantear.

Al día siguiente, sábado, acompañé a Esther y a Kiko a N'Kondengui. Saludé al Alcaide —o *régisseur*— que se mostró muy contento de las obras que habían realizado y de las mejoras que se habían introducido para condicionar el Centro sanitario en la prisión. También encontré a una vieja amiga mía, la capitana Florence Yabéna, que jugaba al baloncesto con su gran corpulencia en uno de los patios de la prisión. Sus abrazos y expresiones de afecto contribuyeron a abrirme más las puertas de los «Corredores» que quería visitar aparte de la Enfermería. En el de la Muerte o de la Esperanza saludé a mis viejos compañeros de Maximilian Kolbe, no faltaba ninguno. Gracias al cielo. Pero, al llegar, acompañados por los amigos de Esther y por un guardia que nos tenía que abrir las puertas de ese Corredor oí un estruendo y gritos provenientes de una celda. Alguien pedía agua y aparecía su nariz por una pequeña abertura que había en la celda de castigo donde estaba confinado. Yo conocía la regla de oro del voluntariado social en prisiones: no intervenir jamás en el régimen interior de las mismas que corresponde a los funcionarios. Si uno, en alguna ocasión, ve algo que le parece injusto o grave, lo comunica por el conducto reglamentario a quien corresponde pero nunca interviene mientras se encuentra dentro, ni siquiera con su opinión. No nos engañemos, entre una buena parte de los funcionarios de prisiones y los voluntarios sociales no existe una gran simpatía y el trato es más bien frío. Por supuesto que hay espléndidas excepciones. Pero a muchos funcionarios no les entra en la cabeza que profesores de universidad y profesionales a los que admiran socialmente empleen horas de su tiempo cada semana acompañando a los internos. En algunos casos, como en el módulo número 10 de Soto del Real, el Aula de Cultura para casi un centenar de internos que siguen estudios universitarios o preparan su acceso a la universidad, recibe cada sábado durante todo el año a catedráticos, directores de cine, periodistas famosos, deportistas, artistas, escritores que dan conferencias y animan tertulias en la cárcel con un trato directo y cordial con los internos. Para muchos funcionarios que han tenido que seguir sus estudios superiores en la Universidad a Distancia este trato directo les parece discriminatorio. Y lo es en positivo. Los voluntarios sociales tratan de que los internos recuperen su autoestima, se rehabiliten para poder reinsertarse en la sociedad cuando concluyan su condena. Nosotros comprendemos que el trato de un voluntario social durante una mañana cada semana no puede ser el mismo que el de un funcionario que tiene que cumplir con un reglamento y con unas obligaciones. Pero cada uno cumple su misión como mejor puede. También es cierto que la psicología del funcionario de prisiones es peculiar y, en algunos casos, me he preguntado por qué algunos habrían elegido esa profesión. Siempre venía a mi mente la imagen de Burt Lancaster, en *El hombre de Alcatraz*, hablando con su carcelero que llevaba los mismos años que él al otro lado de la reja. «¿Quién es más prisionero?» le preguntó un día, porque el personaje que interpretaba Lancaster adiestraba pájaros y se había construido un mundo dentro de su celda y hacía todo lo posible para no salir de Alcatraz. Por asociación de ideas, yo he criado canarios Roller en muchas ocasiones y a veces no sabía por qué, de repente sentía la necesidad de soltar a alguno, le abría la puerta de la jaula... y siempre dejaba comida en la terraza por si decidía regresar. Nunca regresó ninguno. Más tarde, analizando esa fantasía, comprendí que solía coincidir con momentos en que me sentía, en cierta manera, aherrojado y prisionero yo mismo. Por eso, le dije al guarda, ante el silencio de Esther, de Kiko y de los que nos acompañaban: «Sé que no se debe hacer pero yo le agradecería que, por una vez en mi vida, me dejase liberar a ese prisionero». «Profesor, es muy malo, muy peligroso y no aprende, nunca escarmienta a pesar de los castigos.» «Lo sé, lo sé, pero sólo por esta vez, ya ve que hace más de un año que no venía por aquí y comprendo que no está castigado sin un motivo justo... pero me haría usted tan feliz si me dejara hacerlo...» Me dio la llave, se hizo un gran silencio hasta el punto que cesaron los gritos del preso, y con mano temblorosa metí la llave en el candado y lo abrí. El preso castigado puso su mano ante los ojos para protegerse de la luz. Me miró y me reconoció. No nos dijimos nada. Nadie dijo nada. Se abrió un camino entre los presos y marchó dando traspiés hasta los lavabos. Quedaba encerrado en el «Corredor de la muerte» pero recuperaba un espacio de libertad. Cuando, después de charlar con mis compañeros del grupo Maximilian Kolbe, salíamos hacia la puerta, al pasar delante de los lavabos, me pareció oír una voz que recitaba la primera sura del Corán.

Al final de la tarde, subí a Mont Febé para visitar el Monasterio benedictino y asistir a una de sus liturgias con percusión y música tradicional incorporadas. El panorama desde allí arriba es impresionante y el silencio es denso. La comunidad es joven y el prior es un negro bantú, probablemente *ewondo*, muy dulce y agradable con el que era un placer conversar paseando. Conservan un museo muy bien cuidado y con algunas piezas preciosas: puertas, dinteles, máscaras, pipas, una cama real e instrumentos de música. Es el resultado de la obra paciente de un monje suizo que recorrió parte del noroeste del país recuperando esculturas. Por supuesto que la liturgia benedictina, aún con el proceso de inculturización, no era como la famosa misa que se celebra al aire libre los domingos en la parroquia de N'Djong Melen a pocos kilómetros de Yaoundé, como ya dije, pero vale la pena. Lo malo es que comencé a sentirme mal, les pedí un par de aspirinas pero cuando llegué a mi hotel la fiebre ya se había disparado a consecuencia de unas anginas que me hicieron sufrir toda la noche. Tomé Augmentine 500 y Gelocatil 650 y me metí en cama con mucha fiebre y temblores. Al día siguiente vinieron a verme el médico Kiko Sala, Esther y Mary Carmen. Sí, había una angina que supuraba. Paciencia y cama. Vino a visitarme el Mayor Bessiga Etémé Crépin que había sido destinado a la prisión de Douala después de haber superado sus estudios de Enfermero asistente de Laboratorio. Era la ilusión de su vida. Lo había conocido hacía dos años en N'Kondengui y seguimos la relación a través de Esther a quien ayudaba todo lo que podía desde su puesto de guardián de prisiones. Era un tipo alto y fornido, de unos treinta años, había sido un gran deportista, era un buen musulmán piadoso y bueno... sabía que yo iba a venir a Camerún y esperó hasta mi llegada para decirme que su mujer acababa de morir de post parto y ahora él se encontraba en Douala con tres hijos y sin recuperarse de la pérdida de su mujer de quien yo sabía lo muy enamorado que estaba. Él no había querido escribirme para no entristecerme y ahora me encontraba con 40 grados de fiebre, sudando y empapando hasta el colchón, supurando por la boca y sin poder decirle ni una palabra de consuelo. Llamó al muchacho encargado de la habitación y entre los dos me mudaron la cama, me cambiaron de pijama, me refrescaron con colonia como pudieron e intentaban tranquilizarme en mi delirio. Se me grabó una frase suya: «Los amigos pueden estar juntos en silencio. Ahora le toca a usted dejarse ayudar».

La noche fue terrible, con sueños terribles, sangrientos, provocados, entre otras cosas, por la medicación que tomaba contra la malaria. Cuenta R. Kaplam que los voluntarios del Cuerpo de la Paz le habían hablado en Liberia de «los terribles sueños provocados por la mefloquina, llenos de sangre y de violencia sexual» y explica que la mefloquina (componente del Lariam que yo estaba tomando desde hacía ya tres meses) es el fármaco más efectivo contra el paludismo. Análoga a la quinina, es más efectiva incluso que la cloroquina que empezaría a tomar en el Resochin dentro de unas semanas, combinándola con el Paludrine, también a base de mefloquina. Este tema de la prevención de la malaria es una carga que hay que arrastrar cuando se viaja por países tropicales. Hay que empezar a tomarla dos semanas antes de iniciar el viaje y continuar con ella durante otras tres semanas más después de haber regresado. Mi problema es que, entre el primer viaje y el segundo, no había podido descansar y el cuerpo acaba pasando factura. Es en esos momentos cuando todo se te viene encima, te encuentras aislado, en un país extraño, te haces mil preguntas y sufres una gran desolación. El lunes fue igualmente duro. Vino el médico dos veces pero la fiebre no remitía y la angina seguía supurando. En el trópico todo es extremado. La noche fue de una inmensa desolación y de crisis. Había logrado telefonear a casa pero me emocioné y casi no me salían las palabras. Pero yo sabía que había que pasar esa catarsis, era el comienzo de la segunda parte del viaje y llegaba la prueba iniciática. Ahora lo interpreto así pero, en aquellos momentos, gran parte del sufrimiento era no encontrarle sentido y preguntarme qué hacía yo allí perdido y solo.

El martes amanecí sin fiebre. Me duché. Tomé algún zumo y yoghurt y llamé a casa para tranquilizarlos. Esa tarde tenía una conferencia en la Universidad Católica y no tenía más remedio que encontrarme bien. Me vinieron a buscar, había mucha gente, profesores, estudiantes, religiosos y cooperantes españoles así como el Nuncio y todos los amigos de la Embajada. Me presentó el Embajador Javier Nagore con palabras llenas de afecto y de generosidad. Acabé sin voz pero el público estaba contento y yo también. Después, tuvimos una cena en la Residencia del Embajador con un buen grupo de amigos españoles y con los cinco hijos de la casa correteando por medio, lo cual me producía una enorme ternura acordándome de mis nietas y del buen gusto del matrimonio anfitrión preparando una velada tan agradable en la que todo el mundo se sentía a gusto: desde el Nuncio hasta las religiosas, desde el Rector de la Universidad hasta el personal de la Embajada desde Esther y Fidela hasta yo mismo. Eso es clase y saber hacer las cosas bien en cada momento. Ya tendríamos ocasión para cenas o almuerzos más formales, aquí mismo o en la residencia del Nuncio, en Mont Febé. Pero yo me encontraba debilitado y sólo deseaba sostener el tipo hasta que pudiera meterme en la cama de nuevo.

Al día siguiente, miércoles, di una conferencia en la Escuela de Enfermeras de Yaoundé (*École Privée Catholique d'Infirmières*). Había una gran expectación, la sala estaba abarrotada y el pasillo también. Eran mujeres y hombres adultos que culminaban ahí sus estudios sanitarios. Quizá se había corrido la voz de la conferencia del día anterior porque la directora, Geoffray Renée, religiosa francesa muy preparada, había asistido el día anterior y allí mismo me había pedido si podía hablarles en la Escuela. Sudé a chorros, hay fotos que ella dejó en mi hotel al día siguiente, en las que se ve mi camisa y el pantalón completamente empapados. Almorcé allí y me dijeron que había sido muy fuerte todo lo que había dicho, pero que no había más que ver cómo aplaudían y no se querían marchar. «Es que seguimos creyendo que están en una perenne minoría de edad y no nos acabamos de dar cuenta de que el protagonismo les corresponde a los africanos con todas sus consecuencias», les dije en la mesa que compartían también dos religiosos trapenses. Esperaba a Kiko que pasaría a recogerme para ir a visitar la Misión en la que trabajaba y para conocer a su mujer y a sus ¡ocho hijos!

Por fin, tuvimos el encuentro en la universidad con el decano de la Facultad de Medicina, profesor Maurice Sosso, un cirujano simpático y muy identificado con el proyecto. A la entrevista asistió la doctora Charlotte Sende, profesora de radiología y que era Médico-jefe del Centro Médico social de la Universidad Yaoundé I, en donde disponían de un buen servicio de rayos X, y en el que atendían también a los alumnos del campus Yaoundé II. Visitamos las instalaciones; me gustaron; había buenos locales y buenos profesionales pero les faltaba lo de siempre. Le buscaríamos solución. El Ministro de Enseñanza Superior estaba al corriente del proyecto y, como el sábado eran las elecciones generales, el Decano se encargaría de hablarle porque eran muy amigos. Hice fotos, tomé notas y al llegar al hotel redacté un amplio fax para enviar a Madrid con todos los datos.

El Dr. Eugenio Aguilera vino a recogerme en un Land Cruiser nuevo para llevarme a M'Balmayo, a sesenta kilómetros, en donde hay un Centro sanitario al que enviamos medicamentos desde el Puente Solidario. El Dr. Aguilera es médico, lleva 9 años en Camerún adonde vino con una plaza para un hospital con 250.000 pesetas al mes pero que, con la crisis económica, le quedó reducida a 60.000 y se presentó a una plaza de auxiliar administrativo en la Embajada de España en donde trabaja por las mañanas. Pertenece al Opus Dei y vive con un ingeniero italiano y con un sacerdote español. La rama femenina del Opus Dei tiene un Centro de Capacitación de Mujeres... (Me gustó la idea) para el servicio doméstico, «empleadas del hogar» me dijo. Ya no me gustó tanto porque me pregunté, en silencio, qué familias camerunesas pagarían adecuadamente a muchachas de servicio, educadas a la europea, cuando en toda África, en las casas que pueden tienen hombres y mujeres provenientes de sus poblados, que ayudan en la casa. Es una especie de relación que va más allá de una contraprestación sinalagmática y que envuelve a las respectivas familias. Nunca se mete en la casa a un extraño. Más tarde, alguien me explicaría que a esas chicas las preparaban para servir en Embajadas y en las casas de los europeos destinados aquí durante un tiempo en proyectos de diversa índole. También es conocido desde siempre que en esas casas preparan a las chicas que, después, sirven en las residencias de la Obra. Siempre he pensado que a la mujer africana hay que ayudarla para que alcance su autonomía por medio de una preparación adecuada que no tiene por qué distinguirla para nada de la que se ofrece a los hombres. De hecho, en las universidades y en las cooperativas están demostrando una capacidad de inventiva, perseverancia y capacidad que son básicas para el despegue sostenible de este continente. Por eso, me duele que alguien venga de Europa a preparar a las nativas para el servicio doméstico. Me contó que el Opus Dei está muy extendido en varias ciudades de Nigeria, en Costa de Marfil, en Kenia y en otras dedicándose con preferencia a formar buenos universitarios como futuros dirigentes de esos países. Es un tema ya conocido y una interpretación del mensaje evangélico que para muchos cristianos ha dejado de tener significado. Los jesuitas también lo hicieron en su tiempo. Eran muy lógicos: convertirían a los hijos de los caciques y, después, el pueblo abrazaría la fe de sus dirigentes tradicionales a los que, de una u otra forma, había que seguir.

Me gustó el Centro Sanitario San Lucas. Lo había fundado una ONG italiana que los sigue ayudando enviándoles todos los años material y medicamentos. El director es un cirujano camerunés inteligente y muy simpático que está aprendiendo oftalmología de un especialista japonés de 63 años que decidió jubilarse en su país y traerse para aquí todo su instrumental y aparatos. Me pareció una idea espléndida. Cuando haya preparado bien al discípulo se retirará a su país a «madurar apaciblemente». Como dijo alguien «sólo se da lo que ya se ha dado» y a él tan sólo le quedaba entregar su instrumental y comunicar todo su saber personalmente a otras personas. A eso se le llamaba en la antigüedad clásica *traditio, manus tradere* y, en Oriente, «pasar el cuenco, el manto y el bastón».

Al regresar a Yaoundé, entre el aeropuerto y la ciudad, Aguilera me mostró una gran extensión en la que los del Opus Dei van a construir un Policlínico muy completo. Estará bien comunicado, en una zona segura pero a la que habrá que venir en coche o instalarán una línea de autobuses para el personal porque, naturalmente, al ser una institución privada no dependerá del Estado ni estará incluido en el sistema de sanidad nacional. Recordé que la Escuela Católica de Enfermeras también era una institución privada y, por lo tanto, de pago y comprendí la preocupación del Nuncio para que la Universidad Pontificia no termine convirtiéndose en un Centro de Estudios Superiores de gestión de empresas para los hijos de determinadas familias que puedan afrontar ese costo y ese estatus. Pero así son las cosas.

Como cenaba en la residencia del Nuncio con los Embajadores, con José Luis García-Galán y con Mary Carmen tuvimos ocasión de tratar de muchos temas desde aquella maravillosa terraza de Mont Febé. Fue una cena muy agradable y el Nuncio, así como nuestros Embajadores, son personas acogedoras y abiertas. Como el Nuncio había desempeñado el mismo puesto en Luanda me proporcionó información muy valiosa y me dio una serie de contactos a los que él advertiría antes de mi llegada.

Al día siguiente, abandoné el Hôtel des Deputés y me trasladé a la hospedería del monasterio benedictino porque con motivo de las elecciones el país quedaba paralizado en el sentido más estricto de la palabra. Cancelaron vuelos, no se podía circular en coche, no había autobuses... y eso me lo dicen en la Agencia de Viajes cuando fui a recoger mi billete para N'Djamena, en el Chad. Tuvimos que hacer mil malabarismos para encontrar un vuelo, vía Bangui y Marua, en la República Centroafricana... y eso después de tener que irme el domingo, en un autobús, hasta la tórrida Douala. Paciencia. En Mont Febé trataría de poner mis notas al día y preparar un largo fax. Descansaría para recuperarme algo en esas veinticuatro horas pues sabía que me esperaba un tiempo difícil en el Chad: el harmattan estaba en su apogeo y mi garganta no estaba del todo curada. Pero a uno siempre le ocurren cosas cuando prepara un descanso. Me encontré en el comedor con un matrimonio francés en cuyo rostro había toda la pena del mundo. ¿Qué iba a hacer? Charlamos y paseamos un poco por el maravilloso jardín del monasterio. Tenían un sólo hijo que interrumpió sus estudios universitarios en Francia porque se enamoró de una joven camerunesa, la embarazó y se vino con ella al Camerún. Ninguno de los dos encuentra trabajo y lo peor, el drama africano que los jóvenes no vieron cuando retozaban en Francia, es que la familia de la novia, ¡padres, hermanos, y tíos todos por este orden! exigen la dote... uno de los más graves problemas que todavía existen en algunas amplias regiones de África. Este es un tema que exige una profunda reflexión. Aquellos padres estaban desesperados y mi problema era cómo convencerles de que no tenían que plantearse el tema con la pregunta de siempre ¿qué hemos hecho nosotros mal en su educación, si le dimos todo, mucho más de lo que nosotros habíamos tenido? Cuando uno camina con «el corazón a la escucha» tiene que estar preparado para interpretar sobre la marcha una necesidad de descanso, por ejemplo, como la respuesta a una llamada, aparentemente muda, de unos padres desesperados y desconsolados. Mi situación de padre de seis hijos, de tener parecida edad a la del matrimonio francés y mi experiencia con el voluntariado nos ayudaron bastante a comunicarnos con afabilidad no exenta de firmeza. Me conmovieron cuando, al retirarme a mi cuarto, me dijeron a una con los ojos muy brillantes: «Su llegada fue como la respuesta a una petición que hacíamos continuamente. Una respuesta, pedíamos, alguna explicación para poder continuar viviendo aunque sea con todo este dolor. Pero usted nos ha aliviado una gran parte del sufrimiento». «El saber distinguirlos ya es parte de la terapia. Además, cuando su hijo compruebe que ya no puede seguir haciéndoles sufrir más... verán como las cosas vuelven a su cauce. Tomen un poco de distancia.» (Mientras corrijo este libro me llega una carta confirmándome que los jóvenes regresaron a Francia con su hijo, ella ha adquirido el permiso de residencia y ambos reanudaron sus estudios combinándolos con un trabajo a tiempo parcial.)

Camerún, uno de los países más ricos de África que siempre había sido capaz de alimentar a su población sin problemas. Tiene una extensión aproximadamente igual a la de España y va desde el golfo de Guinea hasta el lago Chad. Con casi quince millones de habitantes es el país con mayor cantidad de etnias reunidas políticamente por los artificios de la política: más de 250 etnias diferentes la mayoría de las cuales jamás en la historia habían vivido unidas. Aunque la mayoría son de origen negro-bantú y habitan en el sur, los *bamilekés*, *doualas*, *tikar* y *bamaunas* se extienden por el norte; los *ewondo* y los *fulbes*, están más hacia el este y, como siempre, más al norte están los *fulani* que ya comparten límites con *senufos* y pueblos propios de la sabana del Sahel.

Aunque alguna gente piensa que su nombre se debe al explorador inglés Cameron, lo cierto y verdad es que fue Fernando Poo, el navegante portugués, quien bautizó como «Costa de los Camarones» la desembocadura del río que desemboca en Douala. Verney Lovett Cameron dirigió una expedición, en 1873, desde Zanzíbar, que partió de Bagamoyo, en la costa oriental, el 23 de marzo de ese año, para rescatar a Livingstone siguiendo la ruta trazada por Burton y Speke diez años antes. Desgraciadamente, en Kazek, Cameron encontró a los porteadores del cadáver del famoso explorador que había fallecido en Ulala el 1 de mayo. A Cameron le cupo la gloria de haber decidido ir hasta Ujiji y recuperar los papeles de Livingstone que estaban en poder de un traficante árabe y llevarlos a Inglaterra. Pero antes, abandonando su idea de ir hasta el lago Tanganyika, se dirigió hacia el oeste para seguir el curso de río Lualaba, que, tres años más tarde recorrería Stanley y confirmaría que no era otro que ¡el mismo Congo! Así como Savorgnan de Brazza había estado a punto de alcanzar el mítico río, caminando desde Gabón, se volvió atrás igual que ahora lo hacía Cameron pero éste impedido por el terrible y rico mercader de esclavos, Tipo Tip, que no le dejó pasar por el centro de su emporio comercial, Nyangwe, en agosto de 1874. Al menos, también pudo comprobar que el Nilo y el Congo no eran el mismo río porque la altitud del Lualaba, en Nyangwe, era más baja que la del Nilo, en Gondokoro, y su volumen era cinco veces mayor. Siguiendo el consejo de Tipo Tip, Cameron se dirigió hacia el oeste y alcanzó Benguela, en la costa de Angola, el 7 de noviembre de 1875 con el resto de su expedición, exhausto y casi muerto, donde fueron ayudados por los portugueses. A su llegada a Liverpool, en 1876, fue recibido con honores y aunque publicó un interesante relato *Across África* (1877), su indudable gesta fue oscurecida por la desbordante de Stanley que casi coincidió con sus viajes. Así se escribe la historia.

Preparé mi equipaje para irme a Douala y en el trayecto de tres horas y media miraba este hermoso país que padeció la codicia de los depredadores. No sólo de los traficantes de esclavos que en esto siguió la suerte de todos los países ribereños de ese golfo sino que los alemanes lo ocuparon en 1884 gracias a un acuerdo que el enviado alemán Gustav Naachtigal logró firmar con el rey de Douala al que los ingleses le habían negado el estatus de Protectorado. Al año siguiente, la Conferencia de Berlín le concedería el Camerún a Alemania hasta que, en 1918, ingleses y franceses se echaron a por sus despojos y se lo repartieron: 75 % para Francia y el resto para los ingleses. Esta es la razón de que esas dos sean las lenguas oficiales del Camerún; a pesar de hablar sus gentes más de veinte lenguas locales y 150 dialectos, con predominio, claro está, del *hausa*, del *fang*, del *bamileké* y del *dioulá*. Su PIB es de 7.740 millones de dólares casi igual a su deuda externa que es de 7.275 y cuyo servicio le supone casi el 20 % de sus exportaciones. La población está alfabetizada en un 63 %, hay un médico cada 12.500 habitantes y el acceso al agua potable sólo llega al 50 %. La independencia la alcanzó en 1960 seguida de la reunificación de las dos zonas, francesa e inglesa, pero nunca han llegado a una integración plena porque es el país más artificialmente concebido de toda África desde le punto de vista social. Su primer presidente fue el musulmán Ahmadou Ahidjo que gobernó con mano dura y su sistema de represión en nada tenía que envidiar al de los colonos hasta que, en 1982, caso insólito como dijimos, abandonó voluntariamente al poder y dejó en el cargo a su primer ministro Paul Biya que era cristiano. Al parecer, Ahidjo quería seguir gobernando desde la presidencia del Partido pero su enfrentamiento con Paul Biya fue a muerte hasta el punto de que aquél tuvo que huir al exilio y fue condenado a muerte, en 1983, acusado de intentar un golpe de Estado. La más siniestra verdad es que más del 54 % de la economía del Camerún siempre ha estado en manos francesas y estos han movido los hilos de la trama siempre según sus intereses y de las compañías internacionales que ahora controlan la parte más importante de sus exportaciones. Camerún padece recortes en sectores claves: educación y sanidad porque su política económica la dicta el Fondo Monetario Internacional. Me sentía incómodo, el calor del autobús era infernal, las películas de Van Dame a todo volumen, quizá mi debilidad física, pero sobre todo me indignaba que un país que podría convertirse en una República federal y ser autosuficiente en todos los campos, dependiera de semejante manera de los intereses supranacionales ayudados en su labor por una clase dirigente en la que la corrupción era norma y la probidad, excepción.

36

Chad

Nuestro avión estaba a punto de aterrizar en N'Djamena, antiguo Fort Lamy, la capital de uno de los países más pobres de África y, sin embargo, el quinto en extensión. Su población no llega a los siete millones de habitantes y está trágicamente enfrentada entre los clanes del Norte y los pueblos del Sur. Los primeros son de procedencia sahariana con mezcla de beréber y poblaciones negras, los famosos *toubou*, musulmanes y en su mayoría pastores y nómadas. Son los «hombres del Tibesti». El Presidente de la República, Idriss Déby, pertenece a uno de esos poderosos y belicosos clanes. En el sur predominan los *sara*, en su mayoría negros y en esta región casi hay un 10 % de cristianos, a diferencia del Norte en donde predominan los musulmanes. Pero todos ellos conservan sus antiguas costumbres africanas y, de una manera u otra, practican ritos animistas tradicionales, de ahí que todos reciben un nombre cuando son iniciados y que hace referencia a Dios o a la comunidad. Sus tatuajes indican su capacidad de soportar el dolor físico y de superar las pruebas; los trazos son muy finos a ambos lados de la sienes y su significado es conocido por todos ya que, al recibir los secretos de la vida, que los ancianos les transmiten en el período que precede a la iniciación, ellos detectan disposiciones fundamentales que van a influir en su vida de adulto y como, según las más antiguas tradiciones, el «nombre hace la cosa», ese nombre —aunque lleve otro cristiano o familiar— no lo revelará fácilmente a un extraño. Este tema de la iniciación y de las pruebas estuvo torpemente perseguido por los misioneros porque, por su ignorancia, lo relacionaban con la brujería. Hoy ya hay, felizmente, sabios prelados como el Arzobispo de Bobo-Dioulasso, en Burkina Faso —cuyos libros he leído con verdadero placer.

Uno se pasaría las horas escuchando a este hombre admirable que defiende su iniciación y encuentra que el catecumenado debería adaptarse a esa realidad tradicional sin sincretismo alguno: hay aspectos comunes que se refuerzan mutuamente. ¡El tema de la iniciación es apasionante en todas las tradiciones religiosas profundas! Los *sara* así como los *mbay*, *hakka*, *massa* y otros llegaron a esta región por migraciones procedentes del Alto Nilo y son de elevada estatura, superior a un metro ochenta. Fundamentalmente son agricultores y, a diferencia de otros pueblos en los que las mujeres se ocupan de esta actividad, entre los *sara* son los hombres. Durante siglos han rechazado la propiedad privada de la tierra porque ésta es madre generosa a la que respetan y cuidan y ella da los frutos necesarios para la comunidad. De ahí que cuando los franceses introdujeron, en 1929, el cultivo masivo de algodón destinado a la exportación atentaron violentamente contra una convicción radical de sus vidas. Todavía hoy conservan cultivos comunitarios para la alimentación que llevan a cabo en tierras que reparten los jefes tradicionales como guardianes de la tierra. Los colonos franceses impusieron los trabajos forzados por considerarlos vagos para el trabajo y los sometieron a un trato inhumano. Antes habían padecido las razzias de los árabes traficantes de esclavos y, después, los franceses no vacilaron en llevar a los más fuertes para construir el ferrocarril nada menos que hasta el Congo. La mayor parte nunca regresaron. Si eso no supone erradicación y una forma de exterminio de un pueblo que vengan los lingüistas a precisar conceptos. La costumbre de que las mujeres alargaran desmesuradamente sus labios era para no parecer atractivas a los traficantes. (Besarse en la boca no era tan corriente ni tan cargado de erotismo entre los naturales del país como veían hacer a los colonos.) Los franceses no ocuparon efectivamente la totalidad de esas tierras hasta 1920 por medio de sangrientas campañas en las que emplearon a fondo a la Legión Extranjera. En 1930 decidieron que las tierras eran apropiadas para el cultivo intensivo del algodón por el sistema de asignar lotes de terreno a cada familia y obligarles a entregar una cantidad determinada en forma de impuesto. De esa forma destrozaron la economía tradicional que era de subsistencia, hubo grandes hambrunas y las sequías encontraron terrenos también apropiados para la erosión y la devastación. El Chad alcanzó la independencia en 1960 pero, desde 1965, estuvo sumido en una espantosa guerra civil que duró hasta finales de los ochenta. Curiosamente, los misioneros franceses evangelizaron en el siglo XVIII a los *saras* del Sur, les dieron una educación europea y los enfrentaron a los belicosos clanes del Norte, de quienes nunca se consideraron compatriotas porque jamás lo habían sido. Al contrario, las razzias venían del norte. Estas guerras civiles son una de tantas contradicciones que aportó el colonizador uniendo políticamente por la fuerza a pueblos tradicionalmente enfrentados o que se ignoraban. Por eso, esas guerras y tensiones que todavía perduran en Sudán, Níger, Chad, etc., no son civiles, sino producto de decisiones de los ocupantes europeos que necesitaban apoyarse en minorías, a las que cuidaban, para enfrentarlas a otros pueblos más numerosos. Este esquema se repite una y otra vez en el continente africano y los medios de comunicación lo simplifican hablándonos de enfrentamientos entre musulmanes y cristianos, o entre negros y árabes, o entre tuaregs y *fulani*, saharauis y marroquíes, *ashanti* y *ewé*, entre *kikuyus* y masai, o entre *batutsi* y *bahutu*, por no hablar de los pueblos shona, zulúes, ndebele, que encontraremos en la costa oriental. Produce dolor que, a estas alturas, todavía entremos, participemos y sostengamos ese juego del que hoy se aprovechan las grandes compañías para la defensa de sus intereses como antes lo hacían las potencias colonizadoras.

En el Chad, dos terceras partes de su territorio son desérticas o forman parte del Sahel. Al agua potable no tiene acceso más que un 24 % de la población; la esperanza de vida no supera los 48 años, la mortalidad infantil es de 120/1.000 y cuentan con un médico por cada 40.000 habitantes, y no equitativamente repartidos. La mayoría están en el sur. La tasa de analfabetismo es de un 52 %, sobre todo entre los pueblos del norte en donde se llega a cifras de 85 %. El PIB es de 910 millones de dólares y la deuda externa de 816. No es posible salir adelante en estas condiciones, ni siquiera ahora que las grandes compañías transnacionales han puesto sus ojos en los yacimientos de uranio, tungsteno y petróleo que se han descubierto así como, al parecer, oro en el lago Chad; era lo único que le faltaba a ese resto de un inmenso mar para desaparecer bajo la voracidad de extracciones salvajes.

A veces, algunos amigos desearían que no me extendiera en datos y en cifras; ellos prefieren que les cuente «relatos» de mis viajes. Ya sé que son más divertidos, pero los pueblos sangran por sus heridas y no es honesto ni digno escamotearlas. Pero este enfrentamiento entre el norte y el sur estuvo sostenido siempre por los franceses. En el mismo también tuvo su intervención importante el régimen del coronel Gaddafi, cuyas tropas llegaron a ocupar N'Djamena en 1980, lo cual permitió a Francia iniciar una campaña internacional contra el expansionismo libio en África apoyada por Estados Unidos, Egipto, Sudán y otros países africanos temerosos del proyecto de Gaddafi de crear una gran confederación islámica con los países pobres al sur del Sahel. ¡Como si Francia no hubiera ocupado esas tierras sin mejor título! Lo grave es que ese tema no ha muerto, Gaddafi sigue extendiendo sus tentáculos por esos países. No hace más que unas semanas, dirigió la plegaria del viernes, al comienzo del Ramadán, en la mezquita de N'Djamena como otras veces lo había hecho en la de Niamey. A sus dirigentes no les gusta mucho, pero gran parte de su petróleo y otras ayudas les llegan de Libia.

El antiguo Fort Lamy de los franceses fue rebautizado por el primer Presidente François Tombalbaye, en 1973, con el nombre de N'Djamena en una fiebre de erradicar los nombres franceses al igual que sucedió en otros países cuando consiguieron su independencia. (Este presidente fue asesinado en 1975 durante uno de los numerosos golpes de Estado que se suceden.) Es una ciudad dividida en dos claros sectores: el administrativo, cuyo eje es la Plaza Étoile y su arteria principal la avenida Charles De Gaulle (curiosamente a ésta no le africanizaron el nombre) y, el otro, es el barrio o sector africano con el encanto de la mezquita, el gran Marché y las intrincadas callejuelas de auténtico sabor saheliano. Me alojé en el Hotel du Chari, que está junto a este río que hace frontera con el Camerún y que va a desembocar al extenuado lago Chad. Allí, tanto como en el Novotel la Tchadienne, uno se encuentra a paracaidistas franceses, familiares de Mobutu refugiados del Zaire, militares en uniforme de campaña y hasta a guerrilleros del sur que acababan de firmar un acuerdo con el Presidente Idriss Déby y con cuyo líder, Laokein Frisson Barde, alias Mbaibari, y otro alias que como seudónimo me dio a conocer para poder comunicarnos, me encontré de una manera rocambolesca. A veces, tengo que volver a mirar las fotos que nos hicimos con sus guardaespaldas armados hasta los dientes y con los kalashnikof amartillados para convencerme a mí mismo de que ni fue un sueño ni me lo he inventado.

En el aeropuerto me había recogido el Dr. Mustapha Senoussí, cirujano amigo de aquel funcionario chadiano que trabaja en Washington y al que me había encontrado en Abidjan y que había urgido y preparado esta escala. Para mi desgracia, el Presidente de la República había decidido introducir cambios en el Gobierno y casi se había paralizado la actividad administrativa a todos los niveles, incluido el universitario. No obstante, me entrevisté con el Rector de la Universidad y con el Secretario General de la misma quienes ya habían leído la copia del Proyecto de CPMP que les dejara Mustapha y estaban decididos a incorporarse al mismo. Pero yo no podía aceptarlo sin hablar antes con el Decano de Medicina que estaba entre los posibles candidatos para el Ministerio de Sanidad. Así que había que esperar porque yo quería conocer las posibles instalaciones y a los responsables del proyecto. En su lugar, me prepararon una encerrona con Moktar Wawa Dahab que era el Director general de Pharmat, la empresa «privatizada» que se encargaba de la compra, recepción y distribución de todos los medicamentos que llegan al Chad por una u otra vía... y ellos los venden a los hospitales, clínicas, maternidades y demás centros sanitarios. Aquello no me gustó ni un pelo y tuvimos una entrevista bastante tormentosa porque, como las desgracias nunca vienen solas, en el avión que me traía desde Yaoundé con parada en Bangui, se sentó detrás de mi asiento una mujer alta y elegante, ya en la treintena corrida, que con malos modos me pegaba un golpe con las rodillas en mi espalda cada vez que yo intentaba reclinar un poco el asiento en aquel interminable viaje. Confiaba en que se apease en Bangui y me aguanté. Pero volvió a subir y de nuevo me clavaba con saña sus rodillas en mi espalda. Aquí ya me volví y le pedí que, por favor, comprendiera que no estábamos ni comiendo ni despegando ni aterrizando y que, por lo tanto, tenía derecho a reclinar mi asiento. No le dije que acaba de salir de una enfermedad y que todo el cansancio acumulado se presentó en el avión, como suele suceder. Me miró despectivamente y ni me respondió. Siguió la sorda batalla y ya me dije que desde Maroua a N'Djamena tendría tiempo de recostarme un poco cuando aquella antipática se hubiera bajado o se hubiera cambiado de sitio. ¡Vuelta la burra al trigo! Al volver a tomar el avión para despegar para N'Djamena, no sólo se sentó en el mismo sitio sino que ¡cruzó las piernas! Bueno, ¡adiós caballero español! Esperé a que despegásemos y, cuando habíamos alcanzado la velocidad de crucero adecuada —así queda mejor—, me volví y le dije en el más correcto francés: «Señora, voy a reclinar un poco mi asiento...». Ni me respondió. «Señora, volví a insistir, usted está buscando querella y la va a encontrar.» Entonces, pegó un grito mientras seguro que me dirigía una mirada asesina que no pude comprobar porque eché con decisión mi asiento contra sus piernas. Vino la azafata. Habló en francés y mi vecina le contestó en una lengua tradicional con lo cual no pude participar: era una situación absurda, la azafata y yo hablábamos en francés y la dama elegante y con un corte de vestido, de peinado y de autosuficiencia europea se empeñaba en mantener sus largas piernas cruzadas. Son de esas situaciones disparatadas y que cuando uno las piensa le producen casi rubor, ¡pues claro que yo también podría haberme aguantado o intentado que alguien me cambiase el sitio! Pero ante aquella especie de mula parda, altanera y despectiva, no me dio la gana. Confiaba en no volver a verla en mi vida.

Pues bien, cuando estábamos en lo más serio de nuestra discusión sobre ese sistema de control de los medicamentos por parte de una compañía «privatizada», para atender las sugerencias del FMI ¡cuyo director general era el antiguo Director General de Farmacia!... se abre la puerta y hace su entrada, como en Madame Lescot, la antipática del avión que no era sino el agente de Moktar en Abidjan pues, desde allí, tenían montada una red de distribuidores de medicamentos en varios países de África. ¡Yo acababa de contar la desagradable anécdota del avión y, entonces, comprendí por sus caras que ella les había contado su versión de la misma! Puestos en pie, me pedían que hiciéramos las paces y que nos diéramos la mano, la miré y seguía tan altiva y estúpida como en el avión. «Espero que esta señora no haya venido a participar en la reunión, pues ni es de negocios ni podría mantenerse porque ella, al parecer, no habla francés.» La dama se dio la vuelta y ni siquiera cerró la puerta cuando salió. Se imaginará el lector que no me faltaban argumentos para decirles que no teníamos nada que tratar, pues yo nunca aceptaría que Pharmat fuera la distribuidora de los medicamentos que donásemos para el proyecto CPMP ya que jamás aceptaría esa pequeña comisión a la que me estaba haciendo referencia. «Pues no llegará usted muy lejos en África. No conoce esto. Aquí si no cuenta usted con 'amigos' que 'faciliten' las cosas, ni los envíos saldrán del aeropuerto, ni las aduanas funcionarán sin enormes gravámenes, ni estoy seguro de que los paquetes salgan enteros. Hay que adaptarse a las circunstancias. Los europeos impusieron sus normas durante demasiado tiempo. Yo he estado años en el exilio en París por motivos políticos y allí organicé este sistema de control para impedir que los medicamentos se pierdan y vayan a parar a los bazares de media África...» «Bien, no le voy a decir que me alegro que haya regresado a su país —porque no es mi problema—, ni voy a darle mi opinión sobre su sistema de control y de distribución. Yo estoy hablando de otro tema completamente distinto: se trata de una cooperación solidaria y que busca promover la salud y la investigación científica... y usted ahora me parece que habla un lenguaje que yo no quiero comprender.» Me levanté, les dije que mantenía mi programa de visitas pues no podía haber hecho este viaje en vano y que ya sabían dónde localizarme cuando se resolviese la crisis de Gobierno. Me acompañó el Dr. Senoussí hasta mi hotel e intentó deshacer el equívoco, invitándome a cenar esa noche en Le Pelican.

Resulta que Moktar y la dama habían sido amantes en París y desde allí organizaban la recepción de ayudas para el Chad junto con otros amigos. Era una mujer de armas tomar, y no digo esto con segundas intenciones, porque no tengo pruebas, pero no me costaría ningún trabajo imaginármelos pues son hombres y mujeres como esta pareja y sus amigos políticos los que se encargan de estos menesteres. Armas o medicamentos pueden ser igualmente nefastos y terribles en manos de negociantes que sólo buscan el lucro al que identifican con éxito. La red se extendió a otros países mientras duró su exilio que, en ese país, con las continuas guerras civiles, golpes de Estado y revueltas era el estado normal por el que pasaban un día u otro los miembros de las mil y una facciones políticas: era la lucha de clanes, no sólo del norte contra el sur, eran los pillos y los prepotentes en connivencia con compañías extranjeras los que sangraban a este país que tan sólo les servía de plataforma para sus negocios. Me sentí mal y me dije que, entre los 45° a la sombra y la tormenta de arena que se había desatado, con relámpagos sin lluvia y truenos espantosos... a mí no me quedaba más que refugiarme en el hotel hasta que se pudiese ver algo, no sólo en la calle ¡donde el harmattan impedía ver a tres metros!, si no en la situación del país ya que el avión no salía hasta el viernes y hoy era lunes.

«*Hakuna matata. Polepole.* Tómatelo con calma, amigo, y hazte a la idea de que has caído en paracaídas y trata de sacarle el mayor fruto a la situación.» Trataba de darme ánimos porque el panorama no aparecía para nada claro.

Durante la cena, Mustapha Senoussí me contó que había estudiado en Alemania y se quedó trabajando allí durante 23 años como cirujano. Allí estuvo casado y tiene una hija de 12 años de una profesora alemana de la cual se ha divorciado «por celos» me dice, «como si yo no hubiera sido siempre el mismo». Senoussi tiene ahora unos 56 años, debió ser un tipo con un fachón imponente, fácilmente imaginable, haciendo estragos entre las enfermeras del hospital donde trabajaba. «¡Como si no hubiera trabajado siempre con enfermeras!», me continúa explicando sin que yo preguntara nada. «Mientras le convino, bien que engañaba a mis compañeras de turno hasta que hizo que nos casásemos al quedarse embarazada, ¿creía que yo iba a cambiar? Además, lo que le interesaba de mí también le interesaba a otras y ya me ve, he regresado a mi país y parece que nadie me necesita... ya llevo dos años y medio aquí sin trabajo...» «Quizá le hubieran necesitado más aquí cuando terminó sus estudios con la beca en Alemania, en aquel tiempo este país comenzaba a labrarse un futuro.» «No, desengáñese, profesor, aquí siempre reinarán los clanes, o los grupos de intereses, no es cuestión ni de religión ni de razas ni de etnias ni de nada... el Chad nunca existió, esto es una construcción artificial con unas tierras disputadas por diversos grupos. A veces, fueron los pastores, otras los agricultores, luego los colonos y había que tratar de introducirse en el sistema o echarse al desierto a combatir... y ahora todo son querellas de grupos políticos rivales sostenidos por intereses extranjeros.» «Lo encuentro pesimista y me parece que es por causa de este harmattan al que ya no está acostumbrado.» «Mire, hace unos años, tuve que venir al entierro de mi madre; aquí hacía 44° C a la sombra. Llegué a París y estaban a menos 10°, cogí el coche para trasladarme a mi casa en Hesse y, cuando llegué, estuve enfermo una semana a causa del estrés. Nuestro organismo no está preparado para estos cambios de temperatura, de humedad y de ambiente al que lo sometemos después de unas horas de avión. Es una locura que termina pagándose de una u otra forma. Usted acaba de llegar de Yaoundé, ya vio lo que significó el cambio de Ouaga a Lomé, tómese unos días de descanso, piérdase por las calles, aquí no hay nada que ver, N'Djamena no es más que un antiguo fuerte, una y mil veces destruido y vuelto a construir; en el año 1980 llegó a tener 40.000 habitantes. Si hemos vivido del contrabando de esclavos o de las luchas intestinas, fíjese bien: la independencia la tuvimos en 1960 y el primer presidente, Tombalbaye, se convirtió en un dictador que se volvió loco, se entregó a prácticas del vudú haitiano y liquidó a todos sus opositores; en 1968, él que se había enfrentado a Francia tuvo que ser salvado *in extremis* por los paracaidistas franceses; en 1975 fue asesinado después de haber permitido que Libia ocupase al norte una amplia zona de nuestro territorio; luego vino la lucha a muerte entre el general Malloum y los seguidores del tristemente famoso Hissène Habré. Se calcula que, en 1979, fueron masacrados en N'Djamena miles de habitantes así como en el sur se hicieron razzias increíbles; en 1980, Libia nos invade y dan comienzo diez años de caos con los franceses, los libios, los sudaneses, los egipcios... todos tenían algo que decir o decidir aquí hasta que, en 1990, otro golpe de Estado dirigido por el actual presidente el coronel Idriss Déby... que hizo aprobar una nueva constitución en 1994. ¿Qué se puede esperar?» «¿Cómo veía, desde Alemania, médico en un hospital de Hesse, todo lo que sucedía en su país?» «Como si fuera un episodio de bandas de forajidos enfrentadas en una vieja película de principios de siglo... Me encontraba a años luz... no era capaz de reconocerme ni de identificar nada de lo que sucedía a través de las pocas y tergiversadas noticias de prensa. Desde entonces, cada vez que leo algo relacionado con un país lejano, en el que no hay más fuentes de información que las crónicas de unos apresurados periodistas, que llegan hablan con unos cuantos y se vuelven a buscar otra guerra, me siento muy escéptico.»

Cuando me dejó en el Hotel du Charí no tuve ganas de irme a mi cuarto y me tomé unas copas con quien resultó ser el Secretario General del Gobierno... y, whisky mediante, lo que largó... «Puede suceder algo en cualquier momento», me dijo cuando le comenté lo que me tenía intrigado: ese ir y venir de militares con trajes de camuflaje, parecían de dos ejércitos distintos, aparte, ya lo dije, de los paracaidistas que solían estar por la tarde en la piscina pero que esta noche habían organizado una cena castrense de despedida a un oficial al que le regalaron, con gran sorpresa, a los postres y apagando previamente las luces para que trajesen una tarta con velas y el regalo: ¡un sable! De hoja curva, sí, pero un sable, al fin y al cabo. Había que verlos aplaudir y reír y hacerse bromas, entre copas; y algunos otras cosas entre el follaje del jardín adonde habían ido a buscar algo de aire. Las putas, que las había a docenas, se removieron y se lanzaron en plancha, pero parece que en esa ocasión no tuvieron mucho éxito. Me fui a dormir con la cabeza hecha un bombo, entre otras razones, porque la tormenta de arena, la explosión seca no acaba de reventar de una vez.

Hacia las cuatro de la mañana me despertaron unos truenos que parecían cañonazos. Me asomé a la terraza y vi un espectáculo grandioso al otro lado del río, en la ribera camerunesa: era una orgía de relámpagos, de nubes corriendo a toda velocidad, de tornados de arena; a veces, el río desaparecía bajo el tornado y, de pronto, los relámpagos lo iluminaban de una manera grandiosa. Yo iba vestido tan sólo con una tela a la cintura, un *kikoi*, entré y agarré una toalla de baño y la estiré en el suelo de una gran terraza vecina a la que salté desde la mía para tumbarme sobre ella y gozar a tope de aquel fin del mundo, pasase lo que pasase. Y pasó. Sucedió de pronto, como si se abriesen las compuertas del cielo y cataratas de agua se desbordasen sobre nosotros, sobre el río, sobre los montes lejanos, sobre la terraza, sobre mi cuerpo... a veces no podía ni abrir los ojos, sentía los chorros en todo mi cuerpo, no me importaba si me ahogaba o si el viento me arrastraba o si se taponaban los desagües de la terraza, no me importaba nada de nada más que hacerme agua con el agua y viento con el viento. Sentía un placer sensual sobre toda la piel, no sólo en las zonas erógenas; era como si se me hubiesen fundido los plomos o un cortocircuito hubiera conectado el *ying* con el *yang*... lo más maravilloso era que no se producía el orgasmo con lo cual todo se hubiera solucionado. No. Era como si el umbral del placer se hubiera dilatado, dilatado y me recorriese toda la epidermis y la dermis y la hipodermis y la médula ósea. No sé si decirlo, era como si por las venas fluyesen almizcle, vetiver, opio, cannabis, menta, bálsamo, sudores, olores, caricias... no es que se me hiciera gaseosa una parte sólo de mi cuerpo, es que de repente, todo era gaseosa: el agua que caía del cielo, la que venía racheada desde el río, la que saltaba al caer sobre el gran charco en que se había convertido el piso de la terraza incapaz de desahogar tanto volumen por los aliviaderos... Me puse de pie porque temí ahogarme, y, esto que quede entre nosotros, me encontré bailando solo en una especie de *taichí-chuang* lleno de armonía, hecho viento, hecho agua, hecho ramas de árboles que se torcían casi hasta ser tumbadas por el viento racheado... toda la terraza era para mí, me deslizaba de un lugar a otro, me sentía río, nube, trueno, árbol, tierra, luz, vida... ¿dónde estaban los límites, dónde la definición, dónde la gravedad, dónde la mesura, si todo era armonía? No había ni que dejarse llevar por nada ni por nadie ni adonde ni de donde. Algo sí debo reseñar: no me costaba esfuerzo alguno mantener el equilibrio por muy extrema que fuera la posición. Eso es algo que soy incapaz de hacer. Sé que hubo momentos en que estaba apoyado sólo en un pie y con todo el cuerpo cimbreado hasta el límite en el que un milímetro más supondría la caída... al vacío. Después, no sé si éramos dos o tres o ciento... sucedió como en un espejo en que se reflejase la imagen mil veces, pero ¡un espejo de aire y de agua! Que tomaba tu imagen y te la llevaba, te la estiraba, te la centuplicaba sin dejar de ser yo mismo... pero, entonces, empezaron a rodearme espejos cóncavos que formaban como una cúpula, como una pared curva, como una circunferencia que se iba aproximando más y más, pero que no me amenazaba ni me daba miedo, sólo que yo sabía como sólo se saben esas cosas en esas situaciones límite que, si no salía de la corola, los estambres y los pistilos harían de mí polen y me llevaría el viento, entonces, sucedió: me vine como en un sueño, como en el agua, como en un amnios, y me agaché como para recoger la envoltura de mi cuerpo, como si fuera una gabardina tirada, una membrana o lo que quedaba de una placenta que fuera etérea y no gelatinosa. Di unos pasos para salir del núcleo, me envolví en el viento y escogí un tono dorado viejo, algo apagado, para pasar desapercibido por si alguien me veía al saltar al otro lado de la terraza.

Al día siguiente, en el desayuno me encontré un movimiento inusitado de militares en traje de campaña, otros en civil pero con teléfonos móviles en la mano y con un tufo a «policía militar secreto» que tiraba para atrás. Daba la impresión de que alguien estaba custodiando o protegiendo o vigilando a alguien, pero yo me perdía pues todos eran chadianos. De pronto, hizo su aparición un grupo de soldados más jóvenes, más negros de piel y todos con traje de camuflaje que parecía que acabaran de tomar el hotel. No llevaban armas en las manos pero en la cintura, bajo las guerreras, se destacaba unos pistolones de cuidado. A mí, después de la experiencia nocturna, todo aquello era lo que me parecía irreal. Yo no estaba allí como enviado de guerra pero la sangre se me iba alterando por momentos, era como si en mi interior intuyera que iba a pasar algo y recordé las palabras del Secretario General del Gobierno, me imagino que cesado por el estado en que se encontraba. Pregunté a los camareros y uno me señaló con la mirada a un hombre joven muy alto, negro, musculoso y que sobre su uniforme de campaña con las mangas arremangadas llevaba una especie de pañuelo grande de color verde al cuello. Llevaba varias pulseras de cuero en las dos muñecas y sonreía a todo el mundo que se acercaba a saludarlo. Parecía estar viviendo un momento de plenitud, ese momento de gloria que llega una vez en la vida y que, en las películas, se salda con una ráfaga de ametralladora. «Pero, ¿quién es?», insistía yo al jefe de camareros. Él me decía *shii* para que me callase. Entonces, no lo pensé dos veces, me levanté, me acerqué a él traspasando la barrera de protección que lo rodeaba y le dije: «¿Le importaría que nos hicieran una foto juntos? Es que cuando lo cuente, no me lo van a creer ¿sabe? Yo soy periodista».

Se lo dije como podía haberle dicho que era uno de sus fans si fuera un actor de la tele o un futbolista, pero aquello necesitaba la prueba documental fotográfica antes de que surgiera la noticia, fuera la que fuese. Para mi pasmo y ante el intento de hacerme a un lado de los que lo «protegían» de su guardia, me sonrió y me dijo: «Con mucho gusto. Yo también tenía ganas de conocerlo en persona». «Debe tratarse de un error —le dije—, además, aquel hombrecillo con cara de ratón que lleva el móvil tiene todo el aire de venir a por mí de un momento a otro ¿es de los suyos o de los que lo protegen de sus protectores? Estoy hecho un lío.» Y se echó a reír con todas sus fuerzas. «No se preocupe, soy el comandante Laokein Frisson Barde, jefe de la Rebelión del Sur... el de cara de ratón que usted dice, me llamaría "cortador de carreteras" (*coupeur de routes*) pero desde ahora ya todos sabrán que está usted bajo mi protección. ¿No ve lo intrigados que están y como no se atreven a acercarse? Aunque le digan algo, cuando nos separemos, no les haga caso, dígales que ha venido a verme y que lo espero.» «¿Dónde, comandante, y cuándo?» «Como yo también soy amigo de la noche, venga a verme a la habitación 37 después de las diez. Alguien irá a recogerlo en su habitación ¿es la 25, no?» «¿Y cómo sabré que viene de su parte? Mire que si viene uno de los otros y me lleva de paseo...» «El que vaya le mostrará este pañuelo verde que llevo al cuello. No lo llevará puesto, porque no puede, pero lo llevará debajo de la guerrera. ¿De acuerdo?» «De acuerdo, comandante. ¿Nos hacemos la foto...?, no vaya a ser que desaparezca mientras tanto.» De nuevo se echó a reír y como los acompañantes habían hecho un círculo de respeto, unos dándonos la espalda para mejor protegerlo, y otros mirándonos fijamente como si fuéramos a escapar, nadie se enteraba de qué estábamos hablando; pero allí ni desayunaba ni se sentaba nadie. Le entregó mi cámara a un señor de paisano vestido a la europea y conduciéndome en medio de sus leales mandó que nos hicieran unas fotos, ante el pasmo de los camareros a los que yo estaba deseando ningunear y esnobear tan pronto como me separase de Laokein. Ahora sí que flipaba pensando en la movida nocturna. Mientras tanto, le pedí al cielo que no me lo matasen hasta después del encuentro nocturno, Laokein interrumpió mis pensamientos y me dijo: «No se preocupe. Esta mañana firmaré con el Presidente de la República unos Acuerdos que se están negociando durante esta tregua». «¡Menos mal! Hasta la noche, entonces.»

Así fue como conocí al Comandante de la guerrilla del Sur cuyo nombre originario y profético era Mbaibari, que quiere decir *la chefferie t'appelle.* Como se me habían quitado las ganas de continuar desayunando, atravesé toda la terraza donde se servían los desayunos y como un sultán de Persia o como Harum al Rashid en Bagdad, me fui a mi cuarto, me puse un *tchamir* y un gorro blancos, me eché un pañuelo también blanco por los hombros, a la manera saheliana, que tanto sirve para el sol como contra el harmattan, y me dirigí a recepción a dejar la llave «Recoja todos los mensajes, por favor, y diga que hoy no voy a estar para nadie. Tengo compromisos fuera». En la puerta había varios choferes ofreciendo sus taxis. Seleccioné al que tenía cara de más espabilado y apto para mis planes y le dije «¡Al Grand Marché!».

Le pedí a Mahmud, el chofer, que me llevara por el camino más largo: que subiéramos hasta Étoile, luego siguiéramos por la Avenida Charles de Gaulle, no por la del General de Gaulle ¡tiene dos avenidas casi paralelas! Que nos dirigiéramos al Rond Point del Sultán Kasser y, desde allí, fuéramos hasta la Grande Mosquée para dejarme allí. «¿Le espero? No tengo nada que hacer durante todo el día y... le he visto hablar con Mbaibari... ¡Yo también soy del Sur, de los *sara*, como el Comandante!» «Pero tú eres musulmán y él es cristiano y católico.» «Eso no importa, primero somos *sara*, luego africanos y, después, cada uno sigue la religión que le han enseñado o que convino para poder entrar en la escuela de la Misión. Pero yo he ido a la escuela coránica porque mi padre es un buen musulmán.» «¿Y tú?» «¡Bueno, para el gasto, ya sabe! Pero, después, estudié hasta segundo grado en la escuela.» «Bien, como no tienes taxímetro, vamos a ajustar una cantidad, me dejas en la Gran Mezquita, aparcas y, después, me sigues a distancia. Voy a perderme por el zoco, quiero pasear sin límite alguno. No quiero comprar nada ni voy a ver a nadie, ¿lo has entendido?» «¡Perfectamente!» «Pero si me ocurriera algo, ¡Dios no lo permita!...» *¡Inch Allah!* «... quiero que avises inmediatamente al Comandante Laokein ¿de acuerdo?» «¡De acuerdo!»

Así fue como ese día, sin reloj ni propósito alguno, me metí por las callejuelas del zoco, me senté en las tiendas de artesanos que más me apetecieron, tomé varias veces té con algunos de ellos; me compré un capacho y recorrí el bazar de las legumbres, de las especies, de los cereales... hice una seña a Mahmud, que como espía dejaba mucho que desear, pues casi me seguía los pasos, así que decidí incorporarlo y le entregué el capacho donde íbamos metiendo las cosas que fui comprando porque me apetecían por el color, por el olor o por la forma... y como ya tenía una idea en la cabeza, compré arroz, melaza, azúcar, té, cebollas, harina, mijo, frutas, huevos cocidos... me sentaba a mirar a la gente mientras discutían la calidad de unas cosas o los precios... nadie parecía tener prisa... en el bazar de los perfumes era una delicia ver cómo los vendedores encarecían los productos dando a oler y a probar éste o aquel... compré esencia de nardo y sándalo... después, con un calor que estaría en torno a los 45°, iba eligiendo los pasadizos más sombreados protegidos por toldos, hablaba con la gente, me sentaba en unas alfombras mientras me enseñaban una tras otra *pour le plaisir des yeux*... en un mercado oriental por supuesto que tratan de vender, para eso están los puestos y los tenderetes colmados de productos hasta arriba en un equilibrio perfecto, pero lo que más agradecen es «que no pases de largo», sino que te detengas y sepas apreciar las mercaderías... a veces, a los occidentales nos da un poco de apuro entrar si no tenemos intención de comprar, en un mercado africano es distinto: les encanta que te detengas, que te sientes, que aprecies, que escuches y que preguntes o que toques y extiendas las telas... eso forma parte del juego. «¿No ve que si no se para nadie ante mi puesto creerán que no tengo cosas buenas?», me decía uno al que le insistía en que no pensaba comprar alfombras o artesanías... «Es igual, me respondía, si un blanquito se detiene en mi puesto, otros lo imitarán. Usted es árabe y ¿a que adivino de dónde es?» «¿De dónde?», le pregunté. «Pues es sirio o tunecino o a lo mejor es persa.» «Hombre, así aciertas siempre, porque si no soy negro ni mulato... tienes razón, soy sirio pero de madre iraquí.» «¿Lo ve? Ya lo decía yo...» Mahmud se había echado el velo por encima de la cabeza, como todos los que caminábamos, y se tapaba la boca para que no se le escapase la risa. Como me dio pena verlo cargado, nos dirigimos de nuevo hasta la gran plaza cuadrada de la Grande Mosquée y seguimos la muralla de los ciegos para ir depositando delante de cada uno un paquete con algo de lo que habíamos comprado y unas monedas en la escudilla... Mahmud iba radiante escuchando las bendiciones que nos llovían encima al escuchar el tintineo de las monedas y el olor de los productos... Fue hermoso, como los ciegos que están sentados junto a las murallas de las mezquitas no tienen allí lazarillo, pues los dejan por la mañana y los recogen por la noche, sólo a Allah podían atribuir el regalo.

Después, le dije a Mahmud, «Vamos al bazar de los sastres»... los fuimos recorriendo, hablamos con unos y con otros, admirábamos las espléndidas *gallabeias* y *djellabahs* que estaban cortando y cosiendo hasta que dimos con unos que me resultaron más simpáticos: era un *maître couturier* que tenía tres oficiales cada uno ante su máquina de coser. Uno de ellos cosía en una ¡Refrey! Una marca que conocía muy bien porque los fabricantes eran la familia Freire —refrei al revés—, con los que fui al colegio en Vigo y a los que traté mucho durante mi juventud. ¿En un zoco del corazón del Sahel, bajo un sol de justicia, en un local en el que para dar un paso alguien tenía que levantar su pierna? Me gustó. Vi las piezas que estaban cosiendo, me interesé por una *gandura* azul con dibujos en oro y el *maître*, un anciano encantador de barba blanca y con unos ojos vivos me enseñó un muestrario con las páginas plastificadas y en el que venían fotografías en color con todos los modelos que sabían hacer y con los bordados que podían ejecutar. Pedimos té a la menta, el trabajo no se detuvo más que para un oficial, de pelo negro y con un bigote más negro aún que sus ojos, que me asesoraba sobre las combinaciones de telas y de bordados. Cuando hube elegido uno azul oscuro casi índigo, me tomaron las medidas para el pantalón, para la amplia túnica y para el corro alto y bordado a la manera sudanesa (de toda el África saheliana) que tiene unos bordados geométricos muy bonitos. Cuando le dije que lo necesitaba para... hoy, al final del día... se miraron entre sí. Mahmud estaba atento a lo que decían aunque se abstenía de intervenir porque estábamos haciendo el trato en francés... si los africanos son pacientes para discutir en el zoco yo no lo era menos para salirme con la mía: «Mira, Ahmed, le dije al oficial, que el maestro decida quien lo va a cortar, uno se encarga de la túnica, otro del pantalón, otro del gorro...». «Pero es que todos tenemos cosas urgentes en las que estamos trabajando, ¿no ve?» «Pues claro que lo veo, pero la bendición de Allah pasa una vez por nuestra puerta y no es bueno dejarla ir de largo... yo necesito esta gandura para esta noche, mañana no podría volver, quienes os han encargado esas piezas de ropa son personas de N'Djamena que quizá puedan esperar un día más... yo estaba muy contento al encargaros aquí esta ropa, pensé que Allah había conducido mis pasos aquí por alguna causa, pero si no es posible, me iré a la plaza de la mezquita donde he visto tres sastrerías bastante grandes. Ya he hablado con ellos y, quizá, alguna podría hacerlo.» Era verdad, por la mañana al dejarme Mahmud, allí las había visto pero no se me había ocurrido que pudiera decidirme a encargar algo... además, yo lo que pretendía era ver todo el proceso: desde ir a comprar la tela, hasta las medidas, el corte, el cosido y el bordado... «Vosotros llamasteis mi atención por la calidad de vuestro trabajo, ya visteis que pasé varias veces por delante, aquí se notaba que hay un *maître couturier* y no una sastrería del zoco como las otras...» Abracadabra. El buen anciano dio sus órdenes en lengua «árabe chadiano», según me dijo Mahmud después, y todos nos pusimos de acuerdo. El oficial que utilizaba la máquina Refrey, me acompañó a comprar la tela, junto con Mahmud, que ya estaba metido en el lío como «chófer de confianza». La compra de la tela fue otro episodio comparando texturas, tintadas, trama, precios...

Al cabo de un rato, ya estábamos todos metidos en el local de unos cuatro metros, más el salido que tenían protegido con toldos. Los jóvenes aprendices que empleaban en torcer el hilo se pusieron a la faena, yo miraba alucinado cómo manejaban las enormes tijeras y hacían trizas de aquellos casi diez metros de tela doble ancho: yo trataba de averiguar qué parte era para las mangas, cual para los pantalones, cual para la *galabeia*, de dónde iban a sacar el gorro cuadrado, forrado y bordado en amarillo... me parecía imposible, un rompecabezas, una verdadera obra de artesanía. Aquel día gocé como en los mejores momentos de mi vida de hombre, de universitario, de deportista, de ciudadano del mundo... recordé a un tío mío que tenía una panadería en Portonovo, cerca de Sangenjo, y cuando me llevaban allí mis padrinos yo me extasiaba viéndolo hacer las barras todas idénticas, sin pesarlas, echando la harina en las palas, cómo las metían en el horno, cómo calculaban el calor, el tiempo, todo tenía la magia de la obra de arte hecha con *techné*, con la experiencia que dan los años y con amor. En aquella diminuta tienda, un auténtico obrador, del zoco de los sastres, en el Grand Marché de N'Djamena, yo asistí al origen de las cosas, entré en otro mundo que corría peligro de que fluyese ante nuestros ojos sin darnos cuenta... cómo enhebraban las agujas, cómo cosían, y le daban vueltas a la tela, a los forros, como calculaban las bastillas, la forma de las sisas y el estrechamiento, dentro de su amplitud, de las mangas... pedí a Mahmud que fuera con uno de los jóvenes aprendices a comprar bollos, dulces, más té y cosas que pudieran ser convenientes sin atosigar... Fueron horas de magia compartida. Excepto el que tenía la máquina de coser eléctrica, los demás le daban al ancho pedal con un brío y una precisión que se diría que sus pies eran la prolongación de sus dedos que guiaban la tela bajo el trepidar de la aguja enhebrada... de vez en cuando, se gastaba las canillas y se ponían a cargar varias para tenerlas de repuesto. «Canillas», recordaba esa palabra de habérsela oído a mi madre que ayudaba a Rogelia, nuestra costurera, y le decía: «Yo le cargo las canillas, para no perder tiempo». Me preguntaba cómo calcularían el cuello y los cortes que tenían que hacerle a la tela para que ajustasen de ese modo perfecto que lo hacen los *tchamires*, las *galabeias* y las *ganduras*. Cada uno tenía una cinta métrica colgada al cuello y echaban, mano de ella con una precisión y un donaire que me encantaban. Yo los admiraba porque hacían bien su trabajo, con gusto, con arte y aún tenían tiempo para hablar y para reír. Sin dejar lo que tenían entre manos devolvían el saludo a quienes pasaban por la calle. De repente, uno hacía un rebujo con la tela que tenía entre manos y se la lanzaba por el aire a otro para que comenzase el bordado o para que le cosiese el cordoncillo que orlaba el cuello y toda la pechera. Otro, mientras tanto, hacía las dobles bastillas para pasar la cinta que sujetaría el pantalón. Estos eran anchos pero no tenían la forma *serual* ya que irían siempre debajo de la túnica.

Cuando Ahmed se metió con los bordados de toda la pechera yo me senté a su lado como pude, con las piernas recogidas, obviamente descalzo como estábamos todos, y miraba sin pestañear las evoluciones de aquella máquina Refrey que había llegado desde Vigo. Ya lo maravilloso es que hubiera sido sobre un camello en una caravana que pasara por Sijilmasa y que le hubiera llevado sus buenos setenta y tres días... para sustituir con su rapidez y perfección el trabajo de un hombre durante una semana si hubieran tenido que hacer todo aquel bordado a mano. Era impresionante. Yo tenía el modelo sobre mi regazo y cuando llegaba al final de un círculo o de una serie de rombos o cuando tenía que ponerse a bordar dentro de espacios que había dejado en claro yo me preguntaba ¿y ahora cómo hará? ¡Zás! Y lo hacía. Contaros cómo se hace un gorro de veinte centímetros de alto, todo bordado y hasta con la cubierta en rombos que coincidían con los de los lados, me llevaría mucho tiempo. Yo lo tengo, pero a vosotros quizá os cansaría. Hay que recordar que allí el tiempo parecía no existir, hacía calor, muchísimo calor, pero a nadie se nos ocurría quejarnos. Todos los que nos encontrábamos allí estábamos realizando la acción fundamental de nuestra existencia. La vida tenía sentido por cada puntada, por cada remate, por cada festón, por cada ojal ribeteado, por cada cordoncillo trenzado por los dedos de los jóvenes y entrecosido con el bordado que las manos de Ahmed iban devorando: era como echar carbón a una caldera. No sé cómo decirlo: aunque yo iba a pagar un dinero por el resultado del trabajo de aquellos hombres, ellos no eran ni asalariados ni proletarios ni les daba igual coser una pieza que otra: cada pieza era para una persona en concreto a la que conocían. No me los imaginaba cosiendo para una fábrica, para una tienda o para un sistema *prêt-à-porter*: cada obra que salía de sus manos era para alguien como yo que la había encargado, que había consultado el parecer de ellos, que la iba a vestir realizada por aquellos dedos, con aquellas sonrisas, con algo de la saliva de cuando cortaban el hilo con los dientes... no era una prenda que te compras en una tienda, era algo de ellos para ti así como la tela la habíamos comprado a una persona conocida y determinada y los hilos a otra y el té a otra y los bollos y las pastas a otra... era una prenda única como un cuadro o como una joya, que aunque repitan el modelo, jamás será la misma.

Les conté algunas historias y proverbios y canciones y anécdotas de mis viajes. Era mi humilde forma de contribuir y de participar en aquella aventura que estábamos viviendo los seis, porque Mahmud y los chavales del trenzado también participaban. El maestro abrió una caja de metal que debió contener membrillo en su tiempo y, debidamente colocadas, tenía viejas fotografías y tarjetas de personas muy importantes «que se han vestido en mi casa» Me emocionó oírlo hablar así. Como un Balenciaga o como Chanel o como Dior, no como los modistos de ahora que crean en serie aunque después adapten los modelos a sus clientes. Aquí no era así. Me mostró una carta ¡del año 54! «de una gran dama francesa que vive en la Costa Azul y me cuenta el éxito que tuvo cuando estrenó la ropa que yo le hice... Como ve, hay de qué sentirse satisfecho, mientras Allah nos de fuerzas y podamos escoger a nuestros clientes... entonces, el trabajo no es condena ni fatiga. Dígame, ¿en qué otro lugar hubiéramos podido pasar un día tan estupendo como el de hoy? Nosotros también le escogimos a usted. Imaginábamos que nos iba a contar historias como esa tan bonita del mexicano que hacía sillas». Todos se rieron de nuevo. Yo les había contado que, en los alrededores de México, había un artesano que estaba a la puerta de su casa pintando sillas de madera y cantando mientras de sus pinceles salían flores azules, rojas, amarillas, malvas... no había dos sillas iguales. Pasó un turista y escogiendo una entre todas las sillas le preguntó al artesano: «¿Cuánto vale esta silla?» «Diez pesos», le respondió sonriente. «Bueno, pues hágame doce sillas iguales a esta y pasaré a recogerlas cuando usted me diga.» El mexicano dejó de sonreír y miraba al turista en silencio. Éste, temiendo que desconfiase de él y no regresara a por el encargo, le dijo: «Aquí le dejo los ciento veinte pesos del valor de las sillas». «¡Ah, no!», respondió el artesano después de mirarlo de hito en hito. «En todo caso, serían ciento cincuenta pesos.» «¿Cómo dice? ¿No me ha dicho que esta silla valía diez pesos? ¡Pues doce valdrán ciento veinte! ¿No es así?» «Pues, mire, mi amigo, no es así, usted habla de valer, valdrán... ¿y quién me compensa a mí de la monotonía de tener que hacer doce sillas iguales?» Los sastres se echaron a reír todos a una. Ellos habían comprendido la historia, el gringo no pues, con gran alivio del artesano que era feliz pintando sillas según se le ocurrían, se marchó murmurando algo así como «nunca alcanzarán el desarrollo ni dejarán de ser pobres».

Cuando se ponía el sol y yo me probaba pantalones, *gandura* y gorro, todos celebrábamos lo que habíamos hecho entre todos. Fue uno de los días más hermosos que he vivido en África.

37

Con el gran guerrero

Ese era el significado del gran pañuelo verde que llevaba Laokein Frisson Bardé esa mañana, según me había explicado Mahmud, y que en este momento, las diez en punto de la noche, me mostraba abriendo su chaqueta el hombre vestido de civil que nos había hecho la foto. «Soy el diputado X de la Asamblea Nacional y uno de los amigos del Comandante Laokein. Nos hemos visto esta mañana. El comandante le ruega que me acompañe a sus habitaciones.» Le seguí por el pasillo y escaleras arriba, hasta el primer control en el descansillo. Hombres en uniforme de campaña y con las metralletas en las manos hacían guardia. Nos miraron pero no nos cachearon, se veía que nos esperaban porque lo mismo sucedió en los tres controles ante los que nos detuvimos unos instantes cada vez. Comprendí que, entre las exigencias de la tregua, figuraría el que le reservaran una planta del hotel que tenía acceso por una escalera exterior a la terraza a la que yo había saltado desde mi cuarto la noche anterior y también en los amaneceres de los dos días anteriores tan pronto como me despertaba. En el último control sí que no hubo más remedio que pasar un ligero cacheo porque estaba allí el «cara de rata» con su móvil y otros dos militares del ejército nacional, seguro que para comprobar que si bien ellos podían proteger a su Comandante, el Gobierno tenía que estar seguro de que nadie iba a acusarles de nada si ocurría un accidente. Lo comprendí perfectamente. Después, ya era zona rebelde: entramos en una especie de suite en la que había bastantes personas del equipo de Laokein así como alguna mujer familiar de alguno. Me hicieron esperar unos momentos porque el Comandante estaba hablando por teléfono y, a los pocos minutos, se abrió la puerta de su dormitorio y salió él mismo pidiendo disculpas por esa llamada inesperada. Me agarró por los dos antebrazos mientras me miraba directamente en los ojos con una afectuosa sonrisa, saludo al que correspondí, vi como el diputado le devolvía el pañuelo verde que Laokein se echaba al cuello sobre el rosario de color azul que ahora traía por fuera y que esta mañana yo había entrevisto bajo la camisa, por eso deduje que era católico. «Nadie nos molestará. Pase a mi cuarto aunque como ve está con un poco de desorden.» De hecho, la cama estaba sin hacer y en un lado había una maleta abierta y papeles sobre las sillas y la mesa. «Duermo cuando puedo. La vida en la guerrilla me ha quitado el sueño por las noches y, de vez en cuando, me tumbo un poco para descansar.» «Al Ché también le pasaba eso.» «Fue un gran combatiente por la libertad de su pueblo.» «Aunque me parece que no compartía las ideas que usted defiende.» «No lo crea, nuestra lucha no es ideológica, aunque algunos pretendan presentarla así. Por supuesto, no soy comunista y creo que, a estas alturas, ya estamos todos de vuelta en África, otra cosa es el tipo de socialismo o de comunitarismo que algunos líderes han tratado de adaptar a las tradiciones africanas, pero admiro a los que han luchado y luchan por la libertad de sus pueblos, en nuestro caso, por un sistema federal. ¿Ha leído el libro de Laurent Feckona *Tchad, la solution fédérale?*» «No, no lo conozco.» «Está editado en Librairie La Source y es muy interesante. Yo le he preparado copia de algunos escritos nuestros porque imagino que le interesarán.» Me dio unas fotocopias y nos sentamos en la cama.

Charlamos durante más de dos horas, no sólo del Chad y de su perenne querella intestina, sino de los efectos de la colonización francesa. Y sobre todo, de los líderes africanos y de las posibilidades de futuro para encontrar sistemas que superasen el Estado-nación por medio de confederaciones u otra forma nueva de interindependencia entre las diversas regiones y pueblos. También hablamos de la fuente continua de problemas que seguirán significando las fronteras tan arbitrarias que impusieron las potencias europeas. El tiempo, a diferencia de lo que sucedió con Europa y sus estados nacionales, no será la solución. Cada vez que aparezca una fuente de riqueza habrá reclamaciones territoriales. Ningún pueblo reclama el desierto sino conservar la libertad que siempre han tenido para mover sus ganados, abrevarse en sus pozos e ir introduciendo las mejoras que la técnica puede aportar sin matar la vida. Me refiero al gran proyecto de Gaddafi, hecho realidad, de canalizar las aguas freáticas del subsuelo del desierto para producir energía limpia, ganar tierras al desierto e introducir nuevos cultivos que permitan vivir a las poblaciones que tuvieron que abandonar sus campamentos y hundirse en las ciudades. Ahora hay centenares de familias que abandonan las grandes ciudades de Libia y se establecen en cooperativas agrícolas que tiene todas las ventajas del progreso: escuelas, equipamientos sanitarios, agua, luz, refrigeración y la posibilidad de transformar los productos agrícolas en conservas. En zonas que el desierto había esquilmado ahora se han recuperado más de dos millones de hectáreas con riego por goteo que llega a través de un canal de 7 metros de diámetro durante más de 2.000 kilómetros y por el que transitan 5'6 millones de metros cúbicos de agua al día. Además, lograron abrir dos mil quinientos pozos artesianos. Eso es lo que yo llamo «sembrar el petróleo». «Otros países deberían sembrar la bauxita, el tungsteno, el uranio, el oro; es decir, los beneficios que se obtengan con su comercialización y transformación.» Me escuchaba con atención aunque yo sabía que Gaddafi no podía ser santo de su devoción pero lo animé, partiendo del federalismo, en alguna de sus posibilidades de imaginar una amplia zona del África saheliana autónomas pero interrelacionadas. «Olvida usted que a Gaddafi lo mueve un panislamismo y con lo que él sueña es con establecer la Yamahiriya o estado de masas árabe y Popular, un especie de democracia directa, y eso no es posible en África.» «Todavía, pero hay aspectos muy positivos en las experiencias de Nyerere, de Sankara, de N'Krumah, y recuerde que el mismo Gaddafi se proclamó en 1969 "musulmán, socialista y nasserista", nunca marxista ni leninista o maoísta. Cierto que hay una gran confusión terminológica pero lo que sí dejó bien claro es que es anticomunista y anticapitalista. De hecho, nada más tomar el poder el Consejo de la Revolución eliminó las bases militares norteamericanas e inglesas e impuso enormes limitaciones a las actividades de sesenta compañías transnacionales instaladas en un país que, entonces, tenía unos tres millones de habitantes pero grandes reservas de hidrocarburos... y no llamó a los rusos en su ayuda. De hecho, con todas sus extravagancias, le plantó cara al sionismo internacional y se opuso al pacto entre Egipto e Israel porque sabía que éste último siempre trata de ganar tiempo para seguir con su política expansionista a costa de los palestinos. Todo esto le procuró unas campañas de desprestigio orquestadas por quienes tienen tanta influencia en los medios de comunicación...» «Pero Gaddafi está detrás de los movimientos terroristas...» «Entonces, ¿le ayuda a usted? Perdóneme esta retórica, pero no olvide que el movimiento que usted lidera es calificado de terrorismo en N'Djamena y en el norte del país... y en otros países también. Ayer noche, hablando mientras tomaba una copa en el bar alguien se refirió a usted llamándole *coupeur de routes.*» «Sí, lo sé. La rebelión contra un ejército estatal tiene que adoptar otras estrategias.» «Eso mismo han dicho Mao, Ho Chi Ming, Ché Guevara, los israelitas organizados en los grupos terroristas Irgún y Stern, y lo dicen los del IRA y lo dijeron Ferhat Abbas y los miembros de FLN y los de Hamás y Arafat... y todos los que se alzaron contra un poder dominante. Mbaibari, amigo, no se deje prender por las palabras; recuerde lo que dijo un judío austríaco, homosexual reprimido y algo extravagante pero un gran filósofo, Ludwig Wittgenstein, "los límites de mi lenguaje son los límites de mi propio mundo". Además, usted como africano y negro *sara*, no puede olvidar la fuerza de Kuma, la palabra que se transmite casi en silencio y a quienes la pueden llevar, la palabra símbolo de la realidad profunda y primordial que subyace en cuanto existe. Es lo que en otras civilizaciones se conoce como "sabiduría", por eso los Maestros Belën Tigi se mueren en silencio, porque no encuentran a quienes transmitir la sabiduría. Un profesor africanista español a quien admiro mucho, Ferran Iniesta, escribió: "Al atardecer, cuando África habla, llega la hora del recogimiento: se escucha entonces la sabiduría antigua y la palabra nueva... habría que estar ciegos para no percibir en las nuevas escrituras la fuerza ancestral de Kuma, la Gran Palabra".»

Nadie nos interrumpió. El Comandante Laokein tiene 37 años, está casado y tiene dos hijos que le preocupan mucho, por eso están bien protegidos y a salvo. Le regalé una pulsera que me habían dado los presos de N'Kondengui que yo llevaba puesta desde entonces. «Cuando una persona regala algo que lleva puesto, con el presente va una parte de sí mismo. No puedo comprender a la gente que sale a la calle a comprar un regalo para un amigo.» «Yo tampoco. Pero cuénteme algo que me intriga desde esta mañana aunque después hablemos de la causa que defiende y de la solución federal para el Chad...»

Se echó a reír con esa risa franca y abierta que cautivaba a sus seguidores y que uno no dudaba que podría transformarse en un gesto muy duro, terrible, llegado el caso, pues no se es reconocido como *grand guerrier* por sus seguidores ni se está al frente de una Rebelión contra el Gobierno central sin una gran capacidad para hacerse obedecer y para obligar a ese Gobierno a firmar una tregua y sentarse a negociar unos acuerdos, por muy urgidos que vinieran desde afuera por los responsables de renegociar los créditos internacionales. «Ya sé a qué se refiere. Hace dos noches yo no podía dormir, como tantas noches, tenía que tomar una decisión muy importante pues nos habían traído las contrapartidas que el Gobierno pedía. Aún era de noche pero estaba a punto de amanecer. Salí a esta terraza de mi cuarto y le vi sentado sobre un cojín allí abajo.» «¿La noche de la tormenta?», pregunté preocupado. «No, la del día anterior. Primero pensé que era musulmán pero todavía no había llamado el almuédano, porque no había amanecido y, además, porque usted estaba sentado sin hacer las postraciones de rigor. Luego pensé que era un sufi, pero no tenía la cabeza cubierta...» «Es usted observador, y ¿cuánto tiempo estuvo mirándome sin que yo me diera cuenta?» «Mientras duró su meditación: me dio usted tranquilidad, y me hubiera gustado bajar y sentarme a su lado porque muchas noches, durante toda esta guerra interminable, en el campo por donde andamos, a veces, también me gusta mirar las estrellas y el cielo. El sueño ha desaparecido de mí durante las noches... Pero imagínese si toda esta gente que me rodea y me protege me ve salir de mi cuarto y bajar a la terraza. ¡La que se arma!» «No, mejor que no lo haya hecho, el susto que me iban a dar si les veo aparecer con las metralletas...» De nuevo se rió con ganas. Yo le aclaré que no viajaba como periodista ni que el contenido de nuestra conversación aparecería en los periódicos. «No me importaría, pero ya no sería lo mismo.» «Yo también lo prefiero así, hablemos como amigos. Prefiero el aspecto humano de este encuentro.» Y, así, estuvimos charlando con una gran libertad y confianza. Me regaló una de las pulseras que llevaba y que me acompañaría durante todo el viaje. «Es un fetiche un *gri-gri*, ya sabe, soy cristiano pero en África no se pueden ignorar otras realidades.» «Lo sé y lo comprendo muy bien.» Me regaló una tela muy bonita para mi esposa y me dio sus señas de contactos a través de personas interpuestas... quería que no perdiéramos la relación y que fuera a verlo a Mounaou, en el sur del Chad. «Algún día lo haré, Mbaibari, y te deseo lo mejor para ti y para tu pueblo. Te recordaré y por mí no te preocupes, sé guardar confidencias.» Nos dimos un fuerte abrazo y me acompañó hasta la puerta, entonces le conté la anécdota de aquel preso de la cárcel de Segovia: un día les había llevado al futbolista Emilio Butragueño para la tertulia de los sábados y este preso, en lugar de participar, estaba sentado en un rincón medio llorando. Me acerqué y le pregunté qué le ocurría, si había recibido malas noticias de su familia o de su causa, porque él había sido uno de los que con más entusiasmo me habían pedido que invitara al Buitre y ahora que lo tenía aquí no le hacía ni caso. Nunca olvidaré su respuesta llorando a lágrima viva: «Es que es mi ídolo y cuando se lo cuente a mi familia no me lo van a creer... como miento tanto». Laokein se rió de nuevo a carcajadas y yo la rematé contándole la anécdota de Giulietta Massina en *Las noches de Cabiria* cuando, después de haber pasado una noche con Amadeo Nazari, todavía sentada en la cama, se echó a llorar y no quería aceptar el dinero que éste le daba. Ante el pasmo del actor, ella le dijo: «¿Qué importa el dinero? Yo soy puta y hoy lo gano con uno y mañana con otro, para que luego se lo lleve mi chulo, pero cuando se lo cuente a mis amigas no me lo van a creer, si al menos me diera una foto dedicada...». Mbaibari comprendió y abrió la puerta y le pidió de nuevo al diputado que nos hiciese unas fotos en la habitación y, después, a mí con un grupo de los escoltas metralleta al brazo. Me dio permiso para publicarlas en este libro porque todos esos hombres ya eran conocidos por los agentes del Gobierno.

Así terminó lo mejor de mi estancia en el Chad, porque las reuniones que siguieron con las autoridades de la universidad y con el Ministro de Sanidad ya entran en la rutina y el viernes yo tenía que salir hacia Brazzaville, la capital del

Congo. Bueno, es cierto, que una noche, poco antes de amanecer, preparamos todo, de acuerdo con guardas leales, para poder sentarnos sobre nuestras alfombras en la terraza desde la que se contempla el río Chari y más allá, más allá del final.

(Mientras corrijo las pruebas de este libro, leo en *Jeune Afrique* que el Comandante Laokein ha resultado muerto en un enfrentamiento con un «comando» del Ejército... Me sentaré en silencio, en el suelo, con los pies descalzos y en dirección hacia Oriente. Qué desolación y qué vacío.)

38

Savorgnan de Brazza

«Has venido aquí trayendo palabras de amistad, has vivido entre nosotros y nos has hecho olvidar todo lo malo que habíamos oído acerca de los hombres blancos; los que vengan después de que hayas partido también serán bienvenidos y podrán establecerse en este país si lo desean.» Estas fueron las palabras que el rey Makoko pronunció delante de los demás jefes de la orilla norte del río Congo, en un lugar llamado Ncuna donde más tarde se construiría la ciudad de Brazzaville. El rey había firmado el 10 de septiembre de 1880 un tratado por el cual se ponían él y su pueblo, así como los demás jefes tradicionales de los *bateke* de esa parte del río Oluma, que era como entonces se conocía esa parte del río Congo, bajo la protección de la bandera de Francia. Así lo cuenta el conde Pierre Savorgnan de Brazza en la carta que comienza así: «Durante la visita que me hicieron los jefes, mientras yo era huésped del rey Makoko, les expliqué que el objetivo de los hombres blancos al intentar fundar ciudades era mantener abiertos los caminos a través de los cuales pudieran llegar las mercaderías a sus países. Y las ciudades tenían que estar situadas en las riberas de los ríos porque los hombres blancos llegarían en canoas movidas por fuego». Después, narra como doce jefes *obangui* que llegaron para unirse al tratado de paz mandaron hacer un gran agujero en el suelo en el cual los dos jefes más poderosos arrojaron una carga de pólvora, un fusil y varias balas «por mi parte, arrojé varios cartuchos, entonces, se cubrió con tierra el agujero y de esta forma fue sellada la paz. Después de los acontecimientos tan sangrientos de los cuales fueron testigos los ríos Congo y Alima, durante el viaje de Stanley y el mío, la primera tarea que los europeos teníamos ante nosotros era la del apaciguamiento y la de establecer la paz. Me siento feliz de haberla emprendido y conducido a una satisfactoria conclusión».

Esta era la actitud que presidió toda la vida de este admirable explorador desde su primer viaje, en 1875, como teniente a los 23 años, hasta su muerte en Dakar a los 53, el 14 de septiembre de 1905. Regresaba con su esposa Teresa de un viaje de inspección a las antiguas tierras que él había descubierto y conquistado y que ahora eran escenario de la rapacidad y de los crímenes de las compañías a las que el Estado se las había concedido para su explotación. Murió víctima de la disentería y con el horror de haber presenciado monstruosidades y crímenes que se apresuraba a presentar en un informe en París como resultado de su gestión. Ese informe jamás vería la luz por razones de Estado.

Desde hace muchos años me había atraído la figura de Savorgnan de Brazza, el hombre que se había enfrentado a los bárbaros métodos de Stanley en su conquista del Congo al servicio del Rey Leopoldo de Bélgica, después de que no había conseguido convencer a los hombres de negocios de Inglaterra para que invirtiesen en África. Fue en 1878, seis años después de la muerte de Livingstone, Stanley dirigía la palabra en la Cámara de Comercio de Birmingham para animarlos a invertir en África, jactándose de haber abierto las puertas de ese continente: «Hay cuarenta millones de gentes desnudas detrás de esa puerta, y los hilanderos de Manchester están esperando para vestirlas. Los hornos de fundición de Birmingham arden con el metal rojo que va a convertirse ahora en objetos de hierro para ellas y en los dijes que adornarán esos oscuros pechos. Los ministros de Cristo están celosos por traerlas —pobres gentes paganas sumidas en la ignorancia— al redil cristiano».

Es curioso, el hombre que en 1871 había encontrado a Livingstone en Ujiji y lo había seguido durante meses en sus viajes, había salido de Zanzíbar en 1874 con 360 hombres, mujeres y niños y llegó, al cabo de 999 días, a la factoría inglesa de Boma, casi en la desembocadura del río Congo, después de haber recorrido más de 7.000 millas en un terrible viaje en el cual perdió cerca de dos tercios de sus acompañantes por muerte, deserción o castigo. Iba al frente de la Expedición angloamericana de cuyos frutos se beneficiaría el rey de Bélgica que envió a sus representantes al puerto de Burdeos para hacerlo llevar en secreto al palacio real de Bruselas antes de que rindiese cuentas de su impresionante éxito a sus patrocinadores en Londres. Fue el primer hombre blanco que atravesó África desde el océano Índico al Atlántico descubriendo la parte navegable del río Congo y demostró que el río Lualaba era el mismo Congo, que en lengua *kikongo* denominan Nzadi, «el río que se bebe todos los ríos». Había rodeado los Grandes Lagos completando la tarea de Livingstone, tal y como se había propuesto, pero a un costo y con una brutalidad que el anciano misionero-explorador jamás hubiera aceptado. Stanley admiraba a Livingstone pero sus métodos distaban mucho de los empleados por él. Al doctor se parecía mucho más el italo-francés Pierre Savorgnan de Brazza que fue el único que se enfrentó públicamente al gigante Stanley en una memorable ocasión en el París de 1882 defendiendo su visión de la colonia como una conquista con «rostro humano» lo cual le proporcionó una tremenda popularidad. Brazza quería inspirar confianza, atraer a los nativos por el diálogo y la justa reciprocidad en el trato. Esto era totalmente ajeno a la conducta de los más famosos y admirados exploradores. Realmente, Brazza amaba a los africanos. La gente en París se arremolinaba a su paso y veían en él la realización del sueño que correspondía a sus más íntimas convicciones y no a la realidad de la sangrienta conquista y colonización llevada a cabo, no sólo por Francia, sino por todas las demás potencias, sin excepción. Tenía razón el filósofo chino Chiang Hsieh cuando, en 1618, aconsejaba a los marineros y mercaderes que entraban en contacto con los pueblos bárbaros (léase los portugueses que habían llegado al Índico) que no temiesen su hostilidad que «las únicas cosas por las que uno ha de inquietarse son los medios para dominar las olas del mar y la mente de aquellos que se muestran ávidos de beneficio y codiciosos de ganancia».

Pietro Savorgnan de Brazza había sido educado en Roma y era el séptimo hijo del conde Ascanio Savorgnan di Brazza, hombre culto y con buenas amistades en Francia. Entre ellas, Ferdinand de Lesseps, el almirante Montaignac, Jules Ferry, el primer ministro de Francia que denominó a la aventura africana «una gigantesca carrera de obstáculos en lo desconocido». Por su apasionamiento por las exploraciones fue enviado a la Escuela Naval francesa de Brest de donde salió como subteniente en 1871 y, a bordo del Juana de Arco, realizó su primer viaje a Argelia con refuerzos para reprimir un levantamiento de las kabylas. Fue su primer encontronazo con la realidad de la colonización al ver a las tropas francesas disparar contra los nativos. En 1874, a bordo del Venus, viajó a Gabón y pudo remontar el río Ogoué y allí fue donde comenzó a aprender las lenguas indígenas. Solicitó ayuda al Gobierno de Francia para que respaldase una expedición para explorar el río Ogoué hasta sus fuentes. Aunque todavía no estaba nacionalizado francés, lo hizo un mes después de cursar su solicitud, resultó que el Ministro de Marina era el almirante Montaignac que le había ayudado a entrar en la Escuela Naval de Brest. También conocía a los prominentes ministros Jules Ferry y León Gambetta que tan importante papel habría de jugar en la historia de Francia. Le fue concedida una subvención de 10.000 francos y el resto tendría que procurárselo en Gabón o de su propio bolsillo. Así formó el contingente: llevó consigo a tres hombres blancos, un marino, Hamon, un científico, Alfred Marche y un joven médico, Noel Ballay. El resto de la expedición lo componían diez marineros senegaleses, algunos guías e intérpretes gaboneses y 120 remeros con nueve canoas contratadas en Lambaréné ya que, a partir de allí, los rápidos impedían navegar a los vapores. Con las consabidas mercaderías para intercambiar por comida, Brazza llevó algunos fuegos de artificio para distraer a los nativos. En no pocas ocasiones su paciencia, su simpatía y su bondad le abrieron más puertas que los disparos de los fusiles. Pierre tenía entonces 23 años, era inexperto, desgarbado y reservado pero con una imponente facha de aristócrata dotado de una nariz prominente y de unos grandes ojos marrones. Era decidido, honesto e idealista. Sus compañeros lo querían y los indígenas también. Era un hombre bueno. Un día acudió a él un esclavo que lloraba en petición de socorro. Brazza compró su libertad por 400 francos. A los pocos días había filas de esclavos, sin duda empujados por sus amos, y declaró que, puesto que Francia no reconocía la esclavitud, todo aquél que tocase la bandera francesa izada en medio del campamento alcanzaría la libertad. Al principio, fue un éxito pero, para la mayor frustración de Brazza, muchos de los antiguos esclavos preferían regresar a trabajar con sus antiguos amos porque así tenían la vida asegurada. Temían a la libertad por insegura.

Como en el resto de las expediciones, la fiebre, la malaria, las úlceras, el calor y las mil dificultades se abatieron sobre ellos y el científico Marche abandonó la expedición. No pudieron seguir el río más que 200 millas desde Lambaréné, y Brazza remontó el río Alima con nuevas canoas. Los nativos decían que el Alima desembocaba en «el agua grande». Brazza siguió adelante pero se encontró con el pueblo caníbal *apfourus*. Parlamentó con un grupo de ellos, les mostró sus buenas intenciones por medio de los intérpretes, les hizo regalos y le dejaron pasar. Pero cuando las canoas seguían río arriba, una lluvia de flechas comenzó a caerles de todas partes y los tambores de guerra no cesaron de sonar en toda la noche. Al amanecer, treinta canoas de los indígenas se lanzaron disparando flechas contra las de la expedición que tuvieron que repelerlas con las armas. Cuenta Brazza: «nunca podré olvidar al guerrero que iba sobre la canoa principal y sobre el que concentrábamos nuestro fuego. Permanecía en pie enarbolando su fetiche sobre su cabeza y nuestras balas no le alcanzaban». Brazza tuvo que batirse en retirada abandonando canoas y gran parte de su equipaje en una penosa huida a través de la selva. Para Brazza esta experiencia supuso una gran conmoción. «¿Por qué han fracasado los métodos pacíficos?», se preguntaba. ¿Por qué los indígenas no les concedieron el derecho de paso por el río? Quizá porque, en aquella ocasión, no empleó el tiempo necesario en parlamentar con ellos y ganar su confianza, como iba a ser siempre su costumbre, pero había otra terrible razón que Brazza no conoció hasta su regreso a Europa en diciembre de 1878: El río Alima era uno de los afluentes del mismísimo río Congo, «el agua grande», y unos meses antes había pasado por allí Stanley abriéndose camino a sangre y fuego. Durante toda su vida reprochó a Stanley el fracaso de esta misión que le habría llevado casi al encuentro del río Congo debido a los métodos brutales de aquél con los indígenas.

Más tarde, en 1879, condujo una nueva expedición para buscar el camino desde los ríos Ogoué, en el Gabón, y el Alima hasta la parte alta del Congo que, desde el gran ensanche del río, bautizado por su descubridor como «Stanley Pool», era navegable en más de 5.000 millas. Al mismo tiempo, Stanley en persona, ahora a las órdenes del rey de Bélgica, abría una carretera a través de la montaña desde el Atlántico, en Matadi, no lejos de Boma adonde había llegado en su primer viaje, al mismo lugar que él había descubierto para llevar allí los barcos que habrían de navegar el famoso río. Parece increíble: en nombre de la misma sociedad filantrópica la IAA (International African Association) que respaldaba oficialmente sus expediciones cada uno actuaba en secreto, uno para Bélgica y el otro para Francia, con el fin de mantener a Inglaterra alejada de esta parte de lo que Leopoldo denominaría, en 1885, «el pastel de África». Toda esta parte de la aventura de la colonización del «oscuro continente» siempre me ha hecho reflexionar mucho. Y durante este viaje mío, en otro contexto, continua haciéndolo. ¿Por qué no cooperar unos con otros si, al final, como decía Kaplam, tendremos que colaborar movidos por las masas hambrientas?

El resto de la historia es conocida. Brazza alcanzó antes la orilla opuesta de un río desconocido, el Olumo, y ya pasada la medianoche, todos muertos de sed, vieron el inmenso río que no era otro que el Congo: se arrojaron a la orilla y bebieron hasta que quedaron dormidos. Pero aún tardó varios días en comprobar que había ganado la carrera a Stanley que todavía se encontraba, del otro lado del río, a más de 50 millas dinamitando la montaña y ratificando el sobrenombre por el que le conocían los indígenas de media África «Bula Matari», «El rompedor de rocas». Es, entonces, cuando conoce al rey Makoko con el cual llegaría a firmar el importante tratado después de un mes de negociaciones y de ser tratado Brazza y sus acompañantes regiamente por el rey y por los suyos. En Ncuna, la futura sede de Brazzaville, que pertenecía a los *abanhos*, pueblo tributario del rey Makoko, tuvo lugar la famosa escena que tantas veces se ha contado. Brazza saltó en medio de la reunión llevando en la mano derecha municiones y en la izquierda tejidos con los que se comerciaba y les dijo: «El hombre blanco tiene dos manos. La más poderosa es la mano de la guerra. La otra mano es la del comercio. ¿Qué mano prefiere el pueblo *abanhos*?». «¡Comercio!», gritaron todos a una. Entonces, con todo el dramatismo del que él era capaz arrojó las municiones dentro de un agujero, plantó un árbol encima y dijo: «¡Ojalá que nunca jamás haya guerra hasta que este árbol produzca una cosecha de cartuchos!».

Makoko firmó el tratado que otorgaba a Francia los derechos seculares que le pertenecían sobre aquella parte del río y él mismo se colocó bajo la protección de la bandera de Francia. Esta anécdota la contaría Stanley con todo el sarcasmo y el desprecio hacia quien denominó «pies descalzos» que compró un país con una simple bandera. Brazza no perdió el tiempo, eligió a un valiente y resuelto soldado senegalés de treinta años llamado Malamine, a quien ascendió a sargento y lo dejó al frente de una guarnición de soldados senegaleses. Le dijo: «Mira, Malamine, tú eres un hombre lleno de recursos y de ingenio, no puedo dejarte ni dinero ni provisiones. Tienes a tus soldados, tus manos y tus armas. Haz lo que sea pero no abandones el puesto». Le dio una copia del tratado para mostrarlo a cualquier hombre blanco que pretendiera invadirlos y que no permitiera el paso más que a los franceses... ¡que llevaran una pluma blanca en el sombrero! Con el tiempo, esta contraseña iba a ser una causa de resentimientos contra Brazza por parte de un engreído misionero blanco e inglés, Crudington, quien, habiendo llegado al puesto confiado a la custodia de Malamine, pretendió instalarse como en tierra conquistada por los blancos y Malamine no se lo permitió porque no llevaba una pluma blanca en el sombrero. Igual habría de hacer, algún tiempo más tarde, con el propio ¡Henry M. Stanley! En parecidas circunstancias, pero aquí fue más ingenioso: se limitó a decirle que carecía de provisiones para venderle, que él y los suyos se sostenían de la caza y de la pesca, como les había enseñado el gran hombre blanco bueno Brazza, pero lo que no le dijo es que había hecho circular la voz entre todos los jefes tradicionales de aquella parte norte del río de que nadie le vendiese provisiones... y, como estaba bajo pabellón francés, Stanley no pudo utilizar sus eficaces medios para hacerse con lo que quería. Tampoco le perdonó nunca a Brazza esta ofensa por intermedio de un «negro senegalés, que parecía saber más de lo que aparentaba».

El caso es que, un domingo 11 de noviembre, Savorgnan de Brazza y sus acompañantes llegaron al campamento que Stanley había establecido en Ngoma Point, bajo las cataratas de Isangila, precedidos por un indígena que portaba una tarjeta en la que se anunciaba *Le Comte Pierre Savorgnan de Brazza, Enseigne de Vaisseau.* ¡Era lo que le faltaba a Stanley, un noble y francés! Él, que siempre había sido resentido, algo acomplejado por su nacimiento sin padre inglés que lo reconociese, por la adopción hecha por un americano y por su altanería y grosería que le granjeó todas las antipatías de los ingleses bien educados quienes, a pesar de haber contraído matrimonio con una dama de la alta sociedad y después de haberlo llenado de honores por sus proezas, no lo aceptaron en su seno. Era de esos hombres que, porque sobresalen en algún campo de la vida, no tienen grandeza para saber ganar con humildad y elegancia. Había llegado allí hacía quince meses enviado por el rey Leopoldo, contrariando sus planes de descanso en Inglaterra después de la terrible aventura de atravesar África como si se tratase de una excursión: tenía que construir una carretera bordeando las cataratas, a través de montañas de granito y de cuarzo, construir tres estaciones «que fueran modélicas en su género para que se muestre el carácter filantrópico y científico de nuestra empresa y que pusiera al frente personas de primerísima categoría». Además, lo abrumaba con mensajeros que le urgían porque «Brazza iba a ganarle la carrera». Y dijo más, «con unos cuantos millares de negros fuertes no sería difícil la empresa». Pero Stanley no contaba más que con 215 hombres entre blancos, negros y lo suyos de Zanzíbar al mando del memorable capataz Susi, que había acompañado a Livingstone hasta su muerte y aún a su cadáver hasta Londres. Los cartógrafos belgas y los soldados enviados por el rey resultaron no sólo ineficaces, sino brutales con los indígenas y borrachos hasta el punto de que, en una noche de orgía, pegaron fuego a su propio campamento, como un presagio de lo que iba a ser la colonización belga en el futuro. Lo que sí llevaba y utilizaba a mansalva eran toneladas de dinamita. Los indígenas del lugar no estaban muy dispuestos a trabajar para un hombre como Stanley y éste, en no pocas ocasiones, como luego harían los belgas en ese mismo Congo, los franceses en el suyo y en otras colonias y los portugueses en Angola y en Mozambique estableció los trabajos forzados. Los alemanes y los ingleses también lo hicieron en varias ocasiones, pero no como sistema único y siempre que pudieron compensaron económicamente los servicios de los naturales del país. Abusaron, como los demás de mil y una maneras, la fundamental y que echa por tierra toda su pretendida labor civilizadora, ocupando una tierras que jamás les pertenecieron aunque dos papas de Roma, como Eugenio IV y otros, «concedieran al rey de Portugal "plenos poderes"». ¡Qué monstruosidad! Pero no menor que la de aquel malhadado papa Borgia, Alejandro VI, cuando por la *Bula Intercoeteris*, de enero de 1492, concedió a los reyes de Castilla y de Portugal que se dividiesen el mundo por descubrir con tal de que se encargasen y costeasen la evangelización, además de enviar los diezmos a la santa madre Iglesia.

Cuando Brazza llegó al campamento de Stanley en ese domingo de noviembre venía exhausto pero no bajó la guardia y se guardó muy bien de darle a conocer el tratado que había firmado con le rey Makoko y que llevaba bien guardado en su bolsillo. Sí le dijo que había llegado por el norte y que había dejado un destacamento ¡de tres senegaleses! bajo la bandera de Francia. Lo cierto es que no se cayeron muy bien mutuamente. Para Stanley, Brazza no era más que un joven aristócrata cuyo nombre apenas si había oído hacía un par de años y había llegado a su campamento poco menos que «con los pies desnudos». Pronto había olvidado en qué estado habían llegado él y sus compañeros cerca de Boma el 5 de agosto de 1877 y cómo describió su terrible situación en la carta que dirigió por unos mensajeros swahili a «Cualquier caballero que hable inglés en Boma. Llegamos desde Zanzíbar... estamos a punto de morir de hambre. No los conozco a ustedes pero si ustedes son cristianos y caballeros ingleses les imploro (*beg*) que no dejen de atender mi petición... Ah, pero quizá ni me conozcan por mi nombre, pero soy la persona que descubrió a Livingstone en 1871...». Nada que objetar, pero él era el angloamericano Stanley y Brazza no era más que un italo-francés. Éste le dijo a Stanley que tardaría, al menos, seis meses en atravesar la montaña de Ngoma y mucho más en llegar a la laguna que llevaba su nombre, lo cual enfureció todavía más a Stanley y se dijo que el francés no entendía nada de nada y él demostraría con denuedo que en menos de seis meses estaría allí. El tiempo que necesitaba Brazza para llegar a París y hacer ratificar por la Asamblea francesa el Tratado que él había firmado con el rey Makoko y que les permitirían enviar hombres y subsidios para hacer de ese territorio una prometedora base francesa al servicio del comercio internacional y del desarrollo de los indígenas. Así pensaba Brazza, entonces. La realidad iba a mostrarse muy distinta.

Pero fue en febrero, cuatro meses después de que Brazza hubiera pasado por allí, cuando Stanley se enteró de la verdad por medio de dos misioneros protestantes ingleses que, habiendo llegado al puesto francés custodiado por Malamine y sus dos senegaleses en busca de un lugar para establecer una misión, se encontraron con que los jefes tradicionales les habían hecho frente con armas y no les quisieron vender suministros «como si se hubieran puesto de acuerdo». Por eso, Stanley decidió ir en persona al lado norte del lago que llevaba su nombre y que sabía era la puerta para todo intento de penetración comercial en aquellos inmensos territorios. Allí comprobó lo que Brazza y los dos misioneros le habían contado: la bandera tricolor flameaba sobre unas humildes chozas a las que Malamine denominaba «el fuerte francés». Aquí sucedió una anécdota que da idea de cómo Brazza trataba a sus hombres. Stanley quedó sorprendido por la amabilidad y la habilidad del senegalés que lo invitó a acomodarse «con tal refinamiento y educación como si fuera un auténtico francés» que el mismo Stanley lo contó después a sus amigos y en sus escritos pues el negro senegalés, con la piel clara como descendiente de beréberes y de *mandingas*, les dijo «que, siendo él el único blanco que residía en la zona, estaba encantado recibiendo a otros para que le hicieran compañía». Nunca Brazza pudo tener un mejor discípulo en el arte de Talía. A Stanley le llevó varios días darse cuenta de que, a pesar de tantas amabilidades y con toda la cortesía del mundo, las instrucciones de Malamine eran que nadie se estableciese en los «dominios franceses». El propio explorador mundialmente famoso tuvo que comprobar que ningún indígena les quería vender provisiones al igual que había sucedido con los misioneros y tuvo que retirarse el lado sur del lago en donde estaba el jefe Ngaliema que, en 1877, se había hecho su hermano de sangre cuando Stanley había descubierto el lugar. Ahora era un rico traficante en marfil con un ejército de 150 esclavos armados y unas pretensiones que irritaron a Stanley con sus desorbitadas exigencias para poder establecer allí una base que, con el tiempo, llegaría a convertirse en Léopoldville, más tarde Kinshasa. ¡Tuvo que enviar a un oficial belga llamado Lake hasta Luanda! para comprar 500 libras esterlinas —de entonces— en sedas y en terciopelos, pues eran una de las debilidades del fiero jefe Ngaliema así como tuvo que dejarle once de los más hermosos jóvenes swahili, dice Pakenham a quien sigo en este divertido episodio, «para mantener feliz» al jefe mientras llegaban las sedas y los terciopelos. Cuatro años atrás, Stanley le hubiera dado una carga de plomo o como él decía *a bellyfull of lead*. Pero éstas eran las nuevas exigencias de los asentamientos, ya no se trataba tan sólo de conseguir un paso a través de unas tierras durante una expedición.

Volviendo a nuestro héroe, tuvo que padecer la errática política de los gobiernos franceses a los que él recordó en un famoso documento de abril de 1881 que «había descubierto unas tierras ricas en marfil y en caucho, terrenos increíblemente ricos para ser explotados, que había izado la bandera de Francia en los fuertes de Franceville, en el alto Ogoué, y en Ncuna, en el Congo; que había roto el monopolio de los mercaderes locales y los había abierto al comercio francés; que había pacificado a los nativos tan maltratados por la ferocidad de Stanley; la bandera de Francia flameaba donde Stanley había luchado; y que él mismo estaba enfermo de disentería y con enormes úlceras en las piernas pero que no estaba dispuesto a aceptar la derrota. Iré tan lejos como me permitan mis fuerzas pero si sucumbo nunca más podrá reedificarse lo conseguido hasta ahora». Por eso, cuando llegó a la estación de ferrocarril, Gare du Nord, de París comprobó con alegría que su llamada había sido atendida y que una magnífica delegación le esperaba con Fernando de Lesseps y el almirante Montaignac al frente. Fueron jornadas de gloria, recibió homenajes de personas puestas en pie «como si fuera Livingstone regresado de la tumba», dice con admiración Pakenham. Su talante humanitario, su elegancia aristocrática, su prudencia y sus sufrimientos hicieron de él el héroe de una nueva visión de la colonización de África basada en tres puntos: humanitaria, económica y política, por este orden. El objetivo principal de la colonización de África era, como para Livingstone, la recuperación del África Central liberándola de la esclavitud y abriéndola al comercio legítimo que les permitiría el acceso a la civilización europea. Brazza no mencionaba la evangelización, de la que tanto alardeaban todos los demás, porque siempre se declaró libre pensador y ateo. Pero si había que hacer la evangelización, como quería Livingstone, «que fuera francesa»; al igual que el comercio y la civilización. La ratificación del Tratado con Makoko o lo hacía la Asamblea ahora o nunca.

Es cierto que Brazza pecó de entusiasta en cuanto a las posibilidades económicas de las tierras descubiertas en lo que se refiere a lo que había de ser el Congo francés, pero entonces, tampoco sabían los belgas ni los ingleses las increíbles riquezas que se iban a descubrir en el sur del Congo belga, en Katanga y en Kasai. Se es buen profeta mirando hacia atrás una vez que ha pasado la historia. El mismo rey Leopoldo de Bélgica lo invitó a su palacio para atraerlo a su causa. Brazza acudió y expuso bien claro al ambicioso rey que él era un soldado al servicio de Francia, su patria de adopción, y un caballero a quien no gustaban ni los modales ni los métodos de Stanley. Fue un golpe digno y audaz que el rey supo encajar, *noblesse oblige*, pues sabía que no estaba ante un explorador aventurero ni ante un romántico sin ideas. Pierre Savorgnan de Brazza era un caballero y un soldado y fue uno de los primeros que descubrió la estrategia política y la ambición que subyacían en la aparente actividad filantrópica de Leopoldo. En un famoso encontronazo con Stanley en el Hotel Continental de París, el 19 de octubre, gran parte de este doble juego del rey quedó al descubierto. Resulta que Stanley había regresado de África sin previo aviso para recuperarse de un ataque de malaria y, sin encomendarse a nadie, sus fans del «Club Stanley en Francia» le organizaron una conferencia en la que pensaba atacar a Brazza. De hecho, se cuenta, que los dos hombres se habían encontrado esa misma mañana en los bulevares y, a guisa de saludo, Stanley le espetó: «Brazza, esta noche te voy a destrozar». El conde no respondió pero pasó la tarde aprendiéndose de memoria un discurso que un amigo le había traducido al inglés. Como Stanley sólo hablaba la lengua del Imperio, Brazza quería que se enterase de sus palabras, ya que, con su carácter, no iba a esperar a que se lo tradujesen. En su discurso, Stanley fue bronco, vulgar y muchos pensaron que estaba borracho, ridiculizó a Brazza como «ese pretendido explorador italiano». Llegó a pronunciar las famosas palabras: «Cuando me encontré con el señor Brazza, en 1880, en el Congo, no tenía ni la menor idea de que estaba hablando con alguien que pronto iba a ejercer semejante poder sobre nosotros. Una persona que iba descalza, pobremente vestido, reconocible sólo por un uniforme hecho jirones, levita y salacof, no era como ustedes pueden imaginarse un personaje imponente o alguien capaz de inspirar la menor sospecha de que se tratase de alguien ilustre pero disfrazado». Así continuó ridiculizando a Brazza por su humanitarismo como si se tratase de un nuevo Livingstone, que era falso que hubiera liberado a los negros, y que no era más que un charlatán y un traidor a sus patronos de la IAA (International African Association) porque había engañado al rey Makoko arrebatándole un territorio a cambio de una bandera francesa, dos piezas de tela y un puñado de cuentas de colores. Siguió embalado llegando a acusar a Brazza de haberse enriquecido probablemente a costa de los pobres nativos del Congo (Cosa que Stanley sí había hecho en todas sus expediciones; tan sólo en la famosa de 1874, obtuvo con la venta del marfil que llevaban sus porteadores 50.000 dólares de los de entonces). Por el contrario, cuando habló de sus proezas y de sus logros no ahorró el menor adjetivo en su gesta en pro de la cruzada internacional bajo cuyo pabellón combatía y maldijo el nombre de Brazza por amenazar la obra que estaban realizando para conseguir nuevas tierras para el hombre blanco sin cuya presencia volverían a caer en el salvajismo en el que siempre vivieron.

En este momento fue cuando, con su conocido talento dramático, hizo su entrada Brazza pidiendo permiso para tomar la palabra. Su buen humor, su simpatía y el talante joven y generoso que despertaba por todas partes fue como un chorro de aire fresco ante aquellas diatribas tenebrosas que acababa de soltar Stanley. Con una sonrisa y con voz tranquila soltó el discurso que había memorizado. Como había oído que iban a rendir un homenaje a Stanley no quiso faltar a un acto semejante ya que deseaba que todo el mundo supiese que él no veía al famoso explorador angloamericano como un antagonista sino como un colega que trabajaba en el mismo campo. Representaban intereses diferentes pero ambos trabajaban por el común objetivo de llevar el progreso a África. Y alzando su copa dijo: «Caballeros, soy un oficial de la gloriosa marina de Francia. Alzo mi copa por la civilización de África por los esfuerzos simultáneos de todas las naciones, cada una bajo su propia bandera». El público que, no lo olvidemos, era francés, estalló en una salva de aplausos y más cuando Brazza se acercó a Stanley y le dijo: «He oído que he sido atacado esta noche. Todo lo que deseaba ofrecerle como respuesta era esto». Y ¡le estrechó la mano! delante de un público entusiasta que le aclamaba. La prensa parisina del día siguiente atacó a Stanley con todo el veneno del mundo: Había llamado a su héroe nacional un «pies descalzos» y había menospreciado a la bandera francesa, mientras que el gran caballero y héroe francés había ofrecido la otra mejilla. Este era el estilo y el talante de ese caballero ejemplar —como lo fue Joseph Thomson— que tuvo que aguantar impertinencias por su sentido de la justicia, del honor y del entendimiento entre los pueblos basado en un respeto profundo a todos los seres humanos, indígenas o tan «civilizados» como Stanley, Burton, Baker, Mizon, o Rhodes, entre otros.

Sé que me extiendo en exceso con este gran personaje pero siempre le tuve simpatía y me parece que en los grandes estudios del África profunda no le suelen dedicar el lugar que en mi opinión se merece. Parecen contar más las proezas realizadas, aún al precio de sangre, esclavitud y trabajos forzados con un infinito desprecio por los pueblos africanos, por sus costumbres y por sus tradiciones que el talante y al espíritu con el que se llevaron a cabo. En 1895, a los 43 años, Brazza se había casado con la joven Teresa, educada en Estados Unidos donde su padre representaba a Francia como diplomático. Ella lo había visto hacía diez años y le había arrojado a su paso su sombrero durante sus momentos de gloria pero tuvieron que pasar esos diez años hasta que Brazza regresó enfermo a Francia para reponerse. Durante algunos años Brazza trabajó denodadamente como Gobernador del Congo francés. No permanecía mucho en la capital sino que recorría sin cesar el interior para conocer mejor a las gentes y estar en contacto con la realidad. Fue una vida que llenó sus más intensos sueños juveniles de explorador y su generosa y humanitaria actitud ante los demás. Fue leal a Francia y su nombre, en tiempos de Brazza, iba asociado a la magnanimidad, al prestigio y a la grandeza. Pero las autoridades de París consideraban que el mantenimiento de esa colonia le costaba mucho dinero al erario público y que no rendía los inmensos beneficios que Brazza y Stanley habían pronosticado, al menos en el lado francés ya que, en el belga, habían adoptado el sistema de trabajos forzados, porteadores obligados y concesiones a compañías privadas cuyo único objetivo era sacar el mayor fruto mediante la explotación de todos los recursos naturales y humanos. Muchos ciudadanos belgas que, en sus países jamás habrían levantado la cabeza, se encontraron en el Congo un paraíso al que ordeñar mediante la mano de obra barata y la ausencia de respeto a los derechos humanos ni de ningún tipo para los indígenas: para muchos fue la realización de un sueño, ellos que habían luchado por la libertad y por la independencia en sus tierras europeas se convirtieron en déspotas inhumanos en las tierras que su rey había conquistado. Así, el Gobierno fue apremiado por las sucursales de esas compañías en Francia y por otras que se inspiraron en ellas y en los brutales métodos portugueses así como los que franceses como Luis Mizon y otros estaban empleando en otras colonias africanas. Brazza fue llamado a París, con todos los honores de héroe nacional, pero sustituido por otro gobernador más eficaz, el inescrupuloso y buen católico Gentil que tanto contribuyó, junto con el Arzobispo Augouard y tantas organizaciones protestantes que, desde toda Europa, descubrieron un renovado celo por salvar la vida de esos salvajes aún a costa de desarraigarlos de sus tradiciones y de sus culturas, de sus libertades y de su concepción de la vida en el medio que les pertenecía desde el origen de los tiempos. Con razón dijo el emperador etíope Teodoro, ante la invasión británica: «Conozco su juego. Primero son los mercaderes y los misioneros. Luego, los embajadores. Después, traen las escopetas. Mejor haremos yendo directamente a las escopetas».

El matrimonio con Teresa y los hijos que tuvieron dieron nuevas fuerzas a Brazza que disfrutó enormemente de ellos. Siempre había amado a los niños y en África inventaba toda suerte de juegos y de trucos para divertirlos, pero ahora, a los 53 años y tras la muerte de su hijo mayor por una ataque de apendicitis, se estaba hundiendo en la desesperación. Por eso Teresa obtuvo permiso para acompañarle en este último y terrible viaje de más de 2.800 millas por el interior del continente. Brazza quería verlo todo de nuevo y comprobar los abusos que se estaban cometiendo con los indígenas por parte de las compañías concesionarias con el apoyo de la administración francesa. Y siempre me emocionan los problemas que tuvo que afrontar Brazza con misioneros y con obispos como Mgr. Prospère Augouard, su viejo enemigo, durante el viaje de inspección a las tierras de Gabón y del Congo comisionado por el gobierno francés para aclarar las denuncias que existían contra los oficiales Toqué y Gaud acusados de atrocidades como celebrar el día de la toma de la Bastilla colocándole a un indígena un paquete de dinamita en el ano y haciéndolo estallar, o encerrar a 47 mujeres rehenes de hombres que se negaban a hacer trabajos forzados y dejarlas morir de hambre, o comprobar que veinte latigazos con un látigo hecho con la verga de un hipopótamo era un castigo normal para faltas leves. Se había instaurado la obligación de que fueran porteadores sin salario así como los trabajos forzados. Brazza recibía a todos los nativos, recorría el país y comprobaba el terror que se había instalado allí donde él había prometido y preconizado justicia y trato humanitario. Todo su esfuerzo parecía haberse venido abajo y todo esto en connivencia con los obispos y con los misioneros que aceptaban este estado de cosas y hasta se servían ellos mismo del trabajo de los indígenas en sus misiones. Pero el gobernador Gentil, su sucesor, responsable de los asuntos de la colonia, que era enemigo declarado de Brazza así como el arzobispo porque lo acusaban de masón y de «favorecer la investigación de acusaciones contra compañeros franceses motivadas por los negros» no podían ocultar la gloria del hombre que había descubierto y aportado estas tierras bajo la bandera de Francia. En cada brindis que le hacían invocaban el nombre de Dios «que le había ayudado tanto», Brazza mantenía un discreto silencio y luego decía por lo bajo de forma que todos le oyesen «pues ahora que han llegado sus misioneros, su Dios parece haber desertado». Su esposa Teresa, que era una ferviente católica, asistía todos los días a misa de siete para compensar al iracundo y lleno de salud arzobispo que le decía «algún día se convertirá, no lo dude». No podían comprender que un hombre pudiera ser justo, honorable y bueno sin profesar religión alguna.

Felizmente, había dos oficiales franceses que, movidos por el ejemplo de Brazza, arriesgaron sus vidas y sus carreras y se atrevieron a declarar ante el tribunal. Cien testimonios de indígenas no podían servir para condenar a un oficial blanco pero el testimonio de dos oficiales cambió las cosas. No obstante, la sentencia los condenó a cinco años de prisión de los cuales sólo cumplieron dos. El público de la colonia casi se amotinó y rehusaron dar la mano a los jueces durante mucho tiempo. Era la primera vez que se juzgaba a unos blancos por matar a unos «sucios negros», *sales nègres*. Todos sabían que el silencio de Toqué y de Gaud durante el juicio era porque estaban cubriendo a otros muchos, entre ellos al gobernador Gentil.

Brazza se despidió de la ciudad a la que había dado su nombre, y tantas cosas más, el 29 de agosto. La quiso atravesar andando, «pálido y silencioso pero orgulloso y digno» hasta el ferry que lo había de llevar a la estación y en una litera hasta el barco *Ville-de Macéio* con el ansia de llegar pronto a París y presentar su documentado informe en el que pedía la remoción de Gentil y la abolición del sistema de concesiones. No tuvo tiempo, antes de arribar a Dakar empeoró y decidieron ingresarlo en el hospital. Ya casi no hablaba pero en sueños repetía recordando la infame compañía Mongala del rey Leopoldo en el Congo belga: «El Congo francés no puede convertirse en una nueva Mongala». Y repetía esa frase delirando «no una nueva Mongala». Cuatro marineros lo transportaron hasta el muelle pero ya se estaba muriendo. Era el 14 de septiembre de 1905. Muchos de la misión lloraron y como dice Pakenham recogiendo las palabras del ayudante de Brazza, Challaye, a quien debemos todos estos recuerdos «lloraban porque África había perdido a un gran líder: uno de los pocos imperialistas reverenciado por los africanos, una persona cuyo nombre simbolizaría un nuevo estilo de dominio caballeroso y justo compatible con una democracia como la francesa, una auténtica misión para ayudar en la liberación de África».

En el Proyecto que nos animaba de promover la medicina preventiva y aprovechar lo mejor de la práctica tradicional africana, eran actitudes como las que informaron la obra de Savorgnan de Brazza las que más me atraían. Salvados los cien años que nos separan, qué duda cabe que tenemos que ahondar más en ejemplos como los de estos hombres que quedaron oscurecidos por la prepotencia de los explotadores aventureros, para los cuales el imperio de las metrópolis les hizo servirse de todos los medios.

39

Congo Brazzaville

Como es natural, después de los fuertes calores secos del Chad, estaba deseando llegar a Brazzaville y me preparé mentalmente para que no se volviera a repetir el shock de la humedad prevista, como me había sucedido en Lomé. En el aeropuerto, entre una marea humana logré rescatar mi equipaje y en la puerta estaba un español que me reconoció enseguida y se puso muy amable a mi disposición. Saludó a varias religiosas que llegaban y a otras que partían y nos dirigimos a su bien climatizado Land Cruisser que tenía aparcado en zona VIP. «Estoy viniendo cada día al aeropuerto a esperar o a despedir a alguien con este lío de la guerra en el Zaire...» «Se lo agradezco mucho porque sabía por Carlos Abella que, dada la inminente caída de Kinshasa, él no podría venir como era su deseo...» «Sí, ya sé, me tiene al tanto de todo. Nos hablamos por radio muchas veces al día. Es la única manera de mantener una cierta coordinación en este desbarajuste. Las tropas de Kabila ya están a pocos kilómetros y todavía no saben si desalojar a los europeos de la capital o no.» «Seguro que están negociándolo porque en el resto de las ciudades que va tomando sus tropas, como no cobran salarios, se entregan al pillaje... de lo que han dejado los otros antes de abandonarlas. Con estos negros ya se sabe.»

Ahí comenzó un momento tenso de la conversación mientras dábamos un paseo en el coche por la ciudad. Me emocionó la visión del río Congo, tantas veces soñado, precisamente a orillas del disputado Stanley Pool. Al frente, al otro lado del puente, estaba Kinshasa que nosotros contemplábamos desde Brazzaville. Por un momento, casi no escuchaba al buen samaritano y me prometí reservar mis reflexiones y recuerdos para cuando llegara al hotel.

El religioso lleva 30 años en África, de la cual parece saberlo todo sin solución de continuidad, y por eso se siente facultado para hablar de «estos negros que son vagos, mentirosos, ladrones y siempre metidos en trifulcas... esto cuando estaba bien era durante la administración de los blancos; aquello sí que era un Congo maravilloso por el que se podía ir y venir a nuestro antojo. Había seguridad, prosperidad y trabajo para todos y ahora mire, estos se lo robaron todo. ¿Para esto querían ser independientes? Pero si no saben gobernarse, tan sólo conocen la rapiña de unas tribus por otras...» «¿En verdad, cree usted que sólo se trata de querellas tribales? ¿No existen pueblos, etnias, tradiciones que los blancos, a veces, hemos ignorado o menospreciado?» «Usted no conoce a esta gente. Son como niños y no hay que dejarles hacer lo que quieran. No saben. Es inútil, No están preparados para gobernarse.» «Pero...» «No, usted no conoce esto. Cuando estaban los blancos aquí había de todo y ahora para procurarse algo hay que traérselo de España.» «Pero...» «Yo he viajado de arriba abajo y a lo largo y a lo ancho por el continente visitando nuestras misiones y eso cuando no disponíamos de estos coches todo terreno que son una maravilla.» «Pero, ¿su misión no está en la selva?» «¡Qué va! Tenemos una parroquia en el mismo corazón de Brazza, en pleno barrio europeo, piense que nosotros llevamos aquí más de medio siglo!» «Entonces ¿para qué necesita un Land Cruisser?» «¡Hombre! ¡Qué pregunta! Pues como todo el mundo, para trasladarnos mejor y hacer viajes. Nos visitamos mucho más y conocemos mejor el país, aunque con estas revueltas ya no hay aquella seguridad que garantizaban los franceses y no digamos cuando los belgas estaban en el otro Congo, antes de que llegara ese bárbaro de Mobutu, aunque no sé que hubiera sido peor si dejan vivo a aquel comunista Lumumba.» «¡Menos mal que se lo cargó la CIA!» «¿Cómo dice?» «No, nada, pensaba en voz alta, pero dígame: ¿han experimentado más conversiones al catolicismo desde que tienen estos medios tan modernos?, porque veo que no deja de hablar por su teléfono móvil cada tres o cinco minutos y hasta se le cruzan las llamadas y tiene varias en espera.» «¡No me diga que no es maravilloso! Ahora tengo este modelo Ericsson que me hace un gran servicio y no sabe usted lo que hablamos por radio. Todos tenemos instalada una radio y, gracias a ella, nos comunicamos con la Embajada en Kinshasa y le vamos informando de por donde van avanzando las tropas de Kabila.» «Pero eso encierra ciertos peligros, no olvide que sus emisiones pueden ser escuchadas por el Ejército y podría tratarse de una injerencia, si no de algo más grave.» «Ah no, tenemos establecida una red de emisoras por todas las misiones, hospitales y residencias de religiosas y estamos mejor informados que nadie. Nosotros somos españoles y así tenemos informada a la Embajada por si hay que tomar la decisión de evacuar a los europeos.» «Pero esas emisoras ya las tenían durante los conflictos de Ruanda y de Burundi... y no sirvieron para evitar los genocidios de unos y de otros.» «Sí, pero nosotros nos mantuvimos informados y teníamos informadas a las Nunciaturas... aunque a estas les gusta más comunicarse con los obispos, y ya ve el éxito que supuso la entrevista con al Hermana Espelosín por la COPE hablando con ese monstruo, porque es un monstruo de la radio, Antonio Herrero.» «Sí, ahora las radios tienen un gran momento.» «Usted no sabe lo que es. A mí me están llamando continuamente.» «Pero si hay enormes problemas de comunicación con los teléfonos ¿cómo se arreglan?» «Ah tenemos un sistema de conexiones por radio y así pasamos los mensajes a España.» Fue cuando me dijo en un arranque de entusiasmo, como consta en mi cuaderno de viaje, «¡Soy la estrella de la radio!». Sí, la reina, pensé en silencio.

Yo quería llegar cuanto antes al hotel para deshacer las maletas y telefonear a la universidad, pero fue imposible. Nuestro hombre se empeñó en llevarme a visitar su parroquia... para que viera su emisora de radio y tomase una taza de café. Entramos directamente en la residencia que me pareció vieja, oscura, sucia y mal pintada. Una cansada mujer negra me dio un nescafé, me presentaron a otro fraile español y a un obrero africano que estaba haciendo algunas reparaciones. Mientras tanto, nuestro amigo no hacía más que hablar por radio «Aquí Casa Grande a Casa chica. Corto». ¡Así media hora! A mi mente acudían textos e imágenes de Juan de la Cruz y de Teresa de Jesús... Yo le suplicaba que me dejara tomar un taxi para no molestarle más. «¿Un taxi aquí? ¡Usted no sabe lo que dice, le robarán!» «Bueno llevo meses viajando por algunos países de África y nadie me ha robado todavía, excepto la paciencia...» No lo captó. Siguió hablándome de un jesuita español que daba clases en la universidad pero que también se ocupa de una parroquia que tienen aquí y de una monja española, «muy conocida y famosa, sí, sus padres viven en la calle Serrano, en Madrid, son los XX, los de toda la vida, muy conocidos, ella trabaja en un hospital de niños y sale mucho en las revistas, es una institución aquí». «Me encantará conocer a los dos, siempre son una fuente de información para mí y sobre todo a la hora de tomar contactos para poner en marcha el proyecto de CPMP aquí.» «¿Aquí? Usted no sabe lo que dice. Ya me contó algo Abella. No puedo creerlo.» Le expliqué con toda la paciencia que pude las líneas fundamentales del proyecto. «¿Qué me dice? ¿Que los profesores negros se van a encargar de llevar el proyecto? ¡Adiós proyecto, despídase!» «Pero...» «En África para que algo salga adelante lo tiene que llevar un blanco...» «Pero ustedes, los blancos...» «¡Usted también es blanco!» «Mire, ya no estoy tan seguro porque usted me tiene negro con todo su racismo que me espanta.» «¿Racismo yo? ¡Por Dios! si nosotros estamos aquí para evangelizarlos.» «Pues no se nota que tengan ustedes mucha confianza en ellos, ni que los hayan preparado para ser autónomos ni que se hayan preocupado de conocer sus lenguas y sus tradiciones y de respetarlos para ayudarlos a ser como ellos desean ser y no como ustedes pretenden imponerles que sean... ayudarlos a que se ayuden a sí mismos y no los necesiten más.» «Huy, un idealista, como se nota que usted no conoce nada de África. Nosotros llevamos aquí siglos y ya ve, si no fuera por los blancos, estarían matándose unos a otros, como hacen ahora ¿no los ve en Ruanda, en Burundi y ahora en el Zaire? No se les puede dejar solos.» «No era eso lo que pensaba Savorgnan de Brazza ni Livingstone.» «Huy ya salieron los idealistas fracasados: el masón ateo y el misionero protestante y extravagante que se dedicó más a la exploración aventurera que a atender a la misión que tenía. Bueno, era protestante.» Le pedí, por favor, que me dejase ir al hotel para hacer unas llamadas y ponerme a trabajar pues, a mi pesar, disponía de pocos días para estar en este querido país. «Pues esto no está como para hacer turismo.» «No se trata precisamente de eso, pero bueno, llámelo así si usted quiere ya que, en verdad, sí que me gustaría navegar río Congo arriba.» «Eso ni lo sueñe, pues buenos están éstos.»

Por fin, llegamos al Hotel Sofitel, en la Avenida Amilcar Cabral, aquel gran africano asesinado en 1973 por agentes secretos portugueses y que había liderado la lucha por la independencia de Guinea-Bissau convocando a guineanos y caboverdianos para la resistencia al colonialismo «con independencia del color de la piel, la raza o la religión» y que había dejado una buena cantidad de libros y de estudios sobre la lucha de liberación de los pueblos africanos, que sin duda merecen ser leídos. El hotel me lo había reservado Carlos Abella por medio de nuestro Vicecónsul honorario aquí, Dominique Lugrand, que es un hombre que ha demostrado una gran eficacia, discreto y con una gran amabilidad. Deshice maletas y me cambié. Llamé a Madrid, les di los números del teléfono y del fax del hotel para que me tuvieran informado. Al poco tiempo, telefoneó Dominique para saludarme de parte de Carlos Abella, con quien hablaríamos desde la radio de la compañía aérea donde él trabaja. Me dijo que a las 13:30 estaba concertada la entrevista con el Rector de la Universidad. Que había ido al aeropuerto a despachar el avión de Air France y a recibirme pero que se encontró al Padre X «y ya lo habrá conocido, no hay quien lo pare, dijo que se encargaría él de todo. Me sabrá disculpar». «¡Por favor, le estoy muy agradecido por todo! Esta entrevista con el Rector me alegra muchísimo ya que, como no podré pasar a Kinshasa por el puente como era mi proyecto, tendré que aprovechar el vuelo a Luanda del próximo sábado.» «Es lo único posible. Allí todo está muy mal, esperamos que esta tarde logren pasar en barcazas varios periodistas españoles de televisión para los que el Embajador está logrando un permiso especial.»

A la una y media ya estaba en el Rectorado de la Universidad informando a su Rector con el Decano de Ciencias de la Salud y con el Dr. Bruno Kibangou, Médico Jefe de los Servicios Socio-Sanitarios de la Universidad. El Rector ya tenía una copia del resumen del proyecto de CPMP y los tres manifestaron un enorme interés. Me explicaron que en la Universidad de Brazza hay 11 Facultades e Institutos y a ellos asisten unos 18.000 estudiantes, pero tan sólo 4.000 viven en el campus. La primera cifra me pareció exagerada y en ella debía contar a más personas que a los estudiantes propiamente universitarios. Muy en su papel, el Rector le encomendó al Dr. Kibangou que me enseñara las instalaciones y que le daba diez días para tener toda la documentación preparada para adherirse al proyecto.

La visita al Centro socio-sanitario fue verdaderamente interesante. El Dr. Kibangou es una de las personas más interesantes con las que me he encontrado en todo este viaje a África. Tiene una gran preparación profesional, es una persona muy educada y cordial. Nos entendimos de maravilla. «¡Estos son los profesionales africanos que garantizan el futuro de los pueblos de África!», pensaba yo mientras hablábamos y visitábamos las instalaciones: su consulta estaba impecable. Le pedí permiso para hacer fotografías, a lo que accedió encantado. A la Enfermería la faltaba material adecuado pero disponían de buen personal cualificado y, en cada Facultad, un asistente médico para atender los casos menores. Tenían un buen local para instalar el Laboratorio con el que soñaba desde siempre. Me mostró una habitación en la que había montones de medicinas para ser clasificadas y que habían llegado como donación del Club de Rotarios de Francia. Me dijo que venían, como siempre, en desorden y que tenía que hacer una selección porque no todas servían para los estudiantes y él se encargaba de hacer llegar el resto a hospitales de confianza. Hablábamos el mismo lenguaje. Cuando vio los impresos de Solidarios para describir el centro, las enfermedades más comunes y el proceso informatizado para solicitar los medicamentos la cara se le llenaba de alegría. «¡Esto, esto es lo que se necesita! Sobre todo me parece maravillosa la idea de las fichas informatizadas y poder seguir la historia de cada estudiante así como poder incorporar una ficha como esa de la Universidad de Lomé.» Me mostró las que ellos utilizaban, en cartulina y que eran como las mejores que había visto hasta entonces pero de las que no se podían servir para un estudio científico como el que ahora estaba previsto. En fin, pocas veces durante mi viaje me he sentido tan a gusto, tan cómodo y tan identificado con una persona de la categoría y del talante del Dr. Kibangou. No pude reprimirme y le dije: «Bruno, no hace más que unas horas que nos conocemos, pero te robaría para que coordinaras todo este Proyecto desde Madrid. Te entenderías a la perfección con Imelda

San Martín, con Arancha, con M.ª José, con Alfonso y con todo el equipo. ¡Qué lástima que, con la situación que estáis padeciendo, no puedas participar en el Curso de este verano en El Escorial!». «¡Ya lo creo que me gustaría! A mí también me da la sensación de que nos conocíamos desde hace tiempo. Tan pronto como el Rector me dejó leer la copia del proyecto me sentí identificado con él. Son como esas cosas que intuyes pero que nunca te atreves ni a soñar ¿A ti no te sucede?» «¡Demasiadas veces! Pero yo me atrevo a soñar... aunque, a veces, después es más duro el contraste con la realidad.»

Así hablamos durante largo rato. Es negro bantú alto y fuerte con unos ojos vivos y expresivos, tiene unos cuarenta años, está casado con una científica profesora de la universidad, tienen tres hijos, estudió en Francia e hizo el doctorado allí también. Conoce Inglaterra y ha asistido a algunos congresos médicos pero la situación en su país es muy grave. «No sólo es lo que está pasando en el Zaire», me dijo. «Luego, nos tocará a nosotros.» Esas palabras no han dejado de martillearme desde que regresé a España y se produjo el golpe de Estado en Brazzaville; cuando se instaló el caos que cortó todas las comunicaciones entre nosotros. Lo hemos intentado por todos los medios pero aún ahora, mientras escribo estas líneas, no sé si el doctor Kibangou y su familia están vivos o han perecido en la masacre. Recuerdo con nitidez y profundidad, hasta el extremo de que siento mi piel de gallina, el abrazo que nos dimos al despedirnos. He pedido que se utilicen todos los medios posibles para tratar de localizarlo desde Kinshasa porque las comunicaciones con Brazzaville siguen sin funcionar bien. Ya en el hotel, Carlos Abella logró comunicar conmigo. Hablamos largo y le expresé todo mi agradecimiento por la gran labor que estaban llevando a cabo desde esa Embajada. Desde el embajador, José Antonio Bordallo, a quien ya todos conocemos por los testimonios incesantes de su gran actividad, hasta él mismo que, dentro de semejante catástrofe, supo encontrar tiempo para ayudarme y ¡de qué manera! en mi misión tan humilde en comparación con los horrores que se estaban produciendo. Comprendí que era imposible mi viaje al Zaire y le deseé todo lo mejor para él y para todo ese gran equipo de españoles. Los felicité por el Vicecónsul que teníamos en Brazza y que, si hablaba con sus padres, que les enviase un fuerte abrazo. «Ayer hablé con ellos y me dijeron que te lo diera a ti muy fuerte de su parte, que te recuerdan con mucho cariño.» Un zumbido... y se cortó la comunicación y a mí se me hizo un nudo en el estómago. Esa misma tarde había visto llegar en piraguas a varios periodistas españoles de televisión que me contaron el drama que se estaba viviendo, allí enfrente, en la capital del antiguo Congo belga del rey Leopoldo, del brutal Stanley, del querido mártir de su pueblo, Patricio Lumumba, y del sanguinario y cleptócrata Mobutu que con su inmensa familia y su séquito de depredadores estaban escapando desde Gbadolite —la escandalosa mansión del sátrapa que le habían construido los chinos— y se dirigían a buscar refugio en diversos países. A algunos ya me los había encontrado en el Hotel du Chari, en N'Djamena.

Algo me había sentado mal y, aunque rápidamente acudí al Fortasec y al zumo de limón, me encontraba tan mal que no pude aceptar la cena que me ofrecía Dominique y que tanto me hubiera gustado. El hotel está repleto de soldados norteamericanos. Lo invaden todo. ¿Qué hacen viviendo aquí? Por la mañana vienen flamantes autobuses a buscarlos, los llevan a su base y los traen de nuevo por la tarde. Me dicen que también hay otros muchos en otros hoteles. Cuando regresan invaden la piscina y viven y se comportan igual que si estuvieran en USA. Llenan el comedor en la cena y a la hora del desayuno. Los observo. He hablado con algunos. «Estamos aquí para proteger los intereses norteamericanos.» ¡Toma ya franqueza!

Por la mañana, muy temprano, me acerqué en coche a visitar los rápidos del río a unos diez kilómetros de la capital, un lugar impresionante para contemplar el amanecer. Mi corazón batía con fuerza mientras caminaba para contemplar mejor las dificultades que tuvieron que vencer los conquistadores para «abrir estos inmensos territorios a la cristianización, a la civilización y al comercio». Pero... ¡a qué precio! La República del Congo es como una lengua de 342.000 kilómetros cuadrados que discurre entre Gabón y el Zaire hasta la República Centroafricana, con la cual, junto con Gabón, estuvo algún tiempo unida bajo la Administración francesa. No tiene más que 2.700.000 habitantes, de los cuales más de un millón viven en la capital. La esperanza de vida es de 51 años, la tasa de mortalidad infantil es de 84/1000, tiene un gran índice de alfabetización superior al 75 %, disponen de un médico cada 3.500 habitantes, pero el acceso al agua potable no es más que para el 38 %; su deuda externa era antes del golpe de Estado cercana a los 6.000 millones de dólares lo cual es terrible cuando su PIB no era más que de 1.578 millones de dólares ¡que casi no alcanza para pagar el servicio de la deuda que es casi igual! Impresionante. Increíble, pero es así. Las grandes compañías petroleras, Elf Aquitaine sobre todo, dominan los destinos del país a sangre y a fuego como se demostró con el golpe de Estado que tuvo lugar dos meses después de mi paso por Brazzaville.

Me dirijo al aeropuerto, al atardecer, sin haber logrado controlar mi diarrea y los dolores van en aumento. Cambio la medicación, paso al Sulfintestín Neomicina aunque el poco opio de la Salvacolina algo me hubiera ayudado. En su lugar tengo que tomar Buscapina. Le pido a Dominique que me deje en la sala de espera, una vez realizados los trámites, para que se pueda ocupar de un avión de Air France que va a salir. Nos despedimos y le prometo, ingenuamente, que pronto regresaré porque quiero remontar el río Congo como tantos escritores han hecho y otros muchos más hemos soñado hacerlo.

40

Angola

Diez años antes de que Cristóbal Colón llegase a América, un marino portugués, Diego Cao, llegó a la desembocadura del río Congo al mando de una flota. En 1482, pues, se dio el primer contacto entre los portugueses y lo que había de ser denominado Angola y que, por aquel entonces, y desde hacía siglos, formaba parte del complejo sistema del reino de Kongo. Después vendría la misión evangelizadora y comercial cuando los Cristianísimos Reyes de Portugal tuvieron noticia de las riquezas inmensas que se podrían sacar de aquellos territorios. A partir de entonces siguieron las expediciones militares para conquistar a los pueblos del interior en una labor que ellos denominaban «pacificadora» y que no consiguieron hasta 1921. Así, hasta el 11 de noviembre de 1975, en que se vieron obligados a abandonar por la fuerza, sin traspaso de poderes siquiera, esas tierras que consideraron como «provincias de ultramar» y que padecieron como pocas colonias en África un auténtico expolio por parte de los sucesivos gobiernos portugueses. Baste un dato espeluznante: la esclavitud y las guerras de «pacificación» redujeron la población angoleña de unos dieciocho millones, en el siglo XV, a menos de ocho millones en el siglo XIX cuando el Congreso de Berlín consagró la ocupación de Angola e instó a la penetración hacia el interior. Desde 1900, en que había unos diez mil colonos portugueses, hasta 1975, en que se calculan en trescientos cincuenta mil, la emigración no dejó de afluir. Eran tierras para hacerse rico con una economía parasitaria basada en la explotación de los recursos minerales y agrícolas, diamantes y café. Pero los portugueses, en quinientos años de colonización, no contribuyeron al desarrollo ni a la preparación de los angoleños con vistas al famoso pretexto del Congreso de Berlín: Civilización, comercio y cristianización. Portugal consideró siempre a sus territorios de ultramar como despensas de las cuales mantener una metrópoli que dependía totalmente de esas colonias. Lo seguiremos comprobando cuando lleguemos a Mozambique y a las famosas y sanguinarias expediciones de los marinos portugueses Alameida, Ravaiso, Saldaña, Soares, Barbosa, considerados como héroes en la infatuada metrópoli.

Pero Angola todavía sigue siendo noticia en nuestros días, en este final de siglo, en el que no han conseguido ni la paz ni el desarrollo ni el puesto que les pertenece en el concierto mundial, a pesar de su independencia, por causa de las terribles guerras civiles movidas por los intereses foráneos que, una y otra vez, intervienen en sus asuntos internos con la complicidad de no pocos antiguos colonos y los secuaces que han ido formando a lo largo de los siglos con su endiablada costumbre de enfrentar a unas tribus contra otras y a unos pueblos contra otros. Es la estrategia de un pueblo pequeño que siempre se consideró por encima de sus posibilidades reales. Su lema lo dice todo: *Portugal non è un país pequenho.* Por eso es conveniente dar un pequeño salto atrás en la historia si pretendemos comprender algo en las tribulaciones de este rico país que tiene inmensas posibilidades de crecimiento y de progreso. El profesor burkinabés Ki-Zerbo lo expresó de manera certera: «La historia de África es la historia de su toma de conciencia». No conviene olvidar que para los eruditos del siglo XV, en los mapas de África resumían su saber escribiendo sobre un inmenso continente al sur del Mediterráneo: *Terra incognita. Ibi sunt leones* [Tierra desconocida. Allí hay leones]. Y como era tierra desconocida para ellos, dedujeron que eran salvajes sin cultura ni tradiciones ni sistemas de gobierno ni orden alguno que les permitiera gobernantes y así, «como tierra de nadie» (*res nullius*) los papas de Roma se la concedieron para que la evangelizasen y la civilizasen ya que «eran brutos que no sabían gobernarse ni por tanto tenían señores naturales». El tema ocasionó una dura controversia en la universidad de Salamanca, pero hombres como el padre Vitoria y otros ilustres dominicos se opusieron a semejante disparate y de ahí nació la formulación del Derecho Internacional como expresión del Derecho Natural o de gentes. Era necesario, aunque sólo fuera por su utilidad para dirimir los conflictos entre navegantes, conquistadores y estados que necesitaban de un «derecho marítimo», al cual contribuyó no poco el ilustre holandés Hugo Groccio.

Pues bien, ya hemos dicho que entre los siglos XII y XVI se vivieron los grandes siglos del África negra con imperios tan impresionantes y bien organizados como los de Malí —que en tiempos de Mahmud Kati poseía unas cuatrocientas ciudades— en el África occidental, los estados Hausa, los reinos Yoruba y Benin, al sureste de la actual Nigeria, y los de los bantúes y el Congo-Zaire, en el África Central, y los de Zimbabwe y el Monomotapa, en el sur. La cuenca del río Congo, de la que tanto venimos hablando, incluía los actuales Congo Brazza, Congo Zaire y Angola, además de Zambia y Gabón. El Manicongo reinaba directamente sobre su territorio e indirectamente sobre sus vecinos por medio de vasallos tributarios y, aún más allá, ejerciendo una especie de arbitraje en sus querellas y de tribunal de suprema instancia en una especie de protectorado para orientar el comercio. Y para conseguir lo que para la más profunda sabiduría africana, simbolizada por la Kuma, aparece expresada en sus obras de arte con un profundo sentido religioso inspirado en una cosmovisión que buscaba, más que el progreso, el valor de la armonía y la paz. No todo era idílico, de hecho los bantúes bajaron del norte y desplazaron a los primitivos pobladores pigmeos y bosquimanos al interior de la selva y a la sabana, y no por procedimientos pacíficos.

Cuando los portugueses, al mando de Diego Cao, llegaron a la región visitaron al rey Nzanga Nkuwu en su capital de Mbanza y prometieron relaciones amistosas y de cooperación. Las armas portuguesas apoyaron, en un principio, al rey y al poder ya existente —luego, nada de «tierra de nadie», ahí están las crónicas—, pero introdujeron la intensificación brutal de la esclavitud que hasta entonces era un asunto doméstico que alcanzaba a los vencidos en guerras, como en otros muchos lugares del mundo, pero que no constituía el terrible comercio que iba a diezmar prácticamente a la población pues las sacas eran de unos 5.000 esclavos por año escogidos entre los más jóvenes y fuertes. A ese negocio tan poco cristiano se unió el desconcierto que supuso la erradicación de sus costumbres y tradiciones con la conversión del rey y de sus principales súbditos al cristianismo. No nos explicaban en el bachillerato que el rey convertido pasó a llamarse Juan I, que uno de sus hijos fue consagrado obispo por el Papa de Roma y que la intromisión de los jesuitas portugueses fue desastrosa para el desarrollo del país ya que enfrentó a unos pueblos contra otros y fomentaron el tribalismo al servicio del rey de Portugal que ostentaba el dudoso privilegio de presidir el Real Patronato que, como el concedido por los papas a los reyes de Castilla, les otorgaba un auténtico monopolio eclesiástico. No hay que rasgarse las vestiduras, durante más de trescientos años, todos los nombramientos de Obispos para Indias, Brasil y las «tierras portuguesas de ultramar» eran realizadas por los respectivos Consejos en nombre de los Católicos y Cristianísimos Reyes de Castilla y de Portugal, a cambio de hacerse cargo de los gastos de la evangelización. Cierto que la Santa Sede «nombraba» a los obispos... pero, de hecho, mientras duró el Patronato, jamás nombró ni uno que no estuviera seleccionado y presentado por la Corona respectiva que ejercía más que un derecho de veto, un incomprensible monopolio religioso.

Del título de uno de los reyes angoleños Ngolo, antes Álvaro I, en 1568, derivaría el nombre de la colonia. Por el puerto de Luanda salían la mayor parte de los cargamentos de esclavos. La historia de esos reinados es larga, así como las vicisitudes de la depuesta reina Nzinga de Ndongo, en 1590, que, en lugar de rendirse, prosiguió la resistencia como reina de Matamba. Estas y otras muchas más son las causas que hicieron que los portugueses hasta finales del siglo XIX y principios del XX no dominaron en el interior y se asentaron mediante factorías en la costa para controlar la explotación y el comercio. Es sabido que Portugal no secundó la política descolonizadora de Inglaterra y de Francia en los años 60. Perdido el Brasil, su fuente de riqueza la constituían las «provincias portuguesas de ultramar» Angola, Mozambique, Guinea Bissau, San Tomé y hasta Macao. Fue con motivo de la Revolución de los Claveles, el 25 de abril de 1974, que un Ejército harto de servir de gendarmes de un imperio colonialista y en plena ebullición derrocaron el régimen dictatorial de Oliveira Salazar y de su suscesor Marcelo Caetano. Se habían constituido varios frentes que, desgraciadamente, todavía hoy algunos ocupan la primera página de los periódicos: el MPLA (Movimiento Popular para la Liberación de Angola) que presidió uno de los más grandes líderes del independentismo africano, Agostinho Neto, que luchaba no sólo por la independencia sino contra el sistema de poder internacional que lo sostenía así como contra el tribalismo y la discriminación racial y que se alinearía con los países socialistas y recibiría fuerte ayuda militar de Cuba; el FNLA (Frente Nacional para la Liberación de Angola) dirigido por Holden Roberto y abiertamente financiado por la CIA después de la revolución portuguesa, y la famosa y siniestra UNITA (Unión para la independencia total de Angola) dirigido hasta la actualidad por Jonas Savimbi y sostenido por el régimen racista de Sudáfrica y por los antiguos colonos portugueses hasta que Mandela alcanzó el triunfo sobre el régimen del *apartheid*. Como dijimos, en 1975, el MPLA dirigido por Agostinho Neto proclamó la independencia, el Zaire invadió Angola por el norte y Sudáfrica por el Sur con la complicidad de la UNITA. En 1976, la ONU reconoció al gobierno de Neto como legítima autoridad pero los europeos no lo aceptaron, emigraron masivamente llevándose todo lo que pudieron transportar y desmantelando hasta las instalaciones productivas. La guerra civil estaba servida: angoleños socialistas defendían al Gobierno ayudados por los países del Este y por tropas cubanas, UNITA se apoyaba en los sudafricanos, en Mobutu y en los Estados Unidos. En 1979, Agostinho Neto murió de cáncer y le sucedió el actual presidente de Angola el ingeniero José Eduardo dos Santos que hasta nuestros días ha vivido en pleno ambiente de guerra civil, de invasiones y de desastre de una economía que jamás pudo levantar cabeza. La caída del muro de Berlín, por un lado, y la llegada al poder de Nelson Mandela parecieron poner término a esa sangrienta guerra civil en la que ya nadie sabe a quien sirve. Se han firmado treguas en 1989 y acuerdos de paz en 1990. Hubo elecciones en 1992 que ganó limpiamente José Eduardo dos Santos, pero que Jonás Savimbi no aceptó y ocupó la zona de las minas de diamantes. En 1993, por los acuerdos de Lusaka, se aprobó una Ley de Amnistía para que los soldados de uno y otro Ejército formaran un único Ejército Nacional, se ofreció la vicepresidencia del país a Sawimbi, que aceptó pero nunca llegó a ocupar de hecho por las presiones de los grupos de intereses que lo dirigen desde atrás. En 1997, con la muerte de Mobutu y la aceptación de una liberalización de la política económica para seguir las orientaciones del FMI, parecería que el país podría afrontar su futuro, pero la realidad es esta: la deuda externa es de 10.600 millones de dólares mientras que le PIB es de 9.100 millones. Aunque parezca increíble y una contradicción en los términos, es así. El servicio de la deuda es de 1.100 millones de dólares al año... y la inflación de un 3.700 %. Hay un médico por cada 25.000 habitantes, el acceso al agua potable tan sólo lo tiene un 32 % de la población; la mortalidad infantil es 122/1000 y la tasa de analfabetos es del 58 %. No es de extrañar que uno de los países con mayores reservas de diamantes, oro y petróleo del mundo así como con buenas tierras para cultivar, la esperanza de vida sea de 47 años. En un país que tiene una extensión tres veces superior a la de España, la población es de menos de doce millones de habitantes. Parece una locura, un absurdo, los vendedores de armas han hecho su agosto, los países implicados tienen nombres y apellidos, la guerra fría ha terminado... pero los intereses de las grandes compañías internacionales siguen vivos y apoyados en una minoría oligárquica indigna de los tiempos en que vivimos, de una historia secular y de un futuro que está a la puerta y llama.

Yo llegué con los intestinos destrozados, creí que me moría en las horas de espera en el aeropuerto de Brazzaville. El viaje fue un infierno. Al aterrizar y encontrar a nuestro Embajador, Rafael Fernández Pita, que llevaba esperando ese avión desde hacía tres horas, creí que no podría ni recoger el equipaje, él trataba de animarme pero cuando vio que me retiraba un poco y soltaba una vomitona inmensa contra una de las paredes de la atiborrada sala de llegadas comprendió que la cosa era seria. Me llevó al hotel que me había reservado y me puso en manos del doctor tinerfeño Juan Lupu, que se ocupó de mi durante los cinco días que duró la enfermedad. Mejor olvidarla. Llegaron a pensar en evacuarme hacia un hospital americano de una base petrolífera. Se mantuvieron en contacto diario con la Compañía Mondial Assistance que no ahorró esfuerzos y respaldó en todo al médico y se ofreció incondicionalmente para evacuarme o tomar la decisión más oportuna. La tensión bajó a 8 de máxima, la anemia hizo su aparición, no lograba cortar la diarrea y los vómitos; me hicieron todos los análisis imaginables para ir descartando malaria, cólera, tifus, hepatitis, sida, diverticulosis aguda... En fin, al cabo de unos días me recuperé y superé la tentación de regresar a España o de saltarme algunos países como Zambia, Malawi y Zimbabwe para poder descansar y recuperarme. Pero yo tenía en esos países citas concertadas gracias a la eficacia y amabilidad del embajador, Tomás Solís, y de Fernando Curcio. No podía fallarles. Me dije a mí mismo que, peor que aquello, ya no podía pasarme nada, que era una prueba iniciática y el peaje que tenía que pagar por adentrarme en el corazón del África profunda. Que seguramente me esperaban tiempos mejores, que había que seguir la máxima de los corsos *Calate jonco che pasa la quina* [Inclínate junco que pasa la riada]. Me incliné, pasó la riada con la impagable ayuda de Rafael Fernández Pita que venía a verme a diario y me llamaba varias veces al día y luego me ayudó en las entrevistas. La Rectora de la Universidad, Dra. Hoygaard estaba recién llegada de Estados Unidos y me confesó que aquello era un desastre, ella misma tenía el Rectorado en unas oficinas alquiladas en un viejo inmueble. La Universidad tenía 6.000 estudiantes y 7 Facultades pero muchas de ellas estaban paralizadas. Me entrevisté con el Decano de Medicina, profesor Mariano, y con el profesor Manuel que me contaron los problemas que tenían con algunos profesores y con la Viceministra de Sanidad Teresa Cohen con la que me entrevisté y me contó su versión de los hechos... así como la Dra. Elisabeth Ataíde Pinto, del Departamento de Salud Pública... Fue desolador... y eso que el Embajador de Angola en Madrid, Asuncaô dos Anjos, me había insistido hasta la extenuación en que no podía dejar de incluir a Angola en el Proyecto de CPMP... me había prometido que les enviaría la traducción al portugués del Resumen del Proyecto para que lo conociesen antes de mi llegada. Allí nadie había recibido nada... Seis días en Angola y las páginas de mi diario que registran mis tribulaciones son las que más espacio ocupan y que más dolor me produce releer. Pero había superado la prueba y quedaban allí buenos amigos para cuando la ocasión fuera más favorable en una segunda etapa del Programa. Cuando, el día 30 de junio, llegué al aeropuerto de Luanda para tomar el avión camino de Lusaka pensé que había salido de una dura prueba y que había logrado mantener el tipo, *endurer*, con la ayuda de gente maravillosa, sobre todo el personal de la Embajada, que me sostuvieron y animaron. Desde aquí mi agradecimiento más sincero.

41

Zambia: el lapizlázuli

Mis notas de viaje durante el trayecto Luanda-Lusaka están llenas de ánimo y de entusiasmo por la conciencia de haber superado una prueba. Copio: «Las pruebas hay que afrontarlas y superarlas, hacerse el muerto, dejar que nos consuman porque purifican, curten y fortalecen el ánimo. Camerún fue la bajada a los infiernos; Chad, el desierto; Angola, con los vómitos y la diarrea, la purificación. ¡Qué error si me hubiera achantado y hubiera regresado a España o ingresado en la clínica americana o me hubiera quedado descansando en un ambiente que no me gustaba! Espejismos. Me esperan Zambia, el río Zambeze, Mossi-o-Tunya "la humareda ruge", Zimbabwe, Mozambique, la antigua Nyassalandia, Tanzania, el mundo swahili, las tierras de Zenj, Zanzíbar, el Ngorongoro, el Kilimanjaro, el Serengueti y quizá Lemu: gentes, paisajes, olores, colores, sabores, calores, lluvias, sal, brisas... Los dioses me probaron. Superé la prueba. Llevo las marcas en mi cuerpo. Viviré el instante. Me abriré a él: saborear cada momento porque siempre es único y hay que experienciarlo a tope OHMMMMMMMMM».

Aterrizamos a las 11 de la mañana del viernes 30 de mayo en un aeropuerto limpio y con flores, cielo azul y temperatura agradable porque, de mayo a agosto, el tiempo es fresco y seco; todo aparecía en orden, el personal educado y amable, las formalidades de aduanas ¡duraron menos de cinco minuto! El oficial al que entregué mi pasaporte lo primero que hizo fue preguntarme si había tenido un buen viaje, me daba la bienvenida a Zambia y me deseaba una estancia agradable. El equipaje ya estaba afuera cuando traspuse la aduana. No, estaba delirando o era un efecto secundario de alguno de los mil fármacos que me dio el Dr. Lupu. El autobús del Hotel Intercontinental estaba a la puerta, dos empleados con traje azul y corbata recogieron mis cosas, y cuando me senté ¡me dieron el periódico del día! «Bueno, me dije, si es un sueño, mejor relajarse y gozarlo.» Carreteras asfaltadas, parterres cuidados, céspedes bien cortados, jardines a derecha e izquierda, 15° C de temperatura. Circulábamos por la izquierda sin adelantamientos peligrosos ni bocinazos... no, esto no es el África que conozco, pero no estamos en Inglaterra porque todas las personas que veo son negras y allí hay algún blanco. La llegada al hotel en la Avenida Haile Selassie fue similar a lo sucedido en el aeropuerto, un servicio eficaz, agradable, ágil... en el hall había una mesa con el té preparado para servírtelo tú mismo, cuando no había una persona amable para hacerlo con una sonrisa. Habitación 454 en la torre de la derecha, moquetas, alfombras, ceniceros con arena y el hierro de la casa, ascensor reluciente, amplio y silencioso. Todo en orden y lleno de detalles, como el cómodo sillón de orejas con la luz al lado para leer sobre el atril articulado. Mesa de trabajo recibiendo la luz por la izquierda, amplios armarios, grandes cajones forrados, perchas no de alambre, cesto de frutas con un cálido *Welcome*! Deshago el equipaje ayudado por una persona esmerada que sabe dónde colocar cada cosa porque es de sentido común y él es un profesional. Televisión que se ve y se oye, teléfono que funciona a la primera, marco el número de mi casa en Madrid y al instante hablo con mi mujer y se lo cuento. Nos reímos. Le digo que es idéntico a tales y cuales hoteles en los que hemos estado juntos en diversos países. Le pido que les dé las gracias a todos mis colaboradores, y a ella en primer lugar, por haberme sostenido durante mi enfermedad y no haberme presionado nunca para que regresase e interrumpiese mi viaje. Como siempre me sucede cuando me encuentro en un sitio confortable y hermoso, le digo que los echo mucho de menos. En las pruebas y en los momentos difíciles me las apaño y busco la ayuda precisa, pero cuando es tan bonito y tan agradable siempre echo de menos a mi mujer y a mis hijos. Telefoneo a nuestro Vicecónsul para darle las gracias, me dice las entrevistas que están preparadas para el lunes, pues la semana inglesa comienza el viernes a mediodía y, además, en la Universidad los estudiantes también están de huelga por los recortes de las becas. Menos en la Facultad de Medicina ya que, como no está en el campus sino en la ciudad junto a un hospital, como me diría el Decano, profesor Munkonge, cuando nos reunimos el lunes para una sesión de trabajo con varios profesores: «Aquí no podemos permitirnos eso, los enfermos tienen prioridad absoluta, si un estudiante de los últimos cursos de medicina desatiende sus obligaciones en el hospital, sabe que es mejor que lo deje». Con él visitaría también el campus y las instalaciones del Servicio Médico para profesores ya que, con la crisis, se había reducido al mínimo el de los estudiantes: sólo casos urgentes en el hospital. Ni qué decir tiene cómo participaron y acogieron el proyecto: ¡lo habían estudiado! Pero todo eso fue el lunes. Ahora, tenía que seguir ese sueño no me fuera a despertar. Siempre digo que tendemos a hundirnos en las pruebas y ante cualquier ofensa o contrariedad, y la rumiamos hasta que hace huella, y luego actúa como un reflejo condicionado ante circunstancias similares. ¿Por qué no ejercitarnos en lo contrario? Saborear intensamente las ocasiones felices y, ante las duras, repetirnos «ya pasará, ya pasará». Un amigo mío, cuando tenía alguna prueba dura, cogía el coche y se iba por las calles, se paraba ante un semáforo en rojo y le decía interiormente: «te pondrás verde, te pondrás ver...». Cuando se ponía, arrancaba y así hasta que se tranquilizaba y recuperaba su sosiego. Un preso muy asiduo me dijo un día: «Mire, profe, nunca pasa nada; y si pasa, se le saluda».

El Vicecónsul de nacionalidad italiana vino a verme, tomamos una copa y hablamos en su lengua. Lleva 34 años aquí, se dedica a comprar y a vender empresas y compañías de export-import, no confía nada en los africanos, adora este país por su clima y por sus bellezas... lo único malo es que ya no estén los blancos al frente... En fin, nadie es perfecto. Quedamos en encontrarnos el lunes ya que yo me había organizado mi plan de fin de semana (eso creía yo entonces) y no quería molestarle porque sabía que esos días son para la familia y para el descanso. Hablamos de este extravagante país que limita con ocho estados, no tiene fronteras que correspondan a ninguna etnia precisa o grupo lingüístico ni, antes en la historia, hubo un reino o un sistema de poder que abarcase este galimatías: por supuesto que estaban los *bembas*, los *chewa* y los *lunda* y que, en cierto modo, durante algún tiempo les alcanzó a algunos de estos pueblos el poder del Mwata Yamvu, al frente del imperio Lunda, en lo que hoy es el sur del Zaire. Aquí se fueron estableciendo los pueblos que huían ante el avance de Chaka, el valeroso y casi mítico rey de los zulúes, empujados ellos mismos por los *afrikaners* o *bóers* que empujaban desde lo que hoy es Sudáfrica.

Es el Estado más artificial de toda África. Corresponde a las expediciones de los agentes del magnate inglés Cecil Rhodes para extender su domino hacia el norte con la complacencia de la Corona británica que siempre fue un paso detrás de él, ya que la ambición de Rhodes les garantizaba que Portugal nunca pudiera unir sus dos colonias de Angola y Mozambique: Zambia es el dique entre ellas. También Livingstone ayudó lo suyo. Este joven misionero y médico escocés llegó a Ciudad del Cabo en 1840 con veintisiete años, para evangelizar a los negros salvajes bajo los auspicios de la *London Missionary Society*. Después de haber permanecido como misionero 10 años en lo que hoy es Botswana sólo había logrado convertir al jefe Sechele, una conversión que no duró mucho tiempo. Así que, un día, acompañado del joven millonario inglés, William Cotton Oswell, que también tenía sed de aventuras, inició la serie de expediciones que le harían famoso. En 1851 cruzaron el desierto del Kalahari para visitar al rey Sebitwane y comprobaron que él y todos sus nobles vestían tejidos de Manchester que obtenían de los portugueses de Angola a cambio de marfil y de esclavos. Fue el primer encuentro serio con la esclavitud. Más tarde, vería con sus propios ojos lo que los mercaderes árabes hacían desde Zanzíbar y la costa oriental hasta Tanganyika. De ahí, él y su amigo concluyeron que el único camino para acabar con este siniestro comercio sería una evangelización que aportase civilización y comercio legal. Más tarde, en 1853, se dirigieron al alto Zambeze en una expedición que duró más de un año y que fue, en sus propias palabras, «una pesadilla sin resultados positivos». Entonces, Livingstone aventuró la idea de que el Zambeze podría ser la «Autopista de Dios» que los condujese hacia el Océano Índico. Así descubrió esa maravilla de la naturaleza que los indígenas llamaban *Mossi-o-Tunya*, «El humo que truena», y que el explorador bautizó como *Victoria Falls*, Cataratas Victoria. Llegó al puerto de Quelemaine, en Mozambique, a finales de 1856 y, desde allí, se dirigió a Inglaterra a través del Mar Rojo y el Mediterráneo. Escribió y publicó, en 1857, *Viajes de un misionero e Investigaciones en Sudáfrica* que desató la fiebre de las exploraciones y evangelización, del comercio y de la conquista colonial de África. Dio conferencias por toda Inglaterra, fue aclamado como un héroe. Abandonó la Sociedad Misionera de Londres —aunque les prometió llevar consigo a unos misioneros para dejarlos instalados en un buen lugar— y se embarcó en una expedición al río Zambeze financiada por el gobierno inglés con el secreto propósito de fundar una colonia en lo que él denominaba «las saludables tierras altas», al sur de la actual Zambia. Pero fracasó porque el río no era totalmente navegable y ya no podía ser la «autopista de Dios». Pero Livingstone no se arredró y se dirigió al Lago Malawi donde dejó instalada la misión que le había acompañado desde Londres. Él siguió adelante, perdió a su mujer y a uno de sus hijos consumidos por las enfermedades pero tuvo que regresar a Inglaterra, en 1863, porque el mandato de la Expedición al Zambeze había concluido. Vino con un gran sentimiento de fracaso. Pero, en 1865, ya estaba de nuevo en marcha a buscar las fuentes del Nilo partiendo desde Zanzíbar y Bagamoyo y aquí fue donde aparentemente se perdió y tuvo que ir a rescatarlo Stanley con toda la gloria que este suceso le procuró ya que si Stanley fue, sin duda, un gran explorador no descuidó nunca el marketing para presentar el mejor lado de sus aventuras. Él mismo escribió: «May I be selected to succeed him in opening up Africa to the shining light of Christianity! My methods, however, will not be Livingstone's. Each man has his own way. His, I think, had his defects, though the old man, personally, has been almost Christ-like for goodness, patience..., and self sacrifice. The selfish and wooden-headed world requires mastering, as well as a loving charity» [Ojalá pudiera ser yo el elegido para sucederle en la apertura de África a la brillante luz del cristianismo. Mis métodos, sin embargo, no serían los de Livingstone. Cada persona tiene su propio camino. Los suyos tuvieron sus defectos aunque, personalmente, el viejo fue como Cristo por su bondad, paciencia... y sacrificio personal. Este mundo egoísta y estúpido exige el dominio tanto como una amorosa caridad]. Al fin y al cabo, entre sus financiadores estaban dos grandes periódicos norteamericanos y, con independencia del innegable mérito de Livingstone como explorador y como persona, quien más contribuyó a su glorificación en vida fue él con su libro *¿Cómo encontré a Livingstone?* publicado en 1872. En el pueblecito de Chitambo, donde el gran explorador escocés falleció en 1873, hoy se alza un monumento sobre el lugar donde fue enterrado su corazón, ya que el cuerpo embalsamado fue llevado a hombros de porteadores hasta Bagamoyo y, desde Zanzíbar, embarcado hasta Londres en donde fue enterrado con grandes honores en la Abadía de Westminster.

El diseño del actual Estado de Zambia fue el producto de las rapiñas de Rhodes que, en 1889, obtuvo de la Corona los derechos para su Compañía British-South Africa Co (BSAC) que le llevaron al monopolio del comercio y de la minería en la zona. Él buscaba apoderarse de Katanga, en el actual Congo-Zaire, con sus minas de cobre y de diamantes. El sueño de Rhodes era unir Alejandría con Ciudad del Cabo, y la actual Zambia era una pieza indispensable que no podía dejarse en manos de los portugueses. Los tratados que obligó a firmar a los jefes de las distintas tribus fueron hechos con fraude y con cláusulas terribles como el pago de un impuesto «en metálico» (*Hut Tax*) por todos los hombres desde que alcanzaban la pubertad. Como esto era imposible de conseguir, se compensaba con el trabajo en las minas de la BSAC. Decenas de millares de hombres trabajaron en las minas de Sudáfrica y de la llamada Rhodesia del Sur, hoy Zimbabwe, también construyeron el ferrocarril de Victoria Falls a Katanga. Inglaterra declaró a Rhodesia del Norte (Zambia) como colonia inglesa en 1924 y empresas mineras sudafricanas y americanas controlaron las riquezas de una región en la que cada vez se instalaban más y más colonos ingleses que se apropiaban, por decreto, de las mejores tierras para sus espléndidas granjas —como harían en Kenia en las también «Tierras Altas» *Highlands*, que en tiempos del Gobernador Lord Delamere llegaron a denominar abiertamente *White Highlands*—, en las que los negros sólo podían trabajar como peones, y el resto, hasta la cifra de 40.000 al año, en pleno 1937, se morían en las minas. Esta dominación absoluta de los blancos no fue óbice para enviar a 20.000 soldados negros como porteadores en el frente británico de África del Este durante la I Guerra Mundial, donde fallecieron en su mayoría por enfermedad y agotamiento. Las dos Rhodesias fueron un paraíso para los blancos por eso promovieron, en 1953, una federación junto con Malawi (Nyassalandia).

Los movimientos independentistas se originaron, naturalmente, entre los sindicatos de obreros. En 1952, Kenneth Kaunda, un carismático activista que había sido profesor de escuela y que sería el padre de la independencia, fue nombrado Secretario General del Congreso nacional de Rhodesia del Norte. Después, fundó su propio partido el Congreso Nacional Africano de Zambia (ANCZ) en el que ya dejó clara su opción por la nueva África independiente en la línea de Nyerere de Tanzania y N'Krumah de Ghana. En 1959, fue encarcelado y, en 1964, fue elegido Presidente de Zambia cargo en el que se mantuvo durante veintisiete años ayudando a todos los movimientos independentistas en Sudáfrica: Rhodesia, Angola, Mozambique y hasta Namibia. Se lo harían pagar caro aquellos cuyos intereses eran afectados, las grandes compañías. Hoy Zambia, con una extensión como la de la península Ibérica, tiene menos de diez millones de habitantes, con una esperanza de vida de 47 años, una mortalidad infantil del 93/1000, un médico cada 12.000 habitantes, el acceso al agua potable sólo es para el 50 % de la población mientras que la alfabetización alcanza casi al 80 % lo cual es prodigioso en África. ¿Qué ha ocurrido? Que con la partida de la mayoría de los blancos que ocupaban el país se fueron profesores, médicos, cuadros y especialistas que ha ido que ir preparando porque esos puestos estaban reservados para los blancos. Hay un dato que es escalofriante: la deuda externa de Zambia es de 6.573 millones de dólares y su servicio supone 650 millones al año, mientras que su PIB es de ¡3.481 millones de dólares! Increíble. No olvidemos que este país produce más de medio millón de toneladas de cobre al año, que tiene zinc, carbón, maíz pero que sus clientes son Japón, Tailandia e India mientras que sus proveedores son Alemania, Sudáfrica, Inglaterra, Estados Unidos y Zimbabwe.

Tema para una reflexión que me ocupó la tarde de mi primer día trabajando en la paz del hotel. Porque lo trágico fue que los precios del cobre cayeron (los hicieron caer, como sucedió con el Chile de Allende cuando convino) en 1984. Más tarde, 1985, el FMI exigió que subieran el precio de la harina de maíz que estaba subvencionada para atender las condiciones de un crédito de 200 millones de dólares para el bienio 1986-87. Las manifestaciones estallaron, el saldo fue brutal: 15 muertos y pérdidas a causa de los saqueos y destrozos ¡por valor de 90 millones de dólares! Kaunda cambió su política con el FMI y limitó el pago de los servicios de la deuda al 10 % de los ingresos de divisas del país. En 1991 ganó las elecciones el actual Presidente Frederick Chiluba que siguió obediente las indicaciones del FMI, del Banco Mundial y del Club de París que son quienes controlan y deciden su economía... y no se privó de declarar al cristianismo religión oficial de Zambia y puso serias dificultades a los casi dos millones de musulmanes obviamente inferiores al 40 % de cristianos y al 55 % que siguen religiones tradicionales.

Esa noche cené con Udo Weber, un alemán de Hesse, coordinador de proyectos de la Fundación Konrad Adenauer y cuyas oficinas principales están en Harare, en la sede del ACNUR. Discutimos todos estos temas; yo aportaba datos; él, su experiencia desde la cooperación durante tantos años en países africanos. Su próximo destino es Nairobi. En vacaciones viaja a Java, Sumatra, Malasia. No conoce América y no supo decirme el nombre de un buen lugar en el que pudiera escuchar música africana cuando llegara a Harare... Le gusta África, pero no ha estudiado sus culturas y sus tradiciones... lleva años aquí e ignoraba gran parte de lo que antecede. Por eso, lo he querido dejar por escrito con algo de dolor y de rabia porque a nuestro amigo italiano, a quien estoy tan agradecido por su eficacia y con el que me bebí unas copas antes de la cena, tampoco parecieron interesarle estos datos sobre África. Insistía: «Si usted viera cuando estaban aquí los blancos... esto era otra cosa, ya ve el diseño de los barrios, las casas, los jardines, una Inglaterra pero con mejor tiempo». «Sí, el único problema son los negros», dije por decir algo ya que quienes trabajaban en las granjas y en las minas eran ellos. «No, si bien mandados saben trabajar, lo malo es cuando alcanzaron el gobierno, eso fue un gran error, hubieran vivido mejor como estaban antes.» Ya no me atreví a preguntar su opinión sobre Kenneth David Kaunda porque estuvo latente durante toda la conversación. Tanto el alemán de los proyectos de cooperación como el italiano de la compraventa de empresas eran personas con buenos sentimientos.

42

Ropa por diamantes

El sábado por la mañana amanecí antes que el sol y me encontró sentado bajo una inmensa palmera que la víspera había llamado mi atención en el jardín. Era un lugar con fuerza como me imaginaba y la meditación discurría tranquila y con una gran paz. No se necesita más. Como era muy temprano y el tiempo era muy fresco, a pesar de no encontrarme en un país musulmán, me puse una túnica blanca cuando, en realidad, podría haberme puesto un jersey además del *doti* —la tela que en todo *Oriente* utilizan los hombres en lugar de pantalones y que es cómoda para estar sentado sobre un cojín en el suelo—, pero todo tiene un sentido, sobre todo cuando ya ha sucedido. Como estaba sentado de cara al Este, y ante mí se encontraba la piscina con el suave rumor del agua renovándose, en un determinado momento, quizás al ir a cambiar la postura de las piernas, vi un poco hacia la izquierda a una persona corpulenta que hacía *Taichi-chuang* con una gran finura. Como en la meditación yoga uno no piensa en nada, da igual contemplar una flor que el agua de la piscina o un blanco enorme practicando otra forma del camino o *Bushi-do*, «arte de detener la flecha en el aire». Como se ve, es todo lo opuesto a cualquier tipo de «marcial» como, impropiamente designan los occidentales al camino de la mano o *karate*, al camino de la espada o *kendo*, al camino del arco o *kyudo*, o el *judo* que es el camino de aprovechar la fuerza del contrario. Aparece más claro en el camino del té, o *chado*, y en *ikebana*, o camino de las flores. Siempre se trata de recuperar la armonía, el equilibrio, el rostro originario de las cosas, la paz como fruto de la justicia o, como expresa la Kuma africana, ese saber anterior a la palabra, cuando el hombre se comunicaba con la naturaleza por vibraciones de simpatía y no se servía de los sonidos hechos con la boca más que para cosas banales. En el fondo de todas las grandes tradiciones se trata del camino de la sabiduría. De ahí que no sea cierto que sólo se pueda meditar de cara a una pared —como en el Zen Soto— o repitiendo un koan —como en el Zen Rinsai— o contemplando la llama de una vela como en algunas prácticas tibetanas. También se puede contemplar gozando el erotismo como en el verdadero tantrismo o viviéndolo en plenitud como los sufíes o ante una inmensa pradera sobre la que se despliega el sol y que hace que el joven indio sioux exclame cuando se levanta: «¡Qué hermoso día para morir e irse con los antepasados a sus praderas sin fin». Así, pues, el resto de mi tiempo —no tenía ninguna prisa, era sábado y me encontraba en Lusaka— contemplé sin mirar los encadenamientos armoniosos y sutiles que aquel hombre blanco grande realizaba en la distancia. En casos así, se habla del «blanco invisible» cuando el maestro del tiro con arco puede disparar con los ojos vendados porque el blanco no está allí, sino en la punta de la flecha. La gran gaviota lo expresó acertadamente «la perfecta velocidad es estar allí» y, entre otros, Juan Ramón, «No corras, ve despacio. Adonde tienes que ir es a ti solo».

Cuando concluyó las series, saludó con una profunda reverencia, porque todo lugar es sagrado. Después, se dirigió hacia la piscina y se metió con toda calma en el agua cuya frialdad sentí yo en mi piel. Era un hombre de unos cuarenta años que mediría cerca de un metro noventa y pesaría sus buenos cien kilos. Tenía una barba espesa de color rubio anaranjado, como un atardecer en Denia, que destacaba en su cuerpo muy blanco pero con el rostro curtido por cien soles en las batallas. Lo imaginé oficial de caballería con su casaca roja y los botones dorados, con su casco colonial y cargando con su sable extendido sobre los patanes en el paso del Kébir. Curiosamente, tenía la barba rojiza en la que se reflejaba el sol de fuego que presidió toda la batalla. Los correajes eran blancos, las botas negras y altas cubiertas de polvo pero las espuelas eran de plata. El caballo echaba espuma por los belfos, que arrimaba contra su pecho lleno de sudor y nervio, mientras recogía la grupa para cargar con más fuerza y no descabalgar al jinete. Podía sentir en mis narices el polvo, el sudor y hasta la muerte, pero todo en el más absoluto silencio. Obviamente, se trataba de una imagen que como llegó durante la meditación, al igual que una nube o la brisa, pasó de largo. El británico nadaba tal como que había practicado el *Taichi-chuang*: sin proponérselo ni buscar nada. Quizá como cuando luchó en la batalla, al igual que el Príncipe Arjuna, conducido por Khrisna. Cuando salió, se secó vigorosamente con una gran toalla blanca y se vistió. Yo por entonces, ya me había levantado, había saludado con reverencia al lugar y a la hermosa y grande palmera, y me dirigía a tomar una taza de té antes de subir para vestirme con una camisa, un pantalón y un buen jersey y bajar a desayunar en aquel bufé que habían preparado manos invisibles junto a la piscina. Fue, entonces, cuando nos cruzamos como si uno fuera hacia el otro. «Me llamo José y vengo de España.» «Mi nombre es Guy y procedo de Inglaterra. Le vi mientras estaba meditando. ¿Es usted sufí?» «Bueno, nací cristiano pero practico la meditación al estilo de India y del Zen y quizá sufí ¿por qué no?» «Le vi cuando me dirigía a practicar *Taichi-chuang*... ¿podríamos desayunar juntos?» «Por supuesto. Me encantaría.»

Escogimos una mesa algo apartada pero sobre la piscina, seleccionamos en el bufé lo que podríamos necesitar para el desayuno y comprobamos que los dos teníamos buen diente. Hablamos de mi año sabático que era la razón de mi viaje por África y que, de paso, aprovechaba para identificar los lugares apropiados y las personas idóneas para un proyecto de medicina preventiva; pero que la razón principal de mi viaje era el viaje en sí, me habían pagado bien un libro y decidí emplear íntegramente ese dinero en costearme esta inmersión en los pueblos de África ya que la Universidad, al tratarse de un año sabático, seguía ingresando mi sueldo en mi cuenta corriente. Al fin y al cabo, ese año está concebido para reciclarse y de sus frutos se beneficiarán los alumnos y, por lo tanto, la propia universidad. Guy es inglés, comercia con piedras preciosas, sobre todo con esmeraldas, diamantes, lapizlázuli... «¡Ah! Lapizlázuli, la piedra de la felicidad, es mi piedra favorita.» «¿De verdad?» Sin decir más, pasó la blanca servilleta sobre su barba rojiza se disculpó y subió a su cuarto. Cuando bajó y tomó asiento —porque aquello no fue sentarse—, abrió un paquetito y me mostró un espléndido lapizlázuli de unos diez centímetros en forma de ángulo y más grueso que mi dedo índice. «Es de 4.ª ...», dijo una palabra que no pude entender pero me explicó que era óptima porque, en una escala de 0 a 5, habría que calificarla como de 4.ª. «Procede de la vena principal de la veta que viene a ser como el codo en el brazo y, además, está atravesada longitudinalmente por una veta de oro puro.» Cogió la tetera y vertió un poco de té encima, frotó con un dedo y la piedra se volvió de un azul intenso purísimo, como sólo lo había visto en algún zafiro pero todavía sin el brillo que adquiriría al pulimentarla. Cuando me la tendió, inconscientemente, extendí las dos manos juntas para recibirla —como se hace en todo el Oriente y en África también, en señal de respeto—. Y la llevé a mi frente encima de mis cejas apretándola mientras él exclamaba lleno de asombro y con los ojos húmedos: «¡Eso es lo que se suponía que tenías que hacer! ¡Fabuloso! ¡El tercer ojo!». «Al apoyarla en la frente sentí una gran energía que me recorrió el cuerpo.» «¡Activó la estamina! José, es tuya, te pertenece desde hace mucho tiempo.» «¡No puede ser, es de gran valor!» «José, te repito que es tuya, te la devuelvo.» «La conservaré siempre conmigo y al menos, durante el viaje, irá junto a mi cuerpo y buscaré a un buen joyero para que la engarce colgada de una cadena.» «O con un cordón de seda y algodón.» «Me da miedo que la corten para hacer de ella una alhaja...» «Nunca la habías (*sic*) querido tallar por esa misma razón. Mira, en Madrid conozco a una gemóloga que se llama Paloma; voy a escribirle una nota para que se la lleves, ella sabrá hacer el trabajo.» Pidió papel y pluma al maître y escribió esta carta que transcribo... para que veáis que esto no fue una imaginación y que tan cierto es todo lo que me contó como la piedra de lapizlázuli que está en mi casa ya que nunca me atreví a llevarla a la gemóloga ¡después de un año! Y eso que, al llegar a Madrid y mostrársela a mi familia, decidí encargar un broche o un gran colgante en un collar para mi esposa. No hay que olvidar que lo verdadero no siempre coincide con lo cierto, ni las certezas de una época son verdades inmutables.

¡Es curioso, al releer la carta compruebo que me había olvidado de la turmalina rosa que también me regaló! Ahora recuerdo que, al llegar a casa, pasó desapercibida ante la belleza del lapizlázuli y que mi mujer debió guardarla en el joyero con otras piedras que tiene sin montar. ¿Cómo pudo habérseme olvidado? Tan pronto como regrese a Madrid las mandaré montar sin más demora. A lo mejor se resuelve algún enigma que ahora se me escapa, pero también ¿por qué insistió en que me devolvía la piedra porque era mía? ¿Qué sentido tuvo haber incluido la turmalina junto con el lapizlázuli, aunque en envoltorio aparte? Guy, sin solución de continuidad, me contó que provenía de una familia rica que perdió toda su fortuna. Su padre se dedicó a beber, su madre perdió un poco la cabeza y en la familia empezaron a ocurrir cosas malas: alcohol, drogas, suicidios... «Me marché al Pakistán y a la India. Comercié con gemas e hice mucho dinero. Lo perdí. Trafiqué cuando comprobé que me habían estafado con una gran cantidad de gemas ¡once kilos en diamantes! Viajaban en un maletín con todos los papeles en regla y confiado al comandante del avión, como se hace siempre que no se trafica, en cuyo caso, te imaginarás que hay otras mil formas para transportar las gemas. Alguien dio un cambiazo y hubo graves consecuencias (algunas muertes, entre ellas). Viajé. Vine a África y me rehice de nuevo. Aquí hay muy buenas piedras pero también hay unas mafias terribles en los grandes centros que quieren controlar el mercado de diamantes. Comprenderás que, a veces, algunas bellas piezas se les escapan.» De pronto, cambió de conversación y me dijo: «Tengo un amigo de Malawi que va a venir ahora y está muy delgado. Como lo ha perdido todo le daré la mitad de los beneficios que consiga aquí, él tiene un amigo que, a su vez, dispone de una "concesión". Ya te contaré». Nada más, porque al momento, llegó el amigo, se sentó a nuestro lado después de las presentaciones y Guy le sirvió una taza de té. Nada más verlo comprendí que me encontraba ante un enfermo terminal de SIDA. Hice una insinuación para saber si estaba en tratamiento. Los dos comprendieron. Iban a buscar un médico aquí en Lusaka, que Guy costearía porque la familia del enfermo se había desentendido de él, hacía tiempo que habían borrado su nombre y también se lo borraron a todos los que lo llevaban. Hasta que no se muera nadie podrá llevar ese nombre en el grupo de edad al que pertenece.

Como es sabido, en muchos lugares de África, para una gran cantidad de pueblos, la edad no se mide por los años sino por la pertenencia a un grupo con el que practicaron las pruebas y los ritos de iniciación. A veces, en un mismo grupo de edad hay personas que se diferencian hasta en cinco o seis años y, sin embargo, tienen la misma edad. Todo depende de cuándo decidieron los ancianos que se celebraría una ceremonia de iniciación. Algunos esperan años y sufren por ello y otros, en cambio, se adelantan para aprovechar la ceremonia. Esto entre los masai, por ejemplo, es muy importante porque, cuanto antes se llegue al grupo de los guerreros *elmoran*, antes se puede participar en sus actividades y disfrutar de sus privilegios entre los cuales no son los menores los juegos sexuales con jovencitas impúberes y algunas ya púberes que, hasta que no se casan, saben hacer maravillas con sus «elegidos guerreros *elmorán*» hasta el punto de que algunos amigos comparten los juegos con las mismas muchachas que, por supuesto, llegan vírgenes al matrimonio. La amistad y los lazos de afinidad entre los miembros de un mismo grupo de edad son más fuertes que la muerte pues el nombre del amigo muerto se le da a un hijo en el que sobrevive el afecto que se le ha tenido. Después, hay otros grupos de edad hasta llegar al de los ancianos. También recuerdo ahora la practica entre los *peul bororo*, entre los *bobo* de Burkina, y entre tantos otros como los *oromo o galla* que viven en tierras de Etiopía y del norte de Kenia: es uno de los pueblos más numeroso de África, son unos veinte millones que conservan complicadas genealogías en los subgrupos en los que se han dividido. La estructura fundamental del pueblo es el *gada* o grupo de edad: con la circuncisión los muchachos dejan de ser niños y entran en el primer grupo de edad. Al cabo de ocho años y, después de unas pruebas, pasan al grupo de los guerreros. A ésta le sigue la de ancianos menores y, finalmente, están los ancianos mayores que gozan de todo respeto y cuya autoridad es indiscutible. Es muy interesante la costumbre que se da en varios pueblos en los que cada grupo de edad elige a sus líderes que los representarán ante el consejo de ancianos. Es muy curioso que entre los *oromo o galla*, a Dios se le invoca como Padre y como Madre. Tienen una profunda fe religiosa y todo lo animado está imbuido de la presencia de los espíritus, veneran a la serpiente como animal símbolo de la resurrección —como en tantas otras tradiciones— o supervivencia más allá de la muerte, también veneran a los árboles que dan fecundidad y su animal totémico es la hiena. Son de origen cusita o camita y conservan gran parte de sus tradiciones oralmente.

Guy le dio a su amigo la llave de su cuarto para que fuera a descansar. Entonces, lo que son las cosas, se dio cuenta de que encima de la mesa estaba mi llave con el número 454 y la suya era la 452. «¡Hemos dormido pared por medio!» «Increíble porque ¿cuántos cuartos tendrá este hotel de dos torres, quinientos?» «No es coincidencia. Cuando te vi en la piscina comprobé que eras la persona, por la energía que irradiabas.» «No muchos captan esa energía y de hecho todos están constituidos para hacerlo. Yo también 'te vi' en la India...» Y le conté... «¡No! ¡Es increíble! En una vida anterior yo era ese oficial en la India y luché en una gran batalla pero hice algo muy malo: robé a la joven maharani...» No entendí muy bien porque los ojos de aquel inmenso hombretón barbudo se llenaron de lágrimas. Miré en sus ojos: eran verdes y oro, vi al tigre. Se conmovió profundamente mientras yo me introducía a través del iris. Me contó que, hacía unos diez años, se había enamorado de una noble inglesa pero que su familia se opuso al no ser un matrimonio igual. Ella se casó con otro y Guy vive desde hace algún tiempo, en Estocolmo, con una hermosa fisioterapeuta sueca que había conocido en Pakistán. Vivir es un decir, va de vez en cuando, entre viaje y viaje, porque sigue residiendo en Pakistán.

El drama es que él descubrió en una subasta de Sotheby's, en Londres, un cuadro en el que aparecía un antepasado de la mujer que había pretendido en matrimonio y contra el que había combatido y dado muerte: Guy luchaba con Wellington y el antepasado de ella, que era un noble francés, en el ejército de Napoleón. Yo dije: «Fue en la batalla de las Arapiles». Y rápido agregó: «Exactamente, en 1812. Por detrás del cuadro estaba escrito el nombre del general y el año de su muerte. Investigué y conocí el nombre del oficial inglés que le había dado muerte. Seguí investigando y encontré su/mi tumba en la iglesia de un pueblecito del condado de Surrey... ¡de donde procedía mi propia familia y de donde tuvo que alejarse a causa de los males que te conté! Verás, un día consulté a un derviche adivino y me dijo que en mi familia alguien había hecho algo malo, que tendría que descubrirlo y aceptarlo y entonces recuperaría la paz. Como mi abuela todavía vivía le pregunté y me dijo que, en efecto, cuando nació mi padre la comadrona que la ayudó a traerlo al mundo lo tuvo en sus brazos y lo envidió porque, como luego se descubrió, había sido la amante de mi propio abuelo y tampoco había podido casarse con él por razones sociales. ¿Comprendes?». «Mira, Guy, los misterios hay que aceptarlos y no intentar descifrarlos. Si a ti te vienen esas ideas como vivencias ¿por qué no van a ser recuerdos? Lo que no pueden es atormentarte ya nunca más.»

«¿Sabes que también en otra vida, pero mucho más lejana, he estado en Córdoba y que tengo que volver allí?» «Pues yo te acompañaré. Nos alojaremos en el Hotel Maimónides. Después de cenar, nos daremos un baño, vestiremos *gandouras* y *djellabas* sin estrenar, calzaremos sandalias o babuchas, nos cubriremos con bonetes y yo te guiaré de noche en torno a las murallas de la mezquita. Hace unos cinco años di ese paseo con tres amigos y sentimos una emoción especial. No sabíamos detenernos y marcharnos a dormir. Veníamos de Sevilla hacia Madrid y, de repente, en el coche dijimos "¿por qué no nos escapamos a dormir a

Córdoba?". Nos alojamos en el Maimónides, cenamos espléndidamente en un lugar con una fuente en el patio interior que nos hizo permanecer en silencio y, de pronto, uno de ellos, David Calzado, dijo: "es como si ya hubiéramos estado aquí los cuatro en otra ocasión". No le quisimos dar mayor importancia pero lo cierto y verdad es que nos fuimos a caminar por las calles bajo una luna en creciente y todos los lugares cercanos a la mezquita por donde nos metíamos o donde nos sentábamos nos daban la sensación de "ya visto, ya vivido" pero por los cuatro juntos, Pablo, Antonio, David y yo; y la paramnesia es un fenómeno individual y no suele sucederle a varias personas a la vez.» «Es que ya habías vivido allí en otra vida.» «No lo sé, pero hace poco lo comentaba viajando por Cuba con David, uno de esos tres amigos, y tampoco puede olvidar aquella noche; entonces, al llegar a España, telefoneé a Pablo que entonces estudiaba en Canadá y le pregunté por aquella noche en Córdoba y lo mismo... por eso, como te estaba diciendo, te acompañaré y nos sentaremos bajo los naranjos hasta que abran las puertas; haremos nuestras abluciones: manos, antebrazos, cara, ojos, nariz, oídos y pies; te acompañaré hasta la puerta de lo que ahora es iglesia y, descalzos, tú me guiarás a través de las columnas hasta que divisemos el lugar donde estaba el *mihrab* y nos postraremos.» «¿Sabías que las mezquitas, las iglesias y las catedrales no están edificadas en cualquier sitio?» «Sí, lo sabía.»

Subimos a su cuarto y comprobamos que las cabeceras de las camas estaban contra la misma pared, a diferencia de lo que suele ser normal en los hoteles en los que todos los cuartos suelen estar amueblados en una misma dirección. La habitación parecía la del «cazador blanco» de las películas. Me mostró un maletín con instrumentos electrónicos para pesar, medir y mirar las gemas. Se arrancó un pelo de la barba y lo colocó sobre uno de los platillos y el sensor osciló ante mi admiración. Luego, me mostró otras cosas tremendamente interesantes y desplegó un mapa «especial» de la región de confluencia de Angola, Zaire y Zambia en donde se encontraba la «concesión» para buscar diamantes... que les permitía circular por los alrededores a resguardo de la policía —que estaba implicada en todo lo que se hacía— y cruzar, una y otra vez, unas fronteras sin señalizar convenientemente: Allí se encontraban con agentes angoleños que «pasaban» las piedras extraídas de las minas, a veces eran partidarios del Gobierno a veces eran de UNITA, pero sobre todo eran partidarios de sí mismos. «¿No te da miedo?» «No. Hay unas ciertas reglas de juego y eso que yo duermo en esa tienda de campaña (me la mostró). Ya he estado varias veces acompañado por los contactos de mis amigos.» «¿Pero no temes que te roben el dinero que llevas para los pagos?» Se echó a reír. «No llevo dinero: llevo furgonetas cargadas de ropa. Mañana es domingo y puedes acompañarnos a comprarla al zoco de Soweto, en Lusaka.» «¿De veras?» «Pues claro, tú y yo nos hemos encontrado porque nos buscábamos desde hace mucho tiempo y me ha aliviado mucho descargarme de esa piedra que llevas en ese bolsillo sobre tu corazón.» «Dime...» «No, algún día, quizá cuando salgamos de la mezquita.» Entonces, yo saqué del bolsillo el gorro que me habían hecho en N'Djamena y se lo puse. Él comprendió.

Pasamos a mi habitación para tomar un whisky mientras su amigo seguía reposando y esperando una llamada de teléfono. Vio sobre mi mesa una foto de toda mi familia que siempre llevo en mis viajes: mi esposa y yo con nuestros seis hijos, sus esposas y esposos y hasta alguna novia, más las dos nietas y un perro, sentados en el salón de mi casa y tumbados sobre una gran alfombra persa que identificó enseguida. «Tiene un millón de nudos». Yo me quedé helado. «Sí, pero no es antigua, la compramos hace unos años en Madrid.» Cogió el marco con la foto y se detuvo mirándola fijamente. Yo permanecí atento pero en silencio. De pronto señaló a uno de mis hijos y me espetó: «¿Dónde estaba en la batalla? ¿Cargaba contra mí?». ¿Qué iba a responder? «No, luchaba junto a ti...» Y nos pasamos un largo rato comentando la batalla como si ambos hubiéramos estado allí. Ni yo fingía ni él inventaba: sencillamente hablábamos. Se levantó y se fue a su cuarto y me trajo un amplio chal marrón de pura lana como una manta de color arena. «Es pakistaní. Se llama patán como los que lo utilizan. ¿Sabes por qué los uniformes de los ejércitos son de color caqui?» «Para camuflaje porque van desde el color ocre al verde oliva.» «Exacto, pero su origen está en las guerras contra los patanes en el Punjab. El ejército británico usaba sus famosas casacas rojo sangre, tan vistosas como llamativas bajo el sol, y hacíamos (*sic*) un buen blanco para los tiradores del Punjab que, como iban envueltos en estas mantas color tierra, se pegaban al suelo y sólo se alzaban para disparar. Por eso decidieron cambiar el color de los uniformes y todos los demás países los siguieron.» «Sí, como luego hicieron con los que hoy llaman de camuflaje y que fueron buenos para la guerra en la selva, sobre todo en la II Guerra Mundial y, después, en Vietnam y que ahora utilizan todos hasta para patrullar en las ciudades, aunque las tropas de élite ahora utilizan el color azul oscuro, se pintan la cara de negro o utilizan el pasamontañas como los terroristas.» «O como el subcomandante Marcos.» «Exacto. Ahora que contabas lo del patán que, en castellano, también es sinónimo de paleto, burdo, zafio, grosero...» «Si los conocieras... algún día vendrás y recorreremos tierras conocidas.» «No lo dudo pero yo te quería contar que la superstición de que trae mala suerte encender el cigarrillo con la misma cerilla a una tercera persona proviene de eso mismo.» «Cuenta.» «Resulta que los británicos estaban acostumbrados a fumar cigarrillos, cosa que los patanes no hacían entonces. Por las noches, durante las guardias en las trincheras, los ingleses fumaban para entretener la tensión en la espera y como es natural, con un fósforo, se daban fuego unos a otros los que estaban más cerca. Sonaba un disparo y siempre caía el tercero, de ahí surgió lo de la mala suerte. Lo que ocurría es que el punjabí o patán oculto en la noche cuando veía encenderse una mínima luz se echaba el fusil a la cara, al moverse hacia un lado la luz, cargaba el percutor y, al moverse hacia el otro, disparaba.» «Todas las supersticiones tienen un origen en la realidad aunque luego hayan ido transformándose con el paso de los años.» «A mí me encanta rastrearlas.» «Te propongo una cosa: yo te invito a visitar el Parque Lilayi Lodge, que no está lejos, y tú me cuentas historias. Podremos comer los mejores platos indios del África que conozco en el mismo ambiente en que debieron vivir los primeros cazador en sus safaris. Lo lleva una pareja inglesa ya de cierta edad que vivió muchos años en la India y tienen un personal muy bien preparado.»

Marchó a su cuarto para recoger a su amigo e ir al médico con él. Quedó en pasar a buscarme al cabo de dos horas. Así fue. Alquilamos un taxi, bajo recomendación del portero del hotel. «Es de primera categoría», nos había dicho. Olía a mala gasolina que apestaba, íbamos con las ventanas abiertas, el tubo de escape parecía entrar por debajo de los asientos, una de las puertas se abrió y tuvimos que viajar sujetándola con la mano... y, al final, se paró y tuvimos que empujar ¡eso que era de primera! Y el conductor sonriente nos decía: «¡es la crisis!». Al cruzar el umbral del Parque parecía que entrábamos en otro mundo, todo cuidado con cabañas con las barandas que tanto gustaban a Maugham, senderos, árboles frondosos, un estanque a donde los animales salvajes venía a beber al atardecer con un lugar elevado y discreto desde donde podrías verlos sin el menor peligro. Comimos bajo un enorme árbol una comida inolvidable y con un servicio perfecto: sopa de pollo en pequeños cuencos de porcelana, hígados de pato con salsa india, carne sobre arroz con pasas y múltiples legumbres, sabores y colores en una sucesión que parecía no tener fin pero que ni agobiaba ni hartaba: era como una interpretación con ritmo, cadencias, austeridad y gracia en los movimientos, galleta para comer y mojar con los dedos de la mano derecha, postres deliciosos, diminutos y variados y, al final, un té especiado cuya fórmula me recordó la del mejor té de este tipo que se puede tomar en Madrid: lo preparan en el restaurante indio Anapurna de la calle Zurbano.

Después, nos llevaron en un todo terreno descubierto para ver antílopes, ñúes, monos, cebras, gacelas, etc. Tomamos una taza de té a la inglesa al regresar y Guy sugirió dar un paseo andando. Bueno. Yo llevaba por los hombros el patán que me había regalado y, de pronto, Guy hizo un gesto de silencio con la mano y comenzó a caminar hacia atrás mientras me decía en voz muy baja, «tranquilo, no pierdas la calma, mantente sereno y camina despacio». Yo musité «¿un animal?». «Un león», dijo con toda la calma del mundo mientras nos acercábamos a la empalizada de la laguna abrevadero. Sólo hace unos minutos, al consultar bibliografía para referir esta historia, me acabo de enterar que, en ese Lodge, ¡no existe ningún animal depredador! ¿A quién tengo que creer? Me parece que a la *Guía Spectrum* porque, además, ese parque está a menos de media hora de Lusaka. Y yo hasta este instante había creído que un león me había pasado cerca y había archivado esa experiencia con toda la adrenalina del momento ¡qué actor!

El domingo amanecí muy temprano con la ilusión de participar en la aventura del mercado de Soweto. Fue una experiencia de película: utilizamos furgonetas, nosotros nos alejamos para que no nos relacionasen e incrementasen el precio; el amigo de Guy y otro colega se encargaron de las compras de pantalones, camisas, cazadoras, zapatos, todo usado y proveniente de las donaciones que en Europa se realizan para «el tercer mundo». «Se mueven millones con esta ropa. Piensa que para angoleños acostumbrados a trabajar toda la vida en las minas en condiciones inhumanas, no conocen el valor de un dinero que devalúan sin cesar. No vas a darles dólares o kuanzas angoleños o kuachas de Zambia. Para ellos esta ropa usada es como para los antiguos las cuentas de colores y las conchas o *cauris* o los mismos tejidos que se traían desde Europa ¡Es lo mismo a finales del siglo XX! Me han dicho que hay religiosos de diversas confesiones cristianas que participan en este contrabando.» «No, no lo puedo creer.» «¿Por qué no? El mismo Livingstone se servía de este tráfico y, no pocas veces, utilizó la protección de los conductores de caravanas de esclavos para llevar a cabo sus expediciones a través de la selva viajando bajo la roja bandera del sultán de Zanzíbar; entre otras cosas, ellos le proveían de medicinas árabes para reponer su botiquín. Tú lo sabes bien: el fin justificaba los medios, nadie como los árabes para garantizar el paso por las rutas establecidas entre Bagamoyo, en Tanzania, y el lago Tanganyika. La única moneda que aceptaban para cambiar por comida eran tejidos, cuentas, objetos de hierro... ahora son diamantes en bruto, esmeraldas, turmalinas... las compañías transnacionales comercian en grandes cantidades y no son más honestas en el trato que nosotros. Algunos llevan cargamentos de arroz y de otros alimentos que no tienen.» Me siguió explicando y contando durante todo el día, comimos y cenamos juntos. Yo sólo robaba algún tiempo para escribir y para seguir en la televisión los Informativos con las elecciones francesas mientras Guy se entrevistaba con otras personas.

El lunes lo dediqué a la Universidad y a redactar un amplio Informe que salió como un fax de varias páginas para Madrid mientras yo me dirigía al aeropuerto rumbo a Harare. En el aeropuerto tuve oportunidad de comprar ocho libros que devoraría durante el resto del viaje.

43

Zimbabwe

Tuve la misma impresión de eficacia y de amabilidad en el aeropuerto de Harare, la antigua Salisbury, que la que había tenido en Lusaka tanto a la entrada como a la salida. No se pueden sacar conclusiones precipitadas del paso de los ingleses por estas antiguas colonias, pero yo tengo que constatar estos aspectos positivos aunque me conste que este país, la antigua Rhodesia, fue concebida y luchó encarnizadamente por continuar siendo un enclave blanco dentro de África hasta el año 1980 en que habría de lograr su independencia efectiva cuando logró que se cumplieran los acuerdos de Lancaster House por los cuales, increíble pero cierto, la Gran Bretaña asumió temporalmente el poder y lo traspasó al triunfador en las elecciones de febrero en las que ganó el Partido ZANU, de Robert Mugabe. Un año antes, en unas elecciones fraudulentas, había asumido el gobierno el obispo negro, Abel Muzorewa, que cambió el nombre de Rhodesia por el antiguo de Zimbabwe que hacía relación al gran Imperio del Monomotapa, rey de los *karanga* de la misma etnia *shona* que actualmente suponen el 80 % de la población. Pero, a diferencia de otras muchas colonias que consiguieron la independencia de manos de las antiguas metrópolis, en este caso singular, la poderosa minoría blanca liderada por Ian Smith decretó la independencia en 1965.

Merece la pena rememorar la historia porque a mí en la universidad nunca me explicaron bien estas cosas, y no están tan lejanas ni dejan de tener una enorme importancia. ¿Es que los estudios de las ruinas del Gran Zimbabwe no han confirmado la antigüedad y calidad de una civilización casi milenaria que desautoriza todas las tesis etnocentristas que han circulado hasta ahora y que negaban a los pueblos de África un pasado que invalida todo el proceso de conquista, evangelización y colonización? ¿Cuándo nos habían explicado bien las estructuras políticas del Monomotapa, las del Ashantene, las del Manicongo, las de los imperios de Ghana y de Awdaghost al occidente y de Nubia y Aksum al noreste? ¿Habrá que revisar los fundamentos de nuestra pretendida preeminencia y recordar que el Neolítico comenzó en el Sahara 3.000 años antes que en Europa? ¿Que los pueblos agrícolas de lo que ahora es desierto desarrollaron una de las primeras revoluciones tecnológicas de la historia y que influyeron en el norte de África y que sus migraciones influyeron en la impresionante civilización egipcia? ¿Cuándo nos liberaremos de los mitos que han impregnado todo nuestro saber y nuestra interpretación de la historia, en relación a ese gran continente ignoto *ibi sunt leones*? Entre ellos: el mito de la imposibilidad de su historia científica; el mito de la inaccesibilidad de su pasado; el mito de la ausencia de escritura y el mito del estancamiento natural de los pueblos de África. Por no hablar del burdo mito de su pretendido analfabetismo como sinónimo de incivilizados, cuando sus variadas civilizaciones y sus ricos contenidos culturales se han transmitido oralmente a lo largo de siglos animando sendas concepciones de la vida en las que quizás tengamos que ir a abrevarnos para no perecer en nuestro consumismo materialista, en nuestra soledad estéril y en nuestro desarraigo de la naturaleza como madre nutricia. Si se han decidido con gran timidez a pedir perdón por algunos crímenes realizados en el pasado en nombre de nuestra civilización, de nuestra religión, de nuestra codicia y de nuestra soberbia, podríamos reconocer que ha habido otros holocaustos más espantosos todavía cometidos, no en nombre de una ideología racista, sino de una concepción de la vida que pretendía liberar y salvar a quienes no los habían llamado ni los necesitaban para nada. Y la primera reparación tiene que comenzar en nuestro interior y en la escuela, en la universidad y en los medios de comunicación. Sin reparación no puede haber perdón cuando aquella es posible. Que esto es así, lo demuestra el que gran parte de nuestro desarrollo, crecimiento económico y pretendida superioridad continua haciéndose sobre la base de la explotación sistemática de las riquezas de estos pueblos, de sus tierras, de sus mares y hasta de sus conciencias de las cuales hemos intentado que rechazaran su pasado y que borraran su memoria. Un pueblo sin memoria es un espíritu que no halla descanso porque no tiene raíces y se lo lleva el viento, no tiene querencia porque le han amputado el órgano de la orientación hacia el rostro originario. Hoy los rechazamos como inmigrantes indeseados, mañana llamaremos a sus puertas como en la parábola de Lázaro.

Ya en el siglo X, los *shona* —herreros bantúes que se habían instalado en la región en el siglo V porque habían descubierto importantes yacimientos de oro, cobre y estaño—, construyeron los famosos recintos amurallados en piedra, el más importante de los cuales era Zimbabwe, «casa de piedra», sede del Monomotapa y cuyo poder abarcaba las actuales extensiones de Malawi y del actual Zimbabwe. Su prestigio era enorme entre los demás pueblos y allende el Índico, ya que comerciaba con Asia a través del puerto de Sofala, en el actual Mozambique: intercambiaban oro y marfil por porcelanas, tejidos y cristal. Este imperio del Gran Zimbabwe, con su cultura característica de los trabajos en piedra y de los recintos amurallados duró hasta el siglo XV en que los *rotsi*, otro pueblo de la misma etnia que los *shona*, los obligaron a replegarse hacia el norte. Es, entonces, cuando se presentan los portugueses que ahogaron el bien organizado comercio con Oriente. Movidos por la codicia del oro y por las leyendas que escucharon de los swahili de que, en el interior, se encontraban las fabulosos minas con los tesoros de la Reina de Saba, obligaron a los mineros *shona* a ocultar sus minas y mantuvieron su tradicional metalurgia del hierro con lo cual se produjo un retroceso cultural de diez siglos a causa del contacto con la civilización que traían los europeos. Más tarde, en 1834, y por las causas que dijimos al hablar de Zambia, llegaron los zulúes desde el sur, arrojados de sus tierras por los colonizadores holandeses quienes, a su vez, eran empujados por los británicos, y ocuparon la región. Fueron abandonados los cultivos, los canales, los pozos, las minas y toda la infraestructura que había permitido desarrollarse y florecer a una civilización durante más de diez siglos. A estos pueblos, los invasores blancos los denominaban «salvajes».

Es conocida la vergonzosa historia de cómo los agentes de Cecil Rhodes, el hombre más rico de África con sus minas de diamantes en Kimberley, engañaron al rey de los zulúes Lobenguela que gobernaba el reino de Matabele. Le obligaron a firmar un tratado por el cual cedía a la Compañía de Rhodes, la tristemente famosa BSA, la explotación de todos los recursos minerales del país. Es patética la correspondencia entre el rey Lobenguela y la reina Victoria de la Gran Bretaña. La reina, engañando al rey zulú al que, previamente, había prometido su amistad y protección como rey soberano al que reconocía como tal por el testimonio de los misioneros ingleses, concedió a Rhodes «el control del comercio, la inmigración, las comunicaciones y las fuerzas policiales del país de Matabele» confinando al rey a su capital de Bulawayo una vez que reconociera haber ratificado el tratado «formal y libremente». ¡Un poder extranjero hace concesiones a un súbdito suyo en detrimento de la autoridad soberana que gobernaba otro país! Cecil Rhodes, mediante una provocación ignominiosa, introdujo a 200 colonos ingleses protegidos por 700 policías en el territorio de los *shona* para «cavar un pozo» —esa era la autorización—, era la «Columna de los Pioneros». Construyeron un fuerte para defenderse al que llamaron Salisbury y que fue el antecedente de la actual capital de Zimbabwe, conocida con ese nombre hasta 1980 en que se dio a sí misma el de Harare. Ya, en 1895, dieron al nuevo país el nombre de Rhodesia y se incrementó la inmigración blanca: en 1904, ya había 12.000 granjeros blancos; en 1925, pasaban de 25.000. Y, en 1922, decidieron ser una colonia independiente de la Unión Sudafricana. Es preciso subrayar que, en 1930, los gobernantes blancos decretaron por el Land Apportionment Act que las tierras cultivables sólo podían pertenecer a los blancos y, para rematar las cosas, por el decreto de 1934, prohibieron a las personas de color el desempeño de *skilled trades and professions*. Los negros sólo podían trabajar en las granjas, en las factorías y en las minas propiedad de los blancos. ¡Esto en pleno siglo XX!

Hacia 1960, los colonos de origen europeo apenas significaban el 5 % de la población pero poseían el 70 % de las mejores tierras cultivables: 4.500 agricultores blancos versus 4.500.000 negros que sólo podían trabajar las tierras sin valor. Pero no se detuvo ahí la actuación del Primer Ministro del Gobierno colonial, Ian Smith, sino que, cuando se deshizo la artificial federación con Zambia y Malawi, proclamó unilateralmente la independencia. Hubo un bloqueo económico oficial por parte de las Naciones Unidas que jamás fue cumplido; al contrario, las compañías extranjeras invirtieron en esa isla blanca dentro del corazón del África negra que, junto con el régimen racista de Sudáfrica, ofrecían una garantía para la mejor explotación de las riquezas mineras de toda esa zona del sudeste del continente.

Por eso, cuando el actual presidente, Robert Mugabe, asumió la presidencia, en 1980, comenzó a desmontar las cláusulas leoninas de los Acuerdos de Lancaster House que, entre otras cosas, impedían expropiar haciendas a los blancos «aunque no estuvieran en explotación», a los blancos se les garantizaban 28 escaños de los 100 de que se componía el nuevo Parlamento, disponían de un derecho de veto contra cualquier ley que no les gustase durante un período de diez años, conservaban el control de la policía y de la fuerzas armadas así como los de la judicatura y del servicio civil. ¡Todo esto hace menos de veinte años y con las Naciones Unidas, Amnistía Internacional y toda la parafernalia de la Carta de los Derechos Humanos exigiéndose en otros lugares del mundo por la fuerza y por todos los medios! Pensemos en Cuba, en Chile, en Nicaragua, en Haití y en el resto de países latinoamericanos, en Vietnam, en Camboya y en el resto de países del sudeste asiático... Recordemos a Lumumba y a Kasavubu, a N'Krumah, a Kenneth Kaunda, a Julius Nyerere, a Luis Cabral, a Agostinho Neto, a Modibo Keita, a Samora Machel, a Thomas Sankara, y al mismo Sékou Touré antes de desviarse. ¿Para qué seguir? Pero todavía quedaban las presiones de las grandes compañías que negaban sus créditos al gobierno de Zimbabwe acusándolo de socialista, mientras que el gobierno de Sudáfrica prohibía el paso de los minerales a través de sus puertos para la exportación. Después del colapso de la URSS y de los experimentos socialistas en Zambia, Tanzania y Mozambique no les quedó más remedio que someterse a las disposiciones del FMI y del Banco Mundial para rehacer su maltrecha economía. En 1991, Mugabe hizo una llamada para abandonar la ideología marxista y asumir un talante socialdemócrata y un régimen de economía mixta. En 1992, comenzaron los recortes en la educación y en la sanidad, los estudios universitarios cesaron de estar subvencionados por el Estado, hubo huelgas y expulsaron a 10.000 estudiantes de la universidad, suprimieron en un día 32.000 puestos de trabajo en el sector público; en 1994, un trabajador negro ganaba 30 dólares al mes por trabajar de sol a sol y sin derechos sociales que habían sido eliminados, naturalmente, para ahorrar el gasto público.

Así hoy, en 1999, tenemos que en un país casi tan grande como España y con una población de 11.500.000 personas tienen un nivel de alfabetización del 85 %, una esperanza de vida de 58 años, un médico por cada 7.000 personas, el acceso al agua potable para más del 77 % de la población, y un 6 % de la misma accedía a los estudios universitarios (en estos días estaban en huelga por la supresión de las becas) Pero ¡su deuda externa es de 4.368 millones de dólares mientras su PIB es de 5.432 millones de dólares! Pensar que para pagar los intereses de la deuda tienen que dedicar más de 600 millones al año, es decir una buena parte del producto de sus exportaciones... nos da pavor pensar en el futuro de las escuelas, de la sanidad, de todo.

Me alojé en el Hotel Brönte, de la avenida Baines, que es un encanto de construcciones en ladrillo de dos plantas, amplios y bien cuidados jardines, dos estanques, barandas cubiertas y todo el aire de la época colonial. Llegué a punto para la cena: consomé, cerdo asado con puré de manzana, zanahorias, judías verdes, patatas asadas y profiteroles; una cerveza que pagas cuando te la sirven y un *pot of tea*. Era el menú de la cena en un comedor atestado de miembros de segundo nivel de las delegaciones de la OUA. Todos nos encontrábamos en «casa», inglesa obviamente. Me senté en el jardín para fumar un rato y contemplar un cielo lleno de estrellas. Hacía frío, pues, aunque estamos en el trópico, en el paralelo 20 en la misma latitud austral que los países del Caribe, el clima está muy moderado por el altiplano. Por eso, los colonizadores gustaron tanto de estas tierras saludables, igual les pasaría en Kenya a pesar de estar en pleno Ecuador. De ahí que no quisieran marcharse. Habría que decirles como los revolucionarios de la Gloriosa a la infausta reina Isabel II: «No se ha marchao, que la hemos echao».

Al día siguiente, me entrevisté con el Embajador Tomás Grajera Solís y con el Primer Secretario Fernando Curzio, de los cuales todo cuanto diga será siempre poco por su amabilidad, acogida, simpatía, eficacia y esa sensación de sentirse auténticamente en casa. Aunque sólo estaba de paso pues tenía que salir para Mozambique y, a mi regreso, estaría una semana en Zimbabwe preparamos toda la agenda que resultó, como es natural, un verdadero éxito. No es corriente tener una velada tan agradable e interesante como la que pasamos durante la cena en la Residencia de Cardinals Road, que es una belleza en todos lo sentidos, probablemente la más hermosa y elegante Residencia que he visto durante todo el viaje y decorada con un gusto exquisito. Pocas veces la mujer de una persona, aún estando aquellos días en España con sus hijos, estuvo tan presente en una cena. Y allí estaban los recuerdos de Sudán y del Yemen así como una increíble hornacina barroca del siglo XVI paraguayo... que rumoreaban buen gusto y te hacían presentes a los seres más queridos. Ya conocéis mi debilidad: cuando encuentro algo hermoso o me siento a gusto en algún lugar se hacen presentes como por ensalmo los seres más queridos.

A mi regreso, después de visitar la National Gallery y el Queen Victoria Museum, y el Chapungu Kraal donde se puede visitar un típico poblado *shona* con sus finas esculturas en piedra, recorrí las calles de Harare que son un prodigio de limpieza, de orden, de educación cívica. Parecerá una tontería, jamás vi un papel de envolver un caramelo en el suelo, nunca vi cruzar una calle con el semáforo en ámbar; los niños de los diferentes colegios me hacían gracia porque todos llevan sus uniformes de colegio con los más variados colores y con inverosímiles sombreros como era usual en Inglaterra hace treinta años. Será un anacronismo, no quiero ser categórico, sólo quiero recordar que en este país el 85 % de la población está alfabetizada y que el 6 % de la población accede a la universidad. En los países empobrecidos del Sur, sólo Cuba le supera con un 96 % de la población alfabetizada, con un médico cada 322 habitantes y agua potable para el 93 % de la población. No se trata de tirar nada de lo bueno adquirido en el pasado por la borda, sino de aprovechar todo y dejarnos de intervenir en sus asuntos. Ningún país extranjero tiene derecho alguno de ingerencia en los asuntos propios de los demás Estados soberanos.

Cuidado con el pretendido derecho de injerencia que postulan algunos dirigentes de las modernas ONG. Salvo en casos de catástrofe natural o de los espantos de las guerras y en los totalitarismos genocidas, que no pocas veces provocan los países del Norte para asegurarse su influencia, nadie tiene derecho a violar la soberanía de un Estado de derecho. A salvo quedan, como es obvio, Instituciones supranacionales como el Consejo de Seguridad de las Naciones Unidas directamente o a través de alguna de sus Agencias: Corte de la Haya, ECOSOF, UNCTAD, UNICEF, ACNUR, UNESCO, OIT, FAO, etc. que pueden y deben ejercer su autoridad con la ayuda de todos sus miembros. Así como esa nueva dimensión de la jurisdicción universal para garantizar el cumplimiento de los derechos humanos sin impedirlo ningún límite de fronteras porque los derechos fundamentales del ser humano son anteriores al Estado. Pero cuidémonos de pretextar un novísimo derecho de ingerencia que parecen arrogarse algunos nuevos profetas de las ONG como antes lo hicieron las religiones llamadas a sí mismas «reveladas», los imperios, las ideologías y actualmente las multinacionales sin rostro y las compañías *off-shore* sin alma.

44

Malawi

El viaje previsto a Malawi se resolvió visitando su Embajada en Harare: tienen las facultades universitarias divididas entre las ciudades de Lilongue y Blantyre y sería imposible garantizar el cumplimiento del proyecto de CPMP, a pesar de las tremendas necesidades de este pequeño país que tiene una población de casi doce millones. Tiene un PIB de 1.302 millones de dólares y su deuda externa es de 2.015 millones; la esperanza de vida es de las más bajas de África, 44 años; hay un médico cada 50.000 habitantes; el agua potable sólo llega al 47 % y la mortalidad infantil es nada menos que de 142/1.000, pero se queda corta ante la pavorosa cifra de mortalidad materna: 620 cada 100.000 mientras que en Zimbabwe es de 80. La tasa de analfabetismo es del 44 % y a la universidad no accede ni el 1 % de la población. ¿Qué había ocurrido en esta antigua colonia británica que había visitado Livingstone en 1859 y creyó erróneamente ser el primer blanco que descubría el Lago Nyassa? Nyassalandia también fue un protectorado de la BSA de Cecil Rhodes, desde 1891, y formaba parte del proyecto de federación que ampliaría el enclave racista de la minoría blanca que, con Zambia y Zimbabwe, sería un gran arco del puente que se apoyaría en Sudáfrica y a través de Tanzania, Uganda y Sudán llegaría hasta la Alejandría de Egipto.

Una de las causas más sobresalientes fue el poder autocrático de Kamuzu Banda, un médico formado en los Estados Unidos y que fue llamado como el salvador de la patria. Conseguida la independencia en 1964, este siniestro personaje se alió con los gobiernos racistas de Sudáfrica y de Rhodesia, colaboró activamente con los colonos portugueses para sofocar el FRELIMO, movimiento independentista de Mozambique. Su autocracia y su demencia llegó a tal punto que, en las elecciones de 1978, todos los candidatos tenían que pertenecer a su partido el MCP y pasar un examen de lengua inglesa (sic) con lo que se excluyó a la mayoría de la población que no lo hablaba. Creó una policía secreta y represiva, asesorada por Sudáfrica e Israel, a la que denominó Special Branch con la que se cometieron las mayores atrocidades violando los derechos humanos sin que los Estados Unidos, por medio del Vicepresidente Dan Quayle, en 1991, dejara de respaldar públicamente al régimen de Banda. Frente a la honestidad y honradez de tantos líderes africanos, el corrupto Banda era propietario del 33 % de la riqueza nacional. Y este hombre con su régimen era sostenido, al igual que Mobutu, como bastión de los valores de Occidente y de las libertades y de los valores de la economía de mercado frente a la locura y el salvajismo de los ensayos socialistas en Tanzania, Zimbabwe, Zambia, Ghana, etc.

Aquellos ensayos no salieron bien por muy diversas razones pero el despotismo del negro racista Banda llevó a su país a la ruina. Eso sí, en 1983, mandó condenar a muerte en rebeldía a los líderes de la oposición Attati Mpakati y a Orton Chirwa. A Mpakati lo asesinaron poco después agentes sudafricanos cuando visitaba Harare y, a Chirwa y a su mujer, los mandó secuestrar en Zambia, donde vivían exiliados. El mundo se enteró, en 1992, con espanto que Chirwa fue asesinado bajo tortura en la prisión de Blantyre mientras su esposa permaneció en prisión hasta 1994, para entonces era la presa política más antigua de África. Finalmente, en octubre de ese año, fue elegido el actual Presidente Bakili Muluzi que no parece un modelo muy esperanzador, pues ya fue acusado, en repetidas ocasiones, de no respetar los derechos humanos, aunque, a veces, uno ya duda de la eficacia de estas denuncias. Por muchas razones y porque las comunicaciones con la antigua Nyassalandia no eran buenas y me vería obligado a tener que permanecer casi una semana en aquel país, decidí que tenía otras alternativas en las que emplear mi tiempo.

A mi regreso de Maputo, en Mozambique, me fui a pasar un fin de semana a *Victoria Falls* para descansar, hacer balance y reponer fuerzas de cara a lo que todavía me restaba de viaje: Tanzania y Kenia. Fueron unos días demasiado hermosos y cuya narración coincidiría, en lo sustancial, con otras que ya se han hecho sobre esa maravilla de la naturaleza y que recargarían demasiado esta crónica de un viaje apasionante. Básteme copiar lo que escribió Eduard Mohr, en 1870: *No human being can describe the infinite; and what I saw was part of infinity made visible and framed in beauty* [No hay ser humano que pueda describir el infinito; y lo que yo vi fue parte de la infinidad hecha visible y enmarcada en la belleza].

¿Qué más podría yo añadir de esos días navegando en canoa por el río Zambeze, sentándome ante las cataratas desde los más diversos ángulos y a las más diversas horas del día... y con tantas y tan variadas experiencias allí vividas? Fue, realmente, un regalo que me hice y del que estoy muy agradecido. Tan sólo una pequeña sugerencia al lector, si le fuera posible algún día, no deje de contemplar esa maravilla de la naturaleza que es «la montaña que truena»... Aunque no tuve reaños para tirarme desde el puente que mandó construir el inevitable Rhodes, cuando viajaba con su amante de turno, el médico escocés Jameson, que sustituyó a su adorado Arthur después que éste se hubiera fracturado la nuca en una caída del caballo. Rhodes le construyó un mausoleo como Adriano a su Antinoo y lo lloró hasta que le encontró sustituto. Fue inteligente, audaz, cruel, despiadado y sin escrúpulos. Un paradigma de amoralidad al servicio de su ego y del imperialismo inglés. En su vida privada, palidecen las andanzas del primer presidente de Zimbabwe, X. Banana, entrando a saco entre las filas de sus jardineros, militares, policías y selecciones nacionales y personales de fútbol para satisfacer sus compulsivas pasiones homosexuales. Hoy, el expresidente Banana ha pedido asilo en la República de Sudáfrica donde Nelson Mandela lo ha acogido para evitarle una condena escandalosa que más merecería un tratamiento psiquiátrico ya que, si las relaciones consentidas libremente entre personas adultas son reconocidas por la ley en Sudáfrica, al contrario de Zimbabwe donde absurdamente continúan siendo delito, no es menos cierto que, en los casos que nos ocupan, tanto Rhodes como Banana se prevalieron de un abuso de autoridad que invalida sus conductas. Rhodes pidió que el tren pasara tan cerca que los cristales de los vagones se mojaran con el agua de las cataratas. Digo que no tuve valor de hacer *puenting* desde una altura de 113 metros. Me arrugué. Tengo que volver e intentarlo de nuevo no me vaya a salir un antojo.

45

Mozambique: *o impossivel aconteçe*

El 10 de junio, desde el Hotel Cardoso de Maputo, en Mozambique, envié este fax a la sede de Solidarios en Madrid resumiendo un poco mi viaje allí y con las direcciones particulares de cada una de las personas citadas para que se pusieran en contacto con ellos. Para no repetirme y para seguir un poco el estilo de los fax, aunque elimine algunas cosas personales que escribí para dar desahogo al buen humor —no sólo se estalla cuando te acomete el malo; si no eres capaz de controlarte, a veces hay explosiones de júbilo que es preciso compartir—, he aquí lo esencial:

> I like to spend some time in Mozambique,
> The suny sky is aqua blue,
> And all the couples dancing cheek to cheek.
> It's very nice to stay a week or two. [Bob Dylan, *of course.*]

[Me gusta estar algún tiempo en Mozambique, / el soleado cielo es aguamarina, / y las parejas bailan mejilla contra mejilla. / Es muy hermoso permanecer aquí una o dos semanas.]

Éste era el Mozambique del año 1975 cuando lo escribió el gran poeta y cantor universal. Entonces, aquello era el lugar de vacaciones y de recreo para los blancos que dominaban en Rhodesia, en Zambia y en Sudáfrica. Sus playas blancas e inmensas, su población amable y servicial, sus bajos precios hacían de aquella colonia todavía portuguesa un paraíso para los extranjeros.

«Queridos todos: Gracias por vuestra paciencia, vuestro apoyo y vuestro aliento. M.ª José, tu último fax es muy hermoso,"soñar tus sueños". Hace poco le escribía a Marcos "lo que alegra tu corazón da alas a tus pies". Es cierto que el cambio continuo de países, idiomas, moneda, camas, comidas, interlocutores, ambiente, personas a las que hay que "vender de nuevo la idea del proyecto, la ONG y a uno mismo", personas que te reciben en guardia y luego, cuando toca despedirse, como hoy, llegan a decirte "qué pena no haber podido vernos más". La culpa no es nuestra porque durante meses habíamos anunciado este viaje y nos habíamos ofrecido mil veces para dar conferencias donde quisieran y sobre un elenco de diez temas, que pudieran servir al cometido de difusión de nuestras propuestas alternativas y a dar a conocer nuestra cultura ¡y sin cobrar nada por las mismas! ¿Por qué no pusieron la recepción oficial nada más llegar y no la víspera de mi partida? Ah, entonces, lunes por la noche, descubrieron que soy persona, con algo que contar, con relaciones, con amigos comunes, con una tarea humanitaria y profesional... El Embajador, José Eugenio Salaarich, me trajo personalmente en su coche hasta el hotel. ¿No hubieran podido aprovechar más mi estancia? Por eso no respondían a nuestras cartas, porque quizá no habían tenido tiempo de leerlas. Cuando se enteraron de todas las visitas que hice, de las cosas que supe, de las gentes y lugares que conocí se admiraban. Y el caso es que el fin de semana, como temía quedarme encerrado en el hotel yo solo, ya que el embajador y su familia salían a pasar el fin de semana en Sudáfrica, me marché muy temprano al puerto, me fui en una lancha de un portugués hasta la *Ilha da Inhaca*, me pareció tan paradisíaca que decidí quedarme a dormir aunque no llevaba ni cepillo de dientes. Pero me pasó como a la Gelsomina de *La Strada*, que tantas veces he contado. Yo quería comentarlo con alguien, si no todo aquello se iba a desvanecer en la irrealidad de un sueño. Por eso, cuando regresé sentí inmensa morriña, nostalgia de casa, de familia, de vosotros... ¿a quién se lo cuento? Por la noche tuve un sueño que transcribí, analicé y me deprimió. Me vine un poco abajo hasta que en la madrugada, después de la meditación, me decidí a escribir un largo relato. Después, me llamasteis, luego me enviasteis el fax y recuperé el tono.

»Hay una frase hermosa de Henry Morton Stanley que no me resisto a dejar de transcribir: "I pen these lines with half a feeling that they will never be read by any other white person; *still as I persist in continuing the journey, I persist in writing, leaving events and their disposal to* an All-Wise Providence" [Escribo estas líneas con un cierto sentimiento de que nunca serán leidas por otro hombre blanco; sin embargo, insisto en proseguir mi viaje, en escribir y en dejar los acontecimientos y lo que dispongan a una Omnisciente Providencia].

»Esta tarde saldré para Harare, dormiré en el Hotel Terraskane, mañana visitaré al *Vice-chancellor* y al Decano de la Facultad de Medicina, después al *Permanent Secretary of the Ministry of Health*, Mr. Sikosana. El viernes 13, el Embajador me ha sugerido una visita a las cataratas de Victoria hasta el lunes en que viajaré a Malawi.

»Paso a dar cuenta de las actividades en Mozambique.

»Visité al Embajador que, al principio, parecía algo escéptico en cuanto a la eficacia de la ayuda de la cooperación española que le parece "desmedida". Su tesis: "Si ya está la cooperación española aquí, ¿por qué no se hace todo a través de ella y se le pregunta lo que necesitan y se les envía?". Respuesta: "No comparto esa opinión. Solidarios ni pertenece ni depende de la AECI, apuesta por la investigación y la prevención y se apoya en los propios interlocutores africanos. La misión de las ONG es abrir caminos y ser responsable de sus actos y de sus proyectos; son radicalmente autónomas y, cuando ayudan a la Administración en el mejor empleo de los recursos de los contribuyentes, se acomodan puntualmente a sus condiciones, o no se presentan a sus convocatorias. No es el que hace más —error de primar a las grandes asociaciones—, sino el saber estar más en sintonía con las auténticas necesidades de los pueblos. Los Estados y sus gobiernos deben trabajar con sus homólogos, las ONG con sus contrapartes en la sociedad". Lleva aquí tres meses y parece que trae instrucciones de Madrid de reestructurar la ayuda. En la segunda entrevista en su casa estuvieron todos mucho más simpáticos. Pero me di cuenta de que muchas cosas de la Universidad de este país todavía no las conocían lo suficiente. Es normal, el Embajador acaba de llegar.

»La entrevista con el Decano de Medicina larga e interesante. Hay cerca de 5.000, estudiantes de los cuales 3.600 en Medicina. Situación de la universidad muy mal, y lo mismo la Facultad de Medicina en la que a los profesores se les paga menos de 300 dólares y se dedican a trabajar en lo privado. En todo Mozambique habrá unos 200 médicos y, la mayoría, en Maputo. Cuando se fueron los portugueses no había ni 40 en todo el país. Faltan medicamentos, material de investigación, falta de todo. Están en el tránsito de un régimen socialista a una economía de libre mercado y se encuentran con un pie en cada lado y con una gran desorientación. Me recomendó que visitara el GASD (Grupo de ayuda a enfermos del Sida) que funcionaba en la *Direcçao de Servicios Sociais*, donde también está el *Posto Médico*. No cree que estén preparados todavía para participar en el Proyecto CPMP. Le gusta la idea y desea estar informado pero teme que la contraparte aquí no va a responder al compromiso. En el *Posto Médico Universitario* hay tres médicos pero que van dos horas a la semana, y dos enfermeros, pero como no tienen medicamentos, ni pueden hacer análisis y si mandan al estudiante enfermo al hospital, éste tiene que pagar y no tiene dinero... No parecía tener una buena opinión del mismo. Me gustó más cuando lo visité y hablé con el personal de allí. Creo que el decano nunca lo había visitado.

»Fue interesante el encuentro con el Vice-rector, profesor Antonio Saraiva de Sousa, es profesor de Ingeniería Química y se ocupa del campo de la alimentación. Lleva 25 años de profesor. Tomó nota de todo lo que hablé. Le gustó mucho el Proyecto: lo calificó de innovación importante, de un giro en la estrategia de la cooperación. Vio sus posibilidades y deseó permanecer en contacto para ver de incorporarse en una segunda fase dada la situación de la universidad. El problema parte de la concepción socialista de la universidad gratis para todos; que ahora, con el cambio impuesto por la realidad y por el FMI, los alumnos no asimilan las consecuencias y siguen pidiendo todos los servicios gratis. La actividad social de la universidad se lleva un 20 % del presupuesto de la misma en deterioro de la docencia y de la investigación. El profesorado está muy mal pagado, hay pocos y se dedican a otras cosas. Dice que hay unos 5.700 estudiantes, 1.500 trabajadores y unos 700 docentes. Siendo el 4.º país más pobre del mundo ofrece 1.000 camas, 1.200 bolsas de estudio (20 dólares), un transporte deteriorado y escaso, unas ayudas que no llegan para nada. Un *Posto Médico* gratuito pero sin medios. Me organizó el encuentro allí y con la Dirección de los Asuntos Sociales y del GASD. La situación sanitaria en el interior del país es terrible: se muere la gente por falta de asistencia, de medicamentos y de todo. Mueren a millares por enfermedades fácilmente diagnosticables y curables hoy en día.

»Interesante reunión con el director de los Servicios Sociales, Gabriel A. Langa, con el director adjunto, Ismael Jamú Massú que estudió en Brasil, y es mezcla de persa, indio, árabe, negro y algo de portugués y el coordinador del GASD, Cornelio P. Balane. Pasamos una mañana reunidos en la sede con el enfermero y una chica muy simpática del staff. Les conté todo. Escuchaban como en cualquiera de nuestros Encuentros. Les parecía un sueño, es lo que les gustaría hacer aquí. Fue muy interesante y divertida la reunión. Parecían beber las palabras. “Eso es lo que debería ser esta Dirección de Servicios Sociales, como en Solidarios." Quieren estar informados, les encanta la idea. Comprenden que en este momento no podrían participar en el Proyecto por falta de médicos de confianza y activos. Ismael me dijo que se está construyendo un nuevo *Posto Médico* en el Campus y que allí sí que se podía montar el CPMP (cosa que ni se les había ocurrido al vice-rector ni al decano). Me gustó esta gente, en torno a la treintena, animosos, sin medios. Si me los hubieran presentado el primer día mi estancia aquí hubiera sido otra cosa. Ya lo creo. Habríamos salido, charlado, intercambiado experiencias.

»Os dejo, estoy algo cansado pero satisfecho. No os cuento la visita al GASD porque todavía me salen los condones por las orejas. ¡Qué obsesión! No había otro decorado en las paredes, en los pasillos... les recordé a Charlot en *Tiempos modernos* cuando, muerto de hambre, se comía una bota y enrollaba los cordones como si fueran espaguettis. Yo, si comiera hoy espaguettis, se me volverían condones. Opiné que no era ese el único mensaje, que era una reducción simplista: no vale todo con tal de usar el condón, parecen fomentar la promiscuidad o que "cuanto más mejor y que con cuantas más personas mejor", que ese mensaje en las escuelas era equívoco y parecía que si no usaban el condón, ya iban a perder el tren. Que no veía mensajes sobre la relación en pareja, sobre el afecto, sobre una cierta fidelidad a la pareja como valor en sí, que el condón no era el bálsamo de Fierabrás, etc. Lo dije con algo de gracia, se rieron todo lo que pudieron y comprendieron el mensaje. Amar no sólo es follar, ni el sexo es sólo genitalidad, dicen que también hay eros y parece que, a veces, hay amor. Y que tan poco era lo que me dijo el misionero colombiano "esta campaña de los preservativos la han montado los americanos para vender más condones" (*sic*). "¡Hombre, cura, tampoco es eso! Vosotros, los oficialmente célibes, vivís obsesionados con que los demás tengamos hijos; ¿por qué no os animáis y os ponéis a procrear vosotros?" Fue muy divertido pero yo, al llegar al hotel, me metí en la ducha para sacarme la impresión de que los tenía hasta por las orejas.»

En la piscina del hotel Cardoso, de capital sudafricano y en donde se paga con dólares o con rands sudafricanos, hay varias matronas de origen *boër-afrikanner*: blancas, rubias, gordas, inmensas, charloteando y bebiendo refrescos mientras los niños juegan y los maridos ganan dinero, entre otras cosas, al servicio de los excolonos portugueses que están deseando regresar desde Sudáfrica para rehacer sus fortunas.

«Me gustó mucho la visita a Escola Comunitaria da Inmaculada, en el barrio Hulene. Es muy grande. Con cinco naves en donde 5.000 alumnos estudian Primaria y Secundaria en ¡cuatro turnos! La directora es una religiosa murciana, de Caravaca, de unos 54 años, bajita que no supera el metro cincuenta pero de un dinamismo y de una eficacia admirables. Tiene un *Posto Médico* que para sí lo quisiera la Universidad y que permanece abierto todo el día: revisé todo, saqué fotos, las felicité y les prometí el envío de medicamentos: como la Hermana Raquel va a viajar a Madrid dentro de un mes la he puesto en contacto con nuestro Puente Solidario para que haga una buena selección de los medicamentos que más necesite y se los traiga con ella. Ayudadla en todo y si hay que pagar exceso de equipaje, nos hacemos cargo nosotros. Los profesores de la Escola los paga el Ministerio de Enseñanza. Me descubro ante personas así.

»Hablé con el P. Jaime misionero brasileño, rubio de origen italiano, que nos había enviado varios pedidos a través de Teresa Corella pero que carecían de la necesaria firma de un médico que garantizase su empleo en el hospital de Inhabane, que está a 500 kilómetros de Maputo y que hubiera querido visitar. Se me arrancó diciendo que, claro que había médicos mozambiqueños en el Hospital, pero que uno no se podía fiar de ellos, "por eso hicimos el pedido a nombre de dos monjas nuestras que son las que se encargarán de distribuirlos como conviene". Con todo el respeto le hice comprender que, aunque entendía los problemas que había, no podíamos participar en un proyecto semejante. Por dura que fuese la situación, tendrían que esforzarse en cooperar con los médicos y no suplantarlos. La misión sería más dura pero más coherente.

»Y del fin de semana en la Ilha da Inhaca ¿qué os podría contar? Si encuentro las páginas del relato intentaré incluirlas, si no me da mucho rubor. Las he encontrado, aquí van.»

La Isla de la Inhaca es paradisíaca. Está a un par de horas en lancha desde la capital. Ha sido declarada parque natural y está muy bien cuidada. Las mareas son tan largas que los jóvenes de la isla tiene que ir a desembarcar en brazos a las personas y los cargamentos porque es muy extensa la ribera. A esas horas muchos barcos están varados ofreciendo un paisaje de fin del mundo que se reanima cuando comienza la pleamar. ¡Qué puesta de sol! ¡Qué luna! ¡Qué cielos! Me alojé en un sencillo hotel de la playa que tiene árboles centenarios en los que anidan miles de pájaros blancos. Tiene palmeras altísimas que se cimbrean con la brisa y te mueven a la danza. ¡Increíble azur índigo con miríadas de estrellas bajo las que paseé después de la cena comprobando que no hay más límites entre las dos dimensiones de la realidad que los que queramos ponerles o por un acomodamiento a las costumbres! Sólo recordaba algo semejante en Santo Domingo, gozando un amanecer de tormenta tropical sobre una terraza y en Cayo Largo, en Cuba, como los narré en mi libro *Dime un nombre y nacerás de nuevo*. Cerveza en el bar de Mario, que nació en Iowa. Como en las novelas de aventuras ahí podría encontrar a Corto Maltés o al Rojo, de Somerset Maugham, o a cualquier personaje ya vivido, por eso supe que yo ya había estado allí. Encuentro con Thomas, rasgos árabes, color bronce, nariz aguileña, pelo rizado, un metro ochenta y seis, delgado, distinto: rasgos que habría de encontrar todo a lo largo del Índico. El gerente del hotel es una copia de Denzel Washington, pero más alto, se llama Vasco, tendrá unos 34 años. No hay mosquitos porque estamos en «invierno». Visité los bungalows de unos millonarios sudafricanos que vienen aquí para pescar, me parecieron impresionantes, sobre todo los colchones de agua: ¡buena pesca! En ausencia de los amos lo cuidaba un negrazo quizá demasiado atento que recibía a algunos turistas de paso.Cuando yo llegué estaba atendiendo a dos americanos en su treintena larga que luego habría de encontrarme en el barco de los miembros de la Embajada de su país.

Después de saludar al cielo inmenso, a la mar y al viento me fui a mi bungalow donde había palmatorias con cerillas al lado y una espiral antimosquitos ya conocida. El rumor del viento contra los árboles me despertó a las cuatro y media. Me envolví en mi patán y salí fuera. La luna se había marchado, no había luz. Tan sólo las ramas de los inmensos árboles moviéndose en un jardín que se intuía pero del que no se apreciaban las formas, tan sólo los volúmenes muy vagos y difuminados. Me vestí en un momento con todo lo que había llevado, me arropé con el patán y me coloqué en el porche hasta que vi a lo lejos la leve luz de la linterna del guarda de noche. *—Boos días/noite. —Boas noites/día, meu sinhor. —Fai vento. —É vento do norte, meu sinhor. —Eu gostaría de ir até a praia para aspeitar a o amanesçer. —Pois pois. —Eu gostaría que vosé m'acompanhar para non asustar a os cans. —Tà ben, meu sinhor, muito ben. Eu gosto* (le dije al guarda que me gustaría ir hasta la playa para ver amanecer y que me acompañara para no asustar a los perros). Atravesamos el parque animado, poderoso y tierno guiado por la fría luz de su linterna que iluminaba dos cuartas delante de donde ponía mis pies. Cruzamos bajo los árboles de troncos tumbados por algún huracán despechado; estaban desperezados y con ansia de abarcar la tierra o de ser elevados en las alas del viento con impulso telúrico para retornar al hueco donde nacen los vientos y así fundirse en el azul del cielo, hacerse estrella, galaxia, eternidad. Llegamos a la playa y me senté sobre un montón de arena, algo a cubierto del viento pero orientado hacia el Este en donde se percibía apenas la silueta de la Isla de los Portugueses, antiguo penal y no muy visitada por los turistas. El guarda, vestido con un viejo capote militar que conoció mil guerras y un pasamontañas negro se situó detrás de mí. Arreció el viento y el hombre casi se hizo invisible si no fuera por una tos seca y perruna que le acometía de vez en cuando y que él trataba de contener. *—¿Como é que vosé se chama? —Benvindo, meu sinhor. —¿Quantos anhos ten vosé? —Trinta e catro, meu sinhor. —E fillos? —Ainda non caséi.* [¿Cómo se llama? Bienvenido. ¿Qué edad tiene? Treinta y cuatro. ¿Hijos? Todavía no me he casado.] El viento arreciaba y la arena nos golpeaba como acericos de estrellas. Me apoyé en sus piernas y él me colocó mejor el patan para protegerme del viento. Me contó su vida: 4.500 pesetas al mes, toda su existencia soldado a la fuerza en las innumerables guerras de Mozambique, en la zona del Zambeze, en Inhebane... Regresó en 1991 sin trabajo ni pensión alguna. *—Non tenho remedo. —Vaia vosé a ospedale a procura por a infirmeira. —¿Aquela crara? —Sim, digalhe que lhe dé un remedo de parte do cavaleiro espanhol con quen ella vinho hoje à manhà na barca de Maputo. Eu andarei a procurala despois no día* [—No tengo medicinas. —Vaya al hospital y pregunte por la enfermera. —¿La rubia? —Sí, dígale que le dé un medicamento de parte del español con quien ella vino esta mañana desde Maputo. Yo la iré a buscar más tarde].

Naranja, rosa, amarillo, todas las gamas del fucsia al fuego, el arco iris que se componía y se descomponía entre el mar y el cielo. Barcos meciéndose sobre la mar que se iba allegando silenciosa y firme para alzarlos de su varada. Cuando hubo amanecido, caminé por la orilla hacia el Este cruzando los manglares con fuertes troncos, suelo empantanado, caracoles secos blancos calcinados en un montón; en el otro, había conchas amontonados ambos por alguien con algún propósito. Empalizadas con hojas de palma colocadas en forma de ángulos encontrados para mejor proteger del viento a las chozas de paja que cobijaba. Camino hacia el encuentro con el sol. Gentes que se desperezan saliendo de las chozas a mear a gusto. Una vieja camina apresurada: *—Bon dia, meu sinhor... e adonde vai tan cedo?". "Vou para diante a procura do sol. —Ele sempra chega, non hay que andar!* [—Buenos días, señor, ¿a dónde va tan temprano? —Voy en busca del sol. —Él siempre llega, no es necesario andar]. Regreso por el camino del aeropuerto de tierra para avionetas privadas. Encuentro una especie de pagoda con un cartel: «Casa del teléfono: esta casa es para los que aguardan para hablar por teléfono y protegerse de la lluvia y del sol: no está para cosas desagradables ni para asuntos amorosos». Entré por detrás al parque del hotel. Una sonrisa amplia en el rostro enfermo de un hombre mayor envuelto en un capote de guerra y con un pasamontañas vino a mi encuentro. *—Quantos anhos ten vosé?* Respondió: *—O imposivvel aconteçe.* [—¿Cuántos años tiene? —Lo imposible acontece.] Era la contraseña para poder identificarlo a pleno día porque había sido una de sus frases que más me habían impresionado en la noche. Le di un poco de dinero que recogió con ambas manos y nos saludamos ambos con la cabeza y nos retiramos en silencio. «¡Dondequiera que estés hombre sin nombre, cargado de dolor, de amargura y de silencio, yo te saludo y te canto desde estas páginas!»

Después de desayunar, me pasé el día caminando durante horas y horas por una inmensa playa en la que todo era nuevo, como si hubiera descendido en un paraíso de un planeta desconocido. Así debió ser el comienzo del caminar de los primeros seres humanos sobre la tierra. Cielo azul con viento del norte. Mar azul retirándose en una bajamar dilatada y extensa. Cientos de metros de arena bajo una ligera capa de agua que añadía luminosidad y brillo a la gran ensenada que se extendía hasta las lejanas espumas de unas olas apenas esbozadas. La arena de la playa sin fin era dorada y fina, miles de moluscos, cangrejos pequeños y caramujos se iban ocultando a mi paso, o dejaban el rastro de su caminar bajo la arena recién descubierta.

A mi izquierda, los árboles y la vegetación tupida de arbustos llegaban hasta la misma playa. Se veían muchos árboles desplomados sobre la arena pero aún alumbrando hojas tiernas. La línea divisoria entre la arena de la playa y la tierra arcillosa era apenas perceptible. Se veía el proceso erosionador del agua y del viento que socavaba la tierra hasta que los árboles se desmoronaban y se tumbaban en la arena. Formaban las más variadas formas, como en un fantástico diseño. Pájaros, muchos pájaros cantaban y acompañaban mi camino hasta el punto de que, varias veces, tuve que volverme y mirar hacia la espesura para convencerme de que no era alguien que me estaba llamando. Evoqué el encuentro de Robinsón con Viernes. No quería alucinar ni dejarme vencer por espejismos sonoros o visuales. Ante mí, la playa se extendía sin fin hasta un cabo lejano. Mis pasos iban dejando huellas en un suelo fresco y barrido por miríadas de arenas llevadas por el viento a ras de tierra. Mi cuerpo desnudo recibía en la espalda los rayos de sol y el viento aliviaba el calor y no molestaba, sino que parecía impulsar suavemente la marcha. Después de ese cabo, aparecieron otros al extremo de playas cada vez más maravillosas y desiertas. Ni un barco, ni una edificación, tan sólo el vuelo de las aves marinas en busca de su alimento. Pero iban tan lejos y tan altas que, quizá a causa del viento, no alteraban el silencio animado tan sólo por los silbos de los pájaros invisibles. De vez en cuando, me tumbaba en el agua remansada por la bajamar y que no me cubría ni los tobillos. Me echaba boca arriba, me giraba y me hacía arena y agua y luz. Empapaba mi cabeza, hundía mi rostro en el agua y volvía a ponerme en marcha con el frescor y el brillo del agua salada en el cuerpo resaltado por la brisa que ni siquiera era viento. Recordaba al poeta cubano Waldo Leyva: «Correr desnudo contra el viento no borra de la piel la suavidad del agua... Quien se detiene muere, sólo quien toca el horizonte vuelve».

Cada vez me atraían más las tierras arcillosas, casi rojas que marcaban el límite de la arena de la playa y el comienzo de la vegetación. No pude resistirlo. Me dirigí hacia un desnivel que estaba próximo a desplomarse, me senté encima y me dejé caer cubriéndome de tierra. Primero me cubrí el vientre, los pies y las piernas. A continuación seguí el impulso y me froté los brazos con la roja arcilla y el pecho, los hombros, la espalda, el cuello. Me froté con fuerza la cabeza y el rostro. Tan sólo dejé sin cubrir los ojos y la boca. Me había vuelto de color rojizo, el vello del cuerpo se erizaba dorado al estímulo de la humedad de la tierra. Era glorioso. Me di vueltas y me envolví en más tierra. Busqué nuevas depresiones y me colocaba debajo de ellas y hacía caer más tierra. La hubiera metido en la boca, la besaba. La sentía en mi sexo, en mis axilas, entre los dedos de las manos y de los pies, me abrazaba a ella en un telúrico deseo de volver a lo primordial, para renacer de nuevo en aquella tierra nueva. Era como si me estuviera sumergiendo en una laguna Estigia en la que se pudieran borrar los recuerdos. Por eso, me fui a lavar la memoria y el agua, tornada rojiza y dorada bajo los rayos del sol, parecía reírse y cantar y alborozarse mientras me revolcaba en ella cubriendo apenas la arena. Comprendí a los animales que se revuelcan en el agua fangosa: hipopótamos, cocodrilos, elefantes, anfibios, búfalos, etc.

Reanudé la marcha de nuevo. La brisa me empujaba y no sentía cansancio en las piernas. Al doblar un cabo, me sentaba en la arena y meditaba en silencio. Me sabía tierra y aire y mar y luz y vida. Intuí que podría tener una experiencia de lo absoluto porque nada faltaba para que se fundieran arena y cielo, mar y viento. Al pasar, acariciaba con la mirada algunas rocas que llamaban mi atención por su gran fuerza interior. Alguna vez, tuve que acercarme a algún tronco poderoso vencido por el viento pero cubierto de hojas verdes. Lo abrazaba en silencio y lo besaba con la boca entreabierta. Una vez me subí a alguno de ellos, me senté a horcajadas, paseé sobre sus ramas con los pies descalzos sintiendo toda su savia que me recorría el cuerpo. Hubiera hecho el amor con el árbol, con la arena, con el agua y con el cielo.

Al caminar, mi mirada iba posada en el suelo que se movía por efecto de la luz y del viento; cuando desviaba mi atención, se fundía con el reverbero de los rayos del sol sobre el agua; si volvía el rostro hacia la espesura, parecía como si me volviera hojas y follaje y movimiento. Todo estaba animado, todo estaba penetrado por un dinamismo inmenso. Nada se estaba quieto y, sin embargo, todo estaba sereno. Yo proseguía mi caminar con un ritmo como el del nómada sobre un camello en la infinitud del desierto, o como un bosquimano en el Kalahari con ese ritmo peculiar que también marcan los masai cuando te los cruzas, sin tan siquiera volver la mirada. Parece como si no te vieran. Quizá no merecíamos la pena. ¿Qué hace un *mzungu* en una tierra que no es la suya? ¿Por qué buscan y hacen preguntas absurdas, sin sentido? El pueblo masai no parece tener una teogonía ni una visión trascendente: al parecer, se limitan a vivir acomodándose al medio. No conocen el ahorro, ni la inversión, ni atesoran riquezas. Luchan y trabajan por la supervivencia de la comunidad. Después, *mais nada.* Yo así lo estaba experimentando. Ya no sentía cansancio ni calor ni frío. Me iba dejando llevar y no me hubiera extrañado volar o hacerme arena o árbol o unirme a aquellos moluscos que se ocultaban en la arena.

Me hubiera quedado allí para siempre pero eso no era posible. El sentido común, o adaptado, me decía que todo podía convertirse en un espejismo. No dejé de observar que el hombre cubierto de tierra roja hubiera sido tomado por un loco. Si alguien hubiera pasado por allí creo que no me movería y lo miraría con expresión ausente. Como esos locos que te encuentras desnudos o con escasos harapos en tantos lugares de África. Parece que nada va con ellos, que viven en otra dimensión sin agobios de espacio ni de tiempo. Sentí que había peligro y que debería regresar a la playa de donde había partido en donde me recogería un barco para llevarme a Maputo. Me senté de nuevo en la arena, sentí paz y que todo podría ser de otra manera. Pensé en el *puenting* sobre el río Zambeze en *Victoria Falls* y sentí que me lanzaba al vacío, que reventaba en una explosión de luces y que, cuando me izaban velozmente, ya no era capaz de salir de aquella galaxia de estrellas. «Vi» cómo me llevaban a mi hotel y no acertaba a imaginar cómo podría proseguir mi viaje.

Este loco viaje me devolvió, en una dos horas, en un mar increíble sobre la cubierta del *Scouba-du-ba* al puerto de Maputo. Proa al oeste con un sol que nos ganaba la regata. Navegábamos hacia el continente africano. Dejamos de ver las islas de *Inhaca* y de los portugueses. Todavía no se divisaba tierra. Yo iba en traje de baño cara al sol y al viento. No imaginaba cómo podría terminar aquello. Al cabo de un tiempo, empezó a perfilarse el horizonte largo y azul, extendido y confundido con el mar y el cielo. Después, apareció la silueta de la ciudad de Maputo como si fueran las murallas de un fortín con torres y almenas. El sol vencía en la carrera. Un grupo de personas de la Embajada norteamericana, que habían alquilado el barco y me habían recogido a su regreso de la Punta de Santa María, disparaban sus cámaras sin cesar intentando apresar lo inefable. Como si fuera realidad lo que me dijera el guarda de noche: *O impossivel acontece.*

Desembarqué en un viejo muelle de hierro donde un pequeño autobús esperaba a los doce *yankees*. Les di las gracias y me lancé por el paseo de las palmeras que estaba lleno de familias hindúes sentadas en el muro, o paseando o en coches de los que salía música de su tierra. Caminé y caminé porque no había taxis. Pregunté por el Hotel Cardoso y me indicaron que siguiera hacia adelante. La noche se echaba encima y sabía de la inseguridad de las calles de Maputo para un blanco extranjero y con una bolsa en la mano. Apuré el paso. Un señor hindú me dijo que tenía que dar la vuelta a la montaña. El hotel se alzaba majestuoso y lleno de luz sobre nosotros. Un chaval negro que vendía dulces indicó que había una escalera que salía detrás de lo que me pareció un bosque. Eché a andar con fuerza, con algo de miedo y sintiendo que el cansancio empezaba a manifestarse. Atravesé la arboleda. Me crucé en el camino con algunas personas a las que trataba de analizar en la distancia y llegué al pie de una escalera de piedra que parecía tener más de tres mil escalones. Creí que nunca llegaría arriba.

Al llegar a mi cuarto, me duché, me cambié, sentí todo el cansancio del día venirse encima y me senté en un sillón a ver un documental sobre las cigüeñas. Era domingo. Echaba de menos a mi familia. Me sentí mal. Cené desasosegado. Leí algo de *The Scramble for Africa*, de Thomas Pakenham. Subrayaba las locuras, los absurdos, los errores y los fracasos de los exploradores. Todos terminaron mal y con la salud deshecha. Menos Henry Stanley, pero a qué precio de crueldad y del consiguiente rechazo de la sociedad inglesa por su carácter intratable de inadaptado. Pienso en el mismo Livingstone, en R. Burton, en Speke, en Burke, en Pierre Savorgnan de Brazza, por otro lado tan admirado por mí y por tantas personas. Su último viaje al África francesa que le llevó a la muerte a los 53 años investigando el sistema de concesiones impuesto por el gobernador Gentile y que cubrió atrocidades como las de los tenientes franceses Toqué y Gaud. La terrible *Vernichtungbefehl* (orden de exterminio) del general alemán Lothar von Trotha; la sangrienta y cruel guerra de los *boërs*; las espantosas matanzas y sufrimientos ocasionados por los árabes mercaderes de esclavos que llegaban hasta Bagamoyo «aquí yace mi corazón».

«Pero ellos descubrieron algo, consiguieron algo, aunque fuera después de muertos, ¿pero yo?», me preguntaba angustiado.

Me acosté pronto. Me dormí con todo el cansancio en mis miembros. A las 3:54 a.m. me desperté soñando. Encendí la luz y recogí lo fundamental del sueño. Fui al baño, bebí agua e intenté dormirme de nuevo mientras me invadía la soledad y el hambre de ternura. Me desperté a las 6. Me costó levantarme, ducharme y prepararme para la meditación que hice en mi cuarto con el balcón abierto, sujeta la puerta de la terraza con una silla debido al fuerte viento. Las palmeras se movían formidablemente. El cielo ya clareaba y, a lo lejos, se percibían la bahía y la otra orilla. Sólo trataba de concentrarme en la respiración. No hacía caso a las ideas que venían sin cesar a hostigarme. Yo respiraba profunda y calmadamente. Al cabo de una hora, cambié la postura de las piernas, me senté más cómodo, hice algunos estiramientos y movimientos suaves con la cabeza. Me levanté para vestirme y bajar a desayunar. Cuando subí, me senté a escribir para atreverme a seguir la insidiosa luz de las fantasías.

Mozambique, con una extensión como la de la península Ibérica y con casi diecisiete millones de habitantes procedentes del tronco bantú y con varias etnias como los *macuas*, los *tsonga*, los *karanga* y los *nhanga*, donde la esperanza de vida no supera los 46 años, con una mortalidad infantil de 146/1.000, un médico por cada 40.000 habitantes si tienen la suerte de habitar en una ciudad. El acceso al agua potable sólo lo tiene el 33 % de la población y el índice de analfabetismo está en el 66 %. Su producto interior bruto no supera los 1.467 millones de dólares mientras que la deuda externa ¡sí supera los 5.491 millones de dólares a cuyo servicio tiene que dedicar más de la mitad de sus exportaciones! Es uno de los países más pobres del mundo porque fue esquilmado por una colonización sanguinaria e implacable. Desde el siglo XV los portugueses destruyeron el comercio que a través de sus puertos se hacía con Oriente: marfil, oro de Zimbabwe, hierro, porcelanas, tejidos, cristal. Acabaron con la autoridad y el orden del Monomotapa de los *karanga* que garantizaban la seguridad para el comercio y la vida social: ningún pueblo dejaba de tener su sustento que se conseguía en común y era la máxima prioridad. Cuando el sultán de Zanzíbar arrojó de sus tierras a los portugueses, éstos se atrincheraron en las costas de Mozambique y se dedicaron a la captura de esclavos y a dar «concesiones» (*prazos*) de enormes extensiones de tierra a aventureros portugueses e indios que se dedicaban al saqueo y a los que se les concedió el uso, disfrute y abuso de los naturales que tenían que trabajar seis meses al año sin sueldo alguno, los más afortunados. Hay que señalar que, así como Inglaterra solía enviar a sus colonias a personas cultivadas, muchos de ellos salidos de la universidad, y Francia, en un grado inferior, a pequeños funcionarios, la mayoría de los emigrantes portugueses procedían de las clases sociales más bajas para aliviar el excedente demográfico. Es un dato a no perder de vista al analizar la evolución de los diversos países. Porque cerca de un millón de mozambiqueños tenían que emigrar cada año a las minas de oro sudafricanas para trabajos inhumanos mientras que los puertos estaban al servicio del comercio exterior de los blancos de Rhodesia y de Sudáfrica mediante los intermediarios portugueses que fomentaban el tribalismo de manera desconocida hasta entonces para mejor dominarlos.

En 1961, Eduardo Mondlane, funcionario en la ONU, visitó su patria. En julio del 63, y desde Tanzania, ayudó a crear el FRELIMO (Frente de Liberación de Mozambique). Pero en 1969, Mondlane caía asesinado por agentes de la terrible PIDE. El Segundo Congreso del FRELIMO eligió como presidente a Samora Moisés Machel. La imposibilidad de ganar las guerras coloniales para defender los intereses de una oligarquía rapaz, llevó a los capitanes a un levantamiento militar, el famoso 25 de abril de 1975, con la Revolución de los Claveles. El 25 de junio de 1975 se proclamó la República Popular de Mozambique y Samora Michel proclamó «la lucha continúa» en solidaridad con los independentistas de Zimbabwe y de Sudáfrica. Lo habría de pagar muy caro. El FRELIMO decretó la nacionalización de la banca, de la enseñanza —que fue declarada prioridad máxima—, de la sanidad y de varias empresas multinacionales y se promovió la creación de aldeas comunales para organizar formas colectivas de producción y poder atender, mediante los «médicos descalzos», al mayor número campesinos que promovieron campañas masivas de vacunación y enseñaron los rudimentos de la higiene y de la conservación de la salud.

La reacción del mundo capitalista fue total y el embargo económico, el cierre de industrias, la destrucción de infraestructuras, el expolio de todo lo que pudieron llevarse consigo los colonos ahogaron toda posibilidad de despegue socioeconómico. La decisión del régimen racista de Sudáfrica fue expulsar de su país a todos los trabajadores mozambiqueños que contribuían con sus magros envíos a sostener a sus familias y a sus aldeas. Entonces, sostenidos por Ian Smith de Rhodesia, por los excolonos portugueses asentados en Sudáfrica se creo la RENAMO (Resistencia Nacional Mozambiqueña) financiada por exsalazaristas y compuesta por mercenarios. El Ejército de Sudáfrica invadió abiertamente atacando el suburbio de Matola y sostuvo la RENAMO con todos sus medios. Este movimiento de increíble crueldad invadió las aldeas comunales asesinando a hombres, mujeres y a niños para desmontar el innovador sistema de autoapoyo que pretendía distribuir mejor la asistencia médica, técnica y educativa. En 1985, las acciones terroristas de la RENAMO y una terrible sequía redujeron la producción de cereales en un 25 % que llevaron al país a la miseria. El presidente Samora Machel denunció públicamente la ayuda de Sudáfrica pero el mundo libre miró para otro lado. No podía ser de otro modo: el 19 de octubre de 1986, el avión en que regresaba Samora Machel de una reunión en Zambia fue abatido sobre territorio sudafricano con buena parte de su equipo de gobierno. En aquel encuentro habían participado los presidentes Kenneth Kaunda, de Zambia, Mobutu Sese Seko, de Zaire, José Eduardo dos Santos, de Angola, y el propio Samora para debatir la actitud para enfrentarse a las agresiones de Sudáfrica a los países independientes de África Austral y de la UNITA y la RENAMO en Angola y Mozambique. El traidor Mobutu estaba en la reunión y el avión desapareció como años más tarde, el 6 de abril de 1994, habría de desaparecer, derribado por un obús lanzado, al parecer, por mercenarios belgas o franceses, el que llevaba a los presidentes de Ruanda, Juvénal Habyarimana, y de Burundi, Cyprien Ntaryamira, después de asistir a una conferencia en Tanzania con el hombre honesto y bueno, Julius Nyerere, «la conciencia del África liberada». Fue elegido el actual presidente Joaquim Chissano, hasta entonces ministro de Asuntos Exteriores, que asumió también el puesto de comandante de las Fuerzas Armadas. Se aprobó una política más flexible para las inversiones extranjeras, se optó por un régimen de economía mixta hasta que, en 1992, el Gobierno de Mozambique y la RENAMO firmaron en Roma un acuerdo de paz para poner oficialmente fin a 16 años de una guerra que causó más de un millón de muertos y cinco millones de refugiados. La RENAMO lo violó una y otra vez, sostenido por fuerzas económicas extranjeras, hasta el punto de exigir el gobierno de cinco de las diez provincias del país. Se calcula que las acciones terroristas de la RENAMO causaron la destrucción de 900 tiendas rurales, 495 escuelas primarias, 86 centros sanitarios y 140 aldeas comunales, en nombre del liberalismo, de la civilización y de la barbarie del pensamiento único al que habían de someterse si querían subsistir abriéndose a los inversores sudafricanos y excolonos portugueses. Pero la RENAMO nunca fue llevada ante una Corte Internacional de Justicia por sus crímenes y atrocidades. En las elecciones de 1993, Chissano fue reelegido por más de 53 % de los votos y su partido, el FRELIMO, obtuvo el 45 % en los comicios parlamentarios, y la RENAMO, el 38 %. En marzo de 1995, sometida la cerviz a los intereses multinacionales, el Club de París prometió entregar a Mozambique 780 mil millones de dólares para la reconstrucción de un país que había sido esquilmado y destrozado por la ayuda de muchos de sus miembros. Hoy Mozambique no sólo es uno de los países más pobres del mundo sino que tiene la agricultura desmantelada y sus campos, fuente de vida para el 80 % de la población, tienen la mayor siembra proporcional de minas antipersona del planeta. Esta fue la herencia de una política colonial salvaje e inhumana cuyos herederos luchan de nuevo por instalarse y hacerse con los recursos de un país martirizado. En mi corazón retumbaban las palabras de Bertinho: «La miseria es inmoral. La pobreza es inmoral. Tal vez sea el mayor crimen moral que la sociedad pueda cometer: dejar a personas en la indigencia y admitir lo absurdo de una minoría millonaria e indiferente al lado de millones y millones de seres humanos que no tienen nada que comer.»

Con el alma traspasada me embarqué rumbo a Dar es Salaam, en Tanzania, donde habría de liberarme y purificarme mediante la catarsis de las aguas de Zanzíbar y la espléndida belleza de las llanuras sinfín del Serengueti. Cerca de allí, al amanecer de un día de luna, en el cráter del Ngorongoro un guerrero masai me reconfortaría con sus palabras tiernas y eficaces: «Encenderé un fuego para ti y te prepararé un poco de té, hombre blanco que marchas sin reposo en el delirio del camino».

46

Zanzíbar

En el avión conocí a un ingeniero naval de Zanzíbar que trabajaba en la compañía de los ferry que unen Dar Es Salaam con la isla. Regresaba, vía Johanesburgo, de encargar varios barcos en Australia. Su nombre, Ahmed Said Shamis. Simpatizamos pronto y me invitó a ser mi guía en la hermosa isla de las especias en donde se ocuparía de mi alojamiento y de orientarme durante mi estancia. Cuando aterrizamos me llevó en el coche que le esperaba hasta el hotel Kilimanjaro donde iba a alojarme durante mi estancia en Tanzania. Quedamos en telefonearnos tan pronto como se aclarase mi agenda. Al día siguiente, me entrevisté con nuestro Embajador y charlamos durante dos horas mientras se organizaban las visitas a las autoridades de la universidad que parecían tomarse su tiempo. Almorzamos juntos en un lugar maravilloso que parecía imposible que pudiera encontrarse en una ciudad africana: era una antigua mansión inglesa, con chimenea, muebles, alfombras y todo exactamente igual como lo podríamos ver en una película de hace cincuenta años. En cualquier instante podrían aparecer Ava Gardner o Hemingwey o el mismísimo Duque de Windsor. Comimos en un jardín de ensueño atendidos por una familia suiza que tendría una clientela muy restringida. Pudimos hablar largamente porque él venía de Moscú y le gustaba la literatura sánscrita. Fue una conversación maravillosa fuera del tiempo y trascendiendo cualquier limitación. En la Embajada habíamos hablado de política, de África, de Tanzania y, evidentemente, de Nyerere. Pero durante esta comida todo fue distinto. No hacía mucho tiempo que había llegado y todavía no había presentado sus credenciales. Como comprendimos que las visitas en la universidad no iban a poder tener lugar hasta la semana siguiente me recomendó que hiciese el viaje a Zanzíbar y que no cejase en mi idea de cruzar el país hasta el Ngorongoro y el Serengueti en lugar de tomar el avión hasta Nairobi. No lo pensé dos veces, al llegar al hotel contacté a una agencia que me arreglaría las posibilidades de mi viaje a Arusha, visitaría la región con algún grupo o yo solo y, desde allí, iría en autobús de nuevo hasta Nairobi. Después, me enteré de la hora de la salida del primer ferry para Zanzíbar al día siguiente.

Telefoneé a Shamis y me subí a la espléndida terraza del Kilimanjaro para leer más y más sobre Tanzania porque sólo preparando bien los viajes se disfrutan mejor. Olía a mar, las vistas desde la terraza eran incomparables: islas, playas, palmeras, cielo azul, bullicio de las gentes en Kivoukoni Front y Ocean Road hasta las playas donde atracaban sin cesar faluchos de todos los tamaños con sus airosas velas triangulares y vencidas hacia delante para poder capear los vientos de proa. Por la tarde salí a dar un paseo por el muelle hasta la playa de los pescadores que es un mundo sin igual. Al día siguiente, zarpé para Zanzíbar lleno de ilusión y de esperanza. Escribí un largo relato durante mi estancia allí y, si lo encuentro a tiempo, recogeré en estas páginas algo de lo que allí escribí porque ponerlo todo sería como desnudar el alma. Quizá no aparezca hasta que haya tomado la decisión de transformarlo en un relato y poner en boca de personajes de ficción sentimientos que no cabrían en una crónica de viajes.

47

Tanzania

Cuando regresé a Dar es Salaam me pude entrevistar con el Dr. J. Mkude, profesor de Lingüística y *Chief Administrative Officer*, que tenía todo el dossier que le habíamos enviado. No tienen departamento de español y le encantó la posibilidad de colaborar en un proyecto con una universidad española. Visité el *Health Center* del campus universitario que tuvo que ser bueno cuando el país no había caído en la crisis que lo ha asolado durante los últimos años. Me llamó la atención que los enfermos de tuberculosis iban a recoger sus dosis de medicamentos por una puerta exterior al recinto sanitario. Me impresionó comprobar que, lo que había sido un modesto laboratorio, hoy estaba en la ruina y confundido con la lavandería. Visitamos los locales, hablamos con médicos y con enfermeras muy bien uniformadas, saqué varias fotos y comprendí que carecían de todo aunque tenían una infraestructura aprovechable.

Después recorrí el centro de la ciudad por India Street, Indira, Samora y tantos hermosos nombres que hacían viva la historia de África. Compré muchos libros de Nyerere y, al llegar al hotel, repasé la historia reciente de este país que siempre me había atraído mucho.

Desde el siglo VII se había desarrollado una importante actividad comercial con Arabia y con Persia y, más tarde, con la misma China. Es impresionante la cantidad de restos de porcelanas chinas que se encuentran en las edificaciones más antiguas de las ciudades milenarias de la costa. Curiosamente, fue a Zanzíbar a donde llegó, en el año 695, el príncipe Hamza desde Omán en donde se estableció. Más tarde, en el 740, fugitivos de la Meca fundaron Mogasdisco. Hacia el 975, el príncipe persa Alí ibn Sultán al Hassan, expulsado de su país, llegó con su familia a la costa africana y fundó los puertos de Kilua, Pemba, Mombasa y Sofala, cerca de la actual Beira, en Mozambique. Sus descendientes se llamaron a sí mismos *shirazis* denominación que todavía se mantiene. Pero los árabes conocían toda esa región con el nombre de «país Zandj» o país de los negros, de ahí que Zanzíbar signifique Costa de los negros *Zandji bar* en donde el contingente blanco musulmán se fundió con los pueblos somalíes o bantúes de la costa. La escritura que trajeron se fundió con la lengua swahili que era la más difundida de las lenguas bantúes y se convirtió en la *lingua franca* de todo el litoral desde Mogadisco hasta Sofala. El comercio con Oriente se incrementó porque enviaban el excelente hierro de Malindi y Manisa que, elaborado en Siria, dio lugar a las bien templadas espadas de Damasco algún día orgullo del gran rey Saladino en su lucha con los francos, que así denominaban a los europeos. Se cuenta que, durante el asedio de Jerusalén, en una de las treguas que atemperaban sus guerras, el alférez del rey cristiano hizo un alarde de fuerza partiendo con su mandoble una pieza de hierro apoyada en dos maderos. Aplaudieron los príncipes cristianos ante el silencio de los nobles que rodeaban al gran rey musulmán. Entonces, éste se levantó, desenvainó su alfange y tiró al aire una muselina sutil como el viento que se quebró en dos al contacto con el bien forjado acero. Todos callaron y comprendieron, eran hombres de honor y señores de la guerra que en nombre de su Dios se mataban por un sepulcro vacío. Se dice que estando el rey cristiano enfermo, encerrado tras los muros de Acra, Saladino mandó suspender la guerra hasta su convalecencia y, para aliviarla, le hacía traer hielo entre paja en reatas de mulos que se turnaban sin censar desde las montañas del Líbano para que el rey cristiano enfermo ¡pudiera tomar sorbetes de fresa, de menta y de limón!

También exportaban marfil que era muy apreciado en la China, pieles de las sabanas, cuerno de rinoceronte por sus pretendidas propiedades afrodisíacas, oro de Zimbabwe a través de la actual Beira y esclavos para el servicio doméstico de árabes, persas, siameses, indios y chinos. De éstos recibían telas, perlas, libros, cristal y porcelanas. Toda esa cadena de puertos y ciudadelas autónomas, pero muy interrelaciondas por el comercio que fluía sin cesar aprovechando los monzones, dio lugar a una cultura muy rica con poetas, músicos, juglares, arquitectos que difundieron el estilo árabe en la construcción, los hallazgos de la medicina más avanzada de la época así como de la matemática que surgía de la contemplación de los cielos estrellados. Esa cultura adquirió sin duda una personalidad propia y prometedora debido al mestizaje y al intercambio continuo de ideas y de mercaderías. Con razón dijo Bertrand Russel que «el liberalismo es un producto recurrente del comercio». Esta forma de liberalismo *avant la pàge* era el mutuo enriquecimiento nacido del respeto, pues los pueblos del litoral como tienen que comerciar y realizar intercambios, conocen las culturas y las costumbres de los otros y los respetan para poder intercambiar sus productos y, con ellos, sus ideas. Se servían de una misma lengua, respetaban sus días sagrados, sus fiestas y sus tradiciones. Así surgieron esas maravillosas ciudades de coral cuya reputación fue realzada por los relatos de muchos viajeros que las visitaban y también por los cuentos fabulosos de Bagdad recogidos en *Las mil y una noches* que la hermosa Sherezade narraba al sultán Harum al Raschid, contemporáneo de Carlomagno con quien se intercambiaron embajadores en el siglo IX. Allí se cuenta cómo Simbad el Marino llegó en sus viajes a aquellas lejanas costas y encontró cosas maravillosas: «Bendecidos por un viento favorable, avanzamos velozmente sobre las grandes rutas espumosas del mar, comerciando de puerto en puerto y de isla en isla, vendiendo y trocando nuestras mercancías, y regateando con mercaderes y oficiales dondequiera que echábamos el ancla». Esas ciudades de la costa —o *sahel*, ribera en árabe— desempeñaban el papel de Tombuctú, de Djené y Sijilmasa en el otro lado de África para los caravaneros del desierto de arena que surcaba con sus dromedarios o navíos del desierto. Como dice Davidson «el estudio de la historia swahili es muy revelador para comprender el desarrollo de la evolución general de África». De ahí que sea correcto hablar de civilización swahili en su más estricto sentido de «vida de la ciudad».

Era la vida en ciudades limpias y hermosas, así como la elegancia y belleza de sus mujeres que participaban ya entonces en la vida social, lo que tanto admiraron los portugueses cuando llegaron, en 1498, en su camino hacia la India en busca de las especias. Pero, en lugar de comerciar y de aliarse con ellos en términos de igualdad y de respeto, como habían hecho durante siglos los orientales nada incultos de China, India, Persia y Arabia, sólo vieron en ellos competidores en su intento de monopolio del tráfico mercantil que debían ser eliminados. Cuenta un historiador contemporáneo que «en el año 903 del Profeta —1498 d.C.— llegaron noticias de la tierra de Mozambique, a la que habían arribado hombres de la tierra de los francos [esto es de Europa] [...] estos hombres llevaban tres barcos y el nombre de su capitán era Al-Mirati [Almirante Vasco da Gama] que se dirigían hacia Mafia. Los soberanos de estos reinos se alegraron pues creían que los francos eran hombres buenos y honrados. Pero los que conocían la verdad confirmaron que los francos eran gentes corrompidas y deshonestas que únicamente habían venido a espiar en aquellas tierras para apoderarse de ellas». Los portugueses confirmaron con creces esos temores: saquearon, pillaron, demolieron, atacaron y destruyeron las ciudades de coral que encontraban a su paso con tal saña que en medio siglo habían destruido todas las ciudades importantes de la costa swahili y se habían hecho con el control del comercio índico. Todo su objetivo era transferir ese comercio hacia las factorías que iban creando. Su presencia significó un enorme retroceso cultural y económico para los pueblos ricos y dinámicos del país del Zandj. En un informe al rey, Vasco da Gama dice que se había salvado al fin la «barrera musulmana» y el rey cristiano podía concebir ambiciosos planes para el futuro «esperamos que, con la gracia de Dios, el gran comercio que enriquece ahora a los moros de estas regiones —swahili y sus socios del Índico— sea desviado hacia los hombres y barcos de nuestro reino». Las galeras comerciales de Venecia, escribía el embajador veneciano, en vez de ir a Egipto a buscar cargamentos del dorado Oriente, harían mejor en venir a buscarlas a Lisboa. El mismo Francisco Javier escribiría con tristeza en 1545: «Hay aquí un poder, que podría llamar irresistible, de arrojar a los hombres de bruces en un abismo en el que, más allá de las seducciones de la ganancia y de las fáciles oportunidades del pillaje, existe un torrente de mal ejemplo y un pernicioso hábito que los arrebata».

Dice Davidson: «Las ciudades swahili se vieron obligadas a padecer la nueva situación antes incluso que la India. En su segundo viaje, Vasco da Gama dijo al rey de Kilwa que prendería fuego a la ciudad hasta los cimientos si no rendía homenaje y tributo al rey cristiano de Portugal. Ravasio siguió el ejemplo en Zanzíbar. Saldaña tomó por asalto Berbera, Soares asoló Zeila y da Cuña atacó Brava donde, según el informe de Barbosa, "los portugueses mataron a muchos y tomaron gran botín de oro y plata"». Pero ninguna de las ciudades de coral sufrió tanto como Kilwa y Mombasa. En 1505, Francisco de Almeida —el siniestro personaje—, trajo ocho navíos tomando por asalto la ciudad de Kilwa. Luego llamaron a sus sacerdotes. «El vicario general y algunos franciscanos se dirigieron a la orilla en procesión portando dos cruces y cantando un *Te Deum*; fueron al palacio en donde colocaron una cruz y el almirante oró. Acto seguido empezaron a saquear la ciudad y se apoderaron de todo, dejando con vida únicamente a los moros que no se resistieron.» Así lo narra el alemán Hans Mayr que iba a bordo de la nave capitana de Almeida. Lo mismo sucedió en Mombasa en donde el saqueo y las matanzas fueron atroces. Un poeta de la bella isla de Lamu escribió en 1815:

«Donde una vez la porcelana estuviera en hornacinas, cobijan ahora los pájaros salvajes a sus polluelos».

Cuando consiguieron expulsar de Zanzíbar a los lusitanos se intensificó el tráfico de esclavos. La costa y la isla fueron gobernadas por un representante del sultán de Omán hasta que él mismo resolvió fijar su residencia en ella; sus hijos, presionados por los ingleses, cómo no, dividieron la herencia dando origen a dos sultanatos. Los ingleses siempre se consideraron protectores del sultanato de Zanzíbar. La Conferencia de Berlín repartió las influencias: a Alemania le correspondió la posesión de Tanganyika, Rwanda y Burundi (el África oriental alemana) mientras que el Protectorado de Zanzíbar le fue reconocido a Inglaterra en 1890. Es curioso que la rebelión musulmana contra los alemanes en la costa de Tanganyika fue sofocada, en 1905, por una operación conjunta de tropas alemanas y barcos de guerra ingleses. Al final de la primera guerra mundial, con la derrota de Alemania, Tanganyika fue puesta por la Sociedad de Naciones bajo mandato británico mientras que Rwanda y Burundi fueron adjudicadas a Bélgica. Así se hacía la historia en nombre de la civilización, de la cristianización y para salvaguardar la paz.

Finalmente, en 1954, un hombre providencial, maestro de escuela denominado Mwalimu Julius Nyerere, «la conciencia del África negra», fundó el partido TANU (Tanganykan African National Union). El país conquistó su independencia tras años de luchas en 1961 y Nyerere fue elegido su primer presidente. En 1963, Tanganyika y Zanzíbar se federaban dando origen a la República Unida de Tanzania. La política de Nyerere y de sus seguidores fue el no alineamiento, la lucha por la unidad africana y el apoyo a los movimientos independentistas en todo el continente, en particular al FRELIMO de Mozambique lo cual le valió entrar en la esfera del embargo y de la represión de las fuerzas que sostenían los regímenes racistas de Sudáfrica, Rhodesia, Zambia y Angola. En 1967, se firmó la «Declaración de Arusha» por la cual se señaló al socialismo como objetivo de la política nacional tanzana, dando prioridada a la agricultura bajo un sistema de propiedad comunitaria llamado *ujamaa*, palabra swahili que significa familia. Las *ujamaa vijijini* tenían como objetivo el auto abastecimiento ayudadas en sus comienzos por el gobierno central pero estimulándolas a ser autosuficientes no sólo en el campo de la economía sino en el de la salud y en el de la enseñanza que fueron otros dos objetivos prioritarios: primero comer y, al mismo tiempo, mantenerse en buena salud y formarse adecuadamente. La idea era hermosa y se enraizaba en tradiciones ancestrales, pero esas aldeas crecieron lentamente y no pudieron alcanzar un pleno desarrollo por los recortes en las ayudas que tenían que recibir para superar tantos siglos de explotación.

Una nueva generación de dirigentes, a partir de 1982, con Edward Sokoine como primer ministro, comenzó una campaña contra la corrupción y se hizo más flexible a las inversiones extranjeras. También se produjo una reaproximación a Kenia después de que había fracasado en 1977 aquella brillante Comunidad Económica del África Oriental entre Tanzania, Kenia y Uganda por la que compartían las aerolíneas, el correo, telecomunicaciones, transportes y aduanas. Fue una de las más brillantes oportunidades que tuvo el África oriental adelantándose a lo que los tiempos actuales intuyen como solución para salir de la actual crisis.

Pero no convino a poderes interesados en mantener su dominio bajo el principio de dividir para vencer, de prestar para hace depender y de invertir para servirse de la mano de obra barata de la corrupción de las oligarquías nacionales que, tanto en Uganda como en Kenia, se aliaron con los reductos de los dominadores blancos y los reemplazaron en muchas de sus actividades de monopolio, de explotación y de acaparamiento de las mejores tierras, como veremos en Kenia y como se vio con la espantosa dictadura del déspota Idi Amín que llegó a invadir Tanzania, en 1978, para consolidar sus errores internos. La agresión fue repelida en pocas semanas y Tanzania ayudó al derrocamiento del dictador de Uganda. Pero, Tanzania socialista, Kenia capitalista y Uganda sumida en un hervidero de conjuras y de golpes militares, no era el ambiente propicio para una cooperación fructífera con soluciones inéditas en los caminos de los países recién independizados. Podría haber sido un modelo a seguir reajustando las necesidades y circunstancias de unos y de otros de los componentes de la Comunidad Económica, como sucedió en Europa a pesar de los siglos de odio y de las guerras mundiales en este siglo; pero a ninguna de las dos superpotencias les convenía, ni tampoco a quienes operaban a su sombra. Nyerere llamaba al diálogo y a la concordia, hacía propuestas factibles, se podía inventar el futuro conservando lo mejor del pasado y reavivando ancestrales tradiciones que compartían la mayoría de las poblaciones rurales. No fue posible la esperanza. Julius Nyerere, fiel al mandato constitucional en el que había trabajado y que prohibía más de dos reelecciones sucesivas, abandonó voluntariamente el poder que traspasó constitucionalmente, el 25 de noviembre de 1985, a Alí Hassan Mwinyi mientras él pasaba a presidir la Comisión Sur-Sur con sede en Ginebra para fortalecer la unidad del Tercer Mundo y facilitar su capacidad de negociación con el Norte. Misión imposible porque toda la actividad de la Comisión estuvo saboteada por los intereses de las grandes potencias y de sus secuaces.

A partir de entonces, el FMI y el Banco Mundial comenzaron a «orientar» la recuperación de la economía tanzana dando incentivos al capital privado, desmantelando las *ujamaa vijijini*, y haciendo depender todo su proceso de recuperación de los créditos que los organismos internacionales prometieron otorgar en condiciones onerosas previa privatización de todo lo privatizable hasta el punto de que, estando yo en Dar es Salaam, escuché al Mwalimu Julius Nyerere una vibrante, emotiva y razonada intervención contra la privatización total del Banco Nacional de Tanzania en el que los nacionales del país no conservaban control alguno en detrimento de los intereses nacionales. Fue una experiencia inolvidable escuchar a un sabio maestro expresarse de aquella manera, pero todo estaba ya «atado y bien atado». Tanzania no abandonaba el grupo de los treinta países más pobres del mundo llegando sus presupuestos a depender, en más de un 50 %, de las ayudas exteriores.

Tanzania tiene una extensión que es el doble de la de España con una población de más de treinta millones de habitantes mayoritariamente masai y *ngoni*, de habla swahili y masai. La esperanza de vida está en los 51 años, la mortalidad infantil supera el 92/1000, el acceso al agua potable es del 50 %, hay un médico por cada 40.000 personas pero el índice de alfabetización supera el 68 %, a pesar de que entre el pueblo masai y en el interior las culturas tradicionales siguen transmitiéndose sobre todo oralmente. El drama es que el producto interior bruto es de 3.378 millones de dólares mientras que la deuda externa-eterna supera los 7.441 millones de dólares lo que les exige dedicar más del 30 % de sus exportaciones para pagar sus intereses. La caída de los precios de las exportaciones ahogó la economía tanzana hasta el punto de que, por exigencias del FMI, el gobierno tuvo que eliminar 20.000 empleos públicos y la reducción del déficit fiscal para lo cual disminuyó el presupuesto de la educación y de la sanidad. Como siempre. Del 30 % que era en 1960 ha bajado a menos del 5 % desde 1994. Esto no es óbice para que el Banco Mundial considere a Tanzania el segundo «mejor alumno» africano después de Ghana. ¿El futuro sin educación de los jóvenes y sin medidas sanitaria adecuadas y sin una inserción real en la agricultura y en los medios tradicionales del país? Una incógnita que a nadie interesa despejar. El problema que late en el horizonte es que hay fuerzas interesadas que trabajan por la desmembración de Zanzíbar que sería una causa mayor para dificultar su recuperación. Cuanto más estudio la evolución de este país, cuanto más leo los discursos y las obras de Nyerere así como los informes del FMI y otras agencias internacionales, más me convenzo que en el África negra hubo una oportunidad maravillosa de experimentar nuevos senderos que no les obligaran a sucumbir a los extremismos de los marxismos soviéticos o chinos y de los capitalismos salvajes de las transnacionales. Al final, caerá el muro como cayó el del Imperio romano y el de Berlín, mucho más próximo, por una miopía suicida que se empeña en no afrontar la realidad real construyendo dragones de papel, que nos presentaron como paradigmas a imitar, y que se derrumban cuando ya no les son rentables a las oligarquías dominadoras y al precio de las esclavitud de centenares de millones de seres humanos.

Tanzania golpea mi corazón, África grita como una mujer que empuña el remo de su piragua con un hijo a la espalda para ir a buscar el sustento necesario para la familia. La mujer es la columna vertebral de África como de tantas otras áreas deprimidas por explotadas en el mundo y de cuyo trabajo y aportación algún día se hará la necesaria justicia. La pobreza es femenina pero también lo son la libertad, la justicia y la solidaridad que, algún día, rescatarán la substancia andrógina de la realidad humana.

Así, un día 24 de junio, salí en autobús desde Dar es Salaam para recorrer los centenares de kilómetros hasta la ciudad de Arusha, el centro de la avenida imperial que Cecil Rhodes había soñado entre Alejandría y Ciudad del Cabo para afirmar el dominio británico. El camino es bello, los campos verdes y hermosos, el café crece a medida que nos acercamos al pie del Monte Meru (4.556 metros), el clima es benigno, las tierras altas son ricas en pastizales y en cultivos de maíz, sisal, piña, plátanos, palmeras... se ven ganados bien alimentados y granjas muy bien cuidadas... «las penas y las vaquitas se van por la misma senda, las penas son de nosotros las vaquitas son ajenas». Aquí, más bien las vacas pertenecen al pueblo masai que lucha por defender sus derechos seculares de pastoreo en contra de la codicia «ajena» que trata de cercar más y más tierras para la agricultura de exportación. El viaje duró desde las 9 de la mañana hasta las 19:30 de la noche. Pero lo más terrible e inolvidable fueron las siete películas de Van Damne, de asiáticos peleándose, de puro y duro karate y artes llamadas marciales que a pleno volumen —más alto era imposible— nos atronaron durante todo el viaje. ¡Cuánto me hizo reflexionar este bombardeo de mensajes abominables y que me recordaban a algunas escenas de *La naranja mecánica*, de Kubrick. Fue terrible: el más bello paisaje y la tortura más enajenante y desestabilizadora: todo se consigue por la fuerza y hay que someterse a los fuertes que saben golpear a patadas.

Cuando nos acercamos a Moshi, el aliento pareció detenerse ante la hermosura del Kilimanjaro. Impresionante en el atardecer con su cumbre nevada donde habita el dios Engai que regala la lluvia para hacer crecer la hierba que pastarán los animales cuya sangre ellos beben mezclada con leche. Ya se les veía por todas partes con sus tatuajes, sus telas rojas, sus adornos y abalorios, la lanza en la mano, la cabeza rapada ellas y sus bien peinadas y trenzadas cabelleras ellos, con los colores ocres sobre la piel, la elegancia de su porte y su altura que supera el metro ochenta... sus saltos increíbles con las piernas juntas, su correr ritmado por la sabana, su postura inimitable con el pie de una pierna apoyado en la rodilla de la contraria mientras el equilibrio lo busca en la larga vara o lanza mientras vigila el pastoreo de sus ganados hasta que llegue la hora de devolverlos al *kraal*, a salvo de los depredadores que rondan sin cesar. Fue un verdadero espectáculo contemplar el Monte Meru en plena puesta de sol. Yo hubiera querido que el autobús se detuviese, que nos echásemos al suelo y nos sentásemos a contemplar aquella maravilla de la naturaleza. Leo en mi Diario: «Aunque a veces te vienen pensamientos perturbadores sobre la familia que está lejos, el dinero, la soledad o la ausencia ¿quién podrá quitarme esta experiencia? El dinero se gana, se gasta, se pierde aunque algunos locos desalmados lo atesoren, pero ¿quién podrá devolvernos un día perdido? No me preocuparé nunca jamás. He llegado aquí atravesando Tanzania. Vale la pena vivir por poder experienciar momentos llenos de eternidad y de vacío, de vida y de plenitud. Me esperaba un coche de Savanah Tours que me condujo al Hotel Arusha en donde me di una ducha y me derrumbé sobre la cama. Al día siguiente saldremos para el Lago Manyara, el Ngorongoro y el Serengueti. Vivir, vivir y saborear la vida. Puede ser una gran experiencia. Haré todo lo posible para que así sea: ni impacientarme, tomar las cosas como vengan... lo mejor siempre está por llegar cuando no se busca pero se aguarda y se acoge».

No obstante, antes de dormirme, intenté leer algunos textos sencillos en swahili en el libro que había comprado en Zanzíbar. Me gusta esta lengua, su sobriedad y su fonética. Sé que cuando regrese a Lamu o a Pemba o a Zanzíbar, lo podré aprender. (Regresaré, regresaré, porque allí habita la ausencia). Quería prepararme durante esa vigilia iniciática, por eso, me desperté muy temprano, me senté y luego me puse a tomar unas notas. «Hablar poco, contemplar mucho.» Tengo la suerte de que por un error de la Agencia, les fallaron tres personas suizas que iban a acompañarme y, por el mismo precio, tendré el guía y el coche durante cinco días sólo para mí. No escribir en el coche. Llenarme de espacio, de vegetación, de vida en libertad. Mi chófer-guía parece una persona madura y es reservado. Aprovechar la mayor parte del tiempo para vaciarme y, al llegar al campamento por las tardes, tomar una buena ducha caliente, mudarme y descansar. Tomar alguna nota, palabras, nombres, referencias pero no contrastar con las guías que he leído.

Habrá tiempo. Lo que cuenta ahora es vaciar el alma con toda libertad, dejarla esponjarse y empaparse por las cosas que vengan sin buscarlas. Es preciso que yo salga del ciclo de los laberintos o, al menos, que los asuma cuando tienen lugar. No buscar nada, no esperar nada, asumir lo que acontece, abrirse a lo inédito pues todo lo que adviene es nuevo. Abrirse al silencio, al sonido insonoro de la mano que aplaude sola, a la brisa, a los olores, a los rumores, al vuelo de las aves y de los insectos, a la quietud de las rocas, al descanso de los animales o su caminar acompasado o al bello trazo de su figura en la carrera. Contemplar los cielos con el vagar de las nubes, escuchar el murmullo del agua, el canto de los pájaros, la música del viento o los aullidos y los gritos de los animales salvajes en plena pelea o en el ritual del celo. No obsesionarme por sacar fotos, existen maravillosas en libros muy bien impresos. Vivir con plenitud cada instante. No tengo que descubrir nada en el Serengueti ni tengo una cita en Ngorongoro. No voy a coleccionar número de especies para contarlo después a nadie. Voy a dejarme invadir por la naturaleza, a sumergirme en el aire, en el viento, en el calor, en el sol, en las sombras, en la luz, en los sonidos, a aspirar con las narices el frescor del amanecer... voy a vivir positiva y decididamente una inmersión en las cosas, en la realidad. Es tiempo de vacar a la contemplación en movimiento. No llevo más programa que el que pacté con la Agencia, ya no me preocuparé ni de etapas ni de alojamiento ni de nada. No habrá más ley que la de la naturaleza y si, a veces, se muestra hostil, sombría, dolorosa y adversa, así sucede con las tormentas, la negrura de la noche, los aguaceros y la muerte y el renacer de los animales, plantas, flores, torrentes y en el dinamismo eterno que anima el universo.

En la adversidad, paciencia. En la contemplación, constancia. En el gozo, fruición serena. En las pruebas, sostenerlas (*endurer*) pero sin enfrentarse a ellas con rabia, ira o rencor... ni con miedo, sino asumirlas, hacerlas propias, aprovecharlas sin ira e inclinarse como cuando pasa el viento. En toda adversidad hay una potencia, saberla aprovechar es de sabios. Controlar la imaginación, respirar hondo, relajarse, admirarse y comunicar con todo lo que es, existe y se mueve aunque parezca quieto. Es la estabilidad en movimiento, la quietud en la acción, el sosiego en la guerra. «Arjuna, si vas a la batalla como si no vas es lo mismo. De cualquier modo, actúa con todo tu ser», le dijo Khrisna al príncipe, como se cuenta en la *Bhagavad Gita*.

El miércoles, día 25 de junio, fue uno de los días más hermosos de mi vida. Salimos de Arusha a las 9, después de haber ido a comprar una cazadora, una caja de cocas, otra de cervezas Castle, 6 botellas grandes de agua Kilimanjaro, un cartón de tabaco Embassy y rumbo al camino no de Tombuctú sino del Ngorongoro y del Serengueti que me aguardaban pacientes desde el alba de la vida. Después de visitar el Lago Manyara, nos paramos para comer un *lunch* que nos habían preparado: naranja, chocolate, un pastelillo, cacahuetes y una hamburguesa o lo que fuera que me pareció sospechosa. Le quité la lechuga y el tomate, le di dos mordiscos y la dejé. Esos bocados serían suficientes para desarreglar un poco mi intestino. Cuando llegamos al Ngorongoro comprendí que me adentraba en la irrealidad de un sueño: el espectáculo era inimaginable, me desbordaba, jamás lo hubiera podido soñar. Todo cuanto había leído sobre las maravillas de este cráter palidecía ante la realidad. El sol se estaba poniendo y yo ya no podía más. No recuerdo una emoción semejante porque a la belleza del lugar (como en Tikal, Cuzco, Machupichu, Djené, Cheops, Partenón, Teotihuacán, Victoria Falls, etc.) se añadía hasta el desbordamiento la mayor concentración de animales salvajes que pueda darse en el mundo en un equilibrio admirable...

Por fin, llegamos al Hotel Serena Ngorongoro y ya me pareció el delirio por su armonía, su equilibrio adaptado al medio, formando parte del paisaje; por su confort y el buen gusto. Me duché, me cambié y, emocionado, subí al salón. No podía escribir, no podía leer, no podía hacer nada. Unos videos selectos sobre Simba y sobre Chita era el único sosiego posible en aquel marco con cuatro chimeneas encendidas y unos ventanales inmensos abiertos sobre el cráter que ya comenzaba a iluminar la gran luna de junio. Cena servida con esmero. Me senté de nuevo incapaz de hacer nada y, cuando me acosté, me sentía como en una nube, como si flotase, como si me fuera a despertar: emoción distinta pero que emanaba del mismo hontanar que la de Zanzíbar.

Javier Reverte, escribe sobre este lugar: «es el más bello y emocionante paisaje que yo había contemplado nunca y que, tal vez, nunca contemplaré... La grandeza insólita del cráter transmitía una honda sensación de eternidad. El Ngorongoro es un lugar de una hermosura tal que no se le puede definir más que de una forma: es una extravagancia de la naturaleza». Almorzando un día con él en abril, cuando ya llevaba diez países recorridos en mi periplo, me dedicó así su libro: «Para José Carlos, compañero de esa hermosa enfermedad del "mal de África". Gracias por tus subrayados y un abrazo». Le había mostrado mi ejemplar y convino conmigo en que, de todas mis anotaciones, la más impactante era la de «extravagancia de la naturaleza». No iba a ser la única como tuve ocasión de comprobar.

A las 4 me desperté, me vestí, me abrigué y me fui a la gran terraza a contemplar los reflejos de la luna y los destellos de celajes de nubes que parecían ejecutar danzas sagradas con los inmensos oquedales donde se remansaban las aguas de la laguna Magadi y del torrente Munge que empantanaban la depresión del Mandusi. Allí se solazan los animales que se refrescan en sus dilatadas orillas donde sacian la necesidad de la sal en la que ahora reverberaba la luz de la luna. Por mi mente aleteó un *haikú* del maestro chino Baso: «Sobre el campo de nieve, en la noche de luna, sobre una pata la garza». No era blanca la garza que presentí detrás de mí, apoyada su pierna derecha en la rodilla izquierda mientras con sus brazos abrazaba su larga lanza: era el guerrero masai que cubierto por su manta a cuadros rojos y negros apareció sin que lo sintiera. Fue su voz cálida y hecha a comunicarse en los rumores de la noche la que me dijo: «Encenderé un fuego para ti... y te prepararé el té». Al cabo de unos minutos había prendido una pequeña lumbre trayendo las brasas ardientes de una de las chimeneas del salón del hotel en donde trabajaba su hermano David. Sin hacer el menor ruido, protegiendo de la brisa la roja llama, colocaron un servicio de té de campaña y en unos minutos una olorosa taza de té de bergamota calentaba el cuenco de mis manos. Los dos permanecieron en silencio, ahora agachados mientras bebían su té. Ambos eran sobrinos de Tepilit Ole Saitoti, un famoso escritor masai autor de uno de los más bellos libros que jamás se han escrito sobre las costumbres del gran pueblo masai

«Maasai» con muy buenas fotografías de Carol Beckwith, que yo había leído con fruición y que me conducirían a él para visitar algunos poblados *kraal* y escuchar de su boca hermosos relatos. Pero esto habría de ser en los días siguientes. Ahora imperaba el silencio, la compañía callada mientras, allá por el horizonte, parecía querer romperse el cielo para dar paso a uno de los amaneceres más imborrables de mi existencia. Cuando, ya amanecido, me puse en pie y con ellos a mi lado extendí no sólo mi mirada sino todo mi ser por el inmenso cráter del Ngorongoro les dije: «Yo también encenderé un fuego por donde quiera que pase y para quien lo precise. No en vano, en un lugar a más de mil millas de este rincón del África negra, me pusieron Nesemu, el fuego no se apaga». Comprendí que se cerraba uno de los laberintos de mi viaje: desde el África del Oeste, en el Senegal, Níger y Costa de Marfil hasta la del Este, en esta puerta a las llanuras sin fin del Serengueti. Ya todo lo que sucediera a partir de ahora estaría animado por una asumida libertad.

Fueron inolvidables los días pasados en aquellas planicies, la visita a Olduvai Gorge donde los antropólogos Mary y Luis Leakey descubrieron, en 1959, los más antiguos fósiles humanos con un cráneo de hace un millón ochocientos mil años: le dieron al *homo habilis* el nombre de *Australopithecus boisei* y que yo había podido admirar en el Museo Nacional de Dar es Salam. Más tarde, en 1971, Mary Leakey descubrió evidencias de un bípedo todavía más antiguo en Laetoli, cerca de Olduvai, donde encontraron las huellas de dos hombres que caminaban juntos hace tres millones setecientos mil años.

Los paseos por las inmensas llanuras del Serengueti, las visitas a los poblados masai con mis amigos, la presencia de seres vivos en libertad y de seres que durante millones de años habían poblado estas tierras que yo recorría en un land rover con techo descubierto protegido del sol por un ligero techo me hicieron transcender toda limitación y atadura. Me limitaba a respirar, a dejar que las cosas entrasen en mi ser a través de la piel y de los ojos y de las fosas nasales. Tuve la experiencia de saberme uno con todo el universo. De vez en cuando, bebía de un termo en el que llevaba té frío y comía algo de lo que nos habían preparado en el hotel. A veces, nos deteníamos para contemplar una manada de búfalos, o una espléndida familia de leones sesteando junto al agua o a un hermoso leopardo extendido sobre una rama de acacia. Elefantes, ñúes, miles de cebras, *wild beast*, gacelas, antílopes, facoceros, rinos, hienas, hipopótamos, águilas, buitres. Había decidido no pararnos para comer sino donde nos apeteciese para que el chófer pudiera descansar aprovechando alguna maravilla de la naturaleza o por alguna necesidad biológica nuestra. Nunca podré olvidar una acacia inmensa y con sus ramas extendidas para proteger y acoger en donde había una sencilla madera en la que decía: *Picnic in and out*. Era como el árbol emblemático de Solidarios que Juanma había pintado hacía más de una década: una inmensa encina cuyas ramas se extienden horizontales como en un esfuerzo telúrico sobrehumano para acoger al mayor número de seres posibles y ofrecerles la sombra y lavarles sus pies, darles de beber y de comer para reparar sus fuerzas; hacer que se sientan en morada de paz sin tener que decir ni de dónde vienen ni adónde se dirigen, ni por qué están heridos ni de cual de nuestros fantasmas huyen; como en el encinar de Mambré se les acoge como a nuestros señores los pobres, los caminantes, los marginados o los seres felices que se han liberado de las ataduras absurdas que ha impuesto una sociedad egoísta e insolidaria en la que no tener o ser diferente es censurado. Es el árbol protector del mestizaje. Palma real en Cuba, baobab en el curso del divino Níger, la ceiba en Centroamérica y la acacia en el África de la sabana. Es el árbol del reencuentro bajo el que hacemos una pausa en el camino de Tombuctú, de Kuala Lumpur, de Lasa, de la inolvidable Zanzíbar o de la ansiada Lamu. Me bajé del coche y me senté un rato para beber un poco de té. Dije al chófer que podía aprovechar para echarse una siesta y que no tuviera miedo, desde aquella elevación del terreno que dominaba kilómetros y kilómetros de dorada sabana, el guerrero masai velaría. Allí, ante la inmensa llanura por donde se iba a poner el sol que nos había iluminado durante todo el día, evoqué a todos mis seres queridos. No acudían en tropel ni tampoco uno por uno. Es una sensación difícil de explicar, era como una condensación onírica pero plenamente despierto y consciente en cada poro de mi cuerpo. No hubiera tenido necesidad de extender mis manos para tocarlos, ni estaban allí ni aquí, era una presencia compartida en la que, a veces, se cruzaba una airosa bandada de grullas o alguna garza o una majestuosa águila pescadora que permaneció suspendida en el aire sobre una columna térmica y que dio el contrapunto a toda la escena: fue como la clave de una bóveda y comprendí por qué aquel pueblo indio que descendía desde el norte en América se detuvo cuando vieron un águila semejante y «allí decidieron establecerse hasta que hombres blancos con barbas llegaran por el mar».

Contemplé, una vez más, enormes tramos del tropel enorme que llega a alcanzar 45 kilómetros de largo y en el que más de un millón de ñúes, trescientas mil cebras y unas doscientas cincuenta mil gacelas Thomson, acompañados por sus cohortes de depredadores, emprendían su emigración anual hacia los Parques de Kenia mientras se apareaban y comían y caminaban y algunos perecían en el camino —víctimas de las estampidas, de los accidentes y de los ataques de los depredadores que les seguían como sombras—, hacia las aguas frescas y abundantes de las tierras altas que controlaban cada vez más los *kikuyus* con el apoyo de los blancos que supieron encontrar allí el cielo en la tierra pero que, en lugar de compartirlo y disfrutarlo, lo explotaron y expoliaron a sus ancestrales ocupantes, que nunca propietarios. La tierra no se concibe que pueda ser propiedad de nadie en concreto: el cielo la brinda para que moren juntos hombres, animales, plantas, insectos y pájaros bajo la protección serena de los espíritus de los antepasados.

A lo lejos, una manada enorme de gacelas Thomson y Grant pastaban con algunos *elands* elegantes y, más allá, majestuosos impalas de cuernas retorcidas en las que se irisaba la luz del sol cegador de mediodía. De pronto, mi amigo masai me hizo un gesto con la mirada y logré divisar entre la hierba amarilla a un espléndido león macho que caminaba imponente como un rey. Era *simba* al que seguían, un poco más rezagadas pero en perfecto orden, una hilera de siete hermosas leonas cuyo pelaje se hacía oro y paja, heno y brisa; cerraba la marcha otro macho más joven. Me dispuse a asistir a un espectáculo insólito. El marco era incomparable pero las gacelas no se movían ni dejaban de comer, aunque alzaban de vez en cuando la cabeza inquietas ya que habían detectado la partida que merodeaba. Pero los leones, seguidos por tres inseparables hienas cuyos vientres arrastraban penosamente, caminaban sin inmutarse: «Ya han comido, me dijo Naikosia, regresan a sus lugares de descanso». Fue impresionante. Sólo se mataba para comer.

Desde allí nos fuimos a un poblado masai a encontrarnos con los ancianos que nos aguardan advertidos por nuestros amigos. No quería hacer fotos, tan sólo pasar una velada juntos y escucharles con emoción y respeto.

48

Kenia

En el Hotel de Arusha, después de un viaje extenuante en el que el chofer parecía buscar adrede todos los baches del camino y yo ya no sabía adonde agarrarme, borracho de emociones como regresaba, me di un largo baño de agua caliente, me vestí cómodo y me senté en el jardín del hotel. No era capaz de leer ni de escribir ni siquiera de sentarme a meditar: sencillamente, estaba. Cené solo porque abajo la gente contemplaba el famoso combate de Thysson en el que éste le mordió la oreja a su rival y los gritos de los espectadores llegaban hasta mí como procedentes de otro mundo: dos hombres se destrozaban a golpes sobre un cuadrilátero bañado por luces frías ante una multitud que aullaba hasta el paroxismo concentrando en aquellos dos seres humanos su soledad y su desesperanza.

Me desperté a las 4 de la mañana con una cierta sensación de angustia, como si debiera regresar a España en el primer avión desde Nairobi, una vez cumplidos mis compromisos con mis amigos de la ONG que preparaban el ambicioso plan de medicina preventiva y aprovechaban mi viaje sabático para hacer acopio de datos y establecer contactos personales con responsables serios y fiables. Era una reacción del viejo hombre que no asume que tiene derecho a ser feliz y a disfrutar y a saberse libre. Tantos años de sentimientos de culpa, de que hay que pagar por todo, de que la condición humana es el sufrimiento, la prueba y la prevención ante el goce natural y sereno que la vida puede aportar, a veces, sobre todo al despertarnos, nos amenaza con su losa de *ananké* impuesto por dioses implacables que felizmente no existen. Me pegué una ducha rápida, me vestí y me senté a meditar bajo un árbol del jardín a pesar de que no había amanecido. Le di una propina al guarda de noche para que alejase a los perros que merodeaban, encendí un par de varas de sándalo y respiré adecuadamente en paz.

Hice el equipaje y cuando bajaba a desayunar me asaltó una nueva angustia: ¡no tengo visado para Kenia! Miré y rebusqué en mis tres pasaportes. ¿Cómo era posible si lo había previsto todo con tanto cuidado? Bien, tendría que regresar a Dar es Salaam, sacar un visado y volar a Nairobi donde me esperaban entrevistas ya concertadas. Me dije: ¡qué pena, voy a perder el mismo tiempo que hubiera empleado en bajar unos días a la isla de Lamu! En ese momento comprendí que la isla añorada se me alejaba de nuevo, como Tombuctú, para demorar el reencuentro... ya que recordé que los españoles no necesitamos visado para Kenia. «Un viaje, leo en mis notas, es un intento de desviar el acoso de la muerte; cada lugar que se visita es como una despedida.» Cada vez que emprendo una de estas escapadas, y ya son tantas en mi vida, organizo un inmenso tinglado mental para justificar lo que no es más que una huida hacia delante; las huidas hacia atrás son las enfermedades oportunistas o los desastres buscados. Ahora me siento cansado. Es el regreso a la rutina, a una vida conocida. Durante los viajes suceden cosas imprevistas, los paisajes son nuevos así como las personas, los olores, las maneras y aunque no todo lo que sucede gusta, al menos es inédito.

El viaje en autobús desde Arusha a Nairobi dura cinco horas, es una buena experiencia y no hay problemas en la frontera. Monte Meru, Kilimanjaro azul, rodeados de nubes pero coronados en la cresta por las nieves perpetuas. Viaja también un grupo de catalanes funcionarios de la universidad autónoma y un vasco, Iñaqui, de barba blanca. Volvían felices. Habían hecho el itinerario París - Nairobi - Arusha - subida al Kilimanjaro - visita al Ngorongoro y regresaban con una cita pendiente en las llanuras sin fin del Serengueti.

En Nairobi me alojé en el Hotel New Stanley, en Kimathi Rd/ Kenyatta Avenue. Tiene todo el sabor remozado de los viejos tiempos reforzado por interesantes acuarelas y viejas fotografías bien enmarcadas del tiempo de la colonia. Además, en el hall de entrada, a la derecha, hay montada una habitación con los mismos muebles y distribución de hace cincuenta años. Parecerá una tontería, pero contemplarla durante un rato te da más información que varios capítulos de un libro describiendo cómo vivían y cómo eran sus ocios y sus necesidades. Paseé por el centro de la ciudad hasta el City Hall y me fui a tomar una cerveza al inevitable *Thorn Tree Caffee* lugar de encuentro de todos los que viajan por África. En la terraza crece una hermosa acacia que se renovó en 1961 y bajo la cual hay un espacio para dejar mensajes, no anuncios. Es una delicia leerlos. La universidad está muy cerca, hay muy buenas librerías cerca del Stanley y en otros lugares del centro, donde había de aprovisionarme de mis libros más deseados. Me encontré con dos etíopes dedicados a los negocios orando sobre dos toallas azules en el gimnasio junto a la piscina del hotel. Nos fuimos juntos a tomar un café al Hotel Intercontinental y poder así pasear libremente por una ciudad en la que en todos los hoteles te previenen para que no salgas solo después de la puesta de sol, que no lleves pasaporte contigo, ni reloj ni dinero, que apuntes la matrícula del taxi que utilices y que procures no caminar nunca solo.

Al día siguiente fui a la compañía de aviación para comprobar cómo estaba la reserva de regreso ya que si había algún problema tendría que quedarme unos días más... que no tendría más remedio que utilizar para bajar a Mombasa y a Lamu. Pero todo estaba en regla y había llegado el fax autorizando un exceso de equipaje. Me encontré en la Embajada con la Primera Secretaria, Cristina Díaz, ya que el Embajador me había escrito meses atrás que, durante esos días, se encontraría en las islas Seychelles. Todo funcionó de maravilla. Me pude entrevistar con el Decano de Medicina y con la Decana de Farmacia, así como con el director del *Medical Service* en la Universidad de Nairobi, Dr. Mwanzia, con el cual se estableció una relación llena de cordialidad de inmediato. Visitamos las instalaciones y comprobé las penurias que padecían en aquel campus hecho en tiempos pasados y que en nada se diferenciaba del de una universidad británica. En la Universidad estudian unos quince mil estudiantes, hay doce Facultades y Escuelas superiores. Me organizaron la visita al *Health Service* en el Campus con su Director el Dr. Kilonzo. Una persona encantadora, con un buen staff, buenos locales pero desbordados por el trabajo. Ante los recortes debidos al reajuste impuesto por el Banco Mundial que recayó en educación y en sanidad, como siempre, sufren una avalancha de pacientes: no sólo van allí los 15.000 estudiantes sino 3.500 personas del *senior staff* (profesores y ayudantes), 10.000 familiares y 35.000 *junior staff* (administrativos, técnicos, mecánicos). Le precisé que sería imposible atender en el proyecto a nadie más que a los estudiantes y que tendríamos que delimitar las áreas, los controles y los abastecimientos. Todo quedó claro aunque comprendí que les aguarda un gran trabajo porque las necesidades son imperiosas. En el Centro del *Health Service* trabajan con él dos médicos, varias enfermeras y ayudantes... y cinco psiquiatras, pues el 30 % de los estudiantes necesitan tratamiento ante los casos de depresión y los intentos de suicidios que nunca bajan de seis al mes, algunos consumados. Padecen un enorme estrés debido a la suspensión de las becas para comida y para libros, el establecimiento del pago de una matrícula, el recorte dramático de los sueldos a los profesores, la falta de medicamentos ha afectado a miles de estudiantes cuya mayoría proceden del interior y que habían sido enviados por sus familias y sus comunidades y ahora, en plena carrera, se encuentran con que tienen enormes dificultades para proseguir y no pueden afrontar el deshonor ante la comunidad que ha puesto en ellos sus esperanzas y su orgullo de tener a uno de los suyos estudiando en la universidad. A esto se suma el desarraigo de vivir lejos de sus familias padeciendo necesidad, el prurito de conservar las apariencias, el uso de las drogas y del alcohol en una espiral creciente, la proliferación de enfermedades infecto contagiosas, sobre todo de transmisión sexual, además de la tuberculosis que se está haciendo endémica, las respiratorias, las hepatitis, las gastrointestinales y las de la piel. Un cuadro típico y cuya espiral puede ser interrumpida desde el punto de vista médico asistencial y preventivo. Pocas veces lo vi tan claro y tan factible con un poco de organización y de ayuda. Ellos disponen de medios humanos profesionales muy competentes de formación anglosajona y ya tienen las infraestructuras. Es preciso extender la sombra de la gran acacia, ahondar su enraizamiento y aunar todos los esfuerzos posibles para ayudar a que se ayuden quienes pueden, saben y lo necesitan. Pocas veces lo he visto tan claro. He preparado un extenso informe y tomé muchos datos e hice muchas fotografías. Es preciso acometer este proyecto como sea. Me llamó la atención una reunión a la que acudí y que presidía un psiquiatra que se reunía, una vez por semana, con un grupo de voluntarios adultos que atendían a estudiantes con problemas. Así funcionaban varios grupos con trabajadores sociales, religiosos de diversas confesiones y voluntarios coordinados por personal especializado. Me pareció muy interesante: era un voluntariado social en toda regla.

Al salir fui a visitar el Museo Nacional que es una preciosidad por el despliegue de salas correspondientes a las más importantes etnias del país. Me emocionó la de Lamu: una casa por fuera y por dentro, puertas, utensilios para las ceremonias de iniciación, caza, guerra, fiestas, bodas... Eran bellísimos los trajes de cada pueblo con maniquíes en tamaño natural. Un verdadero goce: las *kangas* (especie de *sarong* que visten las mujeres), los *kikois* (las floridas telas que se anudan a la cintura los hombres), los *khanzus* o chilabas blancas, las *kofias* o bonetes para hombres y los transparentes velos *buibui* con los que se arropan de manera sutil e inigualable las hermosas mujeres swahili. También visité el Mikono Refugee Handicraft Center, en Gitanga Road donde los jesuitas han montado una tienda para comercializar los productos de artesanía, ropas y otros objetos que realizan en un campo de refugiados que ellos atienden. Hice un buen encargo para aprovechar la generosidad de la compañía aérea que de ese modo me permitía contribuir algo al comercio justo.

No pude resistir la tentación de tomar un taxi londinense de hace treinta años y dirigirme a visitar la casa que Karen Blixen compartió con Dennis, según relata en *Memorias de África*. A veces, es bueno dejarse llevar por la nostalgia: todo resultaba conocido, ya visto. La embajada de Dinamarca había comprado la residencia y los terrenos y habían hecho un gran esfuerzo para recuperar los muebles de la época y regalárselo al pueblo de Kenya en memoria de la gran escritora danesa que Merill Streep interpretó tan espléndidamente en la pantalla con Robert Redford y contribuyó en tan gran manera a acercarnos en nuestra época a una cierta visión de África que otros escritores como Hemingway, Conrad y tantos otros habían hecho en sus tiempos. Caminé por las habitaciones, paseé por el jardín, tomé el té y me senté en la baranda donde Dennis se quedó dormido escuchando el concierto para clarinete de Mozart. Quizá yo también me debí quedar dormido, mientras ella, sentada en el suelo junto a la chimenea, intentaba coser un botón a su camisa y él le daba un pie forzado para que Karen le contase un cuento, porque «lo que más le gustaba a Dennis era que le contaran un buen relato».

En el coche de regreso leí unos carteles que llevaba allí colocados y que decían: «No te tomes la vida tan en serio, no permanece». «Para ser feliz siempre hay que intentar convivir con el momento presente.» Me gustaron, pero mi sorpresa, al llegar al aeropuerto, fue encontrarme con esta frase de Dag Hammarsjöld, antiguo Secretario General de la ONU, fallecido en un accidente de avión mientras sobrevolaba Ndola, en Zambia, en misión de paz: «We are not permitted to chose the frame of our destiny. But what we put in it is ours» [No nos está permitido escoger el marco de nuestro destino. Pero nos pertenece lo que colocamos dentro].

Fin de una etapa del gran viaje, ese que constituye nuestro vivir. Lo he conseguido. He mantenido el tipo y he llegado hasta la meta fijada. Ahora tiene que florecer a través de las ramas de la gran acacia, bajo la que es preciso mantener siempre un fuego encendido, por si llega el hombre blanco que marcha sin reposo en su delirio atraído por la llamada de la ausencia, más poderosa que la nostalgia y más desconcertante que la prueba del laberinto.

Madrid - Playa América - Madrid, junio del 97
Madrid, mayo de 1999

Bibliografía

ABÉLÈS, M. y Ch. COLLARD: *Age, pouvoir et societé en Afrique Noire*, Karthala, París, 1985.
AL-BAKRI: «Libro de los caminos y los reinos», Barcelona, 1986.
AMIN, Samir: *El fracaso del desarrollo en África y el Tercer Mundo*, IEPALA, Madrid 1994.
BÂ, A. Hampaté: *Aspects de la civilisation africaine*, Présence, París, 1972.
BÂ, Mariama: *Une si longue lettre*, Les Nouvelles Éditions Africaines, Dakar, 1996.
BAKER, sir Samuel: *The Albert Nyanza*, Sidgwick & Jackson, Londres, 1962.
BARBA, Laura: *El futuro de la agricultura*, Intermón, Barcelona, 1999.
BASTARDES, Clara, Noemí JIMÉNEZ y José P. PÉREZ PLANO: *¿Qué futuro para qué cooperación?*, Intermón, Madrid, 1999.
BAYART, J.F.: *L'État en Afrique. La politique du ventre*, Fayard, París, 1989.
BIERMAN, John: *La leyenda de Henry Stanley*, J. Vergara, Madrid, 1993.
BOSCH, A.: *La vía africana*, Bellaterra, Barcelona, 1998.
BRIE, Christian de: *Recetas para el desarrollo virtual de África*, Debate, Madrid, 1999.
BURTON, R.: *Zanzibar: city, island and coast*, Johnson Reprint, Londres, 1967.
—: *Mi peregrinación a la Medina y a la Meca*, Laertes, Barcelona, 1989.
CABRAL, A.: *L'arme de la théorie*, París, 1975.
CAHEN, M.: *Ethnicité politique*, París, 1994.
CAILLIÉ, R.: *Voyage à Tombouctou*, París, 1979 (1830).
CAMARA, L.: *L'enfant noir*, París, 1967.
—: *Kuma lafôlo kuma. Le maître de la parole*, París, 1980.
CARTWRIGHT, J.: *Soñando con los masais*, Anagrama, Barcelona, 1996.
CENDRAIS, Blaise: *Au coeur du monde*, París, 1970.
CESAIRE, A.: *Cuaderno de un retorno al país natal (1939)*, La Casa del Libro, San Juan de P.R., 1993.
—: *Discours sur le colonialisme*, París, 1955.
CHAUNU, P.: *La expansión europea, s. XII-XV*, Barcelona, 1972.
CHOMSKY, Noam: *La sociedad global*, DERSA, Madrid, 1997.
CISSOKO, S.M.: *Tombouctou et l'empire Songhay*, Nouvelles Éditions Africaines, Dakar, 1975.
CLAPHAM, M.: *Africa and the International System. The Politics of the State Survival*, Cambridge, 1996.
CLAIRMONT, Frédéric: *Tifón financiero sobre los tigres de Asia*, Debate, Madrid, 1999.
CONRAD, Joseph: *El corazón de las tinieblas*, Valdemar, Madrid, 1998.
COQUERY-VIDROVITCH, C. y H. MONIOT: *África negra de 1800 a nuestros días*, Labor, Barcelona, 1985.
CORVENIN, M.: *Histoire de l'Afrique contemporaine*, París, 1992.
CORTÉS, J.L.: *La Organización para la Unidad Africana*, CIDAF, Madrid, 1982.
—: *Introducción a la historia del África negra*, Austral, Madrid, 1994.
—: *Historia contemporánea de África. De Nkrumah a Mandela*, Mundo Negro, Madrid, 1995.
DAVIDSON, B.: *The african slave trade*, Little, Brown and C., Boston, 1961.
—: *La historia empezó en África. El pasado de un continente*, Garriga, Barcelona, 1967.
—: *Madre negra. Los años de prueba*, Caralt, Barcelona, 1967.
—: *Let freedom come. Africa in Modern History*, Little, Brown and C., Boston, 1978.
—: *The lost cities of Africa*, Little, Brown and C., Boston, 1987.
—: *Historia de África*, Folio, Barcelona, 1992.

DESCHAMPS, H.: *Las instituciones políticas del África Negra*, Oikos-Tau, Vilassar de Mar, 1971.
DEVISSE, J., J. KI ZERBO y A.M. M'BOW: *La traite negrière du XVII au XIX siècle. Paroxysme et recul*, París, 1967.
DINESEN, Isak: *Cartas de África*, Alfaguara, Madrid, 1993.
—: *Memorias de África*, Alfaguara, Madrid, 1994.
DIOP, Cheik Anta: *Civilisation ou Barbarie. Anthropologie sans complaisance*, París, 1934.
—: *Nations Nègres et Culture*, Présence Africaine, París, 1955 (3.ª ed., 1979).
—: *L'unité culturelle de l'Afrique noire*, Présence Africaine, París, 1960.
—: *Fondements d'un État federal d'Afrique noire*, Présence Africaine, París, 1960.
—: *L'Afrique noire precoloniale*, Présence Africaine, París, 1987.
DONU KOGBARA: *Mujeres africanas*, Intermón, Barcelona, 1999.
DUMONT, R.: *África negra ha empezado mal*, Ariel, Barcelona, 1966.
—: *Démocratie pour l'Afrique*, Seuil, París, 1991.
EBOUSSI-BOULAGA, F.: *La crise du Montu. Authenticité africaine et Philosophie*, París, 1977.
ELA, Jean Marc: *Los caminos del afrorrenacimiento*, Debate, Madrid, 1999.
ELLIS, Stephen: *Cheik Anta Diop ou l'honneur de penser*, L'Harmattan, París, 1989.
—: *L'Afrique maintenant*, Karthala, París, 1995.
FANON, F.: *Les damnés de la terre*, París, 1965.
—: *Por la revolución africana*, FCE, México, 1965.
—: *Piel negra, máscaras blancas* (1954), Shapire, Buenos Aires, 1974.
FRANKFORT, H.: *Reyes y dioses*, Alianza, Madrid, 1982.
GRAY, John: *False dawn: the delusions of faulse capitalism*, Granta, Londres, 1998.
GORDIMER, N.: *July's People*, Penguin, Nueva York, 1982.
GRZIMEK, Bernhard: *El Serengueti no morirá*, Barcelona, 1986.
HANCOCK, Graham: *Lords of Poverty*, Macmillan, Londres, 1996.
—: *Historia General de África*, UNESCO, Madrid, 1992-1995.
IBN BATUTA, M.: *A través del Islam*, ed. de Fanjul-Arbós, Editora Nacional, Madrid, 1981.
—: *Voyage au Soudan*, París, 1843.
INIESTA, Ferran: *Antiguo Egipto. La nación negra*, Barcelona, 1989.
—: *Bajo la Cruz del Sur. Religión, comercio y guerra en el canal de Mozambique (900-1700 d.C.)*, Barcelona, 1993.
—: *El planeta negro*, Catarata, Madrid, 1998.
—: *Democracia y legitimidad en África negra*, Barcelona, 1999.
JACQUARD, Albert: *Hacia una comunidad cultural mediterránea*, Debate, Madrid, 1999.
JAFFRE, Bruno: *Biographie de Thomas Sankara*, L'Harmattan, París, 1997.
JAMES, L.: *The rise and fall of British Empire*, Abacus, Londres, 1994.
KABONGO-BILOLO: *Conception bantu de l'autorité*, Kinshasa, 1983.
KABOU, A.: *Et si l'Afrique réfusait le développement?*, París, 1991.
KABUNDA, Mbuyi: *La integración africana*, AECI, Madrid, 1993.
—: *El dinamismo de la sociedad civil*, Intermón, Barcelona, 1999.
—: *El nuevo conflicto del Congo*, SIAL, Madrid, 1999.
KANE, Cheikh Hamidou: *L'aventure ambiguë*, Julliard, París, 1961.
KENYATTA, Jomo: *Facing Mount Kenya*, Kenway, Nairobi, 1995 (1937).
KHALDUM, I.: *Discours sur l'historie universelle*, ed. de V. Monteil, Beirut, 1968.
KI-ZERBO, J.: *L'économie de traite en Afrique Noire ou le pillage organisé*, Présence Africaine, París, 1977.
—: *Historia del África negra*, 2 vols., Alianza, Alfaguara, 1981.
KISSANGOU, Ignace: *Une Afrique, une espoir*, L'Harmattan, París, 1996.

KONARÉ, O.: *La noción de poder en el África tradicional y en el área cultural mandinga en particular*, Barcelona, 1983.
KOUROUMA, Ahmadou: *Los soles de las independencias*, Alfaguara, Madrid, 1986.
LEÓN EL AFRICANO, J.: *Descripción general de África y de las cosas peregrinas que allí hay*, Lundwerg, Barcelona, 1995.
LEYMARIE, Ph.: *La deriva del continente africano*, Debate, Madrid, 1999.
LIVINGSTONE, D.: *Últimos diarios*, Grech, Madrid, 1987.
MACHEL, S.M.: *O partido e as classes trabalhadoras moçambicanas na edificaçao da democracia popilar*, Maputo, 1977.
MAHMUD KATI: *«Tarij Al-Fatash» o Crónica del buscador* (cit. por B. Davidson en *Historia de África*).
MALIKI, A.: *Bonheur et souffrance chez les peuls nomades*, L'Harmattan, París, 1995.
MANDELA, Nelson: *El largo camino hacia la libertad*, El País - Aguilar, Madrid, 1995.
MANIX, D.P. y M. COWLEY: *Historia de la trata de negros*, Alianza, Madrid, 1968.
MARSHALL, P.: *Around Africa*, Simon & Shuster, Londres, 1994.
MARTÍNEZ CARRERAS, J.U.: *Historia de la descolonización (1919-1986). Las independencias de África y Asia*, Itsmo, Madrid, 1987.
MATOKO, E.: *L'Afrique par les africains. Utopie ou révolution?*, París, 1996.
MBITI, John: *African religions and philosophy*, Heinemann, Londres, 1990.
—: *Entre Dios y el tiempo*, Mundo Negro, Madrid, 1990.
MCLYNN, Frank: *Heart of Darkness*, Hutchinson, Londres, 1992.
MÉRAND, P.: *La vie quotidienne en Afrique*, L'Harmattan, París, 1989.
MOLLAT, M.: *Grands voyages et connaissance du monde*, 2 vols., París, 1966-1969.
—: «Los contactos históricos de África y Madagascar con el sur y sudeste asiático», en *Relaciones históricas a través del océano Índico*, Serbal, Barcelona, 1983.
MONDLANE, E.: *The Struggle for Mozambique*, Londres, 1986.
MORAVIA, Alberto: *Paseos por África*, Mondadori, Madrid, 1988.
MORTON, J.: *The Poverty of Nations. The Aid dilemma at the heart of Africa*, Londres / Nueva York, 1996.
NAIR, Sami: «África subsahariana. Balance y resultados de una descolonización inacabada», en *Geopolítica del caos*, Debate, Madrid, 1999.
—, Héctor SILVA, Armando CÓRDOBA y Bernard FOUNOU-TCHUIGOUA: *El norte visto desde el sur*, DERSA, Madrid, 1999.
NAVILLE, H.E.: «L'origine africaine de la civilisation égyptienne», *Rëvue Archéologique* (París) (1913).
NDIAYE, B.: *Les castes au Mali*, Éditions Populaires, Bamako, 1970.
NDONGO-BIDYOGO, Donato: *Conflictos en África*, Intermón, Barcelona, 1999.
NERIN, Gustau, *Las masas africanas y la cultura de masas*, Intermón, Barcelona, 1999.
NIANE, D.T.: *Soundjata ou l'épopée mandingue*, Présence Africaine, París, 1974.
—: *Recherches sur l'empire du Mali au Moyen Age*, Présence Africaine, París, 1975.
NKRUMAH, K.: *Neocolonialism, the last stage of imperialism*, Londres, 1987.
—: *I speak of Freedom*, Panaf, Londres, 1976.
NUGENT, P. y ARIWAJO: *Fronteras africanas*, Bellaterra, Barcelona, 1998.
NYERERE, J.: *El Manifiesto de Arusha* (Arusha, 1967), Zero, Bilbao, 1971.
—: *Freedom and Unity*, Oxford University Press, Dar es Salaam, 1967.
—: *Obras completas*, Oxford U.P., Dar es Salaam, 1968.
—: *Freedom and Socialism*, Oxford U.P., Dar es Salaam, 1969.
OBENGA, T.: *L'Afrique dans l'Antiquité*, Présence Africaine, París, 1973.
OKRI, Ben: *Elegía africana*, Madrid, 1998.
OLIVER, R. y J.D. FAGE: *Breve historia de África*, Alianza, Madrid, 1979.

OMOTOSO, K.: *Migración hacia el Sur*, Barcelona, 1998.
PADMORE, G.: *Panafricanism or comunism? The coming struggle for Africa*, Penguin, Hardmondsworth, 1969.
PAKENHAM, Thomas: *The Scramble for Africa*, Abacus, Londres, 1992.
PARK, M.: *Viaje a las regiones interiores de África (1795-1805)*, Serbal, Barcelona, 1991.
PFOUMA, O.: *Histoire culturelle de l'Afrique Noire*, París, 1993.
RAMONET, I.: *Un mundo sin rumbo*, Debate, Madrid, 1997.
—: *La tiranía de la comunicación*, Debate, Madrid, 1998.
—y otros: *Geopolítica del caos*, Debate, Madrid, 1999.
RANKE-HEINEMANN, Uta: *Eunucos por el reino de los cielos*, Trotta, Madrid, 1994.
READER, J.: *Africa. A Biography of the Continent*, Penguin, Londres, 1998.
REVERTE, J.: *El sueño de África*, Anaya, Madrid, 1996.
—: *Vagabundo en África*, El País - Aguilar, Madrid, 1998.
RODNEY, Walter: *How Europe underveloped Africa*, EAEP, Nairobi, 1995.
SAINT-EXUPÉRY, A.: *Tierra de hombres*, Madrid, 1989.
SANTAMARÍA, A.: *Las transformaciones de la economía*, Intermón, Madrid, 1999.
SARO-WIWA, Ken: *The Ogoni Tragedy*, Port Harcourt, 1995.
—: *A month and a day*, Penguin, Londres, 1995.
SÉKOU TOURÉ, A.: *L'Afrique et la révolution*, París, 1977.
SENGHOR, L.S.: *Los fundamentos de la africanidad*, Zero, Bilbao, 1972.
SOYINKA, W.: *Before the Blackout: Topical Sketches for the Stage*, Ibadan, 1965.
—: *The Interpreters*, Heinemann, Londres, 1987.
STANLEY, H.: *Viaje al África tenebrosa en busca de Emín Bayà*, Anjama, Madrid, 1983.
—: *En busca del Doctor Livingstone al centro de África*, Miraguano, Madrid, 1997.
SUBCOMANDANTE MARCOS: *El sueño zapatista*, Anagrama, Barcelona, 1996.
—: *Globalización y resistencia*, Debate, Madrid, 1999.
TEMPELS, P.: *Bantu Philosophy*, Présence Africaine, París, 1969.
TENAILLE, F.: *Las 56 Áfricas*, Alianza, Madrid, 1987.
VV.AA.: *La trata negrera de los siglos XV a XIX*, Serbal-Unesco, Barcelona, 1982.
WADE, Abdoulaye: *Un destin pour l'Afrique*, Karthala, París, 1989.
WEST, Richard: *Brazza of the Congo*, Jonathan Cape, Londres, 1972.
ZAMORA LOBOCH, F.: *Memoria de laberintos*, SIAL, Madrid, 1999.

Índice